宁夏大学

年鉴2022

Almanac of Ningxia University for 2022

《宁夏大学年鉴》编纂委员会 编

黄河出版传媒集团
宁夏人民出版社

图书在版编目(CIP)数据

宁夏大学年鉴.2022 /《宁夏大学年鉴》编纂委员会编. — 银川:宁夏人民出版社,2022.12
　　ISBN 978-7-227-07772-5

Ⅰ.①宁… Ⅱ.①宁… Ⅲ.①宁夏大学-2022-年鉴 Ⅳ.①G649.284.31-54

中国国家版本馆 CIP 数据核字（2023）第 013263 号

宁夏大学年鉴2022　　　　　《宁夏大学年鉴》编纂委员会　编

责任编辑　周淑芸
责任校对　陈　浪
封面设计　张　宁
责任印制　宋　华

 出版发行

出 版 人	薛文斌
地　　址	宁夏银川市北京东路 139 号出版大厦(750001)
网　　址	http://www.yrpubm.com
网上书店	http://www.hh-book.com
电子信箱	nxrmcbs@126.com
邮购电话	0951-5052104　5052106
经　　销	全国新华书店
印刷装订	宁夏银报智能印刷科技有限公司
印刷委托书号	（宁）0025666

开本	880 mm×1230 mm　1/16
印张	35.25
字数	740 千字
版次	2023 年 3 月第 1 版
印次	2023 年 3 月第 1 次印刷
书号	ISBN 978-7-227-07772-5
定价	169.00 元

版权所有　侵权必究

《宁夏大学年鉴 2022》编委会

主　任　李　星　彭志科

委　员　王玉炯　周　震　周运生　郎　伟　李建设　刘炎胜
　　　　史金龙　王忠静　李学斌

《宁夏大学年鉴 2022》编辑部

主　编　李　星　彭志科

副主编　周　震　冯学文　李东宁　马　亮　李雪洁

编　辑（按姓氏笔画排序）

　　　　马嫣然　王　冬　叶根华　白雪梅　刘　杰　刘兆强
　　　　李宗阳　杨优杰　杨俊峰　杨菁菁　沈韵初　张亚楠
　　　　范　宵　范晓露　周　凡　姜应龙　贺　剑　原　博
　　　　谭　微

《宁夏大学年鉴 2022》特约撰稿人

(按姓氏笔画排序)

丁 孜	万 江	弋伟国	门建新	马天龙	马明亮	王大伟
王巧伟	王丽莺	王 莹	王 鹏	巨建楼	刘永刚	刘美玲
刘登川	闫 芮	孙义兰	严 宏	苏莉华	李世福	李 明
李 征	李 斌	杨建武	杨 琼	吴 伟	吴 岩	吴金华
吴 晨	张立红	张加琦	张启明	张明媛	张依佳	张 超
陈 婕	虎建华	金风霞	金桂琴	金海艳	周司洋	孟 颖
柳燕妮	俞智彬	姚永昊	秦泗海	秦学礼	聂 昕	原 博
党 薇	徐鹏鑫	殷雅冰	高雪芹	高鹏翔	郭凯原	梅 婕
曹嘉碧	彭 伟	程纲约	鲁 彦	雍 华	雍 莉	蔡荣之
翟 伟	潘一贤	薛小鹏	薛新耀	魏晓军		

编辑说明

一、《宁夏大学年鉴 2022》是由学校年鉴编纂委员会主持编纂的全面反映宁夏大学 2021 年基本情况和改革发展的史料性文献资料。

二、本年鉴以马列主义、毛泽东思想、邓小平理论、"三个代表"重要思想、科学发展观和习近平新时代中国特色社会主义思想为指导,客观地记述学校各领域、各方面的发展情况。

三、本年鉴收编事项起自 2021 年 1 月 1 日,讫于 2021 年 12 月 31 日。

四、本年鉴共分为 20 个部分,包括重要新闻图片、学校综述、专载、党的建设、群众团体、学校管理、人才培养、科学研究、发展规划与学科建设、人事人才与师资队伍建设、对外合作交流、学院(教学部)、科研机构、教育服务与保障、附属单位、表彰奖励、综合统计、文件与规章、大事记、媒体宁大。

五、本年鉴分类目、分目和条目,分目以黑体字标识;分目下设条目,各分目之首设"概况"条目,集中记述各单位、各领域的总体情况,以【】号为标识;条目为主要信息载体和基本撰稿形式。

六、本年鉴编写过程中,力求资料完整、内容翔实、数据准确,但因编者力量和水平有限,疏漏、不足之处在所难免,恳请广大读者批评指正。

七、本年鉴在编委会的指导下,由宁夏大学办公室组织编写,得到了校领导、各单位的大力支持与帮助,在此谨表最诚挚的谢意。

2022 年 10 月

宁夏大学校训

尚德——

《论语》:"君子哉若人!尚德哉若人!"崇德向善,志存高远。情怀高洁,人格健全。

勤学——

《韩诗外传》:"孟子惧,旦夕勤学不息。"专心致志,自强不息。兼收并蓄,融会贯通。

求是——

《汉书》:"修学好古,实事求是。"追求真理,崇尚科学。穷本溯源,辨伪存真。

创新——

《周书》:"创新改旧,方始备焉。"奋发有为,革故鼎新。敢为人先,追求卓越。

宁夏大学校徽

 宁夏大学
NINGXIA UNIVERSITY

校徽色值 100　　55　　90　　30

　　校徽外形为圆形，校徽中的"宁夏大学"四字的字体采用建校初期使用的毛体，充分体现宁夏大学的办学历史。中心图案形寓"宁大、人文"四字，从左至右看似汉字"宁大"二字，从上至下看又似"人文"二字。"人"与"文"字形代表人文、人本、文化、文明的理念，同时体现教育以人为本、为人民服务的宗旨。图形中三重笔画的"人"字形含"三人行，必有我师"之意。"宁"字形还表明学校所在地宁夏。校徽取墨绿色为底，象征着勃勃生机与欣欣向荣，与生生不息的"沙枣树精神"相呼应。校徽中心图形动感较强，形似奔跑者。给人以昂扬向上、奋力拼搏的印象，体现宁大人脚踏实地、志存高远、不畏艰难、团结奋进、努力实现跨越式发展的精神面貌。

宁夏大学校歌

我们是年轻的大学生

宁夏大学历史沿革

宁夏大学始建于 1958 年 9 月 15 日。1997 年 12 月，宁夏大学与原宁夏工学院、银川师专（含宁夏教育学院）合并；2002 年 2 月，与宁夏农学院合并，组建了新的宁夏大学。2004 年 12 月，成为教育部与自治区人民政府共建高校，2008 年 9 月，进入"211 工程"高校建设行列，2017 年 9 月，入选"双一流"高校建设行列，2018 年 3 月，成为部区合建高校。

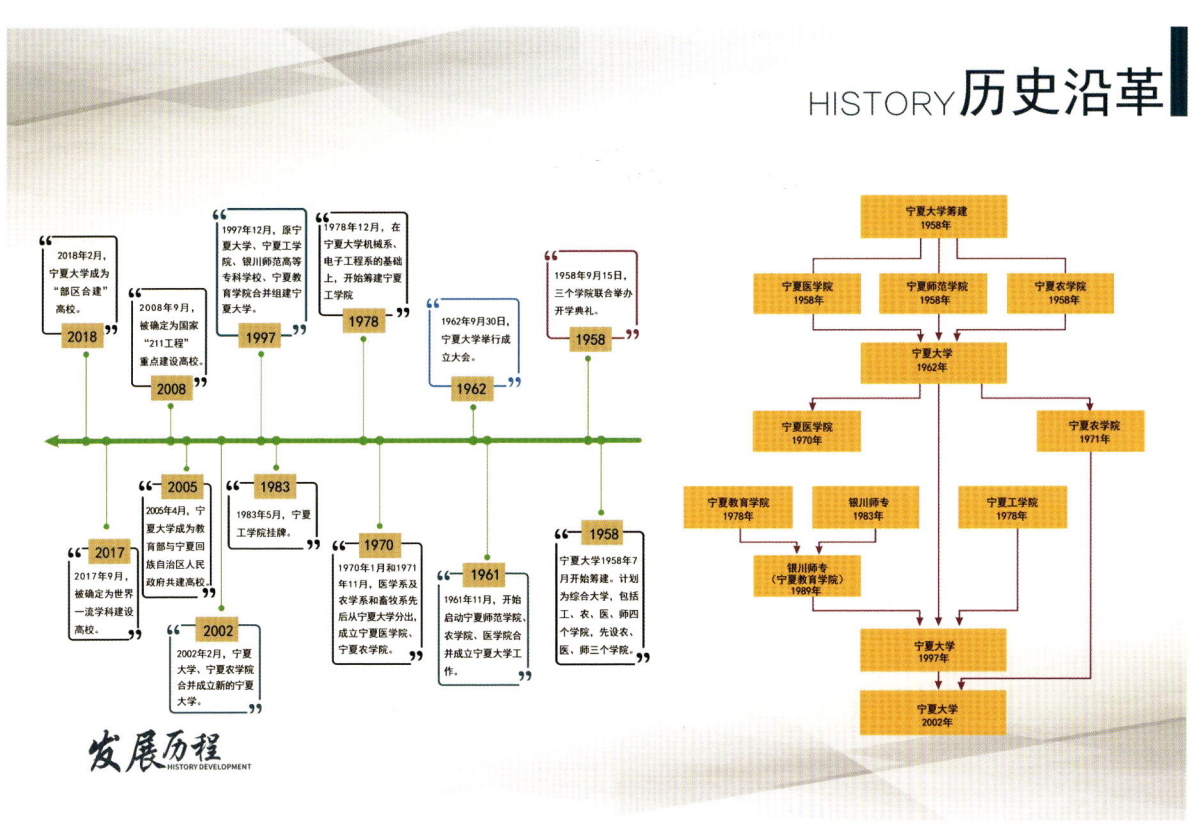

3月11—12日,召开学习贯彻党的十九届五中全会精神专题培训班暨党史学习教育动员大会

3月25日,召开2021年全面从严治党暨党风廉政建设工作会议

3月31日,国家语言文字推广基地评审专家来校实地考察

4月7日,自治区体育局局长撒承贤(左三)一行来校调研

5月10日，农学院伏兵哲团队的"宁夏苜蓿产业技术创新与牧草大计算服务平台建设"成果，荣获中国草业届最高奖——草业科学技术奖三等奖

5月24日，国务院副秘书长、国家机关事务管理局局长李宝荣（左三）来校考察调研

6月23日,举行永远跟党走——庆祝中国共产党成立100周年表彰大会暨文艺演出

7月13日,由国家民委宣传司、自治区民族事务委员会主办,宁夏大学承办的"民体杯"全国木球比赛开幕

8月28日,举办中层以上干部学习贯彻习近平总书记在庆祝中国共产党成立100周年大会上的重要讲话精神专题培训班

9月7日,江夏学院副校长程灵(右二)一行来校考察

9月10日，学校举办第37个教师节庆祝活动，对立德树人突出贡献、立德树人楷模、立德树人岗位标兵获奖教师进行表彰，为从教满35年教师代表及光荣退休教职工颁发荣誉证书和纪念章

9月27日，学校与石嘴山市人民政府签订合作框架协议

9月29日，召开上海交通大学—宁夏大学对口合建20周年纪念座谈会

10月8日,省部共建煤炭高效利用与绿色化工国家重点实验室郭庆杰团队"煤炭载氧体化学链燃烧耦合CO_2活化制备低碳烯烃基础研究"荣获2021年度中国化工学会科学技术奖基础研究成果二等奖

10月15日,由宁夏大学、中国社会科学院世界经济与政治研究所、国际关系学院联合主办的第十二届国际政治经济学论坛在银川开幕

11月18日,吴忠仪表有限责任公司党委书记、董事长,宁夏大学特聘教授、硕士生导师,宁夏大学机械工程学院名誉院长马玉山当选中国工程院院士

11月24日,校长彭志科一行赴吴忠仪表有限责任公司考察调研

12月7日,自治区副主席吴秀章(左三)来校调研创新平台及科技研发工作

12月10日,举行全国高校毕业生就业能力培训基地宁夏大学揭牌仪式暨开班典礼

12月17日,民进宁夏大学委员会荣获各民主党派、工商联、无党派人士为全面建成小康社会作贡献先进集体称号,会员吴心华荣获先进个人称号

目录 CONTENTS

学校综述 ... 001
- 宁夏大学2021年发展综述 ... 003
- 学校基本情况一览表 ... 007
- 学校党政领导干部 ... 009
- 宁夏大学学术委员会 ... 010
- 宁夏大学学术道德委员会 ... 010
- 宁夏大学学位评定委员会 ... 010
- 宁夏大学非常设机构及组成人员 ... 011

专载 ... 025
- 在习近平总书记在学校思政课教师座谈会重要讲话发表两周年座谈会上的讲话 ... 李 星 027
- 在宁夏大学青年师生学习贯彻习近平总书记在庆祝中国共产党成立100周年大会上的重要讲话精神座谈会上的讲话 ... 李 星 029
- 在宁夏大学中层以上干部学习贯彻习近平总书记在庆祝中国共产党成立100周年大会上的重要讲话精神专题培训班总结大会上的讲话 ... 李 星 031
- 宁夏大学2021届毕业生就业创业工作部署暨2020届毕业生就业工作总结表彰会议上的讲话 ... 何建国 038
- 在2021届本科生毕业典礼上的讲话 ... 何建国 042
- 在宁夏大学中层以上干部学习贯彻习近平总书记在庆祝中国共产党成立100周年大会上的重要讲话精神专题培训班总结大会上的讲话 ... 彭志科 044
- 行远自迩　踔厉奋发——在2021级学生开学典礼上的讲话 ... 彭志科 048
- 宁夏大学2021年工作要点 ... 051
- 宁夏大学"十四五"事业发展规划 ... 057

党的建设 ... 075
    党建工作 ... 077
    宣传思想工作 ... 079
    统一战线工作 ... 083
    纪检监察工作 ... 088
    巡察督查工作 ... 090

群众团体 ... 093
    工会工作 ... 095
    共青团工作 ... 097

学校管理 ... 101
    学校办公室（法制工作办公室）工作 ... 103
    审计工作 ... 105
    计划财务工作 ... 105
    资产与实验室管理工作 ... 106
    保卫与社会治安综合治理工作 ... 108
    基建工作 ... 109
    中卫校区管理办公室工作 ... 110

人才培养 ... 113
    本科生教育 ... 115
    研究生教育 ... 116
    民族预科生教育 ... 117
    继续教育 ... 118
    留学生教育 ... 120
    创新创业教育 ... 125
    国防教育 ... 127
    学生思想政治教育与管理 ... 128

科学研究 ... 131
    自然科学和社会科学研究 ... 133

基地、平台建设 …………………………………………………………… 134
　　服务社会 …………………………………………………………………… 135
　　成果转化与知识产权 ……………………………………………………… 135

发展规划与学科建设 ……………………………………………………………… 137
　　综合改革 …………………………………………………………………… 139
　　学科建设 …………………………………………………………………… 140
　　"双一流"建设和"部区合建" …………………………………………… 141
　　"十四五"事业发展规划 ………………………………………………… 142

人事人才与师资队伍建设 ………………………………………………………… 145
　　人事工作 …………………………………………………………………… 147
　　离退休教职工服务工作 …………………………………………………… 148

对外合作交流 ……………………………………………………………………… 151
　　国际合作与交流 …………………………………………………………… 153
　　国内合作与交流 …………………………………………………………… 153
　　孔子学院建设 ……………………………………………………………… 154

学院（教学部） …………………………………………………………………… 157
　　人文学院 …………………………………………………………………… 159
　　新闻传播学院 ……………………………………………………………… 161
　　文化旅游学院 ……………………………………………………………… 162
　　法学院 ……………………………………………………………………… 164
　　外国语学院 ………………………………………………………………… 166
　　阿拉伯学院 ………………………………………………………………… 168
　　经济管理学院 ……………………………………………………………… 169
　　商学院 ……………………………………………………………………… 171
　　数学统计学院 ……………………………………………………………… 172
　　物理与电子电气工程学院 ………………………………………………… 174
　　信息工程学院 ……………………………………………………………… 176
　　智能工程与技术学院 ……………………………………………………… 178

化学化工学院 …… 179
  生命科学学院 …… 181
  生态环境学院 …… 185
  地理科学与规划学院 …… 187
  农学院 …… 188
  食品与葡萄酒学院 …… 191
  机械工程学院 …… 195
  土木与水利工程学院 …… 196
  教育学院 …… 197
  音乐学院 …… 199
  美术学院 …… 202
  体育学院 …… 203
  马克思主义学院 …… 205
  中卫校区公共教学部 …… 208
  新华学院 …… 209

科研机构 …… 213

  省部共建煤炭高效利用与绿色化工国家重点实验室 …… 215
  西部特色生物资源保护与利用教育部重点实验室 …… 216
  西北土地退化与生态恢复国家重点实验室培育基地 …… 216
  回族研究院 …… 217
  宁夏大学中华民族共同体研究院、西夏学研究院（民族学与文化旅游产业研究院） …… 218
  宁夏大学·岛根大学国际联合研究所 …… 219
  宁夏葡萄与葡萄酒研究院（葡萄与葡萄酒教育部工程研究中心） …… 219
  中国阿拉伯研究院（教育部国别和区域研究培育基地宁夏大学阿拉伯研究中心） …… 221
  光伏材料重点实验室 …… 222

教育服务与保障 …… 225

  图书工作 …… 227
  档案工作 …… 228
  期刊工作 …… 229

网络、信息化建设工作 …………………………………………………………………… 230

　　校友总会、教育发展基金会工作 ………………………………………………………… 231

　　教师教学发展中心（教学质量监控与评估中心）工作 ………………………………… 233

　　测试分析中心工作 ………………………………………………………………………… 234

　　师生服务中心工作 ………………………………………………………………………… 234

　　后勤服务保障工作 ………………………………………………………………………… 235

　　国家大学生文化素质教育基地办公室、场馆管理服务中心工作 …………………… 237

附属单位 ……………………………………………………………………………………… 239

　　宁夏大学附属中学 ………………………………………………………………………… 241

　　教学实验农场 ……………………………………………………………………………… 242

表彰奖励 ……………………………………………………………………………………… 245

　　国家及自治区表彰奖励情况 ……………………………………………………………… 247

　　教师及学生部分竞赛获奖情况 …………………………………………………………… 248

　　校级表彰奖励情况 ………………………………………………………………………… 254

综合统计 ……………………………………………………………………………………… 393

　　组织机构情况 ……………………………………………………………………………… 395

　　学科与专业情况 …………………………………………………………………………… 402

　　科学研究情况 ……………………………………………………………………………… 412

　　教职工情况 ………………………………………………………………………………… 471

　　学生情况 …………………………………………………………………………………… 485

文件与规章 …………………………………………………………………………………… 507

大事记 ………………………………………………………………………………………… 521

媒体宁大 ……………………………………………………………………………………… 547

学校综述

如诗如画 (钟子杰 摄)

宁夏大学 2021 年发展综述

2021年,在教育部和自治区党委、政府的正确领导下,宁夏大学党政一班人团结带领全校师生员工,以习近平新时代中国特色社会主义思想为指导,全面贯彻党的十九大和十九届六中全会精神、习近平总书记视察宁夏重要讲话和重要指示批示精神及自治区党委十二届十三次、十四次全会精神,紧扣学校第七次党代会确定的目标任务和"双一流"建设总目标,凝心聚力、攻坚克难,推动各项事业取得了新成效。

一、聚焦发展,扎实抓好大事要事

（一）扎实开展党史学习教育

紧扣"学史明理、学史增信、学史崇德、学史力行",坚持深入学习、强化宣讲阐释,认真开好党史学习教育专题组织生活会,深入推进"我为群众办实事"活动,学校党史学习教育工作得到中央第十巡回指导组肯定。

（二）喜迎建党100周年

隆重举办庆祝中国共产党成立100周年表彰大会,组织师生广泛开展合唱比赛、党的知识竞赛、朗诵比赛、演讲比赛、书画比赛等30余项庆祝活动,进一步坚定广大师生听党话、跟党走的政治信仰、理想信念。

（三）坚决打赢疫情防控遭遇战

坚决扛起疫情防控的政治责任,坚持早部署、早研究、早行动,全力保障师生生命安全和身体健康,学校疫情防控工作得到自治区党委肯定。

（四）扎实推进自治区党委巡视整改

牢固树立"整改不落实就是政治上不担当,就是对党不忠诚"的思想认识,建立工作台账,狠抓整改落实,严格对账销号,切实推进了整改落实工作。

（五）主动服务自治区经济社会发展

获批国家民委中华民族共同体研究基地、第二批国家语言文字推广基地,建设宁夏大学中华民族共同体研究院,为自治区创建铸牢中华民族共同体意识示范区提供智力支撑；成立枸杞现代产业学院、葡萄与葡萄酒现代产业学院,切实服务自治区重点产业发展；与石嘴山市人民政府签署战略合作协议,选派4名博士到发展改革委、科技局等部门挂职,为地方经济发展贡献才智,实现人才共享。

（六）深化教育评价改革

落实学校深化新时代教育评价改革工作方案,在人事人才、科研、学生评价等方面出台了一系列改革举措,教育评价改革工作蹄疾步稳开新局。

（七）深入推进依法治校

深入学习贯彻习近平法治思想,进一步核准学校章程,启动"八五"普法,在自治区党委教育工作领导小组第一批校园治理达标校验收考核中获评达标高校,学校治理体系更加完善、治理能力持续提升。

（八）全力做好"十四五"事业发展、新一轮"双一流"建设顶层设计

出台"十四五"事业发展规划、"双一流"建设整体建设方案、西部一流大学和一流学科二期建设（2021—2025年）工作方案,明确了学校"十四五"事业发展目标任务、国家和自治区"双一流"建设重点任务和发展指标,为推动学校高质量发展

明确了时间表、路线图。

二、聚力"双一流"建设和"部区合建"，不断提升发展质量

（一）提高人才培养质量

一是加强本科生培养平台建设，获批8个国家一流本科专业、6个自治区一流本科专业、10个卓越拔尖人才培养班、1项教育部首批新文科研究与改革实践项目。二是深入推进基层教学组织活动，获批12个自治区级一流基层教学组织，165个教研室开展各类教研活动1800余次，有效推进教育教学改革。三是启动2022版本科人才培养方案修订工作，制定2022版本科人才培养方案的指导意见。四是加强研究生教育，获批一级博士学位授权点1个，增列专业学位授权点1个，增设3个招生方向。五是立项大创项目千余项，参训学生近5000人，入选国创计划重点支持项目1项，"丝路宁夏文创——中国西部文化旅游融合发展领跑者"项目团队斩获中国国际"互联网+"大学生创新创业大赛全国总决赛金奖，实现了宁夏高校在该项赛事中金奖零的突破。

（二）加强师资队伍建设

一是加大人才引进力度，引进培养人才126名，其中博士83名，特别是引进"长江学者"2名；荣获全国专业技术先进集体1个。二是出台进一步加强师资队伍建设的若干意见等多项制度，建立了"引""育""稳"全链条管理与服务机制，构建了较为完善的教师发展支持体系。三是不断加强师德师风建设，通过成立党委教师工作委员会、师德师风建设领导小组等机构，出台健全新时代师德师风建设长效机制的实施意见等制度，开展教师思想政治工作强化年暨师德师风专题教育等活动，建立了常态化师德师风建设推进机制。

（三）提升科研综合实力

一是科学谋划科研项目申报，科研立项经费比上年增长123.57%，到账科研经费比上年增长11.14%；获批国家自然科学基金委重大研究计划培育项目，实现在国家自然科学基金重大研究计划领域立项资助零的突破。二是获2020年度自治区科技进步奖一等奖2项、二等奖4项、三等奖8项，实现历史性突破。三是加大科研团队建设力度，新组建3个自治区科技创新团队、2个柔性引进科技创新团队；3个科技创新团队获2021年科技厅奖励。四是深度发挥科研智库作用，形成30余篇咨政、研究报告，被中央政治局常委批示1份，中央有关部门采纳11份，自治区党委有关部门采纳11份。五是深化省部共建煤炭高效利用与绿色化工国家重点实验室体制机制改革，整合化学化工学院与重点实验室全部学科专业、师资队伍等资源，实行"两块牌子、一套班子"管理运行模式，统筹推进化学工程与技术一流学科建设和科研工作高质量发展。

（四）提高学生管理工作水平

一是提升招生、就业工作质量，2021年最低录取分数超过当地本一批次分数线100分省份扩大到11个；2021届毕业生初次毕业去向落实率77.96%，同比提高3.55%。二是一体推进网络、心理、资助、管理育人，做好大学生征兵入伍工作，引领学生思想，服务学生成长。三是强化学工队伍建设，承办全区高校2021年入职辅导员培训班，组织学生工作骨干开展学习教育培训，1名辅导员荣获2021年"全国高校辅导员年度人物"称号。

（五）深化拓展合作交流

一是优化国内合作交流布局。制订《上海交通大学对口合建宁夏大学高质量发展工作方案（2021—2025年）》，推动交流合作深层次开展；积极

主动对接对口合建高校，联合申报并成功获批协同创新中心、成功举办有关学术论坛、开展研究生联合培养。二是加强国际交流合作。组织实施了线上培训项目，学生英语听说读写和跨文化沟通能力得到很大提高；积极推进与国外院校联合培养"1+1"专业研究硕士双学位项目，积极申请加入"丝绸之路"大学联盟，加强同联合国教科文组织高等教育创新中心（中国深圳）合作交流，助力"双一流"建设与发展。三是完成了孔子学院转隶工作，宁夏大学·迪拜大学孔子学院建设翻开了新的篇章。

（六）提高综合保障服务能力

一是截至2021年12月31日，学校实现收入17.59亿元，较上年同期增长13.11%；完成支出18.03亿元，较上年同期增长12.41%。二是新闻传播学院与马克思主义学院教学实验大楼项目已完成校内验收；教学综合大楼（未来教室）项目已完成主体结构、部分设施安装；新农科人才培养与创新研究院项目正在进行前期准备工作，三大工程项目建设为学校长远发展提供了硬件支撑。三是完成各校区维修改造项目300余项；入藏中文图书54741册，入藏电子书10652种；充分盘活房屋设备等资产；积极改善学生实习实训条件；推行分析测试自主测样；推进档案数字化建设；不断提高学术期刊办刊质量，有力保障教学科研工作。四是加强安全教育、校园交通管理，建设"宁夏大学总体国家安全观教育培训基地"，推进智慧消防，强化警校联动，持续开展扫黑除恶专项斗争，切实维护校园安全稳定。

三、加强党建和思政工作，为学校发展提供坚强保证

（一）加强领导班子建设

一是坚持做到习近平总书记重要论述和讲话精神在校党委常委会会议第一时间学习领会、贯彻落实，召开13次校委理论中心组学习会，充分运用学习成果指导实践、推动工作。二是坚持党委领导下的校长负责制，修订完善党委常委会会议议事规则等议事决策制度，组织召开30次党委常委会会议，充分发挥党委"把方向、管大局、作决策、抓班子、带队伍、保落实"重要作用。

（二）加强干部队伍建设

一是在自治区党委关心支持下，不断加强校级领导班子建设，分别从上海交通大学、清华大学选聘彭志科同志担任党委副书记、校长，王忠静同志担任党委常委、副校长。二是着眼建设结构合理的高素质专业化干部队伍，提拔各级干部133名，轮岗交流101名，因退休、自愿辞职等原因免职47名。三是注重干部锻炼培训，选派2名处级干部到区内行政机关挂职锻炼，推荐3名处级干部到区内行政机关任职，遴选3名优秀青年人才到学校机关挂职锻炼；选派各级干部36人次赴国家、自治区各类培训机构学习培训；举办学习贯彻党的十九届五中全会精神专题研讨班等，通过多种形式的历练学习，干部综合素质得到进一步提升。四是从严管理干部，抓实领导干部个人有关事项报告随机抽查、重点查核，规范因私出国境证件管理，完成317名科级以上干部人事档案初审和复审工作，一报告两评议持续向好，学校政治生态明显清朗。

（三）加强基层组织建设

一是推进党建和业务工作融合发展，专任教师党支部"双带头人"支部书记配备率达到100%。二是加强基层党组织标准化规范化建设，在学生公寓、社团组织、重大项目组等建立功能型党组织，为25个学院配备专职组织员，指导29个学院完成党组织会议和党政联席会议议事规则修订，

完成教育部第三批新时代全国高校党建示范创建和质量创优申报评选推荐工作，持续推进教育部"书记项目"和自治区教育系统示范高校等标准化建设项目，构建了从示范高校、标杆院系、样板支部、先锋党小组到模范党员"五位一体"党建示范体系。三是加强党员教育管理，在党员计划较上年上调70%的情况下，完成下拨指导性计划97%；抓实抓好校、院两级党校建设和基层党组织书记等各类党员群体教育培训工作，全年培训5000余人次；从严做好党员党籍管理、组织关系排查、监督和组织处置工作。

（四）加强宣传思想工作

一是制定了意识形态工作20条、落实意识形态工作责任制正面清单和负面清单等规定，进一步压实意识形态责任制。二是持续开展"三化"问题治理整改。三是加强阵地管控，落实媒体信息发布"三审三校"实施办法、论坛等阵地管理办法。四是加强网络舆情监测和处置，编发舆情简报12期。五是内宣外宣同向发力，上线"宁夏大学学习强国号"，开通官方视频号和抖音号，校外媒体累计报道151次，学校影响力明显增强。

（五）加强思想政治工作

一是深入推进习近平新时代中国特色社会主义思想"三进"工作，在全区高校率先开设"四史"教育选择性必修课。二是新增42门本科生校级课程思政示范课，在建本科生课程思政示范课达100门；立项研究生课程思政50门；入选首批国家级课程思政示范课程1门，教学团队成为"课程思政教学名师和团队"。三是通过"易班宁大"和"宁大网络思政微信公众号"等平台，组织开展"我的生活点滴"短视频分享、线上读书会等行之有效的"空中"活动，网络思想政治教育成效显著。

（六）巩固拓展教育脱贫攻坚成果同乡村振兴有效衔接

持续打好教育、智力、科技、消费帮扶组合拳，配合教育部办公厅扎实推进西吉县帮扶工作，扎实落实自治区党委安排部署的原州区定点帮扶工作，选派20余名驻村干部、支教研究生到乡村振兴重点乡镇服务，组织60余名山区小学生、教师来校研学研修，布局11项服务地方乡村振兴科研项目，集中采购50万元脱贫地区农产品，选派20余名科技特派员服务地方产业发展，助力乡村振兴。

（七）加强统一战线、群团工作

一是深入开展民族团结进步创建，通过大宣讲、民族团结月活动等进一步加强了马克思主义民族观宗教观宣传教育，引导各民族师生不断强化"五个认同"和"三个离不开"；构建"四级网络化"工作网络，抵御和防范宗教向校园渗透和传播；强化对党外知识分子的思想政治引领。二是加强教职工民主管理和工会基层组织建设，落实教职工福利待遇，1人荣获全国五一劳动奖章，1个单位获批全国巾帼文明岗，作为全区教育系统唯一入选单位获批自治区职工之家示范项目。三是加强团员先进性建设和基层组织建设，深化共青团改革评价，荣获2021年全国大中专学校志愿者暑期"三下乡"社会实践"镜头中的三下乡"优秀组织单位。

（八）加强党风廉政建设

一是持续压实党委主体责任，召开了2021年全面从严治党暨党风廉政建设工作会议，印发党风廉政建设和反腐败主要任务分工方案和全面从严治党"三个清单"。二是班子成员切实履行党风廉政建设"一岗双责"，听取分管联系单位主要负责人党风廉政情况汇报，对77人进行了提醒谈话，对44名新任中层正职干部逐一开展党风廉政建设谈话。三是持之以恒落实中央八项规定精神,毫不松懈纠治"四风",开展违规吃喝隐形变异问题专项整治和违反中央八项规定精神以管理费等名义发放津贴、补贴专项治理。四是加强党员领导干部警示教育,完成对6个中层党组织常规巡察,强化内部审计,为学校发展营造风清气正政治生态。

学校基本情况一览表

项　目	数　量
一级学科博士学位授权点(个)	7
二级学科博士学位授权点(个)	38
一级学科硕士学位授权点(个)	31
二级学科硕士学位授权点(个)	176
专业硕士学位授权点(个)	19
本科专业(个)	80
世界一流建设学科	1
国家重点(培育)学科	1
自治区级一流建设学科	16
部区合建优势特色学科群	2
"十三五"自治区重点学科	8
"十三五"自治区优势特色学科	8
博士后科研流动站	3
自治区院士工作站	2
专家咨询工作站	4
国家级精品课程(个)	1
国家级一流本科专业建设点	20
国家级优势特色专业	8
国家级一流本科课程(个)	4
国家级课程思政示范课	1
省级一流本科专业建设点	7
自治区级优势特色专业	16
自治区级一流本科课程(个)	60
自治区级课程思政示范课	21
国家重点实验室(个)	1
省部共建国家重点实验室培育基地(个)	1

续表

项　目		数　量
教育部重点实验室(个)		2
教育部工程研究中心(个)		2
教育部高校人文社科重点研究基地(个)		1
教育部区域和国别研究培育基地(个)		1
自治区高等学校人文社科重点研究基地(个)		4
自治区工程技术研究中心(个)		8
自治区重点实验室(个)		11
机构与组织	党群、行政部门(个)	22
	教学科研单位(个)	33
	直属单位(个)	12
	附属单位(个)	2
在校教职工(人)(不含离退休人员)		2736
全日制本科在校生(人)		19296
研究生在校生(人)(不含在职)		4981
民族预科教育在校生(人)		997
教学科研仪器设备总值(万元)		97091.66
学校藏书(万册)		211.9
定期公开出版的专业刊物(种)		4
校园占地面积(亩)(不含教学实验农场)		2942.64
教学实验农场面积(亩)		2050.17
校舍建筑面积(万平方米)		86.97

学校党政领导干部

中共宁夏大学第七届委员会

书　　记　李　星

副书记　彭志科(2021.07—)　何建国(—2021.07)　王宏伟(—2021.01)　王玉炯

常　　委　李　星　彭志科(2021.07—)　何建国(—2021.07)　王宏伟(—2021.01)　王玉炯
　　　　　谢应忠(—2021.11)　周运生　李建设　刘炎胜　周　震　史金龙　王忠静(2021.07—)
　　　　　何风隽　张立杰　高永兴

委　　员(按姓氏笔画排序)：
　　　　　马正亮　王玉炯　王宏伟(—2021.01)　王宏武　王忠静(2021.07—)　车　进　史金龙
　　　　　刘双萍　刘炎胜　刘富祥　孙建军　李　星　李建设　李胜刚　何风隽
　　　　　何建国(—2021.07)　沈岩东　张　桓　张立杰　罗进德　周　震　周运生　胡玉冰
　　　　　贺生斌　高永兴　高继明　郭少新　曹　兵　韩惠丽(—2021.01)　彭志科(2021.07—)
　　　　　谢应忠(—2021.11)

宁夏大学

校　　长　彭志科(2021.07—)　何建国(—2021.07)

副校长　谢应忠(—2021.11)　郎　伟　李建设　刘炎胜　周　震　史金龙　王忠静(2021.07—)

中共宁夏大学纪律检查委员会

书　　记　周运生

副书记　李正东　李海峰(2021.09—)　何　磊(挂职2021.10—)　陈军胜(—2021.06)

委　　员　马玉龙　井惠敏　朱学军　李正东　李海峰(2021.09—)　何　磊(挂职2021.10—)
　　　　　邵淑宁　周运生　党小龙　陈军胜(—2021.06)

宁夏大学学术委员会

主 任 委 员:彭志科
副主任委员:许 兴　谢应忠　王忠静　王玉炯　于广锁　李建设　胡玉冰　杜建录
委　　　员(按姓氏笔画排序):
　　　　于广锁　马春宝　马冬雅　王忠静　王玉炯　王安全　王旭明　王新谱　邓光存
　　　　车　进　孙学宏　冯秀芳　冯璐璐　米文宝　许　兴　朱学军　刘国军　杜建录
　　　　李世举　李学斌　李建设　李晓玲　李新贵　李德宽　李　斌　何风隽　何彤慧
　　　　张军翔　张会萍　张维江　杨术明　周　震　赵晓佳　胡玉冰　郭中华　顾培明
　　　　谢应忠　曹　兵　彭志科　韩惠丽

校学术委员会办公室设在科技处,并设秘书长和副秘书长负责日常事务。

秘 书 长:曹 兵
副秘书长:冯秀芳

宁夏大学学术道德委员会

主　　　任:许 兴
副 主 任:王玉炯　张立杰
委　　　员(按姓氏笔画排序):
　　　马春宝　车 进　李学斌　李建设　何风隽　沈岩东　韩惠丽
办公室主任:李学斌

宁夏大学学位评定委员会

主　　　席:何建国(—2021.07)　彭志科(2021.07—)
副 主 席:王玉炯　宋乃平　胡玉冰　曹 兵
委　　　员:丁生虎　王海龙　王旭明　毛明杰　田军仓　冯秀芳　朱学军　刘 明　许 兴
　　　　孙兆军　杜建录　李建设　李 斌　李学斌　李 进　杨国涛　何风隽　张雪艳
　　　　金忠杰　周 震　咸云龙　段玉泉　高玉琢　倪 刚　郭少新　郭庆杰　梁向明
　　　　谢应忠　赖小勇

宁夏大学非常设机构及组成人员

1. 宁夏大学综合改革领导小组

组　长：李　星

副组长：何建国

成　员：王玉炯　谢应忠　周运生　郎　伟　李建设　刘炎胜　周　震　史金龙　何风隽　张立杰
　　　　李治涛

领导小组办公室设在发展规划与学科建设处

办公室主任：谢应忠（兼）

2. 部区合建与"双一流"建设领导小组

组　长：李　星　何建国

副组长：王玉炯　谢应忠　周运生　郎　伟　李建设　刘炎胜　周　震　史金龙　何风隽　张立杰
　　　　李治涛

成　员：李正东　高永兴　高桂英　张　桓　李学斌　冯秀芳　曹　兵　罗进德　朱学军　刘双萍
　　　　马正亮　牛建军　邵淑宁　车　进　王学明　祁泽平　夏雪花

领导小组办公室设在发展规划与学科建设处

办公室主任：张　桓

3. 宁夏大学党风廉政建设和反腐败工作领导小组

组　长：李　星　何建国

副组长：周运生

成　员：王玉炯　张立杰　李治涛　李正东　高永兴　井惠敏　孙建军　李学斌　曹　兵　罗进德
　　　　朱学军　刘双萍　牛建军　邵淑宁　贺生斌

领导小组办公室设在纪委

办公室主任：李正东

4. 宁夏大学安全稳定工作委员会

主　任：李　星　何建国

副主任：王玉炯　谢应忠　刘炎胜　周　震　史金龙

委　员：何风隽　张立杰　李治涛　李正东　高永兴　孙建军　闫　蓉　高桂英　李学斌　冯秀芳

曹　兵　罗进德　朱学军　刘双萍　邵淑宁　马正亮　张守荣　牛建军　祁泽平　李思源
郭少新　贾随生　王学明

委员会办公室设在学校办公室

办公室主任:高永兴

　　副主任:张守荣

委员会下设工作领导小组：

(1)维护稳定综合研判工作领导小组

组　长:李　星　何建国

副组长:王玉炯　刘炎胜　周　震　史金龙

成　员:何风隽　张立杰　李治涛　李正东　高永兴　孙建军　闫　蓉　高桂英　李学斌　冯秀芳
　　　　曹　兵　罗进德　朱学军　刘双萍　张守荣　李世举　祁泽平　王学明

领导小组办公室设在学校办公室

办公室主任:高永兴

(2)网络安全和信息化领导小组

组　长:李　星　何建国

副组长:王玉炯　谢应忠　周　震

成　员:张立杰　高永兴　张　桓　刘双萍　马正亮　张守荣　王学明　马　瑜

领导小组办公室设在党委宣传部

办公室主任:张立杰

　　副主任:王学明　刘　杰

(3)保密工作领导小组

组　长:周　震

副组长:高永兴

成　员:何风隽　张立杰　李治涛　李正东　高桂英　李学斌　冯秀芳　曹　兵　罗进德　朱学军
　　　　刘双萍　邵淑宁　张守荣　王海文　苗福生　王学明　马　亮

领导小组办公室设在学校办公室

办公室主任:马　亮

5. 宁夏大学党务校务公开领导小组

组　长:李　星　何建国

副组长:王玉炯　周　震

成　员:何风隽　张立杰　李治涛　高永兴　孙建军　李学斌　刘双萍　马正亮　牛建军　祁泽平

领导小组办公室设在学校办公室

办公室主任:高永兴

　　副主任:刘　杰

6. 宁夏大学教职工考核领导小组

组　长:李　星　何建国

副组长:王玉炯　谢应忠　周　震

成　员:何风隽　李治涛　李正东　高永兴　孙建军　李学斌　曹　兵　祁泽平　蒋　万

领导小组办公室设在党委组织部、人事处

办公室主任:李治涛

　　副主任:李学斌

7. 宁夏大学思想政治工作指导委员会

主　任:李　星　何建国

副主任:王玉炯　谢应忠　李建设　刘炎胜　周　震　史金龙

委　员:何风隽　张立杰　李治涛　高永兴　李学斌　孙建军　闫　蓉　冯秀芳　罗进德　朱学军
　　　　张守荣　沈岩东　范映渊　贺生斌

委员会办公室设在党委宣传部

办公室主任:张立杰

委员会下设宁夏大学思想政治理论课建设领导小组

组　长:王玉炯　周　震

副组长:张立杰　冯秀芳　朱学军　沈岩东　范映渊

成　员:党锐锋　马　越　李东宁　张　艳　刘翔未　钱容德　尹　强　张建东　毛　升　王换芳
　　　　赵　蓉　刘　洋　王思鸿　白宁芳　李　斌　祁莉霞

领导小组办公室设在马克思主义学院

办公室主任:马　越

8. 宁夏大学精神文明建设指导委员会(宁夏大学校园文化建设领导小组)

主　任:李　星　何建国

副主任:王玉炯　谢应忠

委　员:何风隽　张立杰　李治涛　高永兴　孙建军　闫　蓉　李学斌　张　桓　冯秀芳　罗进德
　　　　刘双萍　张守荣　车　进　王海文　和　润　祁泽平　吕海军　张　强　夏雪花

委员会办公室设在党委宣传部

办公室主任:张立杰

9. 宁夏大学党委统一战线工作领导小组

组　长：李　星　何建国

副组长：王玉炯　周运生

成　员：何风隽　张立杰　李治涛　高永兴　井惠敏　孙建军　闫　蓉　李学斌　罗进德　张守荣

领导小组办公室设在党委统战部

办公室主任：何风隽

10. 宁夏大学民族宗教工作领导小组

组　长：李　星　何建国

副组长：王玉炯　周运生　史金龙

成　员：何风隽　张立杰　李治涛　高永兴　井惠敏　孙建军　闫　蓉　高桂英　李学斌　冯秀芳
　　　　曹　兵　罗进德　朱学军　刘双萍　张守荣　沈岩东　赤学礼　戴兴安　祁泽平

领导小组办公室设在党委统战部

办公室主任：何风隽

　　副主任：罗进德　朱学军

11. 宁夏大学党委外事工作领导小组

组　长：李　星　何建国

副组长：史金龙

成　员：何风隽　张立杰　李治涛　高永兴　高桂英　张　桓　李学斌　冯秀芳　曹　兵　罗进德
　　　　朱学军　刘双萍　张守荣　赤学礼　祁泽平

领导小组办公室设在对外合作交流处

办公室主任：高桂英

　　副主任：李治涛　李学斌　罗进德　张守荣

12. 宁夏大学人事人才工作领导小组

组　长：李　星　何建国

副组长：王玉炯　谢应忠　周运生　李建设　周　震

成　员：何风隽　张立杰　李治涛　孙建军　张　桓　李学斌　冯秀芳　曹　兵　朱学军

领导小组办公室设在人事处

办公室主任：李学斌

13. 宁夏大学教材建设与管理领导小组

组　长：李　星　何建国

副组长：王玉炯　谢应忠　周　震

成　员：何风隽　张立杰　冯秀芳　朱学军　胡玉冰　李世举　吕耀军　朱海燕　李海燕　杨国涛　刘富祥　王旭明　冯　锋　倪　刚　苏建宇　孙兆军　马红彬　张　波　毛明杰　王安全　咸云龙　雷兴明　王宏武　范映渊　赵晓佳　马亦兵　刘　明　郭少新　苗福生　王　磊　赵　军　王怀柱　刘小鹏

领导小组办公室设在教务处

办公室主任：冯秀芳

14. 宁夏大学国防教育、征兵工作领导小组

组　长：李　星　何建国

副组长：谢应忠　周　震　史金龙

成　员：张立杰　高永兴　张　桓　冯秀芳　罗进德　刘双萍　张守荣　牛建军　方　非　祁泽平　吕海军　张　航　张　翼

领导小组办公室设在学生处

办公室主任：张　翼

15. 宁夏大学财经工作领导小组

组　长：李　星　何建国

副组长：周运生　李建设

成　员：高永兴　孙建军　张　桓　李学斌　冯秀芳　曹　兵　刘双萍　马正亮　牛建军　邵淑宁　祁泽平

领导小组办公室设在计划财务处

办公室主任：刘双萍

16. 略

17. 宁夏大学完善校园治理体系提高治理能力工作领导小组

组　长：李　星

副组长：何建国

成　员：王玉炯　谢应忠　周运生　郎　伟　李建设　刘炎胜　周　震　史金龙　何风隽　张立杰　李治涛　高永兴　闫　蓉　冯秀芳　李学斌　朱学军　罗进德　张守荣　祁泽平　沈岩东

领导小组办公室设在学校办公室

办公室主任：周　震（兼）

　　副主任：高永兴

18. 宁夏大学党委巡察工作领导小组

组　长：李　星

副组长：周运生

成　员：张立杰　李治涛　李正东　井惠敏　李学斌　罗进德

领导小组办公室设在党委巡察（督查）办公室

办公室主任：井惠敏

19. 宁夏大学安全生产领导小组

组　长：何建国

副组长：王玉炯　谢应忠　李建设　刘炎胜　周　震　史金龙

成　员：何风隽　张立杰　李治涛　高永兴　孙建军　闫　蓉　高桂英　李学斌　冯秀芳　曹　兵
　　　　罗进德　朱学军　刘双萍　马正亮　张守荣　牛建军　祁泽平　郭少新　贾随生　刘　明

领导小组办公室设在学校办公室

办公室主任：高永兴

　　副主任：张守荣　牛建军　祁泽平

20. 宁夏大学招生工作领导小组

组　长：何建国

副组长：谢应忠　周　震　史金龙

成　员：何风隽　张立杰　李正东　高永兴　张　桓　冯秀芳　罗进德　朱学军　刘双萍　咸云龙
　　　　马亦兵　刘　明　郭少新　祁泽平　郑燕玲

领导小组下设四个办公室

研究生招生办公室主任：朱学军

普通本科、预科招生办公室主任：罗进德

成人、高职招生办公室主任：刘　明

新华学院招生办公室主任：郭少新

21. 宁夏大学大学生就业工作领导小组

组　长：何建国

副组长:谢应忠　周　震　史金龙
成　员:张立杰　高永兴　闫　蓉　冯秀芳　罗进德　朱学军　王智勇　夏雪花　徐　苗
领导小组办公室设在学生处
办公室主任:罗进德

22. 宁夏大学内部审计工作领导小组

组　长:何建国
副组长:李建设　周　震
成　员:李治涛　李正东　高永兴　井惠敏　张　桓　邵淑宁　李学斌　刘双萍　马正亮
领导小组办公室设在审计处
办公室主任:邵淑宁

23. 宁夏大学实验室安全工作领导小组

组　长:何建国
副组长:李建设　刘炎胜　周　震
成　员:高永兴　井惠敏　李学斌　冯秀芳　曹　兵　朱学军　刘双萍　马正亮　张守荣　牛建军
　　　　祁泽平
领导小组办公室设在资产与实验室管理处
办公室主任:马正亮
　　　副主任:冯秀芳　曹　兵　张守荣

24. 宁夏大学消防工作领导小组

组　长:何建国
副组长:刘炎胜
成　员:高永兴　冯秀芳　曹　兵　罗进德　朱学军　刘双萍　马正亮　张守荣　牛建军　贺生斌
　　　　车　进　王海文　倪　刚　郭庆杰
领导小组办公室设在保卫处
办公室主任:丁大勇

25. 宁夏大学法制建设领导小组

组　长:王玉炯
副组长:张立杰　张守荣
成　员:闫　蓉　马　亮　张　强　张　翼　张　驰

领导小组办公室设在党委宣传部

办公室主任:张　强

26. 宁夏大学政工系列专业职务评审委员会

主　任:王玉炯

委　员:何风隽　张立杰　李治涛　高永兴　孙建军　李学斌　冯秀芳　曹　兵　罗进德　范映渊
　　　　张　强

委员会办公室设在党委宣传部

办公室主任:张　强

27. 宁夏大学师德师风建设领导小组

组　长:王玉炯

副组长:周运生　郎　伟　李建设　周　震

成　员:何风隽　张立杰　李治涛　李正东　孙建军　闫　蓉　李学斌　冯秀芳　曹　兵　罗进德
　　　　朱学军　沈岩东　苗福生　李　浩

领导小组办公室设在党委教师工作部

办公室主任:李学斌

　副主任:张立杰　孙建军　曹　兵

28. 宁夏大学计划生育领导小组

组　长:王玉炯

副组长:孙建军

成　员:高永兴　李学斌　罗进德　朱学军　刘双萍　张守荣　祁泽平　王红枫　李　瑾

领导小组办公室设在校工会

办公室主任:王红枫

29. 宁夏大学人民调解委员会(劳动人事争议调解委员会、劳动鉴定委员会)

主　任:王玉炯

副主任:孙建军

委　员:蒋志忠　刘　杰　段晓阳　冯淑萍　周永军　马　萍　马彦峰　刘淑媛

委员会办公室设在校工会

办公室主任:蒋志忠

30. 宁夏大学学生资助管理工作领导小组（研究生、本科生奖助学金评审委员会）

组　　长：王玉炯　史金龙

副组长：李建设　周　震

成　　员：闫　蓉　冯秀芳　罗进德　朱学军　刘双萍　邵淑宁　祁泽平　吕海军　何文栋

根据所设奖学金、助学金类别确定学科评审委员若干人

本科生评审委员会办公室设在学生处

办公室主任：罗进德

研究生评审委员会办公室设在党委研究生工作部

办公室主任：朱学军

31. 宁夏大学中卫校区改革与发展领导小组

组　　长：谢应忠

副组长：周运生　周　震

成　　员：高永兴　闫　蓉　张　桓　李学斌　冯秀芳　曹　兵　罗进德　刘双萍　马正亮　牛建军
　　　　　祁泽平　贾随生

文化旅游学院、商学院、智能工程与技术学院、中卫校区公共教学部负责人

领导小组办公室设在发展规划与学科建设处

办公室主任：张　桓

32. 宁夏大学研究生教育教学工作指导委员会

主　　任：谢应忠

副主任：周　震

委　　员：张　桓　冯秀芳　朱学军　郭中华　杜建录　刘海峰　李　敏　刘鸿雁　吕耀军　仇娟东
　　　　　朱海燕　刘翔宇　孙兆军　李培富　王昱潭　方海田　丁凤琴　徐芝芳　马冬雅　王胜泽
　　　　　白宁芳　杨文笔　杜灵通　刘国军　何力军　杜　方

委员会办公室设在研究生院

办公室主任：张桂杰

33. 宁夏大学党务校务公开监督领导小组

组　　长：王玉炯

副组长：孙建军

成　　员：何风隽　张立杰　李治涛　高永兴　井惠敏　刘双萍　王红枫　马艳军

领导小组办公室设在工会

办公室主任:王红枫

34. 宁夏大学科技创新领导小组

组　　长:李建设

副组长:谢应忠

成　　员:张　桓　冯秀芳　曹　兵　朱学军　刘双萍　苏建宇　郭庆杰　钟艳霞　杜建录　胡玉冰
　　　　夏雪花

领导小组办公室设在科学技术处

办公室主任:曹　兵

35. 科研成果转化与服务地方领导小组

组　　长:李建设

副组长:谢应忠

成　　员:张立杰　曹　兵　刘双萍　马正亮　邵淑宁　夏雪花

领导小组办公室设在国家大学科技园办公室

办公室主任:夏雪花

36. 宁夏大学创新创业教育领导小组

主　　任:李建设

副主任:谢应忠　周　震　史金龙

成　　员:闫　蓉　张　桓　冯秀芳　曹　兵　罗进德　朱学军　刘双萍　夏雪花

领导小组办公室设在创新创业学院

办公室主任:夏雪花

37. 宁夏大学科技园管理委员会

主　　任:李建设

委　　员:张　桓　冯秀芳　曹　兵　罗进德　朱学军　刘双萍　马正亮　牛建军　邵淑宁　祁泽平
　　　　夏雪花

委员会办公室设在国家大学科技园办公室

办公室主任:夏雪花

38. 宁夏大学基本建设项目工作领导小组

组　　长:刘炎胜

成　员:高永兴　张　桓　刘双萍　马正亮　张守荣　牛建军　邵淑宁　王学明　祁泽平
领导小组办公室设在基建处
办公室主任:牛建军

39. 宁夏大学社会治安综合治理委员会

主　任:刘炎胜
副主任:高永兴　张守荣
委　员:何风隽　张立杰　李治涛　李正东　井惠敏　孙建军　闫　蓉　高桂英　李学斌　冯秀芳
　　　　曹　兵　罗进德　朱学军　刘双萍　邵淑宁　马正亮　贺生斌　桂晓兵
委员会办公室设在保卫处
办公室主任:张守荣

40. 宁夏大学维修工程立项审核领导小组

组　长:刘炎胜
成　员:何风隽　张立杰　李治涛　高永兴　张　桓　刘双萍　马正亮　张守荣　牛建军　邵淑宁
　　　　王学明　祁泽平　王惠荣　李文柱
领导小组办公室设在后勤集团
办公室主任:祁泽平

41. 宁夏大学爱国卫生绿化委员会

主　任:刘炎胜
副主任:祁泽平
委　员:刘双萍　牛建军　邵淑宁　冯秀芳　刘　杰　张　翼　马彦峰
委员会办公室设在后勤集团
办公室主任:马彦峰

42. 宁夏大学信息化建设工作领导小组

组　长:周　震
成　员:张立杰　高永兴　张　桓　刘双萍　马正亮　王学明　牛建军
领导小组办公室设在学校办公室
办公室主任:高永兴
　　副主任:刘　杰
领导小组下设专家咨询委员会

主　　任：周　震

副主任：谢应忠

委　　员：高永兴　张　桓　马正亮　王学明　冯　锋　刘　杰　杨　军　王　恒

委员会办公室设在学校办公室

办公室主任：刘　杰

　　副主任：王　恒　杨　军

43. 宁夏大学本科教育教学工作指导委员会

主　　任：周　震

副主任：冯秀芳

委　　员：朱学军　李　浩　杨术明　冯淑萍　丁峰山　于鹏亮　马金龙　马菊玲　白　楠　张　逸
　　　　　刘国军　杨　涛　杨　军　任永胜　王　盛　杨　蓉　李培富　方海田　李宏燕　李王成
　　　　　焦岩岩　马兆明　汪学政　马　桦　马　越　郏秀丽　马亚琳　李晓红　刘军红　方　非
　　　　　夏雪花　马　强　王　磊　赵俊峰　房彦兵

委员会办公室设在教务处

办公室主任：冯淑萍

44. 宁夏大学语言文字工作委员会

主　　任：周　震

委　　员：冯秀芳　罗进德　胡玉冰　车　进　杨术明

委员会办公室设在教务处

办公室主任：冯秀芳

45. 宁夏大学招标采购领导小组

组　　长：周　震

成　　员：高永兴　张　桓　冯秀芳　曹　兵　刘双萍　马正亮　牛建军　邵淑宁　薛　屏　祁泽平
　　　　　王惠荣

领导小组办公室设在资产与实验室管理处

办公室主任：马正亮

46. 宁夏大学体育运动委员会

主　　任：周　震

副主任：高永兴　咸云龙

委　　员:张立杰　孙建军　闫　蓉　冯秀芳　罗进德　张守荣　和　润　严　津　马兆明　徐　赟
　　　　　古雅辉　任全江　彭飞翔
委员会办公室设在体育学院
办公室主任:彭飞翔

47. 宁夏大学大学生心理健康教育工作领导小组

组　　长:史金龙
副组长:罗进德
成　　员:闫　蓉　冯秀芳　朱学军　张守荣　范映渊　和　润　祁泽平　王安全　阿利·热合买提
　　　　　秦　莉
领导小组办公室设在学生处
办公室主任:秦　莉

48. 宁夏大学关心下一代工作委员会

主　　任:王玉炯　赵维素
副主任:张立杰　李福明(常务副主任)　陆美石　闫　蓉　罗进德　张守荣　李思源
委　　员:杨文刚　何凤隽　周　强　李胜刚　潘　瑞　拜发奎　李海燕　朱　伟　刘富祥　王志霄
　　　　　武林波　高继明　王彦庚　赵　勤　刘成敏　张　宁　钟子杰　张晓天　高石钢　陈晓敏
　　　　　张建国　王宏武　赤学礼　戴兴安　马廷喜
秘书长:李思源(兼)
委员会办公室设在离退休人员服务处
办公室主任:蔡永刚
　　　　副主任:陆美石(兼)

专 载

春（钟子杰 摄）

在习近平总书记在学校思政课教师座谈会重要讲话发表两周年座谈会上的讲话

党委书记 李 星

（2021年3月18日）

各位老师、同学们：

2019年3月18日，也就是两年前的今天，习近平总书记主持召开学校思想政治理论课教师座谈会并发表重要讲话。习近平总书记的重要讲话，系统阐述了办好思想政治理论课的重大意义，深入分析了教师在办好思想政治理论课中的关键作用，明确提出了推动思政课改革创新的重大要求，富有真知灼见、内涵丰富、意蕴深远，为我们在新时代推进思政课建设指明了前进方向、提供了根本遵循，也提出了更高的要求。

两年来，我们按照习近平总书记的指示精神，着力深入推进"三进"工作，着力加强思政教师和工作队伍建设，着力推动"思政课程"和"课程思政"改革创新，各项工作取得了明显的成效。今天，我们在这里召开座谈会，再次重温习近平总书记"3·18"讲话精神，就是要进一步统一思想、凝心聚力，为学校下一步做好思政工作集思广益、开拓思路、出谋划策、提出建议。

2021年处在"两个一百年"奋斗目标历史交汇点，是建党100周年，也是"十四五"规划实施第一年，更是全面建成小康社会乘势而上迈向全面建设社会主义现代化国家新征程的起步之年。而办好思想政治理论课是关乎坚持社会主义办学方向，落实立德树人的根本任务，全面贯彻党的教育方针的重要手段，使命光荣、责任重大。

一是要全面深入推进习近平新时代中国特色社会主义思想"进课堂、进教材、进头脑"。去年，我们出台了《宁夏大学落实习近平新时代中国特色社会主义思想进教材进课堂进头脑工作实施方案》，成立了我和校长为双组长的"三进"工作领导小组。校党委坚持把"三进"工作作为一项重要的政治任务和政治责任，列入重要议事日程，纳入全局工作谋划推进。我们整合校内资源，调整学院建制，在马克思主义学院设置思想政治教育本科专业；马学科已纳入自治区"双一流"重点建设学科（自治区双一流B类）；整合马克思主义理论、民族学、历史学和社会学等学科资源，专门成立了"宁夏大学中华民族共同体研究院"，学校获批国家民委"中华民族共同体研究基地"，等等。应该说，成效非常明显，学校"三进"工作也得到了自治区党委常委、宣传部部长李金科的批示肯定，建议"探索形成更多更好的经验做法，并在区内高校推广"。下一步，我们要继续围绕方案，细化责任分工、明确工作台账，确保方案落地落实；同时也要紧盯党中央、教育部、自治区党委的最新部署和要求，及时更新、吸收、调整。

二是要通过教育评价综合改革，进一步加强思政课教师和工作队伍建设。学校制定出台了《宁夏大学思想政治理论课教师队伍建设实施办法》，将思政课教师队伍建设作为全校第一队伍加强建设，让有信仰的人讲信仰。学校党委全面谋划，按照教育部1:350师生比规定，建成了一支专职为主、专兼结合、素质优良的思政课教师队伍。严格遵照教育部46号令精神，组建了由学校党政领导干部、思政课教师、专业课教师、共青团干部、辅导员和班主任组成的"三进"工作师资团队。去年，校党委还克服困难，下大力气解决了学校积压多年的职称聘任、岗位不足问题，落实辅导员"双重身份、双线晋升"职称评聘制度，落实思政课教师补贴、辅导员岗位津贴等，充分落实了思政课教师和工作队伍的待遇。今年，我们对照党中央决策部署，即将出台《宁夏大学深化新时代教育评价改革工作方案》，着力破除"五唯"，修订完善学校现有的有关制度规定，进一步完善评价体制机制，充分激发思政课教师和思政工作队伍的内生活力。

三是要持续推动"思政课程"和"课程思政"改革。习近平总书记强调"推动思想政治理论课改革创新，要不断增强思政课的思想性、理论性和亲和力、针对性。"去年，我们制订出台了《加强思想政治理论课建设实施方案》，着力推动思想政治理论课教学改革，2020年秋季学期，我校率先在大三学生中开设"习近平新时代中国特色社会主义思想概论"选择性必修课。同时，我们着力加强"课程思政"改革，去年新增30门"课程思政"示范课，校级"课程思政"示范课达到近60门，获批自治区"课程思政"精品项目20余门。但是，对照党中央、教育部和自治区党委的要求，在质量和数量上还有很大的提升空间。下一步，我们既要落实教学目标、课程设置、教材使用等方面的统一要求，又要因地制宜、因时制宜、因材施教，要提倡启发式、互动式、参与式教学，充分利用互联网技术和信息化手段，积极推广翻转课堂、混合式教学等新型教学模式，着力增强"思政课程"和"课程思政"的亲和力、针对性，努力打造更多、更好的学生想听爱学的"金课""热门课"。

各位老师、同学们，为党育人、为国育才是历史赋予我们的重大使命，让我们一起努力，聚焦立德树人根本任务，立足新发展阶段、贯彻新发展理念、融入新发展格局，按照习近平总书记"3·18"讲话精神，努力培养担当民族复兴大任的时代新人，努力培养德智体美劳全面发展的社会主义建设者和接班人，以优异成绩迎接建党100周年。

在宁夏大学青年师生学习贯彻习近平总书记在庆祝中国共产党成立100周年大会上的重要讲话精神座谈会上的讲话

党委书记 李 星

（2021年7月6日）

各位青年老师、同学们：

大家下午好！

7月1日上午，中共中央在北京天安门广场隆重举行庆祝中国共产党成立100周年大会。习近平总书记发表了重要讲话，庄严宣告了第一个百年奋斗目标顺利实现，正向第二个百年奋斗目标迈进，高度总结了一百年来我们党为实现中华民族伟大复兴取得的四个历史阶段的伟大成就，高度凝练了伟大建党精神的核心要义，以"九个必须"科学回答了党和国家事业发展的领导核心、价值追求、理论指导、战略支撑、外部环境、力量来源等一系列重大问题，用历史映照现实，为开创美好未来指明了方向，郑重声明了中国人民捍卫国家主权和领土完整的坚强决心、坚定意志、强大能力，对全体中国共产党党员发出了伟大号召。

同时，在讲话中，习近平总书记也对中国青年提出了明确的要求。他强调，"新时代的中国青年要以实现中华民族伟大复兴为己任，增强做中国人的志气、骨气、底气，不负时代，不负韶华，不负党和人民的殷切期望！"

刚才，史金龙副校长介绍了我校青年师生"七一"期间在庆祝中国共产党成立100周年系列活动中取得团中央、自治区层面的各类获奖情况以及开展各类庆祝活动的具体情况，对于大家取得的成绩和荣誉，我感到很欣慰，这是学校青年学生感党恩、听党话、跟党走的生动实践。7位青年师生代表分别从学习、教学、科研、脱贫攻坚以及共青团工作等不同的视角对如何深入学习贯彻习近平总书记在庆祝中国共产党成立100周年大会上的重要讲话精神作了很好的发言，讲得都非常好。

各位青年老师、同学们，"一个有远见的民族，总是把关注的目光投向青年；一个有远见的政党，总是把组织的基础植根于青年。"党的青年工作不是一般的事务性工作，而是事关红色江山永不变色、事关党的事业薪火相传、事关中华民族永续发展的政治工作，是学校各级党组织和共青团组织要紧紧抓在手里的工作。

我们要深入学习贯彻习近平总书记在庆祝中国共产党成立100周年大会上的重要讲话精神，深刻认识青年工作是党治国理政的一项基础性、全局性、战略性工作，切实加强各级党委对青年工作的领导，充分发挥共青团作为党的助手和后备军的重要作用，把巩固和扩大党执政的青年群众基础作为政治责任，把围绕中心、服务大局作为工作主线，积极构建具有全局性、互补性、协调性的青年工作机制。

借此机会，我也想对在座的各位青年教师和学生谈几点希望。

一要切实把思想和行动统一到习近平总书记"七一"重要讲话精神上来。习近平总书记在庆祝中国共产党成立100周年大会上的重要讲话，把我们党对共产党执政规律、社会主义建设规律、人类社会发展规律的认识提升到了新高度，是党团结带领全国各族人民踏上全面建成社会主义现代化国家、实现第二个百年奋斗目标新的"赶考"之路的政治宣言。广大青年师生要深刻领会和把握习近平总书记重要讲话的重大意义、丰富内涵、核心要义和实践要求，坚定不移跟着中国共产党走，勇做走在时代前列的奋进者、开拓者、奉献者，要从党的百年历史中汲取前进力量，自觉把苦难辉煌的过去、日新月异的现在、光明宏大的未来贯通起来，始终坚持听党话、跟党走。

二要切实珍惜美好时光，扎实练就过硬本领。青年兴则国家兴，青年强则国家强。梦想从学习开始，事业靠本领成就，人生的黄金时期在青年。青年时期学识基础厚实与否，影响甚至决定自己的一生。习近平总书记反复强调，广大青年应该把学习作为首要任务，如饥似渴、孜孜不倦学习，既多读有字之书，也多读无字之书，加强磨炼、增长本领，努力成为可堪大用、能担重任的栋梁之材。当今时代，科学技术的发展日新月异，知识的更新瞬息万变，唯有不断学习，才能不被时代所淘汰。广大青年师生要紧跟时代步伐、练就过硬本领，努力学习、提升素质，使自己的思维视野、思想观念、认知水平紧跟时代发展，蓄满青春能量，走好人生之路。

三是要切实担当作为，在奋斗中实现青春梦想。一个时代有一个时代的使命，一代人有一代人的担当。不同的时代造就不同个性的青年群体，但永远不变的是青年一代的责任和担当。青年师生精力充沛，富有创造活力和创业激情，是整个校园中最积极、最有生气的一部分力量。时代把重任交给青年，这既是无比的信任，更是极大的鞭策。当前，宁夏大学正迎来"双一流"建设和"部区合建"叠加的历史性机遇期，有太多的可能需要我们共同创造。广大青年师生进一步增强担当意识和进取意识，主动作为，攻坚克难，特别是要发挥思想活跃、敢想敢干、富有激情的特质，立足新发展阶段、贯彻新发展理念、融入新发展格局，在不断的奋斗中成就自己的青春梦想。

各位青年师生，人的一生只有一次青春。让我们不负时光、不负韶华，在最美的年华里，留下奋进的足迹，书写人生的华丽篇章。

在宁夏大学中层以上干部学习贯彻习近平总书记在庆祝中国共产党成立100周年大会上的重要讲话精神专题培训班总结大会上的讲话

党委书记 李 星

（2021年8月28日）

同志们：

这次全校干部学习习近平总书记在庆祝中国共产党成立一百周年大会上的讲话精神专题培训班还有1个下午的集中学习就要结束了。昨天上午，范映渊同志作了《引领新时代的马克思主义行动纲领》的内容丰富的报告，从7个方面对习近平总书记"七一"重要讲话作了深刻阐释、全面解读，会后大家还要继续深入学习习近平总书记"七一"重要讲话精神，并融会贯通在工作的具体实践中。昨天下午，各位校领导结合各自的分管工作进行了新学期的工作部署，结合实际、针对性强，我都同意，请抓好落实；刚才，6名上半年参加外出学习培训的同志结合各自的学习培训作了很好的交流发言，谈认识、讲体会、提建议，起到了相互启发、共同提高的良好效果；彭志科同志在近一段时间认真调研的基础上，对下半年全校的工作做了全面部署、指出了存在的问题、提出了明确的要求，讲得很好，我赞成和支持。

应该说，这次培训班既是一次学习会、交流会、收心会，也是新学期工作的启动会、部署会。下面，结合培训内容和新学期工作，我再谈几点意见。

一、提高站位、强化认识，以学习贯彻习近平总书记"七一"重要讲话和第27次全国高校党建工作会议精神为契机，全力推动党建工作迈上新台阶

学习贯彻习近平总书记"七一"重要讲话精神，是当前和今后一个时期的一项重大政治任务。作为高校领导干部，我们要在深刻感悟我们党为国家、为人民、为民族、为世界进行的不懈奋斗、作出的伟大贡献中，进一步坚定信仰、获得启发、汲取力量；要深刻领悟习近平总书记"七一"重要讲话蕴含的重大理论观点和科学论断，自觉坚定地用习近平总书记"七一"重要讲话精神武装头脑、指导实践、推动工作；要牢记初心使命，牢记奋进目标，牢记"国之大者"，进一步强化历史自觉、历史担当；要始终保持"赶考"的清醒坚定，大力发扬共产党人一往无前、永不懈怠的奋斗精神，自觉同广大师生想在一起、干在一起，立足本职、履职尽责。

第27次全国高校党的建设工作会议从健全党建工作体系、推动高校思政工作守正创新、做好高校常态化疫情防控、贯彻落实《中国共产党普通

高等学校基层组织工作条例》等方面,对做好当前和今后一个时期高校党建工作作了全面部署。教育是国之根基,高校肩负着培养德智体美劳全面发展的社会主义事业建设者和接班人重大任务,必须始终坚持党对高校工作的全面领导,牢牢把握社会主义办学方向。

今年也是自治区党委确定的"基层党建全面提升年"。上半年,我们在党建工作上取得了一些成绩,但还远远不够,新学期我们要全面对标对表党中央和自治区党委的决策部署,以学习贯彻习近平总书记"七一"重要讲话和第27次全国高校党建工作会议精神为契机,着力强弱项、补短板、促提升,全面加强和改进学校党的建设,推动党建工作和业务工作深度融合,充分激发基层党组织的生机活力。

一是要始终坚持立德树人根本任务,紧紧围绕"培养什么人、怎样培养人、为谁培养人"这个根本问题,细化举措、加强督导、狠抓落实,全力推动"三进""三全育人"工作取得实效。要持续加强马克思主义学院、马克思主义理论学科、黄大年式教师团队、思想政治理论课教师队伍和课程建设;要全力保障和落实学工队伍的各项政策和待遇,让他们在工作上有奔头,在事业发展上有空间,在个人成长上有平台;要积极探索"一站式"学生社区综合管理模式以及思政导师、学业导师、科研导师、朋辈导师、特聘导师"五位一体"的本科生导师体系,提升育人质量;要牢牢把握意识形态工作领导权,守牢意识形态阵地,严格落实意识形态工作责任制,提高网络舆情发现和引导处置水平,做大做强正面宣传、讲好宁大故事。

二是要强化党建引领发展,进一步压实党建责任。要持续推进学生党建"金种子"工程和教工党建"育人楷模"工程,为构建"三全育人"大格局提供组织保障。要大力推进党建和业务工作融合,加大教工党支部书记"双带头人"培育力度。要进一步完善压实各级党组织主体责任、党组织书记第一责任人责任、班子成员"一岗双责"的责任体系。用好问责利器,以刚性问责倒逼党建工作任务扎实落实,以责任落实推动任务落实。

三是要强化党建考核,进一步推动党建制度落地。要突出日常考核、明察暗访、谈话调研、综合研判等,进一步严格落实组织生活制度、"三会一课"制度,充分发挥功能型党小组的作用。要深入学习贯彻《中国共产党普通高等学校基层组织工作条例》,严格执行《宁夏大学中层党组织书记抓党建工作述职评议考核办法(试行)》,综合运用考核结果,全力做好本轮的基层党组织换届工作。

四是要强化党建基础保障,加强基层党组织标准化、规范化建设。要按照教育部"对标争先"建设计划,积极开展党建示范创建工作,着力培育和构建从示范高校、标杆院系、样板党支部到特色党小组一条龙式的党建示范体系,以点带面发挥引领带动作用,推动全校各级党组织全面进步全面过硬。要用好党费和党建项目化工作经费,抓好高校党建20项重点任务,进一步优化党务工作者待遇,为学院配备专职组织员。

二、正视短板、破解难题,以持续深化综合改革为动力,全力推动全年各项重点工作落实落地

8月11日,学校召开了干部教师大会,何建国同志因年龄原因不再担任校长,彭志科校长和王忠静副校长加入了校领导班子,为学校领导班子注入了新鲜的血液。这充分体现了教育部、自治区党委、政府对学校领导班子建设的高度重视,充分体现了教育部、自治区党委、政府对学校改革建设

和发展的高度重视。上周,校党委对新领导班子分工作了调整,也是希望在新学期展现新的气象,在新的起点上,以新的面貌、新的举措、新的作为推动学校更高质量发展。

今年是学校"十四五"规划的开局之年,又恰逢建党 100 周年,各项工作交织叠加,任务十分繁重。当前,学校正迎来"双一流"建设和"部区合建"叠加的历史性机遇,学校在学科建设、人才培养、科学研究、服务社会、文化传承创新等各方面得到了长足发展,今天我不总结成绩,我主要强调由于受观念、地域、人才等因素制约,我们和兄弟院校在很多方面的差距还很大,某些差距还在不断地扩大。特别是,在这次教育部首轮"双一流"建设成效评价结果、一级博士学位点申报、巡视整改等方面,应该说我们做得还很不到位,需要改进提升的地方还很多,必须以改革创新的勇气,正视短板、全力破解难题,确保全年各项工作落实落地。

具体工作,分管校领导和志科校长已经作了全面的部署,我就不再强调。在这里,我想重点谈谈处理好几个方面关系的一些思考,希望能在"十四五"规划落实中予以考虑。

一是处理好"一流学科""部区合建"学科群和一般学科的关系。

2017 年,学校成为国家一流学科建设高校;2018 年,学校成为教育部与自治区人民政府"部区合建"高校,用好这两个叠加的历史性机遇,既是历史赋予我们的责任,也是体现宁夏大学能否实现高质量发展的最重要指标。如何高质量完成"一流学科"建设和"部区合建"任务目标是摆在我们当前最重要的任务。

化学工程与技术学科作为国家一流学科,我们必须要突出这个重点,在人力、物力、财力有限的情况下重点予以支持。在教育部首轮"双一流"建设成效评价上,化学工程与技术学科在人才培养质量和水平、师资队伍结构性调整和优化、科研创新和服务区域经济社会发展等方面的建设成效均不够显著,我们必须正视差距、认清短板,要有危机感、压力感、紧迫感,以强烈的追赶意识迎头赶上。下一步,必须要在领军人才的引进、盘活现有人才承担大的项目、产出大的成果以及运行的体制机制上取得实质性的突破。

我再强调一下,新学期开始后,我们必须以"双一流"建设过程中存在的关键核心问题为导向,以整改目标为指引,聚全校之力,凝心聚力,攻坚克难,高质量完成"双一流"首轮建设各项任务;学校各部门、学院主要领导作为"双一流"建设工作的第一责任人,务必将其作为各项工作的重中之重,纳入到年终考核指标体系当中,重实效,求突破,讲贡献,严考核。

此外,我们还要进一步加强"一流学科"建设和"部区合建"学科群以及重点学科与一般学科的统筹协调,既要突出重点,也要兼顾一般,不能一提突出重点学科建设就不管其他大多数一般学科的建设,各个学科专业的高质量人才培养需要各个学科专业健康高质量发展;要以一流学科为突破点,以"部区合建"学科群为重要支撑,带动、辐射重点学科与一般学科的全面发展;要统筹配置各类资源、避免人力、物力、财力的重复建设,确保将各类资源用到关键处、用在关键时,形成不同学科之间的相互支撑、交叉与渗透,充分发挥学科群的系统功能,不断提高学科建设整体水平。

二是处理好人才培养规模和质量的关系。

高校的中心任务是培养人才,本科生教育是立校之本,研究生教育是强校之路,所有工作也都是为人才培养这个中心任务服务的,但是一所学校的办学资源总是有限的,这就需要我们既重视人才培养规模,同时更重视人才培养质量。

在人才培养规模上,我们在"十四五"规划里提出,到"十四五"末,在校全日制本科生规模稳定在20000人左右,在学研究生规模达到8000—10000人,应该说这个规模是经过反复调研测算的,是符合学校实际的。面向"十四五",我们要积极抢抓国家大力发展专业硕士、博士研究生的机遇,进一步稳定本科生、发展硕士生、重点发展博士生,适度发展留学生。

与之相比,更为重要的是我们要全力狠抓本科生、尤其研究生的教育教学质量。人才培养质量是学校的生命线。我们要着力谋划和推进高校各项人才培养制度建设,要在人才素质标准、人才培养模式、教学质量管控、教育管理运行等方面加强实践探索;要进一步坚持学科带头人、教授、博导为本科生上课制度,着力加强校风、教风、学风建设,凝聚全校师生的力量,让尊师重教、提升质量的理念成为每一位师生员工的不懈追求。

三是处理好基础研究和应用研究的关系。

宁夏大学作为一所师范起家的高校,我们在基础研究方面有着很好的传统和基础,也推出了一批很有影响力的研究成果,我们要将这种好的势头保持下去,持续实施好基础研究振兴计划,鼓励和提速基础研究。同时,我们更要持续加强应用研究,要瞄准国家及区域发展现实需求,主动对标"黄河流域生态保护和高质量发展先行区"建设要求,积极对接自治区九大产业发展需求,深入贯彻落实自治区"科技支宁"东西部合作创新机制,坚持特色创新和开放创新,与国内大院大所开展协同攻关。

总之,作为一所"双一流"高校和地方高校,基础研究和应用研究对于我们而言,处于同等重要的位置,必须两手都要抓,两手都要硬,但是具体到不同学院、不同系、不同教师,必须根据资源配置、学科特点、能力兴趣等有所侧重,这就要求我们要按照教育综合评价改革的总体要求,尽快建立起相应的评价标准,让基础研究尽力同国际国内一流水平接轨,让应用研究能够围绕自治区九大产业和国家战略需求承担大项目、产出大成果。

四是处理好引进人才和盘活使用好现有人才的关系。

习近平总书记强调,世上一切事物中人是最可宝贵的,一切创新成果都是人做出来的。近两年,我们按照"建设一支忠诚党的教育事业,热爱教书育人,有高尚的道德情操和奉献精神,学术水平一流的师资队伍"的思路,坚持"以人为本,以教师为本",坚持把"人"的文章作为第一抓手,通过构建岗位动态管理机制、建立分类评价机制、创新人员编制管理、实行人员总量管理、深化绩效工资改革等,为"一流学科"建设和"部区合建"提供了有力的人才支撑。

当前正是宁夏大学引进人才的黄金时期。下一步,我们要重点引进出类拔萃的优秀中青年学术带头人,更要不遗余力以超常规方式引进一流的领军人才,要确保在引进高水平领军人才上实现突破。在筑巢引凤的同时还要潜心育苗,要加大现有人才的培育力度,瞄准院士、长江学者、杰青等目标,花力气将有潜力的苗子纳入长远支持规划持续培养,循序渐进、久久为功、实现突破。最终要有数十名学术大师,上百名出类拔萃的学术带头人。与此同时,我们也要处理好引进人才和盘活现有人才的关系,要通过构建全方位的人才管理、服务、使用制度体系,着重在留住人才、培养人才上下功夫,要为所有人才创造良好的条件,形成育人为本、尊重学者、崇尚学术的生态。

五是处理好党群行政部门和二级学院的关系。

二级学院是学校发展的基本单元，既是学校联系师生的桥梁和纽带，又是贯彻落实教学、科研、师资队伍、人才培养、思想政治工作、党的建设等各项工作的关键力量。党群行政部门处于承上启下的重要位置，既是学校各项政策的制定者也是各项具体工作的推动者。

我们都知道，在一所大学里，是以学生为主体，以教师为主导的，这就要求我们的一切工作都应该"以师生为中心"。党群行政部门工作人员必须摒弃"官本位"思想、改变"官老爷"做派，要始终把服务和协调二级学院的发展作为主要定位，要始终把师生的需求作为决策的依据。

同时，我们要进一步扩大二级学院的办学自主权，要让权力不仅仅是从学校下沉到学院领导，而是要落到学术委员会、教代会（职代会）等每一类共同体，落到教师、科研人员、管理人员、学生等每一个学院主体，借此激发起教师的教学与科研热情，强化师生的主体意识，凝聚起促进学院发展的强大合力。让学院成为宁静的育人家园、活跃的学术社区和典雅的文化高地，让广大教职员工尽心教学、尽力科研、尽心生活。

六是处理好资深干部和年轻干部的关系。

资深干部资历深、阅历广、威望高，是学校事业发展的宝贵财富；年轻干部年纪轻、思维活、干劲足，是学校的未来和希望；只有充分调动资深干部和年轻干部的工作积极性，才能让学校事业发展有序、有力地快速推进。

一方面，对于资深干部，我们要充分发挥好其经验优势，让他们大力发挥"传帮带"作用，帮助年轻干部早日成长成才；要结合实际，将任职时间较长的资深处级干部调整补充到巡察督查员、专职组织员和教学督导员三支队伍中，为年轻干部打通职务晋升通道；要关心厚爱，充分考虑那些由于岗位数量限制等原因，无法提拔的多年在同一职级的干部需求，虽然在职务上不能晋升，但在绩效工资分配等方面要从政策上予以激励，让那些认真谋事、踏实干事、合力成事的资深干部有"内部粮票"，从而调动他们的工作积极性。

另一方面，要坚持以好干部标准为导向，持续推进干部队伍年轻化；要注重在基层一线和急难险重等重大考验中考察识别和选拔优秀年轻干部，让真正优秀的年轻干部脱颖而出，担大事、堪大任；要加大年轻干部的教育培训，除按照自治区党委组织部要求，选派年轻干部参加自治区党委组织部的调训学习外，还要结合工作实际，积极创造条件，通过举办主题培训、网络培训班，与地方交流任职，赴知名高校交流学习等方式，切实增强年轻干部的工作水平和工作能力。

七是处理好后勤改革和关心后勤职工的关系。

宁夏大学后勤管理体制先后经历了多次改革，今年我们按照"市场提供服务、学校自主选择、行业规范自律、部门依法监管"的思路成立了后勤保障部，从一个"自主经营、独立核算、自负盈亏"的企业化运行机制的部门改制为学校直属单位，应该说我们的改革一直在探索中前进，但是总的来说距离"新型高校后勤保障体系"还存在较大差距，需要进一步下大力气深入推进改革。

高校后勤本身的公益属性，决定了其必须要坚持服务育人、管理育人、环境育人，现在我们回归公益属性，整体思路是清晰的，下一步的工作重点就是要尽快在劳动用人制度改革、完善和落实配套政策、建立规范的后勤管理服务体系等方面进一步积极探索，迈出实质性的步伐。同时，在改革的过程中，我们也要切实关注和解决后勤部门的历史遗留问题，切实关注后勤职工的实际困难和实际需求，给予他们更多的选择空间和人文关怀，让每一位职员用心服务。

八是处理好本部4个校区和金凤校区的关系。

目前，新传与马院教学实验楼即将于10月底前正式竣工并投入使用，教学综合楼（未来教室）项目已经主体结构封顶预计明年底可竣工，朔方校区"宁夏大学新农科人才培养与创新研究院"项目（3栋楼3万多平方米）8月24日由自治区发改委召集专家及相关厅局领导组织召开项目初步设计论证会，已得到原则性通过，10月底前将正式开工建设；同时，校本部怀远校区研究生公寓项目、文萃校区学生公寓项目也正在积极筹划中。这样一来，本部4个校区的教学、科研、住宿条件将会得到极大的提升，如果建成后完全可以满足现有全部的全日制本科生、研究生的学习和生活需求。"十四五"期间，我们将使所有全日制学生集中在校本部的4个校区，这不仅有利于资源的共享利用，也能更加有效地开展教学科研活动。

但是，实现上述目标还需要一个过程，这就需要我们现在合理地利用好金凤校区。通过对金凤校区的深入调研（包括金凤校区、文萃校区食堂的取暖问题等），在适度进行维修改造的基础上，金凤校区现有的资源可以保证在两三年的过渡期内，除了满足继续教育学院、民族预科教育学院、创新创业学院（大学科技园办公室）、宁夏大学老年大学等现有单位的正常运转，还可以保障1个年级较好的学习、生活条件。

三、勇于担当、积极作为，以转变工作作风、提升工作效能为重点，全力推动各级领导干部履职尽责

近年来，学校各级领导干部的精神状态总体是向好的，工作作风也有了明显的改善。但是与此同时"不作为、慢作为、乱作为"的现象时有发生，不同程度影响了学校各项工作的推进。一些干部混日子，做事拖拉懒散，遇事打"太极"，对上级安排的任务敷衍了事，得过且过；对承担的工作能拖则拖，不推不动，拨一拨转一转；一些干部心思不在工作上，想的是如何享受生活、吃好玩好，饱食终日，无所用心，出工不出力，人在心已散；一些干部习惯当"二传手""甩手掌柜"，不愿亲力亲为，层层批办转办，只当评论员，不当战斗员；一些干部过于看重自己的待遇，没有利益好处的事，不愿干、往外推；等等。

办好宁夏大学，是历代宁大人不懈的追求与梦想，是时代赋予全体宁大人光荣而神圣的使命。一代人有一代人的机遇，一代人也有一代人的挑战。当前，我们的机遇很好，但是挑战更大。特别是对于我们这样一所地处西部的高校而言，观念、区位、资源都处于劣势，如果没有敢拼敢创的意识，如果没有主动作为攻坚克难的勇气，如果没有超常的付出，我们如何能够抓住这一轮"双一流"建设和"部区合建"叠加的历史性机遇，我们又如何面对广大师生的热切期盼、如何面对全区上下寄予的厚望？

在新时代，站在新的起点上，唯有奋斗才能成就梦想，唯有奋斗才能砥砺前行，唯有奋斗才能问心无愧。新学期，各级党员领导干部要切实发挥表率示范作用，带头履职尽责，带头担当作为，勇于挑重担子、啃硬骨头、接烫手山芋，校党委也将切实为担当作为的干部保驾护航，全力营造干事创业的浓厚氛围。

一是加强政治引领，强化政治担当。校党委将切实提高政治站位，带头将增强"四个意识"、坚定"四个自信"、做到"两个维护"作为加强高校党的建设的首要任务。认真落实党中央关于加强政治建设的各项部署，指导各二级单位党组织不断增

强党内政治生活的政治性，强化政治教育和政治引领，引导广大党员领导干部切实提高政治判断力、政治领悟力、政治执行力。

二是坚持正确选人用人导向，坚决把好干部选出来。下半年，将启动教学科研单位党组织换届工作。校党委将以此为契机，严格贯彻《党政领导干部选拔任用工作条例》，坚持正确选人用人导向，坚持人岗相适，坚决将"信念坚定、为民服务、勤政务实、敢于担当、清正廉洁"的好干部选好用好。要把干部能上能下的制度机制落实下去，让"能者上、庸者下、劣者汰"，真正让干部队伍动起来、活起来。

三是落实从严治党要求，不断健全考核机制。校党委将支持校纪委严格执行干部管理监督有关规定，定期开展执纪检查和问题清理，通过制度约束和纪律监督强化各级干部的政治意识、纪律意识和规矩意识。进一步加大干部问责追责力度，对在工作过程中懒散无为、业绩平庸、师生认可度较低、任务完成不理想的领导干部以及工作中因失职失察给学校造成重大损失和不良影响的干部坚决进行问责，并视情节轻重对其进行撤职、降职或调整等相应处理。

最后，我再强调一下，当前疫情防控形势依然复杂，各级领导干部要坚决克服麻痹思想、厌战情绪、松劲心态，密切关注疫情形势的最新变化，始终绷紧防控的弦，毫不松懈地抓紧抓实抓细各项防控要求，切实守护好师生生命健康安全。

同志们，前进的道路上，总会有风吹雨打。但只要我们勠力同心、一致向前，就没有什么困难可以难倒我们，宁夏大学的明天也一定会更加美好。

在宁夏大学2021届毕业生就业创业工作部署暨2020届毕业生就业工作总结表彰会议上的讲话

校　长　何建国

（2021年3月29日）

同志们：

2020年是极不平凡的一年，2020届是极不普通的一届，2020年的就业工作是极具挑战性的一项工程。如举国上下勠力同心抗击疫情一样，在过去一年的时间里，宁夏大学的同志们众志成城，守望相助，全体教职员工带着责任、带着爱、带着宁大人"不怕困难，不畏风寒，根深叶茂，本固枝荣"的沙枣树精神投入毕业生就业工作，到9月1日前顺利达成了我校毕业生就业率70%的奋斗目标。在特殊的环境背景下，这份成绩来之不易，它离不开学校各部门、各学院的鼎力相助，饱含着今天在场每一位同志的无私奉献与卓越工作。

党中央、国务院对过去一年的就业工作给予了高度评价，习近平总书记在五中全会第一次会议上，高度肯定了今年的就业工作。李克强总理专门强调，"各方面共克时艰，稳住了经济和就业基本盘"。一个月前，陈宝生部长给自治区党委常委李金科同志致感谢信，对宁夏如期完成2020届高校毕业生就业工作目标，为全国就业大局稳定做出重要贡献，表示衷心感谢。借此机会，我也代表学校党委、行政向所有奋战在我校毕业生就业工作岗位上的同志们表示衷心的感谢。

在今年就业工作中，校领导带头进学院、进企业，学院领导进班级、进宿舍，特别是就业部门工作人员和毕业班辅导员们走进毕业生群、家长群、校友企业群，大家共同撑起了2021届毕业生就业的大局。今年工作中大家经历了前所未有的难题，比如疫情突发带来的恐惧、岗位大幅减少带来的忧虑等，都曾经焦头烂额、手足无措，但所有难处，大家都扛了下来。我们知道，为宣传好就业支持政策，很多辅导员每天像"网络主播"一样耐心解答学生们方方面面的具体问题，有的还模仿健康码设置了动态"就业码"对重点群体学生进行重点跟踪；我们还知道，为给学生精准推送招聘信息，你们收集了大量咨询信息，力求把最精确的那一条推送给合适的学生；我们更知道，当一开始线下招聘受到影响无法开展时，我们的就业指导工作人员和辅导员比学生更着急，既要"踏破铁鞋"地寻求一切帮助，不知疲惫地走访用人单位，也要"磨破嘴皮"地宽慰焦急的学生、开导焦虑的学生、鞭策"佛系"的学生。总之，哪有什么轻轻松松地水到渠成，不过是有你们这么一大批充满爱心、责任心、事业心的同志，用自己的负重前行打造了"最难也是最暖就业季"，我们为有这样一支队伍感到无比踏实、由衷骄傲。在这里，我代表校党委、行政，也特别代表5690多名毕业生及其家庭，对长期以来大力支持我校毕业生就业工作的各部门、社会招聘机构、用人单位，特别向就业部门的同志和毕业班辅导员们，表示崇高的敬意和衷心的感谢！

刚才，四位同志结合学院毕业生就业工作实际，从毕业生就业的基本情况、主要做法及特色亮点等方面进行了汇报，提出了许多非常有价值的意见和建议，后续我们要认真研究、吸收推广。下面，结合大家的发言，我谈两点意见。

一、看清形势、把准方向，深刻认识毕业生就业工作的重要意义

习近平总书记强调，就业是最大的民生工程、民心工程、根基工程，是社会稳定的重要保障，是经济发展的动因所在，必须抓紧抓实抓细抓好。作为"六稳""六保"工作的首要任务，只有实施好就业优先政策，全面强化稳就业举措，才能确保就业形势总体稳定，保住就业就是保住了基本民生。高校毕业生的就业不仅关系着个人的生计、尊严与价值，关系着万千家庭的幸福安康，也关系到学校发展的大局稳定与各学院学科专业设置的合理与否、人才培养得合格与否。围绕党的十九届五中全会贯穿始终的"三个新"，即新发展阶段、新发展理念、新发展格局，教育部副部长翁铁慧同志结合高校毕业生就业工作，作出重要指示，要我们深刻认识新发展阶段，准确把握毕业生就业新形势；全面贯彻新发展理念，准确把握毕业生就业新方向；着力构建新发展格局，准确把握毕业生就业新要求。

2020年，从党中央、国务院到自治区，密集出台了一系列就业政策措施，充分体现了对高校毕业生就业工作的高度重视与殷切关怀。宁夏大学作为一流学科建设高校、省部共建高校，对毕业生的就业工作更不敢也不能有丝毫懈怠。学校在上级部门指令下达的第一时间，成立了由书记、校长为组长的就业专项行动工作组，先后多次制订关于毕业生就业工作的实施方案、工作通知、行动方案，各种大小会议上反复动员、层层部署、全员发力，压实责任，目的只有一个，那就是抓好特殊时期毕业生的就业创业工作。就业稳了，收入增了，追求美好生活有了最基本支撑，学生、家长、学校、我们每一个人自然就会更有信心、更有动力、更有希望、更有底气。

同志们，就业工作只有进行时，没有休止符。70%绝不是我们的终极目标，年终就业率统计很快就要到来。对2020届目前还未就业的那一部分毕业生，我们一定要精准对接、持续帮扶；对于已经找到工作的，"扶上马送一程"也是学校义不容辞的责任。与此同时，2021届全国普通高校毕业生就业创业工作也已拉开大幕。11月20日，教育部印发《关于做好2021届全国普通高校毕业生就业创业工作的通知》，紧接着，12月1日，教育部与人社部共同召开2021届全国普通高校毕业生就业创业工作网络视频会议，这次大会有11.7万人参会，是就业工作会历史上范围最广、规模最大的一次会议。一系列通知、会议、动作、举措，旨在告诉我们，做好高校毕业生就业工作意义重大，我们要以"不到长城非好汉"的精神全身心投入工作，最大程度帮助2021届毕业生抢抓求职就业的"窗口期"机遇，提前行动、积极作为，尽最大努力帮助我校毕业生实现更加充分、更高质量就业。

二、因势利导、乘势而上，切实将"三全育人"融入毕业生就业工作体系

受疫情与国内外经济下行等因素的影响，

2020年是近年来就业形势最为困难的一年。这一年，我们扛过来了，并且取得了比较不错的成绩，保持了学校就业工作总体稳定。这一年，从中央到地方，连续出台了几十项稳就业、促就业的政策。近日，教育部印发的2021届高校毕业生就业工作通知中，又明确了五方面23项任务举措。我们一定要善于总结经验，乘着国家出台的各项政策的东风，补短板、强弱项、全员联动、全过程提升、全方位推进，提前谋划、提前部署，扎扎实实做好我校2021届毕业生就业工作。

首先，我们要持续打造全员化就业工作队伍，继续贯彻落实"一把手"工程。各部门、各学院"一把手"要把做好毕业生就业工作作为政治责任，亲自协调、亲自部署、亲自推进，确保工作责任落到实处、取得实效。要继续落实"五包一"责任包抓机制，努力构建"金字塔"式层次清晰、结构稳固、全员参与的毕业生就业创业工作机制，形成"校领导—院领导—辅导员—导师、班主任—任课教师、校友"协同并进、五位一体的网格化就业工作层级，各方力量齐抓共管、形成合力，为学生的就业创业提供更加便利、更加高效、更加全面、更加专业的指导与服务。同时，我们也要加强这支队伍的培养与建设，要"养用结合"，针对就业工作人员和毕业班辅导员工作中遇到的难处，加大培训力度，加大关心激励力度，及时给予有力帮助，共担压力、化解阻力、提升能力。

第二，要践行全过程就业育人思维，要抓住学生生涯规划、成长成才的各个阶段铸魂育人。我们的父母和老师从小就教育孩子们要好好学习、考上大学，做个有用之才。但经过高考的重压，很多孩子到了大学放松过头，导致毕业时慌乱迷茫。所以，职业生涯规划要从低年级抓起，要引导和督促学生学好专业知识，提升专业技能，强化专业认知；帮助学生认识自我，认清社会就业现状，摆正心态、脚踏实地，树立正确的就业择业观念；要强调理论联系实际的现实应用，鼓励学生积极参加社会实践、实习活动，全面提升学生求职就业的综合实力与核心竞争力。

对毕业年级的学生，要主动向他们宣讲特岗计划、西部计划、三支一扶、大学生村官、参军入伍、第二学位等就业创业政策，积极引导学生坚定"小我融入大我"的家国情怀和报国志向，到基层、到西部、到祖国最需要的地方建功立业。要围绕新发展理念，引导毕业生到战略新兴产业、现代服务业等新领域、新空间开疆扩土、施展才华。在毕业生的就业指导中，加强创新能力培养与品质观念提升，引导学生把传统的知识变成新潮的时尚，把两种跨界模式合成一种创新业态，让我们的毕业生既是新增劳动力，又是新生创新力。同时，各学院也要做好毕业生就业安全教育，引导毕业生学会甄别、少走弯路。

第三，要搭建全方位就业服务平台，充分发挥传统招聘与现代网络优势，以校园文化活动为载体，开展内容丰富、形式多样的就业专题讲座、面试模拟、生涯规划、简历大赛等活动，营造良好的就业创业氛围。要持续发挥校园招聘的主渠道作用，既要请进来，组织好校园双选会、推介会；也要走出去，把合作单位、校友企业、招聘机构的朋友圈发动起来。要合理利用校内外资源，扎实推进就业实习基地建设，精准对接市场需求，深入挖掘潜在机会，构建校地合作、校产联合、校企对接的就业育人平台。立足学生需求，完善就业宣传渠道，加强就业服务水平，进一步探索互联网+就业的应用模式，让信息多跑路，学生少跑腿，充分利用国家重点建设的"24365校园招聘服务"与即将上线的"24365智慧就业平台"以及学校、学院各大网络平台,在信息发布、人岗匹配、面试签约等环节,为毕业生提供更加精准、更加便捷的"一站式"就业服务。要重点关注就业困难毕业生,建立帮扶工作台账,按照"一人一档""一人一策"全力帮扶,不仅限于推荐岗位、给予补贴,更要让毕业生就业有底气、有信心、有能力。

同志们,"人有恒业,方能有恒心。一个人有了就业,就容易安定;一个家庭有一人就业,就增加一分稳定发展的力量。"2020年是脱贫攻坚的决胜之年,也是全面建成小康社会的收官之年,我们齐心协力,共同打了一场毕业生就业工作攻坚战,可以说取得了基本胜利。在疫情防控常态化阶段,2021届毕业生就业工作仍然面临诸多挑战,全国毕业生总规模同比增加35万,总量预计高达909万,再创历史新高。这要求我们必须学会从危机中育先机、于变局中开新局。我们要用党的十九届五中全会精神武装头脑、指导实践、推动工作,将就业工作节奏整体前移,尽最大可能早谋划、早行动,力促我校毕业生实现更加充分、更高质量就业,以"对冲"疫情对经济社会和人们生活的影响,为实现党和国家的宏观目标注入力量。

同志们,最简单的话语蕴含着最深刻的道理:世上无难事,只怕有心人;世上无难事,只要肯登攀。干事创业需要我们有思路、有行动。就业率代表的不仅是一个数字、一份业绩,更是高校立德树人的现实体现。我们要切实肩负起高校人才培养、社会服务的重要职能,以更大的决心、更高的责任、更实的举措,落细落小落实好我校2021届毕业生的就业工作,确保第二个百年奋斗目标实现良好开局。

在2021届本科生毕业典礼上的讲话

校　长　何建国

（2021年6月16日）

毕业生同学们：

今天,是一个喜悦而值得铭记的日子,是一个庄严又令人激动的时刻。今天,我们为即将毕业的4522名本科毕业生,其中包括视频会议连线的828名中卫校区的本科毕业生,举行隆重的毕业典礼。这既是对同学们圆满完成学业表示祝贺,也对同学们成长成才以示纪念,还是为同学们开启新的征程壮行。

四年前,同学们怀着憧憬与梦想进入校园。现在,大家就要离开熟悉的校园,奔赴祖国各地,有的即将开启新的事业,有的即将开启新的学业。憧憬与梦想仍在,但我更加欣喜地感受到,同学们的脸上褪去了懵懂与稚嫩,心中装满了更坚定的理想和责任,头脑中收获了更丰富的知识和科学的方法,手里掌握了更专业的实践素养和技能。四年来,美丽校园记录着大家忙碌充实的身影,丈量着大家充实奋进的脚步,在兰山一教上课的专心、在逸夫图书馆阅读的沉静、在理工科实训中心做实验的探索、在怀远体育馆运动的激情、在金波湖畔漫步沉思的优雅,在中卫校区应理报告厅聆听讲座的专注,等等,这些都成为学校和大家共同的记忆。四年来,你们也参与和见证了学校的发展,学校进入137所世界一流大学和一流学科建设名单,成为14所"部区合建"高校之一,获批宁夏第一个省部共建国家重点实验室,本科教学工作审核评估得到了教育部专家组的高度评价,工程教育和师范类专业认证实现突破,长江学者等领军人才队伍建设取得新进展,隆重举行了60周年校庆活动,等等,这些都离不开大家的积极参与。尤其是面对突如其来的新冠肺炎疫情,同学们展现出了青年应有的勇气和担当,践行了青年应尽的责任和使命,让我们倍感欣慰,也备受鼓舞。学校与同学们共同成长发展,同学们是学校的光荣与骄傲。

同学们,你们所处的时代是最好的时代。当前,正处于"两个一百年"奋斗目标历史交汇的关键节点,我们比历史上任何时期都更接近中华民族伟大复兴的目标,比历史上任何时期都更有信心、更有能力实现这个目标。到处都充满着发展的机遇,到处都是展示才华的舞台。今年正逢中国共产党建党100周年。在这样一个具有特殊意义的年份毕业,对同学们来说,更是一种鼓励、一种鞭策。作为新时代的青年,要勇敢地承担起历史赋予的神圣使命,把个人的理想同国家命运紧密相连,为实现"两个一百年"的伟大目标接续奋斗。

今天,你们又要背起行囊,开启新的旅程。前路漫漫,临别之际,作为师长、作为朋友,我还想再叮嘱几句,既是对大家的嘱咐,也是与同学们共勉：

一是希望大家保持逐梦初心不改。梦想是照亮人生的灯塔。没有梦想的人生注定黯淡无光。每个人都应该有自己的梦想。树立人生理想的过程，实际上就是对人生价值、生命意义追索的过程。追求什么样的梦想，就是在追求什么样的人生。什么样的梦想才是有意义的梦想，什么样的人生才是有价值的人生？我们不仅要敢于做梦，而且要做"大梦"，要厚植爱国情怀，始终将自己的人生理想融入时代大潮中，把多做对国家、人民、社会有益的事情，作为我们的人生追求。追逐梦想的过程，永远不会一帆风顺，必定会遇到许多沟沟坎坎。毕业后进入社会，大家还将面临形形色色的诱惑。面对困难、挫折、诱惑和挑战，是选择动摇还是执着，是选择放弃还是坚持，是选择认输还是斗争？革命理想高于天。这是无数先烈们用鲜血凝练的精神信念，是给予我们逐梦路上的无声教诲，也是壮烈的激励鞭策。真诚希望大家无论今后遇到什么，都能学习这种伟大的精神，为了我们心中最可宝贵的梦想，多一些咬牙坚持的勇气，初心不改的定力，逐梦不止的坚持，真正做到敢于有梦、勇于追梦、勤于圆梦。

二是希望大家保持奋进脚步不停。古往今来，无论实现美好梦想，还是成就伟大事业，坦途只有一条，那就是一往无前地实干；捷径只有一种，那就是久久为功地力行。没有什么事情是靠想一想、说一说就能成功的，所有的成功都脱离不了实干。幸福都是奋斗出来的。人生的意义和价值，也唯有通过奋斗，才能去实现、去体现、去展现。人生征途漫漫，脱离奋斗，生命就会缺乏光彩，人生也谈不上精彩。现在信息网络发达，手机微信网文里充斥着太多"成功学"的鸡汤、"厚黑学"的指南，也不乏"内卷"和"躺平"的迷思。面对这些信息，同学们应该多一点理性思考，不要盲目追随、人云亦云。人生道理其实没有那么高深，实实在在就是最好的人生信条，一步一步不断前进就是奋斗。也许有时候我们没有能力加速跑、迈大步，那我们就迈小步、不停步，一样能到达终点。真诚希望大家无论何时何地，都始终坚持实实在在做事情的理念，踏踏实实、认认真真地把每一件事情做好、做实、做细，做到极致，一步一个脚印，一次一次积累，成功和收获自然会水到渠成。

三是希望大家保持良好习惯不变。教育家叶圣陶说过一句话："什么是教育？教育就是培养良好的习惯。"简单的话语背后蕴含着深刻的道理。好习惯成就美好人生。没有人天生就拥有超人的智慧，成功的背后往往站着的是那些毫不起眼的好习惯。数年来，同学们在校园里学习生活，养成了不少好的习惯，真诚希望大家能一直把这些好习惯保持下去。第一个习惯是专心学习的好习惯。学习是提升自己最好的捷径。有时间了，少一些应酬，静下心来，多读书。第二个习惯是简单生活的好习惯。在生活上崇尚简单，不要把时间和精力浪费在那些无谓的事情上。你不虚情，别人就不假意；你很简单，别人就不复杂。在生活中，简单就会快乐。第三个习惯是认真工作的好习惯。对待工作，就是要认真、负责。不管干什么，都尽自己所能，把它干好。第四个习惯是健身锻炼的好习惯。不管多忙，都不要忘记锻炼身体。健康的身体是干好一切事情的基础。当然，好习惯不止这些，希望同学们都能保持下去。

同学们，毕业并不意味着和大学关系的结束，我更觉得是一种新的开始。从今天开始，你们又有了一个新的身份，那就是"宁大校友"。我相信，以后你们都将在各自的专业领域有所成就，都将拥有一个美好的未来。贺兰山下的宁夏大学，永远是同学们坚强的后盾，是所有宁大人共同的精神家园。

最后，祝大家前程似锦，一帆风顺，平安幸福！

在宁夏大学中层以上干部学习贯彻习近平总书记在庆祝中国共产党成立100周年大会上的重要讲话精神专题培训班总结大会上的讲话

校　长　彭志科

（2021年8月28日）

尊敬的李星书记，尊敬的各位老师，各位同事：

大家上午好。

首先，我特别感谢大家，感谢宁夏大学，让我成为一名宁大人。在和大家时间不长的相处中，我感受到了大家对我的关心、支持，也感受到了大家对我的期待和真诚，你们的每一份关心和支持，都将是我前行的动力。过去的一段时间里，按照李星书记的建议和我自己的思考，我对学校的部分职能部门和学院进行了调研，并去自治区的相关厅局做了拜访，今天我主要谈调研过程中的一些认识、思考和以后的工作思路。

宁夏大学在几代宁大人的辛勤耕耘下，经过63年的发展，为自治区乃至全国的经济社会发展培养了一大批人才，贡献了力量。时至今日，勤劳的宁大人依然发扬着"不怕困难，不畏风寒；根深叶茂，本固枝荣"的沙枣树精神，在困境中求发展，在发展中求突破，在突破中求卓越。

"十三五"期间，学校坚持以习近平新时代中国特色社会主义思想为指导，坚持社会主义办学方向，紧抓"双一流"建设、"部区合建"契机，以立德树人为根本，以学科建设为龙头，以高质量发展为核心，以关键领域改革为突破口，在党的建设、人才培养、师资队伍建设、科学研究、社会服务、治理能力、对外合作交流、综合改革等领域都取得了新的进步，有了新的提升。学校博士学位教师数量、科研项目和经费、成果产出总量、高水平科技创新平台建设等指标较"十二五"期间实现了大幅度增长，内涵建设不断加强，核心竞争力不断提高，办学特色更加鲜明，综合实力持续提升，社会影响力显著增强，为全面建成西部一流大学打下了坚实基础。

这段时间，通过调研，也发现了一些问题。因为调研时间短，对一些认识也不一定准确、不一定全面。大家只要记住，我们的目的和出发点是共同的，都是为了宁夏大学更好更快的发展。只有在调研中找准问题，才能找对发展途径，才能提出有效的举措。下面我谈谈，在调研中对一些问题的认识。

1. "十三五"期间，相比"十二五"期间，学校在科研方面得到了快速提升，但与东部高校和国内知名高校相比较，我们的研究基础还是非常薄弱，科研竞争力不够强，大家普遍局限于申报国家自然科学基金地区基金、自治区自设基金,难以在其他有竞争性的项目申请方面取得突破;支撑自治区产业发展的能力偏弱,在自治区的很多产业发展中找不到宁夏大学的身影,这不仅是老师们自己的感受,也是自治区相关厅局领导给我提出的建议。总体体现就是在国内有影响力的科研团队缺乏,标志性成果少,科研体量小,人均科研经费偏少。

2. 学校对接国家和自治区的发展战略和发展规划的研究不够深入,与相关部门的联系不够紧密,互动活跃度不高;对自治区的区域优势和产业特色没有深度挖掘,没有和自治区的发展实际及九大产业做深度融合。

3. "十三五"期间,学校人才引进有非常大的进步,共引进了250多名博士,使学校的博士总数占到了自治区的50%以上。但是学校在青年人才引进方面面临很多困难,特别是高端人才,这种竞争的压力不仅来自国内其他知名高校,同时区内高校,比如北方民族大学,也给我们带来了不小的竞争压力。青年教师发展不够理想,学术活跃度不高,部分教师(包括教授们)有躺平的心态;教师们缺乏投入全国竞争队伍的决心,申报国家自然科学基金面上项目和其他项目的信心不足,数量偏少,大家满足于申报地区基金;教师们缺乏融入全国学术圈的意识,参加国内外学术交流活动和国内外学术组织偏少。

4. 人员编制紧张,包括青年教师引进、行政工作人员、实验员等。

5. 办学资源紧张,包括仪器设备、实验室、学生宿舍等,并且办学资源使用率偏低,存在明显的资源浪费,包括水电费偏高;资源的分配和使用存在不合理的地方,造成了学院间、教师间的攀比,甚至激发了矛盾。

6. 学校制定的各类规章制度的执行力偏弱。比如很多学院反映的,在教学方面,教师们重视教学,但对教学工作的相关要求却不够重视,调整上课时间、请假很随意。

7. 老师们都普遍重视课堂教学工作量的完成,但在线课程建设、教材编写、教改课题、教学论文撰写等方面重视不够。

8. 人才培养方面,本科生的考研率、读研率普遍较低,当然也有农学院、生命科学学院等考研率、读研率较高的学院和专业;保研学生到国内顶尖高校学习深造的少,在读硕士、博士对学校的科研贡献能力比较弱。

这些问题的直接体现就是:

1. "十三五"期间博士点申报只获批1项,相比之下,青海大学都获批4项。

2. "双一流"学科建设验收被教育部约谈,要求学校拿出整改方案。

3. 学校在省部共建的Z14高校中的排名不断下滑,现在仅比青海大学和西藏大学强。

针对以上问题和直接体现,老师们对如何破解学校发展中遇到瓶颈,以及如何发展,都有非常强的动力和信心。实现学校的发展,我认为宁大人首先要有理念和观念的转变。

(一)要转变对宁夏大学的特色、特点和优势的理解

第一,宁夏大学所处的地域是民族地区、西北地区,经济发展相对落后,这些客观因素一定程度上制约了宁夏大学的发展,但也正是宁夏大学所处的地域具有独特的人文地理和显著的特色产业,给宁夏大学的特色发展提供了得天独厚的环境,很多科研只适合在宁夏开展,这就是我们的优势。第二,宁夏回族自治区的地域小,经济体量也小,规模产业发展相对落后,各类资源少,但却很集中也容易被挖掘，也足以支撑自治区高校的发展，学校很容易在其中找准自己的定位。第三，宁夏大学在自治区人民眼中有不一般的地位，校友资源丰富，全区的资源都可以为咱们所用，只要我们去挖掘，这些都是宁夏大学发展的根基所在。

(二)要改变对办学资源的理解和认识

资源不仅是资金，不仅是办学经费，还有办公场所、仪器设备、师资队伍和学生资源，以及相关政策等等。学校现有的人均办学面积是不低的，但建设经费执行率却偏低，这些资源都是国家的投入，都属于国家，属于宁夏大学，不属于某个团队，更不属于某个个人；一定要想着如何让本来就不充裕的资源发挥出最大效益、支持学校的发展，场地如此，仪器设备如此，老师和学生如此，办学建设经费也是如此，一定要把本来就不多的经费和绩效用在支持办学关键指标的完成上。

(三)要转变人才培养的理念

特别是研究生，不是简单因为我需要有研究生，所以我就要招研究生，而应该是我需要培养研究生所以我想招研究生；学生不是简单用来替老师完成工作的，是用来培养的；如果导师没有好的学术思想和科研项目，不能给学生提供好的研究条件，却执意要招研究生，学生毕业困难，那是对学生的不负责任，可能就毁了一个学生，对学校的发展是不负责任的，往大了讲，也是对国家的不负责任。

(四)要转变对人才引进培养的认识

青年教师是学校发展的未来，国内外名校无一例外都重视青年教师的引进和培养（清华、交大、浙大等都是如此）。如果青年教师引进后没有认真培养，没有发展空间、发展不好，过几年就会成为学院和学校发展的包袱。反之，如果学校提供的发展空间大，人才引进后发展后劲足，则会对外地高校的优质人才形成很强的吸引力。

(五)要转变对合作发展的理解

我们不要期望合作是单方面对我们的支持，这是被动的合作，我们要主动合作。我们有很多的资源和优势可以参与合作，可以取得双赢。有些资源是咱们现在还没有意识到的，包括我们师资队伍和学生，还有国家、自治区对咱们的支持政策等都是资源。要让政策真正融入和我们合作的单位和团队，发挥我们的作用，补充他们的不足，就一定可以取得双赢。

(六)要转变对职能部门功能的理解

学校各职能部门不仅是管理和服务，更是资源开拓性部门。在做好校内资源整合的同时，要建立广泛的外部联络，帮着教师们去争取更多的外部资源，去打造更好的平台、创造更好的条件。要积极去外面宣传宁夏大学，让外面认识和了解宁夏大学。

在转变理念和观念的同时，我们更要寻找突破口。

(一)进行有组织的科研

1. 科研队伍要有组织。客观地讲，学校教师的科研能力相比较东部知名高校是比较弱的，在一对一的竞争中很难胜出，所以必须要组建团队。团队建设要有目标，紧密团结，并且要对学校资源进行整合，包括考核机制的改变，打造外向型、开放式的合作团队。

2. 围绕团队目标，要深入挖掘自治区的科技创新点，围绕自治区产业结构和重点研究方向，布局自己的学术团队。团队的生命力在于和企业、产业的合作程度。

3. 明确奖励机制，将绩效考核放在团队中，要有支持青年教师发展的制度。

(二)关于人才引进

1. 青年教师是学校发展的未来，要深入分析人才引进和青年教师发展的瓶颈，破除壁垒，场地、经费、资源等应向青年教师倾斜。将人品端正、有潜力、能力强的青年教师列为重点培养对象，并且拿出具体的培养方案。青年教师自己也要努力，积极融入国内外主流的学术圈，学校也要帮助他们，拓展资源，建立联系，同时还要给青年教师加压力、定目标。

2. 采用超常规手段，坚持走出去战略，选派优秀的青年教师到区外顶尖高校的科研团队中参与项目合作。

3. 高层次领军人才的引进，要树立"不为我所有，但为我所用"的观念，不是简单地给钱，而是要关注他们的科研领域并且深度融入其中。

(三)关于人才培养

1. 学生工作要有抓手，比如抓考研。考研率提高，就业率和学生工作会有很大的改变。学校要主动把最优秀的学生推荐到C9高校攻读研究生，学生发展好了，对学校来说是非常宝贵的财富，也是提高学校人才培养质量的重要指标。

2. 学生是学校宝贵的资源，也是需要学校帮扶的群体。要形成系统化的、规范化的工作方案，根据大学四年的发展规律，不同年级有不同的侧重点。要特别关注学生的心理健康状况，工作要做细。

3. 重视学生工作队伍建设。做学生工作不是简单地完成任务就行了，学生工作做出成效了，对个人的发展提升也是很有帮助的。

(四)转变工作作风

1. 在工作中要投入更多的时间和精力，观念再新一些，办法再多一些，作风再实一些，眼界再开阔一些。

2. 主动走出去，选派一些想干事、能干事、干成事的年轻干部出去挂职锻炼。

3. 上下齐心拧成一股绳，才能实现学校工作的全局性转变。

《爱丽丝梦游仙境》中有这样一句话：在我们这个地方，你必须不停地奔跑，才能留在原地。如果你要抵达另一个地方，你必须以双倍于现在的速度奔跑。基于宁夏大学现在所处的发展阶段，我们要以不止双倍于现在的速度奔跑，想要拉近与其他高校的距离，我们的付出必须比其他高校更多，奔跑的速度才能更快。

我们不仅要努力，还要做好自我牺牲的准备。要实现学校的转变，必须要进行系列的改革，改革必然会涉及利益的调整，在座的每一个老师可能都会受到影响。我们在这里举办培训班，学习习近平总书记的重要讲话精神，就是要树立信心，更好地为国家的人才培养作出贡献。为了实现学校更好的发展，改革的评价标准应该是：是不是有利于学校的整体发展，是不是有利于学科建设，是不是有利于学生的培养和发展。只要是有利的，当个人的利益受到损伤时，我们要选择牺牲。

所有的领导要有担当，学校的改革会面临种种困难，阻力和压力肯定会不小。李星书记也讲过，要我们大胆去做，所有的阻力和压力我们一起来承担。

行远自迩 踔厉奋发

——在2021级学生开学典礼上的讲话

校　长　彭志科

（2021年9月16日）

亲爱的2021级新同学们：

大家下午好！

欢迎大家来到贺兰山下，相聚宁大校园，开启人生的新征程。我谨代表学校全体师生员工，向你们的到来表示热烈的欢迎！同时，也向培养并时刻牵挂着你们的父母长辈致以诚挚的问候！

同学们，从你们跨入校园的那一刻起，你们身上就铭刻下了一生的标签：宁大人。我和大家一样，其实也是一名"新生"，我比你们早报到了34天，很荣幸能与大家一样拥有"宁大人"这个共同的标签，也期待我们一起能守护好这个共同的名字。

今年是中国共产党成立100周年，百年奋斗路启航新征程。生逢其时的你们，当有一代新人的思考和担当。正如今年宁夏高考的作文题目"修身为弓，矫思为矢……结合自身谈谈青年一代的理想"，我想你们很多人都已经有过思考。百年来，在中国共产党的领导下，中华民族走出了举世瞩目的"中国道路"，实现了从站起来、富起来到强起来的历史性飞跃。这是一代代革命先辈坚守理想、秉持信仰并付诸实践、艰苦奋斗而来的。昨天，是宁夏大学63岁生日，63年来，我们宁大人坚守初心，扎根祖国西部办大学，坚持立德树人根本任务，为党育人、为国育才，秉承"尚德、勤学、求是、创新"的校训，在困境中求发展，在发展中求突破，在突破中求卓越，努力在新时代新征程中建功立业、奋勇争先。

江山代有人才出，我坚信，作为新一代宁大人必能接过历史的接力棒，用实际行动答好这张新时代的考卷。在你们向着未来再出发之际，作为师长，我想给同学们几点建议，希望对你们有所启发。

一、在国家发展的大格局中磨砺理想信念的压舱石

大道行思，取则行远。在波谲云诡的觉醒年代、在抛头颅洒热血的革命年代、在敢为天下先的改革开放时期、在奋斗筑梦的新时代，历史的长河让我们看到，理想指引人生方向，信念决定事业成败，只有把个人的小我融入民族和国家的大我，才能更好地实现人生价值。1958年建校之初，来自北京师范大学等全国著名高校的50余名本科生和研究生，抱着建设大西北、献身宁夏教育事业的美好愿望来到银川，创建了宁夏师范学院、宁夏农学院、宁夏医学院，为宁夏大学的组建奠定了基

础。六十三载砥砺奋进，一批批宁大学子，就像当年支援建设宁夏大学的前辈们一样，选择到基层、到西部、到祖国最需要的地方去，贡献青春和力量。新中国宪法学的泰斗吴家麟老先生，1962年来到宁夏大学，他撰写的《宪法基本知识》是新中国第一本宣传宪法的著作。吴家麟先生从一名普通教师成为宁夏大学校长，为宁夏大学的建设和发展作出了突出贡献。自2015年以来，学校连续6年推荐、选派了90余名优秀毕业生赴新疆阿克苏地区和克州乡镇工作。他们响应国家号召，扎根新疆基层，砥砺品格、奉献青春，正在努力成长为可堪大用、能担重任的西部建设者。

这些校友们扎根西部，与国家和自治区的发展同奋进共脉搏，这种奉献也成就了他们不凡的人生。一代人有一代人的长征、一代人有一代人的使命。宁夏是西部资源的重地，宁大是西部人才的摇篮，同学们要有把接班人、建设者的口号内化为己任的自觉，要有时代召唤、舍我其谁的担当，更要有功成不必在我、功成必定有我的情怀，主动将自身成长融入祖国发展的大格局，与时代同向同行，与西部发展同频共振。

二、在创新求变的新机遇中定位行稳致远的小坐标

同学们，当今世界正经历百年未有之大变局，我们正处在实现中华民族伟大复兴的关键时期。我们无法预知未来，唯有改变是不变的真理。我们既要有胸怀大局的意识、脚踏实地的务实，也要有创新求变的能力，才能在时代的洪流中搏击奋进，而不断学习、终身学习才是你改变的力量所在。

1967届校友张吉生，毕业后选择计算机的研究应用，之后又投身低碳技术和碳资源的研发，成为宁夏区内计算机+碳交易的开拓者。1982届校友马玉兰，首创宁夏粮食作物和优势特色作物施肥指标体系，研发了11种作物50种专用配方肥，实现了宁夏土肥产业化的突破。1985届校友马占鸿，在国内首创了"分子植物病害流行学"新学科，提出了分子病情指数的新概念和计算方法，是国内第一个利用互联网技术实现植物病虫害远程诊断和监控的人。这些校友之所以能在各自专业领域取得显著的成就，背后都蕴含着宁大人骨子里的品格：踏实。

登高必自卑，行远必自迩。我希望你们能踏踏实实从小事做起、从身边事做起，少做"批评家"、多当实干者，把宁大人精神血脉里的踏实二字学到手、用到老，这将是你一生行稳致远的不二法宝。除了希望你们学习上有入木三分的扎实，我也希望你们行动中有言出必行的务实，生活中有怀真抱素的朴实，我相信，在你们离开宁大校园后，也能因"踏实"而成为宁大的代言人。

三、在求学问道的高境界中练就砥砺前行的真本领

宁夏大学从建校之初的一片荒地，到2001年列入省部共建高校，2008年进入国家"211工程"重点建设高校行列，2017年入选国家"一流学科"建设高校，2018年成为"部区合建"高校，其背后凝结着一代代宁大人接续奋斗的心血和汗水。

1990届校友郝向峰，在他的带领下，百瑞源深耕枸杞十余载，从无到有、从弱到强、从小到大，实现了"农民增富、农业增效、农村增绿"，取得了良好的社会效益和经济效益。青年教师李乐教授，本科在生命科学学院读书时，就特别重视基础学科的学习，正是她扎实的基础学科功底和好学钻研的浓厚学术兴趣，让她有底气和能力在自己感兴趣的研究方向取得突破。

当下，同学们的第一要务是学习，大学是你们积累知识、锤炼能力的关键一站，我希望你们树立学术志趣、潜心科研探索，把学习这件事不折不扣得做好，为未来发展积聚更大潜能。在这里，我想特别对研究生们提一些希望。研究生是学校的宝贵资源，同学们要更加注重提高专业知识的应用能力，加强科研训练、提升学术素养，积极参与到学校的科研平台和学术团队中，为以后从事更高水平的科学研究练就扎实本领。

习近平总书记指出："追梦需要激情和理想，圆梦需要奋斗和奉献。"大学是迈开人生路的重要转折点，今天，我们用最隆重的仪式迎来了朝气蓬勃的你们，想为你们腾飞的理想插上翅膀、为你们光明的未来留下期许。同学们，青春正当时，奋斗趁年华。我们相信，你们一定会像"不怕困难，不畏风寒；根深叶茂，本固枝荣"的沙枣树一样，扎根宁大、茁壮成长。

宁夏大学2021年工作要点

2021年,是中国共产党成立100周年,是"十四五"规划开局之年,也是全面建成小康社会、开启全面建设社会主义现代化国家新征程的关键之年。学校工作总体思路:坚持以习近平新时代中国特色社会主义思想为指导,深入贯彻党的十九大和十九届五中全会精神,全面贯彻习近平总书记关于教育的重要论述和视察宁夏重要讲话精神,认真落实自治区党委十二届八次、九次、十次、十一次、十二次全会精神,全面落实学校第七次党代会确定的目标任务,全面贯彻党的教育方针,加强党对学校工作全面领导,落实立德树人根本任务,完整准确全面贯彻新发展理念,以深化改革为动力,以"双一流""部区合建"为抓手,推动各项事业高质量发展,在建设黄河流域生态保护和高质量发展先行区中彰显学校使命担当,以优异成绩庆祝建党100周年。

一、攻坚克难谋发展,确保重点工作落实到位

(一)深入开展党史学习教育

认真把握进度安排,做好规定动作,创新自选动作,做到学史明理、学史增信、学史崇德、学史力行,学党史、悟思想、办实事、开新局,力争党史学习教育走在全区前列、作出示范。

(二)不折不扣抓好自治区党委巡视整改落实工作

对标习近平总书记提出的"巡视整改不落实,就是对党不忠诚"的巡视整改定位,建立问题清单、任务清单、责任清单,确保整改到位,取得明显成效。

(三)进一步深化综合改革

一是编制学校"十四五"事业发展规划及各单项规划、2020—2025年综合改革方案,推动创新发展、特色发展。二是贯彻落实《深化新时代教育评价改革总体方案》,下大力气抓好《宁夏大学深化新时代教育评价改革工作方案》落实工作,进一步完善评价体制机制,激发内生活力。三是加大后勤改革力度,构筑后勤管理新体制和服务新机制,切实提升服务保障能力。

(四)开展教学科研单位党组织换届

精心制订方案、稳妥组织实施,切实把政治素质好、工作能力强的优秀干部选拔到党组织书记队伍中,激励干部干事创业。

(五)统筹推进校园治理工作取得新成绩

认真做好校园治理整改工作,全面落实《宁夏大学完善现代大学治理体系提高治理能力建设方案》,健全完善现代大学制度体系,高质量完成治理任务,确保2021年5月建成全区校园治理达标高校。

(六)加强学科专业和学位点建设

一是推动一流学科建设取得新突破，化学工程与技术、民族学两个学科群的大型系列研究设施基本成形。按照"聚焦主体学科，形成特色优势"思路，加强学科专业资源整合，推进学科布局优化。二是认真做好迎检工作，努力实现小学教育、汉语言文学、数学与应用数学3个师范类专业认证通过。三是紧抓学位授权点申报机遇，力争新增3—4个博士授权点。四是制定新工科、新农科、新文科建设指导性文件，将新工科、新农科和新文科的新理念、新知识、新技术融入教学内容，以课程改革为着力点，建设一批新工科、新农科、新文科示范本科专业。

(七)强化高层次人才引进培养

加强"长江学者""万人计划""百千万人才工程"等人才项目、人才工程的申报和沟通工作，力争高层次人才数量有新突破，"贺兰山学者"任务评价驱动等取得明显进展。

(八)增强科技支撑能力

一是协同推进省部共建煤炭高效利用与绿色化工国家重点实验室产出标志性成果，加快西北土地退化与生态恢复国家重点实验室培育基地"脱培"进度。二是国基金项目力争突破100项，精心做好国家重点研发计划、社会科学基金重大招标项目及国家、教育部科研奖项组织申报工作，力争国家自然科学区域联合创新基地项目、国家优秀青年科学基金项目立项，力争教育部人文社科优秀成果奖和科技进步奖层次及数量实现新突破。

(九)夯实基础保障条件

一是严控工程项目质量和进度，确保教学综合楼(未来教室)项目2021年底主体封顶、新闻传播学院与马克思主义学院教学实验楼项目2021年底竣工交付使用。二是协调多方资源，立项建设中卫校区图书馆。三是启动朔方校区建设工作，认真做好建设新农科人才培养和科研创新研究院可研论证工作，确保项目获批后尽快动工建设。

二、全面加强内涵建设，提升学校核心竞争力

(十)着力推进"双一流"和"部区合建"

一是编制"部区合建"宁夏大学实施方案和学校"双一流"二期建设工作方案，筹划实施一批重点项目，将提升办学水平和服务地方能力的主要任务落实落细。二是草学、园艺学、生态学等自治区一流学科建设积极探索对接服务自治区九大重点产业的有效路径，在人才培养、科研创新、成果转化等方面与产业需求更加贴近，为学科全面融入产业发展奠定坚实基础；数学、中国语言文学等基础学科纳入重点建设行列，以支撑人才培养能力提升和塑造创新优势为重点的任务全面推进。三是不断完善部区合建机制，优化资源配置模式，构建与一流大学建设相匹配的项目体系，处理好提升内涵水平与增强保障能力之间的关系，确保学校"十四五"期间各项事业均衡、全面发展。

(十一)着力提升人才培养质量

一是深入开展基层教学组织建设年活动，有力提升课堂教学质量。二是对标"双万计划"，做好国家级一流专业、一流课程申报工作，建设具有高阶性、创新性、挑战度的线上、线下、线上线下混合式"金课"，大力支持国家级和区级一流本科专业建设。三是推进"互联网+"教育建设，建成百门校级在线开放课程。四是制定本科生学业预警工作实施细则，进一步加强学风建设。五是强化新时代教育教学制度建设，修订学校本科课堂教学质量评价指标体系，制订体育、美育工作实施方案，落

实劳动教育课程实施方案,促进学生德智体美劳全面发展。六是不断完善"学院制管理书院制育人"培育体系,进一步提升预科教育质量。七是建立健全留学生管理制度,适度扩大留学生招生规模。八是提高研究生招生质量,健全完善规模与质量并重的"本—硕—博"贯通培养新机制,加快研究生课程思政在线精品资源课程建设,建立健全"五位一体"研究生教育教学质量保障与监控评价体系。九是完善创新创业教育相关制度,健全创新创业教育课程体系,提高创新创业项目质量,助力学生在各类创新创业赛事中取得更好成绩。十是适时推进第二学士学位教育工作,培养复合型人才。

(十二)着力提升学生工作水平

一是修订完善招生章程,多措并举加大招生宣传力度,进一步优化生源结构。二是不断完善"奖、助、贷、补、勤、减、免"资助工作体系,切实保障经济困难学生完成学业。三是做好常态化疫情防控下的学生心理咨询与辅导工作。四是强化精准施策、精准指导、精准帮扶、精准对接各项举措,实现2021届毕业生更加充分、更高质量就业。五是持续建设本科生、研究生各类信息管理平台,提高学生管理效率。六是加强学生军事训练和国防教育,鼓励和引导全校适龄大学生报名应征入伍,做好各项服务保障工作。七是配齐建强学工队伍,坚持日常培训和专题培训相结合,充分发挥全区高校辅导员研修基地作用,增强学工队伍职业能力。

(十三)着力提升科研和社会服务能力

一是加强校级创新平台建设,优化布局一批新平台,建立动态考核机制,规范平台管理。二是启动校级创新团队培育计划,组建校级科研团队,实现跨学科、跨领域协同创新。三是坚持聚焦国家战略发展方向和行业、区域产业需求,进一步加强省部级以上科研平台建设与管理。四是出台对接自治区九大重点产业实施方案,组织专家深入园区、基地、企业,加强科研合作,在服务产业发展中提升科研创新能力。五是加大协同创新中心等平台支持力度,集聚多方力量合力开展科研攻关研究,促进科技成果转化率较大幅度提高。六是进一步完善学校科协组织体系,搭建学术交流平台,助力科学普及推广和广大科技人员成长。

(十四)着力提升师资队伍建设质量

一是落实《宁夏大学新时代师德师风建设长效机制管理办法》《宁夏大学全面落实研究生导师立德树人职责实施细则》,加强师德师风考核,建立完善师德档案,弘扬优良师德师风。二是通过全职引进、协议工资、"贺兰山学者"特聘计划、预引进、备案人员等方式集聚各类人才。三是继续加强人员总量管理试点改革,稳妥推进"三定"方案制订工作,实现人力资源规范化管理。四是主动与国内知名高校对接,精准实施教师素质提升工程,提升青年教师教学能力。五是加强在职教师博士培养,进一步提升教师学历水平。

(十五)着力提升教育合作交流水平

一是优化升级美国密苏里州立大学师生访学研修项目,推进与马来西亚彭亨大学"2+2"本科互派留学生双学位互授联授项目。二是主动融入国家"一带一路"教育行动,积极对接国外高校,务实开展线下线上交流合作,助推"丝绸之路"产学研用国际合作,扩大学校影响力。三是加快推进"化学工程与技术"与"民族学"两个学科群对口合建工作,加强与合建高校在访学研修、教学以及科研等方面合作交流。四是推进与其他国内知名高校深度合作,充分发挥校院两级上下联动积极性,不断优化现有合作项目,提高合作层次和质量。五是持续巩固深化与宁夏师范学院联合办学工作。

三、完善公共服务保障体系，提升综合管理服务保障能力

（十六）加强信息报送和保密安全工作

一是聚焦亮点特色，紧扣规范要求，提高信息报送工作质量，更好发挥服务决策作用。二是严格落实保密制度，强化保密宣传教育，筑牢保密安全防线。

（十七）提升财务和资产管理效能

一是扩大办学资金来源，探索建立校内资金预算绩效管理评价体系，持续推进财务信息化建设。二是健全完善政府采购工作机制，加强国有资产管理，提高资产使用效益。认真开展工程建设政府采购领域专项突出问题专项治理自查和整改工作。

（十八）加强教学科研条件保障

一是扩大文化素质教育课程覆盖面，持续改善基础条件，实现场馆教育服务提质增效。二是加强教学实验农场管理，优化土地资源配置，更好保障服务教学科研工作。三是建立健全测试分析制度，提高大型仪器设备共享率，有效为教学科研提供平台支撑。

（十九）校地协同力促服务能力提升

一是大力推进"线上+线下"混合教学模式，充分发挥继续教育基地作用。二是进一步扩大校友组织规模，多途径加大校友宣传力度，提升学校美誉度和影响力。三是建成高校教师、管理干部和基础教育培训专家资源库，积极服务全区各类学校师资队伍培训。四是强化期刊阵地意识，加强编辑队伍、审稿专家队伍、作者队伍建设，进一步扩展优质稿源，不断提升刊物影响力。

（二十）增强公共资源服务水平

一是推进智慧图书馆建设，新增图书（含电子书）8万册，完成1350万元中外文数据库建设任务，加强特色数据库建设，为师生提供优质图书资源服务。二是不断丰富档案馆馆藏资源，加强校史整理与研究，推进档案数字化工作，抓好档案安全管理。三是加大校园网上"一站式服务"建设力度，加强网络安全管理，改善师生网络体验。四是强化部门协同、优化服务流程，推进师生服务中心建设。五是加强顶层设计和资源整合，加大专项资金投入，提升校园信息化建设水平。

（二十一）进一步改善民生

一是持续加大附属中学建设力度，支持附属小学建设，提升教育教学质量和社会认可度。二是配合西夏区教育局完成怀远校区同安幼儿园项目建设。三是积极推进学仕园、学怡园、南校区家属院旧城改造项目。四是做好金凤校区、中卫校区教工餐保障工作。五是规划校医院建设。

（二十二）完善校园基础设施

一是实施校园节能改造项目，推进节约型校园建设。二是改善学生食堂就餐条件，增强学生就餐幸福感。三是绿化美化校园环境，营造良好学习工作氛围。

（二十三）维护校园和谐稳定

一是推进"平安校园建设"，加强实验室安全管理，强化人防、物防和技防，确保校园安全稳定。二是抓实校园常态化疫情防控，及时修订完善有关工作方案，强化医教协同，加强师生健康监测、信息报送，全面开展爱国主义卫生运动，确保师生生命安全和身体健康。

四、加强党对学校工作领导，为高质量发展提供坚强政治保证

（二十四）加强党的政治建设

一是持续深入学习习近平新时代中国特色社

会主义思想特别是习近平总书记关于教育的重要论述、习近平总书记来宁视察重要讲话精神和党的十九届五中全会精神，确保学懂弄通做实。二是坚持和完善党委领导下的校长负责制，严格执行党委常委会会议议事规则、校长办公会议议事规则、"三重一大"制度等，积极发挥党委把方向、管大局、保落实作用，不断提高应对复杂局面和依法治校能力。三是精心组织开展庆祝建党100周年活动，厚植师生爱党爱国情怀。四是加强校院两级党委理论学习中心组学习、教职工政治理论学习，增强"四个意识"、坚定"四个自信"、做到"两个维护"。

（二十五）加强基层党组织建设

一是扎实抓好"基层党建全面提升年"各项任务，制定党建工作"责任清单"，修订学院党组织议事规则，加大教工党支部书记"双带头人"培育力度，强化"三会一课"等制度落实，探索为每个院（系）至少配备1—2名专职组织员，充分发挥党支部、功能党小组作用，提升基层党建工作质量。二是深入推进党组织"对标争先"建设计划，加强党建示范创建和质量创优单位培育建设，选树"标杆院系""样板支部""五星级基层党组织"和"双带头人"教师党支部书记工作室等优秀典型，以党组织标准化建设带动建设一批先进党组织。三是突出政治标准，严格党员发展程序，加大低年级学生和高知群体党员发展力度，推进校、院两级党校建设，提高党员发展、教育质量。四是落实"四个不摘"要求，持续开展教育、智力、科技、消费扶贫，切实做好巩固拓展脱贫攻坚成果同乡村振兴有效衔接。

（二十六）加强干部队伍建设

一是修订中层领导干部选拔任用工作实施办法、任职试用期干部考察办法等，健全完善选人用人工作制度。二是拓宽干部选配渠道，加大优秀年轻干部选拔培养力度，特别是加强共青团干部队伍建设。三是深入开展科级干部队伍建设分析研判，做好干部储备工作。四是按期完成干部人事档案专项审核工作。

（二十七）加强思想政治和意识形态工作

一是全面落实《宁夏大学落实习近平新时代中国特色社会主义思想进教材进课堂进头脑工作实施方案》，打牢新时代铸魂育人工程。二是建设30门左右课程思政示范课程，实现校级"百门课程思政"示范课程建设目标。三是持续推进思政课改革创新，加强思政课教师队伍建设。四是深入推进"三全育人"综合改革，切实把课程、科研、实践、文化、网络、心理、管理、服务、资助和组织育人落到实处，构建全员全方位全过程育人体系。五是创新育人载体，积极推进"易班云"思政平台建设，构建网络思政育人新格局。六是落实新时代爱国主义教育实施纲要，广泛开展理想信念教育、中国特色社会主义和中国梦宣传教育、党的基本理论、基本路线、基本方略教育，教育引导学生树立共产主义远大理想和中国特色社会主义共同理想。七是修订完善意识形态工作制度，加强意识形态工作培训，定期开展意识形态领域风险排查，强化意识形态阵地管理、网络舆情管控引导，确保意识形态领域安全。八是坚持以社会主义核心价值观引领精神文明、校园文化建设，巩固全国文明校园建设成果，努力打造校园文化建设品牌，增强文化育人实效性。九是管好用好宁夏大学官方学习强国号和"中国教育发布"宁夏大学平台，加快推进融媒体建设，讲好宁大故事、传播好宁大声音。

（二十八）深化全面从严治党

一是压紧压实全面从严治党主体责任，督促各级领导班子成员履行"一岗双责"，抓深抓实政治生态分析研判，推进政治监督具体化常态化。

二是强化日常监督,精准运用"四种形态",聚焦重点领域和重点环节,紧盯"关键少数"和重点岗位,规范权力运行。三是深化纪检监察体制改革,健全完善纪检监察工作体系。四是坚决纠治"四风"突出问题,巩固"作风建设年"活动成果,锲而不舍落实中央八项规定及其实施细则精神,持续解决形式主义问题,深化拓展为基层减负工作。五是强化廉洁教育,深入开展"廉洁从政警示日"和"廉政警示教育周"活动,加强党员干部思想道德和党纪国法教育,推进廉洁文化建设,注重家风建设,引导党员干部修身律己、廉洁齐家。六是健全完善审计工作制度体系,加强工程项目跟踪审计、干部离任和科研项目审计,突出内部审计结果应用,服务学校改革发展。七是加大校内巡察力度,对6个基层党组织开展常规巡察,有针对性开展专项巡察,抓实巡察整改。

(二十九)加强统一战线、群团和离退休工作

一是全面贯彻落实《中国共产党统一战线工作条例》和自治区实施办法,加强民主党派自身建设和党外知识分子代表人士队伍建设,扎实推进党外知识分子示范点考核、评估工作,健全完善大统战工作机制。二是深入推进民族团结进步教育,加强宣讲团队伍建设、民族宗教理论与政策研究,打造民族团结进步文化长廊,建设民族团结进步创建示范单位。三是制定防范抵御宗教渗透和传播实施办法,健全完善防范和抵御宗教渗透长效机制,提高治理能力和治理水平。四是认真做好"双代会"提案办理,推进"教职工之家"建设,依法依规落实教职工福利和节日慰问,建立健全体育协会组织,组织开展教职工各项文体活动,做好教职工联系服务工作。五是强化广大团员青年思想政治引领和价值引领工作,加大基层团组织示范点建设力度,深入实施"青年马克思主义者培养工程",提升第二课堂认证管理工作专业化、规范化和科学化水平,规范召开研代会、学代会,强化学生社团管理和指导,深化改革、从严治团。六是抓好宁夏老年大学宁夏大学分校教学管理工作,推进离退休工作信息化建设,做好离退休人员服务保障工作。七是积极引导离退休老同志发挥余热,推动关心下一代工作持续健康发展。

宁夏大学"十四五"事业发展规划

"十四五"时期是我国全面建成小康社会，实现第一个百年奋斗目标之后，乘势而上开启全面建设社会主义现代化国家新征程，向第二个百年奋斗目标进军的第一个五年，也是宁夏大学全面建成区域特色鲜明、服务地方能力突出的西部一流大学关键的五年。依据《中华人民共和国国民经济和社会发展第十四个五年规划和2035年远景目标纲要》《中国教育现代化2035》《宁夏回族自治区国民经济和社会发展第十四个五年规划和2035年远景目标纲要》《宁夏回族自治区教育事业发展"十四五"规划》《宁夏回族自治区西部一流高校和一流学科（2021—2025年）建设实施方案》等文件精神及宁夏大学第七次党代会确定的奋斗目标，结合学校实际，制定本规划。

一、建设基础

"十三五"时期，学校坚持以习近平新时代中国特色社会主义思想为指导，坚持社会主义办学方向，紧抓"双一流"建设、"部区合建"契机，以立德树人为根本，以学科建设为龙头，以高质量发展为核心，以关键领域改革为突破口，在党的建设、人才培养、师资队伍建设、科学研究、社会服务、治理能力、对外合作交流、综合改革等领域都有了新起色、新进步、新提升。博士学位教师数量、科研项目及经费、成果产出总量、高水平科技创新平台建设等指标较"十二五"末实现了大幅度增长，内涵建设不断加强，核心竞争力不断提高，办学特色更加鲜明，综合实力持续提升，社会影响力显著增强，为全面建成西部一流大学打下了坚实基础。

（一）发展基础

1. 不断开创党的建设新局面

对标新时代党的建设总要求，坚持和完善党委领导下的校长负责制，始终总揽全局、协调各方，使学校各项工作遵循正确的政治立场、政治方向、政治原则、政治道路。扎实开展"不忘初心、牢记使命"主题教育和党史学习教育。全面实施学生党建"金种子工程"和教工党建"育人楷模工程"，不断提升基层党建工作质量。健全"四位一体"的党建工作体系，完善中层党组织书记抓党建工作述职评议考核办法等党建工作制度。30余人获全国优秀教师、教育系统优秀党务工作者等校级以上荣誉，17个基层党组织立项建设全国高校"双带头人"教师党支部书记工作室等。坚持党管干部，严格执行干部选拔任用程序，坚持公正用人，严格规范履职用权行为。加强和改进思想政治工作，全面落实"三全育人"实施方案，积极推进马克思主义学院建设，推动了思想政治课改革创新和"课程思政"建设，构建了"思政课+课程思政+专业思政"的思政育人大格局，获批自治区课程思政精品项目21项，在全区高校中率先开设了《习近平新时代中国特色社会主义思想》课程，建设了校级课程思政示范课58门。牢牢掌握意识形态工作的领导权,健全体制机制,筑牢工作基础,压实工作责任,增强风险防范,强化对意识形态阵地的日常管理。深入推进自治区巡视整改和校内巡察工作,认真完成整改任务,切实推动学校各项事业高效有序发展。坚持正面舆论导向,推进了"报、网、端、微"的深度融合,持续提升了学校新闻传播力、舆论引导力和社会影响力。

2. 学科建设迈上新台阶

紧盯国家和区域经济社会发展需求,优化调整了马克思主义理论、教育学、生态学、食品科学与工程、法学等学科。重点打造化学工程与技术、民族学两个学科群"高峰",大力支持水利工程、草学、理论经济学、生物学、生态学、计算机科学与技术、机械工程、园艺学、教育学等9个学科,着力建设学科"高原",基本形成了适应社会需求的学科布局结构,构建了符合学校发展实际的学科建设体系。新增1个一级学科博士学位授权点、5个一级学科硕士学位授权点和7个专业硕士学位授权点,学校一级学科博士学位授权点达到6个,一级学科硕士学位授权点达到31个,专业硕士学位授权点达到15个。化学学科首次进入ESI世界排名前1%。在2016年全国第四轮学科评估中,有8个学科进入排名榜单,民族学、草学2个学科获B-评价;数学、水利工程2个学科获C+评价;中国语言文学、外国语言文学、生物学、生态学4个学科获C-评价。

3. 人才培养取得新成效

全力推进以"六卓越一拔尖"为核心的人才培养模式改革,完善了大类培养、专业培养、个性化多元化培养相适应的人才培养体系,深化研究生教育教学改革,持续推进了一流拔尖创新人才的培养。五年来共招收本科生23277人、研究生7449人,研究生培养规模较2015年实现翻番,学生就业率稳步攀升。获批20个国家级、7个自治区级一流专业建设点,1个专业通过工程教育专业认证,3个师范专业认证申请获得受理,获批国家级一流本科课程4门,引进和建设了优质课程1000余门。获批建设自治区级"三全育人"综合改革试点学校和全国"三全育人"综合改革试点学院。获批国家和自治区级大学生创新创业训练计划项目683项,学生在全国性竞赛中获奖1100多项,学校荣获全国创新创业典型经验高校50强、深化创新创业教育改革示范高校100强、全国高校实践育人创新创业基地50强等称号。机械工程专业构建了双向互动国际化与校企协同相结合的"卓越工程师"培养模式,获得了国家级教学成果二等奖。

4. 师资队伍建设实现新跨越

实施引进与培养并重、编制与柔性共用、改革与投入同频的政策,专任教师总数由1490人增至1632人,具有博士学位教师达到816人,专任教师中博士比例由32%增至50%,高级职称人员比例由50%增至61%,有国(境)外研修经历人员比例由10%增至23%,68%的青年博士教师来自区外高水平大学或科研院所,学缘结构进一步优化。入选"长江学者"特聘教授、国家"百千万人才工程"、国家"万人计划"哲学社会科学领军等国家级人才15人次,获批自治区"塞上英才"等省部级人才116人,省部级以上高层次人才占专任教师比例达11.5%,学校成为宁夏高层次人才的主要集聚区。实施了以教师分类评价为主线的绩效工资改革、以专业技术岗位聘任为主线的职称改革、以人员总量试点为主线的机构和编制改革。

5. 科学研究取得新突破

紧扣经济社会发展、产业转型升级中的重大现实问题和关键技术需求,承担国家哲学社会科学和自然科学基金370项，获批各类科研项目经费9.11亿元。发表高水平学术论文2250篇。创新成果获省级以上奖励344项，其中国家科学技术进步二等奖1项，教育部高等学校科学研究优秀成果奖（人文社科）二等奖2项。新增省部级以上平台23个，实现了省部共建国家重点实验室、省部共建协同创新中心、教育部国际合作联合实验室建设零的突破。新增教育部"长江学者和创新团队发展计划"团队1个、自治区科技创新团队7个、自治区引进科技创新团队3个、自治区柔性引进科技创新团队2个。

6. 社会服务作出新贡献

哲学社会科学围绕推进"一带一路"倡议和国家向西开放新战略，产出高质量研究报告300余份，其中咨政报告68份。围绕区域生态建设，深度参与了黄河流域生态治理及贺兰山、六盘山、罗山生态修复等重大专项规划的制定；推广和转化了煤制烯烃催化剂技术、旱区节水灌溉技术、小麦丰产栽培技术、水稻新品种选育技术、盐碱地改良技术、设施园艺关键技术等一批创新成果，新增产值7.2亿元；积极承担脱贫攻坚任务，结对帮扶固原市原州区冯洼村和三和村，协助教育部办公厅结对帮扶固原市西吉县，助力原州区和西吉县分别于2020年3月和11月顺利退出贫困县序列。

7. 治理能力实现新提升

坚持和完善党委领导下的校长负责制，健全以《宁夏大学章程》为核心的制度体系，推动学校领导体制和运行机制不断完善。进一步完善学校党委常委会、校长办公会、专题会议议事规则和程序，建立健全党委统一领导、党政分工合作、协调运行的工作机制。修订《宁夏大学学术委员会章程》，完善了学术委员会组织构架及运行机制，建立了校、院两级学术组织体系。坚持民主管理，加强信息公开，畅通民主监督渠道，充分保障了广大师生的知情权、参与权、表达权和监督权。推动定编定岗定责工作，人事管理由以身份管理为主转向以岗位管理为主，建立分类绩效评价体系，实行了多元薪酬模式。加强信息技术支撑，以信息化促进治理体系与治理能力现代化。调整成立了学校办公室、党委巡察（督查）办公室和审计处等党政管理部门，推动管理职能向规划、监管、评估、服务转变。成立了法学院、食品与葡萄酒学院、生态环境学院和地理科学与规划学院，改革中卫校区运行体制，成立了文化旅游学院、商学院、智能工程与技术学院和中卫校区公共教学部。通过学院调整，优化专业布局，解决束缚学校发展的人、财、物等资源配置问题，引导学院聚焦人才培养和科学研究等核心任务，进一步增强了学校发展的内生动力。

8. 对外合作交流取得新进展

制定系列外事工作管理办法，形成了一套相对完整的外事工作管理制度体系，确保了学校国际化开放办学归口管理和规范化管理。围绕宁夏农业、葡萄酒、信息等产业设计实施了校、院两级系列国际化开放办学项目，累计资助2048人次师生赴国（境）外15个国家和30多所高校（研究所）进行访学研修、攻读博士学位、参加高水平国际学术会议等，其中教师719人次，本、硕、博学生1329人次；引进了10个国家的外籍教师101人次；围绕"来华留学"，招收了来自33个国家的553名国际留学生。教育部中阿旱区特色资源与环境治理国际联合研究所在阿曼、阿联酋、埃及等国家建立了2个分实验室、5个实验基地，在节水绿化、节水农业、生态保护等领域承担国际项目14项；建成了教育部援外项目"一带一路"中国摩洛哥联合研究所；中俄西夏学联合研究所推出的系列成果,推动了中俄人文合作与交流;教育部国别与区域培育基地阿拉伯研究中心产生了一批国内领先、国际有重要影响力的决策咨询报告、中东政策解读等,有力地提升了学校的国际影响力。迪拜大学孔子学院,已逐步成为阿联酋乃至海湾地区中文教育和文化交流的重要枢纽。

强化了"对口合作"高校的合作,与上海交通大学等5所高校签署对口合建工作协议,构建了"1+5"的全方位合作建设架构,帮扶合建"化学工程与技术""民族学"等一批优势学科。

9. 办学条件实现新改善

统筹学校总体规划,优化各校区功能布局,形成了《朔方校区校园建设总体规划》。进一步完善基础设施,实施了学校综合楼(未来教室)、新闻传播学院与马克思主义学院教学实验楼等重大项目。"十三五"期间,收入总量实现较大幅度增长,2020年决算收入16.06亿元,较2015年增加5.28亿元,增幅49%,年均增长率8.3%。增加基本建设固定资产29661.43万元,新增校舍56504.84余平方米,建成理工科综合基础实验实训中心、应用成果实验基地项目科研工作室、水利实验大厅、文萃校区文化休闲广场、金凤校区塑胶田径场等基础设施及配套项目。全力打造智慧校园,深入推进校园信息化建设,建成了数据治理及共享平台、师生网上一站式服务大厅等。新增仪器设备和专业软件3.5万台(套),价值7.11亿元。大型仪器开放共享机制不断完善。图书文献的资源引进和数字化建设成效突出,图书馆纸质藏书206万册,电子图书202万种,图书馆文献资源和知识产权服务能力进一步提升,成为首批"高校国家知识产权信息服务中心",为学校人才培养和科学研究提供了有力的基础性支撑。后勤社会化改革取得实质性进展,服务保障水平明显提高。实施绩效工资改革,教职工岗位津贴、公积金和住房补贴实现较大增长。离退休教师管理服务工作不断加强,困难职工得到关心帮扶。

(二)存在的问题

五年来,学校办学成果显著,但对照西部一流大学建设的总体要求和国家、自治区对高等教育高质量发展的现实要求,学校的事业发展还存在一些不足和短板。

一是人才培养质量有待进一步提升。课程质量存在明显差异,人才培养方案还需进一步优化,研究生培养"同质化"现象还比较严重,"互联网+"教育改革创新力度不足。

二是现有师资队伍的规模、结构与质量,尚不能完全满足西部一流大学建设需求。领军人才紧缺,团队建设的耦合性尚待加强。

三是教育评价改革有待进一步深化,自主创新能力有待进一步提升,具有重大影响力的标志性成果仍然不足,服务国家、自治区战略需求的成果转化和应用有待进一步加强。

四是治理体系和治理能力现代化水平有待持续提高。学科与机构的关系有待进一步理顺,资源共享、协同运行的机制有待继续完善,学院实体化改革需进一步深化。

(三)发展环境

面对国际国内发展趋势、高等教育转型发展和自治区经济社会发展形势,学校建设发展面临历史性机遇和重大挑战。

1. 面临的机遇

国家新发展格局提出新要求。十九届五中全会提出,要加快构建以国内大循环为主体、国内国际双循环相互促进的新发展格局,是对"十四五"和未来更长时期我国经济发展战略、路径作出的重大调整。高等学校作为科技第一生产力、人才第一资源和创新第一动力的重要结合点，在构建新发展格局中具有不可替代的地位和作用，学校要主动适应新需求，着力提升教育质量、科研能力和服务水平，源源不断地输送高质量的人才，持续地提供高质量的科技创新支持，高效率地引领和创造社会的新需求，这是新时代高等教育必须承担的责任与义务、必须强化的使命与担当。

区域经济社会发展提出新需求。作为宁夏高等教育的"排头兵"，学校要围绕习近平总书记视察宁夏提出的"建设经济繁荣、民族团结、环境优美、人民富裕的美丽新宁夏"总体建设目标，主动融入宁夏经济社会发展大局，全面对接自治区九大重点产业，不断提升科研原始创新能力，破解"卡脖子"技术难题，增加高质量科技成果供给和转化等，成为高水平创新的"动力源"和高质量发展的"推进器"。

高等教育发展进入新时期。国家和社会对高等教育创新型人才培养质量的要求不断提高，对优质高等教育资源的需求持续增加。随着"双一流"建设深入推进，育人方式、办学模式、管理体制、保障机制的改革迈向深水区。教育体系与科技体系、产业体系、社会体系之间亟须做好全方位的衔接，进而推动教育链、人才链与产业链、创新链的融合发展。这些都迫切要求学校坚持"以本为本"，推进"四个回归"，加快推进高水平本科教育；推动研究生教育发展创新，将科学研究作为衡量研究生素质的基本指标，培养更具专业能力和创新能力的高层次人才，为建设社会主义现代化强国提供更坚实的人才支撑。

学校建设发展进入新阶段。"双一流"建设和"部区合建"为学校高质量、跨越式发展带来新契机，也对学校发展提出新要求，学校须将未来发展放在"区域特色鲜明、服务地方能力突出的西部一流大学"愿景中谋划，坚持问题导向，锐意改革创新，在提高人才培养质量上下功夫，在提高教师教学科研水平上下功夫，在提高资源配置能力上下功夫，全面提升学校办学水平。

2. 应对的挑战

教育变革加速。以人工智能、物联网、生物医药、智能制造、新能源为核心的新一代科技产业变革已拉开序幕，一系列新兴技术不断突破涌现，全球化进入新阶段，科技、教育、人才的重要性、竞争性凸显，催生了高等教育的理念、模式等不断变化。在这一背景下，如何顺应时代发展，提升教师信息化教学能力，加强智慧教育基础建设，推进现代信息技术与教育教学深度融合，推动线上线下教学有机衔接，实现教育理念、方法和手段全方位创新，已成为学校面临的新挑战。

高校竞争加剧。教育资源的全球性流动和学科的国际化评价正在推动大学向更高水平发展，国内一流大学、高水平大学的快速发展，部分地方高校异军突起，使高校间的竞争空前激烈。对标对表建设国内一流大学的新目标、新要求，如何在更加开放的办学环境中提升竞争优势，提高办学水平，促进学校高质量发展，是学校面临的严峻挑战。

改革面临攻坚。学校治理能力和水平亟待提升，现代大学制度体系仍不健全、激励效应尚需充分发挥，深化综合改革的系统性仍需提升，教育评价改革的"指挥棒"作用仍需强化，学科壁垒、学院壁垒和部门壁垒有待破除，协作协同机制尚未完全建立。资源不足、空间受限矛盾日益凸显，多渠道筹集资金、拓展资源的能力亟须不断强化。如何完善管理体制机制，优化资源配置，提升服务和保障水平，推进学校治理体系和治理能力现代化，是学校创建一流大学过程中不可回避的挑战。

二、总体要求

(一)指导思想

以习近平新时代中国特色社会主义思想为指导,深入贯彻党的十九大和十九届二中、三中、四中、五中全会精神,全面落实习近平总书记关于教育的重要论述、在全国教育大会、视察宁夏和在庆祝建党100周年大会上的重要讲话精神,全面贯彻党的教育方针,遵循教育规律,以立德树人为根本,以高质量发展为主题,以教育评价改革为牵引,以改革创新为根本动力,坚守大学使命与社会责任,持续完善现代大学制度,深化对外交流合作,着力提高人才培养质量,提升科研创新能力,增强社会服务能力和文化传承创新能力,主动融入黄河流域生态保护和高质量发展先行区建设,为持续建设经济繁荣民族团结环境优美人民富裕的美丽新宁夏作出新的贡献。

(二)基本原则

坚持党的全面领导。坚持和完善党委领导下的校长负责制,更好发挥党总揽全局、协调各方的作用,不断提高学校党委把方向、谋大局、定政策、促改革的能力和水平,为实现"十四五"发展目标任务提供引领和保障。

坚持立德树人。以立德树人为根本,强化社会主义核心价值观教育,将立德树人贯穿于教育教学全过程,融入管理工作的各个环节,渗透到师生日常工作生活中。

坚持改革创新。以体制机制创新为导向,持续深化综合改革,不断完善中国特色现代大学制度,加速推进学校治理体系和治理能力现代化,坚持新时代教育评价改革导向,深入推进教学、科研、教师、学生等评价改革,持续增强发展动力。

坚持系统观念。坚持全校一盘棋,统筹教育教学、科学研究和管理服务三大体系建设,推进育人立校、创新强校、治理兴校。注重防范化解意识形态、党风廉政、师德师风、安全稳定等领域的重大风险挑战,实现办学质量、规模、结构、速度、效益、安全相统一。

坚持需求导向。紧扣区域经济社会发展需求,积极参与自治区乡村振兴战略、全域旅游创建、九大重点产业布局和黄河流域生态保护与高质量发展先行区建设,加强与地方和社会各界的交流与合作,以服务促支持,以贡献促共建,在服务中提升学校的综合实力和社会影响力。

(三)发展目标

总体目标:

到2025年,全面建成区域特色鲜明、服务地方能力突出的西部一流大学,为建设国内一流大学奠定基础。

具体目标:

人才培养方面:到"十四五"末,在校全日制本科生规模稳定在20000人左右,在学研究生规模达到8000—10000人;建成25个国家级、35个自治区级一流本科专业,20%的本科专业通过国家认证,全面建成教育理念先进、特色优势突出、满足区域需求、社会广泛认可的一流本科专业体系;一级学科博士学位授权点达到12个,一级学科硕士学位授权点达到35个,专业硕士学位授权点达到20个,基本建成结构更加优化、模式更加完善、质量明显提升、服务贡献突出的高水平研究生培养体系。

学科建设方面:学科结构明显优化,学科的龙头作用充分发挥,学科建设在推动拔尖创新人才培养、人才集聚、知识创新与辐射、文化传承创新、国际合作与交流等方面作出更大贡献。到"十四五"末,在全国学科评估中,1—2个学科获得A-

及以上评价,4—6个学科获得B-及以上评价,5—8个学科获得C-及以上评价。

师资建设方面:师资队伍的规模稳步扩大,结构显著优化、质量明显提升。到"十四五"末,在校教职工达到3000人左右,具有博士学位专任教师达到1200人左右。入选省部级、国家级人才计划和人才工程人选达到400人次,建成50个省部级高水平教学、科研和社会服务团队。

科技创新方面:建成更加完善的创新科研平台和团队协同创新体系,新增国家级科研项目450项以上,纵向科研经费较"十三五"期间增长率达到15%,横向合作研究项目经费较"十三五"期间增长率达到20%,高水平论文数量年均增长率达到5%,产出和转化支撑区域经济社会发展的重要成果20项以上,获得3项以上国家级科研奖励,新增2个国家级创新平台。

开放办学方面:形成全方位、宽领域、多层次的教育对外开放局面。具有国(境)外研修经历的教师比例提高到35%以上,具有3个月以上国(境)外学习经历的本科生和研究生比例分别保持在5%和10%,留学生规模达到600人次。争取获批1个中外合作办学项目或机构。

校园文化方面:校园文化生活更加丰富,"宁大品牌"显示度、美誉度更加彰显,师生获得感幸福感成就感全面提升。系统构建中国特色、宁大风格的文化育人体系,主动承担弘扬传播先进文化的责任,担负创造新思想、新文化并以之辐射社会、推动社会进步的使命,将学校建设成为宁静的育人家园、活跃的学术社区、典雅的文化殿堂。

治理效能方面:深化新时代教育评价改革,中国特色现代大学制度建设取得显著成效,依法治校水平大幅提高,管理服务效能明显增强,形成与一流大学相适应的现代大学治理体系和与智能时代相适应的教育治理体系。

三、建设任务及措施

(一)加强党的全面领导,为学校建设发展提供坚强保证

1.发挥政治建设统领作用

坚持社会主义办学方向,全面贯彻党的教育方针,不断提升领导班子顶层设计能力和科学决策水平,切实履行好管党治党和办学治校主体责任。进一步完善党对学校全面领导的体制机制,把党的领导和党的建设贯穿到"双一流"建设、"部区合建"各个方面,形成落实党的全面领导纵到底、横到边、全覆盖的工作格局。构建大统战工作格局,调动党政、群团等各方积极性,加强党外代表人士队伍建设,形成层次合理、分布均衡、衔接有序的党外人才梯队。强化共青团作用,更好团结凝聚青年团员听党话、跟党走。推进工会、妇委会工作创新,不断夯实教代会民主政治建设。落实落细党的群众工作政策,提升教职工和离退休老同志的幸福感、获得感、归属感。

2.加强和改进思想政治工作

思想政治工作是党的优良传统、鲜明特色和突出的政治优势,是一切工作的生命线。要完善党委统一领导、党政齐抓共管、宣传部门组织协调、各单位分工负责、全体师生共同参与的思想政治工作大格局。坚持用习近平新时代中国特色社会主义思想武装全党、教育师生,增进对习近平新时代中国特色社会主义思想的政治认同、思想认同、理论认同、情感认同。广泛开展中国特色社会主义和中国梦宣传教育,弘扬民族精神和时代精神,加强爱国主义、集体主义、社会主义教育,加强马克思主义唯物论和无神论教育。培育和践行社会主义核心价值观,加强教育引导、实践养成、制度保

障,推动社会主义核心价值观融入社会发展和师生生活。加强党史、新中国史、改革开放史、社会主义发展史和形势政策教育,引导党员、干部和广大师生员工旗帜鲜明反对历史虚无主义,继往开来走好新时代长征路。

3. 牢牢掌握意识形态工作领导权

强化意识形态阵地管理,确保课堂、报告会、研讨会、讲座、论坛等各类意识形态阵地可管可控。从严管理校内各类新媒体平台,重点建设门户网站、校园微信公众号等宣传展示平台,加强舆情监测及分析研判机制建设,妥善处理意识形态突发事件。进一步完善维护安全稳定的领导体制和工作机制,系统做好安全稳定各项工作。

4. 全面提升基层党组织战斗力

全面把握新形势新任务新要求,贯彻落实新时代党的建设总要求和新时代党的组织路线,以组织体系建设为重点,加强对党的基层组织建设的领导,着力固根强基、发扬优势,建设一批特色鲜明、影响力大、带动力强的基层党组织。持续推进党组织"对标争先"建设计划,为每个学院至少配备1名专职组织员,加大"双带头人"支部书记培育力度,配备率达到100%。2021年,大学一、二年级发展党员数占大学生发展党员数的比例不低于30%,2022年起,大学一、二年级发展党员比例逐年提高。对基层党组织书记的培训实现全覆盖,党员轮训率每年达到60%以上,其中青年党员轮训率达到90%以上。

5. 深化干部人事制度改革

坚持新时代党的组织路线,坚持党管干部原则,认真落实好干部标准,大力选拔敢于负责、勇于担当、善于作为、实绩突出的干部。健全完善年轻干部选拔、培育、管理、使用机制,改善干部队伍年龄与专业结构,建设一支忠诚、廉洁、敢于担当的高素质专业化干部队伍。强化干部考核评价和结果应用,激励广大干部新时代新担当新作为。优化干部成长路径,强化能力培训和实践锻炼,加强干部交流和挂职,统筹做好院系与机关干部队伍建设。选派干部到重大斗争一线、艰苦复杂地方、吃劲负重的岗位历练成长。实施干部政治能力、专业能力提升"两大工程",提高各级领导班子和干部贯彻新发展理念、构建新发展格局的能力。

6. 深入推进全面从严治党

落实党委主体责任和纪委监督责任,严格落实"一岗双责"要求。始终把党的纪律和规矩挺在前面,推动作风建设规范化、常态化。建立健全预防腐败和惩治体系,实施领导班子任期责任制和考核评估制,切实加强对重点领域和关键环节的监管,严把招生录取、基建项目、大宗物资设备采购、财务管理、科研经费和学术道德等重点关口,加大对违规违纪行为的查处力度,始终保持惩治腐败的高压态势。深入推进反腐倡廉教育,探索廉政文化建设多种途径,营造浓厚的校园廉政文化氛围。进一步推动校园廉洁文化建设。

(二)加强制度建设,全面激发学校办学活力

1. 健全民主管理制度

健全党委领导下的校长负责制的各项配套制度,建立领导班子战略研讨制度,完善决策前的调研制度和论证制度,决策中的票决制度和决策后的责任制度,不断提升领导班子顶层设计能力和科学决策水平。加强对学院执行党政联席会议情况的督查,提高学院党政联席会议质量。强化"三重一大"决策制度和监督体系,加大问责力度,切实做到用制度管钱、管人、管事。健全师生权益保障体系。加强工会、教代会、学代会、研代会等群团组织建设,严格落实相关制度,建立健全涉及师生权益的听证、申诉等权利保障机制,保障师生对学校重大事项的知情权、参与权、建议权。发挥各级人大代表、政协委员、民主党派和党外知识分子作用,通过座谈会、通报会和机关作风建设考评等活动,鼓励他们为学校中心工作建言献策。

2. 强力推进依法治校

贯彻执行《教育部关于进一步加强高等学校法治工作的意见》,对标《高等学校法治工作测评指标》,以《宁夏大学章程》为基本遵循,建立健全适应学校发展需要的办学制度,规范办学活动,实现办学治校的科学化、规范化和法治化。加强社会主义法治教育,深入学习宣传习近平法治思想,在全社会普遍开展宪法宣传教育,有针对性地宣传普及法律、法规和法理常识,加大党章党规党纪宣传力度,增强各级领导班子和领导干部依法治校意识、管理服务人员依法行政与服务意识、广大师生员工依法维权意识,使学法、守法在师生中蔚然成风。

3. 完善办学资源筹集机制

以宁夏大学校友总会和教育发展基金会为平台,进一步加强各类校友会组织建设;以信息化建设为抓手,大力推动校友工作平台建设;创新基金会筹资方式,开展公益性合作,加强对各类项目的日常维护,培育新的项目增长点,创新捐赠项目;加强与国内公益组织、基金会等的联系合作,设计公益项目,争取项目资金;从凝聚共识到协调行动,全面构建学校和院系两级筹资体系;充分发挥校友会在校友联络和情感交流中的主体作用,构建筹集社会资源和完善捐赠资源的筹措和使用的新机制,积极引进社会资源,争取各种办学支持。

4. 持续深化综合改革

认真贯彻落实《深化新时代教育评价改革总体方案》,以破"五唯"为导向,构建学校、教师、学生和用人评价体系。改革学校评价,将落实党的全面领导、做好思想政治工作和意识形态工作等作为评价学校领导、管理人员的重要内容,健全学校内部质量保障制度,坚决克服重智育轻德育、重分数轻素质等片面办学行为,优化本科教育教学评估、学科评估管理机制,修订"双一流"建设成效评价办法,改进学校经费使用绩效评价和国际交流合作评价,探索开展服务全民终身学习情况评价;改革教师评价,坚持把师德师风作为第一标准,健全教师荣誉制度,全面落实新时代高校教师职业行为准则,把认真履行教育教学职责作为评价教师的基本要求,强化一线学生工作,改进教师科研评价,推进人才称号回归学术性、荣誉性;改革学生评价,树立科学成才观念,完善并强化德育、体育、美育、劳动教育评价,严格学业标准,深化考试招生制度改革;改革用人评价,树立正确用人导向,建立以品德和能力为导向、以岗位需求为目标的人才使用机制。

建立健全分工科学、运转顺畅高效的校、院两级管理架构,推动学校管理重心下移,加快推进学院实体化建设进程,激发学院创新活力。将学科建设、师资选聘、考核晋升、内部教学科研机构设置、学科经费与科研经费自主安排、绩效奖励等权力逐步下放到学院,使学院真正成为学科建设和学校治理的主体。

推动管理服务部门的优化重组,撤销或合并职能交叉或重叠的机构,完善综合事务的跨部门协调机制,确保分工清晰、精干高效。将人、财、物等关键资源配置的决策职能和执行职能适当分离,规范各类工作领导小组的工作规则。将党政机关的服务职能逐步剥离,建设覆盖各个校区、直接面向师生、职能高度综合的师生服务中心。

(三)加快教育教学改革,提高人才培养质量

1. 坚持用党的创新理论铸魂育人

全面贯彻党的教育方针,确保学校始终作为

培养社会主义事业建设者和接班人的坚强阵地。以社会主义核心价值观为引领，以理想信念教育为核心，以全面提高人才培养质量为落脚点，统筹办学治校各领域、教育教学各环节、人才培养各方面的育人资源和力量。坚持用习近平新时代中国特色社会主义思想铸魂育人，深入开展"四史"学习教育和爱国主义教育，推动理想信念教育常态化、制度化。认真贯彻落实全国思想政治理论课教师座谈会精神，深入推进习近平新时代中国特色社会主义思想进课堂、进教材、进头脑，加强马克思主义学院、马克思主义学科、黄大年式教师团队、思想政治理论课教师队伍和课程建设，形成全校努力办好思政课、教师认真讲好思政课、学生积极学好思政课、专业课教师做好课程思政的良好氛围。坚持理论教育与实践养成相结合，注重发挥学术、文化、体育、社会等各类实践教育活动的潜在育人作用。推进落实《宁夏大学"三全育人"综合改革试点工作实施方案》，构建稳定有效的全员全过程全方位育人机制，不断提升育人质量。

2. 实施高质量本科教育攻坚计划

系统推进专业质量、课程质量、教材质量和技术革新四项人才培养"新基建"，以新工科、新农科、新文科建设带动引领本科教育创新发展。

（1）强化专业建设

深入推进一流本科专业建设，不断凝炼专业特色和优势，以满足社会需求和落实培养目标为牵引，加大专业支撑条件建设，积极实施国家一流专业"双万计划"，着力推进"六卓越一拔尖"2.0计划，建设面向国家未来、适应区域需求、引领地方发展、办学理念先进、资源保障有力的一流专业。全面落实"以学生为中心、以产出为导向、持续改进"的教育理念，按照"系统推进与分类指导相结合"的原则，扎实开展本科专业"保合格、上水平、追卓越"三级认证，分专业类别制订认证工作实施方案，明确各类专业的建设方向、重点任务、工作机制，按照"压缩规模、置换专业、促进交叉、提升品质"的原则，及时调整专业结构布局。加快建设发展新工科，培养德学兼修、德才兼备的高素质工程人才。围绕黄河流域生态保护和高质量发展先行区建设的战略部署，加快建设发展新文科、新农科。升级改造现有专业，布局与自治区战略性新兴产业相关的新专业，积极申报绘画、金融学、生态学、环境科学与工程等逐步形成与国家和自治区经济社会发展深度融合的专业体系。深入推进二级学院基层教学组织建设工作，明确二级学院基层教学组织的功能和责任，实行专业负责人负责制。

（2）推进课程建设

立足经济社会发展需求和人才培养目标，优化重构教学内容和课程建设体系，着力推进多学科思维融合、产业技术与学科理论融合、跨专业能力融合、多学科实践项目融合，建设一批线上线下混合、虚拟仿真实验、社会实践与多种类型的一流本科课程。到2025年，力争建成20门国家级、100门自治区级一流课程，力争实现所有本科专业全覆盖。推动校企共建课程，建设20门左右校企共建课程。

（3）加强教材建设

制定精准教材建设支持政策，强化团队"作战"，鼓励支持教师编写既符合国家需要又体现个人学术价值的高水平教材。推动传统教材数字化建设，在思政教育、法治教育等领域建设教学案例、教学资源共享库，满足学生个性化发展需求，增强教材的表现力和吸引力。加强教材选用管理，明确校、院、系、教研室及课程团队在教材选用过程中的责任，规范教材选用流程，坚持选用优秀教材，淘汰过时落后的教材，持续推进"马工程"教材建设与选用。建设在本学科领域具有较大影响力的高水平专业教材30部以上，实验实践类教材10部以上。

（4）补全"五育"短板

加强体育工作，落实"教会、勤练、常赛"要求，完善"健康知识+基本运动技能+专项运动技能"的教学模式，推进体教融合，引导学生养成良好锻炼习惯和健康生活方式。增强美育熏陶，聚焦"教会、勤练、常展"，完善"艺术基础知识基本技能+艺术审美体验+艺术专项特长"的教学模式，促进学生形成艺术爱好，增强艺术修养。注重劳动教育，把劳动教育贯穿生活、学习和社会实践全过程，引导学生崇尚劳动、尊重劳动。鼓励各专业围绕人才培养需求和特点，构建具有综合性、实践性、开放性、针对性的劳动教育课程体系，加强劳动教育实践场所建设，有目的、有计划地组织学生参加日常生活劳动、生产劳动和服务性劳动。将参与劳动教育学习与实践情况纳入学生综合素质档案。

3. 深化学位与研究生教育改革

（1）改革研究生培养模式

进一步完善本—硕—博贯通的教育培养体系，持续优化生源结构，全面推行博士研究生申请—考核招生选拔机制；积极探索实践学术学位和专业学位分类培养新模式，以专业学位研究生培养模式改革为重点，在工科和农科类学位点先行先试，探索建立高效运行且被社会认可的产教融合联合培养基地体系，突出个性化培养特色。推动启发式、研讨式、互动式教学常态化，使研究生教育实现由传统培养模式向研究型培养模式转变，全面构建以研究生为主体，导师为主导的"做、学、研、创"相结合的研究型教学模式；鼓励教师将最新的研究成果及时转化为教育资源。

（2）强化研究生培养过程管理

分类分层次制订研究生培养方案，做到培养环节设计合理，学制、学分和学术要求切实可行，构建培养过程质量控制为核心的分流淘汰常态化机制。实行研究生培养全过程评价制度，关键节点突出学术规范和学术道德要求。坚持质量检查关口前移，切实发挥资格考试、学位论文开题和中期考核等关键节点的考核筛查作用，提高考核的科学性和有效性。

（3）强化导师责任

全面落实导师立德树人职责，教育引导研究生坚定理想信念，自觉践行社会主义核心价值观。根据学科或行业领域发展动态和研究生的学术兴趣、知识结构等特点，制订研究生个性化培养计划。健全处置学术不端有效机制，对学术不端行为坚持"零容忍"。

4. 加强创新创业能力培养

推动创新创业教育与专业教育、思想政治教育、科研成果转化紧密结合，创新创业活动与课堂教学活动充分融合。构建"通识教育+专创融合+个性化多元化教育"有机融合的创新创业课程体系，加强专业化、职业化创新创业师资队伍建设，提高学生创新创业能力。推进科教融合，每年立项大学生创新创业训练计划项目1000项，建设10个竞赛基地。鼓励学生积极参加"互联网+"大学生创新创业大赛等各级各类竞赛，实现国家级比赛获奖数量和层次显著提升。充分发挥校院两级创客空间、校内外实践基地作用，强化创新创业实践，提高学生科研实践能力和创新创业能力。

5. 完善多样化的教学质量监控与评估体系

对标《普通高等学校本科教育教学审核评估实施方案（2021—2025年）》，以教学过程、教学基本条件监控与评估为基础，以教学基本状态数据常态检测、院校评估、专业认证等为主要内容,建立政府、学校、专业机构和社会评价相结合的教学质量监控与评估体系,严格落实各项监控与评估制度,严明教学过程中的政治、法律和道德纪律,推动学校形成教育教学质量持续提高的长效机制。构建多样化教师教学培养与评价机制;建成实施效果评价、诊断评价、过程评价、毕业生调查、教师自评、专家评价六维评教系统。强化落实教学运行检查制度,实现教学过程连续监控,强化教育责任,激发教师投身于人才培养的积极性。实施多样化过程性考核,科学设计考核方式、考核内容和考核过程,突出学生学业过程管理,利用现代信息技术改革考核方式,通过课程大作业、小论文和读书报告、学科活动等课程考核方式,提高过程性考核成绩的占比,进一步推动以能力培养为导向的考核方式变革,使学生的"学习成绩"客观真实反映"学习成效"。

6. 提高毕业生就业质量

以职业生涯规划和就业指导课程建设为抓手,加强学生职业生涯发展教育,对低年级学生进行职业生涯启蒙,对高年级学生提升职业素质和求职技能,持续推动就业指导服务"全程化、全员化、专业化、信息化"。完善"四个精准"就业指导服务工作体系和"五包一"工作机制,选优配强就业指导队伍,确保就业工作机构、人员、场地、经费"四到位"。以"实现毕业生更加充分更高质量就业"为目标,力争毕业生就业去向落实率达到70%以上,年终就业率达到90%以上。定期开展毕业生就业状况跟踪调查与反馈,形成就业与招生计划、人才培养联动机制。

(四)优化学科布局,创新学科组织模式

1. 深化学科内涵建设

持续实施高峰计划,重点推进"化学工程与技术"、"民族学"学科群创新基础设施和产学研用合作平台建设,精准助推新能源、新材料、文化旅游产业振兴发展,打造能够发挥引领作用的品牌学科。实施赋能计划,支持草学、园艺学、生物学、生态学、水利工程等自治区一流建设学科主动对接黄河流域生态保护和高质量发展先行区建设,围绕主导产业人才与创新需求为学科发展赋能,打造一批地方急需、特色明显、发展强劲的优势学科。实施强基计划,支持中国语言文学、数学、教育学等基础学科全面提升内涵要素,为人才培养和应用学科发展提供全面支撑,筑牢高质量发展的学科根基。实施培育计划,以创新融合为目标,逐步培育新兴学科,着力在医疗健康大数据、人工智能、节能环保、高端装备制造、新能源、新材料等领域培育新的学科增长点。

2. 加强学科交叉融合发展

加强学科协同交叉融合,以"化学工程与技术"、"民族学"学科群为试点,探索学科要素跨学院、跨学科聚类融合新模式,主干学科引领发展方向,发挥凝聚辐射作用,各配合学科紧密联系、协同创新,以提升服务国家重大战略需求及区域经济社会发展能力为目标,以重大科研项目为牵引,以促进学科群对接产业链为路径,强化学科群的规模效应。系统谋划学科发展,促进学科交叉,依托科技创新平台、研究中心等整合多学科人才团队资源,建立健全教师跨学科的学术评价和成果共享机制,完善人员跨机构聘用和流动机制,激发教师跨学科开展科学研究的活力,培育新的学科增长点。

3. 完善学科建设体制机制

构建"发展规模适中、结构布局合理、建设层级清晰、目标定位明确、竞争优势持续"的学科发展格局。健全学校、教学科研单位、学科负责人三级管理体制,加大学校层面统筹协调工作力度,强化教学科研单位学科建设主体责任,压实学科负责人具体落实责任,形成上下联动、协同推进的工作格局,激发学科发展的内在驱动力和活力。建立学科多元评价与发展状态监控机制,将动态监测与周期评价相结合,水平评价与绩效考核相结合,定量评价与定性评价相结合,多维度评价学科整体发展水平、成长提升程度和可持续发展潜力。依据国家周期性学科评估、学位授权点合格评估、第三方绩效评价等考核评价结果,实行学科建设资源动态分配,完善以社会需求和学术贡献为导向的学科动态调整机制,在公平竞争中体现扶优扶强扶特。

(五)深化人事改革,加快高水平人才队伍建设

1. 构建师德师风建设长效机制

建设一批师德师风示范基地,发挥师德师风示范基地在立德树人、师德师风教育引导等方面的辐射带动作用。将师德师风考核贯穿于人才引进、新入职教师岗前培训、在职教师培训、人才评价、职称评聘等工作中。健全教师荣誉制度,发掘优秀典型,开展立德树人奖评选表彰,举行教师入职仪式、荣休仪式等。

2. 优化师资队伍结构

实施"人才队伍建设145计划",全校具有博士学位专任教师达到1200人左右,学缘结构进一步优化。加大创新团队建设,建成50个左右省部级以上高水平教学、科研和社会服务团队。加大高层次人才队伍建设,构建使青年优秀人才脱颖而出的机制,入选省部级以上人才计划、人才工程人数达到400人次,力争引进或培养院士、"长江学者""国家级教学名师"等高端人才10名左右。实施"专任教师队伍建设强基计划",专任教师比例占全校总人数的70%左右。实施"实验等教辅队伍专业化计划",构建稳定的实验、档案、图资、会计等系列专业技术教辅队伍,使教辅队伍更加专业化,教辅队伍比例占全校总人数的12%左右;实施"管理队伍建设稳定计划",管理队伍占全校师资队伍总人数的17%左右;实施"工勤技术队伍职能转变计划",工勤技能队伍占全校师资队伍总人数的1%左右。

3. 构建科学合理的薪酬分配机制

深化专业技术岗位设置和聘任机制改革,实施四年一聘任、两年一调整,提高专业技术岗位职数使用效率,形成"人、岗、事、酬"合理匹配的岗位聘任体制机制,激发广大专业技术人员创新活力;深化薪酬分配机制改革,落实以增加知识价值为导向的收入分配政策,实施多劳多得、优绩优酬的分配机制;深化职称制度改革,推进新时代教育评价改革总体方案落地落实。

4. 提升青年教师专业能力

充分发挥好骨干教师"传、帮、带"作用,开展青年教师教学能力提升工程,夯实青年教师教学基本功,帮助青年教师快速成长。加强青年教师岗前培养、入职培训和在职进修,重点培训教案写作、课堂管理和作业批改等方面能力,着力提升青年教师专业素质。

5. 优化教师成长的生态环境

全面贯彻国家和自治区人才政策,用足用好自治区引进人才安家费、人才补助经费发放等"18条"人才新政,加大学校经费投入,与自治区人才投入机制形成叠加效应。加大学科型平台建设,使人才队伍有施展才华的舞台,形成事业留人的良好环境。构建全方位人才服务机制,创新服务方式,建立人才反映、沟通问题的畅通渠道,定期举办师资队伍座谈会,听取各类人才对学校发展的意见和建议,全力为人才做好服务,形成感情留人的良好环境。

(六)强化服务导向,提高创新能力和水平

1. 改革科研评价机制

坚持质量导向,推进科研评价改革,突出科研的学术贡献、社会贡献和支撑人才培养作用,建立导向明确、激励约束并重的科研评价机制。针对科研人员、创新团队、平台基地、科研项目的不同对象,依据基础研究、应用研究、技术转移、成果转化等不同特点,建立分类评价标准,实施分类评价。破除"五唯"顽疾,完善同行专家评议机制,推行代表性成果评价,引入第三方评价,注重个人评价与团队评价相结合,探索长周期评价。大力加强学术道德建设,完善学术诚信机制,规范学术评价体系。

2. 推进高质量科技创新团队建设

以重点科研平台为依托,从区级以上科研创新团队中遴选重点培育和一般培育科研创新团队,设立专项建设经费,推动2—3个特色突出、优势明显、水平较高的团队进入国内一流行列。将具有一定规模和研究基础的青年课题研究小组,纳入校级科研创新团队进行建设支持,形成一批紧扣区域产业和学科发展需求、结构合理、高效运行的后备科研团队。

3. 服务区域经济重大战略需求

聚焦黄河流域生态保护和高质量发展先行区建设及自治区九大重点产业需求,重点建设黄河流域生态保护和高质量发展研究院,组织重大科技攻关,在能源化工、新材料、电子信息、动物疫病、生态环境建设、葡萄与葡萄酒、旱作节水灌溉、特色农产品贮藏与加工等研究领域实现重大突破。抢抓东西部合作的机遇,搭建校校、校企、校地合作的绿色通道,以项目为纽带,推动重点学科、创新平台、科研团队建设与服务地方建设融合发展。

根据地方发展需求,整合学科和人才资源,组建由教授牵头、中青年教师为主、相关专业研究生和高年级本科生共同参与的服务地方团队,与相关企业、园区等企事业单位共建"成果转化、教学实践改革、大学生创业就业、人才培养培训、协同创新"于一体的多功能服务地方基地。建设"学校成果转化管理人员—院系兼职成果转化技术经理人—公司专业人才—科研人员"四个层次的成果转化人才队伍,形成横向联合社会、学校成果管理与运营、转化与服务机构,纵向贯穿学院与实验室的科研成果转移转化体系。

4. 提升科技平台创新能力与贡献度

调整优势研究平台发展定位,通过补短板、显特色、强实力,煤炭高效利用与绿色化工国家重点实验室顺利通过验收,西北土地退化与生态恢复国家重点实验室培育基地实现"脱培",力争建成葡萄与葡萄酒国家技术创新中心。统筹配置资源,在数学、统计学、物理学、化学等基础学科建设3—4个科研基础设施研究平台,逐步实现科技创新平台全覆盖各学科。加大民族学、哲学、法学、教育学、中国语言文学、历史学等校级人文社会科学重点研究基地建设力度,新增2个省级哲学社会科学新型智库或协同创新中心。整合优化一批集野外科学观测、技术集成示范和推广、学生实习实践等功能为一体、覆盖不同的典型地域和学科领域的综合型野外基地。

5. 建立基础研究长效支持机制

鼓励和引导科研人员围绕重要方向开展长期研究。聚焦重大科学问题,组织攻关团队,有计划地争取国家科学基金重大重点项目。创新国家科学基金、宁夏自然科学联合基金、宁夏高校科研项目配套基金等项目组织模式,鼓励新引进青年科研人员开展基础研究,做好国家科学基金项目的培育和储备。

6. 推动哲学社会科学高质量发展

建设习近平新时代中国特色社会主义思想研究传播协同创新中心，加大习近平新时代中国特色社会主义思想丰富内涵、核心要义、时代背景、实践要求、理论特色和重大意义的研究，推出理论成果和实践案例。加快中华民族共同体研究院建设，大力支持哲学、民族学、理论经济学、法学、教育学、历史学、工商管理等学科开展基础研究，为铸牢中华民族共同体意识提供理论支撑。紧扣自治区战略部署和黄河流域生态保护和高质量发展先行区建设，开展应用对策研究，推出一批具有科学性、前瞻性、指导性和可行性的研究成果，为各级党委政府决策提供智力支持。优化研究领域与方向，推动学科交叉融合，构建结构合理、特色鲜明、适应经济社会发展需要的社科创新体系，促进哲学社会科学繁荣发展。积极办好《宁夏大学学报（人文社会科学版）》，为学校的哲学社会科学学科长远发展提供优质平台。

（七）扩大对外开放，推动高水平的国际交流合作

1. 适应新形势，深化对外交流合作

适应国家高等教育对外开放的新形势，巩固和深化我校现有合作伙伴关系，不断拓展与俄乌、日韩等国家的合作空间，继续加强与"一带一路"沿线国家及周边国家高校的人文交流与科技合作。加大与港澳台地区高校的合作交流力度，积极与国（境）外高水平大学开展学分互认、学位互授联授等多种形式的联合培养，培养"一精多会，一专多能"的国际化复合型人才。优化孔子学院办学模式，发展"中文+"项目，促进人文交流，增进国际理解，推动孔子学院高质量发展。深化与"对口合建"高校的合作，积极推进一流学科在人才培养、科学研究、成果转化、服务地方、国际合作与交流等方面的建设和发展。进一步完善宁大宁师联合办学机制，推动两校共同发展。

2. 拓宽合作领域，构建国际化工作新格局

构建学生为中心、教师为主体、学科为基础、学院为依托、学校为支撑的国际化工作大格局。进一步加强师资队伍的国际交流与培养，鼓励和支持教师尤其是中青年骨干教师赴国（境）外访学研修，参加高水平国际学术交流活动，鼓励在国际学术组织任职或担任国际期刊编委等，提升学校在国际学术界的影响力和话语权。加强管理人员队伍建设，遴选一批管理干部赴国（境）外学习培训，开阔干部队伍的国际视野，全面提升服务能力。积极开发与海外高水平大学的学生联合培养项目，实施本科双学位、本科学历+硕士研究生学历项目。通过"外语+"、"专业+"等模式，提升学生参与国际竞争的意识和能力。

3. 围绕重点项目，推进国际科研合作

加强与"一带一路"沿线国家的科技合作与人文交流，推进教育部宁夏（中阿）旱区特色资源与环境治理国际联合实验室与卡塔尔、埃及、阿曼等签订技术转移项目；推进中俄西夏学联合研究所与俄罗斯科学院东方文献研究所、艾尔米塔什博物馆（冬宫博物馆）的"俄藏黑水城文献整理研究""俄藏黑水城文物整理研究""西夏文献文物研究"等项目；推进与日本岛根大学的合作交流。

4. 扩大招生规模，完善留学生培养体系

扩大留学生招生专业和学历教育留学生规模，拓宽留学生攻读硕士、博士研究生的专业范围。制订国际研究生分类培养方案，推进培养质量监控体系建设，提高培养质量。整合学校优势资源，持续优化课程体系，建设交叉性且受益面广的中国文化讲座体系，建设专业汉语学术课程，为留

学生专业学习奠定坚实基础。与其他高校共同建设来宁留学生中国文化教育交流基地，提升中华文化影响力。

（八）着力传承创新，建设高质量文化新体系

1. 发扬宁夏大学"沙枣树"精神

传承发扬"不怕困难、不畏风寒，根深叶茂，本固枝荣"的"沙枣树"精神，继承艰苦创业、负重拼搏、勇于创新、开拓进取的传统。统筹规划校园文化建设与品牌战略，努力培育具有宁夏大学特色和底蕴的大学文化，大力提高学校的社会影响力和美誉度。完善图书馆、档案馆和国家大学生文化素质教育基地等场地建设，注重校史编修及史料文物征集工作，沉淀校园文化、创新校园文化，传承和发扬优良的教育教学传统，注重校园景观文化建设，着力打造以金波湖为代表的校园景观文化，寓情于景，使学生在潜移默化的校园文化中获得情操、品德和文化艺术的熏陶。

2. 弘扬中华传统优秀文化和社会主义先进文化

引导学生树立正确的"五观"，通过校史馆、图书馆、档案馆等载体，推动中华文化传承、创新和发展。支持传统文化、高雅艺术优秀院团进校园，鼓励学生赏读、编演反映中华优秀文化和民族精神的精品力作。用好宁夏红色文化资源和校史文化资源，开展系列红色教育、民族团结进步教育等，不断汇聚师生爱国荣校的力量。

3. 着力打造校园文化特色

加强校园文化景观建设，在校园景观和公共空间的设计中融入学校历史文化、学科特色、杰出校友等元素，打造体现宁夏大学独有精神面貌和文化气质的景观设施，形成各具特色、交相辉映的不同校区文化景观，从而提升校园环境品质，强化环境育人功能。加强大学精神文化建设。开设艺术精品课程，加强大学生艺术团建设，发挥美育和艺术类社团的作用，开展内容丰富、形式多样的学生艺术实践活动，多渠道做好文化育人工作。创作一批具有高雅艺术水准和鲜活艺术生命力、能够反映宁夏文化特色的原创文艺作品，形成宁夏大学文化艺术的品牌项目。

4. 强化文化宣传引导功能

加强宁大精神与宁大文化的宣传与教育，强化宁大师生和校友的身份认同。发挥各类校园网络媒体的优势，打造格调高雅、弘扬宁大精神、彰显青春风采、反映时代风貌的网络文化作品，弘扬网络正能量，培育积极健康、向上向善的网络文化。充分发挥校园文化，特别是网络文化的育人功能。构建专业化高水平传播体系，讲好"宁大故事"，传播好"宁大声音"，进一步提升学校社会影响力。

（九）加强基础条件建设，提升服务保障能力

1. 全面推进智慧校园建设

以学校教学综合楼（未来教室）项目、新闻传播学院与马克思主义学院教学实验楼项目和新农科创新基地项目建设为契机，以信息化建设为重点，加快智慧校园建设，促进信息资源共享。建立多数据共享数据平台，完善公共数据库，完善信息基础设施建设，提升校园网带宽和用户容量，建立全方位、多层次、综合性的信息服务体系，深化对教学、科研、管理以及校园生活的信息技术支持。提升智慧化图书馆、数字化档案馆的建设水平，建立多媒体教学资源库，完善教室和会议室的多媒体视听系统，构建支持自主学习和研究性学习的信息化教学环境。

建设数据资产管理平台，实现对数据资产的可视化配置及管理。建立资源共享机制，实现资产按需调剂使用，提高资产使用率。大型设备申购论证实行与会专家一票否决制，避免出现设备重复购置和闲置现象。推动电子校务应用的进一步深化，升级完善校园信息门户系统和网上一站式服务平台，强化管理信息一体化网络建设。建立安全防御、安全监测和安全服务为一体的网络与信息安全保障体系，构建安全可靠的信息化环境。

2. 完善后勤服务保障体系

遵循教育规律与市场规律，建设以"市场提供服务，学校自主选择，行业规范自律，部门依法监管"为特点，符合学校建设发展需要的后勤保障与服务体系。全面推进后勤改革，对学校餐厅、公寓、物业、绿化、卫生、交通等后勤服务业态进行科学分类，有序、稳定地将服务向社会开放，引入竞争，增强活力，实现效率和质量最优化。以生态理念为引领，进一步加大绿色校园建设力度，构建后勤清洁生产、绿色服务、绿色消费、生态环保、节能降耗的精细化服务管理体系，把校园景观与环境建设、基础设施改造、节能环保建设、文明宿舍建设及管理与服务等工作融入到校园文化建设中，积极推进"绿色宁大""人文宁大"建设。

3. 着力做好民生工程

稳步推进绩效工资改革工作，增加教职工收入。加大投入，推进教职工健康体检、暑期定点疗休养，逐步改善师生员工校内医疗保障条件，进一步完善教职工大病医疗救助制度。加强标准化"职工之家"、爱心互助基金建设。筹资定额缴纳学校承担的教职工住房公积金及失业、养老、医疗、工伤、生育等社会保险，定期及时调整住房公积金、医疗保险缴纳基数，积极落实追加因工资调整增加的住房公积金、社保资金。加快宁夏大学附属中学、附属小学和幼儿园建设，助力全区基础教育高水平发展。加强教师队伍建设、支持基础设施改造升级，全面提升附属中学的教学质量和办学水平；保证共建经费和学科支撑，全面支持附属小学创建银川市基础教育品牌；加大人才引进和配套设施支持力度，建设具有科学教育特色的全区示范幼儿园。

四、组织实施

为有效实施规划，要处理好当前与长远、局部与全局、需要与可能的关系，从组织、配置、监测和评估等各方面强化保障措施。

（一）健全规划工作领导机构

成立宁夏大学"十四五"事业发展规划工作领导小组，由党委书记、校长担任组长，其他校领导担任副组长，全面负责学校"十四五"规划的领导、组织、协调和推进工作，每年召开一次规划落实工作推进会议，协调解决规划执行过程中的重大事项，涉及"十四五"规划调整、修改等重大事项，及时提交学校党委常委会研究。各专项规划的实施，由组织该专项规划编制的牵头领导负责。发展规划与学科建设处负责规划实施的日常工作。

（二）建立相互衔接的规划体系

学校规划体系为1份总体规划、9份专项规划和各学院、各单位的"十四五"发展规划。要做好各项专项规划与总体规划的衔接配套，制订和完善配套专项规划的行动计划和相关政策，形成定位准确、边界清晰、功能互补、统一衔接的学校规划体系，做到"一张蓝图"绘到底。

1份总体规划：

《宁夏大学"十四五"事业发展规划》

——9份专项规划：

《宁夏大学党的建设与思想政治工作"十四五"规划》；

《宁夏大学学科建设"十四五"规划》；

《宁夏大学本科人才培养"十四五"规划》；

《宁夏大学学位与研究生教育"十四五"规划》;

《宁夏大学师资队伍建设"十四五"规划》;

《宁夏大学科研创新与社会服务"十四五"规划》;

《宁夏大学国际合作与交流"十四五"规划》;

《宁夏大学智慧校园"十四五"规划》;

《宁夏大学公共服务与保障"十四五"规划》;

——各学院、各单位的"十四五"发展规划。

(三)完善规划落实机制

为确保规划的实施,学校的预算经费、空间资源和各项指标必须与规划衔接协调,确保规划落实落地。要以《宁夏大学"十四五"事业发展规划》为依据,对关键指标进行分解,细化年度进度表,明确每个目标的负责校领导和执行部门,明确目标责任者和协调关系,并将此作为年度绩效考核的最主要依据。在规划实施过程中,发展规划与学科建设处进行动态监控和年度监测。在2023年9月进行"十四五"规划中期检查,回顾规划实施进展情况,总结学校战略发展进展情况,分析规划实施过程中存在的困难和问题,根据现状和战略目标,进一步凝练未来发展思路和建设重点,并对专项规划和学院规划相应调整。

党的建设

双一流 (钟子杰 摄)

党建工作

【概况】 2021年，学校党委认真贯彻落实新时代党的组织路线，把"旗帜鲜明讲政治"贯穿于党建工作各方面，切实提升基层党建工作质量，着力建设忠诚干净担当的高素质干部队伍，为推进学校"双一流"建设和"部区合建"提供有力组织保证。

基层组织建设方面。坚决把握正确的政治方向，研究制定宁夏大学党的建设与思想政治工作"十四五"规划，把党建工作指标融入"双一流"建设和"部区合建"建设指标；围绕自治区党委巡视整改任务，"清单化"部署自治区"基层党建全面提升年"工作，站在"巡视整改不落实，就是对党不忠诚"的高度，全部整改完成反馈意见中涉及3个方面的8个具体问题；突出党建工作日常考核，调研走访17个教学科研单位，发现问题即查即纠即改；深入落实"双带头人"支部书记工作制度，专任教师党支部"双带头人"支部书记配备率达到100%，相关工作被教育部网站刊文报道；注重建设既有专业知识又有管理能力的干部队伍，8名"双带头人"支部书记被提拔为副处级干部，4名博士研究生被提拔为教学科研单位党组织书记；整合"对标争先"和评星定级工作，指导推进支部标准化规范化建设；研究制订专职组织员配备工作方案，选任8名有丰富党建工作经验的正处级干部，分两批为25个学院配备专职组织员；指导29个学院修订党组织会议和党政联席会议议事规则，在学生公寓、社团组织、重大项目组等建立功能型党组织；协助自治区党委组织部完成中组部2021年度重点课题"新时代加强和改进高校领导人员管理问题研究"。

党员队伍建设方面。认真组织党员教育培训，抓实抓好校、院两级党校建设和基层党组织书记、教工党员、学生党员等各类党员群体教育培训工作，举办党员领导干部培训班2期、新党员网络培训班1期，对"双带头人"支部书记开展为期5天的集中轮训1次，共计培训党员领导干部710人次、党务工作者98人、新党员1469人，各中层党组织举办分党校培训班57期，培训入党积极分子、发展对象3404人次；强化政治引领和政治吸纳，做到严把发展党员标准、严格发展程序，2021年，上级党组织下拨宁夏大学发展党员计划2210人，较上年上调70%。截至年底，共吸收预备党员2143人，完成全年下拨指导性计划的97%；加强党员日常管理，定期开展外出研修访学等流动党员摸排，做好毕业生和新生党员组织关系转接的沟通协调与追踪服务，常态化开展应届和往届毕业生党员组织关系管理、转接工作，以及党员党籍管理、组织关系排查、监督和组织处置工作。结合近两年来全国干部人事档案专项审核工作的开展，不断完善党内信息，及时解决历史党员组织关系和党员档案出现的各类问题。全年协助认定处理校内外历史党员档案问题150例，服务管理组织关系转接出现困难的毕业生党员500人。

人才工作方面。坚持党对人才工作的全面领导，确保人才工作始终聚焦中心、服务大局，不断完善党管人才工作体系，优化人才工作顶层设计。选派1名青年人才援助服务基层，挂任红寺堡区农业农村局副局长；自治区党委引进高端人才彭志科、王忠静，分别担任校长、副校长；认真贯彻落实自治区深入实施"四大提升行动"全面促进乡村振兴工作会议精神，加大县区以下基层一线人才培养力度，强化乡村振兴人才支撑。

干部队伍建设方面。着眼建设结构合理、团结坚强的领导班子和高素质专业化干部队伍，修订中层领导干部选拔任用工作实施办法，提拔正处级干部19名、副处级干部44名、正科级干部42名、副科级干部28名，进一步使用正处级干部3名、副处级干部1名；按照事业为上、人岗相适、人事相宜的原则，真正把政治上靠得住、工作上有本事、作风上过得硬、师生信得过的优秀干部用到适合岗位，对36名正处级干部、40名副处级干部、16名正科级干部、9名副科级干部进行轮岗交流；完成了对48名中层干部、85名科级干部的任职试用期满考核工作；着眼发现、选拔、培养、锻炼优秀年轻干部，选派2名副处级干部到区内行政机关挂职锻炼；按照自治区党委"源泉工程"等部署要求，推荐1名正处级干部、2名副处级干部到自治区行政机关任职；依据《宁夏大学优秀青年人才赴机关挂职锻炼实施办法（试行）》，遴选3名优秀青年人才到学校机关挂职锻炼；选派厅级干部4人、处级干部30人、科级干部2人赴国家教育行政学院、自治区党校等各类培训机构学习培训；先后举办宁夏大学干部学习贯彻党的十九届五中全会精神专题研讨班、宁夏大学中层以上干部学习贯彻习近平总书记在庆祝中国共产党成立100周年大会上的讲话精神专题培训班和总体国家安全观教育辅导报告会。

领导班子和干部考核方面。优化对领导班子和领导干部的考核激励，推动干部评价机制改革，激励干部担当作为。印发《宁夏大学中层部门（单位）年度工作考核办法（修订）》，组织完成69个中层部门（单位）、69个中层领导班子和343名领导干部年度考核，48名中层干部的试用期满考核。

干部监督和管理方面。坚持"严管厚爱"原则，加强干部队伍监督管理，切实推进干部能上能下，研究制订《宁夏大学机构编制核查实施方案》，认真开展机构编制核查工作；认真做好领导干部个人有关事项报告工作，严格落实政策宣讲、组织填报、信息录入、汇总综合、抽查核实等工作，全年随机抽查、重点查核共28名，如实报告27名，如实报告率为96.42%；规范教职工因私出国（境）管理工作，扎实落实因私出国境证件登记、保管、领用制度和干部因私出国（境）申请"一事一报"规定；扎实开展干部档案专项审核工作，对317名科级以上干部人事档案进行初审和复审，对干部档案逐卷逐页逐项审核，重点审核出生日期、参加工作时间、入党时间、学历学位、工作经历和奖惩等基本信息，追缴材料共6000份11759页。

助力乡村振兴方面。承担教育部和自治区党委明确的定点帮扶西吉县和原州区的工作任务，落实"四个不摘"要求，持续打好教育、智力、科技、消费帮扶组合拳；聚焦9个重点产业、"十大工程项目""四大提升行动"，在先行区建设等重大任务中发挥人才优势，培育产业人才，选派6名驻村干部、14名支教研究生、1名挂职干部到乡村振兴重点乡镇服务，组织55名山区小学生、13名"基层之星"教师来校研学研修，布局11项服务地方乡村振兴科研项目，集中采购50万元贫困地区农产品。

【庆祝建党100周年系列活动】 5—7月，学校党委围绕庆祝建党100周年，开展了一系列庆祝活动。一是制订实施《宁夏大学庆祝中国共产党成立100周年活动方案》，组织师生广泛开展庆祝活动，举办表彰大会暨专场文艺演出。二是组织师生参加自治区教育工委组织的"没有共产党就没有新中国"庆祝中国共产党成立100周年系列活动，选送的合唱、书法、绘画、展演等30项作品获奖，其中一等奖19项，二等奖4项，三等奖7项，学校被评为优秀组织单位。三是选树一批先进典型，为

135 名老党员颁发"光荣在党 50 年"纪念章，2 人获评全区优秀共产党员，获评全区教育系统优秀共产党员 6 人、优秀党务工作者 2 人、先进基层党组织 6 个，遴选表彰校级优秀共产党员 220 名、优秀党务工作者 55 名、先进基层党组织 60 个。对 37 名获得党内功勋荣誉表彰的党员、生活困难党员、新中国成立前入党的老党员、老干部、烈士遗属和以身殉职党员干部家属进行走访慰问。

【银川市西夏区第五届人大代表选举宁夏大学选区选举工作】 9月6日，银川市西夏区第五届人大代表选举宁夏大学选区选举工作结束。为做好此次选举工作，7—9 月，宁夏大学先后成立选举工作领导小组，部署各阶段工作。此次选举，宁夏大学共划分选区 3 个，设选举大会 3 个、投票站 12 个。登记选民共计 23158 人，参加投票选举的选民共计 21818 人，占选民总数的 94%，依法选举产生西夏区人大代表 3 名。

【选人用人专项检查整改工作】 2 月开始，针对自治区党委第五巡视组《关于对宁夏大学党委选人用人开展专项检查的反馈意见》提出的学校党委选人用人工作中存在的 6 个方面 17 个问题，学校党委认真履行专项检查整改主体责任，将专项检查整改作为推进全面从严治党、提升选人用人工作整体水平的重要抓手，坚持问题导向、目标导向，深入开展自查自纠，研究制订选人用人专项检查整改方案，明确整改目标，压实整改责任，落实整改措施，建立问题台账并逐一抓好落实，以钉钉子精神扎实推进选人用人专项检查整改工作，确保整改工作取得实实在在的成效。

宣传思想工作

【概况】 2021 年，深入推动习近平新时代中国特色社会主义思想的学习贯彻工作，以举旗帜、聚民心、育新人、兴文化、展形象为使命任务，多措并举加强和改进学校宣传思想工作，为加快"部区合建"和"双一流"建设，推动学校各项事业发展提供坚强思想保证和强大精神力量。

理论学习方面。规范校、院两级理论中心组和教职工政治理论学习，不断增强理论中心组和教职工政治理论学习的政治性、理论性和实效性。重点加强对党的十九大和十九届历次全会精神，习近平总书记"七一"重要讲话精神，中央民族工作会议精神，第二十七次全国高校党的建设工作会议精神，自治区党委十二届十三次、十四次全会和全区高校党的建设工作会议精神的学习宣传，用党的创新理论指导实践、推动工作。2021 年，校党委理论学习中心组围绕习近平新时代中国特色社会主义思想、党史学习教育、党的十九届六中全会精神等内容开展理论学习 13 次（其中扩大会议 7 次），邀请知名专家来校作专题辅导报告 8 余场，交流发言 15 人次，撰写理论阐释文章 20 余篇。

意识形态方面。推动落实意识形态工作责任制，校领导与各单位签订意识形态工作责任书；制定《宁夏大学意识形态工作实务指南》，清晰、直观地呈现各单位党组织抓意识形态工作的"6 个加强""6 个严格""8 个管好"，梳理相关制度 20 个，既明确了目标任务，也界定了红线和底线，切实增强了工作的针对性和有效性；规范学术科研活动，向自治区教育工委报备重大学术活动 22 场，各单位向学校申报、备案学术活动 177 场；制定《宁夏大学校园媒体信息发布"三审三校"实施办法（试行）》，进一步加强了校园媒体信息发布、审核工作的规范化、制度化，确保相关信息发布准确、及时、安全、有效。

内外宣传方面。紧紧围绕学校中心工作，充分整合、利用校内外宣传平台，综合运用"一网两微两号一报"，积极打造网上网下相结合的立体化宣传平台。上线"宁夏大学学习强国号"，开设6个栏目，全年发布各类推文（视频）1178篇（个），以图、文、音视频等形式全方位多角度展现学校改革发展的新变化、新亮点、新面貌。举办第二届学习强国学习平台达人挑战赛，组织师生参加自治区级比赛并取得优异成绩，其中荣获二等奖1人、优秀奖2人。开通宁夏大学官方视频号和抖音号，抖音平台共发布视频20条，播放73.3万次，粉丝7915人；微信视频号发布视频34条，播放127.3万次，粉丝4021人；改版宁夏大学官方微信，粉丝84071人，较上年增加12328人。全年共推送276篇微信图文，阅读总量达141.8万人次；加强官方微博建设，全年共发布微博1603条，阅读总量达2269万次，粉丝达25.5万人，较上年增加1.7万人。持续运维好宁夏大学新闻网，全年刊发各类新闻稿件1425篇。做好校报的出版，全年出版《宁夏大学报》8期。积极与中央电视台宁夏记者站、央广网、人民网、新华社、中新社、《中国教育报》《宁夏日报》、宁夏电视台、宁夏教育电视台、《银川日报》等区内外媒体联系对接，全面展示学校建设发展成就，校外媒体累计报道（含理论阐释文章）151次（篇）。下发《关于成立宁夏大学新闻通讯员队伍的通知》，制定《宁夏大学新闻通讯员管理办法（试行）》。整合校园广播站、记者团、新媒体中心3个校级社团，成立宁夏大学融媒体中心（社团），充分发挥学生记者的能动性。

党史学习教育方面。研究制订《宁夏大学关于开展党史学习教育的实施方案》《宁夏大学党委理论学习中心组党史学习教育"读原著、学原文、悟原理"读书班实施方案》《关于在青少年中开展"学党史听党话跟党走"主题教育活动方案的通知》《关于在党史学习教育中认真学习贯彻习近平总书记重要讲话精神推动学史力行的方案》《宁夏大学党委"我为群众办实事"实践活动工作方案》，下发《宁夏大学关于学习宣传贯彻党的十九届六中全会精神的通知》，推进党史学习教育高质量开展；组建了教师巡回宣讲团，完成70场校内巡回宣讲，覆盖全校师生党员、学生骨干等13万人次；成立"凌云宣讲团"，打造"青年人讲给青年听"特色宣讲，主动走出校园，走进企业一线、农村社区和中小学校，公开宣讲40场次，覆盖听众5万余人；开通党史学习教育专题网站，在官方微信公众号增设《党史书柜》栏目，共收录学习教材22册，刊发要闻速递14篇、工作动态183篇、理论材料144篇，上传红色"微党课"113篇；向教育部、自治区党委及教育工委报送信息691条、工作简报62期，其中15篇被区级采用，16篇被共青团中央、中国新闻社、《宁夏日报》等媒体报道，教育厅官微转载10篇。以学校退休教师李玉鼎的事迹为蓝本策划制作的《贺兰山下种树人》微视频，在新华网、大学生在线、学习强国等平台陆续推出，广受关注，经学习强国平台选用并推荐后，播放量突破660万；《宁夏大学合唱团红歌排练现场》经报道后迅速收获点击量并登上微博热搜，充分展现学校党史学习教育与专业讲授融合的课程思政成果。

精神文明建设方面。修订完善《宁夏大学精神文明工作网络考核指标》，做好自治区到届文明校园申报迎检工作。模块化推进"宁夏文明创建动态管理系统"资料整理工作；及时维修更换破损、老旧宣传橱窗及海报；通过电子屏、微信、橱窗等方式和载体播放、推送文明校园和创城宣传标语；开展第六届全国高校"礼敬中华优秀传统文化"系列活动，完成"党在高校一百年""百姓学习之星""终身学习品牌"项目推荐申报及2021年度全国声乐领军人才培训计划暨第十四届全国声乐展演申报工作；开展校园秩序及环境卫生专项整改，定期开展"银川是我家，文明靠大家"志愿服务活动。

普法工作方面。研究制定《宁夏大学"八五"普法实施意见》，印发《宁夏大学2021年普法依法治理工作要点》，层层细化工作责任，为普法依法治理工作有效开展奠定良好的基础。在国家宪法日、国家安全日、网络安全日、民族团结进步教育等重要节点，先后开展了习近平法治思想专题辅导、宪法小卫士"活动计划"专项学习、专题普法学习讲座、未成年人保护法下基层宣讲、大学生法治辩论赛等形式多样的主题宣传教育活动。在宁夏大学新冠肺炎防控专题网站中开通法规政策栏目，强化对疫情防控法律法规、政策部署和典型案例的宣传。重点做好习近平总书记关于加强新冠肺炎疫情防控重要讲话和指示批示精神及中央、自治区党委关于疫情防控工作的各项决策部署，加大疫情防控相关法律法规的解读。

【"宁夏大学学习强国号"上线】 3月1日，"宁夏大学学习强国号"上线，通过图文、音视频等形式，全方位、多角度展示宁夏大学在人才培养、科学研究、社会服务、文化传承、国际交流与合作等方面的新成果、新面貌。

【学习宣传贯彻"七一"重要讲话精神】 围绕庆祝中国共产党成立100周年，在七一前，组织开展了"两优一先"评选表彰活动，举行音乐党史、图绘伟业展演展览以及朗诵、演讲、党史知识竞赛等系列活动，结合召开党内外师生座谈会、慰问离退休老党员等专题活动，营造讴歌党的100年丰功伟绩的浓厚氛围。组织收听收看习近平总书记重要讲话现场直播，全校设立主会场1个、分会场30余个，观看习近平总书记重要讲话现场直播师生达20000余人。组织召开学习贯彻习近平总书记在庆祝中国共产党成立100周年大会上的重要讲话精神座谈会，深刻领悟总书记讲话精神精髓要义，部署学习贯彻工作。各党组织、各单位也相继召开不同层面的座谈会。组织召开以"红色基因永传承 百年奋斗再出发"为主题的青年师生学习贯彻习近平总书记在庆祝中国共产党成立100周年大会上重要讲话精神座谈会，广大师生深入交流学习"七一"重要讲话精神的心得体会。组织召开习近平新时代中国特色社会主义思想进教材进课堂进头脑工作推进会。邀请马克思主义学院专家在校党委理论学习中心组学习会上对习近平总书记在庆祝中国共产党成立100周年大会上的重要讲话精神又进行深入解读，参会校党委常委分别交流学习体会。党委常委会还专题学习了习近平总书记在庆祝中国共产党成立100周年大会上的重要讲话精神，并研究提出了各级党组织专题学习，推动"七一"重要讲话精神纳入思政课"进教材、进课堂、进头脑"，设立"七一"重要讲话精神研究课题，组织专家学者做好讲话精神研究阐释工作等贯彻落实意见。

【重要外宣活动】 1月，联系校外媒体参与的"高校暖心举措助留校学生安心过年"等主题报道被中央电视台新闻频道（CCTV1—3）《新闻直播间》、新华社、中国新闻网、《中国日报》、宁夏电视台等媒体陆续转发。7月，协助中国教育电视台完成对校党委书记李星就"部区合建"和"双一流"工作的专访节目录制。8月,中央电视台《新闻联播》报道宁夏大学学习贯彻"七一"重要讲话精神的特色做法,校党委书记李星接受采访。9月,联合新华网推出开学季主题直播节目《萌新,你好》,为新生带来别样的校园介绍,直播时段有59.4万人次观看。11月,参与新华社融合报道专栏《外国人眼中的小康》,通过外教史梅淳老师的故事介绍西部教育发展变迁,展现中国在决战决胜脱贫攻坚和全面建成小康社会征途中的努力。

【特色内宣活动】 全方位、多角度、多渠道展示党史学习教育工作成果,力争营造浓厚的学习氛围。先后在十九届六中全会学习、疫情防控、招生工作、开学季、毕业季、军事训练、就业工作、教师节庆典、保研直博等重大主题中进行宣传策划,特别是自10月17日宁夏疫情发生以后,党委宣传部和新闻传播学院卓越新闻班本科生及部分研究生联合组成一支校园采访队伍,深入了解、挖掘学校后勤、保卫、学生工作、志愿服务等一线"战"疫人物事迹,策划5期主题报道,取得了较好反响。

宁夏大学党委理论学习中心组学习一览表

学习次数	时间	学习内容	学习形式	备注
1	2021年3月17日	专题学习习近平总书记关于民族宗教工作重要论述	辅导报告	邀请自治区党委统战部副部长陈建龙作专题辅导报告
2	2021年3月19日	开展党史学习教育,学习习近平新时代中国特色社会主义思想	传达学习文件精神	
3	2021年3月25日	开展党史学习教育,学习《中国共产党机构编制工作条例》	辅导报告、传达学习文件精神	邀请马克思主义学院副教授周萍作专题辅导报告
4	2021年4月15日	《没有共产党就没有新中国——献给党的100年华诞》党史学习教育专题辅导报告	辅导报告	邀请著名军事专家,第十一届全国政协委员、中国战略文化促进会常务副会长兼秘书长,军事科学院世界军事研究部原副部长,博士生导师罗援作专题辅导报告
5	2021年4月30日	"传承党的百年光辉史基因、铸牢中华民族共同体意识"主题教育活动	传达学习文件精神	

续表

学习次数	时　间	学习内容	学习形式	备　注
6	2021年5月10日	专题学习《深化新时代教育评价改革总体方案》	研讨、交流发言	
7	2021年6月18日	习近平法治思想	辅导报告、传达学习文件精神	邀请法学院戴新毅教授作专题辅导报告
8	2021年7月9日	习近平总书记在庆祝中国共产党成立100周年大会上的重要讲话精神	传达学习文件精神和交流发言	校领导班子成员、党委常委分别结合自身分管工作,就学习习近平总书记"七一"重要讲话精神的心得体会作交流发言
9	2021年9月15日	中央民族工作会议精神	辅导报告、传达学习文件精神	邀请马克思主义学院教授王换芳作专题辅导报告
10	2021年10月15日	总体国家安全观		研究员邱进作专题辅导报告
11	2021年11月15日	党的十九届六中全会精神	传达学习文件精神和交流发言	校领导班子成员、党委常委、学院负责人代表分别结合各自工作,就学习党的十九届六中全会精神的心得体会作交流发言
12	2021年12月10日	习近平总书记在全国宗教工作会议上的重要讲话精神	辅导报告	邀请阿拉伯学院副院长、博士生导师金忠杰教授作专题辅导报告
13	2021年12月27日	深入学习贯彻党的十九届六中全会精神	辅导报告	邀请自治区宣讲团成员,自治区党委副秘书长、办公厅主任白华作专题辅导报告

统一战线工作

【概况】 2021年,学校党委牢牢把握大团结大联合工作主题,坚持对重点工作深化落实,对难点工作着力突破,以铸牢中华民族共同体意识为主线,努力做好党外知识分子思想政治引领和全校师生民族团结进步教育工作。

制定并完善主要工作制度。制定出台《宁夏大学防范和抵御宗教渗透的实施意见》,建立校内联防联控机制,完善学校党委、院系党组织、辅导员(班主任)、班干部四级网格化防渗透工作网络和信息员联络制度,形成联动协作、齐抓共管的防渗透机制,做到早发现、早研判、早解决,防患于未然;修订出台《宁夏大学无党派人士认定工作办法》,按照新时代新要求,规范无党派人士认定工作,并在全校范围内开展无党派人士推荐、认定,为进一步加强党外知识分子培优、管理工作提供有效抓手。

强化对党外知识分子的思想政治引领。组织各民主党派、统战团体开展"四史"学习,组织开展深入学习贯彻《中国共产党统一战线工作条例》,召开党外知识分子与宁夏欧美同学会(宁夏留学人员联谊会)庆祝中国共产党成立100周年座谈会,举行党外知识分子认真学习贯彻习近平总书记"七一"重要讲话精神座谈会,召开民主党派、统战团体学习中央民族工作会议精神交流会,部署各党派、团体组织学习十九届六中全会精神,组织民主党派、统战团体骨干35人赴北京开展"传承百年红色基因,铸牢中华民族共同体意识"学习培训,组织党外知识分子参加全区统一战线庆祝建党100周年文艺会演,组织民主党派、无党派人士、统战团体成员参观建党100周年书画展等学习活动。支持党外代表人士参加党派团体中央或赴有关界别干部培训班学习培训。按照"一靠二借三聚合"的工作思路,通过打造党外知识分子工作示范点,促进党外知识分子工作主动融入基层党组织工作,增强教育引导持久性。

指导民主党派、统战团体加强自身建设,提高自我教育、自我服务能力。指导民盟宁大委员会、民建宁大支部、九三学社宁大委员会、农工党宁大总支顺利换届,加强党派自身建设,提升组织活力;对党外知识分子联谊会、留学人员联谊会工作对象、工作效果开展深入调研,对下一步改革进行深入探索;积极探索党派、团体负责人工作量核算、建言献策激励办法。

支持党外代表人士参政议政,提高建言献策能力和水平。支持党外代表人士履职尽责,建言献策。2021年,向各级人大、政协提交提案建议40余件、社情民意数十件。其中,李进的《关于在石嘴山市建立智能能源零碳工业示范园区的建议》被自治区主席咸辉批示;九三学社宁大委员会社员彭向前撰写的《关于在我区加强铸牢中华民族共同体意识研究的提案》入选自治区政协十一届三次会议优秀提案等。民盟宁大委员会文琦获2020年度民盟全国反映社情民意信息工作先进个人,金忠杰获2021年民进全国反映社情民意信息工作先进个人。积极推荐党外代表人士参政议政,推荐西夏区人大代表1人,政协委员1人、自治区政府参事1人。加强统战工作研究,推荐自治区统战课题立项8项,完成自治区党委统战部立项课题2项,立项校级研究课题重点项目5项、一般项目8项。

进一步做好民族团结进步创建工作。加强民族团结进步教育,铸牢中华民族共同体意识。邀请自治区党委统战部副部长陈建龙为校党委理论学习中心组作《深入学习习近平总书记关于民族宗教工作重要论述努力做好我区民族宗教工作》的专题辅导报告;制订《宁夏大学学习宣传中央民族工作会议精神方案》《关于开展自治区党委十二届十三次全会精神学习宣讲活动工作方案》;为全校副处级以上干部、辅导员、学生骨干、各民主党派、统战团体、党群行政部门发放"马克思主义五观教育"口袋书1000余册,制订并实施《关于开展马克思主义"五观"教育宣讲活动方案》,推进民族团结教育走深走实。丰富载体,促进民族团结进步工作。扎实组织2021年"民族团结月"系列活动,开展民族团结进步教育宣讲活动35场次,覆盖全校34个学院(教学部)、部分科研和行政单位近1万名师生;主题党日、团日活动实现了师生全覆盖;

开展了师生参观、互观互检、知识竞赛、视频制作等多项活动，进一步加强马克思主义民族观宗教观的宣传教育，引导各民族师生不断强化"五个认同"和"三个离不开"思想。树立典型，发挥引领带动作用。制作并向自治区民委上报《两颗糖》《中华民族一家亲》视频短片，展示、宣传宁夏大学民族团结进步先进事迹。

【统战工作专题讲座】 3月，先后邀请自治区党委统战部副部长陈建龙、柴建国作统战工作专题讲座。陈建龙就全区民族宗教工作作专题辅导，校党委书记李星主持会议，全校副处级以上领导干部、党外教师代表及学生代表参加学习会。柴建国作了深入学习贯彻《中国共产党统一战线工作条例》专题讲座，副校长郎伟主持，学校统一战线工作领导小组成员、各级党组织书记及各民主党派、统战团体领导班子成员聆听。辅导讲座加强学校干部队伍对民族宗教工作和《条例》精神的学习理解，进一步提高了学校统一战线工作的科学化、规范化、制度化水平。

【民进宁大委员会及会员获统一战线高规格表彰】 5月27日，民进全国社会服务暨脱贫攻坚工作总结表彰大会在京举行。民进宁夏大学奶产业专家服务团荣获民进全国社会服务暨脱贫攻坚工作优秀成果。会员吴心华荣获民进全国社会服务暨脱贫攻坚工作先进个人。12月17日，各民主党派、工商联、无党派人士为全面建成小康社会作贡献评选表彰大会在京召开。民进宁夏大学委员会荣获全面建成小康社会作贡献先进集体，会员吴心华荣获先进个人。民进宁夏大学委员会突出特色，精准服务社会，创新工作方式方法，结合自身特色优势，开展形式多样的社会服务活动，已形成自身品牌和特色。

【民盟等4个党派顺利换届】 7月8日，民盟宁夏大学委员会召开第三次代表大会，选举文琦、李玉红、杨晓宇、伏兵哲、丁凤琴、纳少军、邓宇为第三届委员会委员，文琦当选主委。7月10日，民建区直工委宁夏大学支部召开第四次全体会员大会，选举马萍、杨文笔、彭娟、董晓芳、薛頔为第四届委员会委员，马萍当选主委。7月15日，九三学社宁夏大学委员会召开第六次全体社员大会，选举杨浣、杨国华、彭向前、王彬、李勇、王晓敏、陈博、高永伟、康宁波为第六届委员会委员，杨浣当选主委。12月10日，农工党宁夏区直宁夏大学总支委员会召开第三次党员会议，选举苏建宇、晋晓勇、安慧、罗民、纳鹏军、何晓丽、李娟、李燕为第三届委员会委员，苏建宇当选主委。

【宁夏欧美同学会庆祝中国共产党成立100周年座谈会】 6月24日，宁夏欧美同学会庆祝中国共产党成立100周年座谈会在宁夏大学举行。来自宁夏大学、宁夏医科大学、北方民族大学的党外知识分子、归国留学人员围绕"同忆百年历程、共话美好未来"主题交流发言。与会代表从不同角度，回顾了中国共产党的百年历史，结合各自留学经历、工作实际，谈党史学习教育心得体会，话建设家乡建功立业的信心决心。宁夏欧美同学会会长、宁夏大学党委书记李星表示，宁夏留学归国人员将坚定不移听党话、跟党走，勇做担当民族复兴大任的时代新人。

【制定并实施《宁夏大学关于防范和抵御宗教渗透的实施意见》】 在全校32个教学科研单位建立了学校党委、学院党组织、辅导员（班主任）、班干部四级网格化防渗透工作网络和信息员联络制度。与西夏区统战部建立了联防联控协同治理机制，落实《西夏区建立"四联四促四提高"长效机制提升大中专院校宗教邪教防范抵御渗透能力实施方案》，每半年召开一次联席会议，定期对接、研判、会商校园意识形态安全问题，有效防范和坚决阻断境外宗教向校园渗透，从体制机制上织牢织密维护学校政治安全的大网。

民主党派、人民团体基本情况一览表

民主党派、人民团体	负责人	成立时间	人员数		在职人员职称情况			
			在职	总数	正高	副高	中级	其他
民革宁夏大学支部	毛明杰	1999	20	26	10	6	3	1
民盟宁夏大学委员会	文 琦	1999	86	116	37	28	16	5
民建宁夏大学支部	马 萍	1999	19	25	9	5	3	2
民进宁夏大学委员会	刘 明	1997	63	88	23	19	16	5
农工党宁夏大学总支	苏建宇	2003	32	44	12	14	4	2
九三学社宁夏大学委员会	杨 浣	2001	48	83	20	20	8	0
合 计	—	—	268	382	111	92	50	15
宁夏大学归国华侨联合会	藏志勇	1999	32	79	411	11	11	6
宁夏大学台胞台属联谊会	雷 慧	1999	7	32	2	3	1	1
宁夏大学党外知识分子联谊会	王 政	2012	110	111	42	57	10	1
宁夏大学留学人员联谊会	金忠杰	2016	265	270	80	114	51	20
合 计	—	—	414	492	128	185	73	28

教职工在各民主党派、团体中央、区委会任职情况

中国农工民主党宁夏区委会副主任委员:李　进

九三学社宁夏区委会副主任委员:张亚红

九三学社宁夏区委会委员:杨国华

自治区党外知识分子联谊会副会长:宋乃平　王　政

自治区党外知识分子联谊会理事:董小焕

欧美同学会德奥分会第七届理事会副会长:李　星

欧美同学会留加分会第七届理事会理事:曹　兵

欧美同学会留日分会第五届理事会理事:毛明杰　藏志勇

欧美同学会北欧分会第七届理事会理事:王　政　陈亚敏

欧美同学会留苏分会第七届理事会理事:赵晓佳　马　桦

欧美同学会留美分会第七届理事会理事:文　琦

欧美同学会东南亚和南亚分会第二届理事会理事:金忠杰　马永亮　王海龙　张　涛

欧美同学会东南亚和南亚分会第一届专家咨询委员会副主委委员:金忠杰

欧美同学会留意分会第八届理事会理事:金英敏

欧美同学会东南亚和南亚分会第三届青年工作委员会副主任:王海龙

宁夏欧美同学会会长:李　星

　　　　　副会长:金忠杰　王　政

　　　　常务理事:毛明杰　文　琦　刘晓明　许立华　陈　任　赵燕妮

中国侨联委员:藏志勇

自治区侨联副主席:藏志勇　马永亮

自治区侨联常委:金忠杰

中国国民党革命委员会宁夏区委会常委:毛明杰

中国民主同盟宁夏区委会常委:高玉琢

中国民主同盟宁夏区委会委员:李淑兰　顾沛雯

中国民主建国会宁夏区委会常委:张小盟

中国民主建国会宁夏区委会委员:倪　刚

中国民主促进会宁夏区委会常委:刘　明

中国民主促进会宁夏区委会委员:金忠杰　吴心华

民进区委会青年工作委员会主任:金忠杰

民进中央第十四届青年工作委员会副主任:金忠杰

宁夏大学现任各级人大代表、政协委员及政府参事

自治区第十二届人大代表：何建国（常委）
　　　　　　　　　　　郎　伟（常委）
　　　　　　　　　　　李　进（常委）
　　　　　　　　　　　毛凤玲
自治区第十一届政协委员：李　星　许　兴（常委）　张亚红（常委）　刘　明（常委）　毛明杰
　　　　　　　　　　　袁　荣　高玉琢　文　琦　倪　刚　张小盟　金忠杰　晋晓勇　何晓丽
　　　　　　　　　　　彭向前　王彦庚（2021年8月调离）
银川市第十五届人大代表：戴新毅（常委）　王振平
银川市第十三届政协委员：李　杨（常委）　刘　芳
中卫市第四届政协委员：杨振东
西夏区第四届人大代表：那　黎（常委）　文　琦　李培富
西夏区第四届政协委员：王振平（常委）　张军翔　贾科利　陈　勇　魏子东　戴新毅　燕宁娜
　　　　　　　　　　　贾述道　马东彦
自治区政府参事：郎　伟　李　进　张小盟
自治区文史研究馆研究员：齐　岳　撒学文　杨满忠　杨开飞
自治区文史研究馆馆员：刘志才　郎　伟　孙振玉　霍维洮　张尔闻

纪检监察工作

【概况】 2021年，纪检监察工作在自治区纪委监委和学校党委的正确领导下，严格贯彻落实党中央、教育部和自治区关于全面从严治党工作要求，围绕加快推进"双一流"建设的战略目标，突出监察体制改革、全面从严治党，坚持稳中求进工作总基调，立足新发展阶段，贯彻新发展理念，构建新发展格局，以推动高质量发展为主题，扎实开展党史学习教育，忠诚履行党章和宪法赋予的职责，充分发挥监督保障执行、促进完善发展作用，持之以恒正风肃纪，坚定不移惩治腐败，不断推进学校纪检监察工作向纵深发展。

纪检监察信访案件。全年共收到各类信访举报68件、问题线索33件，初步核实31件，函询1件，给予党纪政务处分3人。会同相关部门共同开展工程建设政府采购领域突出问题专项治理工作。对工程建设、政府采购涉及的问题线索进行调查核实，校领导签订《宁夏大学校级领导班子成员不违规插手干预基建、维修工程项目廉洁承诺书》。

监督检查情况。围绕学习贯彻新思想，结合常态化监督检查，推动政治监督常态化具体化，做细

做实"三围绕三结合三完善"。坚持每月开展2次政治监督，先后向校领导班子及相关部门下发提醒函21份、监察建议（纪律检查建议）11份。通过采取备案报告、现场监督、明察暗访等形式，强化对重点领域和关键环节的日常监督。全年共实施日常监督30次，对学校24小时政务联合值班工作中出现的5名干部未严格履行值班制度情况进行了通报。督促学校各单位从岗位职责、业务流程、制度机制、外部环境等多个方面开展廉政风险防范排查工作，梳理排查廉洁风险点并制定防控措施。

党风廉政建设宣传教育。协助学校党委组织召开2021年全面从严治党工作会议，部署学校2021年党风廉政建设和反腐败工作，签订党风廉政建设责任书。利用"廉政警示教育周"等时机，组织党员干部和教职工深入学习习近平总书记关于党风廉政建设和反腐败斗争的重要论述等，观看警示教育片。在2021级新生中，开展廉洁教育专题讲座。对新任职领导干部44人进行集体廉政谈话和党纪法规知识测试。开展廉政警示教育活动146次，开展"清风校园"系列活动176次。协助学校党委召开党风廉政建设专题会议，学校党委书记听取其他班子成员履行"一岗双责"情况的汇报，以及学校纪委关于问题线索及违纪违法案件处置情况的分析报告。提醒校领导听取分管联系单位党风廉政建设工作情况汇报，并开展廉政提醒谈话。

制度建设情况。协助学校党委修订《宁夏大学落实全面从严治党主体责任运用"四种形态"实施办法》，制订全面从严治党党风廉政建设和反腐败主要任务分工方案及全面从严治党"三个清单"。制订下发《宁夏大学开展违规吃喝隐形变异问题专项整治工作方案》《关于开展以管理费等名义发放津贴补贴专项治理的通知》《宁夏大学2021年党员干部廉政警示教育活动实施方案》《宁夏大学纪委开展政治监督工作实施方案（试行）》《宁夏大学关于做好查办案件"后半篇文章"推动以案为戒以案示警以案促改以案正风工作实施方案》等制度。

队伍建设。严把干部选拔任用廉政关，认真排查梳理干部问题线索，完成中层干部个人廉政档案建设，实现对329名中层干部廉政档案信息全覆盖。严格审查把关，为756人次出具党风廉政意见回复，对存在违纪问题的干部给予情况说明，确保党委选对人、用好人。选派7人次参加自治区纪委监委组织的纪检监察干部培训学习和以案代训。

【高校纪委第三协作区第一次工作会议】 3月3日下午召开，传达学习自治区纪委《关于规范派驻监督协作区工作指导意见（试行）》精神。成立由宁夏大学纪委书记周运生担任组长，宁夏职业技术学院纪委书记马元、宁夏建设职业技术学院纪委书记梁旌、宁夏工商职业技术学院纪委书记付彬任副组长的领导小组，建立工作例会制度。

【2021年新任职处级干部集体谈话会议】 3月23日下午召开，学校党委常委、纪委书记、监察专员周运生对新任职领导干部44人进行集体廉政谈话。随后，进行了党纪法规知识测试。

【全面从严治党工作会议】 3月25日召开，学校领导班子成员，校党委委员、纪委委员、各职能部门主要负责人、二级单位党政主要负责人等参加会议。会议由校党委常委、副校长谢应忠主持。资产管理与实验室管理处、图书馆、生命科学学院、商学院、附属中学主要负责人作交流发言，校党委常委、纪委书记、监察专员周运生作工作报告，校党委书记李星作了讲话。

【学习交流】 6月9日，宁夏医科大学纪委书记、监察专员谢波一行，与学校纪委（监察专员办公室）开展学习交流会。会议由学校党委常委、纪委书记、监察专员周运生主持，两校重点围绕高校纪检监察体制改革、党风廉政建设、校内巡察、政治监督、问题线索处置、案件审查调查以及派驻监督协作区等方面的经验和做法进行了深入交流。

【党风廉政建设专题会议】 10月12日上午，校党委书记李星主持召开，传达学习中共中央《关于加强对"一把手"和领导班子监督的意见》、自治区党委《加强对"一把手"和领导班子监督实施办法（试行）》等文件精神，审议《宁夏大学党委贯彻〈党委（党组）落实全面从严治党主体责任规定〉任务分工方案》《中共宁夏大学委员会关于在二级党组织设立纪委和纪检委员的工作方案》，听取学校纪委问题线索及违纪违法案件处置情况汇报和学校领导班子成员履行"一岗双责"情况汇报。

【2021年第一次部门联席会议】 根据《宁夏大学纪委与组织人事巡察审计等部门联席会议制度（试行）》，12月8日下午，学校纪委与组织部、人事处、巡察（督查）办公室和审计处，召开2021年第一次部门联席会议。会议完善协同共享机制，明确了不定期召开联席会议机制，建立了联席会议领导小组负责制度。

巡察督查工作

【概况】 2021年，学校巡察督查工作严格贯彻落实党中央、教育部和自治区关于全面从严治党工作要求，坚持以习近平新时代中国特色社会主义思想为指导，强化理论武装，提高政治站位，紧紧围绕学校中心工作，切实发挥巡察"发现问题，形成震慑，推动改革，促进发展"和督查"抓落实，促规范，提质效"的监督作用，不断推进学校巡察督查工作发展，使巡察督查工作成为完善党内监督体系、推动全面从严治党向纵深发展的有力抓手。

巡察工作情况。研究制订《中共宁夏大学委员会2021年巡察工作方案》，对学校2021年度巡察工作进行全面部署。根据《中共宁夏大学委员会2021年巡察工作方案》，分三轮对人文学院、马克思主义学院、机械工程学院、化学化工学院、土木与水利工程学院、数学统计学院6个中层党组织开展常规巡察。由党委组织部和党委宣传部负责在开展常规巡察的同时，对以上6个中层党组织开展意识形态和党建工作专项巡察。为进一步规范巡察工作，确保校内巡察工作依规依纪推进，党委巡察（督查）办公室对标上级文件精神，结合学校工作实际，拟订《宁夏大学2021年巡察谈话参考提纲》《宁夏大学巡察监督检查重点》等巡察工作相关制度规定，并在巡察工作中落实。在实际的巡察工作中，创新建立巡察工作领导小组成员在巡察组巡察期间下沉被巡察单位听取巡察组工作汇报、区分对象进行民主测评及巡察报告审核"过三关"等工作机制。为进一步强化巡察整改，组织开展对上年巡察的8个中层党组织巡察整改情况的监督检查，督促被巡察单位运用好巡察成果，进一步抓好整改落实。

督查工作情况。按照校党委、行政相关工作要求，依据《宁夏大学重点工作任务督办落实办法》规定，采取"围绕中心，突出重点，抓住关键"的工作思路，完善督查工作机制，创新督查工作方法，提高督查工作质量，积极推动学校各项政策落实落地。2021年，为扎实开展党史学习教育巡回指导工作，及时了解和发现被指导单位在党史学习教育方面存在的问题，认真开展党史学习教育专项督查。为确保深化新时代教育评价改革工作稳步推进，确保改革工作落到实处，对各单位教育评价改革工作推进情况开展专项督查。为进一步落实好自治区党委巡视整改要求，深入学校各部门和各教学单位开展制度建设与执行专项督查，并将制度建设与执行情况纳入巡察内容。为确保学校各项疫情防控措施落实到位，毕业生就业工作稳步推进，开展疫情防控、毕业生就业工作2项专项工作任务督查。

【2021年巡察工作动员部署会】 4月2日召开，校党委常委、纪委书记、党委巡察工作领导小组副组长周运生出席会议，校党委常委、宣传部部长张立杰主持会议。

【强化政治监督】 4月14日—5月13日，开展中共宁夏大学委员会第四轮巡察，巡察组进驻人文学院和马克思主义学院。5月27日—6月25日，开展中共宁夏大学委员会第五轮巡察，巡察组进驻机械工程学院和化学化工学院（省部共建煤炭高效利用与绿色化工国家重点实验室）。9月22日—10月22日，开展中共宁夏大学委员会第六轮巡察，巡察组进驻数学统计学院、土木与水利工程学院。巡察采取"一拖二"（一个巡察组组长带两个巡察组）的形式，紧紧围绕"三个聚焦"，突出问题导向，紧盯关键少数，查找政治偏差，进行政治监督。三轮巡察累计发现问题65个，向被巡察单位下达立行立改通知书9份，向职能部门下达巡察建议书8份，向纪委移交问题线索1条。

【强化责任担当】 2021年，党委巡察（督查）办公室切实履行"督""导"职责，共开展党史学习教育、深化新时代教育评价改革2项重点工作任务督查，制度建设与执行、疫情防控、毕业生就业、24小时联合值班4项专项工作督查。根据学校主要领导批示，先后深入机械工程学院、马克思主义学院及法学院，就教职工反映的问题进行调研督查。其中：党史学习教育督查后撰写巡回指导工作阶段性小结15份，向党史学习教育工作领导小组提交经验性工作材料15篇；多次深入疫情防控一线督导检查，发现疫情防控工作各类问题8项，向学校提出意见建议4条；通过深入基层单位调查了解情况，发现基层单位在管理及资金使用方面的问题线索1条并移交校纪委，清退"超范围、超标准"发放绩效工资102000元。

群众团体

怀远校区图书馆 （苏宇静 摄）

工会工作

【概况】 2021年，学校工会共设有分工会35个，直属工会小组20个，工会会员3069人。

民主管理和基层工会组织建设。6月，审议、印发《宁夏大学教职工代表大会暨工会会员代表大会实施细则》。召开第八届教职工代表大会第二次全体会议，审议通过学校"十四五"事业发展规划。召开第九届工会会员代表大会第二次全体会议，开展了年度工作总结表彰、"会员评家"等工作。分别召开了2次教代会执委会和工会委员会会议，审议了学校经费预算、申报五一劳动奖章等重大事项。进一步加强基层组织建设，表彰了11个校级"模范职工小家"，指导物理与电子电器工程学院等6个单位完成了工会干部的换届和调整工作，对21个先进基层单位和120多名优秀工会积极分子及工会干部进行了表彰奖励。对100多名工会干部及信息管理员开展了工会业务及电子化会费收缴和经费报销的培训工作。吸收161名劳务派遣人员加入工会组织，扩大工会组织覆盖面，调动工作积极性。

教职工职业技能建设。启动第九届青年教师教学基本功大赛工作，全校共有28个教学单位选送50名选手，分文科组、理科组、工科组、思政组参加12月3—6日举办的校级决赛，有近7000人次观看了比赛的现场直播。注重发挥学校劳模等各类名师、名家的示范带动作用，筛选、培育校级名师名家创新工作室7个，新获批自治区级劳模创新工作室2个。开展了"争做奋斗者 建功'十四五'"劳模精神云宣讲活动，积极申报全国职工职业道德建设标兵单位。

职工福利及慰问工作。为全体工会会员每人发放300元的元旦春节慰问品提货单和300元的生日慰问蛋糕券；走访慰问生病、住院、生育、困难教职工和直系亲属去世教职工近200人次，慰问金额达十万多元。开展教职工爱心互助基金捐款工作，为10人次患大病的教职工审核发放爱心互助基金和大额医疗补助13万元；为44名退休教职工举办荣休仪式并发放了纪念品。经过认真调研和多方联系，选择服务好、品质优良的保险公司，动员、组织500多名教职工参加团体安康保险，为教职工的健康筑起一道安全屏障。调整提高了46岁以上年龄组教职工的体检费报销标准，增加了两家专业体检机构。巩固脱贫攻坚成果，对接乡村振兴和自治区重点产业发展。采购发放45万余元固原地区的农副产品，作为会员的中秋、国庆节的慰问品。推荐全校12名专家、教授参与7个工会系统助力重点产业的计划方案起草、上报工作。

职工文化及体育活动。积极开展各类职工文化及体育活动，增强教职工的集体凝聚力。结合庆祝建党100周年，精心组织教职工健步走挑战赛、"没有共产党就没有新中国"师生大合唱、工会干部红色趣味运动会等群众性活动，组织参加全区劳动者之歌合唱比赛，《信天游再唱东方红》合唱队获大赛一等奖。坚持常态化开展职工体育锻炼，举办第六届教职工乒乓球比赛和首届三人制教职工篮球赛，1000多名教职工参加比赛活动。组织参加全区教育系统职工气排球比赛，取得混合团体第一名、男子团体第三名的优良成绩。学校围棋队在第一届"天元锰业杯"宁夏围棋联赛中勇夺冠军。成立并指导推进7个教职工单项体育协会、工间操。积极开展工作，督促做好课间操的检查工作并为有需要的单位购置音响。加强职工小家建设，提升管理服务质量。为人文学院等6个单位的职工小家购置15万余元的体育健身器材,督促做好全校各单位职工小家日常的开放及管理服务工作。

女工及计划生育工作。组织开展2021年女工维权行动月和"情系女职工 法在你身边"职工线上法律知识竞赛,妇女健康教育活动审核发放独生子女费13万余元、女职工卫生保健费54万余元,首次向备案编、控编女职工发放卫生保健费。印制、发放2021级新生传染病预防和性与生殖健康教育读本8000余册,开展了"12·1"艾滋病防治宣传活动,举办预防传染病和艾滋病教育讲座27场、生殖健康同伴教育骨干培训班7期,为大学生提供网上、电话及面对面咨询服务280人次,受益学生达8000多人次。

亮点及特色工作。学校工会在全区教科文卫体系统21个工会中成绩排名第一,荣获工作目标考核一等奖(连续第三年)。王彬教授获全国五一劳动奖章,王彬、陈宏获批2021年区教科文卫工会"劳模和技能人才创新工作室";马克思主义学院获自治区五一巾帼标兵岗称号,生命科学学院获全国巾帼文明岗称号。学校工会获批自治区职工之家示范项目补助经费10万元(教育系统唯一的)和职工文化平台重点建设项目补助经费2万元,并被确定为全区职工便利读书点。

【新年慰问和送温暖活动】 2021年新年前夕,校工会采取多种方式开展新年慰问和送温暖活动,为广大教职工送去学校的关怀和祝福。1月6日,校工会一行4人先后到困难教职工张振伟、宋保民家中走访,给他们送去了慰问金。校工会还慰问了自治区先进工作者蒋全熊、赵晓瑞等老师。为了让广大职工切实感受到学校的温暖和关怀,校工会先后向全体工会会员3000多人发放了生日蛋糕券和元旦春节慰问品,为46名退休教职工举办了光荣退休欢送会并发放了慰问品,对7名国家级、自治区级劳模,80多名基层工会干部和优秀会员,21名困难教职工进行了走访和慰问。

【巾帼建功先进典型经验交流会】 3月8日,在第111个"三八"国际劳动妇女节到来之际,学校在德勤楼召开巾帼建功先进典型创建经验交流座谈会。校党委副书记王玉炯出席会议并代表学校党委、行政向全校女同胞们致以节日的问候和良好的祝愿,向为宁夏大学的建设发展付出辛勤汗水、作出积极贡献的女同胞们表示衷心的感谢。王玉炯为获得全国巾帼文明岗、全国模范职工小家、自治区五一巾帼标兵岗的单位授牌。获得全国巾帼文明岗的生命科学学院、自治区五一巾帼标兵岗的马克思主义学院、全国模范职工之家的外国语学院分工会、全区模范职工之家的图书馆分工会相关负责人和自治区五一巾帼标兵获得者、法学院王雪梅老师分别进行了经验交流和成果分享。

【教职工健步走挑战比赛】 为庆祝中国共产党成立100周年,深入开展党史学习教育,增强全校教职工的身体素质和集体凝聚力,促进师德师风建设,4月21日,教职工校园健步走定向挑战比赛在怀远校区凌云广场开幕,本次活动由校工会主办。校党委常委、宣传部部长张立杰出席开幕式并宣布比赛开幕。挑战赛以怀远校区环金波湖健身步道为主赛道,辐射周边田径场、曾宪梓楼等校园经典赛场,比赛全程共设19个打卡集结点,打卡点分别设置党的一大至十九大及共产党人精神谱系相关内容,参赛队需完成相关任务,方可前往下一打卡点。全校共有2100多名教职工分5组参加了挑战赛。

【第二届宁夏教育系统教职工气排球比赛】 历时4天的第二届宁夏教育系统教职工气排球比赛于5月23日在石嘴山市闭幕，宁夏大学教职工气排球队获得混合组第一名、男子组第三名的好成绩。本次比赛由自治区教育厅主办、宁夏排球协会承办，全区教育系统23个单位的296名运动员参赛。宁夏大学教职工气排球队在校工会的精心组织下，刻苦训练、钻研技术、认真准备，在赛场上密切配合、顽强拼搏，打出了水平，赛出了风格，展现了宁夏大学教职工良好的体育素质和团队合作精神。

【庆祝建党100周年师生合唱比赛】 在深入开展党史学习教育之际，为隆重庆祝中国共产党成立100周年，6月19日，庆祝中国共产党成立100周年师生合唱比赛在大学生活动中心举行，来自全校27个单位的千余名师生用歌声献礼建党100周年。经过6个多小时的激烈角逐，评委们按照国际赛事评分标准，综合基础能力、声音技巧、艺术表现等方面，采取现场打分、公开亮分的形式，最终新华学院、法学院、机械工程学院、离退休人员服务处获一等奖，外国语学院、新闻传播学院、机关党委、附属中学、生命科学学院获二等奖，数学统计学院、土木与水利工程学院、生态环境学院、国际教育学院、经济管理学院、体育学院、化学化工学院、地理科学与规划学院、中卫校区获三等奖。

【第八届教代会第二次会议】 7月9日，在学校国际交流中心举行，全体校领导及第八届教职工代表195人参会。校党委副书记王玉炯主持会议。大会结合党史学习教育和贯彻落实"七一"重要讲话精神，紧紧围绕宁夏大学第七次党代会确定的目标任务，认真讨论审议了学校"十四五"事业发展规划。校党委书记李星就如何扎实有效地落实好"十四五"规划作了重要讲话。他指出，"十四五"规划是学校未来五年建设发展的路线图，是学校"十四五"期间建设发展的行动纲领，对学校实现第七次党代会提出的奋斗目标具有十分重要的意义。各职能部门和教科研单位要坚持目标导向、问题导向和结果导向，始终围绕聚焦工作成效来推动规划落实。与会代表听取了副校长谢应忠关于《宁夏大学"十四五"事业发展规划（草案）》编制情况的说明。经过代表们的充分讨论，宁夏大学第八届教职工代表大会第二次全体会议一致通过《宁夏大学"十四五"事业发展规划（草案）》。

【荣休教职工欢送会】 为礼敬退休教师、弘扬尊师风尚，进一步加强师德师风建设，12月23日，学校举办2020年度荣休教职工欢送会。校长何建国出席欢送会，校党委副书记王玉炯主持欢送会。何建国代表学校党委、行政向退休的教职工表示衷心的感谢和诚挚的祝福，并向退休教职工颁发退休纪念盘和慰问品。

共青团工作

【概况】 2021年，共青团宁夏大学委员会设27个学院团委、1个附属中学团委，有720个团支部、20066名共青团员（本科生16377名，硕士研究生3622名，博士研究生67名），团员占在校生的78%，保留团籍的党员占比18%。

思想政治引领。围绕庆祝中国共产党成立100周年这一主线，把共青团员学好党史融入立德树人的全过程，不断推进党史学习教育走深走实。制订《共青团宁夏大学委员会党史学习教育实施方案》，形成10个工作主题35项工作内容的青少年党史学习教育工作清单。深入开展我为青年做实事"八个一"行动。以校、院两级团组织，学生组织和学生社团为主体，以"三会两制一课""主题团日"为依托，实现"校—院—班"三级联动，深化开展"'青春向党'主题团日"等活动。突出党史学习教育载体平台多元化，深入实施"3+10""两节"专项活动开展。通过红色精神宣讲、经典朗诵、足迹寻访、影片展播、歌曲接力等活动，汇聚青春能量、唱响时代旋律、守好红色根脉。通过"四化""五红""六融入"学党史，形成了党史学习教育与共青团工作有机融合、相互促进的新局面，引领青年学生树立坚定的政治信念、共同理想和先进价值观念。

夯实基础激活力。加强团员先进性建设，严格团员发展标准和程序，进一步完善推优工作机制，累计推荐1000多名优秀共青团员加入中国共产党，使育优和推优有效衔接。树先进，促建设，完成全国、全区、学校"两红""两优"54个集体、600余名个人评选推报工作。开展"以实践育人推动新时代青年工作新发展系列调研"活动，强化基层团组织建设。举办第十五期"青年马克思主义者"培养工程团学骨干培训班，制定课程体系，强化规范培养，深化实施"青马工程"。制订《宁夏大学共青团改革评价实施方案》，推进落实各项改革重点任务。加强学生会组织建设，深化实施《关于推动宁夏大学学生会（研究生会）深化改革的实施方案》，规范召开学生、研究生代表大会等会议，完善学生会干部的遴选、考核激励，完成全国学联、自治区学联驻会执行主席的遴选。

凝练特色塑品牌。弘扬五四精神，培育时代新人。举办"青春跟党走·奋进新时代"庆祝建党100周年、纪念五四运动102周年暨宁夏大学"五四"表彰、"两节"开幕式。组织开展"红色基因永传承百年奋斗再出发""唱支山歌给党听"等主题校园文化活动。组织开展第二十三届校园科技文化艺术节、新生季系列活动，着力打造办公软件大赛、摄影大赛、高校青年诗会等一批特色、多元的校园文化品牌活动。在学院团委持续推进"一院一品一特色"校园文化建设。筹建宁夏大学青年发展研究室，参加全区第三届大学生禁毒辩论赛、节水护水知识竞赛、朗诵比赛、合唱比赛等活动，为青年学生搭建优秀的自我展示平台。

主动作为树形象。聚焦学生成长成才，精心组织"挑战杯"竞赛，推报28个项目参加区赛，6个项目参加国赛，提升青年学生的创新精神、实践能力和创业意识。组建78个暑期社会实践团队进行暑期"三下乡"、大学生"返家乡"、"扬帆计划"社会实践活动，形成校团委统筹部署、院团委协助落实、专业教师跟踪指导的一体化社会实践工作模式。组织动员1300余名志愿者投身于校园疫情防控志愿服务工作。开展"弘扬雷锋精神献礼建党百年"2021年学雷锋志愿服务月活动，培养选拔500余名优秀志愿者参与中阿博览会等大型志愿服务项目，志愿服务工作品牌化、常态化机制全面建立。以社团党团组织建设为核心，落实《宁夏大学学生社团建设管理办法》，建立功能型党支部，强化社团党团组织建设。以发挥新媒体服务引领作用为核心，建立20多个学院团属新媒体矩阵平台，通过宁夏新闻联播、《宁夏日报》、央广网等多家校外媒体强化报道，提高青年宣传工作影响力。

加强团干部建设。28个学院团委共配备正科级团委书记24名，配备率达90%。通过组织"宁夏大学团干部学习贯彻习近平总书记在庆祝中国共产党成立100周年大会上的讲话精神专题学习会""宁夏大学团干部学习贯彻党的十九届六中全会精神"等理论学习,加强团干部教育培训。持续深化团干部评价考核机制,印发《宁夏大学共青团改革评价指标体系》,不断打造政治过硬、作风优良、纪律性强的团干部队伍。强化正风肃纪、加强廉政教育,通过党风廉政建设专题会议、专项整治,持续强化党风廉政建设,常态化开展警示教育,帮助团干部筑牢拒腐防变的思想道德防线。

【科创竞赛及社会实践成果显著】 2021年,校团委先后荣获全国大中专学校志愿者暑期"三下乡"社会实践"镜头中的三下乡"优秀组织单位、全区大学生课外学术科技作品竞赛优秀组织奖、全区第三届大学生节水护水知识竞赛优秀组织奖、全区第三届大学生禁毒辩论赛冠军等奖项。获得全区教育系统庆祝中国共产党成立100周年系列活动优秀组织奖、诵读类节目高校组一等奖,全区第八届学生合唱类节目甲组一等奖。李振凯获评2020年度全国优秀共青团员,宁夏大学农科实践小分队获评全国大中专学校志愿者暑期"三下乡"社会实践"镜头中的三下乡"优秀摄影团队。多个团支部、多人获得全国、全区各类荣誉。

【年度"两红两优"先进个人、集体】 在全国2020年度"两红""两优"评选中,生命科学学院2020级生物学专业博士研究生李振凯获全国优秀共青团员称号。在全区2021年度"两红两优"评选中陈钰露获全区优秀共青团员称号,蒋宇欢获全区优秀共青团干部称号,人文学院2019级汉语言文学(文秘方向)一班团支部荣获全区五四红旗团支部称号。

【年度"中国大学生自强之星"】 12月,经学校推荐、自治区初评、全国评审,宁夏大学李振凯、吴仁杰、杨宁3名青年学子获评2020年度"中国大学生自强之星"。

【在团中央"学党史 强信念 跟党走"主题云团课中精彩亮相】 5月4日,共青团中央、全国学联举办五四青年节"学党史 强信念 跟党走"主题云团课,宁夏大学青年学子探访闽宁镇的故事在主题云团课闽宁镇中的"山海情"和"今天的闽宁镇中"展播。

【2022—2023年度全国高校共青团新媒体重点工作室】 12月17日,全国高校共青团新媒体工作培训会在北京召开,会上公布2022—2023年度全国高校共青团新媒体重点工作室名单,共青团宁夏大学委员会"青春宁大"新媒体中心成功入选。

团组织建设基本情况

项　目		数量（个）
团组织	团　委	28
	团总支	0
	教工团支部	1
	学生团支部	720
团　员	教工团员	4
	学生团员	20066
团　校	分团校	0

学校管理

开学式 (刘倬霖 摄)

学校办公室（法制工作办公室）工作

【概况】 2021年，宁夏大学办公室（法制工作办公室）紧紧围绕学校中心工作，充分发挥统筹协调作用，在学校重点工作方面履职尽责，以新作为体现新担当，在高效有序完成常规工作中当好参谋助手，在有效推动学校高质量发展中贡献智慧和力量。

疫情防控工作。2021年，在学校疫情防控工作领导小组的有力指导下，积极履行领导小组办公室的职能任务，累计开展中高风险地区紧急排查工作114次，完成学校疫情防控工作信息日报告300余份；根据疫情防控形势和要求制订发布学校春季学期、秋季学期疫情防控工作开学方案，常态化疫情防控应急预案，节假日疫情防控工作通知，应急处置通知等文件20余份；起草上报疫情工作汇报、自查报告等7份；协调防控领导小组各工作组、指挥部各成员单位，组织防控领导小组会议、防控指挥部专题会议等40余次。特别是进入10月，面对全区陡增的疫情防控压力和学校疫情防控的严峻形势，办公室全体人员积极投入疫情防控阻击战，有力有效地完成学校疫情防控领导小组、应急指挥部交付的各项工作任务。

党史学习教育工作。2021年，办公室承担了学校党史学习教育领导小组办公室综合协调工作，组织召开领导小组办公室工作例会14次；向中央巡回督导组，自治区党委、教育工委撰写（统计）汇报材料（统计表）20余份；撰写《关于在党史学习教育中认真学习贯彻习近平总书记重要讲话精神推动学史力行的通知》等文件9份，高质量完成了党史学习教育领导小组办公室交付的各项工作任务。

巡视整改工作。积极履行学校巡视反馈意见整改工作领导小组办公室职责，做好巡视整改工作的组织协调、催办督办、信息汇总、整改反馈、公告发布等工作。根据学校问题清单整改任务分工，按照时间节点、标准要求有序推进各项巡视整改任务落实，做好巡视"后半篇文章"。组织召开巡视整改工作推进会，形成《宁夏大学关于自治区党委第五巡视组巡视反馈意见中期整改报告》，根据要求向自治区党委巡视工作领导小组办公室上报《宁夏大学党委关于自治区党委第五巡视组巡视反馈意见整改推进情况的报告》，着力推进巡视整改工作走深走实，整改到位。

重大专项工作。2021年暑假，学校领导班子进行调整后，完成了新任校领导的办公室保障、住房保障、用车保障等工作。11月底，完成了自治区党委交办的重要政治任务，高质量完成了12月5日宁夏总体国家安全观启动仪式和教育基地建设、会议承办等工作，得到了自治区领导的肯定表扬。完成中央巡回指导组及自治区领导陈润儿书记、李金科常委、杨培君副主席、吴秀章副主席等来校调研指导的协调工作和上海交通大学等兄弟高校来访交流接待工作。

常规工作。在党建工作方面，制订实施《宁夏大学办公室党支部党史学习教育实施方案》，组织开展各类党史学习教育9次，跟进学习"七一"重要讲话精神、十九届六中全会精神和习近平总书记最新重要讲话精神。召开党史学习教育专题组织生活会，围绕学习习近平总书记在庆祝中国共产党成立100周年大会上的重要讲话、习近平新时代中国特色社会主义思想交流学习体会，紧密结合办公室的职能定位组织学习习近平总书记"5·8"重要讲话精神，实现党建与业务工作有机融合。

办文办会。组织党委常委会会议32次、校长办公会议23次、校党委书记办公会议22次，编印会议纪要65份，并及时跟进督促会议决策部署落实落地。认真审核处理校党委、行政发文及办公室发文600余份，以宁夏大学名义出具便函100余份，向兄弟高校发送贺信15份。精心组织起草《宁夏大学2021年工作要点》《宁夏大学关于自治区党委十二届十二次全会以来工作总结》《宁夏大学党委2021年履行全面从严治党主体责任情况报告》《宁夏大学党委2021年度政治生态分析研判报告》《宁夏大学党的建设工作经验交流材料》等重要材料。

综合协调。围绕中心、服务大局，负责全校办公自动化系统的一体化建设、权限分配调整和运行、维护、管理工作，扎实做好日常信息和紧急信息的报送工作，通过各单位办公室主任工作联络群，发布和沟通信息，提高校内各单位行政工作效率和校内信息传递速度。全年共收集信息828篇，向教育部、自治区党委、教育厅等单位报送信息共计221篇，其中多篇材料被上级部门采用；围绕校内各单位亮点工作，精心编制《宁夏大学要情快报》40余期，展示了学校发展的成效和经验，为各级领导科学决策提供了重要的信息保障。2021年，办公室积极发挥中枢作用，周密做好全校干部大会、"三全育人"工作推进会、巡视整改推进会、治理体系治理能力推进会、教育评价改革推进会等校内重大会议、活动的组织协调，24小时联合值班等工作。

保密工作。严格按照上级和学校的文件管理要求，认真、细致、规范地做好文件和资料的管理工作。认真办理上级和基层来文的呈批、传阅、催办等日常工作，按要求完成文书档案、会议记录的归档工作，对机要文件严格保密制度，认真做好收文登记、传阅、核对和文件归档，保证了文件管理的安全性。全年共接收处理党委、政府及各级来文来电3401份，其中涉密文件665份。持续做好保密宣传教育、保密制度建设等各项保密工作，组织开展"保密法制宣传月"等活动，广泛宣传保密法规及党和国家保密方针、政策，组织实施微信泄密专项整治工作、保密文件的管理使用和清退工作，保密工作连续5年受到自治区党委办公厅的通报表扬。

日常服务保障工作。积极受理师生信访，倾听师生意见，及时有效化解各类矛盾问题，维护了校园稳定。统一协调处理学校发展运行中的重要法律问题，为学校决策提供法律咨询、论证和评审意见。审核校签合同（协议），积极保障学校权益。热情接待基层各单位工作咨询、文件查询、印章使用等事宜，全年完成常规用印1650次、科研用印2千余次。用心用情做好校领导、24小时政务联合值班人员的服务保障。

制度建设。修订起草《宁夏大学党委常委会会议议事规则》《宁夏大学校长办公会议议事规则》，制定实施《宁夏大学公文处理办法》《宁夏大学合同管理办法（试行）》《宁夏大学信访事项管理办法》。根据学校内部控制评价工作方案的要求，对办公室的内控工作进行了评价，在充分调研和认真分析的基础上，形成了办公室内部控制评价报告、内部控制整改方案、内部控制评价整改台账，办公室内部控制更加规范，制度建设取得了新成效。

审计工作

【概况】 2021年，审计工作紧紧围绕学校"双一流"建设、"部区合建"等重点工作任务，聚焦主责主业，依法依规开展内部审计工作。开展内控风险评估评价及内控审计工作，对学校经济活动存在的风险进行全面、系统和客观的评估，并建立内部控制评价和监督机制。持续督促2016年自治区审计报告后续整改以及2020年经济责任审计报告整改工作和4家校办企业清产核资。

经济责任审计。2021年，完成18名中层领导干部经济责任审计，包括任期4年以上，重点岗位、重要领域单位4名负责人；调整岗位的行政负责人14名。本次审计发现问题159个。

工程审计。2021年，完成基建维修审计项目22项，其中控制价报审42542.56万元，审定42061.43万元，审减481.13万元，发出审计建议书2份。

科研项目经费审签。截至年底，完成国家社会科学基金、自治区社会科学基金等科研项目审签工作56项，审签金额572.3万元。审签检查发生退款5笔，合计金额1.25万元。

审计整改工作。建立整改台账和对账销号制度，及时检查督促，收取整改材料，推动整改落实。2016年自治区审计报告中发现的66个问题，截至2021年底已完成整改61个，整改完成率92.42%；2020年经济责任审计报告中发现的205个问题，截至2021年底，各被审计单位已完成整改147个。

【专业培训】 为进一步提高内部控制管理水平，加强廉政风险防控机制建设，6月28日，邀请自治区财政厅会计处副处长白雪娟，为学校参与内控建设、管理、评价等工作的单位，进行专题培训和讲解咨询。校长何建国出席会议，学校纪委、办公室、党委组织部和党委巡察（督查）办公室等单位主要负责人及工作人员参加会议。

【提升内审质量】 9月7—10日，自治区审计厅内部审计指导监督组副组长苏俭一行，到校检查指导内部审计工作。学校就内部审计工作作专题汇报，双方就内审工作中遇到的困难和问题进行了深入交流。校党委常委、纪委书记周运生出席会议，自治区审计厅指导监督组成员和学校办公室、审计处、计划财务处、后勤保障部等部门负责人参加会议。

计划财务工作

【概况】 截至年底，学校实现收入17.59亿元，较上年同期增长13.11%；完成支出18.03亿元，较上年同期增长12.41%。全年实现非税收入2.49亿元。全校银行贷款余额2.49亿元，专项债余额1.4亿元。专项资金支付率为75.74%，其中，中央支持地方高校改革发展项目资金支付率达94.78%，"双一流"建设专项资金支付率达90.13%。

经费保障。学校预算安排紧扣学校"十四五"规划及建设黄河流域生态保护和高质量发展先行区的使命担当，加大重点领域持续投入。落实各类专项资金6.86亿，支持"一流大学"和"一流学科"建设，以双引擎驱动形成合力，建设高水平学科发展体系，形成特色优势，促进学科布局优化、学科交叉融合创新发展。

财务放管服。深化科研放管服改革，率先改革科研预算管理。简化差旅费等18项报销附件和报销手续,解决"报销繁"问题。根据《国务院办公厅关于改革完善中央财政科研经费管理的若干意见》精神,通过深入调研,在全区率先改革科研预算管理,除设备费外预算调剂全部下放到科研项目负责人。

内部控制建设。制定《宁夏大学预算管理办法》《宁夏大学预算绩效管理暂行办法》《宁夏大学国内差旅费管理办法(修订)》《宁夏大学货币资金支付审批办法》《宁夏大学往来款项管理办法(暂行)》《宁夏大学培训费管理办法》《宁夏大学银行对账管理办法》《宁夏大学银行账户管理办法》《宁夏大学学生学费、住宿费管理办法》等九项财务制度,进一步夯实财务基础工作。根据《宁夏大学后勤综合改革工作方案》,制订《后勤财务改革实施方案》及《后勤财务改革推进方案》,积极推进后勤财务改革。深入后勤保障部开展调研、座谈,完成后勤保障部各项服务支出费用梳理,服务项目成本测算,开展财务审计及相关账目调整工作,提升财务资产运营能力,清欠学费、住宿费1400万元,盘活银行存款,提高资金收益。在确保银行存款流动性与安全性前提下,采取协定存款方式大幅提高货币资金收益,专项存款利息收入增加854万元,并多渠道引资开源,推进银校合作,与建设银行共建财务信息化,节约学校资金90余万元,完成国产设备退税337万元。

财务信息化建设。作为2021年自治区党委办公厅、政府办公厅增值税电子发票电子化报销入账、归档试点单位之一,高质量完成增值税电子发票电子化报销入账、归档系统建设及实施,并以此为契机,加快新系统建设,切实解决服务师生的痛点难点问题,推动内控信息化。通过建设财务电子档案管理系统、影像化系统及升级周边配套系统,在满足师生更高服务需求及财政监管要求上取得重要突破。

资产与实验室管理工作

【概况】 2021年,学校新增固定资产16933.32万元,无形资产2456.95万元。其中,新增房屋构筑物958.64万元,通用设备4727台件,13220.07万元(其中50万以上通用设备55台件、共计7118.52万元),专用设备658台件,2102.63万元(其中100万以上专用设备658台件、共计2102.63万元),文物陈列品9台件,27.34万元,图书档案58288册、306.32万元,家具5168台件,共计318.32万元,计算机软件363台件、共计2456.95万元。2021年,完成处置下账固定资产14726台件,共计990.29万元,无形资产63台件、共计113.76万元。截至年底,学校登记在册的各类实验室共854间,实验用房总面积64718平方米。其中,教学实验室面积47451平方米,教学科研实验室面积17267平方米。

实验室建设与安全管理。建立实验室安全管理的组织架构与责任体系,成立了学校实验室安全工作领导小组,组长由校长担任;副组长由分管实验室安全的副校长担任;成员由宁夏大学办公室、党委宣传部、人事处、教务处、科学技术处、研究生院、计划财务处、资产与实验室管理处、保卫处、基建处、后勤保障部的主要负责人担任。建立了校、院(重点实验室、所、中心)、实验中心(实验室)三级管理责任体系,根据"谁使用、谁负责,谁主管、谁负责"的原则,落实分级负责制,确保实验室安全责任层层落实到位。

完善实验室安全制度建设。结合实验室运行和建设需要,按照教育部和自治区相关要求,制定出台《宁夏大学危险化学品暂行管理办法》(宁大校发〔2017〕308号)、《宁夏大学实验室安全管理办法》(宁大校发〔2021〕85号)、《宁夏大学实验室安全事故应急预案（试行）》(宁大校发〔2021〕95号)、《宁夏大学实验室安全检查制度（试行）》(宁大校发〔2021〕94号)、《宁夏大学实验室安全环保管理奖惩办法(试行)》(宁大校发〔2021〕93号)、《宁夏大学科研项目安全风险评估管理办法（试行）》(宁大校发〔2021〕92号)等制度。

实现实验室安全管理信息化、智能化。所使用的《实验室安全综合管理系统》包含3个模块：实验室安全考试系统、基础信息管理系统、实验室安全检查管理系统。

规范学校危险化学品管理及危险废弃物处置。管制类化学品，采取网上申购、定点采购的流程。2021年，采购管制类化学品共21.53万余元。为西部特色生物重点实验室、测试分析中心，建立两座危险化学品暂存间，向银川固废大队进行了危废品备案。2021年，共处置危废14.9吨，处置费用90.186万元。

定时开展实验室安全检查。2021年，组织开展2次实验室安全自查自纠活动。其中，4—6月，完成全校共21个单位隐患排查、问题整改及自查自纠报告上报等工作，共计发现问题123个，整改落实44个，剩余79个问题待整改。11—12月，完成全校25个单位的隐患排查，共发现62个问题，整改落实46个，剩余16个。继续整改先期遗留的79个问题，整改完成61个，剩余18个。2021年，资产与实验室管理处联合教务处、科学技术处、保卫处等单位对全校存在重点风险的实验室每2周进行一次安全大检查。

资产管理与采购工作。2021年，采购工作围绕"双一流"及"中央财政支持地方高校发展"资金建设任务，坚持以"依法采购、规范操作、尽心服务、标准管理"为工作宗旨，提高资金使用效率，全力服务于广大师生员工，保障学校教学科研工作顺利进行。全年完成采购金额共计41895.78万元。其中，政府采购合同金额21319.60万元，建设工程合同金额18066.04万元，各单位自主采购金额1610.4万元，通过政府采购平台网上直购金额505.75万元，网上竞价采购138.48万元，零星采购金额255.50万元。

规范国有资产管理体制，提高资产管理水平。严格按照国家政策和要求开展资产采购、验收、入库、管理、使用及处置等各环节工作。将资产与财务对账工作常态化、规范化，结合周期性资产清查工作，实现资产账账一致、账物一致，严防国有资产流失损失，努力实现国有资产保值增值。

规范开展资产处置工作，严防国有资产流失。严格按照国有资产处置规定开展国有资产处置工作。2021年，共收到各单位调配设备申请报告共41份，调配设备、家具资产253台(件)，回收调配二级单位资产300余台(件)，适度盘活了资产。全年完成5批次报废资产的整理、汇总、上报、处置、备案工作，合计完成报废资产处置31967台(件)，金额1699万元。

【特色实验室建设】 2021年，通过教务处专项经费，支持建设生命科学学院、物理与电子电气工程学院、土木与水利工程学院3个学院的虚拟仿真实验室项目。其中，生命科学学院基础生物学虚拟仿真实验室建设项目位于贺兰山校区格物楼301室，面积约150平方米，投入经费80万元。配备3D激光投影仪、3D主动立体眼镜、桌面3D交互教学设备和3D数字生命科学博物馆等软、硬件设备，可满足植物学、动物学和人体解剖学等基础生物学实验课程的教学。物理与电子电气工程学院电气工程虚拟仿真实验室建设项目位于贺兰山校区致知楼电工电子实验教学示范中心324房间，投入经费208.2万元。土木与水利工程学院VR虚拟仿真实训室建设位于贺兰山校区格物楼111和216室。通过一流本科专业建设新增仿真实训机房45台电脑，通过教务处专项经费新增设备及软件等95万元。实训室能满足270名学员进行仿真培训学习，中心不仅为土建类专业人才提供实验及实践教学及训练，还可面向其他院校等专业提供共享的教学平台资源。

保卫与社会治安综合治理工作

【概况】 2021年，学校安全保卫工作按照"安全隐患及时治理，安全投入得到保障，安全制度更加完善，安全机制更为科学，安全文化更加深入"的平安校园建设要求，深入推进规范化管理、提升管理精细化水平，有效推进校园安全治理体系和治理能力现代化水平。校园治理体系和治理能力明显提高，防范化解重大风险体制机制不断健全，应急处置重大突发案件能力显著增强，风险预测预警预防能力明显提高，师生获得感、幸福感、安全感进一步提升，文明校园得到进一步巩固。

政保工作。政治稳定三级联动工作机构组织健全，舆情研判例会分析制度完善。信息员队伍建设高效有力，抵御和防范非法宗教渗透工作深入开展，反邪教警示教育效果明显，校园内潜在隐患和苗头调处化解及时，防谍保密工作严谨可靠。少数民族师生爱国爱校，外籍师生守法遵约，总体国家安全观教育入脑入心。进一步坚定了广大师生维护和践行国家安全的主动性和自觉性。

治安工作。警校联动常态化，预防校园治安案件20起，为师生找（还）回遗失物品300余件（份），为师生挽回经济损失183000余元。完成大型活动（包括中央各部委领导、自治区领导、各厅级领导到校调研、视察及各类校内外人员参加的大型考试与校内各类大型活动、会议）安保任务60余次，保卫干部及保安累计执勤2200余人次。

安全宣传教育工作。开展了涵盖三十四大类700余门微课"互联网+"大学生安全教育服务，为学生提供更系统、全面、立体、实效和灵活性的学习模式，做到安全教育有过程、有控制、有考核、有结果、有档案。配合辖区公安机关共举办安全教育讲座18场，线上线下受众师生2万余人次，特别是对2021级新生开展了"国家反诈中心"APP、"金钟罩""宁警通"等防电信诈骗小程序注册工作，开启网络防骗预警，为学生的财产安全筑起一道"防火墙"。

疫情防控工作。切实做好校园封闭管理，坚决做到"逢进必查、逢进必检"，筑牢校园疫情防控第一道防线，切实保障广大师生的生命安全和身体健康。全年共排查外来进校人员34200余人次、车辆约10000台次；办理临时出入证320份，审核学生（外出实习、科研助理、走读）出入手续900余份；

消防工作。组织师生消防讲座、演习等培训6次，共有2000人次参与。组织微型消防站队员培训7次。开展消防大检查4次、联合实验室专项检查3次、各单位消防安全巡查2次，共查找、消除消防隐患67个。从根本上落实了预防为主、防消结合，依法管理、责任到人的工作要求，消防工作制度化建设上了一个新的台阶。

交通管理工作。推进校园交通设施建设，加强校园交通管理。规划停车位272个、黄边线2150平方米、地面导向箭头146个、斑马线220平方米、消防通道黄框63个、消防通道黄网线1340平方米。纠正违规停放机动车辆500余台次，清理长期占用校内停车位的校外车辆50余台，清拖"僵尸"机动车12台次，清理毕业生遗弃的破旧自行车和"僵尸"自行车300余辆。在中卫校区校园主要路段、大门口安装15处车辆慢行警示标示和爆闪灯，打造安全、文明、有序、和谐的校园环境。

技防工作。2021年，启动"智慧安防"升级改造项目暨"智慧安消防一体化建设"项目。一期投资350万元，实现校园高清、全彩、全局可视化视频监控，人脸抓拍设备的使用让人员流动的管理更加精准。建成校区室外2.5DGIS地图，通过地图资源实现快速定位及轨迹回放，也可通过地图对监控进行预览。完成消防物联系统建设，将贺兰山校区9处消控室合到新闻传播学院、马克思主义学院楼一个控制中心，实现对3000套消火栓的户籍化管理和远程控制启动消防泵。

基建工作

【概况】 2021年，是"十四五"规划开局之年，学校基建工作紧紧围绕服务学科发展建设，做好基础设施支撑，以求真务实、真抓实干的精神，高效有序地完成了校园基本建设任务，为学校"双一流"建设凝心助力。

制度建设方面。修订《宁夏大学基本建设管理办法》，重新制定《宁夏大学基本建设工程变更管理办法（暂行）》，从明晰部门职责、优化工作程序、管控重点环节等方面对学校基本建设工作进行规范，进一步加强和完善了学校基本建设工作。修改完善《宁夏大学基建处项目投资控制管理细则》《宁夏大学基建处合同管理细则》《宁夏大学基建处工程款支付管理细则》《宁夏大学基建处工程施工管理细则》《宁夏大学基建处工程变更管理细则》《宁夏大学基建处工程档案管理细则》《宁夏大学基建处工程竣工验收、交付使用和保修管理细则》《宁夏大学基建处工程结算管理细则》《宁夏大学基建处处务工作会议制度》等9项建设项目管理内部控制制度，切实提高制度建设的全面性、有效性、持续性、适应性，使其更好地符合学校发展改革需求。

校园规划设计方面。完成贺兰山校区、怀远校区、文萃校区、朔方校区、金凤校区、中卫校区的地形图测绘工作，为校园规划工作提供了科学的技术参数。其中，朔方校区规划总平面图的完成填补了校区规划不完整的短板，使得各校区功能更加完善、合理。完成了新农科人才培养与创新研究院项目、中卫校区图书馆整体建设项目、土木与水利工程学院结构试验大厅和机械工程学院汽车检测实验室维修改造项目的前期手续办理工作。

施工管理方面。完成贺兰山校区教学综合楼（未来教室）项目。此项目是自治区重点项目，于2022年12月底完成所有工程内容；积极推进新农科人才培养与创新研究院项目实施，扎实有序地开展了施工前准备工作，为建设奠定坚实基础。已完成2020年7月开工建设的新闻传播学院与马克思主义学院教学实验楼项目施工合同内的全部工作内容，按时保证了与自治区党委宣传部共建新闻传播学院和马克思主义学院工作落实。上述3个重大项目建成后将从根本上解决学校教室、实验室等教学资源不足的瓶颈难题，助力学校"十四五"规划目标实现。做好已投入使用的工程及维修项目的管理工作，完成格物楼、致知楼、水利实验大厅、怀远校区西大门项目的维保期内正常维保工作。

其他工作。完成自治区第五巡视组巡视反馈关于基本建设存在问题的整改工作；完成科技综合楼、北部日光温室、西大门翻建、应用成果实验基地、金凤校区塑胶田径场、文萃校区文化休闲广场等11个项目余款清欠工作；完成2021年学校在建项目国家统计局统计联网直报平台、国家重大项目建设库的信息的报送工作。

【新农科人才培养与创新研究院项目】 该项目是宁夏大学建校以来体量最大、投资最多的建设项目，也是自治区2022年度重点建设项目。项目位于银川市西夏区文萃街以西、朔方路以南，宁夏大学朔方校区内，总建筑面积38720平方米，概算总投资19500万元。项目建成使用后，将以"新农科"建设为引领，以新型农科创新型人才培养为核心，打造特色专业和高水平应用型学科建设体系，为服务国家、地方和社会发展战略需求贡献宁大力量。该项目于2020年11月28日完成项目建议书批复，2021年5月16日完成可行性研究报告批复，2021年9月14日完成初步设计报告批复，2021年11月16日前完成全部施工标段及监理的招标工作，先后取得了建设用地规划许可证、建设工程规划许可证、建筑工程施工许可证。在认真做好严密细致的施工准备工作后，于2021年12月10日正式开工，计划2022年3月全面展开建设，2023年建设完成交付使用。

中卫校区管理办公室工作

【概况】 中卫校区管理办公室是学校的行政管理机构（以下简称校区管办），下设综合科、交流合作科，共管保卫处中卫校区保卫科、后勤保障部中卫校区服务保障科两个科室。校区管办共有9人，其中在编3人，备案编1人，劳务派遣5人。

党建工作。中卫校区管理办公室直属党支部共有教职工党员4名，2021年发展预备党员1名、入党积极分子1名。

理论学习方面。支部坚持带领党员、群众政治理论学习，增强理论水平素养。通过集中学习、个人自学、观看视频、参加讲座等方式，组织管理办公室13名教职工学习习近平总书记重要讲话精神，学习习近平总书记关于意识形态、党风廉政建设和反腐败斗争、国家安全等方面的重要论述，学习习近平总书记在庆祝中国共产党成立100周年大会上的讲话精神、在党史学习教育动员大会上的讲话精神。专题学习习近平总书记在庆祝中国共产党成立100周年大会上的讲话，学习贯彻党的十九届六中全会精神和《中国共产党第十九届中央委员会第六次全体会议公报》。

思想建设方面。在五一、端午节前，及时转发《中共宁夏区纪委办公厅〈关于"五一"、端午节期间加强监督执纪问责持之以恒纠"四风"树新风的通知〉》。进行警示教育。组织13名工作人员观看《底线失守的代价》《贪婪的代价》《警钟长鸣》等廉政警示教育片，并交流分享观后感悟。

组织生活方面。支部不断加强规范建设。落实理论学习制度，每个月进行理论学习，及时学、跟进学、持续学，确保理论学习走深走实。落实主题党日活动制度，已开展10次主题党日活动。落实上党课制度，落实谈心谈话制度，在吸纳入党积极分子、确定预备党员，开展组织生活会等重要环节开展谈心谈话。做好党费收缴和使用工作。

意识形态工作。组织6名党员、预备党员深入学习习近平总书记关于意识形态工作的重要论述、习近平总书记在中央民族工作会议上的讲话精神、习近平总书记关于民族团结进步的重要论述、民族团结进步知识应知应会100题、中共中央办公厅《关于印发〈党委（党组）意识形态工作责任制实施办法〉的通知》等内容。制定《宁夏大学中卫校区管理办公室直属党支部落实意识形态工作责任制正面清单(试行)》《宁夏大学中卫校区管理办公室直属党支部落实意识形态工作责任制负面清单(试行)》。安排正式职工专门负责新闻的撰写、审核、发布、登记,并由领导审核把关。对校区内展板、电子屏、横幅、宣传橱窗等宣传内容严格审核,对宁夏大学中卫校区宣传片、《中卫》大型画册、宁夏大学中卫校区网站、宁夏大学中卫校区微信公众号等宣传媒介和载体可能存在的意识形态安全隐患进行摸排深查清理。组织开展以"开展民族团结进步教育 铸牢中华民族共同体意识"为主题的主题党日活动,组织职工观看《民族团结进步教育》微视频。组织13名职工聆听民族团结进步教育专题辅导报告。

党风廉政建设。为加强支部作风建设,支部组织工作人员学习《习近平关于党风廉政建设和反腐败斗争论述摘编》《中国共产党组织处理规定(试行)》《中国共产党廉洁自律准则》《中国共产党问责条例》等内容,学习习近平在十九届中央纪委五次全会上的讲话,传达学校全面从严治党和党风廉政建设工作会议精神。对标对表进行自查自纠,切实做好违规吃喝隐形变异问题专项整治工作。全面排查本单位主任、副主任、普通职员、财务管理岗位等权力运行过程中的廉政风险点,按照分类管理的原则,研究制定落实有效防控举措。排查6名领导干部和普通员工因私出境(国)持有证件情况。聚焦重点领域,对于涉及财务、资产等相关事宜或事项规范管理。

党史学习教育。制订《宁夏大学中卫校区管理办公室党支部党史学习教育方案》,重点学习党史学习教育指定书籍,并抄写读书笔记。将党史学习教育贯穿到"三会一课"中,讲党课3次,开展主题党日活动10次、专题主题组织生活会1次。12月,对22名职工进行党史学习教育"我为群众办实事"实践活动成效进行满意度测评。

中卫校区分工会工作。组织中卫校区管理办公及"三院一部"100名师生参加学校举行的庆党100周年合唱比赛,并取得第三名的成绩。组织教职工开展2022年"宁夏大学爱心互助基金"捐款活动,中卫校区分工会83名会员共捐款7850元。组织50余名教职工参加"宁夏大学庆祝建党100周年教职工校园健步走定向挑战比赛活动",举行3v3教职工篮球赛,进一步增强了校区教职工的身体素质和凝聚力,活跃校区教职工文化体育生活。

后勤服务保障工作。完成校区教工餐厅改造施工、5万元以下小型维修服务、校区枯死树木清运、高压配电室维保、地下泵房及锅炉房电机维修、锅炉维保服务、电梯维保服务、教师公寓下水管降噪改造施工8个项目的自主采购工作,所有采购项目都做到立项有依据、过程有监督、结果有验收。完成兰青苑、兰香苑、绿化维保服务3个项目的论证立项和招标工作,组织完成了绿化维保服务单位的交接工作。

安全保卫工作。加强消防宣传教育安全培训,邀请银川市社安消防安全知识培训中心、中国健康教育网等单位教官对全校教师、学生、义务消防员和保安人员进行消防培训2场次,共培训师生1000余人次。邀请中卫市公安局、检察院等部门专业人员到校进行了4场次安全防范知识讲座。整理、编印《警惕诈骗陷阱》等宣传折页,联系中卫市公安局刑警队民警到校区发放防电信诈骗和禁毒宣传彩页1000多份,校区未发生电信网络诈骗案件。在学生公寓楼、餐厅和公共活动场所张贴宣传海报,在学生微信群推送"11·9"相关防火知识。加强安全检查,在法定节假日前、寒暑假前和开学后等重大节假日前后共进行安全检查6次。组织开展疏散演练活动3次。加强消防通道清理整治。对消防通道逐一划线、标名、立牌,实行标识化管理。做好校园安保工作,加强保安管理,及时督促对新入职保安人员进行安保方面的培训。加强校园交通安全管理。规划了机动车地面标示线,摆放了蘑菇石共计30个,确保师生上下课的交通安全。

图书馆管理服务工作。做好图书更新整理借阅工作。2021年,从本部调拨新书7981册,接收本部图书830包。世界读书日开展期刊大派送活动,赠送期刊3000余册。开展为学生推荐"2020年度教师喜爱的100本书活动"。

人才培养

相伴 (李明花 摄)

本科生教育

【概况】 2021年,本科教育教学工作以教育部全面振兴本科教育目标为引导,密切结合"双一流建设"和《宁夏大学2021年工作要点》,全面落实立德树人根本任务,系统推进专业质量、课程质量、教材质量和技术革新四项人才培养模式,以新工科、新农科、新文科建设带动引领本科教育创新发展。

全年开设课程2657门,其中通识教育必修课1897门,通识教育选修课263门。组织27447人参加全国大学英语四、六级考试,组织8925人参加全国中、小学教师资格证考试。

以教育部实施"四新"建设为契机,推进"六卓越一拔尖"计划,"双一流"建设卓见成效。"西部应用型数智化新商科专业建设改革与实践"获批教育部首批新文科研究与改革实践项目。学校成功入选第二批国家语言文字推广基地;通过一流本科专业点项目、卓越拔尖人才计划、"双万计划"及教学团队和基层教学组织等项目的建设,初步形成高水平人才培养体系。

扎实推进基层教学组织活动,构建新时代人才培养体系。全校165个教研室共计开展各类教研活动1800余次,实现了基层教学组织全覆盖的目标,为教师深入开展教学研究、教学改革等提供了经验分享、交流的良好平台,同时为教师从个体教学走向教学共同体奠定了基础。启动2022版本科人才培养方案修订工作,召开线上线下各级论证会,制定出台《关于修(制)订2022版本科人才培养方案的指导意见》。

全面推进学校思政课程和课程思政建设。先后出台实施《宁夏大学"黄大年式教师团队"创建与课程思政示范课建设工作实施方案》和《宁夏大学"三全育人"综合改革试点工作实施方案》。《解读西夏》入选首批国家级课程思政示范课程,教学团队被确定为课程思政教学名师和团队。贯彻落实《关于深化习近平新时代中国特色社会主义思想进教材进课堂进师生头脑工作实施方案》精神,在思想政治理论课中开设习近平新时代中国特色社会主义思想概论、"四史"教育选择性必修课,在"形势与政策"课程中开设"国家安全观教育""中华民族共同体意识"专题,以专题形式进行授课。

深化产教融合,培养适应现代产业发展的复合型人才。主动对接自治区重点产业,深化产教融合,完善协同育人机制,成立宁夏大学枸杞现代产业学院、宁夏大学葡萄与葡萄酒现代产业学院,明确现代产业学院的建设定位、主要任务和目标,在遵循工程类专业认证的前提下,制订好人才培养方案。与上海交通大学等对口支援高校紧密合作,激发和提升宁夏大学新工科、新农科建设动力和建设水平。

整合资源逐步实现全信息化教学。推进文化墙建设,为学校的教育创造了良好的育人环境。加强信息化教室建设,为师生提供更加优质的教学资源与教室环境。改造升级怀远楼6间阶梯教室作为考研教室,为考研学生提供良好环境。推广和普及国家通用语言文字,发挥国家语言文字基地示范带动作用。开设"国家语言文字推广基地"对口帮扶国家乡村振兴重点帮扶县红寺堡区国家通用语言文字能力提升培训班,发挥"国家语言文字推广基地"的示范带动作用,提升中小学教师国家通用语言文字的应用能力和教学水平。

研究生教育

【概况】 2021年,研究生教育教学工作认真贯彻落实全国教育大会和全国研究生教育会议精神,坚持育人为本,贯彻落实立德树人根本任务,坚持需求导向,不断提升研究生教育服务国家和区域发展能力。

研究生教育评价综合改革。修订《宁夏大学博士研究生申请—考核招生工作办法》《宁夏大学硕博连读实施办法》,充分发挥学位评定分委员会、导师(组)和学科专家组作用,推行"本学科专业代表性成果"评议、认定制度。改革优秀应届本科生推荐免试硕士研究生制度,继续推行优秀应届本科生直博、硕博连读招录机制,完善"本—硕—博"贯通选拔培养模式。印发《宁夏大学2021届研究生学位授予学术成果基本要求及考核办法》,改革研究生学术成果综合评价机制,强化质量监控与检查,促进学位授予单位规范管理。

招生工作。2021年,硕士生录取2487人,其中全日制2049人,非全日制438人,硕士优秀生源人数占全年研究生招生总数的24%,生源质量有了显著的提高;完成博士生录取134人,其中全日制脱产攻读博士研究生人数占录取人数的84.3%,较上年增加9%;完成全年推免生选拔工作,共推免283学生。接收推免生24人,其中本校19人,外校考生5人;完成2022年29名硕博连读博士生预录取工作,有序推进申请—考核招生选拔博士生工作。2021年,在校研究生共6455人,其中博士生489人,硕士生5966人。

培养工作。开设研究生课程820门,参与教学活动学生2800余人,教师达到800余人。疫情管控期间,平稳有序推进线上教学活动正常开展,严格开展线上线下教学检查,对研究中期考核、论文开题以及毕业资格进行严格审核。严格贯彻落实《宁夏大学研究生学籍管理规定》,完成老生学年注册4339人,新生学籍注册2631人;受理215条学生学籍变动37人,实现了在校生学籍信息的精细化管理。加大各类研究生教育项目建设力度,立项"双一流"研究生优质课程建设44项、校级研究生课程思政示范课程建设50项、产教融合联合培养示范基地建设任务7项、研究生专用教材出版项目13项,项目累计资助337万元。首次开展研究生教学成果奖评选。

学位授予与学位点建设工作。开展3次学位授予工作,其中上半年的两次学位授予学位授予人数1602人(含博士学位43人)、学历注册1588人(其中博士学历注册42人)。12月底,授予硕士学位91人、博士37人。聚焦国家战略和宁夏重点产业创新发展需求,科学谋划"十四五"学位与研究生教育专项规划,健全学位点专项质量巡查与周期性合格评估工作机制,调整学科专业布局。物理学获批一级博士学位授权点,文物与博物馆增列专业学位授权点,增设枸杞工程、环境化工与材料、语言学及应用语言学、中东研究等招生方向,不断优化学位点布局,更好地支撑与服务学校"双一流"建设与区域经济社会发展的人才需求。编制了2020年度学位与研究生教育质量报告及学位授权点建设年度报告。

研究生奖助工作。评定并发放研究生国家奖学金奖励68人次,共计145万元;学业奖学金奖励2384人次,共计1148.9万元;国家助学金42815人次,共计2794.17万元。组织三助岗位的聘用工作,累计聘用628人次,发放助管助教补助42.5万元。开展2021年优秀毕业研究生评选工作,评选优秀毕业生75名。组织评选10个宁夏大学优秀研究生会。

研究生团学建设工作。顺利召开宁夏大学2021年研究生代表大会,通过《宁夏大学研究生会章程》。制定《宁夏大学研究生会值班制度》《宁夏大学研究生会会议制度》《宁夏大学研究生会工作人员管理条例》《宁夏大学研究生会档案管理制度》《宁夏大学研究生会述职评议制度》,进一步完善研究生会组织机构与工作机制,为研究生会引领全校研究生提供了有力保障。

【研究生教学成果奖评选】 9月,组织开展全校研究生教学成果奖申报和评选工作。全校共15个教学成果项目获得2021年度研究生校级教学成果奖。其中特等奖2项、一等奖5项、二等奖8项。7项获自治区教学成果奖奖项。其中,"双协同全过程多维度推进研究生创新能力培养的探索与实践"获自治区教学成果奖特等奖,"培根铸魂,启智润心——西北民族地区语言文学与文献研究生培养模式改革与实践""园艺学科研究生'五个一工程'提升行动的探索与实践""构建铸牢中华民族共同体意识教学体系""面向复合人才培养目标的恢复生态学课程教学模式创新"4个项目获自治区教学成果奖一等奖,"项目引领,德行养成,机械类创新型研究生'五位一体'培养模式实践""'四位一体'的化学教育硕士人才培养模式的探索与实践"2个项目获自治区教学成果奖二等奖。

【新增博士学位授权点与专业学位授权点】 10月,国务院学位委员会正式下发《关于下达2020年审核增列的博士、硕士学位授权点名单的通知》(学位〔2021〕14号),学校物理学一级学科博士学位点成功入选新增博士学位授权点名单,文物与博物馆专业学位点成功入选新增硕士专业授权点名单。至此,全校共有7个一级学科博士学位授权点、31个一级学科硕士学位授权点和19个硕士专业学位授权类别。

【庆祝建党100周年活动】 紧紧围绕庆祝建党100周年和习近平总书记"七一"重要讲话精神,在研究生中开展"重温党的历史 缅怀革命先烈"扫墓、"塞上研华"研究生篮球联赛、"学党史·感党恩·跟党走"宁夏大学庆祝建党100周年师生演讲比赛、"礼赞盛世华诞 唱响时代旋律"宁夏大学研究生庆祝建党100周年暨欢送毕业生文艺晚会、"传承红色基因,喜迎建党百年"宁夏大学研究生校园跑暨红色记忆打卡等系列活动。累计参与研究生达5000余人次,在全校研究生思想政治引领方面发挥重要作用。

民族预科生教育

【概况】 2021年,民族预科教育学院有教职工52人,其中教授2人,副教授17人,博士5人,在读博士11人,专兼职教师42人,管理人员10人。

党建与思政工作。学院共有教师党员42名。深入开展党史学习教育,按照创建学习型党组织要求,通过线上线下相结合的方式组织党员学习活动,以学习科学理论、政策法规为主要内容,采取领导班子集中学习、专题党课、主题党日活动等学习形式;参观西路军长征会师纪念碑、将台堡会师纪念碑和八里桥烈士公墓;贯彻学院"一岗双责"、党风廉政建设责任制、意识形态工作责任制、党总支会议规则等制度;坚持学习与实践同步推进,把"我为群众办实事"实践活动贯穿学习教育全过程。获宁夏大学2021年度民族团结进步创建模范单位和基层工会先进集体奖励。

人才培养。全年招收少数民族预科生997人，进一步夯实预科教育人才培养方案落实，加强学院的教学管理与运行，推进"互联网+"教育模式，应用微课、慕课等现代教学技术，创新课堂教学艺术，改善教风学风，强化了预科教育教学质量的高质实效。积极推动德智体美劳的预科素养课程培养体系建设，在各书院开设劳动课、美育课、强化体育健身课，以理论与实践相结合的模式培养少数民族学生健全人格的养成教育，强化以爱国主义为核心的民族精神。坚持预科生"学的精神"的培育养成目标，围绕"学院制管理书院制育人"培养体系，深化"学的精神"的内涵建设，不断推进至善书院、其正书院、文质书院的发展各具特色，育人综合质量稳步提升。

加强基层教学部工作职能，深入开展以中国语言文学校级黄大年教师团队为依托的民族预科学生大学语文自治区级课程思政精品课建设、中国文学作品经典研读校级课程思政示范课建设；加强《混合式教学视域下的预科〈C语言程序设计〉》课程思政建设，强化预科高等数学线上课程建设，推进大学英语课程思政路径与方法探索课程改革。依照本科水平评估的要求，完善《民族预科教育学院基层教学组织活动细则》《民族预科教育学院人才引进方案》等制度。

圆满完成教育部组织的2021年度中国少数民族汉语水平等级考试MHK春季考试工作。

科学研究。在研国家级科研项目4项、省部级科研项目3项，经费约120万元，发表论文5篇。

学科与队伍建设。2位老师圆满完成学业并获得博士学位；在职攻读博士学位11人（8名博士调入学校其他院系工作，其中人文学院1人，人工智能学院1人，回族研究院1人在读，外国语学院2人，数统学院1人在读，马克思主义学院2人在读），为学院的快速持续发展和上台阶奠定了良好的师资储备。

【"传承百年党史，点亮千年书香"读书日活动】 4月22日，携手宁夏大学金凤校区图书馆、超星集团开展世界读书日——"传承百年党史，点亮千年书香"系列活动。读书日活动旨在传承百年党史，弘扬阅读文化，培养学生"多读书、读好书、爱读书"的阅读习惯。

【参加长城中路街道林湖左岸社区民族团结知识竞赛】 9月30日，长城中路街道林湖左岸社区举办民族团结知识竞赛，民族预科教育学院学生代表队获二等奖，表现了预科学生昂扬向上的精神面貌，展现了民族预科教育学院民族团结一家亲的浓厚氛围。

继续教育

【概况】 继续教育学院是宁夏大学负责高等学历继续教育（成人教育）、自学考试、非学历教育培训等工作的二级学院。学院设有学院办公室、学籍管理部（学生工作部）、学历教育教学部（自学考试办公室）、非学历教育培训部、招生工作办公室（社会合作办学管理部）5个部门，教职工27名。学院有教职工党员16名，2021年新增入党积极分子2名，1名教职工转为中共正式党员。

党建工作。2021年是中国共产党成立100周年，是实施"十四五"规划、开启全面建设社会主义现代化国家新征程的开局之年，是学校"双一流"建设关键之年。继续教育学院认真学习贯彻习近平总书记重要讲话精神和党的十九届六中全会精神，深入开展党史学习教育，营造"学党史、悟思想、办实事、开新局"的浓厚氛围,推进党史学习教育走深走实。学院坚持以习近平新时代中国特色社会主义思想为指导,坚持问题导向,紧扣"四个落实",从严从实开展党建工作,认真履行基层党建工作责任制,努力提高党的建设科学化水平,推动学院业务工作科学发展、和谐发展。

招生工作。录取高等学历继续教育(成人教育)学生7462人。其中,区内7451人,区外11人;专升本4968人(含区外11人),高中起点本科47人,专科2447人。

学籍管理工作。2021年,学院高等学历继续教育(成人教育)在籍学生12540人、毕业学生9500人。学籍管理方面,完成学籍电子注册6364人;学籍异动453人(其中:取消入学资格228人,复学2人,退学46人,转校外教学点25人,转专业152人);学历电子注册9500人;毕业生图像信息采集9500人;毕业证书办理、发放9500本;毕业生档案整理、存档9500份;学生信息勘误222人(其中:在籍学生信息修改12人,毕业生信息修改154人,前置学历清查17人,补办学历证明书39人)。

基础教学工作。2021年,学院继续推进"线上+线下"混合教学模式,坚持价值塑造、能力培养、知识传授"三位一体"的教育理念,切实落实高等学历继续教育(成人教育)教学质量标准,将"学生践行"贯穿于整个培养过程。利用"宁夏大学高等学历继续教育(成人教育)平台"开展网络课程教学,全年平台在籍人数14613人,进行了总计119901人次的选课,最高活跃人数为62886人,平台累计产生总学习时长38790小时。严格审核线上课程资源,匹配并组织实施了3个年级本、专科高起本三个层次的520门课程,聘请166名教师进行线上答疑、辅导,实现了自主学习和协助学习的混合,教师主导和学生主体的混合,进一步确保学生线上学习效果。

毕业论文(设计)工作。完成了2019级17个评审专业5718名学员的论文线上评审工作以及4个答辩专业351名学员的论文线上指导工作。在2020级毕业论文(设计)工作增加了论文撰写讲座、开题审核、论文查重等模块,并提前聘请专家录制了撰写论文讲座视频,为提高教育教学质量打下坚实的基础。

人才培养方案修订工作。对2010年12月编制的《宁夏大学继续教育学院成人高等学历教育教学指导书(业余类)》进行修订,将先进的教育观、人才观、质量观和发展观融入培养方案的修订过程,提升对学生的个性化培养和学生的自主发展空间,实现从知识传授为主转向以能力培养为主的教学方式,加强教育培训工作。依托国家级专业技术人员继续教育基地、自治区级专业技术人员继续教育基地、自治区军队转业干部教育培训基地"、自治区农民教育培训示范基地4个基地开展各级各类培训工作,开展宁夏高素质农民新型经营主体骨干培训、军转干部进高校专项培训工作、文旅"六高"人才主题培训、人工智能技术及物联网高级研修班。利用"线上+线下"混合模式,举办专业技术人员专业课实体班培训5期,合计培训学员400人次以上。开展中邮保险"星火计划"荣誉定制培训,参训50人。开展银星能源班组长能力提升培训,参训57人。开展自治区禁化武履约专题培训,参训80人。

合作交流。与宁夏隆合科技有限公司、宁夏普田永惠教育咨询公司进行了合作签约,在无人机培训、高素质农民培训等方面寻求新的合作。加强智慧宫文化产业集团合作,继续教育国际化办学、短期非学历培训、学历提升试点国际班、宣传合作等方面初步达成了共识。

【获2021年宁夏"终身学习品牌项目"】 根据《自治区教育厅等八部门关于公布2021年全区"百姓学习之星""终身学习品牌项目"评选认定结果的通知》(宁教职成〔2021〕187号),学院组织申报的"发挥非学历教育优势 推动学习型社会建设"获2021年宁夏"终身学习品牌项目"。2021年,学院通过开展专业技术人员培训、区内外企事业单位专项培训、军转干部进高校专项培训、高素质农民培育工程培训等各类培训业务,有效助力了全区专业技术人员继续教育事业的发展和人才队伍的建设。

【2021年成人教育工作会议】 4月28—29日,宁夏大学继续教育学院2021年成人教育工作会议在宁夏税务干部学校召开。校长何建国参加会议并为成人高等学历教育先进教学站颁发奖牌,副校长郎伟作《推进宁夏大学继续教育事业持续发展,提高教育质量培养更多更高素质人才》的讲话。学院党总支书记鲁晋主持会议,院长刘明作《落实主体责任 提升内涵建设 推进成人继续教育高质量发展》的工作报告。继续教育学院全体教职工、区内外校外教学点代表参加会议。会议的主要内容是贯彻落实全国继续教育工作会议精神,贯彻落实宁夏大学关于大力发展继续教育的部署,总结继续教育工作,表彰奖励2019年度、2020年度的先进典型,分析发展形势和部署下一步重点工作任务。

【助力全国易地搬迁移民致富提升示范区创建】 7月5日上午,宁夏大学与红寺堡区在红寺堡区职业技术学校举行"宁夏大学继续教育学院红寺堡区函授站""宁夏高等教育自学考试宁夏大学助学点"揭牌仪式。宁夏大学党委常委、副校长周震出席并讲话,红寺堡区委书记丁建成、代区长王忠强等出席仪式。此举填补了红寺堡区成人教育的空白,补齐了继续教育的短板,接续了学历提升的环节,为红寺堡区教育发展注入新的活力和强劲动力,为红寺堡区中高职学生和有需求的移民群众晋升高等学历拓宽了渠道,为红寺堡区创建全国易地搬迁移民致富提升示范区提供人才智力支持。

【新型农业经营主体骨干培训项目】 2021年,继续教育学院首次承接宁夏高素质农民新型经营主体骨干培训任务。7—8月,学院通过大量的实地调研,筛选灵武市郝家桥镇吊庄移民村兴旺村50名村民开展针对性的培育,课程设置既有专家理论讲授、农业示范基地观摩,也有"云上智农"网课。首期高素质农民培育工程新型农业经营主体骨干项目培训班,为全面建成小康社会和乡村振兴提供了人才和智力支持,得到自治区农业农村厅的认可,郝家桥镇兴旺村村委赠送了锦旗和感谢信。

留学生教育

【概况】 国际教育学院设有2个教学单位:对外汉语系和CSCSE-SQA AD项目(英国高等文凭项目)中心。有针对留学生的汉语言文学本科专业、AD项目的工商管理和会计学3个专业。学院有教职工32人,其中在编27人,备案编1人,劳务派遣4人;教授3人,副教授5人;博士5人,在读博士5人。

党建与思政工作。学院共有教师党员18名、学生党员30名(预备党员18名)。新发展师生党员10名,转正8名。学院党总支深入学习贯彻习近平新时代中国特色社会主义思想,认真学习并践行习近平总书记"七一"重要讲话精神、总书记视察宁夏重要讲话精神、党的十九届六中全会精神和党中央重大决策部署,组织全院师生深入开展"不忘初心、牢记使命"主题教育和党史学习教育,策划开展"学党史 铸信仰 庆百年"优秀主题征文比赛、爱国主题影视作品观后感征文比赛、"学党史 悟思想 办实事 开新局"党史学习手抄报展,精心做好庆祝建党100周年相关工作。将党建和业务工作、党建和留学生培养紧密结合,进一步丰富了党建活动载体及组织生活形式、内容,进一步推进中外文化交流,增强中外学生对多元文化的包容和理解。6月,学院党总支获自治区教育系统先进基层党组织称号和宁夏大学先进基层党组织称号。

人才培养。全年招收SQA AD项目本科生66人。SQA AD项目在读本科生233人,应届本科毕业生50人。加强大学生科技创新活动,新增自治区级大学生创新创业立项1项。学生获得各类竞赛国家级奖项5项、自治区级7项。

科学研究。2021年,学院承担纵向科研项目9项、横向科研项目3项,实到科研经费54万元。其中国家社会科学基金项目1项。

合作交流。全年共有5位国内外专家学者到学院开展学术交流活动,举行学术报告1场,涉及经济学领域。出国攻读博士3人。

留学生教育教学。2021年,学校在读留学生共171人。全年招收留学生语言生2人、本科生4人、硕士研究生10人、博士研究生2人。全年语言毕业生2人、本科毕业生16人、硕士毕业生4人、博士毕业生1人。学校为学历生提供中国政府来华留学奖学金、宁夏回族自治区政府来华留学奖学金、宁夏大学来华留学奖学金。留学生分别在人文学院、文化旅游学院、法学院、经济管理学院、物理与电子电气工程学院、信息工程学院、化学化工学院、地理科学与规划学院、农学院、食品与葡萄酒学院、土木与水利工程学院、教育学院、国际教育学院、回族研究院14个学院和科研机构学习,接受与中国学生同样的趋同化教育。留学生的招生和管理由国际教育学院负责。留学生教育已形成了完整的培养层次,涵盖语言进修生、本科生、硕士研究生、博士研究生。疫情期间,部分留学生滞留在国外无法入境,学校为留学生开展了线上教学、线上线下混合式教学及线下教学。留学生获得各类学生竞赛自治区级奖项7项。

国际教育学院积极促进国际化校园文化建设,组织开展内容丰富、形式多样的中外文化交流活动,中国传统文化体验活动和各种实践活动:留学生汉语大赛、中文诗歌诵读大赛、端午节、中秋节、春节等节日文化体验活动、"感知中国"和"感知宁夏"系列实践活动等,打造"留学宁大"品牌。

【外籍师生小年"闹"新春】 2月4日,在中华民族传统节日辛丑牛年春节到来前夕,校党委书记李星、校长何建国带领在校领导与因为疫情无法回国的留学生、外籍教师一起体味中国文化,感受别样新春,在做好疫情防控工作的同时,让留校外籍师生体验包饺子、写春联、剪窗花、画国画,感受中国传统佳节的温馨喜庆。中国日报网、新华社、中国新闻网、宁夏日报客户端、《宁夏日报》第2版、银川发布、银川新闻联播、宁夏教育新闻等媒体对此次活动进行报道。

【2021年来华留学高层次论坛暨EGPC第十届全

球合作伙伴会议】 4月18日,国际教育学院院长赵晓佳与留学生招生工作负责人乔星赴南京参加2021年来华留学高层次论坛暨EGPC第十届全球合作伙伴会议。各高校代表在"后疫情时代"背景下,围绕中国高等教育如何走出去、外国优质生源如何吸引进来等热点话题展开热烈讨论。就后疫情时期留学生招生、管理、教学、服务等方面问题进行广泛交流,收获了经验,加强了相互之间的联系与合作。

【留学生端午节文化体验活动】 6月9日,国际教育学院在自治区教育厅、宁夏大学、宁夏医科大学、北方民族大学和银川能源学院联合共建的宁夏来华留学生中国文化推广交流基地——嘉麓书院为全校留学生举办"粽子飘香·品味端午"文化体验活动。通过包粽子、缝香包、插艾草以及端午诗词让留学生领略中华文化之美,在传统文化的学习交流中,展示中华文化的悠久底蕴与独特魅力,表达对端午佳节的美好祈愿。

【全区第四届汉语大赛取得佳绩】 12月10日,全区高校第四届来华留学生汉语大赛在宁夏教育电视台演播厅举行。校党委常委、副校长周震,国际教育学院相关领导和老师观看此次大赛。学校越南籍留学生范梅兰获个人赛一等奖,老挝籍留学生翁努遐获个人赛二等奖,老挝籍留学生苏洛获个人赛三等奖。土库曼斯坦籍留学生穆拉特、王爱莎和乌兹别克斯坦籍金智明组成的"少年派"代表队获团体赛二等奖,土库曼斯坦籍王爱莎、吉尔吉斯斯坦籍赵秀丽、印度尼西亚籍陆帝凰组成的"丝路佳人"代表队获团体赛三等奖。宁夏大学获优秀组织奖。

【教育部留学服务中心调研】 10月18日下午,教育部留学服务中心党委书记、主任程家财,自治区教育厅副厅长王春秀、二级巡视员孙忠铭等一行莅临国际教育学院调研指导。校党委常委、副校长李建设,国际教育学院全体院领导参加调研。

留学生层次、来源地、经费来源情况

项　目		毕(结)业生数	授予学位数	招生数	在校生(注册)
总　计					171
其中:女		10	10	1	78
按学历分	专　科	0	0	0	0
	本　科	16	16	4	80
	硕　士	4	4	10	71
	博　士	1	1	2	18
	语　言	2	0	2	2
按大洲分	亚　洲	14	14	3	135
	非　洲	5	5	3	29
	欧　洲	2	2	2	6
	北美洲	0	0	0	1
	南美洲	0	0	0	0
	大洋洲	0	0	0	0
按经费来源分	国际组织资助	0	0	0	0
	中国政府资助	3	3	3	31
	本国政府资助	0	0	0	0
	地方政府资助	6	6	2	13
	学校资助	13	13	12	124
	自　费	2	0	3	3

留学生学历生规模按国别统计

序 号	国 籍	本 科	硕 士	博 士
1	哈萨克斯坦	10	17	4
2	老 挝	12	8	0
3	蒙 古	6	11	0
4	吉尔吉斯斯坦	8	2	0
5	乌兹别克斯坦	8	1	1
6	越 南	8	1	1
7	俄罗斯	6	0	0
8	埃 及	1	4	5
9	孟加拉国	3	2	0
10	喀麦隆	1	3	1
11	塔吉克斯坦	4	1	0
12	土库曼斯坦	2	2	0
13	泰 国	2	1	1
14	印度尼西亚	3	0	0
15	巴基斯坦	0	1	2
16	阿富汗	1	1	0
17	布隆迪	0	2	0
18	几内亚比绍	0	2	0
19	科摩罗	1	1	0
20	尼日利亚	0	2	0
21	伊 朗	1	1	0
22	东帝汶	1	0	0
23	阿 曼	0	1	0
24	刚果(布)	0	1	0
25	韩 国	0	1	0
26	柬埔寨	0	1	0
27	马 里	0	0	1
28	美 国	0	0	1
29	摩洛哥	0	1	0
30	塞内加尔	0	0	1
31	沙特阿拉伯	0	1	0
32	苏 丹	0	1	0
33	坦桑尼亚	0	1	0
34	突尼斯	1	0	0
35	叙利亚	0	1	0

创新创业教育

【概况】 宁夏大学创新创业学院（大学科技园办公室）下设创新创业教育中心、国家大学科技园服务中心、科技成果转移转化中心、新农村发展研究4个职能部门，坚持以立德树人为根本任务，将创新创业教育改革融入人才培养全过程，通过双创教育、思政元素、专业技能的专创融合，打通"课堂教学、实践训练、项目培育、团队孵化"的全链条教育，着力提升大学生创新意识、创业精神、创新创业的综合素养，打造基于"课程建设、平台搭设、思政融合、人才培养、项目孵化、活动组织、学科竞赛、实践平台"的赋能型双创育人"宁夏样板"。

创新创业教育工作。推动创新创业课程建设，立项建设8项《创新创业导论》"金课"培育项目；建设宁夏大学创新创业能力实践学分认定平台，扎实推进大学生创新创业训练计划，组织完成2021年度919项大创计划项目结题验收工作，其中国家级36项、区级93项、校级790项，编写《2021年度大学生创新创业训练计划结题成果集》；立项建设大创项目1015项，其中国家级项目35项、区级项目110项、校级项目870项，参与训练学生4965人，创新性地开展了"青年红色筑梦之旅"专项协同项目；组织开展大创计划立项项目线上专题培训5场，培训观看达25275人次；1项国家级项目入选国创计划重点支持项目（全区仅此一项），2项入选第十四届国创计划年会；积极开展各级各类竞赛活动，立项支持31项校级学科竞赛，参与学生超过1.3万人次，获得区级奖项398项、国家级奖项200项；承办4项自治区级学科竞赛，举办4场创新创业大赛专题线上培训，22552人参加；组织开展第七届"互联网+"大学生创新创业大赛，参赛项目1624项，参赛9915人次，区赛中获得8金4银12铜及优秀集体奖，国赛中获得1金1银5铜，实现了宁夏零的突破，3个历届红旅获奖项目入选中国国际"互联网+"大学生创新创业大赛全国100项优秀红旅项目案例。

国家大学科技园工作。园区管理持续加强，制定《大学科技园中试基地车间安全生产注意事项》《创新创业学院（大学科技园办公室）实验室安全检查制度》。品牌活动精彩纷呈，依托贺兰山园区创客空间，举办宁夏大学自治区级双创示范基地创业带动就业示范行动工作活动、宁夏大学提升创业能力系列活动；组织宁夏沙枣花香众创空间总经理、银川市就业与创业服务中心负责人等创业导师开展专家讲座，实地参访中关村创新中心、宁夏百瑞源枸杞产业发展有限公司等企业进行学习；开展创客沙龙、交流论坛等贯穿全年、形式多样的双创教育指导实践活动20多场。科技创新方兴未艾，金凤园区组建8个师生团队，形成文化与产业、数字与经济产业、生态治理产业3个领域。文萃园区入驻12个项目团队，探索"区域产业链+学校创新链"的校企合作新模式，逐步形成枸杞产业链技术攻关等5个研发方向。联合培养双创型优秀拔尖人才245人，累计完成技术转化17项，交易金额145.6万元，横向合作科研项目72项，到账经费3237.8万元。顺利通过"自治区大众创业万众创新示范基地"建设验收工作。

科技成果转化工作。成果推介合作共赢，充分利用"互联网+"推介交易平台进行成果推介，申请注册科创中国技术平台用户，通过线上平台推介学校已有成果，累计发布优秀成果45项，推介专家24名，登记专利95项。联合宁夏技术市场等第三方成果交易平台，开展宁夏科技成果专场推介会、宁夏大学现代农业成果对接会等成果推介路演活动4场。服务能力持续提升,开展科技成果工作业务培训2次,8名工作人员获技术合同认定登记员证书。组织政策宣讲活动4场。协调科技厅将技术合同认定登记点成功进驻到学校师生服务大厅,实现技术合同登记认定不出校园。成果转化实现重大突破,积极搭建学校成果供给源+社会企业需求源的对接桥梁,打通成果转化"最后一公里",持续增强成果转化服务能力,全年共转化科技成果56项,转化金额累计335.2万元,同比增长5倍多。其中涉及对现有落后技术、工艺、装备的替代技术26项;填补国内空白技术11项;通过技术转化实现企业生产成本降低19项;直接服务自治区九大产业转化项目35项。项目的实施,对于自治区内中小企业的产业升级,提升市场竞争力,提高经济效益都发挥了至关重要的作用。

新农村发展研究院工作。圆满完成了为期3年的科技扶贫指导工作。承担的区内4个市县、60个贫困村全部脱贫,针对贫困村的区域环境以及当地资源优势开展了草畜产业新技术示范与推广、特色畜禽养殖和作物高效种植技术示范与推广、优质牧草种植加工及科学饲用技术示范与推广、小杂粮中药材马铃薯种植肉羊养殖技术示范与推广、果蔬等作物种植及电商应用技术示范与推广、食用菌温棚种植等一系列技术服务,创立了"三带三进"(带项目、带成果、带技术、进园区、进企业、进基地)服务模式,将科研成果直接应用于贫困地区,加快了科技成果转化,实现了由"输血式"扶贫向"造血式"扶贫转变;推动脱贫攻坚与乡村振兴有机结合、相互促进,选派24名教师赴海原、同心和泾源三县24个村进行乡村振兴科技指导帮扶工作,推广应用小杂粮等新技术6项,引进牛羊育肥、精准营养调控和粪便处理等新技术4项,持续扶持和发展种养殖示范户3户,开展种养殖培训10场;对接自治区特色优势产业,立项建设宁夏适生乡土草种育繁推一体化示范基地建设等6个示范基地项目,建成盐池沙芦草新产品良种繁育基地100亩、马铃薯新技术基地300亩、苜蓿种子繁育关键技术研究试验地25亩,建立乡土草种子、资源圃各1个,种植牧草种子资源300份,建成滩羊动物试验、消化代谢试验和屠宰试验基地,带动108户养殖户饲养滩羊3000只,降低舍饲养殖成本7%,实现产值新增500万,新增利润50万,每户实现新增纯收入4000元,培养科技示范基地企业1个(宁夏驰马聚丰农业科技有限公司),示范推广新技术成果3项。

【学术论坛】 11月,先后邀请澳门大学罗振雄(Rob Law)教授,爱尔兰都柏林理工大学Etain Kidney、Alexander Gibson教授,澳大利亚埃迪斯科文大学校长特聘研究型教授黄松山等国际顶级学者,开设《智慧时代下的酒店和旅游业发展(A Smart Era of Hospitality and Tourism Development)》《沉浸式虚拟现实技术在商业中的应用(Immersive Technologies for Business)》《服务营销中的数字化发展趋势和研究新内容(The trend of digitalization in services marketing and new research areas)》3场国际前沿学术讲座,成功打造"贺兰山双创论坛"学术品牌,开拓学院双创教育教研活动新局面。

【典型标兵】 7月,在哈尔滨东北农业大学组织的高校新农村发展研究院乡村振兴暨脱贫攻坚典型案例交流会上,宁夏大学创新创业学院推荐的科技扶贫指导员李锦馨老师围绕脱贫致富奔小康,以规划设计和制定扶贫村产业结构及发展为主题撰写的《让科技之花在六盘山区绽放》工作材料，最终被评选为脱贫攻坚典型案例，并在年会上做了经验交流发言。李锦馨也被自治区连续两年授予优秀科技扶贫指导员称号。11月，国家大学科技园金凤园区创客空间入驻的"苍穹无人机"学生创业团队运用先进技术开展防疫消杀志愿服务，陆续在银川市长乐苑社区、兴州苑社区、艺校社区等7个社区开展防疫消杀公益志愿活动，消杀总面积超过100万平方米。

【国家大学科技园注册成立】 10月，编制并通过《关于推进宁夏大学大学科技园高质量发展工作方案2021—2025》》。12月，学校同意注册成立宁夏大学大学科技园发展有限公司（国有独资企业），并调配金凤校区相关资产为科技园集中孵化区域。

国防教育

【概况】 2021年，国防教育教学中心有教职员工10名，其中主任1名（正处级），兼任中心党支部书记，副主任（副处级）2名，专职军事课教师4名，行政及兼职军事课教师4名。

党建与思想政治工作。有正式党员10名，全年召开支部党员大会13次。制订党史学习教育、建党100周年、十九届六中全会精神等重大主题学习教育计划，及时传达学习上级有关会议精神，并作出动员部署。党员集中学习15次，开展各类党建及主题党日活动4次。先后组织观瞻涝河桥烈士纪念馆、大武口"五七"干校纪念馆和"奋斗百年路，启航新征程"党的建设主题展览等现地教学实践，参加学校建党100周年健步走活动，获得全校三等奖。收集个人学习感言120条，有3篇党史学习教育新闻被学校宣传部采纳。严格落实每周三下午的政治理论学习计划，采取"线上+线下"模式，结合实际开展主题突出、特色鲜明、形式多样的学习活动。

军事课教学工作。军事课已纳入学校人才培养体系，列入学校人才培养方案和教学计划，实行学分制管理，课程考核成绩记入学籍档案，由军事理论和军事技能训练两部分组成。军事理论教学时数36学时，记2学分。涉及全校26个学院92个专业141个行政班级，其中中卫校区3个学院7个专业14个行政班级；军事技能训练为期15天，教学时数120学时，参训学生必须全程参训且考核成绩合格，获2个学分。

师资队伍建设工作。组建了一支较为稳定的军事课教学工作队伍，具有教授职称3人、副教授职称1人、副高职称3人、硕士学位4人，自治区军事课教师师资库3人，中国指挥与控制学会国防教育专业委员会副总干事1人，全国国防教育联盟常务理事1人。参加"全国军事理论教师教学能力提升"及"军事理论课课程思政教学"培训7人次。

【2021级学生军事技能训练】 2021级本科生军事技能训练于9月16—30日进行，按照"确保安全、应训必训、标准不降、亮点突出"的工作思路，分管副校长史金龙先后3次主持召开军训协调会，邀请宁夏军区、武警宁夏总队、西夏区武装部共同研究审定军训工作方案，邀请西夏区疾控中心专家就学生军训疫情防控工作作专题分析研判，制定疫情防控突发情况专题处置预案并组织部队教官和新训干部模拟演练。6月29日，中心牵头成立军训团，组织参训学生4921人。按照共同条令教育与训练、轻武器射击与战术训练、防卫技能与战时防护训练、战备基础与应用训练4个

内容设置。高标准完成了大纲规定的6个必训课目的训练与考核,组织野营拉练、消防演练、防核生化袭击和战场救护等难度大、风险高、实战化味道浓的军训内容。经各营、连推荐评选,军训团评审,学校军训工作领导小组审定,决定对数学统计学院等10个军训工作先进单位、土木与水利工程学院等7个单项优胜奖获得单位、田小棚等269名先进个人予以表彰。

【筹建光电模拟射击馆】 中心经过认真筹备,在贺兰山校区科技楼东侧负一层,建设完成光电模拟射击馆,可以满足学生在训练条件不满足时,采取模拟射击训练完成射击科目的训练学习。

【组建国旗护卫队】 在宁夏大学送别最后一届国防生毕业后,升国旗的任务由"军迷之家"学生社团承接。4月,为进一步丰富爱国主义教育内容,弘扬大学生爱国主义情怀,学校正式组建国旗护卫队。投入专项经费为40名队员购买训练服和礼宾服,向国旗护卫队员颁发聘书,利用周末和假期时间严格组织国旗护卫队的学生开展升旗训练,保障了国庆以及开学等重要节日的升旗活动4次。

【共建单位签约】 中心始终坚持把党史学习教育和促进国防教育教学结合起来,做到学史明理、学史增信、学史崇德、学史力行,学党史、悟思想、办实事、开新局,奋力书写国防教育教学高质量发展新篇章。5月,与后勤保障部部幼教中心党支部完成了"携手共建,合作共享"共建单位签约,成立国防教育教学实践基地,在六一儿童节和国庆节等重要节日之际,通过组织国旗护卫队的队员为幼儿园小朋友升国旗,组织中心老师与小朋友一起过军事日。

【军事理论课改革创新】 筹备实施军事理论无纸化考试。2021年3月,中心响应教育部关于推进和深化新时代教育评价改革工作的指示,结合军事理论课程实际情况,积极筹备实施无纸化考试应用。完成军事理论视频录制。为进一步在高校大学生中推广和普及国防和军事理论知识,培育大学生的爱国主义情怀和国家安全意识,中心组织教师完成了13个专题课程的录制工作,该课程已获批学校在线开放课程建设立项。

学生思想政治教育与管理

【概况】 2021年,学校学生工作深入学习贯彻习近平总书记重要指示精神,将党史学习教育、疫情防控和学校重大改革工作与学生思政教育、心理健康、学生资助、招生就业和日常管理等工作深度融合,带领学工干部在"办实事"中"开新局",引领青年学生在"学""思""践""悟"中"明理增信、崇德力行"。

思想引领。网络思想政治工作中心创建"党史我来讲""榜样的力量"等品牌系列视频。全年共发布相关视频190个,播放量达到800000+。组建直播团队,开展各类型直播45场,累计在线观看10万余人次,点赞80余万次。在第四届全国大学生网络文化节活动中,学校荣获优秀组织奖,1首原创歌曲荣获优秀原创作品奖;荣获2020年度全国优秀易班共建高校;宁夏大学易班迎新案例入选2020年全国易班共建高校迎新活动案例征集活动。强化心理育人。全年,大学生心理健康教育咨询指导中心接待个体面询368余人次、网络咨询15人次;开展5场次15学时朋辈心理辅导员领导力团体辅导、6学时人际关系小组团体辅导;落实了"医教结合绿色通道"模式的精神科专家坐诊服务，重点关注学生141人次，排查、化解心理危机个案18例；立项45项大学生心理素质提升项目；建立"心理委员之家"，全校大一至大三年级心理委员329人取得全国高校心理委员MOOC培训合格证书；开展2021级本科、研究生7489名新生的心理健康普测与建档工作。完善资助育人。全年，学校共组建了27个回访项目团队，走访了全区内近200个家庭经济特别困难的学生家庭；促进管理育人。依托综合素质测评，奖学金评定，三好、优干评选，先进班集体评选和优秀毕业生评选等制度，把学风建设融入教育教学和思想教育各环节。践行文化育人。2021级迎新生文艺晚会以"旗帜在召唤"为主题，以庆祝中国共产党成立100周年为主线，沿着历史和时代的脉络，为全校师生呈现了一堂富有思想性和艺术性的生动思政课。

辅导员队伍建设。积极组织辅导员参加高校辅导员年度人物评选；承办全区高校2021年入职辅导员培训班；组织学生工作骨干赴中国共产党革命精神与文化资源研究中心、遵义红色文化培训基地进行党史学习教育培训。

日常管理。改进日常管理。全年共办理转专业、大类分专业2969人次，组织毕业生信息采集4423人，发放毕结业证书、学位证书9607份，办理休学、复学、转学、保留学籍、降级、退学等事宜125人次，为毕业学生补办毕业证明书、学历信息勘误修改101人次。提升资助管理。全年共认定家庭经济困难学生8640人。全年共发放本科生各类奖助学金6753.15万元，受助学生21465人次。发放特困学生补助2人，发放2万元；8月，困难补助河南等地受灾学生45人，发放4.5万元；10月，困难补助山西等地受灾学生23人，发放2.3万元；疫情防控期间补助困难学生132人，发放10.56万元。2021年，助学贷款学生12115人，金额8272.874万元。2021年，办理毕业生基层就业助学贷款代偿122人，办理服兵役学费补偿贷款代偿77人。规范奖惩管理。全年完成综合奖学金、单项奖学金、毕业生综合奖学金、优秀毕业生实习生共5881人的评定工作，发放奖金共计343万余元，发放农林师范类专业奖学金45883人次，共147万余元；完成三好学生、优秀学生干部、校级优秀毕业、宝刚教育奖共1298人的评选和全区大学生人物推选申报工作。强化征兵管理。积极参加全区"爱我国防"演讲比赛，荣获最佳组织奖。

招生工作。初步建成具有运行高效、程序规范、数据共享、信息安全等特点的招生信息化工作体系。在高考、录取期间开通了3部高考招生咨询电话；组织5个招生宣传工作组分别走进四川、山东和宁夏银川、固原等地的部分生源中学、高招咨询会开展招生宣传活动。邀请招生办公室主任、6位学院院长和3位校园主播（学生志愿者），共同录制《招办主任光明大直播》栏目；制作并发布宁夏大学2021年动漫招生宣传片；与陕西广播电视台合作，录制了《教育百分百》栏目。2021年，学校录取本、预科生5433人，招生计划完成率均为100%。2021级本科生实际报到4844人，报到率98.43%；2021级预科生实际报到511人，报到率99.80%；2017—2021年，学校本部在区内招生录取平均分与分数线差额连续五年递增，理工类平均分差提高了92%，文史类平均分差提高48%。

就业工作。全年召开就业相关工作会议9次，精准帮扶，关注困难群体：按时足额给2727名困难毕业生，发放求职创业补贴共计545.4万元；组织2021届毕业生校园春季"双选"洽谈会，共有350家用人单位参会，为毕业生提供就业岗位

12000余个。举办农科类、外语类、经管类等小型专场双选洽谈会10余场；积极推进"就业宣传服务月"系列活动开展。针对不同学生群体需求，开展专题辅导，参与学生3000余人次；充分发挥就业指导教师的作用，帮助毕业生合理调整就业方向和预期；大力发挥毕业生朋辈效应，鼓励已就业毕业生给身边未就业毕业生推荐岗位信息，传授求职就业要点和面试技巧。通过新媒体平台加强政策宣传，推送就业信息。仅2021年，通过"宁夏大学学生工作"微信公众号推送相关就业信息800余条，通过宁夏大学就业信息网推送就业咨询1400余篇；在"给2021届毕业生的一封信"中，鼓励和引导毕业生参军入伍、面向基层就业。通过承办全区就业创业大赛，第二届沿黄五省区就业创业大赛，坚持以赛促练、赛练结合，提升毕业生就业创业竞争力。学校获首届西北四省区大学生就业创业大赛优秀组织奖，入选全国高校毕业生就业能力培训基地；截至年底，毕业生就业人数4907人，毕业去向落实率77.96%，在人数增长10.62%的基础上，同比提高3.55%，就业质量稳步提升。

科学研究

放飞梦想 (钟子杰 摄)

自然科学和社会科学研究

【概况】 2021年,科研创新总体上呈现"量增质提"的良好态势,为"双一流"建设和高质量发展提供了强有力的支撑。

科研项目方面。围绕国家、区域科技需求,开展有组织的科学研究,鼓励自由探索,注重集成创新、团队创新和跨学科创新,推动学校科学研究高质量发展。2021年,组织申报国家及地方各级各类项目1500余项,获批564项,科研立项经费达到3.51亿元,是上年(1.57亿元)的2.24倍。获批国家社会科学基金21项,资助经费420万元,立项数位列全国高校70位。王忠静团队主持的"黄河上游河套平原节水控盐产能提升技术模式与应用"和李建设团队主持的"黄花菜、高山蔬菜产业关键技术研究与应用示范"项目,获批国家重点研发计划重点专项项目,两项经费总额达到1.57亿元,取得历史性突破。李茜团队"黄河宁蒙灌区控盐减污生态保护技术研究与示范"获批国家重点研发计划重点课题项目,立项经费615万元。2021年,获批国家自然科学基金项目69项,资助经费2622万元。于广锁团队"气流床高温煤气化多相过程热态原位基础研究"获批国家自然科学基金区域创新发展联合基金重点项目。刘宽冠教授"羧酸保护银纳米团簇的形成机制及其构效关系研究"获批国家自然科学基金重大研究计划培育项目,总经费75万元,这是宁夏大学首次获批国家自然科学基金重大研究计划培育项目。人文学院李新贵教授申报的"海内外珍稀黄河古地图整理与研究"获批国家社科基金重点项目。王锋教授主持完成的教育部人文社科重大项目"'一带一路'不同类型国家教育制度与政策研究"子课题(伊朗卷)6月获优秀结项成果。

科研成果方面。以全面提升成果产出质量、提高综合实力为目标,集中力量培育原创性、高质量、标志性的科研成果,不断增强服务地方经济社会发展的能力。2021年,宁夏大学作为第一作者单位,被SCIE、EI、CSSCI等收录论文758篇,有23篇论文进入ESI世界排名前1%,93篇论文进入ESI世界排名前3‰。2021年,出版学术专著43部。获授权专利125项,其中发明专利62项,实用新型专利58项,外观专利5项;获授权计算机软件著作权86项。完成30余项咨询规划研究,形成30余篇咨政报告、研究报告,其中23份被中央、自治区党委相关部门批示或采纳,1份被中央政治局常委批示,2份被中央国安办采用,9份被中宣部采纳,11份被自治区党委国安办、办公厅采纳。取得"秸秆资源化利用关键技术与装备研发"等一批有影响力的重大科技成果,受到新华网、科技日报、搜狐网、新浪网、宁夏新闻网等各大媒体关注。

科研制度方面。科研管理体制不断完善,深入贯彻落实《深化新时代教育评价改革总体方案》精神,以立德树人为主线,破"五唯"改革为重点,不断消除制约科研创新的体制机制障碍,切实从源头上激发科研队伍活力和内在动力,营造有活力的科研生态系统。编制《宁夏大学科研创新与社会服务发展"十四五"规划》,修订和出台《宁夏大学科研项目实验安全风险评估管理办法(试行)》《宁夏大学科学研究基金管理办法》和《宁夏大学优秀学术著作出版基金管理办法》,不断完善科研管理制度,确保学校科研改革部署落到实处。紧盯自治区九大重点产业发展中的难点问题,制订《宁夏大学科技支撑九大重点产业高质量发展战略研究工作方案》,开展重大理论和现实问题研究,切实提出具有战略性、前瞻性、针对性的调研、资政报告。

科研队伍建设方面。创新用人机制、优化用人环境,加快高水平人才队伍建设,努力培养和造就一批有影响的科研领军人才、中青年科研骨干和优秀创新团队。新组建"工业水处理与循环利用""3D打印暨智能高分子材料""多尺度力学与工程应用"3个自治区科技创新团队,以及"干旱区生态水文研究""北斗+土壤水分和植被含水量监测仪器设备研发及应用"2个柔性引进科技创新团队。统筹整合资源,引导和激励团队成员协作攻关,宁夏精细化工科技创新团队、宁夏优势特色牛产业科技创新团队、大数据智能技术及应用科技创新团队获2021年自治区科技厅奖励团队;6名教师入选2021年自治区科技创新领军人才培养工程,10名教师入选2021年自治区科技托举人才培养工程,5人入选哲学社会科学和文化艺术托举人才培养工程。

【2021年自治区科技创新领军人才】 11月11日,2021年自治区科技创新领军人才培养对象拟入选名单公布。宁夏大学省部共建煤炭高效利用与绿色化工国家重点实验室研究员马保军、范素兵,数学统计学院教授李风军,生命科学学院教授周学章,生态环境学院副教授王磊,机械工程学院教授王昱潭6名教师入选,占全区总入选的40%。

【获2021年度中国化工学会科学技术奖基础研究成果二等奖】 7月23日,中国化工学会公示2021年度中国化工学会科学技术奖评审结果。宁夏大学省部共建煤炭高效利用与绿色化工国家重点实验室教授郭庆杰团队"煤炭/载氧体化学链燃烧耦合CO_2活化制备低碳烯烃基础研究"获得基础研究成果二等奖。

【国家社科基金年度项目立项排名】 2021年国家社科基金年度项目公布,全国共计5150个项目立项,宁夏大学立项21项,资助经费420万元。据全程统计,宁夏大学立项数位列全国高校70位(并列)。

【国家民委基地项目】 中华民族共同体研究院(西夏学研究院)院长杜建录教授申报的《中华民族历史观研究报告》获批2021年度基地项目。

【民族学学科排名】 民族学是宁夏大学的优势和特色学科。2021年软科学科排名发布,宁夏大学民族学位列全国19所具有民族学学科高校的第5位,进入学科排名前20%。

基地、平台建设

【概况】 整合优势资源、学科分布合理、具有区域优势和国内影响力的创新平台体系。加强组织协调,补短板、显特色、强实力,进一步完善省部级以上科研平台的建设与管理。抢抓国家、自治区重大战略机遇,加强协同创新,积极推动水联网、黄河流域生态保护研究领域重点实验室建设,助力西北土地退化与生态恢复国家重点实验室培育基地建设。围绕特色研究方向,整合优势资源,组织申报宁夏黄河水联网数字治水、葡萄酒工艺与微生物制剂、宁夏应用数学中心、宁夏先进网络与人工智能4个自治区级重点实验室,成立国家健康医疗大数据研究院1个。启动2021年校级科研创新平台申报计划,逐步实现科技创新平台与各学科的全面对接和覆盖,实现以学科凝聚优势力量,以平台带动学科均衡、高效、优质发展。2021年,共争取平台建设经费718万元，有力地推动了科技创新平台的建设。

【获批文化遗产保护与文旅产业研发协同创新中心】 4月，自治区级文化遗产保护与文旅产业研发协同创新中心获得教育厅批复。该智库平台以文化遗产保护和文旅产业研发为主攻方向，是贯彻落实教育部关于宁夏大学民族学学科群对接文化旅游产业需求部署要求的重要举措，对于促进全区文化与旅游产业融合发展，提升全域旅游文化内涵，服务黄河流域高质量发展先行区建设和全域旅游示范区建设具有重要意义。

服务社会

【概况】 密切把握产业发展动态，深入推进学校与科研机构、企业的深度合作。不断加强与地方政府合作交流，先后与石嘴山市人民政府、吴忠市人民政府、固原市人民政府签署合作框架协议。加大协同力度，搭建创新载体。与宁东管委会共建"宁大—宁东联合中试基地"，与陕西师范大学、厦门大学共建"文化遗产保护与文旅产业研发协同创新中心"；与百瑞源枸杞股份有限公司合作共建枸杞现代产业学院产学研基地1个；与杰瑞邦达环保科技有限公司达成项目合作意向，投资1500万，建立校企联合实验室；与宁夏新龙蓝天科技有限公司、宁夏保隆新材料有限公司等60多家企事业单位签署项目协议，达成横向合作项目131项；与科创中国技术平台和宁夏技术市场进行合作，实现线上平台推介学校科研成果，参加宁夏科技活动周、科技成果展览活动和农业高新科技成果博览会，畅通科技成果转化路径，"高纯葡萄籽油生产技术秘密"等54项技术成果顺利转化，成果转化数量持续增长，转化收益318.7万元，助推黄河流域生态保护和高质量发展先行区建设。积极发挥西夏区教育发展联盟作用，与西夏区委组织部、西夏区文化旅游体育广电局、宁夏科梦奇人工智能科技有限公司等多家西夏区企业达成合作意向。

【交流合作】 12月24日，宁夏大学与石嘴山市政府签署《石嘴山市人民政府与宁夏大学科技合作框架协议》，学校服务石嘴山市产业经济发展，加强市校合作，落实自治区"十四五"规划，努力建设黄河流域生态保护和高质量发展先行区。根据协议，宁夏大学将积极推荐、选派相关领域专家人才到石嘴山科技企业孵化园，双方共同开展科技攻关、新产品开发、科技成果转化、决策咨询、学术交流等科技创新活动。

4月30日，杰瑞邦达环保科技公司出资1500万与宁夏大学共建"宁夏大学危险废物高温热转化资源化利用工程技术联合研究中心"，并达成300万元横向合作协议，双方共同开展有机危险废弃物气化试验装置等系列研究，培养、汇聚科技创新人才，将研究中心建设成为学术交流与合作的平台。

成果转化与知识产权

【概况】 2021年，共转化科技成果56项，转化金额累计335.2万元，与上年同期相比，项目数增长5倍。通过积极搭建"学校成果供给源+社会企业需求源"的对接桥梁，打通成果转化"最后一公里"，持续增强成果转化服务能力，其中涉及对现有落后技术、工艺、装备的替代技术26项；填补国内技术空白11项；通过技术转化实现企业生产成本降低19项；直接服务自治区九大产业转化项目35项。项目的实施对自治区内中小企业的产业提级、市场竞争力提升和经济效益提高都发挥积极作用。

【科研成果转化】 截至年底,农学院曹云娥团队累计实施科研成果转化12项,金额达119万元。该团队长期致力于惰性+活性碳源、功能性微生物互作对设施土壤保育及园艺作物稳产高质研究,形成"蚯蚓—园艺作物健康土壤保育与绿色安全生产关键技术集成"重要成果。以专利实施许可的形式向宁夏夏能农业开发有限公司、宁夏禹尧农产品科技有限公司等8家企业实施转化。

发展规划与学科建设

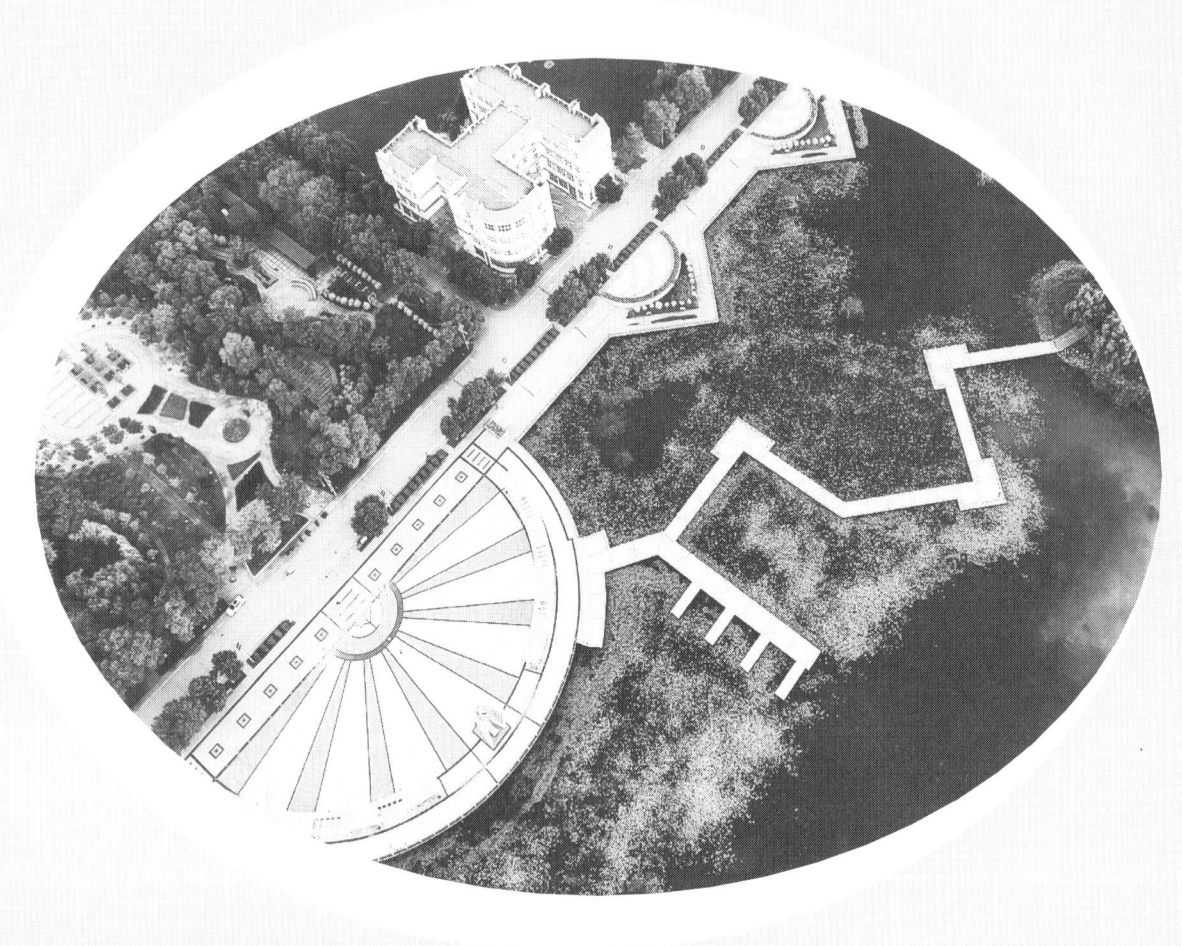

翡翠宁大 (李雪冬 摄)

综合改革

【概况】 2021年是"十四五"规划和新一轮"双一流"建设谋篇布局之年,是"部区合建"工作向纵深发展关键之年,更是推进综合改革冲刺之年。学校坚持系统谋划,科学编制事业发展规划;坚持综合施策,推动构建新时代教育评价体系;坚持内涵发展,一以贯之推进"双一流"建设;坚持合建聚力,扎实推进"部区合建"工作;坚持实干实效,促进学科建设水平不断提升;坚持问题导向,持续完善内部管理架构;坚持质量要素,全力做好综合性统计工作。

贯彻落实《深化新时代教育评价改革总体方案》,下大力气抓好学校深化教育评价改革工作,进一步完善评价体制机制,激发内生活力。不断完善学校章程建设,按照教育厅核准意见,持续抓好《宁夏大学章程》修订工作,切实发挥好学校基本法的法治保障作用。加大后勤改革力度,构筑后勤管理新体制和服务新机制,切实提升服务保障能力和服务水平。

深入推进新时代教育评价改革。制订出台《宁夏大学深化新时代教育评价改革工作方案》。着力在打破思想禁锢、冲破体制障碍、改变行为方式等方面求突破见实效,针对教育评价改革"五类主体",聚焦"不得""禁止"事项等负面清单、19项重点任务、54项具体任务和61项具体措施,系统推进涉及"五唯"评价导向的制度修订,实行销号管理,学校相关部门对各类政策性文件进行对照梳理,彻底废除或修订与《深化新时代教育评价改革总体方案》精神不一致的条款,稳步推进改革持续深入。

组建10个政策宣讲小组,按照"纵到底、横到边、全覆盖",在全校范围内进行政策宣讲。相关职能部门分成9个小组,邀请师生代表、离退休干部职工、相关部门人员和社会各界代表,开展了"深化新时代教育评价改革大家谈"研讨活动。充分利用网站、宣传栏等载体,推送、转载教育部、自治区教育厅及主流媒体关于《深化新时代教育评价改革总体方案》文件精神的解读和理论文章,推动广大师生、家长和社会各界了解教育评价改革政策,切实凝聚改革共识,合理引导社会预期。

建立健全以章程为核心的规章制度体系。根据《自治区教育厅关于对〈宁夏大学章程(核准稿)〉核准意见的函》要求,进一步修改完善《宁夏大学章程(核准稿)》,并提交自治区章程核准委员会评议后,面向社会公开征求意见。根据相关法律法规,结合反馈意见,对《宁夏大学章程(核准稿)》中包括提高人才培养质量、推进现代大学制度建设、加强学校思想政治工作等方面的15条内容进行修改完善,经校党委常委会会议审议通过,12月24日经自治区教育厅第33次党组会议研究审议通过,予以核准。

深化后勤改革。立足为广大师生提供优质的服务保障,构建师生满意的后勤服务保障体系,制订出台《宁夏大学后勤综合改革工作方案》。进一步破解后勤服务工作在新形势下面临的新问题,理顺后勤管理体制和运行机制,统筹、强化、提升后勤服务保障能力和服务水平,形成"市场提供服务、学校自主选择、行业规范自律、部门依法监管"的新型高校后勤保障体系,不断提高后勤服务质量和保障能力,为广大师生提供社会化、专业化、现代化后勤保障服务。

学科建设

【概况】 为进一步完善学科动态调整机制,整合资源优化学科布局,统筹化学化工学院与省部共建煤炭高效利用与绿色化工国家重点实验室所有资源,全力推进化学工程与技术一流学科建设;整合马克思主义理论、民族学、历史学和社会学等学科资源,全面提升学校研究铸牢中华民族共同体意识的能力和水平。西北土地退化与生态恢复国家重点实验室培育基地"脱培",顺利通过专家论证和现场考察。

整合资源优化学科布局。按照"整合全校资源、聚焦一流学科、冲击世界一流"的思路,整合化学化工学院、省部共建煤炭高效利用与绿色化工国家重点实验室,整体提升化学工程与技术一流学科服务国家战略和地方产业需求的能力。聚焦建设全国民族团结进步示范区的战略部署,依托部区合建民族学学科群,整合马克思主义理论、民族学、历史学和社会学等学科资源,将中华民族共同体研究院建成实体科研单位,全面提升学校研究铸牢中华民族共同体意识的能力和水平。

完善学科动态调整机制。根据自治区"双一流"建设方案要求,结合自治区"双一流"一期建设绩效评估结果,对一期建设中推进有力、成效突出的园艺学学科加大投入,支持跻身国内一流行列;对一期建设中推进不力、缺乏实效的学科缩减支持力度。为进一步加强马克思主义中国化研究,将马克思主义理论学科增列到西部一流学科(B类)建设中;全国第四轮学科评估中进入全国排名前70%的学科、具有一级学科博士学位授权的中国语言文学、外国语言文学、数学、畜牧学纳入一流学科重点培育学科建设范畴,进一步建立和完善有进有出、有增有减的学科动态调整机制。坚持目标和问题导向,对16个自治区一流学科的建设项目任务书进行了多次论证和完善,协助一流学科在学科方向凝练、拔尖创新人才培养、一流学科团队建设、高水平学科平台建设、科研创新等学科内涵要素上明确发展目标,开创性地提出学科建设项目化管理,进一步提高学科建设投资效益和管理水平。

精心组织参加全国第五轮学科评估。面对全国学科评估,强化人才培养中心地位,突出质量、贡献和特色,坚决破除"五唯"等新变化、新要求,建立了学校、部门、学院、学科各负其责、协同推进的工作机制,健全校、院、学科三级专门工作专班,制定《第五轮学科评估工作手册》,力求全方位总结和展示学校"十三五"期间学科建设成效。通过学科初填、学校核查、校内外专家论证等环节,对27个参评学科的申报材料悉心审阅、严格把关,不断凝练学科关键数据材料,突出学科特色,科学合理地呈现学科建设情况。协助参评学科对教育部学位中心反馈的信息核查和公示异议存在的问题进行确认和处理,逐条说明产生异议的原因,并及时校正、补全相关评估材料。将参与评估的过程变成梳理学科家底、规范学科管理、谋划学科发展的过程。

【学科建设成果】 5月,科睿唯安更新的基本科学指标(ESI)最新数据显示,宁夏大学化学学科领域首次进入ESI世界排名前1%,这是宁夏大学首个进入国际高水平行列的学科领域,实现了学科建设的重要突破。5月25日,自治区教育厅公布宁夏高校一流学科二期(2021—2025年)建设名单,宁夏大学有16个学科入选,其中民族学、草学、化学工程与技术、水利工程、园艺学等5个学科入选国内一流学科(A类),生物学、计算机科学与技术、生态学、理论经济学、机械工程、马克思主义理论等6个学科入选西部一流学科（B类），教育学、中国语言文学、外国语言文学、数学、畜牧学等5个学科入选重点培育学科。

"双一流"建设和"部区合建"

【概况】 全力做好新一轮"双一流"建设的顶层设计，明确了"十四五"期间国家、自治区两个层面"双一流"建设的重点任务和发展指标。高质量做好首轮"双一流"建设整改任务。加强"双一流"建设项目资金管理，编制《2021年度西部一流大学和一流学科建设项目预算方案》；开展"双一流"建设第三方绩效评价，提早谋划2022年"双一流"建设任务。研究制订《深化部区合建工作 推进学校高质量发展实施方案》。稳步推进中央财政支持地方高校改革发展资金项目实施。

全力做好新一轮"双一流"建设的顶层设计和首轮"双一流"整改工作。聚焦内涵发展、质量并举，制订《宁夏大学"双一流"建设整体建设方案》《宁夏大学西部一流大学和一流学科二期建设（2021—2025年）工作方案》，明确"十四五"期间国家和自治区两个层面"双一流"建设的重点任务和发展指标。制定《新一轮"双一流"建设预期指标分解落实清单》，将预期指标科学合理分解至学院层面，推进落实以建设任务为导向、以监测指标为依据的"双一流"建设资源配置机制和建设任务推进反馈机制。聚焦首轮"双一流"建设成效评价结果反馈意见，对标教育部"双一流"建设监测指标体系，认真查摆首轮建设存在问题，研究制订《宁夏大学首轮"双一流"建设整改方案》，逐条进行自查自纠，逐项明确整改目标、举措和时限，举全校之力，凝心聚力攻坚克难，高质量做好首轮"双一流"建设整改任务。

加强"双一流"建设项目资金管理。围绕自治区、学校"双一流"二期建设方案中的重点任务，编制《2021年度西部一流大学和一流学科建设项目预算方案》，在一流学科建设、高水平师资队伍建设、创新拔尖人才培养、科研创新与社会服务、国内外合作交流、公共服务保障体系建设6个领域实施了32个项目，建设经费总量15000万元。6月，委托第三方评估机构对学校2020年度西部一流大学和一流学科建设项目开展绩效考核，通过绩效信息采集、问卷调查、现场评价的方式，全面了解"双一流"建设项目决策、组织实施、政策支持、项目管理、资金管理等决策与管理情况，全面检查了34个建设项目实施情况、资金使用情况与绩效目标达成情况。开发预算绩效管理信息系统，分类别、分项目构建了"双一流"建设、中央财政支持地方高校改革发展资金等重大专项的绩效评价指标体系，搭建了绩效评估的基础性平台，为更加精准地推进"双一流"建设作了有益探索和实践。

稳步推进中央财政支持地方高校改革发展资金项目实施。研究提出了2021年度中央财政支持地方高校改革发展专项资金安排使用方案，向自治区财政厅、教育厅呈报《2021年度中央财政支持地方高校改革发展资金申请报告》。在扎实落实好教育部明确要求的"部区合建"、国家一流学科建设等规定动作的同时，坚持扶优扶强与弥补短板相结合，与"双一流"建设专项形成合力，着重解决人才培养、师资队伍建设、科研创新与服务发展、公共服务保障体系等领域突出问题，编制了《中央财政支持地方高校改革发展资金2021—2023年滚动规划》。学校获批中央财政支持地方高校改革发展项目资金15890万元，在部区合建优势特色学科群及国家一流学科建设、人才培养、师资队伍建设、科研实践平台建设、国际化办学、公共服务体系建设6个方面安排了10个建设项目。

深化部区合建工作推动形成学校高质量发展的战略支点。深入贯彻落实三部委《关于深化部省合建工作推进部省合建高校高质量发展的意见》文件精神，坚持以合促建、筑基补短、特色发展、服务导向，以教育部和自治区政策支持和资源配置为引领，以创新多方联动机制为关键，以服务地方经济社会发展为落脚点，研究制订《深化部区合建工作 推进学校高质量发展实施方案》，坚持以服务求发展，以合作聚合力，让部区合建成为学校高质量发展的战略支点。积极配合浙江大学副校长黄先海等10位专家组成的教育部第四调研组，对学校优势特色学科建设、大型系列研究设施（平台）建设、服务区域经济社会发展、部省合建多方联动机制建设及落实、中央专项经费使用管理等情况开展专项调研，聚焦部省合建四年工作实践，系统总结了工作成效和成功经验，深刻剖析工作中的弱项和短板，进一步深化工作思路，不断健全工作机制。

【"部区合建"工作专项调研视频会】 8月9日，由浙江大学副校长黄先海为组长的10位专家组成教育部第四调研组，采取线上形式对宁夏大学部区合建工作进行专项调研，会议由校党委副书记、校长何建国主持。会上，沈国清代表调研组介绍本次专项调研的有关事宜，副校长谢应忠就宁夏大学部区合建推进情况作汇报。省部共建煤炭高效利用与绿色化工国家重点实验室主任郭庆杰，中华民族共同体研究院、西夏学研究院院长杜建录分别汇报化学工程与技术学科群、民族学科群建设成效和大型系列研究设施（平台）进展情况。与会专家对部区合建工作在高水平人才队伍建设、学科发展成效等方面取得的一系列进步和成绩表示肯定，并就宁夏大学部区合建推进工作提出了宝贵意见和建议。校党委书记李星、宁夏教育厅副厅长王春秀分别发言，自治区教育厅相关部门负责人，学校各部门、相关学院负责人参加了此次会议。

【"双一流"建设方案论证会】 10月14日，宁夏大学"双一流"建设方案论证会在国家教育行政学院校长大厦召开，中国科学院院士李洪钟、张锦，中国工程院院士舒兴田等16位专家以及自治区教育厅领导及学校相关部门负责人参加了会议，专家组组长由李洪钟院士担任。自治区教育厅副厅长王春秀主持会议，校党委常委、副校长谢应忠介绍学校基本情况。发展规划与学科建设处处长张桓、化学工程与技术一流学科负责人郭庆杰分别汇报学校"双一流"建设方案及一流学科建设方案。专家组通过听取汇报、审阅《宁夏大学2021—2025年"双一流"建设方案》及相关支撑材料，经现场评议后，一致同意《建设方案》通过论证。校党委副书记、校长彭志科作表态发言，指出学校要充分吸纳专家提出的修改意见，围绕区域经济社会发展重大需求，进一步凝练学科特色方向，力求实现关键环节突破，扎实有效推进学校"双一流"建设。

"十四五"事业发展规划

【概况】 编制出台《宁夏大学"十四五"事业发展规划》，建立了总体规划、专项规划、院系规划相互衔接、横向贯通、纵向联动的"三位一体"有机体系。在系统总结学校"十三五"发展情况的基础上，科学分析"十四五"面临的新形势、新机遇与新挑战，以人才培养为中心，坚持教育新发展理念，坚持推进教育高质量发展，系统谋划党的建设、人才培养、学科发展、师资引培、科学研究、内部治理、社会服务、文化传承创新、国际交流与合作等工作，扎实有序推进《宁夏大学"十四五"事业发展规划》的编制。先后组织召开多次"十四五"规划征求意见座谈会、论证会，征求学校各单位、广大师生和校友代表等相关人士的意见和建议，邀请区内外相关领域专家、学者对《规划》进行了论证，向130多名教职工代表征求了意见。7月9日，第八届教职工代表大会第二次会议对《宁夏大学"十四五"事业发展规划》进行充分讨论和审议，经校党委常委会审议通过，印发执行。

【"十四五"事业发展规划校外专家论证会】 7月8日上午，宁夏大学"十四五"事业发展规划校外专家论证会在国家教育行政学院召开。校外相关专业领域11位知名专家以及学校"十四五"事业发展专项规划编制牵头部门负责人参加了会议。校党委常委、副校长谢应忠主持论证会，对与会专家为宁夏大学"十四五"事业发展规划把脉问诊、建言献策表示感谢，并表示要高质量做好学校"十四五"事业发展的顶层设计。专家组组长、中国农业大学副校长王涛主持专家评议会。发展规划与学科建设处处长张桓汇报了学校"十四五"事业发展规划的整体情况。与会专家聚焦国家和自治区发展战略，把握高等教育发展形势，立足宁夏大学发展实际，从宏观和微观两个层面、结构和内容两个方面，就目标定位是否科学、预期指标设定是否合理、存在问题梳理是否准确、任务举措是否有效等具体细节提出了有针对性的意见建议。

人事人才与师资队伍建设

逸夫图书馆 （苏宇静 摄）

人事工作

【概况】 2021年,以党史学习教育为引领,以习近平新时代中国特色社会主义思想为指导,在学校党委、行政的坚强领导下,在自治区党委、政府的大力支持下,全面贯彻落实党中央、自治区党委和学校党委各项决策部署,深刻领会中共中央、国务院《深化新时代教育评价改革总体方案》和《关于全面深化新时代教师队伍建设改革的意见》,紧盯学校第七次党代会、"十四五"师资队伍建设规划、"双一流"二期建设和"部区合建"高质量发展任务,以立德树人为根本,以师德师风建设为要求,牢固树立"人才强校"第一战略,人才资源是学校发展第一资源的理念,加快人才引进与师资队伍建设,构建"引稳育"为一体的人才队伍建设体系,深化人事制度改革,向深水区攻坚,为学校综合改革和内涵式发展提供坚实支撑。

健全长效机制,营造师德师风建设良好氛围。建立健全师德师风组织保障和制度体系,成立宁夏大学党委教师工作委员会,全面加强党对教师队伍的统筹谋划;成立师德师风问题线索销号落实专项行动工作领导小组,将师德师风问题线索销号专项行动落到实处;成立宁夏大学思想政治工作指导委员会和宁夏大学师德师风建设领导小组,将师德师风作为教师评价第一标准,筑牢教师队伍思想政治根基,落实立德树人根本任务。出台《宁夏大学进一步健全新时代师德师风建设长效机制的实施意见》《宁夏大学师德师风建设实施方案》等制度,建立了完善的思想政治教育和师德师风建设制度体系,划定师德失范行为红线,切实把提升教师思想政治素质和师德师风水平摆在首要位置。

推进师德师风建设走深走实。校、院两级组织开展教师思想政治工作强化年暨师德师风专题教育活动,遴选了3个师德师风示范基地;结合党史学习教育,组织开展师德师风专题教育,依托国家教育行政学院中国教育干部网络学院在全体2600余名干部教职员工中开展教师思想政治暨师德师风专题网络培训;设立"师德大讲堂"和"贺兰山论坛",邀请国内著名专家开展讲座,厚植爱国热情,争做"四有"好老师;在人才引进、专业技术职称晋升、评优评先、省部级以上人才工程与人才计划遴选等方面实施"一票否决";举办教师节庆祝活动,评选表彰立德树人突出贡献奖3人、楷模10人、标兵49人、从教满35周年51人,举办入职仪式、荣休仪式,强化师德师风典型引领作用,积极营造尊师氛围。

外引内育并重,师资队伍整体水平显著提升。坚持高端人才"共有、共享、共用"理念,在自治区和学校人才政策的叠加效应下,英才齐聚促发展的局面加速形成。全年共引进各类人才126名,其中博士83名,博士后2名,硕士(副高职称)专任教师3名,专职辅导员10名,备案人员28名。通过"贺兰山学者"岗位计划引进区外专家学者4名。学校具有博士学历人员达到888名,占学校教学科研人员的53%。高层次人才建设成效显著,引进"长江学者"2名,实现了近5年零的突破,荣获全国专业技术先进集体1个,入选享受自治区政府特殊津贴人员2人,入选自治区青年拔尖人才培养工程5人,省部级以上人才工程与荣誉称号达231人,占教学科研人员的14%。

构建多渠道师资队伍培养体系。建立岗前培训—在岗培训—离岗培训—社会实践锻炼四级培训体系;建立在职培养博士—国(境)外离职培养博士二级人才培养体系;建立线上线下两级思想教育和师德师风培训体系。构建从"新入职教师培养培训—在职教师培养培训",涵盖访学、进修、从事博士后研究、学历学位攻读、社会实践锻炼等在内的全职业生涯的立体培养培训体系。全年共支持15人攻读博士学位,32人访学研修。

全力支持青年人才发展,促进青年人才更好更快成长。出台《关于进一步支持优秀青年教师成长成才的实施意见(试行)》,从职称评审、访学、研修、从事在职博士后研究、导师资格认定与学生培养、科研支持与资源配置及入职后优秀成果奖励等方面给予优秀青年教师大力支持。

加快教育评价改革,着力完善人事人才制度。加快推进专业技术职称改革,构建基于新时代教育综合评价改革、符合学校发展实际的职称评审管理办法,实施代表性成果评价,体现工作实绩和创新能力。深化绩效工资与岗位职责、工作业绩、实际贡献相适应的收入分配激励改革。探索柔性引进人员协议工资制、项目工资制、年薪制等多种分配形式。构建"岗位明确、责任清晰、薪酬多元、激励充分、约束有效"的分配激励机制。推进人员总量管理试点改革。加大博士后支持力度,从薪资、工作经费、社会保险、出站奖励、人才引进、职称评审等方面全面提升博士后研究人员待遇,吸引优秀青年博士进站从事研究。

结合宁夏大学"十四五"发展愿景,结合"双一流"建设和部省合建目标任务,构建"引稳育"的教师发展支持体系。出台《关于进一步加强师资队伍建设的若干意见》《宁夏大学人才引进管理办法》《宁夏大学师资培养管理办法》《关于进一步支持优秀青年教师成长成才的实施意见(试行)》《宁夏大学博士后管理办法(修订)》《宁夏大学引进博士聘期考核管理办法》,建立了从"顶层设计—人才引进—人才培养—人才考核"全链条的"引""育""稳"的管理与服务机制。出台《宁夏大学专业技术岗位设置和聘任补充规定》《宁夏大学专业技术职称评审办法》《宁夏大学高层次人才工作补助(绩效)考核发放暂行管理办法》建立了人才分类评价机制。

离退休教职工服务工作

【概况】 截至2021年底,宁夏大学离退休教职工共计1563人,其中离休干部20人,退休人员1543人。新退休45人,去世26人。6月28日,离退休人员服务处党委举行"永远跟党走"庆祝中国共产党成立100周年暨"两优一先"表彰大会。表彰优秀共产党员34名、优秀党务工作者3名、先进基层党组织4个、先进"三缘型"党支部2个。

党建与思想政治。离退休人员服务处党委下设1个机关党支部和20个离退休党支部及11个"三缘型"党支部,离退休党员781名,在职党员14名。坚持以习近平新时代中国特色社会主义思想为指导,认真落实全面从严治党要求,坚持以党的政治建设为统领,把党史学习教育作为重要政治任务,充分利用"学习强国"学习平台和"塞上金秋"微信公众号,及时组织老党员观看微党课,推送党史相关视频、图片文字资料,为异地老党员邮寄学习资料,对高龄体弱的老党员坚持送学上门,做到党史学习教育全覆盖。召开"我看建党百年新成就"畅谈建言座谈会、学习贯彻习近平总书记"七一"重要讲话精神座谈会,收集老党员撰写的学习心得300余篇,内容丰富,感人肺腑,充分体现了老党员的家国情怀。组织开展"学党史 感党恩 永远跟党走""回望百年征程 诵读时代华章""庆七一 对党说句心里话""坚守入党初心 牢记党员使命"等特色鲜明的主题党日活动。认真做好135名老党员"光荣在党五十年"纪念章的颁授工作。在机关党支部创建"立德树人岗位标兵""党员先锋岗""服务育人岗",引导在职党员用心用情做好离退休人员服务管理工作。李玉鼎教授被评为自治区优秀共产党员,王庆同教授入选自治区"不忘初心 我是老党员",老党员蒋振国交纳特殊党费11000元为党的百年华诞献礼,他们的事迹相继在"学习强国"学习平台、宁夏日报客户端等多家新闻媒体报道。离退休人员服务处党委"我为群众办实事"被宁夏大学作为党史学习教育典型案例报送自治区党史学习教育领导小组。离退休人员服务处党委被评为宁夏大学先进基层党组织。离退休人员服务处被评为全区老干部工作宣传调研先进集体。

离退休人员服务。认真落实政治待遇和生活待遇,为20名离休干部建立健康生活情况档案,落实"一对一"精准服务。为1561名离退休人员发放春节慰问金。为离退休人员活动室订阅报纸杂志27种。为31名离退休厅级干部发放报刊补贴。"三八"国际妇女节为670名离退休女教职工发放慰问品。全年开展走访慰问、住院看望、生日慰问、重阳节慰问、生活困难帮扶1000多人次。举办春、秋两季离退休人员运动会,参与人数2300人。提高离退休人员体检费标准至1200元,参加体检的离退休人员892人。邀请保卫处、朔方路派出所民警为离退休人员做防范非法集资、防范电信网络诈骗专题知识讲座2次。

关心下一代工作。"五老"报告团为在校学生作《学党史 悟思想 办实事 开新局——以优异成绩迎接建党100周年》《学习贯彻习近平总书记"七一"重要讲话精神》《学习贯彻党的十九届六中全会精神》讲座40场,为银川高台寺社区、景湖社区、临湖左岸社区及银川市特殊教育学校作《传承党的百年光辉史基因 铸牢中华民族共同体意识》讲座10场。"五老"报告团理论宣讲被宁夏大学作为党史学习教育创新案例报送自治区党史学习教育领导小组办公室。"五老"报告团志愿者服务项目荣获全区离退休干部优秀志愿服务项目。老教师艺术团先后在宁夏师范学院、宁夏大学化学化工学院、宁夏老年大学文艺演出3场。"可为"书画协会在宁夏大学美术学院开展书画摄影展和书画笔会活动,在宁夏大学数学统计学院开展"三笔字"志愿服务评奖活动,在学仕园活动中心为老同志、社区居民开展"迎新春送祝福"义务写春联活动。12月22日,宁夏大学关心下一代工作委员会荣获全国教育系统关心下一代工作先进集体,赵维素、李福明荣获全国教育系统关心下一代工作先进个人。

【宁夏老年大学宁夏大学分校成立】 4月13日,宁夏老年大学宁夏大学分校举行揭牌仪式暨开学典礼。自治区原副主席、宁夏老年大学校长刘仲,宁夏大学党委书记李星,校长何建国,自治区党委老干部局副局长、离退休干部工委副书记奚光华,宁夏大学党委副书记王玉炯,宁夏大学原党委副书记、宁夏老年大学宁夏大学分校校长王燕昌出席仪式。刘仲和何建国代表双方进行签约,李星和奚光华为宁夏老年大学宁夏大学分校揭牌。宁夏老年大学宁夏大学分校是一所集教学、教学研究和社会服务十一体的综合性学校,设有4个教学部(书画教学部、艺术教学部、体育教学部、综合教学部),2个艺术团体(艺术团、合唱团),2个教学研究室(老年教育教学研究室、老年心理服务研究室)。聘请客座教授22人,任课教师21人。开设声乐、绘画、摄影、书法、钢琴、葫芦丝、文学欣赏、老年心理沙龙、乒乓球、太极拳、智能手机、时装表演、舞蹈、桥牌、柔力球、朗诵等21门课程。有400多人次参加了学习，满足了老同志"活到老学到老"、文化养老的需求。

【庆祝中国共产党成立100周年系列活动】 7月13日，"庆祝中国共产党成立100周年暨延安精神与建党百年"征文表彰大会在宁夏大学怀远校区逸夫楼报告厅举行。自治区延安精神研究会领导、宁夏大学关心下一代工作委员会负责人、延安精神研究会负责人、各学院关工委办公室主任、受表彰单位及个人、延安精神研究会会员等80余人参加表彰大会。表彰优秀组织奖2名、一等奖1人、二等奖2人、三等奖3人、优秀奖5人。

7月16日，在庆祝中国共产党成立100周年"颂歌献给党——全区劳动者之歌"合唱大赛决赛中，宁夏大学老教师合唱团演唱的《信天游再唱东方红》获一等奖。

10月13日，在全区离退休干部庆祝中国共产党成立100周年"学党史 感党恩 跟党走"知识竞赛中，宁夏大学离退休干部代表队荣获现场知识竞赛优秀奖，网络知识竞赛获得一等奖1人、二等奖2人、三等奖2人。

对外合作交流

鸟瞰金波湖 (黄二宁 摄)

国际合作与交流

【概况】 2021年,学校对外合作交流工作紧紧围绕"部区合建"和"双一流"建设两条主线,持续做好国际合作交流、国内交流合作、孔子学院发展三大文章,全面深化上海交通大学对口支援宁夏大学20周年建设成果,接续拓展新的对外合作交流平台,参与国家重大战略、服务地方经济社会发展,传播宁大声音,讲好宁大故事,不断提升教育对外开放水平和对外合作交流内涵建设。学校在首轮"双一流"建设评估中,"国际交流合作"指标评估结果"比较显著"。

教育国际交流与合作。坚持扩大教育国际交流与合作,以提升学校国际化水平、师资队伍国际化水平为目标,积极探索后疫情时代师生国际交流与合作的新模式。2021年,学校新聘任专业类外籍教师4名,新招录中外导师联合培养专项博士研究生7名、硕士研究生8名。作为首批成员单位,参与上合组织成员国涉农高校联盟。上合组织成员国涉农高校联盟是经上合组织大学协调委员会同意,由西北农林科技大学牵头,与国内外高校结成的现代农业专业方向的教育合作平台,首批成员单位中,国内高校9所,国外高校和组织10所,宁夏大学是首批成员单位之一。8月,与联合国教科文组织高等教育创新中心(中国深圳)在人才合作机制、共享人才圈、推动产学研深度融合等方面达成合作意向。11月,宁夏大学正式加入"丝绸之路大学联盟",成为观察员单位。丝绸之路大学联盟是海内外大学结成的非政府、非营利性的开放性、国际化高等教育合作平台,弘扬"和平合作、开放包容、互学互鉴、互利共赢"的丝绸之路精神,以首倡"丝绸之路学术带"为内涵,推动"新丝绸之路经济带"沿线国家和地区高校之间的交流合作,增进各国人民之间的了解和友谊,培养具有国际视野的高素质、复合型人才。

拓宽人才培养渠道。恢复受疫情影响的"宁夏大学—美国密苏里州立大学联合培养专业研究硕士双学位项目"。"宁夏大学—美国加州州立理工大学创新创业领导力"在线培训项目开班,共有95名学生完成学习内容并顺利取得结业证书。宁夏大学—马来西亚彭亨大学机械工程专业本科教育项目在教育部统一政务服务平台完成申报,并通过自治区教育厅的审核后被推送至教育部国际合作与交流司,宁夏大学教育部中外合作办学项目申报工作取得实质性进展。

国内合作与交流

【概况】 宁夏大学"文化遗产保护与文旅产业研发协同创新中心"正式揭牌,厦门大学校长助理张建霖、陕西师范大学副校长党怀兴出席揭牌仪式。该中心是在部区合建、闽宁合作对口帮扶机制下,3所高校为助推黄河文化遗产保护与文化旅游产业发展,深化产学研融合,服务黄河流域生态保护和高质量发展先行区建设而成立的协同创新平台。三校共同主办的"第二届民族学贺兰山论坛暨铸牢中华民族共同体意识研究学术研讨会"在学校召开。9月29日,上海交通大学校长、中国工程院院士林忠钦一行赴学校召开上海交通大学对口支援宁夏大学20周年座谈会,双方达成了多项共识,形成了《上海交通大学对口合建宁夏大学高质量发展全面合作协议(2021—2025年)》,进一步推进宁夏大学特色发展、创新发展和高质量发展。10月8日—11月5日,在全校范围开展与上海交通大学、厦门大学、天津大学、华东理工大学以及陕西师范大学5所高校对口合建活动月,各教学、科研单位与对口合建高校有关单位开展各类学术研讨会(含线上)7次、座谈会(含线上)8次,开展关于国家重点基金项目申报、国家重点研发计划项目申报的经验交流会(含线上)5次,召开对口合建工作商谈会(含线上)5次。2021—2022学年,学校选派"化学工程与技术"学科2名研究生赴厦门大学访学,选派"民族学"学科6名研究生(4名博士生、2名硕士生)赴厦门大学访学、4名研究生(2名博士生、2名硕士生)赴陕西师范大学访学。

服务地方能力显著提升。2021年,学校与石嘴山市政府、宁夏消防救援总队、交通银行宁夏分行、深圳量子科学与工程研究院、上海兰桂骐技术发展股份有限公司、宁夏移动公司、宁夏凯晨电气集团有限公司等企业建立了战略合作关系。持续扩大服务地方经济社会发展朋友圈。

联合办学工作稳步推进。4月,宁夏大学·宁夏师范学院联合办学工作2021年联席会议在宁夏师范学院召开,学校10余名专家结合宁夏师范学院"升大创博"办学目标以及宁夏师范学院实际需求,提出了许多针对性强、适宜操作的具体意见和建议,并就两校2021年联合办学工作重点任务做了进一步明确。2021—2022学年,学校新增接收宁夏师范学院1年期访学学生10名、3年期访学学生274名。

孔子学院建设

【概况】 迪拜大学孔子学院(以下简称"孔子学院")是宁夏大学和迪拜大学合作建设的阿拉伯半岛海湾合作委员会6国中第一所孔子学院,是我国在阿联酋创办的第一所孔子学院,也是宁夏在国(境)外创办的唯一一所孔子学院。在历届理事会的领导下和中、外方院长的不断努力下,孔子学院已成为阿联酋乃至海湾地区汉语国际教育和文化交流的重要枢纽。5月,在中国国际中文教育基金会授权下,学校与迪拜大学签署了《宁夏大学与迪拜大学共建孔子学院协议》,协议有效期5年,为孔子学院的建设发展翻开了新篇章。11月,孔子学院师生助力迪拜世博会中国馆开展文化体验及文艺表演活动,推广汉语语言文化,央视"朝闻天下"栏目进行了专门报道。12月,阿联酋国庆节之际,由孔子学院携手当地华侨华人录制的《阿联酋国歌》、中文版《友谊地久天长》演唱视频在迪拜世博会公开放映,央视、迪拜电视台以及阿联酋《国民报》《海湾报》等主流媒体纷纷报道,脸书、推特、INS、YOUTUBE等社交媒体账号纷纷转载报道。全年孔子学院国际中文教学注册学员459人,举办汉语水平考试4场,参加考试人员累计74人,举办各类语言文化交流活动3场。

宁夏大学 2021 年合作院校统计

类　别	合作交流院校
国际合作交流	美国密苏里州立大学
	南非斯泰尤波士大学
	毛里塔尼亚努瓦克肖特大学
	阿曼东方大学
	德国约旦大学
	卡塔尔大学
	埃及班哈大学
	东西伯利亚国立技术与管理大学
	纽卡斯尔大学
	约旦杰拉什大学
台湾合作交流	朝阳科技大学
	铭传大学
	环球科技大学
	东海大学
	东吴大学
对口合建高校	上海交通大学
	天津大学
	厦门大学
	华东理工大学
	陕西师范大学
区外合作交流高校	浙江大学
	西北农林科技大学
	福建师范大学
	福州大学
	厦门理工大学
	华中科技大学
	南昌大学
	吉林大学
	中国人民大学
	北京师范大学
	南京大学
	河海大学
	兰州大学
区内合作交流	宁夏师范学院
	银川能源学院

学院（教学部）

红楼秋色 (钟子杰 摄)

人文学院

【概况】 学院设有2个教学单位：中文系、历史系。中文系成立于1958年，现设有汉语言文学1个专业，下设6个教研室：汉语教研室、古代文学与文献教研室、现当代文学教研室、外国文学与文艺理论教研室、语文教育教研室、文秘与写作教研室。历史系成立于1958年，现设有历史学（教师教育）1个专业，下设4个教研室：中国古代史教研室、中国近现代史教研室、世界史教研室和历史教育教研室。学院学科体系较为完备，设有"西北民族地区语言文学与文献"二级学科博士学位授权点1个，"中国语言文学""中国史"一级学科硕士学位授权点2个。"中国语言文学"一级学科点下设"文艺学""语言学及应用语言学""中国古典文献学""中国古代文学""中国现当代文学""比较文学与世界文学""汉语言文字学"7个二级学科硕士学位授权点。"中国史"下设"专门史""中国古代史""中国近现代史"3个二级学科硕士学位授权点。还设有"学科教学（语文）""学科教学（历史）"2个专业硕士学位授权点。学院拥有自治区人文社会科学"古文献整理与地域文化研究"重点基地1个。汉语言文学专业2019年获批国家一流本科专业建设点，2021年通过教育部师范类专业二级认证，成为学校首批通过的师范专业之一。中国语言文学2015年获批自治区"十三五"重点学科，2021年获批宁夏高校一流学科（重点培育学科）。

党建与思政工作。学院共有教职工78人（在编在岗74人，返聘人员3人，劳务派遣1人），其中教授20人，研究员2人，副教授29人。有教师党员38名、学生党员168名，新发展师生党员75名，转正43名。2021年，学院深入学习贯彻习近平新时代中国特色社会主义思想和党的十九大及十九届历次全会精神、宁夏大学第七次党代会精神等，紧扣以"三全育人"为核心的立德树人育人主线和以"双一流"建设为核心的"部区合建"发展主线，紧紧依靠广大师生员工，以学科建设为抓手，以队伍建设为核心，以综合改革为动力，以党的建设为保证，全力推动学院各项事业取得不断进步。贯彻落实学校党委部署，组织全院师生开展党史学习教育，提升党史学习教育的"高度""深度""广度""效度"。认真抓好党风廉政建设工作、精神文明建设工作，深入落实"我为群众办实事"实践活动。创新思想政治工作方式方法，加强师生思想政治教育工作力度，夯实正确的意识形态工作基础。举办宁夏大学"国家语言文字推广基地"对口帮扶国家乡村振兴重点帮扶县红寺堡区国家通用语言文字能力提升培训班；建成中文系教工党支部"双带头人"示范工作室、学院教工之家和"塞上名师"工作室。6月27日，全区教育系统庆祝中国共产党成立100周年表彰大会暨"永远跟党走"文艺会演在宁夏人民会堂举行。人文学院展演节目《长征组歌》获一等奖。

人才培养。2021年，招收本科生175人、硕士研究生99人，其中学术型硕士研究生42人，专业硕士研究生57人，博士研究生4人。在读本科生888人，应届本科毕业生195人，硕士毕业生44人，专业硕士毕业生40人，博士毕业生6人。本科生教育改革方面。2021年，时值中国共产党建党百年的伟大时间点，学院各教研室紧紧围绕"四史"教育，带领学生走出校园"学史践行"，实地参观宁夏博物馆、宁夏解放碑，向学生讲解宁夏红色革命历史，促使学生将理论与实践相结合，丰富学生的学习形式与实践感受。以师范认证工作为抓手，积极开展与师范认证有关教学活动，深入学习教育部《普通高等学校师范类专业认证实施办法》和学校、学院下发的关于师范认证有关的各项文件和资料，深入探讨"关于'课程思政'如何在课堂教学中践行的讨论""关于'卓越拔尖人才培养'相关内容的研讨""关于'新文科'相关内容的研讨""关于'三全育人'的商讨""关于教学方法的交流""精雕细琢打造一流课程""'教后知学'名师讲座"等问题，为师范认证工作开展打下了强有力的基础。坚守"以本为本"，积极贯彻思政理念，加大创新力度，培养具有创新精神的专业人才。研究生教育改革方面：人文学院2021年获批"区级教改"1项，刘鸿雁的"研究生'课程思政'示范课程建设的探索与实践——以'训诂学'为例"获2021年宁夏回族自治区研究生教育教学改革研究与实践项目立项。自治区级"研究生教育创新计划项目"3项，均顺利通过中期考核。郎伟的"中国现当代小说名著导读"、陈春霞的"古代文学专题研究"获批2021年校级研究生课程思政示范课程建设项目。马艾的"回族史专题"和王朝海的"中国近代民族问题研究"获批校级"双一流"研究生优质建设课程项目。

课程教学。中国古典文献学、古代文学专业以"学术沙龙""学术雅集"等多种形式，将课内课外相结合，创新教学内容，全面提高课程建设质量。"中国古典文献学"学位点举办8场学术沙龙，结合学生主题发言、专家点评、小结、不同年级同学讨论的方式展开交流。使学生对文本有更加深入的理解，对进一步拓宽专业研习维度、夯实研习结论有了更加清晰的认识，践行了教学相长，致力于不断探索一条更加符合宁夏大学及学位点人才培养新路的目标。中国古代文学学位点李九华积极举办《红楼梦》《聊斋志异》等专题学术雅集，结合学生主题发言、专家点评总结、现场朗诵等情境教学手段，加深学生对作品的理解。通过课后专业阅读，可以使学生开阔视野、拓宽思路、获得启发、提升素质，教学效果良好。

科学研究。2021年，学院共承担纵向科研项目7项，新增国家级科研项目4项，其中重点项目1项（李新贵），一般项目1项（李九华）和西部项目2项（梁祖萍、孙柳）。新增省部级项目3项，其中教育部项目1项（杨晓宇），自治区哲学社会科学项目1项（李丽）和其他省部级项目1项（张启龙）。新增著作1部（胡玉冰《西夏书事校注》），新增教材1部（白玉波《汉语强化培训教材编写使用研究》）。新增论文共37篇，其中C刊6篇，核心期刊1篇。新增科研结题5项，其中国家社科结题4项（张詠、马艾、刘莉、李新贵），自治区社科项目结题1项（马晓玲）。新增科研获奖12项。其中宁夏第十五届哲学社会科学优秀成果奖11项（一等奖2项，二等奖5项和三等奖4项），贺兰山文艺奖1项（其他等次）。

学科与队伍建设。引进博士2人。胡玉冰荣获教育部第八届高等学校科学研究优秀成果奖（人文社会科学）二等奖，实现了宁夏社科界的历史性突破。蔡永贵荣获宁夏第四届哲学社会科学突出贡献奖。胡玉冰教学团队的教学成果"培根铸魂，启智润心——西北民族地区语言、文学与文献研究生培养模式改革与实践"获宁夏高等教育自治区级教学成果一等奖。胡玉冰、梁祖萍获宁夏第十五届哲学社会科学优秀成果奖论文一等奖。胡玉冰获宁夏第十五届哲学社会科学优秀成果奖著作一等奖。任淑媛、蔡淑梅、刘鸿雁、李新贵获宁夏第十五届哲学社会科学优秀成果奖论文二等奖。梁梅获宁夏第十五届哲学社会科学优秀成果奖著作二等奖。柳玉宏、梁艳、杨学娟、于薇获宁夏第十五届哲学社会科学优秀成果奖论文三等奖。杨学娟获得全区教育系统优秀党务工作者称号。顺利完成"中国语言文学""中国史"第五轮学科评估申报工作。新增"宁夏语言文字应用研究中心""宁夏文学文献研究中心"2个虚体科研平台。新增"语言学及应用语言学""中国古代史"2个二级学科硕士学位授权点。与宁大附中、银川第二十四中学签订专业硕士实习协议。

合作交流。2021年,有19位国内外专家学者到学院开展学术交流活动,举行线上、线下学术报告19场,涉及文学、历史等领域。成功举办"黄河古旧图研究与沿黄地方文献整理"学术研讨会、首届宁夏高校文史专业教材建设研讨会。创立人文学院创新人才培育资金。与宁夏社会科学院历史研究所签署战略合作协议。

【教育部师范类专业认证专家组走访考察】 4月21—22日,教育部师范类认证专家组进入学院考察。在两天的时间内,专家组分别考察自治区人文社会科学"古文献整理与地域文化研究"重点基地等多个教学科研机构或场所,深入课堂听课,走访校外实习基地并召开座谈会。

【校友捐赠】 8月1日,宁夏大学中文系八一级（1）班校友"创新人才培育资金"捐赠仪式在银川举行。宁夏中房集团董事长方陆代表校友向人文学院捐赠200万元创新人才培育资金,是宁夏大学教育发展基金会成立以来收到的最大单笔金额捐赠。

【"黄河古旧图研究与沿黄地方文献整理"学术研讨会】 6月26日,由学院历史系、自治区"古文献整理与地域文化研究"人文社科重点研究基地、国家社科基金重大项目"朔方文库编纂"项目组承办的"黄河古旧图研究与沿黄地方文献整理"学术研讨会在银川召开。来自北京大学、自治区政协、自治区党委宣传部、宁夏社会科学院、宁夏文史馆、宁夏博物馆、北方民族大学、宁夏师范学院、宁夏大学等单位的专家学者,新华社、《光明日报》《银川晚报》等媒体记者,宁夏大学中国古典文献学专业研究生等共60余人参加了会议。

【首届宁夏高校文史专业教材建设研讨会】 11月21日,由宁夏大学人文学院、高等教育出版社上海出版事业部联合主办,北方民族大学文学与新闻传播学院、宁夏师范学院文学院协办的宁夏高校文史专业教材建设线上研讨会通过腾讯会议平台顺利召开。此次研讨会取得圆满成功,宁夏高校参会人员受到很大启发,在理念与实操层面受益匪浅。3所学院考虑组建文史教材建设共同体并与高等教育出版社达成长期战略合作意向,为宁夏高校精品文史教材建设创造了良好条件。

新闻传播学院

【概况】 2021年,学院设有2个系:新闻系和广告系。设有新闻学、广告学两个本科专业。学院已为国家培养了2000余名新闻传播人才,在西部地区积累了较高的知名度与美誉度。学院有教职工36人,行政人员8人,专职教师28人。其中:教授6人,副教授12人,讲师9人;博士8人,在读博士2人,硕士13人,硕士生导师13人;有新闻媒体从业经历教师7人;4名教师入选自治区级人才工程。学院聘请10名区内外传媒行业领军人物和知名高校教授为学院兼职教授,聘请15名区内媒体业务骨干担任硕士研究生业界导师;柔性引进"贺兰山学者"2名。

党建与思政工作。党员总数为76人,其中预备党员44人,正式党员32人。发展对象76人,积极分子总数为175人。发展学生党员47人,转正26人。认真开展党史学习教育。组织全院师生开展专题学习教育活动10余次。学院协助自治区党委宣传部、网信办、宁夏新闻工作者协会承办马克思主义新闻观培训班,全年完成5期培训,邀请全国高校知名导师、资深新闻工作者近10人,举办线上线下讲座培训。

人才培养。在校本科生395人,研究生106人。新闻传播理论教研室被确立为自治区级一流基层教学组织。自治区党委宣传部和宁夏大学先后投资800余万元改造和扩建新闻传播学院实验中心。实验中心现有各类实验实训场地总面积600余平方米,能够满足平面媒体采编制作、广播电视节目采编制作、新媒体及融合新闻采编制作、广告创意与设计等新闻传播实践教学的需要。新闻传播学院与马克思主义学院教学实验楼于2020年动工建设,于2022年交付使用。学院部校共建经验被中宣部作为典型向全国推广。

科学研究与学科队伍建设。2021年共获批纵向科研项目1项,为自治区级项目;1人入选第四批宁夏哲学社会科学和文化艺术青年人才托举工程;CSSCI来源期刊论文1篇;自治区级成果奖励1项。1个教研室获批全区高校自治区级一流基层教学组织,获批宁夏大学教学成果三等奖1项。

文化旅游学院

【概况】 学院下设旅游管理系和文化旅游研究所,产学研实习基地20个;设有本科专业1个,专业硕士点1个。在编在岗教职工19名,其中教授2名,副教授6名。在校本科生661名,硕士生52名。

党建与思政工作。学院有教师党员12名、学生党员70名。培养教师入党积极分子1名。学院党总支按照学校部署要求,紧密结合党史学习教育、全区教育系统"四强化六提升"工程,严格执行"一岗双责",认真履行支部"党建第一人"责任,全面加强党建思政工作,修订《文化旅游学院全面从严治党"三个清单"》《文化旅游学院"三重一大"议事规则》,制定《文化旅游学院党总支落实意识形态工作正面清单和负面清单》《文化旅游学院"我为群众办实事"任务清单》《文化旅游学院党史学习教育实施方案》《文化旅游学院党总支理论学习中心组专题学习计划》《文化旅游学院教工党支部理论学习计划》和《文化旅游学院学生党支部理论学习计划》,不断夯实党建工作基础,发挥党建思政对疫情防控、教学科研、人才培养、服务地方的堡垒作用。全年学院党总支中心组理论学习12次,教职工集中学习10次,教工党支部学习8次,学生党支部理论学习9次,举办入党积极分子培训班2次,发展对象培训班2次,学生党支部召开党员大会4次、支委会6次、党课7次、微党课7次,组织主题党日活动8次、谈心谈话百余次。教工党支部提交学习心得体会共计50余篇,学生党支部提交学习心得体会共计300余篇。党建特色活动:实行教工党支部与学生党支部"三结对"特色活动;成立"党建促教学、促文旅融合发展党小组"与"党建促科研、促服务地方经济党小组"两个功能性党小组;深入推进抓党建促乡村振兴。赴固原市原州区头营镇解决马庄小学用水难、图书少问题;开展沙漠植树,传承中卫治沙精神;学生党支部举办4期"讲述红色旅游资源背后的故事"活动,特设"建党百年""你好,榜样党员""党史学习教育专题""党史知识竞答大会"4个板块,制作"你好,榜样党员"系列微视频,共发布10期。学院微信公众号发布党史学习教育类共56篇,阅读量14898,视频共发布12期,观看量达到10126。

人才培养。全年招收本科生119人、专业硕士研究生18人,应届本科毕业生358人。宁夏回族自治区研究生教改项目1项,2项宁夏回族自治区本科教改项目结项,宁夏大学"双一流"研究生优质课程建设项目1项,学生获得国家级奖项1项,MTA学生成功申报文旅部专业研究生重点研究扶持基金。开展创新创业培训项目31项,开展创新创业讲座33次,就业指导专职教师12人。制订基层教学组织活动年活动方案,按照方案要求,组织特色学术教学活动,多次召开专题说课会;修订2022年本科生人才培养方案,融入交叉学科课程内容;申报并成立现代产业学院。带领学生赴中宁、沙坡头区、青铜峡市等地开展乡村旅游与全域旅游调研。本科生近100人分别参与了"宁夏回族自治区文化和旅游资源普查项目""宁夏黄河流域非物质文化遗产普查项目""中卫市迎水桥镇何滩村三产融合高质量发展项目";获得大学生绿色会展大赛三等奖、公益未来青年发展项目校园赛优秀奖。

科学研究。2021年,学院承担纵向科研项目4项、横向科研项目11项,实到科研经费190.17万元,新增国家社会科学基金1项、自治区社会科学规划项目2项、自治区重点研发项目1项、新型智库课题1项,发表学术论文15篇,其中学生发表论文9篇,CSSCI收录1篇。获得宁夏第十五届哲学社会科学优秀成果奖3项、一等奖1项、二等奖3项、三等奖1项。获得第二十三届文化和旅游论文研讨会奖1项、一等奖1项。与地方文旅广电局共同举办沙坡头区乡村旅游、兴庆区乡村振兴文旅骨干人才培训班。

学科与队伍建设。建设新文科应用型专业群,树立交叉学科新标杆。联合地理、美术、新闻与传播、葡萄酒等专业,共享优质教学资源,重点建设旅游规划、文化产业管理、葡萄酒旅游3个应用专业群。强调"重经强技",通过艺术与科学的结合,建设"新旅游"专业。引进博士人才1人,产业导师14人。学院教师受邀参加宁夏"十四五"规划纲要征求意见建议专家座谈会、中国首届葡萄酒文化旅游博览会直播嘉宾、中阿论坛旅行商大会论坛嘉宾、大西北旅游高峰论坛主持人、2021中国亲子游与研学旅行大会并作发言;撰写咨政报告获自治区领导批示。

合作交流。2021年,有11位国内外专家学者到学院开展学术交流活动,举行学术报告6场,涉及乡村振兴、生态旅游、葡萄酒旅游、非物质文化遗产等领域。成功举办国家社科基金项目申报论证交流学术会议,师生参加国际会议、出国考察、交流活动4次。与新西兰坎特伯雷大学、中国科学院地理所开展联合培养等工作,与国际旅游领域学术期刊 Current Issues in Tourism(《旅游时事研究》)合作发布学术论文信息。

【宁夏大学葡萄酒旅游大赛】 12月8日,由创新创业学院主办、文化旅游学院承办的"塞北江南·醇美贺兰"宁夏大学葡萄酒旅游大赛在中卫校区应理报告厅成功举办。本次竞赛共收到来自农学院、教育学院、食品与葡萄酒学院、美术学院等10多个学院共40余项作品,通过专家评审,最终10支参赛队伍进入复赛。

【荣誉奖励】 12月11日,2021年第四届大学生绿色会展创新创意挑战赛在江西南昌举行。文旅学院杨娜教师指导的王科义、石诗语、崔吉祥、尚佳荣团队在初赛中成功晋级,成为西北高校中唯一支入围代表队。以总成绩平面赛道全国第八名获得三等奖。

【战略合作】 10月14日,银川市兴庆区文化旅游体育广电局与文化旅游学院签订"校地合作"文旅人才培养战略合作协议。双方将共建银川市兴庆区文化旅游业专家智库、实习实训基地,加强培训技能教育合作,提高兴庆区文化旅游从业人员专业素养,积极探索委培式人才培养模式。

6月10日,由厦门市思明区人民政府、沙坡头区人民政府、中卫市旅游和文体广电局和文化旅游学院共同主办的"厦门思明区·中卫沙坡头区"文旅发展战略交流协作会在中卫校区举行。邀请厦门侠网、厦门住店圈、厦门航空国旅、厦门厦旅以及厦门建旅国际会展传媒集团等10余家企业来到学院,积极推动两地交流与协作,并向学院毕业生开展招聘宣讲工作。

法学院

【概况】 2021年,学院设有2个教学研究单位:法律系、行政管理与社会学系。拥有模拟法庭、电子法务实验室、电子政务实验室、法医实验室、物证技术实验室和社会工作实验室(中央与地方共建)等6个专业实验室。设有二级博士点2个、硕士点3个、专业硕士点3个。教职工73人,其中教授32人,副教授36人。

党建与思政工作。有教师党员50名、学生党员160名。新发展师生党员82名,转正46名。贯彻落实党的教育方针,组织全院师生开展党史学习教育,共组织21场次的集中宣讲活动,组织师生代表赴西吉县红军寨培训3天,组织师生参加校合唱比赛、红色诗朗诵比赛、演讲比赛等,获得优异成绩。院团委组织红色电影配音比赛、党史故事朗诵比赛、红色故事宣讲比赛、民族团结知识竞赛等活动,研究生会举办了习近平法治思想主题征文活动,学生会组织铸牢中华民族共同体意识知识竞赛,认真落实"我为群众办实事"21件;学院实施基层党组织"党建导师制"工作模式,党员教师与学生党员、新生、毕业生结对,引导学生树立和践行社会主义核心价值观;组织教师座谈会、警示教育、与律所律师研讨、师德师风大讨论,加强师德底线意识;召开二级教代会,集体讨论《法学院师德师风考核办法》,主管教学副院长讲解课程思政相关要求;组织班子成员及法律系教师参加习近平法治思想全国线上培训;以志愿服务、社会实践为抓手,将思想引领延伸到实践领域,推进第二课堂素质教育,促进学生全面发展。2021年,开展志愿服务活动16项,注册志愿者517人。

人才培养。全年招收本科生175人、硕士研究生42人、博士研究生12人、专业学位研究生156人。在读本科生677人,应届本科毕业生137人,硕士毕业生114人,博士毕业生16人。新增博士后1人。全年新增校级思政课程6门,校级研究生"双一流"课程3门,选派2名硕士研究生赴最高人民法院第六巡回法庭实习,获批校级研究生创新课题6项,研究生在各类学术会议与学科竞赛中共获得自治区级以上奖励15项。

科学研究。2021年,学院承担纵向科研项目19项、横向科研项目7项,实到科研经费129.585万元。其中,新增国家社会科学基金4项、部委级社会科学其他项目1项、自治区级项目9项、厅局级社会科学其他项目2项。研究成果方面,学院2021年获得软件著作权1项、自治区级科学技术成果证书1项,被采纳研究报告1份,获省部级一等奖2项、三等奖1项,共发表论文6篇,其中核心期刊1篇。

学科与队伍建设。学院是自治区级"西部地区区域治理与民族发展人文社科研究基地"依托单位。发挥多学科交叉融合的优势，牵头成立了宁夏大学中国传统文化研究中心、宁夏大学机关事务管理研究中心、宁夏大学知识产权研究院。在学院内组建研究生工作办公室，负责研究生的培养和学科建设工作。结合学校研究生招生工作新要求，学院制定《宁夏大学法学院2022年研究生硕博连读选拔工作实施细则》《宁夏大学法学院2022年博士研究生申请—考核招生工作实施细则》等。全年引进人才1人。2021年，全院教师共获得校级教学奖励12项，其中1人获得宝钢优秀教师奖（全国性），1人获得自治区师德标兵，1人获得自治区"五一"巾帼标兵，获得自治区高等教育教学成果奖一等奖1项。

合作交流。2021年，有6位国内外专家学者到学院开展学术交流活动，举行学术报告10场，涉及法学、社会学、民族学等领域，成功举办"儒学在西部暨丝绸之路的传播与发展"学术会议。先后与上海交通大学、天津财经大学、西北政法大学、中山大学、自治区人民检察院、银川市人民法院等单位建立了合作关系。

【李伟教授被聘为北京大学铸牢中华民族共同体意识研究基地特聘研究员】 由北京大学铸牢中华民族共同体意识研究基地和北京大学民族学与社会学学院主办的"铸牢中华民族共同体意识的理论与实践"学术研讨会暨北京大学铸牢中华民族共同体意识研究基地挂牌仪式在京举行。中国民族学会副会长、宁夏大学李伟教授被聘为北京大学铸牢中华民族共同体意识研究基地特聘研究员，并以《铸牢中华民族共同体意识的叙事逻辑》为题作大会主题演讲。

【荣誉奖励】 11月18日，以"全面贯彻落实习近平法治思想为西部地区经济社会高质量发展提供法治保障"为主题的第十六届"中国·西部法治论坛"在新疆乌鲁木齐市举办。法学院陈一准、张驰合写的论文《国有企业参与社会治理的历史沿革、经验启示及法治化路径探析》获一等奖；刘振宇、潘文雯合写的论文《银川市域社会治理现代化法治保障的意义、现状与完善》，罗学樱、张云雁合写的论文《西部营商环境下的个人信用权益的法律研究》，荀倩撰写的论文《城市治理中对银川市限行行为的合法性研究》分获三等奖。

12月1日，由教育部主办的第六届全国学生"学宪法 讲宪法"知识竞赛拉开序幕，本届活动采取线上比赛的方式，主要考察《青少年法治教育大纲》中的相关法治知识，并围绕习近平法治思想、宪法法治知识、党史知识、民法典、诚实守信、规则意识、劳动教育、未成年人保护等内容展开。法学院学生吴佳，与平罗中学李思祺、石嘴山市第四中学赵凤婷、彭阳县第三小学马文钦组成的宁夏代表队斩获团体一等奖。这也是法学院自参加该赛事以来第二次获得全国一等奖。

【普及宣传《未成年人保护法》】 为深入学习贯彻党的十九届六中全会精神和习近平法治思想，进一步弘扬先法精神，维护宪法权威，积极营造尊崇宪法、学习宪法、遵守宪法、维护宪法、运用宪法的良好社会氛围。12月3—4日，宁夏大学法学院在中卫市进行法治专项宣传教育活动，普及《中华人民共和国未成年人保护法》，大力营造全社会关爱保护未成年人健康成长的浓厚氛围。

外国语学院

【概况】 2021年,学院设有3个本科专业:英语(分教师教育和翻译两个方向)、日语和俄语,开设7个语种课程:英语、日语、俄语、法语、德语、西班牙语、韩语。设有5个教学研究单位:英语系、东语系、公共外语教学部、研究生教学部和外国语言文化研究中心。设有外国语言文学国家一级学科硕士授权点一个,下设3个二级学科专业:英语语言文学专业、外国语言学及应用语言学专业和阿拉伯语言文学专业。设有翻译硕士(MTI)专业硕士点一个。学院有教职工129人,其中教授19人,副教授54人。

党建与思想政治教育。学院有教师党员61名、学生党员154名(其中预备党员74人)。2021年,发展学生党员73名,预备党员转正54名。深入开展党史学习教育,扎实推进"我为群众办实事"实践活动。在全校庆祝建党100周年表彰大会上,外国语学院党委和公共外语教学部教工党支部荣获宁夏大学先进基层党组织称号,拜发奎荣获优秀党务工作者称号,王全瑞、王建刚、朱海燕、张海娟、刘淑君、张诗央6人荣获优秀共产党员称号。学院统战工作取得新收获,藏志勇荣获"宁夏最美统战人"称号。组织百名师生参加"没有共产党就没有新中国"大合唱比赛并获得二等奖。组织参加学校2021年教职工男子三人制篮球比赛,勇夺冠军。学院工会荣获学校基层工会工作先进集体称号。副书记余洁申报的成长生涯咨询工作室获批"2021年宁夏高校学生职业生涯咨询特色工作室"。全力以赴做好毕业生就业工作,截至年底,学院2021届毕业生总就业率75.98%,圆满完成初次就业率70%的目标任务。学院党委荣获2021年度学校党组织书记抓党建工作考核评议"好"等次。

人才培养。全年招收本科生182人、外国语言文学硕士研究生12人、专业学位研究生(翻译硕士)43人、非全日制学科教学(英语)11人。在读本科生715人,应届本科毕业生161人,硕士毕业生67人。全年开展了一系列本科和研究生教学改革,多项教学成果获奖。获批教育部高教司第二批"产学合作协同育人"项目1项("大学英语混合式教学资源创新与实践研究——以宁夏高校为例"),校级教改立项2项,校级科研项目立项4项;获自治区级教学成果一等奖1项,获自治区"互联网+"教育教学创新案例二等奖1项。全年新增全区高校一流本科精品课程2门:大学英语和基础笔译;语言与思辨教研室获全区高校一流基层教学组织;"卓越英语教师培养班"项目被推为自治区级本科质量工程。西方文明史获校级"互联网+"教育在线开放课程,新增校级本科生课程思政示范课程2门:综合英语Ⅱ和大学英语Ⅱ(A);新增校级研究生课程思政示范课程1门:基础口译。加强大学生科技创新活动,全年获批大学生创新性实验计划国家级1项("俄媒看中国精准扶贫")、区级3项、校级25项。学生在"外研社·国才杯"全国英语演讲、阅读、写作大赛宁夏赛区复赛中荣获特等奖4项、一等奖4项、二等奖和三等奖共15项;获全国大学生英语竞赛(NECCS)自治区级一等奖1项;获全国高等院校英语能力大赛宁夏赛区一等奖1项;获第十六届中华全国日语演讲比赛西北区预赛特等奖1项。

科学研究。2021年,承担纵向科研项目8项,累计获得各类科研经费达75.3万元,其中新增国家社会科学基金2项;全年出版学术专著1部、译著4部;发表学术论文31篇,其中C刊3篇,EI 1

篇。举行首场雅思考试。藏志勇参与研讨和撰写的"关于办好中阿博览会,务实高效推进中阿合作的建议"成果获国务院领导批示。

学科与队伍建设。外国语言文学学科获批宁夏高校重点培育学科。全年培养、引进博士4人,在读博士1人,引进备案编制人员硕士2人。组织教师参加各类线上培训学习,共25人次参加学习并获得结业证。教师教学能力提升方面,朱海燕成功入选2021年自治区青年拔尖人才,并获自治区级教学成果奖一等奖;王晶、张海娟荣获学校"立德树人岗位标兵"称号;马菊玲获校级教学成果奖三等奖;朱海燕、郭晓燕、郑晓英、韩芳(英)、朱洁获2021年外研社"教学之星"大赛全国复赛一等奖,贾文娟、文莉、张燕萍获二等奖;王燕获"外教社"杯教学比赛宁夏赛区特等奖,刘燕获二等奖,秦江丽获三等奖;韩芳、崔沫舒、周彩华、王颖获首届"外教社杯"全国高校日语电子课件大赛二等奖;王奕文获教育厅"互联网+"教育教研论文二等奖;郭晓燕获宁夏高校教学案例大赛二等奖。

合作交流。有6位国内外专家学者通过线上线下的方式同学院开展学术交流活动,举行学术讲座6场,涉及人才培养、翻译、课程设计等领域。成功举办3场学术会议。13名学生参加各级各类国际交流项目。出国攻读博士教师1人。

【2021第二期全国高校MTI专业建设高级研修班】 7月27—29日,外国语学院和上海文化贸易语言服务基地联合举办为期3天的第二期全国高校MTI专业建设高级研修班,来自47所高校的50位学员参加本次研修班。

【党政文献翻译经验分享】 11月11日,中国外文局前副局长黄友义在外国语学院进行党政文献翻译经验分享线上讲座。黄友义通过总结自身长期参加党政文献英译实践,从领会精神实质、采用最精准的英语表达和重视译文对外传播效果3个方面介绍了具体案例,从翻译的时代意义入手,引发大家思考。

【第十七届中国跨文化研究年会】 12月18—19日,第十七届中国跨文化研究年会在宁夏大学国际交流中心开幕,此次年会由中国翻译协会跨文化交流研究委员会主办,宁夏大学外国语学院承办,外语教学与研究出版社和《跨文化研究论丛》编辑部协办。本次会议的主题为"增进国际理解:跨文化教育与跨文化沟通"。年会共收到来自国内外论文摘要297篇,邀请来自101个单位的147名代表发言。与会专家在跨文化学术前沿、理论建设和社会现实问题的解决等方面提供了富有建设性的意见和建议,为跨文化学科的理论创新奠定了基础,为"一带一路"沿线国家的跨文化交流和构建人类命运共同体作了前瞻性的思考。

【"基层教学组织建设年"活动】 2021年,外国语学院公外部全面落实"基层教学组织建设年"活动,举办基层教学组织活动12次,分别围绕"如何让课堂'活'起来""如何在教学中提高英语写作的连贯性""大学英语四级辅导""如何在教学中提高英语写作的准确性""大学英语课程思政教学实践""如何以批判思维方式""学术英语课程设计与科学素养和课程思政""提高大学英语育人能力,促进大学英语教学理念交流发展"等主题开展教研室活动。与宁夏师范学院大学英语部通过腾讯会议平台,围绕大学英语课程思政建设举办教学研讨活动。

阿拉伯学院

【概况】 2021年,阿拉伯学院设有1个本科专业(阿拉伯语)、1个二级硕士点(阿拉伯语言文学)。教职工31人,其中教授1人,副教授2人。

党建与思政工作。阿拉伯学院(中国阿拉伯国家研究院)有教师党员19名、学生党员36名(预备党员25人)。学院全面贯彻党的教育方针,始终把立德树人作为根本任务,组织全院师生深入开展党史学习教育,举办学习班、专题辅导报告、领导干部讲党课等活动,开展主题党、团日活动,制作党史学习资料汇编。学院党总支启动"党员先锋岗——教工党员联系帮扶2021级新生"活动,教工党支部举行"青年学术工作坊"活动,学生党支部开展志愿服务活动。在全校庆祝建党100周年表彰大会中,学院党总支获评先进基层党组织,学生党支部荣获先进基层党支部,2人荣获优秀共产党员,1人荣获优秀党务工作者,学院荣获宁夏大学党史学习知识竞赛三等奖。

人才培养。全年招收本科生56人、硕士研究生7人。在读本科生162人,应届本科毕业生53人,硕士毕业生6人。马成文老师"阿拉伯语翻译与写作"获批2021年校级研究生课程思政示范课程建设项目。新增国家级大学生创新创业项目1项。学生荣获国家级奖项10项。

科学研究。承担纵向科研项目2项,实到科研经费14.5万元。新增国家级科研项目1项(国家社会科学基金外译项目)。荣获宁夏第十五届社会科学优秀成果奖一等奖1项、二等奖1项。

学科与队伍建设。金忠杰教授荣获民进中央全国反映社情民意信息工作先进个人、民进宁夏区委会成立40周年先进个人、宁夏政协优秀履职奖,受聘担任教育部人文社科重点研究基地上海外国语大学中东研究所第五届学术委员会委员兼《阿拉伯世界研究》编委会委员、国家民委西亚东非研究中心学术委员会委员、欧美同学会(中国留学人员联谊会)东南亚和南亚分会专家咨询委员会副主任,金忠杰、刘东宁的1篇专报获党和国家领导人重要批示,金忠杰的1篇专报被国家领导人重要批示,金忠杰、刘东宁的1篇专报获中央有关部委主要领导批示。白楠副教授荣获全国阿拉伯微课大赛二等奖。

合作交流。邀请3位国内专家到学院开展学术交流活动,举行学术报告3场,涉及人类学、中东历史、国际政治等领域。成功举办第十二届国际政治经济学论坛会议学术会议,师生参加国际会议1次、交流等活动6次。出国攻读博士1人。

【《中国社会治理》出版】 《中国社会治理》(阿拉伯文)是一部聚焦社会治理、讲述中国故事、总结中国经验的精品力作,系统地回答了"中国在新的历史条件下应如何加强和创新社会治理、如何打造共建共治共享的社会治理格局"这一重大问题。此书从理论和实践层面向阿拉伯国家民众讲述了中国的治理故事,全力解读中国智慧与中国方案,为构建中阿命运共同体贡献力量。

【全国高校阿拉伯语专业"'习语'在心中"手抄报大赛】 10月,四川外国语大学东方语言文化学院承办了2021年全国高校阿拉伯语专业"'习语'在心中"手抄报大赛。大赛自启动征稿,得到了来自全国高校阿拉伯语专业学生的积极响应和踊跃投稿。专家们以内容积极向上、主题鲜明突出、设计编排合理、版面整洁清晰、语言表达流畅、插图富有美感、形式内容新颖有创意等为标准,通过双盲打分评选出51份获奖作品。2019级硕士研究生杨慧获得一等奖。

【that's阿拉伯网络小说翻译大赛】 全国性年度翻译比赛，由五洲传播出版社和中国外国文学学会阿拉伯文学研究分会联合主办，北京外国语大学协办。大赛共收到来自国内外40余家高校和机构共289篇参赛作品，网络大众投票超过37.5万。2019级硕士研究生章洁颖的翻译作品《我亲爱的朋友贾比尔》获二等奖。

【全国高校"一带一路"合作共建中阿命运共同体阿拉伯语征文大赛】 大赛由全国阿拉伯语教学研究会主办，北京大学外国语学院阿拉伯语系、中东研究中心、阿拉伯伊斯兰文化研究所承办。有来自北京大学、北京外国语大学、对外经济贸易大学、上海外国语大学、北京第二外国语学院、中山大学、黑龙江大学、扬州大学、宁夏大学、天津外国语大学、南京大学金陵学院等22所高校的29位参赛者获奖。2019级硕士研究生章洁颖的作品《"一带一路"上的语言梦》获三等奖。

经济管理学院

【概况】 经济管理学院办学历史始于1980年。学院设有经济学、工商管理、会计学、农林经济管理4个系。有教职工125人，其中，专职教师108人，教授35人，副教授42人，博士45人，在读博士9人，国家百千万人才工程第三层次人员2人，全国优秀教师1人，"全国向善好青年"1人，自治区社科领军人才1人，自治区青年哲学社会科学和文化艺术人才托举工程6人，自治区教学名师1人。有本科生1417人、研究生655人、留学生41人。

学院有经济学、工商管理、会计学、市场营销、信息管理与信息系统、电子商务、物流管理、农林经济管理8个本科专业，理论经济学、工商管理和农林经济管理3个一级学科硕士学位授权点，工商管理硕士（MBA）和会计硕士（MPAcc）2个专业硕士学位授权点。是中国少数民族经济二级学科博士学位授权点。

学院有经济学首批国家级一流本科建设点、区域经济学自治区重点学科、理论经济学自治区西部一流学科建设项目、市场营销自治区级西部一流专业培育项目、经济学自治区级产教融合示范专业建设项目、开放战略与区域经济自治区级人文社会科学重点研究基地、会计学自治区特色优势专业、农林经济管理校级重点学科。

党建与思政工作。学院有教师党员67名、学生党员265名。新发展师生党员159名，转正62名。2021年，学院在校党委的领导下，认真贯彻落实党的十九大和十九届二中、三中、四中、五中、六中全会精神，习近平总书记"七一"重要讲话和视察宁夏重要讲话精神。党史学习教育开始以来，开展学习教育宣讲21次，参加师生达3500人次。在确保关键动作不走样、学习质量不降低的基础上，积极组织参加各类党史知识竞赛、演讲比赛、朗诵比赛、合唱比赛等活动，在多种层次和范围广泛开展庆祝建党100周年系列活动达20余次，获宁夏大学师生党史知识竞赛团体二等奖、宁夏大学庆祝建党100周年健步走定向挑战比赛一等奖、宁夏大学"感党恩·听党话·跟党走"红色经典朗诵比赛展演先进组织单位、宁夏大学"没有共产党就没有新中国"师生合唱比赛三等奖等奖项。代表宁夏大学参加"没有共产党就没有新中国"全区教育系统合唱展演（非专业组），并获第三名。6月24日，学院（研究院）举行庆祝建党100周年七一表彰大会，表彰3个先进基层党支部、10名优秀党务工作者、16名优秀共产党员、72名学习强国学习标兵。进一步激发广大党员干部和全院师生在各项工作中不忘初心、牢记使命、奋发有为、担当奉献。

学院有学生社团和志愿服务组织5个、基层团支部46个、功能型团支部3个，对接志愿服务校外社区4个，开展志愿服务超过900人次。2021年，学院党委、团委务实有效推进大学生思政工作，以"创青春"创新创业大赛、"互联网+"、"挑战杯"系列竞赛、西北四省区"就业创业大赛"、"三下乡"大学生暑期社会实践等工作和活动为抓手，着力提升思想政治工作效能。2021年，选树和宣传"榜样的力量""向上向善好青年"等各类青少年先进典型30余名，荣获2020—2021年度全国青年志愿者服务社区行动"七彩四点半"志愿服务项目示范团队、宁夏大学五四红旗团委、大学生暑期"三下乡"社会实践活动优秀组织单位、网络思政工作先进学院等称号，金融协会、阳光爱心社荣获宁夏大学2021年度"十佳社团"。

人才培养。全年招收本科生328人、硕士研究生76人、博士研究生3人、专业学位研究生191人。在读本科生1417人，应届本科毕业生369人，硕士毕业生64人，博士毕业生2人。中级财务会计被评为第二届蓝墨全国十大优秀教材；获批教育部产学合作协同育人项目5项；获批校级课程思政师范课程建设项目2项。第七届中国国际"互联网+"大学生创新创业大赛国赛获铜奖；在第十三届"挑战杯"红色专项活动竞赛国赛中获三等奖2项；在第七届"互联网+"大学生创新创业大赛中获区赛金奖1项，校赛金奖1项、银奖1项、铜奖3项、优秀奖8项；在第十三届"挑战杯"大学生课外学术科技作品竞赛校赛中，获本科组一等奖4项、二等奖4项、三等奖2项；第十三届"挑战杯"红色专项活动竞赛校赛，获特等奖2项、一等奖2项、二等奖7项、三等奖3项。全年学院8个班级、8个宿舍、551名学生受到各级各类表彰奖励。

科学研究。2021年，学院承担纵向科研项目90项，实到科研经费545万元，新增国家级科研项目4项，其中国家自然科学基金2项，社会科学基金2项，教育部项目1项，资助金额100余万元。宁夏哲学社会科学规划项目6项，自治区智库项目6项，自治区软科学1项。横向课题10余项，合计项目总经费326.74万元。出版专著14部。发表高水平论文33篇。获宁夏哲学社会科学优秀成果奖1等奖一项、二等奖4项、三等奖2项。

学科与队伍建设。完成金融学本科申报工作，已进入教育部公示阶段。自治区级一流本科课程立项2门。全年引进人才4人。2人入选宁夏青年哲学社会科学和文化艺术人才托举工程人选。

合作交流。与50位国内外专家学者开展学术交流活动，举行学术报告50余场，涉及7个领域。师生参加国际会议、出国考察、交流等活动60余次。5人出国攻读博士。

【建党100周年系列活动】 在建党100周年之际，学院表彰一批优秀共产党员、优秀党务工作者、学习强国学习标兵等个人及先进基层党支部；举办"感党恩·听党话·跟党走"红色经典朗诵比赛、"青春为党歌唱"合唱比赛、"红色基因永传承 百年奋斗再出发"主题团课、保密知识竞赛等活动。

【学院学子登上中央电视台】 5月，学院组织160余名学生参与中央电视台《唱支山歌给党听》快闪节目录制，该节目于6月25日在央视《新闻联播》进行播放，并有学院学生接受采访的片段。

【荣誉奖励】 许昊获宁夏首届教师教学创新大赛中级及以下组校级一等奖、区级二等奖,获首届全国高校教师教学创新大赛国家级三等奖,仇娟东获副高组校级二等奖,冯蛟获正高组校级一等奖、区级二等奖,学院获优秀组织奖。

2021年,学院共有8篇案例参评第十二届全国百篇优秀管理案例,其中一般专项1篇,西部项目7篇。经过中国案例共享中心评审,共有2篇案例获得"百优案例",入库案例4篇。

【第21届中国经济学年会】 12月4—5日,在陕西西安召开的第21届中国经济学年会上,宁夏大学设立了能源经济与DEA模型、农村发展与乡村振兴战略、"一带一路"与高水平开放3个学术专场,报告了13篇论文,引起了全国同行学者的关注,这是学院连续五年在中国经济学年会上组织专场,提升了自身经济学学科声誉。

商学院

【概况】 商学院下设财务金融系和大数据管理与应用系,拥有新商科智慧学习工场实验实践中心,拥有两个研究中心:宁夏企业智能管理决策研究中心、宁夏大数据金融研究中心。有教职工17人,其中教授2人,副教授1人,博士5人。

党建与思政工作。商学院有教师党员5名。组织师生认真学习贯彻落实党的十九大及历次全会精神和习近平新时代中国特色社会主义思想,深入开展党风廉政、党史学习教育、民族团结进步教育月等主题活动,尤其在建党100周年之际,制订"五个一"党史学习方案,组织专题辅导报告6次,领导班子讲党课5次,举办"七一"表彰大会,教工党支部每月至少开展一次集体学习会。牢牢掌握意识形态工作领导权,把好政治方向关、舆论导向关;持续加强网站、新媒体等阵地管理;严格落实"三会一课"主题党日等制度,巩固深化党支部规范化标准化建设成果,全面提升基层党建工作水平和质量。

人才培养。全年招收本科生196人,在读本科生858人,应届本科毕业生168人。全年开展了一系列本科教学改革,获批教育部新文科研究与改革实践项目1项:"西部应用型数智化新商科专业建设改革与实践";获批教育部协同育人项目1项、供需对接结业育人项目1项;获批自治区虚拟仿真实验教学项目1项。实施青年教师导师制,整合校内外资源,采取线上线下结合的方式培训新入职教师和青年教师。

学科与队伍建设。重点建设会计(财务管理)、信息管理与信息系统、电子商务3个专业,涉及工商管理、管理科学与工程、应用经济学3个学科。商学院获批教育部第三批"新商科智慧学习工场(2020)(A)"项目试点院校。全年引进人才1人,新增6名教学科研人员。

科学研究。2021年,商学院新增立项宁夏大学哲学社会科学基金项目5项。

合作交流。以"宁夏大学对口合作交流月"为契机,商学院积极主动与上海交通大学安泰经济与管理学院、厦门大学管理学院、陕西师范大学国际商学院、北京理工大学管理与经济学院对接联系,召开线上线下工作会议。立足自治区9个产业,及区内十余家电信、银行、证券、枸杞和旅游等企业,及中卫市科技局、商务局、公安局等政府部门建立紧密联系,与用友、浪潮、福斯特等多家财务管理应用服务提供商共建政校企育人平台。

【教育部新文科研究与改革实践项目】 根据《教育部办公厅关于推荐新文科研究与改革实践项目的通知》(教高厅函〔2021〕10号),教育部认定新文科研究与改革实践项目1011项,商学院申报的"西部应用型数智化新商科专业建设改革与实践"项目入选,这也是宁夏大学唯一入选项目。

【荣誉奖励】 经第十七届"挑战杯"全国大学生课外学术科技作品竞赛红色专项活动全国评审委员会网络预审、线下终审,在各省(自治区、直辖市)和新疆生产建设兵团推报作品中,有25件作品获特等奖,81件作品获一等奖,149件作品获二等奖(宁夏2件),256件作品获三等奖(宁夏7件)。商学院汪荣、王玲玲、张荣娟、郑晓妍同学的项目"追忆革命岁月,传承红色文化"荣获三等奖。

【宁夏大学生企业资源计划模拟大赛】 9月22日,由商学院承办的宁夏大学生企业资源计划模拟大赛成功举办。大学生企业资源计划模拟大赛每年举行一次,旨在培养创新创业意识,提高创业能力,发现和培养一批具有创新思维和创业潜力的优秀人才,让学生在学习理论的同时丰富创业经验。

数学统计学院

【概况】 数学统计学院设有数学与应用数学(教师教育方向、金融数学方向)、信息与计算科学和应用统计学3个本科专业,拥有数学一级学科博士学位授权点、数学一级学科硕士学位授权点和学科教学(数学)教育硕士专业学位授权点。有教职工84名,专任教师73名,管理教辅和实验人员11人。数学学科教授16人、副教授39人;博士生导师13人、硕士生导师38人;具有博士学位教师35人、硕士学位教师32人。

党建与思政工作。全年发展党员85人,转正党员41人。学院始终把党史学习教育作为首要政治任务,通过二级理论学习中心组扩大会、学院全体教工大会、7个党支部的支部大会、党员微信群等,以集中学、交流研讨、主题发言,通过包括"学习强国"在内的网络、新媒体等自学的形式,多途径、多角度扎实开展专题学习。组织专题辅导报告5次,领导班子讲党课6次,举办师生座谈会,教工党支部每月至少开展一次集体学习会、红色观影2次,推送10期"我是党史领学人"音频故事,在学院党员微信群中推送《党史上的今天》;整理"共产党人的精神谱系"等学习资料供党员教师学习。通过个别征集、各系部征集形式在师生中开展大调研活动,征集到25条意见,经归纳梳理确定了4类17条,12月依托学校"我为群众办实事满意度测评",满意度高于91%。

扎实开展宁夏大学"基层党建全面提升年"工作任务,全年共举办入党积极分子暨发展对象培训班3期,培训学员200名,举办1期青年马克思主义者培养工程培训班,培训学员47名,举办40次青年大学习活动,31个班级和支部以习近平总书记"七一"重要讲话精神为主题开展学习交流会,7个支部进行"学党史,强信念,跟党走"专题组织生活会。

人才培养。全年招收本科生225人、硕士研究生30人、博士研究生11人、专业学位研究生30人。在读本科生914人,在读学硕研究生79人,专硕研究生72人,博士研究生30人。应届本科毕业生181人,毕业学硕研究生14人,专硕研究生24人,博士研究生8人。

学院通过教育引导学生投身学术竞赛和创新

创业实践,鼓励支持研究生参与创新项目申报,立项研究生创新项目7项。2021年,大学生创新创业训练计划项目立项35项,其中国家级1项,区级5项,校级29项。本科生学科竞赛国家级获奖12项。2021年,宁夏大学第十三届"挑战杯"红色专项和大学生课外学术科技作品共计11项,大学生暑期社会实践活动获批校级项目2项。

科学研究。2021年,学院承担纵向科研项目65项、横向科研项目3项,实到科研经费390.2万元,新增国家自然科学基金地区项目4项、宁夏自然科学基金项目13项,发表的学术论文被SCIE收录42篇,EI收录3篇,出版学术专著2部。

学科与队伍建设。2021年,获批宁夏大学"双一流"研究生优质课程建设项目2项、研究生课程思政示范课程建设项目1项。获校级教学成果奖三等奖1项;1人获宁夏大学立德树人奖,1人获立德树人标兵奖,2人获宁夏大学2021年全区"互联网+"教育应用大赛推荐资格,1人获一流课程推荐,信息与计算科学申报国家级一流专业。获评校级"黄大年式教师团队"1个、课程思政示范课程2门、精品在线课程4门和院级课程5门。2人获批教育部第二批产学合作协同育人项目。全年引进博士3名,招收博士后2人;新增博士生导师4人,学术型硕士生导师4人,专业型硕士生导师1人。

对外交流与合作。积极组织线上线下各类学术专题研讨会及学术报告。举办学术专题研讨会4场、线上线下学术报告50余次。邀请7位国内外专家学者开展学术交流活动,举行学术报告7场,线下3场,线上4场。举办第六届学硕研究生"天元杯"学术沙龙活动、第五届宁夏研究生暑期学校、第一届专硕学术沙龙活动等。主动与上海交通大学、宁夏师范学院等对接联系,召开线上线下工作会议。与长城网际公司在实训基地、博士后工作站和人才合作方向进行战略合作签约。举办第十届全国数学文化论坛学术会议,严加安院士、席南华院士、乔建永院士、陈松溪院士等全国260位专家学者出席。

【庆祝建党100周年系列活动】 7月1日,学院通过党支部全体会议、主题团日、主题班会等形式,组织在线收看全国大学生"同上'四史'思政大课",开展"讲述红色故事,迎接建党百年"主题宣讲、"青春向党·时代向上"青年师生党史主题宣讲;组织观看电影《为了明天升起的太阳》《青春之骏》。在宁夏大学庆祝中国共产党成立100周年红色经典诵读活动中获优秀组织奖,获师生党史知识竞赛三等奖、师生讲党史专题演讲教师组优秀奖,全院教师参与宁夏大学校园跑暨红色记忆打卡活动。

【学科巡察】 9月13日—10月19日,学院高质量完成了数学一级博士点、学科教学(数学)专硕学位点巡查工作。通过组建博士巡查工作领导小组,9月28日—10月11日形成了制度汇编、教学大纲、研究生年度质量报告、师生代表性成果、过程性考核、育人成效等材料;学校组织专家自评估检查指导3次,很好地展示了宁夏大学数学学位点建设的特色和成果,为下一步学位点高质量发展奠定基础。

【"新一代智能最优化方法及其在智慧黄河中的应用"会议】 12月4—5日,由国家天元数学西北中心主办,宁夏大学数学统计学院、宁夏数学会和宁夏电子学会共同承办的"新一代智能最优化方法及其在智慧黄河中的应用"会议,以线上线下相结合的方式成功举办。复旦大学、西安交通大学、哈尔滨工业大学、宁夏医科大学、北方民族大学、井冈山大学、宁夏师范学院、宁夏数学会、宁夏电子学会、宁夏水利厅，宁夏水利科学研究院等近20所高校及政府部门的百余位专家和研究生参会，共同研讨智能最优化方法及其在智慧黄河中的应用问题。

【搭建高水平学科发展平台】 2021年，学院建成宁夏大学应用数学中心，为全国大学生数学建模竞赛的阅卷提供了场地和硬件支撑。

【"高教社杯"全国大学生数学建模竞赛】 宁夏大学大学生数学建模竞赛由创新创业学院主办、数学统计学院承办，筹备工作自2021年1月启动，共吸引来自全校11个学院的297名学生报名参加。经过竞赛培训、区级选拔赛，共组成34支队伍参加2021年全国大学生数学建模竞赛。

物理与电子电气工程学院

【概况】 物理与电子电气工程学院设有物理系、信息工程系、电气工程与自动化系、基础物理实验中心、电工电子实验中心、信息工程实验中心等6个教学研究单位,物理学（师范）、物理学（基础拔尖人才培养班）、电子信息工程（卓越工程师培养计划）、通信工程、电气工程及其自动化、新能源材料与器件等6个本科专业，其中物理学入选国家一流专业建设点，电子信息工程入选自治区一流专业建设点，通信工程、电子信息工程、电气工程及其自动化、新能源材料与器件立项建设"十三五"自治区电气信息类重点专业群。学院有1个自治区级重点实验室：宁夏沙漠信息智能感知重点实验室；1个自治区院士工作站：宁夏沙漠信息智能感知院士工作站；3个自治区级科技创新团队：泛在网络与智能信息技术应用创新团队、多尺度力学与工程应用创新团队、"北斗+"土壤水分和植被含水量监测仪器设备研发及应用创新团队。物理学二级学科凝聚态物理2001年获批自治区重点学科,力学二级学科固体力学2015年获批"十三五"自治区重点建设学科,电子科学与技术一级学科2015年获批"十三五"自治区优势特色学科。2018年,物理学作为以化学工程与技术为牵头学科的宁夏大学"部区合建"学科群的配合学科，进行一流学科建设。学院有1个一级学科博士点：物理学；1个二级学科博士点：土水工程与计算科学；3个一级学科硕士学位点：物理学、力学、电子科学与技术；2个专业型硕士学位点：电子信息、学科教学（物理）。

党建与思政工作。学院有教师党员85名（预备党员1名）、学生党员257名（预备党员90名）。新发展师生党员91名,转正88名。贯彻落实党的十九大和十九届二中、三中、四中、五中、六中全会精神,结合习近平总书记在党史学习教育动员大会上的讲话、在建党100周年上的讲话、在陕西榆林考察期间的讲话、在全国民族工作会议上的讲话精神,组织全院师生开展党史学习教育,开展党课、专题讲座等活动39场次,累积开展"三会一课"297次、党史教育实践活动8次。学院党委不断创新师生思想政治学习形式,坚持以个人自学为主,采用集中学习、专题研讨和现场教学相结合的方式,以各支部为单位开展理论学习,进行学习交流和集中研讨；举办观影活动,学习优秀共产党员先进事迹,弘扬共产党员精神,坚定共产党人信念。

队伍建设。学院有教职工111人，其中专任教师94人，教授27人，副教授41人；硕士生指导教师59人，博士生指导教师6人；博士54人，具有博士学位教师占专任教师的57.45%；在职教师中，入选国家百千万人才工程1人、教育部新世纪优秀人才支持计划1人、自治区科技创新领军人才3人、自治区海外引才百人计划1人、自治区国内引才312工程2人、自治区青年科技人才托举工程5人、自治区全职引进优秀博士2人；自治区教学名师1人，获宝钢优秀教师奖5人；有3个自治区级教学团队：实验物理教学团队、泛在网络与智能信息技术应用教学团队、大学物理教学团队；新聘博士生导师2人、硕士生导师15人，扩充导师队伍。全年引进人才6人。4名青年教师分别在北京航空航天大学、兰州大学、南昌大学、中国地震局兰州岩土地质研究所做访问学者。学院教师汤全武获国家教材建设先进个人和宝钢优秀教师奖；程亮入选第六批自治区青年科技人才托举工程。

人才培养。全年招收本科生315人、博士研究生4人、硕士研究生174人、专业学位硕士研究生134人。在读本科生1302人，在读博士研究生15人，硕士研究生370人。应届本科毕业生283人，硕士毕业生114人，博士毕业生1人。全年开展一系列本科教学改革和研究生教育改革。学生参加学科竞赛成绩显著，获电子设计竞赛国家二等奖1项、全国大学生物理实验竞赛国家二等奖2项、"高教社杯"全国大学生数学建模竞赛国家级二等奖1项、第七届中国国际"互联网+"大学生创新创业大赛铜奖1项；学院统一安排基层教学组织活动12次；完成了2021年本科教学基本状态数据采集工作。全年新增国家一流本科课程1门、区级一流本科课程6门。本科教学成果"'三式一化一中心'物理学专业人才培养模式的创新与实践"获得区级一等奖（校级特等奖），"以生为本，精雕细琢——新工科背景下'信号与系统'一流课程的建设与教学创新"获得校级二等奖。获得首届教育创新大赛区级三等奖1项；获得全国实验教学比赛国家二等奖1项、西北赛区一等奖1项。

科学研究。2021年，学院承担纵向科研项目15项，横向科研项目3项，实到科研经费350万元，其中国家自然科学基金6项；在学术期刊上发表的学术论文中被SCI收录17篇，获宁夏科技进步奖二、三等奖各1项；获第十六届宁夏自然科学优秀论文二等奖3篇、三等奖4篇。

合作交流。邀请俞大鹏院士，黄茂松、于敏等知名专家作客"贺兰山学术讲座""金波论坛"。与深圳国际量子研究院、中科院光电技术研究所、北京工业大学信息学部、宁夏凯晨电气等科研院所和企业签署合作协议，开展人才培养、科学研究和产品研发等工作。主动布局新型材料、电子信息、清洁能源等行业产业，先后与区内外11家企业建立了校企合作关系。派驻1名青年教师到自治区电子信息龙头企业隆基宁光股份有限公司进行深入科研、生产合作，拓展了校企联合新模式。

【俞大鹏院士做客"贺兰山论坛"】 4月2日，俞大鹏院士以"历史大变局下的科技创新之路"为主题，在学校怀远楼二楼报告厅进行贺兰山学术讲座，物理与电子电气工程学院全院师生参加。

【荣誉奖励】 王海龙教授带领校企联合研发团队完成的国家自然科学基金项目成果"新体系高能比锂离子电池电极材料的制备、性能调控及产业化关键技术"获2021年度宁夏回族自治区科技进步二等奖。该项目围绕新一代高能量密度锂离子电池材料的高纯制备、精细结构调控、高密度导电组装三个关键内容，取得了多项理论突破及发明技术。由王旭明、郝睿、霍杰等人完成的两期国家自然科学基金项目成果"河流网演化与泥沙输运动力学的理论与实验研究"获自治区科技进步三等奖。

11月4日，TI杯2021年全国大学生电子设计竞赛正式启动，学院7支参赛队分别获得国家二等奖1项，自治区一等奖2项、二等奖2项、三等奖1项，参赛成绩名列全区高校第一。

【吴仁杰当选"中国大学生自强之星"候选人】 吴仁杰，共产党员，学院2018级电气工程及其自动化二班学生，2021年获得2020年度"中国大学生自强之星"奖学金。

【肖博文入选全国学联驻会主席】 肖博文，共产党员，学院2018级电子科学与技术专业学生，入选全国学联驻会主席。

信息工程学院

【概况】 2021年，信息工程学院设有5个系部，3个本科专业（计算机科学与技术专业、网络工程专业、软件工程专业）。"计算机科学与技术专业"入选国家首批一流本科专业建设"双万计划"，也是西部一流建设学科。拥有1个一级学科硕士点（计算机科学与技术），2个学术型硕士学位授权点（计算机软件与理论、计算机应用技术），1个专业型硕士学位授权点（计算机技术），1个省部共建宁夏大数据与人工智能协同创新中心，1个省级云计算与大数据协同创新中心，1个省级网络安全等级保护测评中心。学院有教职工81人，其中专任教师61人，教授13人，副教授37人。

党建与思政工作。学院有教师党员48名、学生党员103名（预备党员44人）。新发展师生党员44名，转正35名。认真贯彻落实习近平新时代中国特色社会主义思想，抓实立德树人根本任务，突出政治引领，提升党建质效；紧扣育人中心，坚持以人为本；注重以文化人，增强内生动力；聚力学科建设，推动跨越发展。组织全院师生扎实开展党史学习教育，积极开展"百年党史·每日一学""辉煌百年 汲取力量""走进闽宁镇，感悟山海情""赓续红色血脉，弘扬长征精神"和铸牢中华民族共同体意识报告会等活动205场次，扎实开展"我为群众办实事"，教师党支部书记全部实现"双带头人"全覆盖。创新思想政治工作方式方法，发挥教师党员引领作用，在教师中成立实验中心6S管理与服务党小组、"三全育人"教育教学、科研创新、创业实践等8个功能党小组，在学院科技创新、师德师风、基层教学组织、课程思政和黄大年式教学团队建设中发挥专业优势，推动党建与业务深度融合。积极实施"学生党员双挂牌""互联网+"一站式服务、"主题党日+系列活动""一对一党员宿舍帮建""研究生党员实验室责任制度""维修遍校园，爱心传万家"等活动，切实提高党建实效。

学院学生活动围绕"立德树人"根本任务，践行育人初心、强化使命担当，以学风建设、党团引领、创新创业、安全稳定为主要内容，深入开展学生理想信念、民族团结、道德规范教育，全力营造安全、稳定、文明、健康的育人环境。团学活动以党建带团建，以二课制度为基本，以易班网为基础，开展优秀笔记评选、学霸小讲堂、演讲比赛、建党百年知识竞答、辩论赛、主题征文、志愿服务、文化下乡等活动，以"创建优良学风""珍爱生命""青年的责任和担当"等为主题进行党团日活动；以学院专业特色优势为依托，通过"电脑小卫士"电脑义务维修、少儿编程义务培训等形式，充分发挥学院师生服务社会、服务校园功能；以提升学生综合素质、营造良好学习氛围、丰富学生课余生活为目的，精心组织足球、篮球赛、拔河比赛、趣味运动会、宿舍风采大赛、红歌大赛、就业创业大赛、职业生涯规划讲座等丰富多彩的校园文化活动；以新生入学教育、军训、毕业生文明离校、雷锋日、五四青年节、建党日、国庆节、国家宪法日等为节点，强化学生理想信念、心理健康、安全稳定等教育管理，聚焦主业，全方位探索育人新模式。

人才培养。2021年，招收本科生302人、硕士研究生106人、专业学位研究生88人。在读本科生1054人，应届本科毕业生167人，硕士毕业生65人。全年开展了一系列本科教学改革和研究生教育改革。

扎实推进学院基层教学组织建设。开展顶层设计，构建了院领导—系主任—教研室—课程组四级组织架构，完成了18个课程组的建设，统筹学院一流学科90万经费支持课程组必要的硬件、课程建设以及国内外交流，解决教学无组织的问题；组织研讨修订软件工程本科人才培养方案，将NIIT教学人员融入软件工程系，解决NIIT合作办学存在课程设置不合理，教学时间过长，双方教学人员分离等问题。采用PTA在线练习及考试等方式，逐步提升学生编程能力，解决学生动手能力弱的问题。

着力推进学院本科教学质量工程建设。获学校推荐申报国家一流专业1门、国家一流课程1门、自治区一流课程1门；荣获宁夏大学首届教师教学创新大赛副高组二等奖1项、宁夏大学第三批"互联网+"教育在线开放课程建设立项1项、宁夏大学第三批课程思政示范课程建设项目立项1项。出版"十三五"国家重点出版物出版规划项目《网络空间安全导论》《网络空间安全实验》。

顺利完成2021级各专业培养方案的修订。大力推进计算机科学与技术专业工程教育认证。加强本科教育教学信息化建设工作，通过硬件购买和学院教务运行平台优化，建立了以教学为中心的教育教学信息化服务体系，提升信息化环境效能。

加强大学生科技创新活动，新增国家级大学生创新性实验计划立项5项。学生获得国家级奖项18项。

科学研究。2021年，学院承担纵向科研项目18项、横向科研项目4项，实到科研经费582万元，新增国家级科研项目3项，其中国家自然科学基金3项，发表的学术论文被SCIE收录8篇，EI收录5篇。出版著作2部，申请获得授权软件著作权30项。2021年，完成成果转化3项，转化金额48万元。获得第五届亚洲人工智能技术大会最佳学术论文奖1项、第十六届宁夏自然科学优秀学术论文3项。

学科与队伍建设。进一步加大对计算机科学与技术一级学科授权点的建设，入选宁夏科协第六批自治区青年科技人才托举工程1人，全年引进人才3人，学院教师获得校级教学创新大赛奖励1项。

合作交流。有150位国内外专家学者到学院开展学术交流活动，举行学术报告4场，涉及大数据、人工智能、多媒体技术、机器学习等领域。成功举办4场学术会议，学院承办中国计算机学会数据库战略研讨会和中国计算机学会数据库专委会走进高校系列活动。师生参加国际会议、出国考察、交流等活动166次。

【学院五周年院庆系列活动】 5月28—29日,举办五周年院庆系列活动,主要包括CCF数据库专委走进高校系列报告、典礼仪式、退休教师荣休仪式、红歌合唱比赛等。

【校企联合办学】 软件工程专业作为自治区级一流本科专业和学院特色专业,面向国家,特别是西部区域经济信息化建设和发展需要,重点培养具有扎实的数理知识基础、计算机专业理论基础、软件工程专业知识和专业技能,以及良好的工程意识、团队合作素质、国际化视野,能够胜任具有多元社会环境背景下分析、设计、开发、维护、组织管理、应用复杂软件系统的技术、技术管理或应用实践的软件工程复合型人才。经4月19日学校专题会议研究决定,软件工程专业成为学院唯一与印度NIIT公司(印度国家信息学院)新一轮校企联合办学模式的专业。

【CCF中国数据库发展战略研讨会】 5月28—30日,CCF中国数据库发展战略研讨会在宁夏银川召开。会议由中国计算机学会主办,中国计算机学会数据库专业委员会和宁夏大学信息工程学院共同承办。来自全国各地的数据库专业委员会委员和嘉宾共计150余人参加了本次会议,一起分享数据库研究的最新进展,探讨研究热点和机遇,共商数据库未来发展大计。

【科研育人】 学院科研团队在健康信息与智能医疗方向取得新进展。余振华课题组在单细胞基因测序数据的聚类研究中取得新进展,发表于生物信息学领域顶级期刊 *Bioinformatics*,这一成果对于揭示肿瘤发生和发展的生物学机理具有重要推动作用。学院坚持将科技创新凝聚于人才培养的过程中。研究生胡泽斌参加由中国人工智能学会主办的第五届亚洲人工智能技术大会(A-CAIT 2021),其论文 *Cross-Model Transformer Method for Medical Image Synthesis*(《基于多模态Transformer方法的医学图像合成》)获大会最佳学生论文奖,该成果为宁夏"互联网+"医疗健康提供智能决策依据和技术支撑。

【助力银川市新冠肺炎疫情流调工作】 11月1日,由学院吕鹏远老师等3人组成的技术团队赴银川市疫情防控相关部门为数据统计分析工作提供人力和技术支持。安排两名研究生进入流调排查相关工作组,为疫情防控流调排查工作提供24小时专业支持服务。为加强银川市新冠肺炎疫情流调溯源工作,实现精准溯源、精准封控贡献信工力量。

智能工程与技术学院

【概况】 学院设有2个基层教学组织:数据科学与大数据技术教研室、物联网工程教研室。拥有专业实验室3个。学院有教职工19人,其中教授2人。在校本科生999名。

党建与思政工作。学院有教师党员13名、学生党员64名,其中,预备党员47人。新发展师生党员47名,转正19名。学院积极开展党史学习教育,组织全院师生开展25次集中党史学习教育。创新思想政治工作方式方法,以每周一18:30的集中学习形式开展党史学习教育,并组织开展学习黄大年同志先进事迹等主题党日活动。

人才培养。全年招收本科生234人,应届本科毕业生263人。开展了一系列本科教学改革,进一步推进了政、校、企合作模式的毕业实习改革，逐步将本科生毕业自主实习向学院合作单位全过程指导和监控实习方式转变。积极推进毕业设计双师制改革，以应用型本科人才培养为目标，结合地方特色产业，以企业应用设计为主要选题方向。积极推进人培方案和课程向实践型、应用型转型。学生申报并获批大学生创新创业训练计划项目国家级2项，其中1项被评为结题优秀项目。

科学研究。获批教育部高等教育司2021年第二批产学合作协同育人项目2项，获批2021年区级高水平本科建设项目1项。发表的学术论文被SCIE收录1篇。申报专利获国家专利局批准1项，其中发明专利1项。

合作交流。举行学术报告19场，涉及云计算、大数据、物联网、人工智能、网络空间安全、中华民族命运共同体等领域。成功举办信息技术与信息材料领域重大颠覆性技术高峰论坛。师生参加学术交流等活动30余次。学院大力发展政校企合作，与中卫市政府、教育局、科技局、云计算与大数据局、公安局、工信局、消防支队等单位建立起友好合作关系，与华为技术有限公司、美亚柏科信息股份有限公司、中软国际有限公司、麒麟软件有限公司、宁夏乐宁科技有限公司、中国移动通信集团宁夏有限公司中卫分公司等企业签订合作框架协议。

【战略合作】 3月18日，国投智慧城市创新研究院成立大会在厦门正式召开。中国工程院院士郭仁忠讲话，国家信息中心信息化和产业发展部主任单志广等作智慧城市建设专题报告。会上，王怀柱院长代表宁夏大学智能工程与技术学院与国投智慧城市创新研究院、宁夏中卫市公安局、厦门市美亚柏科信息股份有限公司签订四方战略合作协议，各方将在网络安全、大数据应用培训、新技术、新理论课题研究、学科共建等方面开展广泛合作。

10月18日，宁夏大学智能工程与技术学院与中卫市人民政府、宁夏乐宁科技有限公司、曙光信息产业股份有限公司、宁夏誉成云创数据投资有限公司签订五方战略合作协议，各方将在网络安全、分布式存储，算力中心、海量数据处理、学科共建等方面开展广泛合作。

【信息技术与信息材料领域重大颠覆性技术高峰论坛】 10月17日，"2021云天大会"——信息技术与信息材料领域重大颠覆性技术高峰论坛在中卫校区应理报告厅举行，宁夏大学党委副书记、校长彭志科出席活动。中科院院士俞大鹏、陈仙辉、郭万林和中国工程院院士陆军出席论坛并作报告。论坛由中卫市人民政府、宁夏大学、南方科技大学主办，中卫市科学技术局、中卫市云计算和大数据发展局、宁夏大学智能工程与技术学院、深圳国际量子研究院联合承办。

【荣誉奖励】 12月12日，华为中国大学生ICT大赛2021实践赛总决赛落下帷幕，学院韩亚州、刘润芳、沈治宝3名同学从11所高校1171名参赛学生中脱颖而出，荣获云赛道本科组总决赛三等奖。华为ICT大赛于2020年入选全国普通高校大学生竞赛排行榜内竞赛项目，是中国高等教育学会认可的含金量高、参赛价值大的国家级竞赛项目之一。

化学化工学院

【概况】 化学化工学院设有化学系、化工系、材料系、制药工程系，有省部共建煤炭高效利用与绿色化工国家重点实验室、宁东煤化工资源循环利用国家地方联合工程实验室、宁夏天然药物工程技术研究中心等一批高水平科研和实验平台。拥有化学国家级基础实验教学示范中心、国家大学生校外实践基地、化学化工类特种职业技能培训与鉴定站3个国家级教学实践平台和化学化工虚拟仿真实验教学中心、宁夏化学化工类大学生职业技能培训基地2个自治区级教学实践平台。

学院有世界一流建设学科1个、自治区重点学科1个。设有二级博士点1个、硕士点2个、专业硕士点2个。3月，化学、化学工程与工艺专业成功获批国家级一流本科专业建设点。5月，化学学科进入ESI世界排名前1%。6月，化学工程与工艺专业通过教育部工程教育认证。学院有教职工106人，教学科研人员86人，其中教授27人，副教授49人。

学院有师生党员325人，其中，教师党员86名，学生党员259名，预备党员89名。新发展师生党员91名，转正58名。按照学校党委的要求，2021年学院党委积极组织开展党史学习教育，组织师生参加全校庆祝建党100周年教职工校园健步走定向挑战比赛、"没有共产党就没有新中国——颂歌献给党"庆祝中国共产党成立100周年师生合唱比赛、党史知识竞赛、师生朗诵比赛、师生演讲比赛、"赛经典名句　促党史学习"——《习近平用典》大赛等，其中合唱比赛获得校级三等奖，《习近平用典》大赛获得全校第一名。举办了"重温百年党史　传承信念担当"学霸小讲堂短视频大赛、"学党史·感党恩·跟党走"主题演讲比赛、简历设计大赛、党史知识竞赛，组织师生党员观看庆祝中国共产党成立100周年大会直播，组织毕业生党员赴宁夏博物馆参观《红旗漫卷——宁夏革命文物陈列》展览，组织学生党员开展"祭先烈　学党史　悟思想——清明节烈士陵园扫墓敬献花篮"活动、重温入党誓词活动、爱国党史观影交流活动等。2021年，学院党委荣获全校先进基层党组织称号，学习强国学习先进基层党组织；李平教授荣获全区优秀共产党员称号，入选全国教书育人楷模候选人；学院荣获年度考核优秀单位、毕业生就业工作先进单位、军训工作先进单位、工会工作先进集体；学院团委荣获五四红旗团委称号；获批全校师德师风建设基地。

全年招收本科生276人、硕士研究生199人、博士研究生19人、专业学位研究生124人。在读本科生1050人，应届本科毕业生212人，硕士毕业生129人，博士毕业生9人。在站博士后2人。2021年，校级研究生课程思政示范课程立项3项，"双一流"研究生优质课程建设项目立项2项。全年新增自治区级一流课程3门，新增国家级大学生创新性实验计划立项2项。2021年，获自治区高等教育教学成果奖特等奖（本科教育）1项、二等奖（研究生教育）1项；获批校级黄大年式教学团队1个。7月，在2021"欧倍尔杯"第四届全国大学生化工实验大赛西北赛区竞赛中，宁夏大学-宁朔队获特等奖，宁夏大学-主导队获一等奖。8月27—29日，在第二届全国大学生化学实验创新设计竞赛总决赛中，宁夏大学代表队获得总决赛特等奖。2021年10月，获第七届中国国际互联网大学生创新创业大赛铜奖。

2021年，学院共申请国家自然科学基金35项，获批4项（经费总额140万元，以下同）；立项宁夏自然科学基金一般项目4项（共40万）、优秀青年项目1项（20万）、重点项目1项（28.6万）、自治区科技攻关（支撑）计划项目1项（170万），获批自治区科研经费总额258.6万元，自治区重点研发（引才专项）立项6项。横向课题共立项4

项,经费总额59万;科技转化1项,转化金额10万元。发表文章60篇,其中,中科院1区9篇,2区23篇。发表会议论文9篇,申请专利13项,授权9项,出版专著1部、教材1部,获得自治区科技进步奖三等奖1项。进一步加大对化学工程与技术和化学一级学科博士授予点的建设。全年引进青年博士3人。顾培明、刘翔宇、李晓曼、罗民、彭娟等5人完成重要科研成果。

获批工业水处理与循环利用创新团队、3D打印暨智能高分子材料创新团队、2个自治区科技服务地方创新团队(获批经费100万元),自治区科技创新领军人才2人(获批经费100万元),横向项目19项(合同经费711万元)。实现成果转化3项(转化经费40万元)。承担中国工程院重大战略咨询项目2项。

开展学术活动9场次。教师参加国内外学术会议83人次,参会作报告7人次,学生参加国内外学术会议41人次,作会议报告/墙报13人次。其中,7月27—30日,承办中国化学会第十届西部有机化学论坛,涂永强、冯小明院士参会,论坛参会人数超过400人,其中长江学者、杰青获得者20余人,开展学术报告130余场,涉及有机化学、药物化学和化学生物学等相关领域的热点问题。公派出国1人,参加丝绸之路高校学生联合培养项目,培养硕士研究生2人,学院导师:是彭娟和晋晓勇,合作高校:新加坡南洋理工大学;博士2人,学院导师:杨金会和刘万毅,合作高校:马来西亚理工大学。

【国家级一流本科专业建设】 3月,《教育部办公厅关于公布2020年度国家级和省级一流本科专业建设点名单的通知》(高教厅函〔2021〕7号)发布,学院化学、化学工程与工艺专业成功获批国家级一流本科专业建设点。

【全国工程教育专业认证】 6月,中国工程教育专业认证协会公布2020年全国工程教育专业认证结论,学院化学工程与工艺专业名列其中,认证有效期为6年,自2021年1月至2026年12月。

【化学学科领域金鱼ESI世界排名】 5月,科睿唯安更新的基本科学指标(ESI)最新数据显示,宁夏大学化学学科领域首次进入ESI世界排名前1%。这是宁夏大学首个进入国际高水平行列的学科领域,实现了学科建设的重要突破。

【表彰奖励】 6月,自治区党委授予李平教授自治区优秀共产党员称号。6月,化学化工学院2018级化学(教师教育)1班团支部荣获全国高校活力团支部。

生命科学学院

【概况】 生命科学学院设有4个教学研究单位:植物与生态学系、动物与生理学系、微生物与分子生物学系、生物技术与工艺系。拥有西部特色生物资源保护与利用教育部重点实验室、宁夏农业生物技术重点实验室(动物与微生物)、宁夏优势特色作物现代分子育种重点实验室、宁夏饲料工程技术研究中心以及与企业共建的种苗生物工程国家重点实验室等科研平台,打造教育部"长江学者和创新团队发展计划"创新团队1个、自治区级科技创新团队2个。学院设有生物技术、生物科学、生物科学(教师教育)3个本科专业(均为国家级特色专业)及生物学一级学科博士学位点和硕士学位点。学院有教职工88人,其中教授41人,副教授24人。

党建与思政工作。 2021年,学院扎实开展党史学习教育主题活动,坚持领导带头学、联系实际学,先后开展了为期一周的领导班子读书班活动,理论学习中心组开展14次专题集中学习研讨,领导班子每周按计划自觉读书学习。学院党委委员和支部书记分别在联系支部共开展17次讲党课活动,各支部结合"三会一课"、师生政治理论学习活动,定期集中组织学习,深入学习《论中国共产党历史》《中国共产党简史》等。通过观看收听大会实况、聆听专题辅导报告、交流研讨等,深入学习了习近平总书记"七一"重要讲话精神、党的十九届六中全会精神等,进一步增强"四个意识"、坚定"四个自信"、做到"两个维护"。开展丰富多彩的主题教育活动,举办了学院七一表彰大会及党员过政治生日活动,开展了10余场党史学习教育宣讲报告会、民族团结进步教育宣讲报告会、学习贯彻党的十九届六中全会精神宣讲报告。先后与同心县预旺镇土峰村、闽宁镇、宁东学校开展主题党日活动,组织师生赴井冈山培训学习、清明祭英烈、参观盐池革命烈士纪念园、到宁夏科衡农业科技发展有限公司走访调研等主题实践活动。党员教师积极参与了"讲述革命故事,牢记党的光辉历史"的微视频讲述革命故事活动。学生中开展了主题党史读书分享会、党史知识竞赛、主题升国旗仪式、红色经典朗诵比赛、演讲比赛及主题团日活动等,开展党员帮扶学困学生、敬老慰问等活动。扎实开展"我为群众办实事"活动,从解决学生个人学习困难、思想困惑,学生就业帮扶,到提升师资队伍建设水平、创造更好学习工作环境等方面,帮助师生解决实际问题。加强师德师风教育。先后开展了习近平总书记关于教育的重要论述、全国教育大会精神、习近平总书记给全国高校黄大年式教师团队回信精神等的学习。为教师购买师德教育书籍,开展教风学风年终表彰大会,打造师德师风文化阵地等,进一步营造尊师重教、爱岗敬业的良好氛围,推进校级"师德师风建设基地"建设。

学院深入推进党建工作。充分发挥学院党委政治核心作用,修订完善了学院党委会会议议事规则、党政联席会会议规则,制定学院执行"三重一大"制度实施办法,进一步健全和完善学院议事决策机制,促进学院集体领导、党政分工合作、协调运行的工作机制。加强党建基础性工作,推进支部标准化、规范化建设。完善了学院师生党支部工作考核评价办法,进一步细化各支部党建责任要求,开展支部年度抓党建述职评议考核工作。严格党员发展工作,共发展党员59人。2021年,学院被全国妇联授予"巾帼文明岗"荣誉称号,学院党委被授予全区先进基层党组织荣誉称号。截至年底,学院共有党员168人,其中,教工党员60人,占教工总数的69%,学生党员108人,占学生总数的17%。党委下设4个教工党支部、3个学生党支部,4个教工支部选优配齐了"双带头人"党支部书记,3个学生支部由教师党员兼任支部书记。

人才培养。 全年招收本科生155人、硕士研究生41人、博士研究生20人。在读本科生520人,应届本科毕业生101人,硕士毕业生28人,博士毕业生7人。大力推进课程和专业建设,培育学生创新精神和科学情怀。生物技术国家级一流专业建设和生物学拔尖人才培养班工作按计划顺利推进,免疫学被推荐申报国家一流本科课程,生物科学专业被推荐申报国家和自治区级一流本科专业建设点;学院组织"生物学拔尖人才培养班"10名同学暑假期间赴南京大学开展专场夏令营活动,取得良好成效;"基于生物科学类专业特色的全维度、一体化育人体系构建与人才培养"获2021年自治区高等教育教学成果一等奖。积极开展基层教学组织建设年活动，进一步调动了基层教学组织的活力和工作积极性，在宁夏大学首届教师教学创新大赛中，学院教师获一、二、三等奖，教学学术创新奖，基层教学组织奖和优秀组织奖各1项；在宁夏大学第九届青年教师教学基本功大赛中，学院教师获三等奖和优秀奖各1项；学院教师以"基因突变"为题的微课作品在全国高校生命科学类微课教学比赛中获二等奖。人体解剖生理学、微生物学两门课程获批宁夏大学第三批课程思政示范课程建设项目。

根据新一轮"双一流"建设任务要求，修订《生命科学学院博士生导师选聘细则(试行)》《生命科学学院博士生导师招生资格认定细则(试行)》《生命科学学院硕士生导师选聘及招生资格认定细则(试行)》，遴选博士生导师6人、硕士生导师6人，生物学一级学科学位点有博士生导师25人、硕士生导师45人，建设了一支具有良好师德师风与较高学术水平的导师队伍。积极开展研究生教育教学改革，获宁夏大学研究生教学成果二等奖1项。建立健全招生管理制度，修订完善了《生命科学学院博士研究生申请—考核招生工作细则》《生命科学学院硕博连读研究生实施细则》；完成2021级20名博士研究生与42名硕士研究生的线上招生复试工作及2022年博士研究生硕博连读和申请—考核选拔工作。严把研究生培养环节，根据《深化新时代教育评价改革总体方案》精神要求，制定了《生命科学学院2021届研究生学位授予学术成果基本要求及考核细则》，组织本学科领域专家，首次开展研究生答辩前学术成果认定。全年共开展3批次学位论文答辩，毕业博士研究生7人、硕士研究生25人。加强研究生创新能力培养，获批宁夏大学2021年研究生创新项目3项，结题

2020年研究生创新项目6项。通过讲党课、专题辅导等形式，加强学生的政治思想教育和引导；坚持并完善教师党员班主任、新生专业导师、班级量化考核等学院特色工作，促进学风建设再上新台阶；创新网络育人新模式，推进学院网络思政教育，学院荣获年度网络思政工作先进学院。学院团委连续六年获得宁夏大学"五四红旗团委"，2021届毕业生初次就业率达到80.15%，学院获得学校2021年就业工作集体奖；2021届毕业生考研升学率达到25.74%，其中定位基础学科拔尖人才培养的生物科学专业考研升学率达到54.2%，毕业生英语四级通过率为73.3%；2021年本科生招生一本上线率继续保持在100%；2021年大学生暑期"三下乡"社会实践获批校级重点项目3个、一般项目2个，学院被评为宁夏大学2021年大学生暑期"三下乡"社会实践活动优秀组织单位；2020级博士研究生李振凯先后获得全国优秀共青团员、中国第十六届"大学生年度人物"入围奖和宁夏第十六届"大学生年度人物"奖；学院本科生和研究生在"互联网+"创新创业大赛中获自治区级银奖2项、铜奖1项，在全国大学生生命科学竞赛(科学探究类)中获国家级二等奖1项、三等奖2项，在全国大学生生命科学竞赛(创新创业类)获国家级铜奖5项。"推普助力乡村振兴"实践团荣获2021年全国大学生社会实践志愿服务优秀团队，教育部和团中央向学校发来表扬信。

科学研究。2021年，获批中央引导地方科技专项1项，获批经费158万元；获批立项国家自然科学基金项目6项，其中与军事医学科学院联合承担重点项目1项；立项自治区重点研发计划项目5项、宁夏自然科学基金项目12项，其中重点项目2项；承担企事业单位委托研究项目10余项。全年新增科研经费1400余万元。发表高水平论文50

余篇,其中中科院一区期刊论文 1 篇,二区期刊论文 3 篇;获授权发明专利 3 项,制定行业和地方标准 5 项,获软件著作权 1 项。获自治区科技进步二等奖 1 项、三等奖 1 项。立足全区优势特色产业发展需求,成立了 16 个服务地方功能小组,与固原市科技局、西吉县科技局、彭阳县科技局、海原县科技局等地方科技部门进行对接。5 项科研成果实现转化,成果领域涉及动物健康养殖、马铃薯种植和贮藏新技术、中草药种植、饲草加工、环境生态保护等方面;学院积极组织教师投身乡村振兴工作,8 名教师受聘为乡村振兴员,3 名教师参加科特派项目,为自治区乡村工作贡献力量。

学科与队伍建设。积极推进一流学科建设,按期完成年度学科建设各项任务。生物学学科在软科 2021 年中国最好学科排名中位列 87 位,排名层次前 40%。结合学校新一轮一流大学和一流学科奋斗目标及建设任务,学院在深入总结"十三五"学科建设成效和存在的问题的基础上,认真分析学院发展所面临的机遇与挑战,明确了发展思路,制定了发展目标,细化了工作任务,为学院"十四五"期间的事业发展规划了蓝图。通过引进与培养相结合,着力优化师资队伍结构,提升师资队伍整体水平。根据学科发展需要,引进 2 名优秀青年博士,3 名青年教师完成博士研究生学习,获得博士学位,5 名青年教师在职攻读博士学位。周学章教授入选 2021 年自治区科技创新领军人才。

合作交流。2021 年,3 位国内专家学者到学院开展学术交流活动,举行学术报告会 3 场,涉及慢性呼吸道炎症的遗传与表观遗传调控研究、OIE 动物疫病区域化管理原则及进展、面向绿色生物经济的高通量使能技术与装备研制及工业化应用领域。聘任美籍知名专家吴稚伟教授承担学院 2021 秋季学期研究生课程公共卫生与流行病学、生命科学前沿授课任务,扩展研究生学术视野。以线上线下相结合的方式,邀请南京大学、吉林大学、中国农业大学、农业农村部、军科院等相关单位专家为全院师生开展学术前沿、生物安全、基金申报等相关讲座 11 次。克服疫情影响,扎实推进"对口合建工作月"活动。通过深入交流,与上海交通大学生命科学与技术学院在师资队伍建设、人才培养、科学研究等方面对口支援学院相关工作达成了意向性协议;与厦门大学生命科学学院就一流本科专业建设、基础学科拔尖人才培养、本科人才培养方案制定、基层教学组织功能与本科专业建设的衔接以及课程共建和同步课堂建设等问题进行了深入研讨,举行了厦门大学《微生物学》课程同步课堂观摩活动;与天津大学化工学院在植物天然产物异源合成与细胞工厂构建、合成生物学与抗生物素代谢工程、环境生物工程等方面深化科研合作达成了合作意向。选派 5 名博士研究生赴美国爱荷华大学、南京大学、军事医学科学院、中科院进行联合培养。

【庆祝中国共产党成立 100 周年暨"七一"表彰大会】 6 月 30 日,学院在知本楼二楼报告厅举办庆祝中国共产党成立 100 周年暨"七一"表彰大会并组织党员集体过"政治生日",全体党员参加活动。此次活动进一步增强了党员的荣誉感和使命感,鼓舞了党员的士气和斗志,激励党员勤勉敬业,勇于创新,为党的事业做出新的更大的贡献。

【荣誉奖励】 王东研究员主持的"奶牛乳腺炎综合防控关键技术与应用"项目荣获自治区科学技术进步二等奖。该项目授权国家专利 6 项,获兽药产品批准文号 12 个,发表学术论文 40 余篇,其中被该领域高水平刊物收录 8 篇,获宁夏自然科学优秀学术论文一等奖。先后培养研究生和本科生18名。项目研究成果在银川市、吴忠市和中卫市推广应用，累计在20.36万头奶牛中进行示范和推广，创造经济效益1.56亿元，取得了显著的社会效益和经济效益。郑国琦教授主持的"宁夏枸杞药材质量形成对温度的响应机制研究"项目荣获自治区科学技术进步三等奖。该项目发表论文8篇，其中被该领域顶级刊物收录1篇，中文核心期刊民收录5篇。

在第十七届"挑战杯"全国大学生课外学术科技作品竞赛红色专项活动中，学院马丽娜同学主持，马小瑞、赵一帆、韩廷伟、苏小轩等同学参与的项目"寻迹山西高平市——为国而战的平凡者"荣获全国三等奖。

生态环境学院

【概况】 2021年，生态环境学院下设生态系、环境科学与工程系2个系，2个本科专业，1个学术硕士授权点，有生态学1个自治区"双一流"建设学科。有1个国家重点实验室培育基地、1个教育部重点实验室、1个自治区重点实验室、1个黄大年教学团队、1个院士工作站、1个自治区级人才小高地。在校生218名，其中本科生140名，硕士研究生78名。

党建与思政工作。学院有教师党员42名、学生党员44名。发展学生党员21名，转正5名。成立了生态学系、环境科学与工程系、研究生、本科生等4个党支部；举办2期入党积极分子、发展对象培训班，培训92人次，其中入党积极分子57人，发展对象35人。推进党史学习教育，开展集中学习、支部联合共建、大调研、红色教育基地参观、大合唱、健步走等主题活动百余场；专题党课12场。针对学院发展瓶颈问题，落实了"我为群众办实事"18件。贯彻落实"一岗双责"、党风廉政建设责任制、意识形态工作责制；出台"党委会议事规则"等10余项制度；开通学院网站、微信公众号；用"立足新起点、树立新理念、营造新氛围、开创新局面"凝聚全院师生。发挥专业优势，生态系教工党支部与宁夏贺兰山国家级自然保护区管理局联合共建功能党支部，共同推动贺兰山森林生态系统问题研究；疫情防控和本科生长途实习期间，成立功能党小组和临时党支部，开展党员教育和志愿服务活动。

师资队伍建设。学院有教职工62名，其中专任教师53名(正高级职称19名,副高级职称20名)；具有博士学位教师47名，有长江学者讲座教授1名，教育部霍英东基金获得者1名、自治区新世纪313人才1名、教育部新世纪优秀人才2名、自治区领军人才2名、自治区青年拔尖人才7名、"贺兰山学者"2名、中科院"西部之光"人才计划4名、自治区青年科技人才托举工程5名。引进2名博士。

人才培养。申请新增环境科学与工程、生态学本科专业，逐步优化专业布局，完善学科体系。与上海交通大学教学发展中心合作举办ISW教学技能培训班，参加西北环境工程虚拟教研室暨青年教师课程设计指导能力培训工作坊，提升教师教学技能。落实院系领导和督导专家听课制度，强化本科教学过程管理。举办学院第一届青年教师教学基本功大赛。实行硕士学位论文开题、中期检查、预答辩、外审、正式答辩全流程把控，提高研究生培养质量。获自治区教学成果一等奖1项、宁夏大学教学成果一等奖1项；获批宁夏大学研究生课程思政示范课程1项、宁夏大学"双一流"研究生优质课程建设项目2项；获批2021年自治区普通本科高等学校一流基层教研室建设项目1项；获校级教学成果三等奖1项、校级思政课程2项、黄大年教学团队1个。学生创新创业项目立项再创新高，国家级课题立项2项，自治区级2项，校级项目超过40项。加强校企合作，签订11家教学实习实践基地。

科学研究。2021年，承担纵向科研项目37项、横向科研项目10项，实到科研经费2915万元，新增国家级科研项目7项（国家自然科学基金6项，国家重点研发项目课题1项），新增省部级项目30项。获宁夏科技进步奖一等奖1项、二等奖1项、三等奖2项；哲学社会科学奖实现新突破，获宁夏第十五届哲学社会科学优秀成果奖二等奖（论文类）1项。发表论文80篇，其中高水平论文50篇。出版学术专著2部。14篇论文入选自然科学优秀学术论文，其中一等奖3篇、二等奖5篇、三等奖6篇。开展科普教育宣讲10次，培训基层技术人员500余人次。编发《生态决策参考》2期，在《宁夏日报》《银川日报》共发表科普文章6篇。围绕黄河流域生态保护和湿地专题发表传播文章9篇。参加各类咨询论证现场会50人次。完成宁夏生态学会换届，生态学会理事长、秘书长均为学院人员，6名教师位任常务理事长、理事。持续推进重点实验室脱培。9月27日，重点实验室通过专家现场论证。

合作交流。与云南大学生态与环境学院、厦门大学环境与生态学院签订战略合作协议，并与上海交通大学环境工程学院、浙江大学生命科学学院达成了长期合作意向。与中卫市自然资源局确定了共建山水林田湖草沙研究基地的意向。与石嘴山生态环境局建立星海湖生态治理修复实习实践基地。与千叶青公司、二泉生态科技有限公司等企业建立科研实践实习基地意向。邀请10位国内专家学者开展学术交流，涉及生态学、环境科学、实验室安全等3个领域。与日本福岛大学、以色列特拉维夫大学联合培养硕士2人。

【国家重点研发计划项目】 副校长王忠静主持的"十四五"国家重点研发计划项目"黄河上游河套平原节水控盐产能提升技术模式与应用"于12月29日正式立项，项目总经费9282万元。项目将建立"宁夏红寺堡次生盐渍地精量灌排协同抑盐产能提升示范区"，其中核心试验示范1千亩，规模示范1万亩，辐射推广10万亩。

【以色列Marcelo教授获教育部"长江学者"讲座教授】 引进的以色列特拉维夫大学Marcelo教授获批教育部"长江学者"讲座教授。

【宁夏贺兰山森林生态系统国家定位观测研究站国家标准认证揭牌】 5月28日，中国森林生态系统定位观测研究网络宁夏贺兰山森林生态系统国家定位观测研究站、国家林业和草原局典型林业生态工程效益监测评估国家创新联盟指定机构、国家天然林保护工程贺兰山监测站和生态产品监测与质量检验贺兰山分中心揭牌仪式在宁夏贺兰山苏峪口管理站举行。贺兰山森林生态站国家标准认证的揭牌，意味着学院对于宁夏贺兰山森林环境空气质量、森林水文、森林土壤、森林气象及生物多样性全指标定位观测研究的将更加标准化、系统化。

【宁夏生态学会第三次会员代表大会】 7月18—19日，宁夏生态学会第三次会员代表大会暨过渡区生态保护与宁夏先行区高质量发展高端论坛在宁夏大学国际交流中心举办。常务副院长钟艳霞当选为宁夏生态学会第三届理事会理事长，刘任涛研究员为秘书长。

地理科学与规划学院

【概况】 学院设有4个教学研究单位：地理科学系、人居环境与城乡规划系、地理信息科学系、自然地理系。拥有教育部中阿旱区特色资源开发与环境治理国际合作联合实验室、宁夏(中阿)旱区资源评价与环境调控重点实验室。设有一级硕士点1个、二级硕士点4个。有自治区重点学科1个。学院有教职工62人，其中教授16人，副教授22人。

党建与思政工作。学院有教师党员40名、学生学员105人(其中预备党员58名)。新发展学生党员60名，转正32名。按照"学党史、悟思想、办实事、开新局"的总体要求和学校党史学习教育领导小组的统一部署，组织全院师生扎实开展党史学习教育。9月，完成6个师生党支部调整换届工作，优化支部结构，选优配强"双带头人"教工党支部书记。创新党建工作方法，与机械工程学院、数学统计学院党委联合举办党支部书记、支部委员能力素质提升培训班。

人才培养。2021年，招收本科生118人、硕士研究生36人。在读本科生479人，应届本科毕业生116人，硕士毕业生27人。全年开展一系列本科教学改革和研究生教育改革，新增省部级本科教学改革项目2项、校级研究生教学改革项目4项。学生参加国家级大赛获奖10项。

科学研究。2021年，学院承担纵向科研项目34项、横向科研项目6项，实到科研经费1238万元，新增国家级科研项目9项(国家自然科学基金4项，国家重点研发项目5项)。发表学术论文31篇，其中，被SCIE收录4篇，SSCI收录1篇，EI收录2篇。组织申报专利3项，获国家专利局批准5项，其中发明专利3项。

学科与队伍建设。积极建设地理学一级学科学位点，加大对地理科学国家一流本科专业点的建设。全年引进优秀博士人才2人，培养在读博士2人，国内访学2人，国内短期培训20余人次。学院教师刘小鹏获聘中国地理学会发展地理学专委会副主任，赵多平、文琦分别被《中国沙漠》和《地理科学》聘为青年编委。

合作交流。2021年，有7位国内外专家学者到学院开展学术交流活动，举行学术报告7场，涉及自然地理、人文地理、地理信息科学等领域。成功举办新时代文化地理学的理论和实践创新研讨会暨文化地理学青年学者学术沙龙。

【战略合作】 9月13日，院长刘小鹏代表学院与苍穹数码技术股份有限公司签署校企战略合作协议。学院党委书记陈军胜、副院长赵多平参加了签约仪式。10月20日，宁夏大学与宁夏灵武白芨滩国家级自然保护区管理局签订合作意向性协议，校党委常委、副校长谢应忠出席签约仪式。谢应忠高度赞扬了几代白芨滩人的治沙精神及取得的成果。他指出，本次签约是宁夏大学不断深入开展校地合作的良好契机，不仅可以推动学科的发展，而且可以提高师生深入生产实践、解决实际问题的能力，从而在基层中得以锻炼和学习。他希望地理科学与规划学院与白芨滩国家级自然保护区管理局以此次签约为契机，深化科技合作交流，将协议落到实处。

【新时代文化地理学的理论和实践创新研讨会】 5月31日，由中国地理学会文化地理专业委员会主办、地理科学与规划学院承办的新时代文化地理学的理论和实践创新研讨会暨文化地理学青年学者学术沙龙在宁夏大学举行。会议以"新时代文化地理的理论和实践创新"为主题,围绕地理研究的进展与趋势、三峡移民的地方融入和宁夏生态移民工程的实践历程进行了交流。

【地理科学与规划学院成立】 6月15日,宁夏大学地理科学与规划学院举行成立与揭牌仪式。副校长李建设、院长刘小鹏共同为"中共宁夏大学地理科学与规划学院委员会""宁夏大学地理科学与规划学院"揭牌。

农学院

【概况】 2021年,农学院下设农学、园林、动物科学3个系;有草业科学1个国家重点学科,草学、园艺学、畜牧学3个自治区国内一流建设(培育)学科,草学、园艺学、作物栽培学与耕作学、临床兽医学4个自治区优势特色学科(重点学科),蔬菜学、植物营养学等7个校级重点学科;有草学、畜牧学2个一级学科博士点,草学1个博士后科研流动站,作物学、园艺学、草学、畜牧学、兽医学、农业资源与环境6个一级学科硕士点,农业昆虫与害虫防治1个二级学科硕士点,农业硕士、兽医硕士、林业硕士3个专业硕士学位点;有农学、植物保护、农业资源与环境、园艺、林学、园林、动物科学、动物医学、草业科学9个本科专业,其中3个国家一流本科建设专业、1个自治区一流本科建设专业、2个国家特色专业和4个自治区优势特色专业。有教职工157人(含劳务派遣5人),其中专任教师133人,教授(研究员)53人,副教授(副研究员)58人。博士学位教师106人,占专任教师的78%。有博士生导师34人(含兼职导师10人)、硕士生导师172人(含兼职导师56人)。柔性引进院士3人、著名专家4人,聘请兼职教授11人。享受国务院政府特殊津贴2人,自治区政府特殊津贴2人。有国家"万人计划"青年拔尖人才1人、新世纪学术技术带头人(国家级百千万人才一、二层次人选)1人、国家有突出贡献的中青年专家1人、教育部新世纪优秀人才支持计划2人、国家现代农业产业技术体系岗位科学家2人、自治区313人才工程10人、自治区科技创新领军人才培养计划3人、自治区国内引才312计划2人、自治区青年拔尖人才培养工程人选3人、自治区青年科技人才托举工程人选8人、自治区教学名师1人、塞上农业专家2人、全国五一劳动奖章1人、教育部高等学校专业教学指导委员会委员6人、全国宝钢优秀教师奖6人。有国家教学团队1个、自治区教学团队3个、自治区科技创新团队3个。

党建与思政工作。学院有教师党员104名、学生党员337名(预备党员99名)。新发展师生党员93名,转正49名。开展党史学习教育,落实"我为群众办实事活动",发放学习资料600余份;上报学院阶段性总结和各支部学习进展状况汇报17次、学习感言19次、特色工作10次,微信推送党史学习教育内容21期;组织开展清明祭英烈活动、党史学习教育宣讲会、红色观影活动、七一慰问退休老党员、收看庆祝中国共产党成立100周年大会实况并召开座谈会等活动。修订《宁夏大学农学院党委会会议议事规则》和《宁夏大学农学院党政联席会会议议事规则》;实施《农学院开展"教师思想政治工作强化年"暨师德师风专题教育实施方案》,组织开展"育人讲坛"、新生入学教育、"研究生培养与学术诚信"报告会、网络文明安全教育等系列活动37场。学院党委获宁夏大学先进基层党委、网络思政工作先进学院、网络思政工作先进易班工作站、先进分工会、校园健步走一等奖等荣誉,9名教师获校级优秀共产党员和优秀党务工作者称号。

学科与师资队伍建设。进一步加强草学、园艺学一流学科、畜牧学一流培育学科建设,推进作物学等特色学科建设;5个学科参加了全国第五轮学科评估,完成了农业硕士学位点评估。积极做好园艺学一级学科博士学位点及植物保护一级学科硕士学位点的申报。新引进博士7人;新增博士生导师8人、硕士生导师15人。新增国家万人计划青年拔尖人才1人、全国五一劳动奖章1人、中科院"西部之光"人才培养计划项目1人、自治区青年拔尖人才培养工程1人。获学校立德树人奖4人;获校级青年教师教学基本功大赛一等奖、三等奖各1人。

本科教学工作。全年招收本科生325人,毕业272人。获批园艺和动物科学2个国家一流本科建设专业,新设林学(枸杞)专业方向1个。获自治区本科教学成果一等奖2项,校级教学成果二等奖2项、三等奖1项。获批校级黄大年式教师团队2个、课程思政示范课建设项目2门、"互联网+"教育在线开放课程2门。获批教育部产学合作协同育人项目1项,大学生创新创业实验项目国家级2项、区级7项、校级94项,协同创新项目1项;完成75项大学生创新实验项目结题验收工作,其中获区级优秀奖1项、校级优秀奖7项。本科生公开发表论文10篇。

研究生培养。全年招收全日制学术型博士研究生29人、硕士研究生420人(学术型硕士生85人,全日制专业学位硕士生291人,非全日制专业学位硕士生44人)。毕业博士研究生15人、硕士研究生251人。修订完善《宁夏大学农学院硕博连读培养选拔方案》《宁夏大学农学院博士申请—考核制实施细则》;完成139位研究生导师招生资格认定和研究生年度质量报告工作。积极开展研究生教育教学改革研究,主持校级教育改革项目15项、研究生教育创新计划项目14项。获自治区研究生教学成果奖特等奖、一等奖各1项。

科学研究。获批资助科研经费8482万元。获自治区科技进步奖一、二、三等奖各1项。新增国家重点研发计划项目1项;国家自然科学基金项目15项,总经费465万元;"西部之光"人才培养计划项目1项,林业公益性行业专项1项,农业科技成果转化资金项目3项,中央引导地方平台建设项目1项;宁夏重点研发计划项目22项,经费2702万元;宁夏自然科学基金项目21项。新增横向项目28项,经费222万元;成果转化16项,到校转化经费93万元。SCI论文收录23篇,EI收录1篇,获专利授权17项(发明专利1项,实用新型16项),出版学术专著13部。

团学工作。加强学生思想政治教育,培养学生道德情操,积极推进"以团建带班建促班风学风"活动,学院获五四红旗团委,5个班级获先进班集体,28名同学获校级优秀学生干部,40名同学获校级"三好"学生。获全国第七届"互联网+"大学生创新创业大赛先进集体、铜奖2项,自治区级金奖2项、银奖1项、铜奖2项,校级金奖3项、银奖1项、铜奖2项、优秀奖2项、最佳带动就业奖1项、最具商业价值奖1项;第十一届全国大学生电子商务创新、创意及创业大赛国赛三等奖;第十三届"挑战杯"大学生课外学术科技作品竞赛,校级特等奖1项、一等奖3项、二等奖1项、三等奖2项,入围全国赛1项。本科生读研率54.4%。学生就业率达98.5%,学院获就业先进集体,5名教师获就业工作先进个人。

合作交流。与上海交通大学、南京农业大学、河南农业大学、福建农林科学院、上海兰桂骐农业科技有限公司等高校和企业开展合作，选派 2 名教师赴中国农业大学、北京师范大学访学 1 年；邀请兰州大学南志标院士、中国农业大学李德发院士、原校长柯炳生教授以及西北农林科技大学姜雨教授等专家来校交流，开展学术报告并为研究生上课；举办了宁夏反刍动物分子细胞育种重点实验室第一届学术委员会暨畜牧产业发展研讨会、宁夏草牧业工程技术研究中心第一届学术委员会第一次会议等。与石嘴山市、固原市、灵武市等开展科技服务活动，助推宁夏乡村振兴建设。

【国家"万人计划"青年拔尖人才】 5 月 13 日，魏凡华教授与中国农业大学刘金华教授为共同通讯作者在 Nature Microbiology 发表了题为 IFI16 directly senses viral RNA and enhances RIG-I transcription and activation to restrict influenza virus infection 的论文。12 月 24 日，中共中央组织部办公厅发布第六批国家"万人计划"入选人员名单，魏凡华教授入选万人计划青年拔尖人才。实现了学校自然科学领域在国家"四青"人才方面零的突破，标志着学院在高端基础创新人才的培养方面取得新突破。

【表彰奖励】 4 月 28 日，自治区总工会庆祝五一国际劳动节颁奖会在宁东能源化工基地宝胜（宁夏）线缆科技有限公司举行，王彬老师因在教育、科研和社会服务工作中的突出成绩喜获全国五一劳动奖章。12 月 22 日，吴心华教授第二次被中央统战部与各民主党派中央联合授予各民主党派工商联无党派人士为全面建成小康社会做贡献先进个人。吴新华教授始终秉持"学艺为民、精益求精"的教育理念，坚守"做青年学生的良师益友、促创业青年实现梦想"的初心，坚持"立师德、立学德、以德树人、爱岗敬业、以情育人、率先垂范、积极进取"，为国家培养了大批在农村"留得住、技术高、用得着"的兽医人才。

【宁夏反刍动物分子细胞育种重点实验室第一届学术委员会】 9 月 22—23 日，宁夏反刍动物分子细胞育种重点实验室第一届学术委员会暨畜牧产业发展研讨会在悦海宾馆会议中心召开，李德发院士、张涌院士与委员们听取重点实验室工作报告，肯定了取得的成绩，对未来发展目标、研究方向、建设规划和项目申报等提出建议，国内著名大学、科研机构专家学者针对畜牧学基础研究创新、产业发展等作了 12 场学术报告。实验室建设明确了思路方向，进一步优化布局，加大对人才的引进与培养力度，加快提升创新成果产出转化。

【宁夏草原学会代表大会暨优质饲草资源开发利用助力宁夏奶产业高质量发展论坛】 12 月 12 日，由农学院和宁夏草原学会承办的宁夏草原学会第三次会员代表大会暨优质饲草资源开发利用助力宁夏奶产业高质量发展论坛在银川召开。中国草学会理事长南志标院士出席。来自全国、宁夏相关高校、企业的知名专家学者 150 余人出席本次论坛，对优质饲草助推宁夏奶产业高质量发展聚智聚力，建言献策。

【首个外籍博士后出站】 12 月 8 日，草学博士后流动站组织专家对培养的首个外籍博士后 Noelline TSAFACK 进行出站答辩考核。专家组认为 Noelline TSAFACK 博士完成了各项工作任务，在草原甲虫多样性方面取得了一系列研究成果，根据宁夏大学农学院博士后管理考核办法（试行），考核结果为优秀。

【国家重点研发计划项目】 12月28日，李建设教授主持的"黄花菜、高山蔬菜产业关键技术研究与应用示范"获批国家重点研发计划重点项目，财政资助总经费5000万元，分为5项课题在宁夏、云南、山西等地开展，实现了学院在国家级科研项目方面零的突破。

食品与葡萄酒学院

【概况】 2021年，学院坚持以学科建设为龙头，以人才培养为中心，以师资队伍建设为保障，以教学改革为动力，以科研引领为驱动，以社会服务为重点，充分发挥思政育人的主阵地和研学实践的大课堂作用。在全院教师的共同努力下，实现了院系合并团结稳定、融合发展，学科和专业整体呈现良好的发展态势。

党建工作。围绕学校中心工作，以党史教育为载体，党建创新为抓手，推进基层党组织建设科学化、规范化和制度化，不断加强党建和思想政治教育工作。

坚持一个中心（围绕中心工作抓党建、抓落实），突出两个作用（党支部的战斗堡垒作用和党员的先锋模范作用），把握3个标准（有利于加强党的建设，有利于党员素质的提高，有利于人才培养），在组织管理和制度建设上常抓不懈。加强领导班子和基层党组织建设，严格贯彻落实民主集中制，坚持和完善党政联席会议制度。结合理论学习中心组、"三会一课""主题教育"等活动，带领教职工自觉运用其武装头脑、提升能力、推动工作，思想政治教育基础扎实、效果明显。认真落实"党政同责""一岗双责"，实施领导工作目标责任制，改进工作作风，强化监督检查，形成班子成员带头落实、师生积极配合的工作机制。加强制度建设，修订11项规章制度，规范工作程序。重视精神文明创建工作，把精神文明建设落实、贯穿、渗透于学院各项工作之中，实行"一把手亲自抓、一班人一起抓"的工作机制。

强化政治引领，提升班子合力。按照"分工协作+岗位职责+任期目标+廉政要求"的模式抓好班子建设，该办的事坚决办，绝不拖；能办的事马上办，绝不等；难办的事想办法办，决不放；需要合办的事协作办，决不推。确保党组织领导与运行机制到位。按照"四分四合"（工作职责分，指导思想合；工作职能分，工作目标合；工作制度分，工作关系合；一般工作分，重大问题合）处理好党组织与行政之间的关系。坚持民主集中制原则，"三重一大"事项集体研究决定，促进班子整体功能的发挥和活力的增强。严格落实意识形态工作责任制，在办学方向、人才引进、课程建设中把好政治关，持续推进意识形态领域问题排查治理工作。

强化理论武装，提高思想素质。坚持党委理论学习中心组学习制度，组织师生认真参加"不忘初心、牢记使命"主题教育。明确时间表、路线图和任务书，全院集体学习10次，书记带头讲党课2次。党委理论学习中心组每周一集中学习1次，抓好党支部集中学习和自学，保证主题教育扎实有序开展。新华社采编了《贺兰山东麓葡萄产区高校教学科研忙》，刊登在中华人民共和国中央人民政府网站。

强化党风廉政建设，推进学院科学管理。严格执行中央八项规定，认真落实《党风廉政建设责任书》要求，把反腐倡廉、师德建设列为党委理论学习中心组、党员学习教育的重要内容。学院重大事项由党政联席会议集体讨论决定，严格按规定程序进行。积极推进作风建设，强化服务意识，增强服务能力，提升服务水平。落实责任主体，突出作风建设长期性、有效性，推动作风建设常态化。对于关乎学院发展和教职工切身利益的重大决策，注重广泛调研，并通过和系(教研室)主任、民主党派、教授、青年教师等层面的谈心谈话，发扬民主，集思广益。充分发挥教职工在教学、科研、学科建设以及人才引进等方面的咨询参谋作用，提高学院重大决策的科学性。

重视党建工作创新创优和党日活动的组织。"支部建在学科上""一支部一品牌"等特色支部活动取得了初步成效，"依托团队党建搭台，全面培养青年教师"形成了一定的影响力。食品加工获批自治区"黄大年式教师团队"。

规范有序地完成党员发展和转正工作。2021年，累计接收预备党员56人，开展入党积极分子培训班2期，培训入党积极分子124人、发展对象78人。结合"三会一课"，坚持两周一次集中学习，每周一次党小组学习讨论。每个党员有笔记，集中学习有心得。通过多样性实践活动，让学生党员在实践中领悟建党百年的伟大成就。重点打造"紫色梦想侍酒师志愿者服务团队"。开展专业培训12次，在宁夏贺兰山东麓国际葡萄酒博览会志愿服务80人次。

推动课程思政建设，凝聚立德树人合力。紧扣立德树人根本任务和人才培养中心工作，紧密结合青年发展规律和成长需求，充分挖掘学生潜质，提高学生素质，彰显学生气质，深化"五求"(个性发展上求特，培养学生务实精神、学习能力；专业创业上求强，培养学生自强精神、实践能力；文化艺术上求美，培养学生人文精神、审美能力；文明道德上求善，培养学生仁爱精神、品行能力；学术科技上求真，培养学生科学精神、创新能力)文化涵育体系建设。以问题为导向，紧密结合学院特点、专业特色、学生特征，切实将专业与学业相融合、专业和职业相聚合、学业和职业相化合，培养学生自律度、自信度、自觉度、自发度，打造具有食葡烙印、学院特色的校园文化活动精品。以"绿色食品""葡萄酒"为切入点，挖掘课程思政元素，打造2个课程思政品牌，将思政元素融入专业教学中。组织申报研究生优质课程与课程思政建设项目，获批3门优质课程、1门思政建设课程，立项获批百瑞源研究生产教融合实习基地。1名教师被评为学校立德树人标兵。

重视加强师德师风建设。通过学院网站、QQ群、微信平台等各种载体加强大学生思想政治教育，弘扬主旋律、传播正能量。全年共推送思想政治教育类、法制观念及安全教育、国史党史教育、师德师风教育、文明创建工作类、校园文化建设等100多篇稿件。教工支部从学科启蒙，学科基础课程以及学科基础拓展三个方面努力，组织开展了"立德树人、做好学生的引路人"等一系列教育活动。

落实意识形态领域责任制，做好民族团结进步教育。认真落实学院重点领域风险隐患排查工作要求，加强学院风险隐患排查工作；组织开展民族团结宣讲及民族团结进步教育活动，铸牢中华民族共同体意识；加强对学院各类QQ群、微信群、微博、易班、讲座等阵地管理；学习贯彻党的统一战线理论政策，完善统战工作领导机制，落实工作责任。

加强校园文化建设，努力提升校园文化品位。积极组织学生参加校园文化艺术节、社会实践和志愿服务，努力营造学院文化氛围，完成了学院宣传阵地、学科建设、教学、科研、学生工作、社会服务文化建设。指导院团委、学生会和社团开展形式多样的系列校园文化和社会实践活动,丰富第二课堂,共有135人获得校级奖学金,23人获校级"三好"学生,13人获校级优秀学生干部,3个班获校级优秀班集体,CET-4平均通过率44.34%,荣获学校2021年暑期"三下乡"社会实践活动二等奖和优秀组织奖。积极参加各类学生比赛并获奖,《小黄花大产业——黄花花铺出富民金光道》荣获"青年红色筑梦之旅"国赛银奖。研究生会组织开展讲座23场学术报告,为研究生开拓视野,营造学术氛围。

认真抓好分工会、精神文明建设和安全稳定工作。不断拓宽教职工参与学院日常管理的途径和方法,全力支持工会活动,积极参加学校教职工运动会、建党100周年健步走和歌咏比赛等活动,营造团结和谐的工作氛围,推进学院发展。调整社会治安综合治理工作机制,明确分工,强化责任,加强隐患排查,做好综合治理工作,确保学院安全稳定。

坚持抓党建促疫情防控、保障教学正常进行。疫情期间充分发挥党员骨干教师、"双带头人"的作用,院领导带头值班,建立完善的教学过程质量监控机制。顺利完成学生综合实习实践和专业核心课程实习工作。开展院级督导、院领导、教研室三个层面课堂听课"四位一体"教学评价等任务,制定(修订)教学管理制度20余件。保障线上课程顺利开展。

多措并举,狠抓落实,促进毕业生就业。举办2021届毕业生"双选"洽谈会,共邀请区内外63家企业前来招聘,提供就业岗位900多个。采取包抓机制推进就业工作,2021届毕业生本科生就业率80.56%,研究生就业率77.14%,列全校第6名。2021届144名本科毕业生中,升学(攻读硕士研究生)43人,出国留学6人。

教学和人才培养。学院有食品科学与工程、葡萄与葡萄酒工程2个本科专业,3个专业方向,在校学生864名,专职教师44人,2021年,新引进青年人才5名,攻读博士学位1名,企业挂职锻炼1名。

坚持以学科建设为工作重心,党建工作与业务工作融合发展。积极打造教学团队、专业团队、学科团队、科研团队,推动学院发展。经过努力取得了可喜的成绩,食品科学与工程专业获批国家级一流专业建设点、葡萄与葡萄酒工程专业获批自治区级一流专业建设点。

以专业建设为抓手,提高教学质量,形成了6个不同教学模式、10门课程的优秀案例。获批"产学合作协同育人项目"1项、教育厅产教融合人才培养示范专业1项、学校本科教学成果二等奖1项。组织专家对3门自治区级教改项目进行结题验收,全部顺利通过;组织实施2个教育部"新农科研究与实践"项目,获批"第二批产学合作协同育人项目"3项、教育厅产教融合人才培养示范专业1个、学校本科教学成果二等奖1项。

开展基层教学组织建设年活动。对标学校基层教学组织建设年活动方案,组织教师课改专题研讨50余次和线上讲座10余次,组织第一届青年教师教学基本功大赛暨校赛选拔赛,在学校首届教师教学创新大赛中获得教学活动创新奖1项,一等奖、二等奖、三等奖各一项。对标双一流建设指标和"十四五"规划,组织申报了国家一流课程-线下课程、线上线下混合一流课程、社会实践课程、线上一流课程、虚拟仿真实验课程、"卓越拔尖人才培养班"和"产学合作协同育人项目"。

加强产教融合基地建设。结合学科特色,加大与百瑞源、西夏王、西鸽酒庄等企业的产学研合作力度,围绕葡萄酒、枸杞、绿色食品等特色产业,打造产教研融合标杆。组织专家论证,经学校研究,成立宁夏大学枸杞现代产业学院、葡萄酒现代产业学院,凸显学院学科影响力和综合实力。

提升创新创业训练计划项目质量。积极组织学生创新项目申报工作,获批国家级项目1项,自治区级3项,校级23项。引导支持学生创新创业活动,组织动员互联网+大赛,获得校级银奖1项、铜奖3项、乡村振兴奖1项;获教育部金奖1项、第七届全国移动互联网创新大赛(西北赛区)高校组奖项3项。

学科建设。全面推进食品科学与工程和葡萄与葡萄酒工程专业的工程教育专业认证工作。选派14名骨干教师外出交流学习,邀请5个知名专家面对面指导;食品科学与工程专业完成申请书提交,进入到自评估阶段;启动了葡萄与葡萄酒工程专业工程教育专业认证。

提前布局博士点申报。邀请国家学科评议组专家论证,设立枸杞工程二级学科自设特色方向。组织学科骨干组建专班筹备博士点申报工作,撰写完成一级学科博士点申报相关材料4份。

政策引导,激发研究生创新创业热情。组织开展研究生创新创业项目,新立项6项,结题9项,学科竞赛收获丰富。承办首届宁夏大学生食品科技创新创业大赛,获优秀组织奖、一等奖2项、二等奖7项、三等奖4项。5名三助岗位学生,国家奖学金2人,学业奖学金94人,一等学业10人,二等学业18人,三等学业66人。"小黄花"团队荣获宁夏大学生"互联网+"大学生创新创业竞赛"红旅赛道"宁夏金奖、国赛银奖等3项。

搭建学术交流平台,提高培养质量。邀请"贺兰山学者"开展学科与专业与建设指导4次,为学生讲授课程8次,参加科研课题研讨10余次。承办国际学术会议2次、全国学术会议2次,参加国际会议研究生150人次;制定奖励办法,奖励作大会报告的研究生20人次。研究生在权威期刊发表学术论文102篇,申请专利27项;100%研究生参与省部级及以上科研课题。

科学研究和服务地方。着力科研团队打造,聚力有组织科研活动,根据学院发展总体和实际情况,凝练出食品系4个科研团队,葡萄系3个科研团队。拟定了《PI制实施办法》等制度。2021年,国基金全校获批67项,学院获批7项。学院以学科组为单位有组织地开展了4次申报推进工作。省部级科研项目获批14项,其中重点重大项目8项,自治区育种专项1项;其他厅局级课题、横向课题3项,科研总经费新增3142.8万元。发表学术论文42篇(SCI三区以上14篇,EI23篇,一级学报5篇)。成果转化3项专利(技术),收入16.7万元。

科研实训基地建设取得重大突破。筹建葡萄种植资源圃和解决学院教学科研实习基地,在西夏区获批了400亩土地,组织3次专家论证会,经学校专题会,校长办公会、常委会研究,积极筹建,解决学生实习、老师科研、耕读教育问题,这是宁夏第一个规模化的集酿酒葡萄资源圃、育种、科研示范和教学实训于一体的多功能基地,对推动酿酒葡萄抗寒旱育种、实现产业技术引领、加速成果转化、培养专业人才具有重要意义。

合作交流。加强与新西兰尼尔森马尔伯勒理工学院中文合作办学项目的交流与合作谈判,与法国及日本6所大学和机构开展交流合作,新签或续签了合作协议。与上海交通大学农业与生物学院就科学研究、人才培养与社会服务等方面达成初步合作共识。

【一流本科专业建设】 2月28日,《教育部办公厅关于公布2020年度国家级和省级一流本科专业建设点名单的通知》(高教厅函〔2021〕7号)发布。食品与葡萄酒学院食品科学与工程专业进入国家级一流本科专业建设点,葡萄与葡萄酒工程专业进入省级一流本科专业建设点。

【国家自然科学基金项目】 2021年度国家自然科学基金评审资助结果公布,食品与葡萄酒学院申报项目26项,获批7项,获批率26.9%,立项数目和立项率均创历史新高。

【荣誉奖励】 由张军翔教授指导的"神酿科技——引领葡萄酒智能化发酵新时代"代表宁夏大学,在第七届"互联网+"大学生创新创业大赛中获国家级铜奖。"低(无)醇葡萄酒脱醇装置及产品开发与应用"获自治区铜奖。徐伟荣教授主持的"三协同四提升葡萄与葡萄酒全产业链人才培养模式创新与实践"获自治区教学成果二等奖。

机械工程学院

【概况】 学院有教职工86人,其中教授13人,副教授30人。有一级硕士点1个、专业硕士点1个、省重点学科1个。设有4个教学研究单位:机械工程、过程装备与控制工程、交通运输3个本科专业和1个机械工程一级学科硕士学位点。拥有国家级一流本科专业建设点1个、教育部"卓越工程师教育培养计划"(简称"卓越计划")试点专业1个、教育部"新工科"建设试点专业1个、自治区级一流本科专业建设点1个、自治区级重点实验室1个、自治区级科技创新团队1个、自治区级实验教学示范中心(宁夏大学工程训练中心)1个。

党建与思政工作。学院有教师党员62名、学生党员158名,新发展学生党员84名,转正33名。学院党委荣获宁夏大学先进基层党组织,过程装备与控制工程系党支部荣获自治区教育工委优秀基层党组织,机械、卓工学生党支部荣获宁夏大学先进基层党组织,在宁夏大学庆祝中国共产党建党100周年师生合唱比赛中荣获一等奖。

人才培养。学院全年招收本科生273人、硕士研究生101人,在读本科生1041人,应届本科毕业生247人,硕士毕业生78人。扎实推进本科教学和研究生教育改革,积极探索新工科视域下的高素质工程技术人才培养新范式,"以'三顶石'为核心,面向产出的新工科人才培养模式研究与实践""项目引领,德行养成,机械类创新型研究生'五位一体'培养模式实践"分别荣获宁夏高等教育教学成果特等奖和二等奖。积极探索面向国际化的新工科建设路径,成功举办2届先进制造与创新设计模拟国际会议暨顶石设计课程项目展,完成数字化智能工厂近300万设备安装调试,完成基础课程实验室设备更新与补充,建成大学生工程训练综合能力竞赛实训基地,改善工程训练中心实训条件。工程教育专业认证工作取得实质性进展,完成机械工程专业认证申请。大学生创新项目申请和学科竞赛取得优异成绩,申请立项校级大学生创新项目71项、区级大学生创新项目8项、国家级大学生创新项目2项,学生在区级以上竞赛中获奖39项,获得第七届中国国际"互联网+"大学生创新创业大赛区赛铜奖2项、全国大学生工程训练综合能力大赛国赛铜奖1项、第十四届全国大学生节能减排社会实践与科技竞赛国赛三等奖1项、TRIZ杯第九届中国大学生创新方法大赛国赛二等奖3项、二等奖1项。

科学研究。学院承担纵向科研项目22项、横向科研项目7项，实到科研经费882.9万元，获批2项国家自然科学基金项目，发表的学术论文被SCIE收录3篇，EI收录5篇。积极组织申报专利，获国家专利局批准15项，其中发明专利6项。出版专著教材2部，获批区级高水平本科课程建设项目3项，获批6项宁夏自然科学基金项目（其中重点项目1项），获批自治区重点研发（引才专项）3项。

学科与队伍建设。紧扣学校"十四五"规划及"双一流"建设指标，深度凝练学科方向，增进校企协同与国际交流合作。获批教育部"产学合作协同育人"项目1项。引进博士3人。1人当选新一届教育部行业职业教育教学指导委员会委员（2021—2025），1人获自治区人民政府特殊津贴，1人获自治区科技创新领军人才培养对象。

合作交流。与马来西亚彭亨大学签署中外合作办学协议和合作备忘录，完成宁夏大学与马来西亚彭亨大学合作举办机械工程专业本科教育项目申请。16位国内外专家学者到学院开展学术交流活动，成功举办2次学术会议，师生参加国际会议、出国考察、交流等活动20余次。

【首届宁夏大学先进制造与创新设计模拟国际会议】 6月20日8:30，在明远楼举办了首届宁夏大学先进制造与创新设计模拟国际会议暨机械工程学院顶石设计课程项目展。本届项目展共展示了"小型芹菜收割机设计""地下车库防进水装置""风电机组复材叶片在位加工装置""外骨骼式老年人辅助行走装置"以及"变量施水喷头设计及优化"等12个项目。项目展之后，学院雍耀维、曲爱丽、胡阳、王明、徐艳茹以及马来西亚彭亨大学马全锦博士等人分别作了题为《大孔对闭孔泡沫铝合金疲劳性能的影响》《两种新型球形顶型芯体（SRCC）自由振动分析数值研究》《几何参数对腹板夹芯钢板刚度影响》等的学术报告。本次大会和项目展的成功举办也将对培养学生的创新思维、跨文化交流能力及拓宽国际视野和提高专业素养起到积极作用。

土木与水利工程学院

【概况】 2021年，土木与水利工程学院下设土木工程、水利工程、交通与工程管理、建筑学与城市规划4个系，7个本科专业，一级学科博士点1个，二级学科博士点4个；一级学科硕士点2个，二级学科硕士点7个，专业学位硕士点1个；博士后流动站1个，院士咨询站2个。

师资队伍建设。共有教职工105名，其中专职教师95名，正高级职称38名（另有兼职教师16名），副高级职称36名，具有博士学位教师56名。

党建与思政工作。学院有教师党员67名、学生党员191名（其中预备党员73人）。新发展师生党员69名，转正61名。贯彻落实习近平新时代中国特色社会主义思想，聚焦"学党史、悟思想、办实事、开新局"主题，组织全院师生开展党史学习教育、"民族团结进步月"主题活动，举办报告会6次。院党委严格落实"三会一课"制度，形成了制度、考核、组织、党风廉政建设四大保障体系，通过凝练特色、创新机制，形成并着力打造"1个目标"+"2个党建工作运行机制"+"3个层级党建基础"+"4个保障体系"+"13个党建赋能提质"为一体的基层党建工作新模式。

人才培养。全年招收本科生298人、硕士研究生127人、博士研究生17人、专业学位研究生84人。在读本科生1170人，应届本科毕业生248人，硕士毕业生81人，博士毕业生3人。新增博士后

2人，在站博士后3人。全年开展了一系列本科教学改革和研究生教育改革。通过强化本科毕业论文质量评价和监督体系，提升学生综合素养水平。依据专业特色制定适合各系的毕业答辩考核文件，引入第三方评价机制，保证了毕业答辩工作公平公正公开。强化本科教学管理规章制度，制定《考试管理规章制度》《创新创业立项评审制度》《试卷管理规章》。积极开展博士、学术型和专业型硕士研究生的分类培养模式，开展双导师制，提高研究生的创新能力和实践能力。组织教师积极申报各类教改项目，本年度研究生课程思政立项3项。加强大学生科技创新活动，新增国家级大学生创新性实验计划立项4项。

科学研究。2021年，学院承担纵向科研项目36项、横向科研项目22项，实到科研经费3675万元，新增国家级科研项目9项，其中国家自然（社会科学）基金3项，发表的学术论文被SCIE收录18篇，EI收录7篇。组织申报专利4项，获国家专利局批准4项，获省部级科技进步二等奖2项。

学科与队伍建设。进一步加大对水利工程一级学科授予权点的建设，全年引进人才2人。新增青年托举人才1人。学院教师获得宁夏自然科学优秀学术论文30项奖励。

【土木水利建筑大类毕业生校园"双选"洽谈会】 9月25日，由学生处主办、土木与水利工程学院承办的宁夏大学2022届土木水利建筑大类毕业生校园"双选"洽谈会在宁夏大学文萃校区成功举办。此次"双选"会吸引了来自北京、广东、陕西、天津、甘肃、江苏、重庆、宁夏等区内外105家用人单位，其中央企国企占比超过65%，有61家500强企业，67家上市公司，为毕业生提供就业岗位5596个，参加"双选"会的毕业生人数近2000人。

【2021年中国土木工程学会高校优秀毕业生】 7月，中国土木工程学会高校优秀毕业生评选由中国土木工程学会教育工作委员会（设在清华大学）组织开展，经全国土木工程专业（含工程管理专业）院校推荐，评审委员会评审，学会秘书处审核，决定授予来自全国各个高校的46名同学2021年中国土木工程学会高校优秀毕业生称号（土木工程专业30名，工程管理专业16名）。学院2021届土木工程专业毕业生宋牧原荣获此称号。

【基层教学组织系列活动】 6月25日，学院各系分别就提升教学过程质量、专业论证、打造一流团队等专题召开了基层教学组织活动。通过系列活动的开展学习，对专业建设的认识，专业认证的开展，教师教学能力的提高，强化基层教学组织的功能，更好地发挥基层教学组织在立德树人、提高教学水平和人才培养质量起到了积极的作用。

【大学生结构设计竞赛】 7月14—16日，由学院协办的第五届宁夏大学生结构设计竞赛暨第十四届全国大学生结构设计竞赛分区赛在银川举办。7所高校的29支队伍150余名师生参加本次竞赛。本次竞赛是宁夏回族自治区土木工程学科实现多元化培养大学生创新能力、设计能力、实践能力和综合素质的高水平竞赛，具有极强的创造性和挑战性，是广大学生学习交流的平台。

教育学院

【概况】 学院有教育系、心理系、教育技术系3个教学单位，教育研究院和宁夏新型高校智库"宁夏教育发展研究中心"2个专门研究机构，教师教育学院、宁夏高等学校师资培训中心和宁夏大学教育技术中心3个教学服务部门；有民族心理与民族教育二级学科博士学位授权点1个、一级学科硕士学位授权点2个、二级学科学术硕士授权点7个、全日制教育专业硕士学位授权点3个、非全日制教育硕士点1个；设有小学教育、学前教育、应用心理学、教育技术学等4个本科专业。共有教职工82人，其中教授15人，副教授21人。

党建与思政工作。学院有教师党员54名、学生党员180名（其中预备党员74名）。新发展师生党员70名，转正52名。贯彻落实习近平新时代中国特色社会主义思想，组织全院师生扎实开展党史学习教育，铸魂育人践行初心使命，为学院高质量发展提供坚强政治保证：开展了"学党史 悟思想"系列活动。通过开展读书分享会、党史知识测试、庆祝建党100周年学生合唱比赛、基于核心素养的课堂改革讲座、师范生技能大赛、粉笔字技能大赛、"互联网+"大赛、国家安全知识答题竞赛等多项活动，凝聚力量，砥砺品格，使党史学习教育真正活起来、热起来、实起来；邀请马克思主义学院教授王媛、教育学院教授郝振君、中国中央民族大学教授严庆、"凌云宣讲团"学生，为学院师生作红船精神、井冈山精神、习近平总书记关于教育的重要论述、铸牢中华民族共同体意识等主题宣讲报告5场，参与师生1120人次。组织领导干部讲党课10次，参与师生867人次。引导师生树立正确党史观，激励师生在学习中坚定理想信念，在奋发中践行初心使命，从百年党史中感悟初心使命，汲取接续奋斗的磅礴力量；积极开展"学党史听党话跟党走"主题教育活动。开展师生座谈会、浓情五月感恩母亲朗诵比赛、"学党史感党恩跟党走"主题团日活动、"弘扬五四精神，书写青春誓言"主题团日活动等，参与师生7678人次，提高党史学习教育的针对性和吸引力。组织开展铸牢中华民族共同体意识教育学习活动。开展"中华民族共同体意识融入课程思政"、"传承党的百年光辉史基因、铸牢中华民族共同体意识"学习讨论，"中华民族共同体意识进教材、进课堂、进头脑"讲座，"铸牢中华民族共同体意识"主题团日，民族团结进步教育月征文等系列活动，参与师生347人次，教育引导师生牢固树立马克思主义民族观。深入开展"我为群众办实事"活动。从调整办公空间、修订管理制度、制定凝聚力建设规划、开展小学教育专业师范认证问题整改、修订导师工作职责、制订毕业生就业指导方案、健全学院与宁夏中小学合作长效机制等方面，帮助师生解决实际问题。

人才培养。全年招收本科生181人、硕士研究生165人、博士研究生3人，专业学位研究生99人。在读本科生740人，应届本科毕业生160人，硕士毕业生95人，博士毕业生7人。全年开展了一系列本科教学改革和研究生教育改革，立项自治区"互联网+"教育在线开放课程建设项目2项，立项宁夏大学课程思政项目2项、"互联网+"教育在线开放课程建设项目2项，获宁夏大学校级教学成果奖二等奖1项、"双一流"优质课程建设项目2项、研究生课程思政示范课程建设项目2项。

科学研究。承担纵向科研项目21项，其中新增国家社会科学基金1项、横向科研项目3项，实到科研经费66.55万元，出版学术专著6部。

学科与队伍建设。6月，学院组织相关专家进行心理健康教育专业硕士研究生学位授权点建设论证，为进一步加强教育学一级学科授权点建设力度提供支持。全年引进高水平博士人才2人，新增博士后1人。学院教师获宁夏教育事业发展规划"十四五"重点课题优秀等次1人，以通讯作者发表论文入选第六届中小学数字化研讨会优秀论文1人，获首届西北四省区大学生就业创业大赛宁夏区赛优秀指导教师1人，获宁夏第十五届哲学社会科学优秀成果奖一等奖1人、二等奖6人。

合作交流。邀请13位国内外专家学者到学院开展学术交流活动，举行学术报告场，涉及国基金论证、博士点申报、硕士论文答辩等领域。与2所高校开展联合培养等工作，联合培养博士2人；派遣1位教师赴北京师范大学访学交流，3位教师到基层教学单位挂职锻炼。

【宁夏高等学校师资培训中心工作】 宁夏高等学校师资培训中心顺利完成了自治区教育厅安排的各项工作任务：组织全区高校新入职教师岗前培训，培训人数1208人；组织全区高校教师教育教学基本素质与能力测试（笔试），测试人数755人；组织全区高校教师教育教学基本素质与能力测试（面试），测试人数1129人；完成全区高校教师资格认定工作，认定教师1020人；完成全区中小学教师资格认定咨询、指导、证书管理发放、认定材料审核工作，认定教师12628人。

【管理教辅人员岗位认知及能力提升培训班】 此次培训班共有行政教辅人员11人参加。学院书记党小龙从学院工作指导思想和"六不要"工作标准等方面阐述了培训班举办的意义和参加培训的要求，以如何提升行政工作能力为中心做深入分析，重点讲解公文格式的基本要求以及处理公文的方法和技巧；副院长王淑莲为大家作《如何健康、快乐、高效的工作》专题讲座。

【科研成果】 2021年，学院高度重视教职工教学科研能力提升，大力督促教师发表高水平论文及著作，共发表有影响力的文章10余篇，出版专著3部。教育研究院撰写《部省合建高校人才培养模式改革与实践研究》，相关成果被教育部选入由高等教育出版社出版的《部省合建中西部高等教育振兴的战略选择》一书中。

音乐学院

【概况】 音乐学院成立于1978年，设有3个办公室、5个教学系（钢琴系、声乐系、器乐系、舞蹈系和音乐学系）。有教职工60名，其中教授8人，副教授15人，讲师18人，助教10人，具有硕士学位教师51人，博士4人，在读博士7人。学院设有本科专业2个：音乐学（师范）和舞蹈表演（表演、编导），具有艺术硕士专业学位（音乐和舞蹈）授予点，以及中国少数民族艺术（音乐）二级学科硕士学位授予点。

党建与思政工作。学院有教师党员27名、学生党员44名。发展学生党员21名，转正5名。成立教职工党支部、本科生党支部和研究生党支部共3个党支部；全年确定入党积极分子90人，发展对象45人，预备党员按期转正25人，配合校党委组织部完成了半年、年终两次党内统计；扎实开展中心组政治理论学习、教职工政治理论学习、"三会一课"、组织生活会、民主生活会，积极发挥基层党支部的战斗堡垒作用。全年共组织中心组政治理论学习12次、教职工政治理论学习12次，召开党委会议7次、支委会25次，常态开展党小组学习，专题党课教育专题宣讲5次。推进党史学习教育，通过线上研读、线下自学、集中授课、观看电影、党日活动等方式，扎实开展党史学习教育，"三会一课"开展31余次；每周组织教职工党员线上研读党史，每人每周发送个人学习视频1个、心得体会1篇；在学院公众号"百年风华，'艺'心向党"专栏推送红色经典剧目12篇;制作3期音乐学院党史学习教育纪录片;为师生办实事解决问题6类17项。举办参与建党100周年系列演出50余场次,以沉浸式、嵌入式的鲜活方式,引导师生在文艺经典中回望党的历史,厚植爱国情怀,赓续红色血脉,将理论学习化为行动自觉。音乐学院荣获宁夏大学"五四"红旗团委荣誉称号。

人才培养。全年招收本科生189人、硕士研究生36人。在读本科生761人,研究生103人,应届本科毕业生163人,硕士毕业生30人,2021届毕业生升学16人,出国留学7人,自主创业2人,参军入伍3人,20%考取中小学音乐教师、特岗等事业编制,绝大部分毕业生选择自由职业等,学院初次就业率78.97%。2021年校级综合奖学金171人、优秀班集体2个、"三好"学生25人、优秀学生干部12人。

教学科研工作。本科生教育工作。2021年,学院获批大学生创新创业实验项目22项,合唱指挥立项自治区一流本科课程,钢琴系"西北地区优秀民歌发掘与传承教学团队"被推荐为一流基层教学组织。

研究生教育工作。截至2021年底,共挂牌建立7个硕士生实习实践基地,有利于学生综合素质培养和专业实践能力的提升。学院设立"宁夏大学音乐学院分学位评定委员会",有效保障学院研究生教育过程中重大事项的规范性、公正性和严肃性。2021年,完成艺术硕士专业学位授权点(音乐领域)质量专项巡查工作,修订完善相关细则。完成了硕士生导师选聘及招生资格认定,雷兴明教授获聘宁夏大学民族学博士生导师。胡菁华副教授的《主科(音乐)》获批2021年校级研究生课程思政示范课程建设项目;雷兴明教授的《音乐作品分析》和张建国教授的《主科(音乐)》获批宁夏大学2021年"双一流"研究生优质课程建设项目。

科学研究项目。在音乐领域,主持国家级社会科学其他项目3项;自治区厅局级社会科学项目5项;宁夏哲学社会科学规划项目2项,其中宁夏哲学社会科学规划重点项目1项;校级科研项目24项,导师参加"圆梦工程"文艺培训志愿行动1项;导师发表论文20篇;研究生主持宁夏大学研究生创新项目1项,发表论文68篇。在舞蹈领域,获得国家艺术基金资助1项,主持宁夏哲学社会科学规划重点项目1项、自治区厅局级社会科学其他项目1项,主持教研项目2项,主持研究生教育教学改革研究与实践项目1项,宁夏大学民族学学科群建设二级项目5项,导师获奖共计13项,导师指导研究生参加比赛、创作、表演等获奖共计12项,研究生发表论文14篇。潘珅教授的"百年党史中的红色经典音乐研究"获批2021年度宁夏哲学社会科学(艺术学)重点规划项目。

艺术实践。在音乐领域,获教育部全国大学生艺术展演二、三等奖共3项,自治区政府第九届文学艺术奖一、三等奖共2项,获全区第六届大学生艺术展演一、二、三等奖,优秀创作奖共计11项;获校园文化建设成果1项;导师本人参加比赛获奖共计13项;研究生举办学位音乐会23场。

在舞蹈领域,获第九届中国舞蹈"荷花奖"作品银奖、第六届中国舞蹈"荷花奖"作品十佳;获部委级比赛展演奖项,如教育部全国大学生艺术展演一、二等奖;参加国家央视栏目展演,如中央电视台视春节联欢晚会、央视《舞蹈世界》、央视五四晚会《五月的鲜花》等;中国舞蹈家协会举办全国回族舞蹈展演连续四届获一等奖;获得省级文艺评奖一、二、三等奖。音乐、舞蹈领域在服务当地经济社会发展和文化建设中发挥着重要作用。

2021年,排演了《激情燃烧的岁月》专场音乐会、《长征组歌》音乐会,圆满完成宁夏大学组织的庆祝活动5场,开展9场院级庆祝建党100周年系列音乐会活动、33场本科生毕业音乐会;宁夏大学合唱团2次受邀代表宁夏参加全国比赛及演出活动,荣获杰出贡献团队称号;学院教师指导学生入围全国第十三届金钟奖选拔赛4人;参加了自治区庆祝建党100周年大型晚会活动、教育厅庆祝建党100周年的演出活动、教育厅"千校万人唱红歌活动";国家艺术基金申报12个项目,申报项目数占全区申报总量的5.4%,位居全区高校第一。

学科与队伍建设。自治区"塞上文化名家"2名,教育部普通高校学科教学指导委员会委员1名。学院获得宁夏教科文卫体工会劳模和技能人才创新工作室1个——陈宏创新工作室(全区共12个)、宁夏大学文化名家"陈宏创新工作室"1个。2021年,学院教师分别荣获宁夏大学首届教师教学创新大赛副高组二等奖1项、讲师组三等奖1项。获得第九届宁夏大学青年教师教学基本功三等奖1项、优秀奖1项;全年引进人才2人。完成了民族学"双一流"建设项目——西北民族音乐创编研究实验基地。

合作交流。音乐学院与中央音乐学院协作建立"一带一路"音乐教育联盟实践基地,参加了2020世界音乐学院云端音乐厅"和平·友谊·融合"专场音乐会。学院还与中央音乐学院音乐学研究所建立了合作交流平台。加强校企合作,签订3家教学实习建基地。

【庆祝建党100周年"音乐党史"系列活动】 为了进一步"学党史、悟思想、办实事、开新局",学院党委结合艺术专业特色,充分发挥艺术专业优势,举办参与建党100周年系列演出50余场次,其中《长征组歌》的复排和成功演出,是宁夏大学音乐学院成立43年来首次将大型音乐史诗《长征组歌》完整版搬上舞台,通过此次演出,引导师生在文艺经典中回望党的历史,厚植爱国情怀,赓续红色血脉,将理论学习化为行动自觉。

【大学生艺术展演活动】 3月16日,在全区第三届大学生艺术展演活动中,合唱获得二等奖;5月,在教育部、四川省人民政府组织的全国第六届大学生艺术展演中,学院教师李曼莉指导的作品《黄河》获器乐合奏二等奖。通过此次活动,学院学子在交流实践中开阔了视野,展示了艺术风采,提升了艺术能力和水平。

【宁夏哲学社会科学规划重点项目】 2021年度自治区哲学社会科学(艺术学)规划项目,由自治区文化和旅游厅组织评审,经自治区哲学社会科学规划办公室和宁夏艺术科学规划领导小组办公室审核,并经自治区党委宣传部部务会会议研究同意,学院潘珅教授申报的"百年党史中的红色经典音乐研究"获批2021年度宁夏哲学社会科学(艺术学)重点规划项目。

【自治区一流本科课程】 陈宏教授的合唱指挥课程被推荐为自治区一流本科课程,实现了学院一流本科专业零的突破。钢琴系西北地区优秀民歌发掘与传承教学团队被推荐为一流基层教学组织。

【博士生导师选聘及招生资格认定】 根据《宁夏大学博士生导师选聘办法(试行)》(宁大校发〔2021〕74号),经2021年9月3日学校学位评定委员会研究,雷兴明教授获聘宁夏大学民族学博士生导师，为下一步音乐学科博士点建设奠定了良好的基础。

美术学院

【概况】 学院设有美术系、视觉传达设计系、环境设计系、基础理论部4个教学研究单位。拥有美术学（教师教育）、绘画、视觉传达设计、环境设计4个本科专业。其中美术学（教师教育）专业为自治区级重点建设专业，下设国画、油画、综合绘画3个专业方向。拥有中国少数民族艺术、艺术硕士（含美术、艺术设计）2个硕士授予（培养）点，下设中国少数民族绘画、中国少数民族书法、中国少数民族装饰艺术、中国少数民族美术理论研究、中国画、油画、书法、环境艺术、视觉传达等9个方向。学院有教职工50人，其中专职教师40人，教师中有教授5人、副教授15人、讲师15人、博士6人、在读博士8人，自治区青年托举人才2人。

党建与思政工作。美术学院党委有1个教工党支部、3个学生党支部。有党员141人，其中教工党员26人，学生党员115人。学院党委始终带领全体师生认真学习贯彻习近平新时代中国特色社会主义思想，不断增强"四个意识"、坚定"四个自信"、做到"两个维护"、捍卫"两个确立"。学院党委始终聚焦"双一流"建设目标和任务，抓好主责主业，不断把教学科研管理服务各项工作推向新的高度。在党史学习教育中，开展了一系列特色亮点活动：为群众办实事举措、服务城乡规划举措、以学科优势推动党史学习教育。

人才培养。全年招收本科生160人、硕士研究生38人、专业学位研究生37人。应届本科毕业生172人，硕士毕业生57人。2021年，申报并成功获批绘画专业，使学院专业增加到4个。完成了2021年度普通高等学校本科教学状态分析报告，通过报告数据分析，达到教育部要求的数值。修订2022版本科人才培养方案。学院举办"三八女神节"感恩教师活动，举办三期"风雨同舟，与艺同行"在线抗疫书画作品展，举办"展一方之艺，伴疫路同行"创意云视频大赛、"岁月留声 光影重现"配音等活动。2021年，开展学生竞赛13次、志愿服务52次、校园活动137次、团日活动及思想成长类活动232次，学生获得各类奖项超过100项。

科学研究。2021年，学院立项国家社科基金项目1项、省级社科基金项目2项、自治区级教改项目1项，立项横向课题4项，实到科研经费36.95万元。结题国家社科项目1项、省级项目2项。发表学术论文8篇。全年学院教师获得国家级奖项1项、省级奖项17项、地市级奖项1项、校级奖项5项、部级奖项1项、其他级奖项4项。教师王艳获得宁夏第十五届哲学社科奖一等奖，教师陈博、杨少青获自治区文学艺术奖一等奖，教师王艳、卯芳分别获自治区文学艺术奖二等奖、三等奖，这是美术学院在这一领域拿到的最好成绩，实现了历史性的飞跃。马桦、王骞、付世文、陈博、唐婧5位教师为自治区建党100周年创作了3幅大型主题绘画《单家集夜话》《斯诺在同心》《解放银川》，被宁夏美术馆收藏。学院承办"宁夏大学庆祝中国共产党成立100周年美术作品展"和国家艺术基金传播推广项目《大美华彩：敦煌壁画临摹作品高校美育展》首展。举办本科生、研究生毕业作品展5场，结课作品展10次。

学科与队伍建设。2021年，美术学院成立美育研究中心、中国书法艺术研究所、建筑文化遗产与创新实践工作室3个研究平台，使学院的研究平台达到6个。录制3门慕课，立项"双一流"研究生优质课程建设项目2项、自治区级协同育人项目1项。1名教师获青年教师基本功大赛优秀奖。继续加大学科交叉和融合，申报培育美术与中华民族共同体意识和文化创意设计两个教学团队，设计文创产品超过100件，获专利超过20项，与西夏研究院共同申报的《丝路宁夏》获自治区、国家第七届中国国际互联网+创新创业大赛金奖。升级学院网站，建立"塞上美韵"公众号，发布展览、讲座、教学等学术活动信息。2021年，艺术硕士专业学位点通过了教育部新一轮全国专业学位水平的评估。

队伍建设方面。学院积极支持和鼓励教师攻读提高学历，有4名教师考取博士，学院教师在读博士达到8人。学院还对设计教师举办了短期培训班。

合作交流。2021年，有11位国内外专家学者到学院开展学术交流活动，举行学术报告11场（含线上），涉及美术与设计领域。成功举办1次学术会议，师生参加国际国内学术会议5次。与1个高校开展联合培养等工作，出国攻读博士4人。

【庆祝中国共产党成立100周年系列活动】 4月1日—5月1日，依托自治区党委宣传部、自治区文联组织的"纪念中国共产党诞辰100周年宁夏重大题材美术创作工程"，由付时文、马桦、王骞、陈博、唐婧4位老师带领学院师生开展"创作现场——宁夏重大题材美术创作月"系列活动；7月1日，组织开展"宁夏大学美术学院百年党恩 图绘伟业——宁夏大学庆祝中国共产党成立100周年"师生作品展。

【荣誉奖励】 10月15日，在江西南昌举行的第七届中国国际"互联网+"大学生创新创业大赛全国总决赛中，美术学院和西夏学研究院共同参与的项目"丝路宁夏文创——中国西部文化旅游融合发展领跑者"获得高教主赛道金奖，这是宁夏首次在该项大赛全国总决赛中获得金奖，实现了零的突破。

【"丝绸之路服饰文化与创意设计"工作坊会议】 4月17—18日，由宁夏大学美术学院、民族学与文化旅游产业研究院、教育部人文社科重点研究基地宁夏大学西夏学研究院共同主办，西北民族艺术研究中心承办的"丝绸之路服饰文化与创意设计"工作坊会议在怀远校区逸夫楼一楼多功能报告厅举行，有来自北京、上海等地的20余位专家出席会议。

【研究平台建设】 11月15日，学院成立中国书法艺术研究所；12月15日，成立建筑文化遗产与创新实践工作室；12月30日，成立美育研究中心。2021年共新建3个研究平台，学院的研究平台达到了6个。

【国家社会科学基金项目】 10月10日，学院教师王艳的"须弥山石窟研究"立项国家社会科学基金项目一般项目；3月20日，王艳的国家社科基金艺术学项目青年项目"宁夏工艺美术品研究"顺利结项。学院获批省级项目2项。

体育学院

【概况】 学院有体育教育、运动训练和民族传统体育3个本科专业，民族传统体育文化、学科教学（体育）和体育硕士3个硕士学位授权点。全日制在校生647人（本科生571人，研究生76人）。教职工68人，其中教授12人、副教授16人，高级政工师1人。

党建与思政工作。 学院有教师党员46名、学生党员116名。学院扎实开展党史学习教育，坚持学史力行，服务群众，组织开展"银青结对 共学党史"社区联合实践服务和"红色运动会"等形式多样的学习实践活动，切实保证理论学习和实践锻炼入心入脑。积极开展创先争优，全面营造事事争做标杆、人人争当榜样的良好氛围。大学体育教工党支部被评为全区教育系统先进基层党组织，学院党委被评为学校先进基层党组织，学院荣获学校"没有共产党就没有新中国"合唱比赛三等奖、"感党恩·听党话·跟党走"师生红色经典朗诵比赛优秀组织奖，获批立项建设宁夏大学首批"师德师风建设基地"。

人才培养。 全年招收本科生140人、硕士研究生41人、专业学位研究生39人。"大学体育—体适能"课程获批宁夏大学第三批课程思政示范课程；健美操、篮球运动2门校级课程思政示范课程建设有序进行，发挥良好的示范引领作用。2021年，应测本科生总数18431人，实际参加测试17265人，测试合格13567人，国家学生体质健康标准测试总体达标率为82.9%。完成"闪动校园"长跑活动的咨询、服务和成绩推送工作。2021年，18403名学生参加阳光长跑，其中男生7550人，女生10853人。学院共获得区级本科教育项目3项，其中体育教育系获得区级一流基层教学组织，体育教育卓越拔尖人才培养班获得区级"卓越拔尖人才培养班"，"'双减'下宁夏体育人才培养机制创新与实践"获得区级产学合作协同育人项目；《以社会需求为导向的体育专业"三分式"人才培养模式的创新与实践》获得校级教学成果一等奖和自治区级教学成果一等奖。研究生学位论文抽检合格率100%，毕业率100%，初次就业率92.59%；研究生发表学术论文61篇，其中高水平论文1篇；刘宇泷、王凯圆2名硕士生考取博士。

学院获得自治区以上体育竞赛奖项共计186项，其中国家级体育竞赛奖项16项。共成功申报大学生创新创业项目13项，其中国家级1项，区级1项。学生初次就业率达到93.08%，本科生升学率达到15.15%（体育教育专业升学率达到26.47%）。

科学研究。 学院教师共获科研课题5项，其中区级3项，厅局级1项，科研总经费11.4万元；出版学术著作1部；公开发表学术论文（第一作者或通讯作者）18篇，师生参加体育领域重要学术会议39人次。15篇论文被第十二届全国体育科学大会采用，其中3篇论文入选大会报告，论文录取位列全国论文录取第一作者单位（10篇及以上）第71位。

学科与队伍建设。 2021年，共引进教师4人，1人成功考取厦门大学博士研究生，2人分别荣获学校第九届青年教师教学基本功大赛二等奖、三等奖。1人获得全国广播体操工间操云比赛活动一等奖，1人荣获全区第七届健身气功网络视频大赛（高校组）一等奖，2人分别荣获学校首届创新教育大赛正高组、中级及以下组三等奖，3人获得沙滩排球项目国家级裁判员资格。学院有序推进基础教育团队、训练竞赛团队、中华传统体育文化创新团队以及校园体育文化团队建设，向"教师人人有任务，事事有人做"的目标迈进，进一步打造政治上靠得住、能力上有保障的充满正能量的教师团队，实现补引才之源、建稳才之道，结育才之果。

合作交流。 学院积极承担各级各类比赛，丰富校园体育文化。承办"民体杯"全国木球比赛，7支全国球队参加了本次比赛，学校木球队获得第二名；承办2021年中国大学生3人篮球赛（宁夏赛区），5所本科院校、4所高职院校参加比赛；承办2021年全区大学生篮球联赛暨第二十四届中国大学生篮球联赛（宁夏赛区），全区12所高校28支队伍500余名运动员参加比赛。在疫情防控的特殊时期，承办篮球比赛并圆满完成竞赛工作，充分展示了学校疫情防控部署的周密细致和责任担当。学院教师积极投身社会服务工作，担任各类比赛裁判15人次、专家评委60人次。

【2021年"民体杯"全国木球比赛】 7月13日，2021年"民体杯"全国木球比赛在宁夏大学开幕。国家民委文化宣传司、自治区党委统战部、宁夏大学校领导等出席开幕式。

【第四届中国体育人类学年会】 7月31日，由中国人类学民族学研究会体育人类学专业委员会主办、体育学院承办的2021年第四届中国体育人类学年会在银川海天大酒店举行。来自全国的80名体育人类学专家、学者参加了年会，并围绕体育人类学、体育赛事、传统体育等相关内容的热点问题展开了精彩的报告和热烈的讨论。

【荣誉奖励】 9月26日，中华人民共和国第十四届运动会在陕西省举行。学院学生何杰以2小时14分56秒获得男子马拉松第四名，柯晓娟以10分16秒07的成绩荣获女子3000米障碍决赛第八名。

7月3—17日，中华人民共和国第十四届学生运动会在山东青岛举行。学校田径队摘得男子乙组10000米项目铜牌、女子甲组3000米障碍第五名、女子甲组5000米第七名、女子乙组3000米障碍第五名、女子乙组5000米第八名；沙滩排球队夺得男子组第三名、女子组第九名，男、女队同时获得体育道德风尚奖；武术队获自选南拳第四名、自选枪术第四名、自选长拳第六名、自选长拳第七名和自选刀术第七名；游泳队获男子组50米仰泳第七名。

马克思主义学院

【概况】 学院设有1系（思想政治教育系）、5个教研室（中国近现代史纲要、毛泽东思想和中国特色社会主义理论体系概论、思想道德与法治、马克思主义基本原理、形势与政策），设有二级学科硕士点2个、专业学位二级学科硕士点1个。2021年，学院教职工75人，其中教授23人，副教授31人，讲师18人，助教1人，研究生导师28人，取得博士学位教师23人，博士学位教师占比30%，硕士学位以上教师占比87%，教师党员60人，党员比例85%。

党建与思政工作。学院有教师党员60名、学生党员129名、学生预备党员82人，新发展学生党员81名，转正18名。学院将贯彻落实十九大精神及十九届一中、二中、三中、四中、五中、六中全会精神，"七一"讲话精神、十九届六中全会决议精神等作为政治和业务学习的核心。

政治理论学习。习近平总书记在"3·18"讲话中对思政课教师提出了"六个要"的要求，其中第一条就是政治要求。学院一贯高度重视教职工的政治理论学习，教职工每周三下午或集中学习或在各支部教研室进行，学生政治理论学习两周一次，学院党委理论中心组集中学习12次。2021年的学习内容主要围绕党史学习教育要求的篇章、"七一"讲话、辛亥革命纪念日讲话和十九届六中全会精神展开。

基层党组织建设。 通过多种方式加强对党支部书记和支部委员的培训，各支部分别到井冈山、六盘山、延安、武汉和梁家河村等红色基地学习，在学习考察中增强党性，增强做好基层党务工作的信心，落实"三会一课"制度。主题党日活动在盐池县、平罗县、石嘴山、固原、吴忠、红寺堡和同心县等地的革命旧址开展。获自治区教育系统教师党支部书记双带头人工作室1项、自治区教育系统标杆党支部1个、自治区巾帼英雄岗1项。

意识形态工作。 严格贯彻《宁夏大学党委意识形态工作责任制实施细则》《宁夏大学党委网络意识形态工作责任制实施意见》的有关要求，进一步明确意识形态责任制，在年度党建责任书中纳入意识形态内容。全年累计召开12次学院党委会，其中上下两学期各有一次意识形态专题工作会，研判学院舆情，调研疫情防控舆情应急议案，在重要时间节点、重大问题的排查方面严密周到，形成了党委统一领导、党政齐抓共管的工作格局。

党风廉政建设工作。 按照《2021年宁夏大学全面从严治党党风廉政建设和反腐败工作主要任务分工方案》要求，学院党政班子坚持深入贯彻党的十九届五中全会、习近平总书记"七一"重要讲话、十九届六中全会、十九届中央纪委五次全会、自治区党委和自治区纪委有关会议精神，坚持不懈抓教育、强班子、建制度、盯重点，推进党风廉政建设不断发展、向基层延伸，推动全院各项事业健康发展。

党史学习教育。 党史学习教育开展以来，学院成立"马克思主义学院师生宣讲团"，围绕习近平总书记在党史学习教育动员大会讲话精神、"七一"讲话精神、全国民族工作会议讲话精神和十九届六中全会精神，进行集体备课，设计打磨课件，在校内外广泛宣讲。自2021年3月成立以来，已为校内外巡回宣讲150多场，线上线下覆盖听众近13万人次，其中教师宣讲团在校内宣讲70多场，覆盖全校教师党员、学生党员、学生骨干等群体近8万多人次，校外宣讲40多场次，线上线下覆盖听众近5万人次。"凌云宣讲团"在校内外宣讲40余场次，线上线下覆盖听众3万余人。其中校内宣讲30余场次，覆盖学生2万多人次，校外企业、社区、中小学和农村等宣讲10余场次，覆盖听众近万人。宣讲团制作推出网络宣讲视频120期。其中《百年党史百个故事》在易班工作站网络播出，积极联系《百年党史百个故事》集册出版工作；学生宣讲团制作推出宣讲视频20期，在易班工作站和微信公众号播出。公开发表围绕党史和"七一"讲话精神的理论阐释文章7篇；围绕十九届六中全会精神的理论文章公开发表4篇；围绕全国民族工作会议讲话精神理论文章公开发表2篇。

人才培养。 2021年，在校本科生347人，毕业生82人。在校研究生147人，毕业生35人。2021年，学院有多名学生在学校及自治区各类比赛中获奖，1人参加中央电视台全国大学生党史知识竞答大会，获优秀选手；1人获自治区学习强国达人挑战赛三等奖；1人获第六届HRU大学生人力资源职业技能大赛西北赛区特等奖；2人获"绽放抗疫青春，决胜全面小康"自治区大学生讲思政课公开课二等奖，1人获三等奖；1人获自治区"传承红色基因，争做时代新人"演讲比赛一等奖；1人获"我心中的思政课"宁夏高校大学生微电影展示活动优秀奖。在宁夏大学2021年度网络思政工作中学院荣获先进集体奖，学院公众号在全国高校马克思主义学院影响力指数榜上位居第七。1人在全区大学生3*3联赛中获第四名。

科学研究。 2021年，学院承担纵向科研项目5项，实到科研经费60万元，新增国家社会科学基金2项,宁夏新型智库课题("三进"工作及思政研究专项)立项1项。学院两名教师申报的研究生精品视频课建设计划"思想政治教育原理与方法"获批2021年"双一流"研究生优质课程建设项目。学院组织教师积极申报国家社科基金,10月20日,邀请学院李斌教授作国家社科基金申报讲座;11月7日,邀请郑州大学马克思主义学院院长刘吕红教授和学院李斌教授,为申报教师进行选题论证与指导。2021年度宁夏大学习近平新时代中国特色社会主义思想研究专项课题,学院有5人立项,分别是《习近平关于"中国式现代化"重要论述的科学方法论研究》《改革开放史研究》《习近平法治思想融入宁夏高校大学生法治教育研究》《习近平新时代中国特色社会主义思想的哲学基础研究》《新时代全面建设社会主义现代化国家的理论与实践逻辑研究》。在2021年宁夏高校新型智库马克思主义中国化研究中心智库项目申报上,学院共有22项获得立项。

学科与队伍建设。2021年,引进博士4名(含校内引进1人),备案编硕士1名,劳务派遣2名。2021年,1人当选教育部高等学校思想政治理论课分教学指导委员会委员;1人享受自治区政府特殊津贴;2人获得自治区哲学社会科学和文化艺术青年托举人才称号;1人获得学校立德树人奖,1人获得学校立德树人标兵。1人获得第五届全国高校青年教师教学竞赛决赛三等奖,1人入选教育部师范专业认证专家。1人入选自治区哲学社会科学青年人才托举计划,3人获自治区青年拔尖人才称号。1人获自治区首届"我心中的思政课"教学展示活动二等奖,1人获三等奖。1人获宁夏大学教学成果奖二等奖,1人获三等奖。获宁夏大学首届教师创新大赛二等奖1项、三等奖1项,获得优秀课堂组织奖1项。立项自治区一流本科课程2项、自治区一流教学基层组织1项、自治区思想政治理论课虚拟仿真实验室1项、自治区线上线下混合式一流课程2项。立项校级课程思政示范项目2项、院级课程思政示范项目4项,已获批推荐申报国家级一流专业1项,获批推荐申报自治区一流专业1项。2021年,学院积极为申报马克思主义理论一级学科硕士点作准备。2021年,学院获批自治区级平台1个:宁夏高校思想政治理论课教师培训基地。学院进一步加大对马克思主义理论一级学科授予权点的建设,宁夏高校思想政治理论课教师培训基地获批为重点研究基地。

合作交流。进一步加强与武汉大学马克思主义学院对口支援协作关系,开展实质性交流合作。进一步拓展与国内高水平马克思主义学院的交流,共举办6次马克思主义理论学科高层次学术会议,教师多次参加区内外高端学术论坛,并做主题发言,不断提升马克思主义理论学科的影响力。12月18—19日,学院主办全区十九届六中全会精神融入大中小学思政课培训会暨备课会。

【全区大中小学思政课教师"同备一堂课"】 12月18—19日,由自治区教育工委、教育厅、宁夏大学主办的党的十九届六中全会精神专题研讨会暨全区大中小学思政课教师"同备一堂课"活动在银川市召开。本次活动采用线上+线下综合联动的方式。会上,北京师范大学思想政治工作研究院院长、教授、博士生导师冯刚,吉林大学马克思主义学院院长、教授、博士生导师吴宏政,吉林大学马克思主义学院教授、博士生导师陈松友,四川大学马克思主义学院教授、博士生导师杜黎明等国内思政领域知名专家分别作了报告。

【科研立项】 2021年，国家社科基金立项2项，分别是余伟如的"《资本论》视域下数字资本主义批判研究"、林雅琴的"新时代大学生正确党史观培育研究"。教育部社科基金立项1项：白宁芳的"'中国智慧'话语体系建构研究"。宁夏社科基金立项2项：马越的"宁夏高校网络意识形态领域风险防范化解机制研究"、丁冬梅的"宁夏红色资源案例挖掘整理研究"。

中卫校区公共教学部

【概况】 中卫校区公共教学部成立于2020年5月，有教职工24人，其中副教授2人，博士1人。设有办公室、教学科研办公室和思想政治理论、大学英语、大学数学、公共体育4个教研室。公共教学部承担中卫校区公共基础课的教学工作，负责中卫校区公共基础课教学科研管理、课程建设、师资队伍建设、教学改革及教学研究工作。

党建与思政工作。公共教学部有教师党员14名（预备党员2人）。新发展教师党员2名，转正1名。学部党总支以习近平新时代中国特色社会主义思想为指导，学党史、悟思想、办实事、开新局，认真开展党史学习教育，组织学习习近平总书记重要讲话精神。2021年，理论学习中心组共开展集中学习12次，组织全体教职工政治理论学习13次。丰富活动载体，加强宣传引导。利用政治理论学习、宣传栏及学部全体教职工微信群等平台，宣传党的创新理论、政策法规、意识形态工作动态、基层党建动态、疫情防控先进典型等，对师生党员开展经常性的意识形态教育。2021年，在公共教学部官网报道新闻112篇，向学校新闻投稿系统推送30篇，采纳21篇。

2021年，公共教学部开展学史力行"我为师生办实事"实践活动。为使学生拥有良好的上课环境，经与中卫校区管理办公室协调，解决乒乓球室安置问题，对校区的运动场和操场标识进行标线，并对乒乓球案、篮球框、足球门等体育场地器材进行20余次维修。招标购置学生体质健康测试仪器，为校区2500多名学生进行大学生体质健康测试。

2021年，公共教学部大学英语教研室策划、举办11次英语角活动，累计1500余名学生参与，经统计，每次活动平均参与120人次。在建党100周年之际，为深化党史学习教育，提升大学生文化自信，分别于4月21日、5月26日举办了以"用英语讲好中国共产党的故事"为主题的英语角党史学习教育和以"用英语讲好新中国的故事"为主题的英语角活动，相关活动内容于5月27日被中国新闻网报道。

人才培养。公共教学部全年开展一系列大学生创新创业项目指导和公共基础课教学竞赛组织及辅导工作。2021年，新增校级大学生创新创业项目5项。10月，承办"外研社·国才杯"英语大赛宁夏大学中卫校区选拔赛，组织来自智能工程与技术学院、商学院和文化旅游学院的120余名学生报名参加，共选出23名优秀学生前往校本部参加复赛。

大学英语四六级考试与计算机等级考试。公共教学部承办中卫校区6月、12月全国大学英语四六级考试、计算机等级考试，全面负责考试报名组织、实施与管理等各项工作。6月，校区英语四级报考人数1560人，通过率15.6%；英语六级报考人数579人，通过率12.2%。12月，校区英语四级报考人数1555人，英语六级报考人数469人，总人次2024。学部自2020年成立以来，主要承担校区20级学生大学英语教学工作，据统计，2020

年12月校区20级英语四级报考359人,通过62人,过关率17.27%;2021年6月20级英语四六级报考434人,通过60人,过关率13.82%。截至年底,20级四六级过关率累计为41.09%。2021年3月,全国计算机等级考试报考185科次,通过率20.03%;2021年9月,全国计算机等级考试报考190科次,通过为21.16%。

科学研究。2021年,公共教学部新增宁夏哲学社会科学(教育学)规划项目1项、哲学社会科学规划年度青年项目1项、宁夏教育科学"十四五"规划"互联网+"教育示范区建设专项课题1项、宁夏大学社会科学基金项目9项,累计发表学术论文8篇。

学科与队伍建设。2021年,公共教学部进一步加强中卫校区公共基础课师资队伍的建设,新增6名青年教师。通过采取"一对一"导师制"传帮带"、全员培训、集体备课、互动听课、教研活动等措施,实现青年教师站上讲台、站稳讲台、站好讲台的蜕变。学部4名教师在2021年宁夏大学第九届青年教师教学基本功大赛中分别获得文科组二、三等奖,思政组优秀奖。

合作交流。2021年,邀请9位校内外专家学者到学部开展学术交流活动,举行学术报告5场,涉及教育教学理念及方法、社科科研申报要义、教科融合育人等领域。开展教师培训共78人次,其中线上培训70人次,线下培训8人次。课程思政培训30人次。培训主要从师德师风、课程思政建设、教学理念、多媒体教学技术应用、教学改革与创新、教学比赛等方面开展,全方位助力提升学部青年教师教学综合能力。

【"博雅大讲堂""博雅教科融"计划】 2021年,公共教学部实施"博雅大讲堂"和"博雅教科融"计划,启动青年骨干教师领航工程,开展系列活动。主要包括"青教赛视角下优化课堂教学的若干建议"学术报告、教科融合育人名师讲堂暨庆祝中卫校区公共教学部成立一周年学术研讨会、"培根铸魂、启智润心——做新时代的'大先生'"座谈会等。

新华学院

【概况】 新华学院是由宁夏大学按照新机制、新模式举办的全日制普通本科高等学校,2002年3月经自治区人民政府批准成立,2004年1月经教育部确认。学院占地面积252亩,新校区规划面积877亩。面向19个省、自治区、直辖市招生,有全日制在校本科生8012人。学院设有文学、工学、理学、管理学、法学、教育学、艺术学等7个学科门类30个本科专业。1个自治区级优势特色学科,3个自治区级重点专业,5个自治区级产教融合示范专业,6个自治区级特色专业,11个自治区级一流本科专业,20个教育部产学合作协同育人项目。

党建与思政工作。学院有教师党员250名、学生党员742名(预备党员445人)。2021年,发展党员340人,教师4人;转正党员261人,教师5人。深入学习贯彻党的十九届六中全会精神,开展庆祝中国共产党成立100周年系列活动。举办了建党100周年表彰大会,组织开展师生唱响"没有共产党就没有新中国"、"五四"表彰大会暨庆祝建党100周年党史情景展演等22项主题活动。在自治区教工委、教育厅组织的"没有共产党就没有新中国"——庆祝中国共产党成立100周年系列活动中,获一等奖6项、二等奖2项、三等奖3项,荣获优秀组织单位。在宁夏大学庆祝中国共产党成立100周年合唱比赛中,获全校第一名。扎实开展党史学习教育。突出加强领导、精心组织；突出领导带头、问题导向；突出有序推进、见行见效。积极开展"讲党课""大调研"活动，结合"七进一交友"活动，深入教学一线，广泛听取意见，研究制订《宁夏大学新华学院党委"我为群众办实事"实践活动工作方案》，列出22项"我为群众办实事"重点任务，建立台账，全部销号，师生满意度较高。突出加强基层组织建设。深入推进党组织对标争先。培育院级党建工作标杆系、党建工作样板支部、"双带头人"教师党支部书记工作室。通过举办专题讲座、主题演讲比赛、知识竞赛、班会等活动，不断增进各民族师生交往交流交融，让"三个离不开""五个认同"入脑入心。

人才培养。全年招收本科生2660人，在读本科生7923人，应届本科毕业生1584人。立项国家级大创项目9项、区级32项、院级32项，参与学生356人，较上年增长32%。立项支持10个院级学科专业社团、10项院级学科竞赛，组织参加各类院级、区级、国家级学科竞赛168项，荣获国家级一等奖2项、二等奖2项、三等奖2项，省级特等奖2项、一等奖19项、二等奖32项、三等奖67项；累计参与学科竞赛学生多达4500人次，在校生参与竞赛覆盖率达67%。承办第七届宁夏高校"互联网+"创新创业大赛——青年红色筑梦之旅。在第七届宁夏"互联网+"大学生创新创业大赛中，学院14支团队入围全区总决赛，荣获金奖3项、银奖4项、铜奖8项。在第七届中国"互联网+"大学生创新创业大赛全国总决赛中，学院获得1项银奖、1项铜奖。学院创新创业教育教学团队被自治区教育厅推荐为国家级"黄大年式教师团队"；创新创业中心被评为银川市创业孵化示范基地，被自治区就业创业服务局评为大学生创业示范基地。

学科专业。立项建设区级高水平本科建设项目22项、院级高水平本科建设项目20项。立项本科教学工作合格评估研究项目7项。立项宁夏自然科学基金项目1项、自治区哲学社会科学规划年度项目1项；获得2021年自治区教学成果奖3项，资助立项院级科研项目30项。正确处理好专业存量、专业增量和专业余量关系，着眼推动形成就业与招生计划、人才培养联动机制，首次启动专业"动态"调整工作，调整了5个已有专业。

师资队伍。学院教职工（含外聘）572人，其中专职教师401人，专职教师中具有高级职称的126人（教授54人，副教授72人），讲师149人。获批自治区"黄大年式教学团队"1个、自治区青年拔尖人才4人、自治区教学名师3人。2项教学成果获得自治区级教学成果一等奖，5项获得二等奖。2020年，中国高等教育学会发布的《全国普通高校教师教学竞赛分析报告》中，宁夏大学新华学院在全国428所民办及独立学院中排名第25位，在宁夏民办及独立学院中排名第1位，在宁夏8所本科高校中排名第4位。学院青年教师获得第四届、第五届全国高校青年教师教学竞赛二等奖，28名青年教师在区级及以上多个教学竞赛中获奖。3名教师获得第二届全国高校思想政治理论课教学展示暨优秀课程观摩活动一等奖和二等奖，学院也成为宁夏本科院校唯一获奖单位。

【党史学习教育系列活动】 6月25日，宁夏大学新华学院庆祝建党100周年表彰大会暨"永远跟党走"文艺会演在大学生活动中心隆重举行。大会对学院6个先进基层党组织和47名优秀共产党员、优秀党务工作者进行了表彰。

【荣誉奖励】 10月15日，第七届中国"互联网+"

大学生创新创业大赛全国总决赛在江西南昌落下帷幕。宁夏大学新华学院"红杞来——移民区枸杞产业致富的奔跑者"项目团队从来自121个国家和地区的4347所院校228万个团队中脱颖而出,获全国总决赛银奖。"筷乐科技——大型餐饮取筷机创新者"项目团队荣获铜奖。自首届中国"互联网+"大学生创新创业大赛开赛以来,宁夏大学新华学院共获得1项国赛银奖、7项国赛铜奖。

4月24日,由自治区教育厅主办、宁夏大学承办的首届宁夏高校教师教学创新大赛落下帷幕。宁夏大学新华学院教师刘诗慧荣获中级及以下组三等奖(第三名),赵红玲荣获基层教学组织奖。两位参赛教师经过三个多月的潜心准备,以高昂的精神风貌、先进的教学理念、创新的教学模式和内容、多维度的教学手段,展示学院教学成果与教师风采,在激烈比拼中获得佳绩。

5月28日,由自治区教工委 教育厅主办的全区大中小学"我心中的思政课"教学竞赛决赛在宁夏理工学院落下帷幕。学院马克思主义教学科研部杨阳荣获《马克思主义基本原理概论》本科组一等奖,马梦雨荣获《形势与政策》本科组二等奖,冯鑫荣获《思想道德修养与法律基础》组二等奖,学院荣获优秀组织单位。3名教师代表宁夏本科高校参加教育部第二届全国高校思想政治理论课教学展示活动,这也是全区参赛高校中取得的最好成绩。

科研机构

同行 （李明花 摄）

省部共建煤炭高效利用与绿色化工国家重点实验室

【概况】 省部共建煤炭高效利用与绿色化工国家重点实验室(以下简称"国重室")内设1个办公室、1个分析测试中心、1个计算模拟中心、7个科研创新团队:煤炭洁净利用基础团队、煤基应用催化科技创新团队等。设有化学工程与技术一级学科硕士点1个、材料与化工专业学位硕士点1个。有教职工48名,其中教授7人,研究员5人,副教授14人,副研究员3人。2021年,被中组部等中央部委表彰为第六届全国专业技术人才先进集体。

党建与思政工作。国重室有教师党员29名,归属化学化工学院党委煤炭高效利用党支部。2021年,在学院党委领导下,积极组织开展党史学习教育。参加学校举办的庆祝建党100周年教职工校园健步走定向挑战比赛、庆祝中国共产党成立100周年师生合唱比赛、党史知识竞赛等,其中合唱比赛获得校级三等奖。

人才培养。工业水处理与循环利用创新团队、3D打印暨智能高分子材料创新团队2个团队入选2021年自治区科技创新团队。宁夏精细化工科技创新团队获2021年度自治区奖励科技创新团队。招聘青年博士2人。全年招收硕士研究生166人、博士研究生19人。硕士毕业生68人,博士毕业生9人。

科学研究。获批国家自然科学基金8项(472万元),其中国家自然基金委—宁夏联合基金重点项目1项(260万元);自治区重点研发计划重点项目1项(170万元),一般项目5项(222.5万元),自治区自然科学基金16项(95万),厅局级其他项目7项(226万元),自治区科技创新团队2个(经费100万元),自治区科技创新领军人才2人(经费100万元),自治区优秀科技创新团队1个(30万元),纵向项目总经费1415.5万元。企业横向项目17项(合同经费671万元)。实现成果转让3项(转让经费40万元)。总经费2126.5万元。在国内外化学工程、能源工程重要期刊 *Ind. Eng. Chem. Res, Chem. Eng. J, Fuel*,《化工学报》等发表高水平学术论文88篇。申请/授权中国发明专利14项。"煤炭/载氧体化学链燃烧耦合CO_2活化制备低碳烯烃基础研究"获2021年度中国化工学会科学技术奖基础研究成果奖二等奖;"富甲烷气绿色高效转化制合成气成套技术及应用"获2021年度中国石油和化学工业联合会科技进步一等奖(第二单位);"氢能清洁生产及高附加值化学转化理论与实践"获自治区科技进步奖励三等奖。

学科与队伍建设。围绕学科群"1平台+3中心"构架,重点建设了11个子平台,2021年软科排名宁夏大学工程学科进入世界学科前50%;宁夏大学化学、工程两个学科稳居ESI前1%。2人入选自治区科技创新领军人才培养对象,1人入选宁夏青年科技人才托举工程。

合作交流。有51位国内外专家学者到学院开展学术交流活动,举行学术报告8场,涉及固体废弃物的热化学转化、能源资源化工、碳减排途径、碳纳米管等纳米碳材料等多个领域。成功举办首届宁夏"化学工程与技术"学科研究生学术论坛及首届海峡两岸暨港澳能源青年学者分论坛学术会议,师生参加国际会议24次。与清华大学联合培养研究生2名。

【宁夏科技周启动仪式】 5月29日,实验室参加"百年回望:中国共产党领导科技发展"为主题的宁夏科技活动周启动仪式暨主场宣传活动,通过

【首届宁夏"化学工程与技术"学科研究生学术论坛】 7月4日，由宁夏大学主办，省部共建煤炭高效利用与绿色化工国家重点实验室、宁夏大学研究生院承办的首届宁夏"化学工程与技术"学科研究生学术论坛在宁夏大学国际交流中心召开。论坛依托化学工程与技术国家一流学科建设，以"聚焦我区清洁能源、新型材料等重点产业，共谋化学工程与技术学科发展"为主题，旨在为宁夏化学工程与技术、化学、材料、物理、机械等学科领域的研究生提供相互学习交流的平台，全区约有200名研究生和教师参加了会议。

【媒体报道】 8月5日，中央电视台新闻联播报道宁夏大学省部共建煤炭高效利用与绿色化工国家重点实验室深入开展学习习近平总书记"七一"重要讲话活动。

【首届海峡两岸暨港澳能源青年学者论坛】 10月22—24日，首届海峡两岸暨港澳能源青年学者论坛在北京召开。论坛由中国科协港澳台办公室、北京市科学技术协会主办，宁夏大学省部共建煤炭高效利用与绿色化工国家重点实验室协办"煤炭清洁高效转化技术"分论坛。来自全国的11位院士以及两岸三地能源相关领域专家学者、企业代表200余人共聚北京现场，围绕海峡两岸暨港澳青年共同关心的能源领域学术前沿、科技创新、未来科研方向等若干问题展开深入对话交流。"煤炭清洁高效转化技术"分论坛通过网络实时直播。

【表彰奖励】 2021年，实验室被评为第六届全国专业技术人才先进集体，受到中组部、中宣部、科技部和人社部表彰。

西部特色生物资源保护与利用教育部重点实验室

【概况】 重点实验室有人员40人，正高级职称29人，副高级职称10人，中级职称1人；有仪器设备932台，价值3434万元。为全校师生提供服务2400余机时，为宁夏医科大学总医院等区内单位提供服务800余机时。实验室立足地区特色生物资源，聚焦动物病原生物学、特色植物资源保护与利用、微生物资源开发与利用、动物生物学等研究方向，充分发挥科研平台和科研团队的优势，助力实验教学、课堂教学和实践育人，促进科技创新、人才培养和科学传播有机融合。

西北土地退化与生态恢复国家重点实验室培育基地

【概况】 西北土地退化与生态恢复省部共建国家重点实验室培育基地（以下简称重点实验室），前身为2003年成立的宁夏大学西部生态与生物资源联合开发研究中心。2009年获批自治区重点实验室和教育部重点实验室。2010年获批省部共建国家重点实验室培育基地。学术委员会主任傅伯杰院士，副主任李保国、谢应忠教授。

重点实验室以习近平总书记关于"守好改善生态环境生命线、努力把宁夏建设成黄河流域生态保护和高质量发展先行区"重要指示精神为指引，聚焦退化土地过程与修复、草原生态系统与高效草牧业、生态水文与水资源利用、流域生态系统耦合与优化调控，创新生态学理论与实践，为干旱生态脆弱区高质量可持续发展提供科学理论与技术支撑。

科学研究。2021年，获批国家重点研发计划项目——"黄河上游河套平原节水控盐产能提升技术模式与应用（2021YFD1900600）"，项目总经费9282万元，其中中央财政经费6482万元。获批国家自然科学基金项目10项，总经费362万元，其中面上项目1项，经费58万元，青年项目2项，经费60万元。获批宁夏重点研发计划项目重大项目28项、重点项目9项、一般项目17项，获批科研经费2433.5万元，获批宁夏自然科学基金项目16项，总经费209.6万元。获得宁夏科技进步奖一等奖1项、二等奖1项、三等奖2项；获得宁夏第十五届哲学社会科学优秀成果奖二等奖（论文类）1项；14篇论文入选自治区自然科学优秀学术论文奖，其中一等奖3篇，二等奖5篇，三等奖6篇。发表论文130篇，其中高水平论文45篇，top期刊论文8篇。出版学术著作6部，授权专利6项。1人入选自治区科技创新领军人才，1人为自治区青年拔尖人才，1人入选自治区青年托举人才工程。

合作交流。上海交通大学校长林忠钦一行对实验室科学研究工作给予肯定。先后赴云南大学、上海交通大学、浙江大学和厦门大学开展学术交流。举小学术交流活动3次，邀请12名国内知名学者到实验室作专题学术报告，160余人通过线上或线下方式参加学术交流会议。与中卫市自然资源局、石嘴山生态环境局、宁夏二泉环境科技有限公司和宁夏众旺达技术有限公司开展合作交流。

服务地方。实验室钟艳霞、马飞、杜灵通、倪细炉、黄菊莹、安慧等6名专家被聘为银川市环境资源审判技术专家。实验室璩向宁、钟艳霞和潘海珠3位教师承担了《中阿经贸关系发展进程2020年度报告》第八章《中阿生态环境合作》的撰写。编发《生态决策参考》2期，在《宁夏日报》《银川日报》共发表科普文章6篇。围绕黄河流域生态保护和湿地专题发表传播文章9篇。参加各类咨询论证现场会50人次。

回族研究院

【概况】 研究院设有3个内设机构：西北民族地区社会发展研究中心、西北民族地区文化产业与非遗传承研究中心、民族团结进步创建研究中心等。拥有自治区人文重点学科基地。设有博士点1个、博士后科研流动站1个、硕士点2个。校级重点学科1个。研究院有教职工18人，其中教授2人，副教授7人。

党建与思政工作。研究院有教师党员12名、学生党员38名。为贯彻落实新时代党的建设总要求，紧紧围绕党史学习教育，组织全体党员学党史、悟思想、办实事、开新局，结合师生特点，发挥学科专业优势，开展专题宣讲。使党建工作成为引领科研教学发展的强大动力。

人才培养。全年招收硕士研究生12人、博士研究生4人。研究院始终注重人才培养质量，开展研究生学术论文比赛。在闽宁镇挂牌建立教学科研实践基地。

科学研究。2021年，研究院承担纵向科研项目8项、横向科研项目1项，科研总经费83.6万元，获批国家社会科学基金3项，在CSSCI上发表论文6篇，在北大核心期刊发表论文3篇，出版学术专著1部。

学科与队伍建设。进一步加大对民族学、社会学、人类学二级学科授予点的建设，新增博士生导师1人、硕士生导师2人。1人被推荐为全区文化旅游行业职业教育教学指导委员会委员和政协银川市第十四届委员会委员。

合作交流。举行学术报告4场，师生参加国际会议、出国考察交流活动10余次。与2所高校开展联合培养博士研究生1人。

【表彰奖励】 研究院杨文笔副教授的研究报告《关于宁夏打造全国民族团结进步示范区的对策建议》获宁夏统战理论优秀成果二等奖。

宁夏大学中华民族共同体研究院、西夏学研究院（民族学与文化旅游产业研究院）

【概况】 研究院设有教育部高校人文社会科学重点研究基地——宁夏大学西夏学研究基地、国家民委中华民族共同体研究基地宁夏大学中俄联合西夏学研究所、自治区西夏学人才高地、宁夏大学古籍整理研究所。研究院设有一级学科博士点1个、二级博士点1个、民族学博士后科研流动站1个、二级硕士点2个。有国家重点培育学科1个（中国少数民族史）、自治区重点建设国内一流学科1个（民族学）。研究院有教职工23人，其中教授7人，副教授10人。

党建与思政工作。研究院有教师党员17名、学生党员50名。围绕习近平总书记"七一"重要讲话精神和中央民族工作会议精神开展宣讲活动。坚持创新思政工作方式方法，围绕国家民委中华民族共同体建设任务，充分发挥民族学一流学科优势，在民族学学科群中开展"田野思政"课堂，将课程思政与专业教育、田野调查和党史学习教育有机融合，在田野中传承党的百年光辉史基因，铸牢中华民族共同体意识。

人才培养。全年招生硕士研究生20人、博士研究生8人。在读硕士生36人，博士生20人。应届硕士毕业生12人，博士毕业生3人，在站博士后3人。开展研究生教育改革，加强大学生科研创新活动，获得教育部思政示范课程1项，获自治区教学成果一等奖1项，获批校级研究生创新项目1项。

社科研究。2021年，研究院承担纵向科研项目5项，新增国家级科研项目1项，其中国家社会科学基金1项，在学术期刊上发表的学术论文中被CSSCI收录11篇。获自治区社科优秀成果奖7项、一等奖2项、二等奖2项。出版西夏学著作5部。基地学术集刊1种，创立学术集刊1种。

学科与队伍建设。进一步加大对民族学一级学科授予点的建设，文物与博物馆专业学位点成功入选新增硕士专业授权点名单，设立1个科研实践基地，全年引进具有博士学位骨干人才2人，新增硕士生导师4人，新增1人入选国家万人计划哲学社会科学领军人才工程，1人入选国家万人计划哲学社会科学青年拔尖人才工程。

合作交流。举行学术报告22场，涉及民族学、西夏学和中华民族共同体研究领域。

【学科排名】 宁夏大学民族学学科在"2021软科中国最好学科排名"中连续三年保持排名第五，为自治区在全国最好排名学科。

【教育部课程思政示范课程】 5月，由杜建录教授带领的教学团队讲授的课程"解读西夏"入选教育部课程思政示范课程，授课教师入选课程思政教学名师和教学团队。

【荣誉奖励】 由西夏学研究院、美术学院等师生力量组建的"丝路宁夏文创—中国西部文化旅游融合发展领跑者"项目团队在第七届中国"互联网+"大学生创新创业大赛全国总决赛中获金奖，实现了宁夏参赛历史零的突破。该项目团队主要通过挖掘"丝路宁夏""丝路西夏"等特色文旅资源，开展文创设计研发，助力宁夏及周边地区文旅融合发展。

【国家"万人计划"人才】 彭向前教授和潘洁副教授入选国家"万人计划"哲学社会科学领军人才和青年拔尖人才工程。

【第七届西夏学国际论坛】 8月14—15日，研究院举办线上论坛——第七届西夏学国际论坛。此次论坛共收到包括史金波、聂鸿音等在内的专家所提交的报告论文134篇，涵盖宋夏金元历史研究、西夏文化艺术研究、西夏语言文字研究、黑水城文献研究、西夏文物考古研究、西夏文化产业研究等多个领域。来自中、法、俄等国的西夏学专家共145人参加会议。

宁夏大学·岛根大学国际联合研究所

【概况】 宁夏大学·岛根大学国际联合研究所（简称中日国际联合研究所）成立于2004年，是宁夏大学和日本岛根大学以欠发达地区的社会开发、学术交流和人才培养为目的共同设立的学术研究专门机构。中方设有顾问1名、所长1名、副所长1名、专职研究人员2名，日方设有顾问1名、所长1名、副所长2名、专职研究人员若干名。2021年2月，聘任朱海燕担任中方副所长，同年11月聘任赵晓佳担任中方所长。

【第十八届日中国际学术会议】 与会专家学者主要交流了学科基础、建设目标、建设思路与主要举措、建设任务、社会服务贡献（服务本地特色产业），以及推进学科国际化的思路与设想等内容。

【第一次中日双方线上工作会议】 7月10日，由日方承办召开"宁夏大学·岛根大学第十八届日中国际学术研讨会，会议通过线上与线下相结合的方式展开，围绕"以实现SDGs为目的的农学研究暨未来日中国际合作研究"主题开展了研讨。双方就2021年度的工作进行了沟通和交流，对有关具体事项进行了安排落实，围绕研究所以后的建设和发展交换了意见。

【第二次中日双方线上工作会议】 11月1日，双方商讨了第十九届中日国际学术研讨会的主题和举办时间，修改任命研究所客座研究员规则，举办岛根大学留学生招生线上说明会等相关事宜。

宁夏葡萄与葡萄酒研究院（葡萄与葡萄酒教育部工程研究中心）

【概况】 2021年，宁夏葡萄与葡萄酒研究院在教育部、科技部、国家发改委、自治区发改委、科技厅、宁夏大学等多部门的领导和支持下，在教书育人、科学研究、社会服务、基础条件改善和人才引进等方面取得一定的成绩，学科和专业整体呈现良好的发展态势。

教学方面。2021年，研究院人员参与培养宁夏大学食品与葡萄酒学院、农学院研究生14名，其中优秀硕士毕业生1名；指导宁夏大学食品与葡萄酒学院、农学院本科生毕业实习和毕业论文23名；指导国家级大学生创新创业训练计划项目1项、区级大学生创新创业训练计划项目1项、校级大学生创新创业训练计划项目6项；在第七届"互联网+"大学生创新创业大赛中获国家级铜奖、自治区级银奖、校级金奖；荣获第十六届宁夏自然科学优秀学术论文二等奖2项、三等奖1项。

科研成果方面。2021年，承担各类科研项目19项；申请获批科研项目12项，其中自治区重点研发计划1项，育种专项2项，国家自然科学基金3项，宁夏自然科学基金3项。

2021年，研究院人员以第一作者或通讯作者发表学术论文29篇，其中被SCI收录10篇；授权专利10件，受理专利1件，出版著作2部。

社会服务方面。积极为产业和企业提供技术支持和培训。研究院教师为贺兰山东麓产区葡萄酒从业人员进行培训，为国内葡萄酒产业管理人员及酒庄技术人员进行培训，为吴忠市农业农村局、青铜峡农业农村局进行高素质农民进行培训，指导产区10多家酒庄日常管理工作，1人在宁夏西鸽酒庄挂职技术创新部部长6个月，为酒庄培训30余人。

基地建设。加强产教融合，结合学科特色，加强与百瑞源、西夏王、西鸽酒庄等企业的产学研合作力度，围绕葡萄酒、枸杞、绿色食品等特色产业，打造产教研融合标杆。

人才引进和学术交流。2021年，引进2名葡萄栽培与育种方向博士研究生。4月，4名教师参加第十二届国际葡萄与葡萄酒学术研讨会暨黄河故道葡萄酒产区高质量发展论坛；5月，3名教师参加在银川举办的农产品精深加工与功能食品资源开发国际论坛；6月，1名教师参加Macrowine 2021会议，作线上主题报告；7月，1名教师参加宁夏生态学会第三次会员代表大会暨过渡带生态保护与宁夏先行区高质量发展高端论坛；8月，1名教师参加中国科学院植物研究所主办的第六届全国浆果基础研究与应用基础研究学术研讨会，作线上主题报告；9月，研究院主办第二届贺兰山东麓葡萄酒国际学术会议，邀请来自中国、美国、法国、德国、日本、澳大利亚等国的20余位知名专家学者作专题报告。

技术创新及技术成果转化情况。研究院科研人员制定《酿酒葡萄斜干居约整形技术规程》《贺兰山东麓酿酒葡萄调亏灌溉技术规程》《贺兰山东麓酿酒葡萄调亏灌溉技术规程》等多项地方标准和技术规程，技术成果在全区90%以上的酒庄推广应用，为自治区葡萄酒产业的发展起到良好的带头作用。转化专利1件，技术转让费10万元。在埋土防寒地区酿酒葡萄整形及管理模式，贺兰山东麓产区葡萄园土、肥、水综合管理和水肥一体化，酿酒葡萄病虫害预测预报及综合防治，葡萄出土设备研发等成果上具有创新性，成果及先进技术的整体应用全面提升了贺兰山东麓酿酒葡萄栽培技术，形成特色鲜明、国内领先的酿酒葡萄栽培"宁夏模式"。研发出起泡、蒸馏、冰酒等葡萄酒品类10余个，丰富产品结构，提高市场竞争力。近3年来，研发的技术在10个较大规模葡萄园和酒庄示范推广，为葡萄种植节支增收约5000万元。研究院研发的"塞爵"系列产品每年可取得技术服务收入20万元，所获创收经费主要用于科研条件的改善。

【农产品精深加工与功能食品资源开发国际论坛】 5月8日,研究院承办的农产品精深加工与功能食品资源开发国际论坛开幕,校长何建国致辞。论坛主要围绕农产品精深加工、功能食品资源开发等方面的重大理论研究和技术开发展开深入探讨,共有来自国内外的180余位专家作了学术报告。

【贺兰山东麓葡萄酒国际学术会议】 9月26日,由宁夏大学、宁夏贺兰山东麓葡萄产业园区管委会、中国农业工程学会等单位联合主办的第二届贺兰山东麓葡萄酒国际学术会议召开。自治区政协副主席王紫云出席会议并致辞。来自中国、美国、法国、德国、日本、澳大利亚等国的20余位专家学者聚焦宁夏,围绕葡萄栽培、葡萄酒酿造等领域的最新研究进展及热点问题作专题报告和交流。

【现代产业学院挂牌成立】 12月22日,宁夏大学葡萄与葡萄酒现代产业学院、宁夏大学枸杞现代产业学院挂牌成立仪式在宁夏大学举行。校长彭志科、副校长周震出席了挂牌签约仪式。

【宁夏大学生食品科技创新大赛宁夏区赛总决赛】 6月26日,宁夏大学食品与葡萄酒学院承办的首届"百瑞源"杯宁夏大学生食品科技创新大赛宁夏区赛总决赛开赛。共有8家高校68个项目参加角逐,其中创新组43项、创意设计组16项、创业组9项。宁夏大学斩获创新组一等奖2项。

中国阿拉伯研究院(教育部国别和区域研究培育基地宁夏大学阿拉伯研究中心)

【概况】 研究院拥有教育部省部共建阿拉伯国家研究协同创新中心和教育部区域与国别研究培育基地——阿拉伯研究中心2个国家级平台。围绕国家"一带一路"倡议、对阿合作战略和对外传播战略,重点从事决策咨询研究,为高水平智库建设单位。研究院有教职工15人,其中教授2人,副教授3人。

科学研究。承担纵向科研项目6项,其中国家社会科学基金青年项目1项,国家社会科学重大项目子项目1项。新增国家级科研项目2项,完成国家社会科学基金项目一般项目1项、教育部区域与国别研究重点课题1项,完成省部共建协同创新中心对外传播项目1项(出版阿拉伯文外译图书10部)。实到纵向科研经费37.74651万元、横向科研经费73万。12篇咨政报告获得批示、采纳。荣获宁夏第十五届社会科学优秀成果奖一等奖1项、三等奖1项。李绍先研究员接受中国广播电视总台访谈305次。

学科与队伍建设。全年引进副教授1名;李绍先研究员当选为北京市社会科学院决策咨询专家委员会委员,冯璐璐教授受聘为内蒙古民族大学中东研究中心学术委员会委员;获批中东研究二级学科硕士点1个、中东研究二级学科博士点1个。

合作交流。邀请6位国内专家开展学术交流活动,举办学术讲座11场,涉及人类学、中东历史、国际政治等领域。成功举办第十二届国际政治经济学论坛、《古代阿拉伯史学文献提要丛书》发布会暨第二届中东史学史研究学术研讨会，开展青年工作坊，承办中国—阿拉伯国家博览会顾问委员会座谈会，举办贺兰山论坛3次，教师参加国内会议9次，外出调研、访问4次。出国攻读博士1人。

【对外交流】 3月26日，校党委副书记王玉炯、阿拉伯学院(中国阿拉伯国家研究院)院长李绍先一行赴深圳访问联合国教科文组织高等教育创新中心(中国深圳)。阿拉伯国家研究省部共建协同创新中心主任李绍先与联合国教科文组织高等教育创新中心(中国深圳)主任李铭签署合作框架协议，双方就发挥优势共同推进中东阿拉伯国家高校信息智能化项目的相关合作，带动我国信息化技术与产品向中东地区高校发展进行了深入交流。9月22—24日，校党委副书记王玉炯、阿拉伯学院(中国阿拉伯国家研究院)相关负责人一行在北京分别赴阿拉伯相关驻华大使馆和文化处等机构，拜访阿联酋驻华大使、伊拉克驻华大使、阿曼驻华大使、苏丹驻华大使、约旦驻华大使、巴勒斯坦驻华大使以及巴勒斯坦前驻华大使、北京阿拉伯信息交流中心主任和埃及驻华文化参赞等驻华大使馆官员，就宁夏大学与阿联酋、卡塔尔、伊拉克、阿曼、苏丹、约旦、埃及等国家在高校、智库之间开展文化、教育及围绕"一带一路"倡议开展相关实质性合作和研究与驻华大使和参赞分别进行了友好交流，拟定伊拉克外交部外事服务学院与宁夏大学合作协议初稿。分别向对方赠送了"读懂中国"阿拉伯语版系列丛书共10部译著。

【第十二届国际政治经济学论坛】 10月15日，由宁夏大学、中国社会科学院世界经济与政治研究所、国际关系学院联合主办的第十二届国际政治经济学论坛在银川悦海宾馆开幕，来自全国各高校、科研院所的130余名专家学者参会。与会专家围绕"美元与大国竞争""人类命运共同体、马克思主义国际政治经济学视角"等国际政治经济学的前沿、热点问题发表主旨演讲。

【党史学习教育专题辅导报告】 4月15日，由宁夏大学主办、教育部阿拉伯国家研究省部共建协同创新中心承办的"贺兰山论坛"在宁夏大学国际交流中心会议中心举办。著名国际战略学、国家安全学专家罗援，作了题为《没有共产党就没有新中国——献给党的100年华诞》党史学习教育专题辅导报告。全校各单位副处级以上领导干部、中国阿拉伯国家研究院的部分教师、阿拉伯学院部分学生代表聆听了报告。

【对外传播项目】 7月，宁夏大学省部共建协同创新中心对外传播项目——外文出版社"读懂中国"系列4种图书，中国人民大学出版社"认识中国·了解中国"系列图书3种以及《苦难英雄任正非》《文明型国家》和《大国不易》等共计10种优秀图书，由埃及马阿里夫出版社、埃及赛福萨法出版社、埃及东方文化出版社和阿联酋指南针出版社联合出版发行。项目旨在推动中阿文化交流、文明互鉴与民心相通。

光伏材料重点实验室

【概况】 宁夏光伏材料重点实验室组建于2010年，以宁夏大学为依托，是自治区第一家新能源材料领域的省级重点实验室。实验室紧密结合新能源、新材料产业的发展需要，围绕太阳能电池理论与技术、薄膜电子材料与器件、微纳功能材料等三个方向开展理论与应用研究,积极服务相关企业。实验室设有微电子学与固体电子学二级硕士点,同时与物理与电子电气工程学院联合培养土木工程与计算科学学科、力学学科的博士生、硕士生。实验室已在隆基硅材料有限公司、宁夏东方有色集团公司、宁夏凯添能源有限公司等企业建立实践基地。已建立太阳能电池材料制备和检测、晶硅取向与薄膜电池材料织构分析、光伏器件电极材料制备等多个研究平台,具备承担国家级及省级重大课题的研究能力。实验室有教职工13人,其中教授3人,副教授7人,具有博士学位的12人,1人博士在读,6人具有海外留学经历,6人具有博士后研究经历,博士生导师1人,硕士生导师11人,已形成一支在本地区相关领域具有最高学术水平和较强研究能力的科研队伍。

党建与思政工作。实验室有教师党员8名、学生党员23名,党支部共有党员34名,新发展师生党员8名,转正4名。建有教工和学生2个党小组。3月开始,实验室党支部在上级党组织指导下,深入开展党史学习教育。组织党日活动2次。7月1日,全体师生集体收看庆祝中国共产党成立100周年大会。10月9日,观看"百年恰是风华正茂"主题文献展。2021年3月,完成党支部换届,增选1名纪委委员,从组织上加强了实验室的纪检廉政监督工作。

人才培养。全年新增培养人才共34人,其中博士研究生1人(与物理与电子电气工程学院联合培养)、硕士研究生33人(电子学与固体电子学学术型硕士研究生9名,材料与化工专业型硕士研究生22名,与物理与电子电气工程学院联合培养力学学术型硕士研究生2名),毕业硕士研究生29名,在读硕士研究生达到75名。研究生获2021丝绸之路新材料国际产学研用合作会议奖项2项,获宁夏化学工程与技术学科研究生学术论坛奖4项、国家奖学金1项。

科学研究。2021年,实验室承担各类科研项目16项,获批科研经费992万元,国家级科研项目4项,经费261万元。承担省部级科研项目10项、校级专项科研项目2项。2021年,实验室发表SCI论文31篇。获批国家发明专利2项。

学科与队伍建设。2021年,新增硕士研究生导师5名,其中企业导师3名,分别来自中色东方(宁夏)有色金属集团有限公司和中国有色桂林矿产地质研究院有限公司。1月,高忙忙挂职宁夏大学科技处副处长;12月,李国龙挂职石嘴山市科技局党组成员、副局长,李进被聘为自治区政府参事,马薇入选中国科学院"西部之光"青年学者,谭永涛入选宁夏青年科技托举人才工程。

合作交流。2021年,实验室参加交流活动50余人次。实验室代表宁夏大学与北京质子动力发电技术有限公司签署产学研合作框架协议,协议的签订有效推动双方在氢能领域开展科研协同创新和人才联合培养工作。实验室与北方民族大学材料科学与工程学院、宁夏材料研究学会、银川隆基硅材料有限公司等8家单位共同发起成立银川市都市圈新材料产业联盟,联盟将为提升产业集聚水平和整体竞争力,促进银川都市圈内各城市间产业分工协作发挥积极作用。

【首期青年科技领军人才国情研修活动】 6月21日,中国科协党校2021年青年科技领军人才国情研修活动在浙江工业大学莫干山校区举行。实验室副教授刘宽冠与信息工程学院副教授刘昊代表宁夏大学参加。该活动旨在引导青年科技领军人才学习习近平总书记在两院院士大会、中国科协第十次全国代表大会上的重要讲话精神，深刻体会习近平新时代中国特色社会主义思想，在全面建设社会主义现代化国家新征程上勇立新功。

【学术交流】 7月29日，电子科技大学教授王曾晖应实验室邀请来校开展学术交流，在科技楼A610会议室为全体师生作了题为《微纳世界的音乐之声》的学术报告。报告重点介绍了基于纳米机电器件的精密测量研究，该研究涉及新型信息材料、凝聚态物理、精密测量、信号传感、微纳加工、纳米力学、电子器件、机械力学、传感器技术等诸多研究方向，属于高度交叉的科学领域。

【国家自然科学基金项目】 高忙忙副教授获批国家自然科学基金地区基金项目：Si-Al-Fe三元合金提纯太阳能级多晶硅过程中初晶硅形貌调控与杂质去除机理研究，资助直接经费36万元。该课题将为太阳能级多晶硅的生产提供理论依据和技术支撑。刘宽冠副教授团队获批国家自然科学基金委化学科学部"团簇构造、功能及多级演化"重大研究计划培育项目："羧酸保护银纳米团簇的形成机制及其构效关系研究"，资助经费75万元。该项目研究契合重大研究计划项目指南中关于"发展新型团簇及其多级结构构筑的新概念、新策略、新方法和新反应，在原子水平上揭示团簇特殊性质的结构基础与演变规律，聚焦团簇结构与功能的关联"等科学目标，将揭示硬碱型羧酸类配体保护银纳米团簇的制备规律，发展一条构筑币金属纳米团簇的新途径，丰富构筑币金属纳米团簇单层配体的种类，对开发制备新型银纳米团簇材料及其应用具有积极促进作用，对推动团簇科学的发展具有重要意义。

教育服务与保障

奇云出没 （钟子杰 摄）

图书工作

【概况】 截至2021年底，全校共有纸质文献211余万册。宁夏大学图书馆藏有历代古籍和再造善本古籍近5万册，其中《汉石例》《香南精舍金石契》《河东先生集十五卷》3种善本先后入选国家珍贵古籍名录，经国务院批准，获得文旅部颁发的国家级珍贵古籍证书。宁夏大学图书馆积极推进馆藏古籍的保护、整理和科学利用。在电子文献资源建设方面，宁夏大学图书馆有中国知网（CNKI）、万方知识平台、超星读秀、超星百链云、超星中文发现系统、Elsevier SD、Springer-Link、SCI、EI、Dialog等134个数据库。电子图书242.9万种，学术视频10万余集。

结合党史学习教育，做好阅读推广工作方面。开展朗读亭——诵读红色经典、电子画屏——看党史美术作品、主题书架——读党史图书、主题书展、荐购党史图书、看红色电影、设党史学习讨论室等"七个一"服务。运用图书馆3D视听室、画屏、朗读亭、报告厅等设施资源，开展红色主题影展、党史百年画展、中华经典诵读、习近平用典大赛等主题教育活动；举办"学党史 悟思想 展风采"——图书馆馆员读书分享大赛；举办"4·23"世界读书日系列活动，涵盖《习近平用典》《习近平讲故事》读书征文比赛、党史知识网络答题比赛、读书活动推介会和读书分享会等，并通过微信平台让师生便捷地获取图书馆的资源和服务。全年，共计发布206篇推文，较上年增长24%；阅读总数达125669人次，较上年增长37%；用户关注数量从上年25875人发展为32352人，增长25%。

学科服务等工作方面。首次进行数据库跨年评估工作，并将数据库培训和活动效果作为数据库评估参考指标；成立宁夏大学知识产权信息服务中心，并与福州大学、福建农林科技大学签署知识产权战略合作协议；提供论文查收查引工作；在福州大学成功举办了由福建省高校图书情报工作委员会、福建省高校数字图书馆（FULink）主办，福州大学高校国家知识产权信息服务中心、宁夏大学知识产权信息服务中心承办的2021年闽宁高校知识产权信息服务培训研讨会。

文献资源建设方面。配合学校师范类专业认证工作，举办"你选书我买单"活动，现场完成部分师范类专业图书采选任务；对图书馆各书库藏民国文献进行收集、典藏。完成纸本图书的招标、采购任务。2021年，订购图书23603种49970册；编目、加工、入藏中文图书共计23009种54741册、学位论文1578册；入藏电子书10652种。2021年上半年，完成中外文数据库采购工作，订购数据库55个；2022年下半年，完成外文数据库采购工作，订购数据库24个，保证数据库建设的科学性、系统性。

古籍保护方面。古籍管理与建设取得新突破。图书馆收藏的2册《河东先生文集》入选第六批全国珍稀古籍名录，并由国家图书馆出版社正式出版。

宁夏高校图工委工作方面。作为宁夏高校图工委秘书长单位，认真贯彻落实教育部图工委各项工作部署，成立学校图书馆工作委员会，组织开展工作会议和学术会议。7月6日，召开宁夏高校图工委全体委员及馆长会议。配合宁夏高职院校举办"万方杯"2021年全国高职院校信息素养大赛宁夏赛区选拔赛及表彰获奖师生的相关工作，评选出2名宁夏"高校图书馆榜样馆员"。

档案工作

【概况】 2021年，学校档案工作以档案编研宣传为抓手，以"口述档案"带动档案编研工作同步发展，并把档案信息化工作、档案编研与课题申报工作、实体校史馆策展工作与党史学习教育工作紧密结合起来，克服疫情带来的诸多困难，顺利完成第五期档案数字化工作、干部人事档案专项审核工作。进一步发挥校史育人功能，积极营造"知史爱国、知史爱校"的文化氛围，全面推进校史文化育人工作，真正做到以文化人，使档案工作服从并服务于学校的中心工作，达到服务于全校师生的目的。完成了新的实体校史馆建设的筹划、调研工作。

"口述档案"工作。9月，校党委书记李星作序、副校长郎伟主编的《贺兰山下种树人——宁夏大学口述实录（第二辑）》由阳光出版社出版，本书以口述的形式，收录了27位受访老领导、老教师的人生经历和工作感悟。书中所披露的人和事，大多是首次公开报道，极具史料价值。本书作为宁夏大学第二期口述校史项目的成果，吸取了第一期口述校史项目的编研经验，通过深度挖掘口述资源，强化口述资料整理，采用现代数字技术，使第二期口述校史项目编研质量得到进一步提升。

档案服务工作。全年接收新进干部人事档案88册、各类登记表4937份。接待个人查阅干部人事档案235人次，对公查阅人事档案129人次，借阅人事档案69人次，复印材料430份。办理人事调档9人次。接收2019年本科毕业生档案444册、研究生档案71册，接收成绩单138份，办理毕业生提档243册，通过机要寄发毕业生档案146册。各类咨询1800余人次。并配合组织部、人事处开展人事档案专审工作，对2600余份缺失材料逐份与档案进行核对，对存在的问题重新核查、登记、补漏。参与梳理1980—2017年近40年来学校部分教职员工参加工作底册共计95册；核查200多套人事档案中的参加工作材料。完成干部人事档案的接收、分类、整理、查阅、转档等工作。

第五期档案数字化工作。2021年，学校共投入经费23.5万元，推进档案数字化工作。全年共完成学籍、人事档案30多万页的数字化扫描工作，并对干部人事档案专项审核工作追缴回的16894份材料缺失材料，进行整理、裁切、分类、装订，以及数字化处理工作。

干部人事档案专项审核工作。截至2021年底，完成全校2148册（其中宁大附中160册）干部人事档案的审核登记和汇总分析工作，并制作全国干部人事档案专项审核专用的干部（职工）信息审核表。

档案校史宣传工作。2021年，继续加大校史文献宣传力度，全方位打造校史展览馆育人基地，完成校史馆内展示陈列更新维护工作、日常接待任务，积极克服疫情影响，承担起学校本科新生入学教育重要任务，进一步加强对校史的传承，充分发挥好校史馆传承历史的育人功能，将校史馆建成广大师生爱校、荣校的教育基地。全年共接待参观领导、来访校友、新生7000余人次。完成2021年度校史讲解团学生讲解员纳新工作，共招入2021级学生讲解员8名。6月，为庆祝建党100周年，档案馆联合校党委宣传部开展庆祝第14个"6·9国际档案日"——《党在高校一百年——校史中的红色印记》主题展览，展出80块展板近400张照片，进一步激励师生牢记党的宗旨，传承红色基因、赓续精神血脉、厚植爱校情怀，不忘初心，继续前进，当好新时代的"答卷人"。

期刊工作

【概况】 宁夏大学学术期刊中心有4个学术刊物:《宁夏大学学报(人文社会科学版)》《宁夏大学学报(自然科学版)》《宁夏工程技术》《农业科学研究》。截至2021年底,有在编在岗教职工21人。

党建工作。制订学术期刊中心2021年度理论学习和党史学习工作计划,线上线下共完成35次学习;中心党政一把手与各版负责人签订中心内部党风廉政建设责任书,督促中心班子成员廉洁从政、切实履行"一岗双责"。先后召开3次纪检通报会议、4次警示教育会、1次专题组织生活会及廉政警示教育会、1次班子成员廉政集体谈话会、16次党政联席会(严把"三重一大"事项关),组织收看廉政警示教育视频,组织学习、专题研讨、实时收看系列微党课"老一辈革命家家风故事",按计划完成微党课3次及7次研讨。将"我为群众办实事"实践活动作为党史学习教育的重要内容,推动解决工作中的实际问题。

期刊工作。严格落实意识形态工作责任制,筑牢主阵地安全防线,结合党史学习教育开展各类学习12次。2021年,保质保量完成期刊编辑、出版任务。顺利完成4种刊物共15期的编辑出版工作,刊发文章未出现政治性、思想性及学术性失误。2021年,处理来稿2907篇,刊发379篇,出版480万字。重要时间节点推出公益广告和专题。刊登"书香宁夏·全民阅读"公益广告9次、庆祝中国共产党成立100周年公益广告9次,推出庆祝中国共产党建党100周年专题1次。

深入开展期刊质量评估工作,进一步增强编辑意识形态责任意识。定期对期刊的内容、编校、出版形式、印制质量进行自查、抽查,重点检查、抽查内容质量和编校质量,检查和抽查6次4种期刊38期,并将检查、抽查的结果及时上报和通报,促进期刊质量的不断提高。完成了6次自治区党委宣传部组织开展的专项检查,其中4种期刊参加2020年度期刊社会效益评价考核、2020年度期刊核验、全区期刊出版质量检查、期刊滥发论文问题专项检查;社科版参加了社科学术期刊内容质量抽查、自治区期刊专项检查(第1批)。6次检查中,检查结果均为良好。其中《宁夏工程技术》在全区期刊出版质量检查中以差错率0.62‰,名列前茅;《宁夏大学学报(自然科学版)》在宁夏期刊出版单位社会效益抽查考核中为良好。

制度建设。2021年,对中心的近50项制度进行全面梳理修订。制订《宁夏大学学术期刊中心绩效岗位工资改革方案》《宁夏大学学术期刊中心党政联席会议制度(修订)》《宁夏大学学术期刊中心"三重一大"决策制度实施办法》《宁夏大学学术期刊中心财务报销会签制度》《学术期刊中心信息化工作管理规定》《宁夏大学学术期刊中心2021年公开招聘工作人员考核方案》《宁夏大学学术期刊编辑委员会工作规程》《宁夏大学学术期刊中心"三审三校"实施细则》《宁夏大学学术期刊中心重大选题备案实施细则》等制度近20项。

人才队伍建设。聘请校内外审稿专家200余人,落实持证上岗制度和注册编辑制度,把岗位培训同编辑人员的选拔、考核及使用结合起来。重视编辑人员的继续教育工作,投入6万余元学习经费派出近50人次参加线上线下学习培训。

【期刊影响力】 根据《中国学术期刊(光盘版)电子杂志社有限公司》和中国科学文献计量评价研究中心对《宁夏大学学报(自然科学版)》《农业科学研究》多项指标综合评定,两份刊物继续入选

2021年《中国学术期刊影响因子年报》统计源期刊。《宁夏大学学报(自然科学版)》继续被RCCSE中国核心期刊、中国科技核心期刊收录。《宁夏大学学报(人文社会科学版)》获2021年度中国人文社会科学综合评价A刊扩展期刊。中华优秀传统文化的当代传承专栏1篇文章被人大复印资料全文转载。

【媒体利用】 继续与中国知网、万方数据、超星公司、重庆维普、武汉鼎森等国内外20余家期刊评价机构、收录机构、数据库建立广泛的联系并签订合作协议,通过多种渠道对刊物进行传播,以促进学校期刊影响力。借助中国知网技术部、超星公司的技术力量,提升期刊工作的信息化水平,推进期刊的数字化进程和传播范围。

【"网络首发"建设】 经过评估,《宁夏大学学报(自然科学版)》进入《中国学术期刊(网络版)》首期示范工程,成为CAJ-N网络首发学术期刊。刊物充分利用中国知网"网络首发"的上网快、传播快、结果使用快的优势,对最新科研成果和通过了审理不能及时排版印刷的稿件,及时上网,解决发表周期滞后的问题,提升单篇论文的传播力、影响力和利用率,充分保证了作者的著作权,缩短了科研成果传播和转化的周期。

网络、信息化建设工作

【概况】 2021年,网络与信息管理中心在编在岗教职工10人,劳务派遣人员4人,临时用工2人。中心以业务流程优化与再造为抓手,构建面向师生服务的便捷式信息平台,提高学校信息化水平,稳步推进智慧校园建设。中心承担中国教育和科研计算机网(CERNET)银川节点的运行与管理,CERNET节点建设其他工作。

校园网络基础建设。2021年,首次购买Adobe公司的15款软件产品共100套为期1年的使用授权,解决师生办公学习过程使用正版软件的问题。校园网主干网络带宽40G,校园网出口带宽合计5.9Gbps,可全面支持IPv6协议。共建有线信息点30453个,无线接入3205个,校园主要公共区域实现了WIFI覆盖。构建校园数据中心云平台,总CPU频率1.46THz,总内存10.55TB,总磁盘存储774TB,虚拟服务器近260多台,支撑各类业务系统70个。7月,对农学院基础网络光网、无线网络进行改造。项目的实施,使农学院网络接入条件得到极大的改善,并为后续开展楼宇光网改造积累建设经验。实现中卫校区与本部一卡通业务、数据、服务等内容的统一管理,方便宁夏大学师生跨校区使用一卡通。

数据治理。提高校园数据治理能力,提升智慧校园应用体系建设数据支撑能力建设,为进一步开展教师画像,实现职称申报等工作中涉及教师个人基本情况、科研情况、教学情况及指导研究生情况等数据自动填报打下基础。全年共集成10个业务系统,财务、科研、人事、教务、资产、学工、图书、研究生、一卡通、OA、综合服务大厅、试剂耗材、数据共享130个接口,103张表,收集数据18839413条,数据资产38.9G。

一站式服务平台。进一步做好校园网一站式服务流程梳理与建设,持续推进校园自助服务能力建设。优先推进科研、资产、人事、学工等部门业务流程再造。全年为学校26个单位提供服务143个,累计为8525人提供6.2万次服务,建设了网上办事业务96个,办理完结业务4.99万件。

规章制度建设。加强学校信息化建设的顶层

设计和统一规划。调整学校网络安全和信息化领导小组成员，理顺信息化建设职能分工，制定《宁夏大学信息化项目管理办法（试行）》《宁夏大学网络安全工作责任制实施细则（试行）》等制度，规范学校信息化项目建设管理制度。将网络安全和信息化领导小组办公室调整到网络与信息管理中心，实现信息化工作的统筹与有序推进。

网站建设。结合学校新时期发展和对外宣传的需要，完成学校主页改版及35个二级单位的门户网站的版面升级，统一学校网站群的展示风格和对外宣传效果。建设教师主页，实现教师个人的教育经历、工作经历、论文发表、科研项目、教学情况、指导研究生情况等数据展示，为教师对外宣传提供统一平台。

网络信息安全。以庆祝中国共产党成立100周年为契机，开展重要时间节点网络安全保障工作。开展了宁夏大学信息系统安全等级保护测评工作，对网站群系统、虚拟化私有云系统、综合服务门户系统及财务超融合虚拟平台等4个三级系统和5个二级系统进行等级保护年度测评（二级系统均为首次测评）。2021年，处理上级部门通报的弱口令、信息泄露等网络安全事件25起，增强了校内各类信息系统的风险防范措施。

其他工作。开展宁夏大学智慧安防项目建设，实现校园安防和消防一体化管理，构建"互联网+"校园治理保障机制，智慧安防平台基本建成，实现事中联动、智能检索及事后处置。新建校园安防指挥中心，新增各类高清摄像头234个，新建监控视频存储2300T，视频存储时长得到保障，学校保卫处利用信息技术手段开展校园治理能力显著提升。结合"我为群众办实事"活动，实现校园网上网认证、信息化系统认证、VPN访问认证的密码一致性；为在校研究生的学习和研究，开通校内邮箱。

校友总会、教育发展基金会工作

【概况】 校友会组织建设。积极建设区域、行业、兴趣爱好、年级、学院五位一体校友组织。2021年，成立乒乓球校友会筹备组、甘肃省校友分会筹备组、海南省校友分会筹备组。根据《社会组织评估管理办法》（民政部令第39号），经宁夏社会组织评估委员会审定，宁夏大学教育发展基金会获评4A级社会组织，有效期从2021年2月至2026年2月。

服务校友方面。上线"校友服务大厅"，开通"校友卡"板块，发行电子校友卡和交通银行主题信用卡。在校友微信群上线机器人问答小助手，梳理回答校友经常遇到的诸如档案查询、党组织关系转接等14类问题，提升校友服务工作针对性和有效性。倡议并发起成立全国高校宁夏校友会联盟，组织宁夏教育博览会和2021年高考志愿报名咨询会，面向学校各学院筛选440名2021届校友班级联络员，实现校友联络无盲区，班级与校友总会对接无缝隙。邀请46家校友企业参加2021届毕业生招聘会，与宁夏大学企业家校友会联合创办《校友说》活动，通过微信群内音频分享+互动的形式，帮助更多年轻校友度过创业艰难期，突破工作瓶颈期。

捐赠收入及支出情况。截至年底，宁夏大学教育发展基金会资产总额为7,598,855.75元。2021年度捐赠收入5,444,804.29元，发放各类奖助学金3,034,560.00元。

助力人才培养工作。邀请5位行业内有影响力的校友回母校作报告，分享人生经验。积极与捐赠单位联系沟通，引导捐赠单位设立基金用于资助奖励学生创新创业、学生学科竞赛项目及教师教学水平提高等。设立宁夏大学"贵州茅台宁夏经销商联谊会"大学生创新创业实践成果奖励基金，奖励大学生创新创业项目及指导教师团队；举办2021年"建信财险"杯宁夏大学原创文学大赛、宁夏大学"建信财险"杯大学生创业综合模拟竞赛，资助奖励学生学科竞赛项目；资助奖励信息工程学院计算机科学与技术学科2021年度青年教师教学技能大赛等，助力教师教学水平提高。

【调研交流】 4月11日，校党委常委、副校长史金龙一行到广州、深圳看望校友，赴南方科技大学调研交流。4月12日，赴深圳市艾雷特科技有限公司、薪火阵营文体教育(深圳)集团有限公司、深圳市早知道科技有限公司、中国科学院深圳先进技术研究院调研交流。7月2日，为进一步密切联络校友，建立校企合作，拓展就业市场，宁夏大学党委书记李星，党委常委、副校长史金龙一行走访校友企业炬点品牌集团。

【庆祝中国共产党成立100周年活动】 6月26日，联合校友企业小央美米朵艺术培训中心在宁夏大学怀远校区凌云广场举行"彩沙绘党旗 永远跟党走"地面沙画快闪活动。完成以红色、黄色为主基调，有党旗、白鸽、华表等元素的300平方米庆祝中国共产党成立100周年地面沙画。

【北京市宁夏大学校友会2021年年会暨第三届理事会成立大会】 7月3日，北京市宁夏大学校友会2021年年会暨第三届理事会成立大会在北京宁夏大厦举行，宁夏大学党委书记李星，党委常委、副校长史金龙参加会议，大会通过了第三届理事会理事建议名单。

【校友捐赠】 8月1日，中文系八一级(1)班校友向宁夏大学捐赠人民币200万元，设立"创新人才培育资金"。此次捐赠是宁夏大学教育发展基金会成立以来收到的单笔金额最多的一笔。"创新人才培育资金"旨在帮助学校积极开展校园演讲比赛、辩论赛以及各种创新性活动，培养学生独立思考、独立研究、自主创新及个性化发展等能力。

【《校友说》活动】 12月28日，宁夏大学企业家校友会在银川市百瑞源枸杞博物馆举办第六期《校友说》活动，校党委书记李星参加。86级农经

宁夏大学2021年教育发展基金会接受大额捐赠一览表

序号	项目类型	捐赠人/单位	金额(元)
1	协议捐赠	四川西南交通大学教育基金会	500000
2	协议捐赠	中文系1981级(1)班校友"创新人才培育基金"	2000000
3	协议捐赠	中国银行股份有限公司宁夏回族自治区分行	300000
4	协议捐赠	建信财产保险有限公司宁夏分公司	120000
5	协议捐赠	火箭军政治工作部群工联络局	180000
6	协议捐赠	应善良福利基金会	420000
7	协议捐赠	共享装备股份有限公司	300000
8	协议捐赠	曾宪梓教育基金会	180000

系校友、宁夏大学企业家校友会会长、百瑞源枸杞股份有限公司董事长郝向峰作为主讲人分享了百瑞源的创立及发展经历,并与在座校友交流讨论。李星向新一届校友会授旗,并向会长、副会长、秘书长、副秘书长颁发聘书。

教师教学发展中心(教学质量监控与评估中心)工作

【概况】 2021年,教师教学发展中心(教学质量监控与评估中心)(以下简称"中心")全面落实立德树人根本任务,努力践行以学生为中心的理念,围绕教师教学发展、专业认证、教学质量监控和教学督导等重点工作,为全校师生提供高质量服务。

制度建设。修订出台《宁夏大学本科课堂教学质量评价管理办法》《宁夏大学新入职教职工培训实施办法》。制订出台《宁夏大学专业认证工作实施方案》《宁夏大学本科课程目标达成评价及课程体系合理性评价实施办法(试行)》《宁夏大学师范类本科专业毕业要求达成情况评价实施办法(试行)》《宁夏大学工科专业毕业要求达成评价办法(试行)》。

教师教学发展。全年集中组织各类培训及研修项目7项,共897人次参加。组织宁夏大学首届教师教学创新大赛,共有来自20个学院40项个人(团队)作品参加。承办首届宁夏高校教师教学创新大赛(省赛),全校5名参赛教师均获奖(3项二等奖,2项三等奖),宁夏大学获得优秀组织奖。

组织首届全区高校心理健康教育课程微课教学大赛,宁夏大学荣获优秀组织奖,组织2021年全区"互联网+"教育应用大赛、第三届全国高校混合式教学设计创新大赛。

对外交流与合作。为推进新时代高校教师队伍建设,聚焦高校内涵式发展,落实立德树人根本任务,承办东西部高校教师发展研讨会,浙江省各高校和自治区各高校的100多名教师参加了研讨会。

专业认证工作。组织相关教师以线上线下的方式参加全国普通高等学校师范类专业认证工作总结会,全国普通高等学校师范类专业认证第一期、第二期学校培训,2022年工程教育专业认证申请说明会。结合教育部评估中心修订认证申请书,为各学院印制《普通高等学校师范类专业认证申请书(2021版)》和《普通高等学校师范类专业认证自评报告撰写指导书(2021版)》,通过线上线下广泛宣传,实现全员参与,真正做到从理念走向行动、从形式走向实质,使全校师生对专业认证的理念有了更明确的认识,形成了全员参与的氛围。根据中国工程教育专业认证协会发布的《关于浙江大学机械工程等305个专业认证结论的通知》(工认协〔2021〕13号),宁夏大学化学工程与工艺专业通过工程教育认证,认证有效期为6年,这是宁夏高校首个通过工程教育认证的专业。第二批工程教育认证专业完成认证申请提交工作,分别为机械工程、通信工程、食品科学与工程3个专业。4月21—23日,以华中师范大学郑高峰教授为联合组长的专家组一行19人,对学校数学与应用数学、汉语言文学、小学教育3个师范专业进行第二级认证进校考查工作。化学、学前教育2个专业获得2021年师范类专业第二级认证受理。

教学质量监控工作。完善课堂教学质量评价机制,积极推进教学质量评价信息化建设,整合教学评价多系统管理,重新修订评价指标体系。按照教育部教学评估中心和自治区教育厅统一部署,及时采集2020—2021学年教学基本状态数据,撰写《宁夏大学教学基本状态数据分析报告》,按时上报教育部评估中心,在各部门及教学单位的通力协作下,完成《宁夏大学2020—2021学年本科教学质量报告》的撰写工作。健全校、院两级教学质量保障机制,明确校、院两级监控、评价工作任务,充分发挥各单位在教学质量保障中的主体作用。安排校、院两级教学督导员工作任务,全面落实"学生中心、产出导向、持续改进"的先进理念,强化教学过程特别是课堂教学过程管理,加强学评教、教评教、管评教、督导评教、教评学管理,使用手机端升级教学督导员听课成绩评价方式。

测试分析中心工作

【概况】 2021年,测试分析中心有实验用房2184平方米,仪器设备总资产4277万元,其中单价大于100万元的仪器设备9台,单价大于40万元的25台。设有电镜室、色谱室、电感耦合等离子体质谱室、元素分析室等20个实验室,分析检测研究涉及化学、材料、生物、农学、医学、环境、石油、药品和食品等多学科领域。中心有教职工15人,在编人员中具有博士学位者占54%。

党建与思政工作。中心共有教师党员7名、入党积极分子1名。中心党支部深入开展党史学习教育活动,在集中学习和自学的基础上,积极参加党史学习教育、十九届六中全会精神宣讲活动,先后赴涝河桥革命烈士纪念馆和闽宁镇宁夏生态移民创业就业示范基地开展主题党日活动,组织全体教职工收看建党100周年庆祝大会实况转播,完成党史知识网络竞答。

测试服务工作。2021年,测试服务总量较上年增长37%,为省部共建煤炭高效利用与绿色化工重点实验室、化学化工学院、生命科学学院等教学、科研单位的96个课题组提供测试服务。

实验室安全工作。完善各实验室信息牌、危险源辨识牌、消防疏散图等标识物,在有辐射的场所设置了警戒标志,对紧急喷淋设施进行定期检查和维护,补充了二氧化碳灭火器等必要消防器材,制作试剂和废液储存托盘,对通风橱排风系统、UPS不间断电源电池以及空调等附属设备进行了维修保养,完成了防爆气体储存柜改造和危化品库升级改造工程。

仪器设备论证与采购工作。组织完成了X射线光电子能谱仪、超级微波消解仪、顶空进样气象色谱仪等大型仪器的采购工作。

对外合作交流工作。组织技术人员赴上海交通大学(银川)材料产业研究院、宁夏计量质量检验监督局等单位交流学习。邀请宁夏分析测试协会、银川海关等单位专家来中心开展技术讲座与交流。举办现代原位表征技术、标准化文件结构与标准编制要点、土壤分析检测技术等培训会议,积极同校外企业开展合作,签署合作协议4项。

开展自主测样培训工作。面向校内教师和研究生开展大型仪器自主测样培训工作,完成透射电子显微镜、X射线衍射仪、全自动激光粒度仪、热重分析仪、差式扫描量热仪、激光拉曼光谱仪、气象色谱仪等仪器的培训工作。

师生服务中心工作

【概况】 2021年,师生服务中心设有18个实体办事窗口,包括4个入驻部门窗口、4个服务事项委托联办窗口、2个综合窗口、1个咨询窗口,同时设有航空、金融等社会机动服务窗口,共承担40项服务;自助服务设备9台,承担12项服务;网上办事大厅有24个部门,涉及83项在线办理事项。中心有教职工9人,其中正式职工5人,新招聘劳务派遣4人。以实体办事窗口、网上办事大厅、自助设备服务构成的三位一体的综合办事体系基本成型。

党建与思政工作。4月23日,中心党支部正式成立,有6名党员、1名积极分子。2021年,中心党支部扎实推进党史学习教育,坚持每周集中学习不少于1次,深入学习习近平总书记系列重要讲话、党的十九届历次全会精神。

一站式建设工作。编印《师生服务中心办事指南》5000册、《学校岗位职责汇总表》10册,为师生提供更为便捷的查询服务,节省业务办理的时间成本。开通"宁夏大学师生服务中心"微信公众号,为广大师生搭建掌上一站式服务平台,凭手机即可登录网上办事大厅,及时了解学校相关政策信息和动态,方便师生随时随地办理网上业务。

窗口业务。2021年,办理新生学生证7478本,发放新生火车票优惠卡4010张,补办火车票优惠卡350张,补办学生证702本。发放成人自考本科学位证157份。办理就业推荐表、就业协议书各7104份,网上就业平台审核1232份,发放《就业工作简讯》8期、《就业政策问答》6638份,收集毕业生信息册2200份。核对外汇业务300余份。办理创新创业学院项目转接手续、技术合同登记业务161份。办理普通话水平测试收费、发放准考证2718份。解答师生日常业务咨询1568人次、接听服务热线208通。自助服务区新增共青团"第二课堂"成绩单自助打印机,提供24小时便捷服务,方便同学随时打印"第二课堂"成绩单。更新维护公共办公设备,提升设备性能,改善办事大厅服务环境。正式开通"师生意见建议"服务,2021年,收到43条涉及学校教学、管理、服务方面的意见建议,提升了学校管理水平和治理能力。

后勤服务保障工作

【概况】 4月,后勤集团更名为后勤保障部,是学校直属单位,履行学校后勤管理与监督、统筹与协调、服务与保障职能。中共宁夏大学后勤集团委员会更名为中共宁夏大学后勤保障部委员会。后勤保障部有在编职工154人,编外职工800余人,设书记1名、部长1名(兼副书记)、副部长5名(其中派驻中卫校区1名)。科级机构12个,其中管理类科室5个,服务保障类中心7个。

党建与思政工作。制订后勤保障部党委理论学习中心组学习计划,深入开展党史学习教育,深入贯彻党的十九大和十九届历次全会精神及全国高校党建会议精神,开展"感党恩 跟党走 铸牢中华民族共同体意识"为主题的民族团结宣传活动。对各党支部进行调整,优化支部组织结构,由原来10个党支部调整为7个党支部。全年培养积极分子1名、发展对象2名,发展预备党员5名,预备党员转为正式党员5名。认真组织开展警示教育活动,进一步完善议事规则和程序。

财务改革。后勤财务纳入学校财务统一管理,实行"授权审批、集中核算"的财务管理模式。后勤服务保障所需经费均纳入学校年度财务预算实行预算管理,服务项目实行合同制管理。服务保障性资产由后勤保障部负责使用,原后勤集团财务室职能划归计划财务处,后勤集团大学商场、营业房、公租房、周转房的管理职能调整到资产与实验室管理处。经营性资产统一由学校资产与实验室管理处管理。后勤财务纳入学校财务统一管理。

后勤改革。4月28日,校党委印发《宁夏大学后勤综合改革工作方案》,针对方案中的改革任务,后勤保障部积极与组织部、人事处、计划财务处、资产与实验室管理处等工作专班对接，制订《后勤保障部科级干部选聘方案》《后勤保障部人事改革工作方案》《后勤保障部财务移交工作方案》《后勤保障部资产核查工作方案》《后勤保障部社会化服务工作方案》并组织实施，为全力推进后勤综合改革奠定坚实基础。针对宁夏大学关于自治区党委第五巡视组巡视反馈意见整改方案中涉及后勤保障部的整改任务和学校党委巡察组反馈意见，后勤保障部党委高度重视，坚持问题导向，认真履行全面从严治党主体责任，基本完成各项巡视（巡察）整改任务。

工会工作。组织职工观看红色影片，参加学校第六届教职工乒乓球比赛，参加学校庆祝建党100周年教职工健步走挑战赛、师生合唱比赛等团体活动。全年共慰问住院职工14名，积极为6名职工争取校工会困难慰问金。组织发放端午节、国庆节慰问品518人次。在疫情阻击战中，用特殊党费、社会捐赠和职工捐赠慰问抗疫一线职工。

饮食工作。按照校党委的要求，国际交流中心开办教工餐，切实解决教职工中午用餐问题。为更加快捷和高效地服务广大师生，将文萃校区教育超市进行整体施工改造为学生餐厅，增加就餐面积900多平方米，增加多个各类特色经营窗口，以整洁优雅的就餐环境、特色的饮食服务为全校师生提供优质安全的饮食保障。

疫情防控。后勤保障部在封校期间承担学校疫情防控物资保障、医疗服务、校园封闭、隔离留观、食宿保障等重要工作，根据学校疫情防控的有关部署要求，成立了综合协调、医疗保障、餐饮服务、校园环境、学生公寓、车辆保障等工作组，制订餐饮、公寓、物业、医疗等疫情防控专项工作预案，细化防控应急措施和操作流程。及时储备防疫物资，对校园公共场所进行全面消杀。精心组织全校师生进行疫情防控演练，增强师生的防护意识和水平。与自治区人民医院建立医校联合体，为全校师生提供全方位服务。配合辖区卫健部门做好全校师生的新冠疫苗注射和核酸检测工作，顺利完成学校在校师生的2次接种新冠肺炎疫苗及三轮核酸检测工作。

幼儿教育。经过多方争取，西夏区同安幼儿园建设项目落地怀远校区，该项目建设面积3980平方米，投入资金2400多万元，为提升宁夏大学学前教育办学条件奠定了良好的基础。校本部幼儿园、南校区幼儿园顺利转制为公办幼儿园，并申请财政厅、教育厅专项资金300余万元。助力属地教育局公办幼儿园发展，幼教中心已托管金凤区、西夏区公办幼儿园7所，为提升两区学前教育水平发挥了积极作用。

维修与改造。实施怀远校区运动操场塑胶跑道铺设工程、贺兰山校区环境整治工程、文萃校区原教育超市改为餐厅维修改造项目、光电模拟射击馆维修改造工程、音乐厅室内装修工程等大型工程项目，在维修改造项目实施中充分发挥使用单位、监理、跟踪审计的作用，做到工程项目从立项、招标、施工、验收层层把关，责任到人，规范实施。小型维修工作的及时、高效、高质量，受到全校师生的一致好评，提升了全校师生对后勤工作的认可度，有效改善了校园环境。

校园环境与安全。已完成各校区校园环境改善项目31项、完成各校区基础设施建设和改造项目27项。开展了清洁校园志愿者活动，全年完成爱国卫生运动48次，参加全校志愿者活动5次。按照自治区生态环境局要求，积极对接主管部门，做好学校燃气锅炉低氮改造项目。定期对锅炉房、变电室、食堂、学生公寓等重点部位开展拉网式安全大检查，对发现的安全隐患立即进行整改，确保师生健康安全。全年没有发生任何安全责任事故，保证了各项工作的顺利开展。

国家大学生文化素质教育基地办公室、场馆管理服务中心工作

【概况】 2021年，国家大学生文化素质教育基地办公室、场馆管理服务中心工作（以下简称：中心）在学校党委、行政的坚强领导下，认真履职尽责，带领全体工作人员，紧紧围绕学校中心工作，结合中心工作特点、职责、定位，修订完善相关的管理制度和实施办法，加强中心内部治理体系和治理能力建设。发挥2个基地、2块牌子的作用，实现了"小团队，大作为"的目标。

修订完善各类规章制度。中心对已有各项规章制度进行梳理，查漏补缺。根据中心工作开展实际，制订《场馆管理服务中心疫情防控工作方案》《学生突发事件处理预案》等10项制度，修订完善《场馆管理服务中心管理办法》《场馆管理服务中心消防应急指挥预案》等5项制度，明确中心教职工工作职责，做好各项教学和大型活动服务保障工作，为高质量发展和学校重大决策部署落实到位提供良好的服务和保障，做到用制度管人管事，起到引领导向作用。

科学有效发挥中心场地优势，服务保障教育教学活动。在完善各项规章制度基础上，进一步提高规范化管理水平，严抓落实，确保各类教育教学活动正常开展。全年承担60门次素质教育课，完成了在场馆的教学任务2万多课时，50万人次在场馆上课；组织承担毕业生文艺晚会、学生专业教育报告会、学校庆祝建党100周年表彰大会、庆祝教师节表彰大会等大型活动50多场次，进入场馆参加活动的人员累计达到20万人次；中心安排公共体育课程26门以上，每天上课学生近1200人次，每周近万人到场馆上课。中心积极支持学生社团开展活动，合理规划教室使用，为师生开展文化素质教育活动和锻炼健身提供场地和优质服务。完成了全区高校篮球比赛、教职工羽毛球等活动10多项，支持三人行书画协会、雅寒国学社、秋风摄影协会等8个学生社团开展社团活动，丰富了学生课外校园文化生活，实现了中心努力创建"文化与健身品牌党支部"的目标。

附属单位

开学第一课 (刘倬霖 摄)

宁夏大学附属中学

【概况】 宁夏大学附属中学是一所公办完全中学,建于1958年,始称"银川新城初级中学",隶属宁夏大学,2021年被自治区教育厅命名为首批创新素养教育"领航"学校,校园占地面积59059平方米,建筑面积3.521万平方米。

党建与思政工作。学校党委认真落实从严治党主体责任,严肃党内政治生活和组织生活,坚持思想建党、制度建党,切实提高党建工作的规范化、科学化水平,党组织的凝聚力、战斗力得到显著提升。认真贯彻落实中央、自治区党委和上级党委部署,落实固定学习日、主题党日活动,开展好组织生活会和民主生活会,把意识形态工作纳入党建工作重要日程,加强面向党员、教职工和全体学生的意识形态教育,压实压紧主体职责。加强课堂主渠道建设,重视思政课建设,弘扬社会主义核心价值观,培养学生爱党、爱国、爱社会主义的情怀。加强支部建设,落实"一岗双责",筑牢组织基础,强化支部战斗堡垒作用;重点抓好两项活动:党员志愿服务活动、党员争创岗位先锋活动。加强团队建设,培养后备力量。强化党务工作队伍建设,选优配强党建工作人员。不断加强党员发展和党员教育管理工作。加强政治宣传和信息管理,形成正向舆论氛围,传递正能量。

基础设施建设方面。宁夏大学附属中学始终把学生发展放在第一位。学校拥有良好的信息技术教学条件,拥有设备完善的实验楼、艺术楼、办公楼、体育馆、师生餐厅、学生公寓,以及标准化的塑胶运动场、篮球场、乒乓球场等运动场地。2021年,在自治区教育厅和宁夏大学支持下,学校翻新了运动场,改造了学生公寓,改善了住校生生活条件;对校园网基础网络进行重建,为"互联网+"教育标杆校建设奠定基础;改造了物理、化学实验室,新建合唱、键盘、音乐鉴赏等艺术类专用教室,改造信息技术专用教室,建设了考教一体化系统、2间智慧教室及阿法迪智慧图书馆、VR教室,初中部已经具备了比较完善的信息化教学条件,高中部信息化教学条件积极改善。学校有14.333万平方米农场,用于劳动教育。

师资队伍建设方面。学校有在职教师195人,其中,正高级教师1人,高级教师88人,自治区"塞上名师"1人,特级教师1人,一级教师55人,自治区骨干教师24人,银川市骨干教师12人,硕士研究生25人,占教师总数的12.8%。

【制定"十四五"发展规划】 1月22日,学校中层以上领导召开了"十四五"发展规划工作研讨会。领导班子带领教职工围绕着"现实中的教育"和"理想中的教育",根据上年教职工对学校发展规划的意见和建议,分析发展的优势和不足,共同规划学校发展蓝图,提出了学校"十四五"发展规划草案,并在教职工中充分酝酿,经2021年八届五次职代会审议通过。"十四五"规划明确了学校发展的战略定位和发展愿景,提出了学校质量提升五年发展路径和重点工作。

【中层机构改革】 在宁夏大学的支持和帮助下,学校对中层机构进行改革。为适应新课程新教材新高考改革,设置课程及教学中心、教师发展中心、服务保障中心等中层部门,并通过中层及以上领导干部轮岗、选聘,加强了课程建设、教学管理、教师发展、服务保障等重要职能。

【创新素养教育"领航"校评估验收】 12月8日

下午，自治区教育厅创新素养教育"领航"校评估验收专家组莅临学校，对学校进行评估验收，专家组听取了学校对开展创新素养教育的情况汇报，通过查阅资料、实地参观科创教室及设备、学生作品、现场听课等环节，对学校创新素养教育给予了充分肯定，学校顺利通过评估验收，成为首批自治区创新素养教育领航学校。

【教师信息技术应用能力提升工程 2.0 暨 100 所示范校培训项目】 为推进"互联网+"教育标杆校建设，成立信息化 2.0 领导小组、种子教师引领团队、学科组培训团队。1 月 24 日，学校召开会议，正式启动"教师信息技术应用能力提升工程 2.0 暨 100 所示范校培训项目"。在"互联网+"教育标杆校第一阶段建设中，学校重点在初中部进行信息技术与教学融合应用探索，到 2021 年秋季，初中部全部实现了学生平板终端工具的普及使用。8 月 26 日，学校邀请创而新教育科技有限公司教研技术支持团队对初中各学科教师进行智慧课堂培训，进一步提高教师信息技术应用水平。

【教师教育实践基地建设】 3 月 17 日上午，宁夏大学召开"支持附属中学发展·建设教师教育实践基地"专题会议。会议由宁夏大学副校长周震主持，会议旨在调动宁夏大学的专业力量，支持附中课程建设及教育科研，促进附中高质量发展。

教学实验农场

【概况】 教学实验农场占地面积 2050.73 亩（教学实验农场本部 1188.36 亩，西玉片区 662.8 亩，置换地 199.57 亩），其中农田种植面积为 1613 亩（教学实验农场本部 1093 亩，西玉片区 520 亩），建设用地面积 52.66 亩（综合楼、晾晒场、库房及师生餐厅 28.6 亩，职工家属区 24.06 亩），其他用地面积 385.07 亩。教学实验农场共有职工 100 人（在职职工 24 人，退休职工 76 人）。场部下设办公室、生产科、财务科 3 个职能科室。

党建工作。教学实验农场直属党支部，共有党员 18 人，其中在职党员 8 人，退休党员 10 人，实习师生动态党支部人数动态管理。教学实验农场直属党支部把党史学习教育贯穿于 2021 年，重点学习习近平总书记在庆祝建党 100 周年大会上的重要讲话精神，并以此为指导不断深化对党的历史的系统把握，继承传统、立足当前、开创未来。先后举办学习宣传中央民族工作会议精神、习近平总书记视察宁夏重要讲话精神、十九届六中全会精神等专题学习教育大会。4 月 8 日，到宁夏工委纪念馆开展"三会一课"主题党日活动；6 月 26—27 日，联合数学统计学院党委、宁夏师范学院数学计算机学院党总支部到六盘山革命烈士纪念馆、任山河革命烈士陵园、红军西征纪念馆举行联合党日活动，党员干部集体唱红歌、讲主题党课、专题分享、学习参观、交流心得，促进党史学习教育落在实处。

教学科研实习服务。2021 年，在教学实验农场进行的科研项目共有 17 项，共用试验农田 145 亩、日光温室 7 栋。其中，国家自然科学基金 4 项，国家重点研发计划 1 项，农业农村部农业生态环境保护项目 1 项，农业农村部耕地保护项目 1 项，自治区重大专项 1 项，宁夏自然科学基金 3 项，宁夏重点研发计划重点项目 1 项，自治区农业育种专项 3 项，横向委托合作项目 1 项，西部一流学科建设项目 1 项，自治区农业资源与环境（面源污染项目）1 项。2021 年，接收学生教学实习 500 余人次、生产毕业实习 35 人。

现代农业示范基地(园区)建设。2021年,基地(园区)承担了北京华农伟业、北京农科院联合体、甘肃种业有限公司、宁夏农垦联合体、宁夏润丰种业及宁夏塞尚九丰种业等区内外10家企事业单位的15项试验,参展参试农作物主要为玉米,品种达1143个。主要展示、试验项目有玉米新品种展示、玉米品比试验、玉米生产试验、玉米区域试验、玉米种植密度试验、玉米新品种筛选以及青贮玉米品种展示等。通过各项试验,筛选出了部分适合宁夏引黄灌区种植的优良玉米新品种,为全区现代农业的发展贡献了"宁大力量"。

完成生产任务情况。2021年,共种植青贮玉米849亩,生产青贮玉米3474吨、商品玉米82100公斤。

【"我为群众办实事"活动】 教学实验农场直属党支部始终把为师生办实事活动作为检验党史学习教育成效的试金石。3月,积极向学校相关单位申请,筹措资金十万多元,完成了自来水接通工作,解决了师生的饮水问题;4月,为了方便职工及教师科研农田灌溉,以水利部门维护惠农区为契机,将原有扬水站进行了维修改造和水泵更换,切实解决了农田灌水存在的问题;11月,对农场师生餐厅进行改造。

【园区建设】 通过示范基地(园区)的建设,农场服务地方经济建设成效显著。2021年,农场基地(园区)大力开展新型农民、技术人员、现代农业技术培训以及大学生创业实训培训。通过对基地(园区)建设的不断加强,使农场服务地方经济建设的社会效益和经济效益不断提高,也为学校教学、科研、实习实训搭建了更好的平台。

表彰奖励

霞光映宁大 （钟子杰 摄）

国家及自治区表彰奖励情况

一、学　校

1. 首届宁夏高校教师教学创新大赛优秀组织奖
2. 首届全区高校心理健康教育课程微课教学大赛优秀组织奖
3. 全国教育系统关心下一代工作先进集体
4. 全区庆祝中国共产党成立100周年"颂歌献给党——全区劳动者之歌"合唱大赛一等奖
5. 全区离退休干部"学党史　感党恩　跟党走"知识竞赛优秀奖
6. 全区老干部工作宣传调研先进集体
7. 2021年全国大中专学校志愿者暑期"三下乡"社会实践"镜头中的三下乡"优秀组织单位
8. 第十二届"挑战杯"全区大学生课外学术科技作品竞赛优秀组织奖
9. 全区教育系统庆祝中国共产党成立100周年系列活动优秀组织奖
10. 全区第三届大学生节水护水知识竞赛优秀组织奖
11. 全区第三届大学生禁毒辩论赛冠军

二、部门及团体

1. 全区脱贫攻坚先进集体：民进宁夏大学委员会
2. 民进全国社会服务脱贫攻坚工作优秀成果：民进宁夏大学奶产业专家服务团
3. 民进五星级组织称号：民进宁夏大学委员会
4. 自治区就业创业工作先进集体：党委学生工作部（学生处）
5. 中共宁夏回族自治区教育工委、宁夏回族自治区教育厅党组先进基层党组织：体育学院大学体育教职工党支部
6. 全国第三届大学生艺术展演活动合唱二等奖：音乐学院
7. 2021年中国青岛合唱队比赛杰出贡献团队（一等奖）：宁夏大学校友合唱团
8. 各民主党派、工商联、无党派人士为全面建成小康社会作贡献先进集体：民进宁夏大学委员会

9.宁夏高等教育教学成果奖（研究生教育类）

序　号	获奖单位	获奖成果	校评等级	主要完成人
1	研究生院	双协同多维度全过程推进研究生创新能力培养的探索与实践	特等奖	谢应忠　冯秀芳　朱学军　常　娟　张　腾
2	人文学院	培根铸魂，启智润心——西北民族地区语言文学与文献研究生培养模式改革与实践	一等奖	胡玉冰　刘鸿雁　梁祖萍　柳玉宏　邵　敏

续表

序号	获奖单位	获奖成果	校评等级	主要完成人
3	农学院	园艺学科研究生"五个一工程"提升行动的探索与实践	一等奖	张亚红 李建设 高艳明 张雪艳 曹兵
4	西夏学研究院	构建铸牢中华民族共同体意识教学体系	一等奖	杜建录 陈育宁 佟建荣 彭向前 杨浣
5	生态环境学院	面向复合人才培养目标的恢复生态学课程教学模式创新	一等奖	宋乃平 陈林 王磊 杨新国 王兴
6	机械工程学院	项目引领，德行养成——机械类创新型研究生"五位一体"培养模式实践	二等奖	王昱潭 张波 杨术明 郝洪涛 丁文捷
7	化学化工学院	"四位一体"的化学教育硕士人才培养模式的探索与实践	二等奖	吴晓红 倪刚 李冰 毕淑娴 王富强

三、个　人

1. 民进全国社会服务暨脱贫攻坚工作先进个人：吴心华
3. 民进全国反映社情民意信息工作先进个人：金忠杰
4. 民进中央青工委"履职尽责风范奖"：金忠杰
5. 宁夏民进成立四十周年先进个人：刘　明　金忠杰　吴心华　乔丰华
6. 自治区统战部"最美统战人"：藏志勇　吴心华
7. 2021年度全国高校辅导员年度人物：蒋宇欢
8. 2021年度宁夏高校辅导员年度人物：何韶华　蒋宇欢
9. 全国教育系统关心下一代工作先进个人：赵维素　李福明
10. 自治区优秀共产党员：李玉鼎
11. 自治区"不忘初心　我是老党员"：王庆同

教师及学生部分竞赛获奖情况

1. 首届宁夏高校教师教学创新大赛二等奖(正高组)：冯　蛟
2. 首届宁夏高校教师教学创新大赛二等奖(副高组)：白俊英
3. 首届宁夏高校教师教学创新大赛二等奖(中级及以下组)：许　昊
4. 首届宁夏高校教师教学创新大赛三等奖(正高组)：顾　欣
5. 首届宁夏高校教师教学创新大赛三等奖(副高组)：马　玲
6. 首届全区高校心理健康教育课程微课教学大赛一等奖：秦　莉
7. 首届全区高校心理健康教育课程微课教学大赛二等奖：苏　迪

8. 首届全区高校心理健康教育课程微课教学大赛二等奖：侯　睿

9. 2021年全区"互联网+"教育应用大赛教学创新案例一等奖：田　芳

10. 2021年全区"互联网+"教育应用大赛教学创新案例二等奖：郭晓燕

11. 2021年全区"互联网+"教育应用大赛教研论文一等奖：唐　莲　刘梦琼

12. 2021年全区"互联网+"教育应用大赛教研论文二等奖：王奕文　焦岩岩

13. 自治区"互联网+"教育信息化骨干培训项目第一批培养对象——应用示范类：张　玲

14. 自治区"互联网+"教育信息化骨干培训项目第一批培养对象——高端教学类：朱海燕　顾欣

15. 第三届全国高校混合式教学设计创新大赛"设计之星"奖：顾　欣

16. 全国大学生节能减排社会实践与科技竞赛获奖学生：

　　王思伟　董文学　罗云铎　买婷婷　韩松旭　马桂艳　安若云　何　扬　王继旋　杜　华　余学福　马小平　金立峰　马吉俊　海　洋　马建玲　田海涛　张　正　杨　伏　马万里　王浩哲　陈颖琦　杨　聪　李思源　胡嘉翔　韩万伟　刘文凯　杨家乐　田宇哲　白嘉怡　孔令仪

17. 全国大学生机械创新设计大赛获奖学生：田彦龙　马红兵

18. 全国大学生工程训练综合能力竞赛获奖学生：

　　田佳俊　丁晓梅　马生花　邓浩鹏　马盛贤　马　秀　罗小明　王　龙　陈天贺　田　成　胡得梅　王　元　丁　香

19. 全国失效分析大奖赛获奖学生：田佳俊　王小恒　赵金荣　杨　明

20. HRU大学生人力资源职业技能竞展汇获奖学生：

　　海小平　徐绍宇　马建强　南浩浩　马　瑞　摆雪流　马　莉　张嘉欣　刘发琴　王七武　马富国　安杏杏　伏亚鹏　马亚娟　田　俊　丁奕珅　马　丽

21. 全国大学生信息安全竞赛获奖学生：

　　海小平　杨　莹　王月秀　马梅花　丁小玲　贺学玲　丁晓梅　李　双　潘　娜　安娜娜　安杏杏　海小梅　杨　艳　刘雷雷　杨文彪　李　瑞　李小明　周永红　祁明宝　金立峰　栗　航　黄　蕊　马　琴　沙小鹏　纳　婷　马　飞　马　虎　苏小龙　马　强　李　嫄　马小龙　田文军　马秀梅　马成龙　李玉明　贾建华　曹克雷　赵　博

22. 全国大学生英语竞赛获奖学生：

　　张　凯　廖明洁　杜蓉蓉　田雯雯　丁　希　李　洋　李娜娜　刘玉鑫　张永昊　丁晓梅　南浩浩　马　莉　王圆敏　马晓梅　李建民　安娜娜　杨兰兰　刘发琴　田江汉　谭金涛　马怀璧　李瀚岳　庄超群　杨宏伟　徐登明　窦旭东　李荣华　杨　荣　杨海林　杨志文　杨　旭　金　月　周　帅　郭一帆　张洪健　宋辰垚　侯佳琪　樊倩情　李钰婷　杨迎新　张　峰　潘雪华　罗　艳　牛睿峥　余　快　曹颖慧　刘瑞航　涂冬至　程梦琳　谢　瑾　刘婷婷　汪　杨　杨尚宗　翟帆顺　孙西早　吴亦清　刘珂希　林欣晨　邵新淼　郭雯玉

张自永　荣　俐　杨艺帆　汪　琪　陈凌瑄　王晓芹　王中一　秦英淼

23. 全国大学生广告艺术大赛获奖学生：岳陆羽　顾伊晴　杨彦个　韩梓婧

24. 全国大学生生命科学竞赛（CULSC）——生命科学竞赛、生命创新创业大赛获奖学生：

　　马俊梅　兰彩丽　杨佳慧　侯海蓝田　黄　月　海　源　程　丹　朱臆琪　杨　伟　洪晓珍
　　李昊男　母荣来　张　博　马丽兰　杨　梅　丁雅文　刘普浩　王嘉宇　谢尔康　杨文杰
　　祁立红　王一宁　王茁源　弓　浩　王进秀　黄婷婷　常昭溪　虎伟博

25. 中国大学生服务外包创新创业大赛获奖学生：马俊梅

26. 全国大学生电子商务创新、创意及创业挑战赛获奖学生：

　　马献花　王七武　周子豪　马小平　安红昌　汪靖皓　杨家荣　汪　慧　罗　祥　苏腊梅
　　顾彩霞　马　雪　王思慧　杨彤辉

27. 全国大学生职业发展大赛获奖学生：马　杰　马　喆　马小东　姚　昊　陈宝旦

28. 全国大学生财经素养大赛获奖学生：蒋明欣

29. 外研社全国大学生英语系列赛——英语演讲、英语辩论、英语写作、英语阅读获奖学生：

　　贝　静　马国梅　杨艺帆

30. 全国俄语大赛获奖学生：唐千雪

31. 全国大学生数学建模竞赛获奖学生：

　　张一弛　方睿辰　卢冠华　董欣雨　袁维军　郝培才　张晓童　张　璐　颉严东

32. 全国大学生数学竞赛获奖学生：郭亚妮　孙月焱　张津滔　程坤坤

33. 全国三维数字化创新设计大赛获奖学生：黑宗林　卢　飞　马启峰　李小文　孔铭扬

34. 全国大学生物理实验竞赛获奖学生：卢　帅　贾红锦

35. 全国大学生与研究生物理教学技能展示暨自制教具与设计实验大赛获奖学生：

　　马　琴　夏文刚　马亚坤　马亚丽　马浩男　马　川

36. 全国周培源大学生力学竞赛获奖学生：

　　罗　婷　田文清　徐慧欣　冯梦奇　哈　婷　李佳乐　刘　宇　王思嘉　杨　钧　卢冠华
　　董欣雨　邓浩鹏　郭啸宇　陈　斌　李紫荆　马小贵　马小波　李英豪　王通通　买忠福
　　杨保明　马学林　胡　川　马　飞　吴　贤　赵展鹏　张少涵　李小龙　姚一凡　林丹妮
　　刘雨桐　马天生　王进虎　卢浩然　白子庆　田彦龙　王怡萱　王　梅　陆　楚　杨　培
　　张　鹏　柯亚明　杨河川　雒培龙　李佳霖　汪　杨　杨尚宗　陈青亮　张佳航　马贤冲
　　郑熠铮　查连安　杨学程　李　升　王建华　蒙雨秋　冯　雄　林　兴　高　昊　司力冰
　　王燕娃　翟鸿漾　贾　毅　夏　恒　马飞霞　魏祖超　马　龙　海亚楠　马小兰　虎若青
　　王雨欣　朱泓宇

37. 蓝桥杯全国软件和信息技术专业人才大赛获奖学生：

　　马浩浩　吴宇航　单飞龙　薛子琦　于世华　卢一凡

38. "西门子杯"中国智能制造挑战赛获奖学生：
   王玉熙　徐增春　朱浩远　朱丹丹　李阳秧　杨　梅　李　玲　唐小迪　宋建勇　杨　宁

39. 中国大学生计算机设计大赛获奖学生：
   江金凤　王　荣　肖进川　刘彩云　张国竟　许思垚　杨　晨　孙迪龙

40. 全国大学生交通科技大赛获奖学生：
   海　濛　尤　娜　王佳惠　汤　宁　蒙雪云　姜嘉龙

41. 中国国际"互联网+"大学生创新创业大赛获奖学生：
   穆　琴　马　彪　安红昌　汪靖皓　王佩佩　高红梅　沈安琪　张仕杰　张学兰　郭枞灿
   葛新硕　成　旭

42. 全国大学生化学实验创新设计竞赛获奖学生：李峪安　罗期允　马晓虎

43. 全国大学生化工设计竞赛获奖学生：
   李　煜　应浩杰　刘昕鑫　胡　彪　王光琴　徐　敏　周钰婷　陈云欢　李雨辰　华　骥

44. 全国大学生化工实验大赛获奖学生：范鹏洋　何轩轩　杨佳慧

45. 全国大学生金相技能大赛获奖学生：井　源　王小龙

46. 中国自然资源学会大学生自然资源科技作品大赛获奖学生：李建蕊

47. 全国大学生农业建筑环境与能源工程相关专业创新设计竞赛获奖学生：张家豪　丰玉婷
   张倩男

48. 全国大学生草学类本科生专业技能大赛获奖学生：杨艳丽

49. 全国农林高校"牛精英挑战赛"获奖学生：樊希雅

50. 中国大学生机械工程创新创意大赛——过程装备实践与创新赛、铸造工艺设计赛、材料热处理创新创业赛、起重机创意赛、智能制造大赛获奖学生：
   杨　钧　虎晓玲　卢冠华　邓浩鹏　孔铭扬　王小恒　黄　蕊　赵金荣　苏宝强　罗小明
   陈浩浩　陈　昊　王银亮　张　璐　虎盈盈　陈秀燕　刘　倩　郑玉芳　马文轩　康艺博
   郎浩然　李佳陈　苏帅帅

51. 中国高校智能机器人创意大赛获奖学生：陆　源　郭啸宇　马智博　王　龙　孔祥龙

52. 沿黄五省区大学生就业创业大赛获奖学生：孔铭扬

53. "挑战杯"全国大学生课外学术科技作品竞赛获奖学生：
   罗小明　马红兵　李东明　买小霞　王雪凤　张　晶　易舒琪　杨晓钰　王淑琪　罗　慧
   石敏帆　金紫玥　牛嘉男　弓　浩　李　雪　吴俊杰　孟佳琦　陈凯斌　刘拧过

54. "挑战杯"中国大学生创业计划大赛获奖学生：徐登明　辛文君　王　川　李紫謖　岳跃政

55. 全国大学生水利创新设计大赛获奖学生：
   王浩哲　郑小雨　郭子龙　陈颖琦　杨家乐　白嘉怡　孔令仪　王雨欣　朱泓宇　张一凡
   张文豪

56. 全国大学生先进成图技术与产品信息建模创新大赛获奖学生:王　凡　王进虎

57. 全国大学生农业水利工程及相关专业创新设计大赛获奖学生:

　　郭子龙　陈颖琦　田宇哲　王斯腾　夏　恒　孙劲豪　庞羽茜　张一凡　杨宏帅　张文豪

58. 中国大学生体育锦标赛获奖学生:

　　邵成旭　荆慧茹　向海营　郑　亿　张　垒　戚煜昊　杜嘉磊　李畦闻　王佳慧　李沛瑶
　　曹佳欢　张鑫宇　郭一涵

59. 中华人民共和国体育运动会获奖学生:柯晓娟　何　杰

60. 中华人民共和国学生(青年)运动会获奖学生:

　　柯晓娟　何　杰　赵　妳　张曾铨　朱　厉　王　鑫　扈建华　丁　振　王垄林

61. "敦煌杯"全国青少年古筝大赛获奖学生:时　薇

62. 全国大学生美术作品展获奖学生:成雅致

63. 全国大学生市场调查与分析大赛获奖学生:陈建国　李　强

64. 中国工业App创新应用大赛获奖学生:刘　晗

65. 全国大学生英语能力竞赛获奖学生:吴宇航

66. ACM-lCPC国际大学生程序设计竞赛获奖学生:曹　健　王文武　单飞龙　薛子琦

67. 中国高校计算机大赛——大数据挑战赛、团体程序设计天梯赛、移动应用创新赛、网络技术挑战赛、人工智能创意赛获奖学生:罗智超　张文静　于世华

68. 全国农科学子联合实践行动暨创新创业大赛获奖学生:麦文静　马佳悦

69. 中国创新方法大赛大学生"TRIZ"杯创新方法大赛(专项赛)获奖学生:张晓童　张　璐

70. 全国大学生艺术展演获奖学生:鲁桐汝

71. 全国大学生智能汽车竞赛获奖学生:李玉龙　马金龙　康　军

72. 2021年全区大中小学"我心中的思政课"教学竞赛暨教学展示活动:

　　一等奖——马　佳;二等奖——牛露露(附属中学)

73. 第十二届全区初中教学青年教师优秀课评比活动:二等奖崔亚萍(附属中学)

74. 第三届全区中小学青年教师教学竞赛决赛:二等奖丁燕(附属中学)

75. 2021年全国大中专学生志愿者暑期"三下乡"社会实践活动优秀个人:肖功国

76. 第十二届"挑战杯"全区大学生课外学术科技作品竞赛优秀指导教师:

　　杨国涛　石　荣　蒋宇欢　何韶华　杨韶艳　马景新　杨金会　石　晶　王　政　曹云娥
　　靳　磊　李文华　康　彩

77. 庆祝中国共产党成立100周年全区第八届学生合唱类获奖节目及指导教师

　　一等奖:

　　《没有共产党就没有新中国》《雪花的快乐》　陈　宏　李　黎

　　《没有共产党就没有新中国》《唱支山歌给党听》　朱敉蕤　高　媛　常小童

78. 庆祝中国共产党成立100周年全区诵读类获奖节目及指导教师

　　一等奖：

　　《我的墓碑》　张春波　秦泗海　高　媛

79. 庆祝中国共产党成立100周年全区教职工获奖书画作品类及指导教师

　　一等奖：

　　绘画组：《如您所愿》　刘　拉　《光辉》　马　桦　《战地黄花分外香》　卯　芳

　　书法组：《毛主席语录》　杨开飞　《毛泽东诗词》　杨　瑞

　　二等奖：

　　书法组：《清平乐六盘山》　马树华　《卜算子咏梅》　王宽良

　　绘画组：《青莲》　朱淑娥

　　三等奖：

　　绘画组：《红色走过的土地》　刘超男

　　书法组：《沁园春·雪》　邵金龙　《七律长征》　张延杰

80. 全区教育系统庆祝中国共产党成立100周年室外联欢获奖节目及指导教师

　　一等奖：

　　《没有共产党就没有新中国》《山笑水笑人欢笑》　司淑梅　汪　丹　石　红

　　《天耀中华》　潘　瑞　杨　扬　严　津

　　《我们走在大路上》《青年友谊圆舞曲》　岳　嬙　苏莉华

81. 全区教育系统庆祝中国共产党成立100周年文艺会演获奖节目及指导教师

　　一等奖：

　　《长征组歌》　祁宝锋　周　妍　努尔夏合达·艾尼

　　《伟大的中国伟大的党》　金　晖　雍炀鹤　张建国

82. 2021年宝钢教育奖宁夏大学获奖人员

　　宝钢优秀教师奖：

　　食品与葡萄酒学院　张惠玲

　　化学化工学院　李　冰

　　物理与电子电气工程学院　汤全武

　　宝钢优秀学生奖：

　　马克思主义学院2018级思想政治教育专业　李念念

　　土木与水利工程学院2018级交通工程专业　王　杰

　　机械工程学院2018级机械工程专业　袁维军

　　信息工程学院2018级计算机科学与技术专业　穆秉牲

　　国际教育学院2018级工商管理专业　李润尧

校级表彰奖励情况

2021年度宁夏大学优秀共产党员、优秀党务工作者和先进基层党组织

（个人按姓氏笔画排序、基层党组织按单位排序）

一、优秀共产党员

(一)离退休教职工

马　浩　王世英　王占江　王庆同　毕　华　朱兴成　刘　瑛　李福明　杨胜英　吴爱霞
张向东　张显理　陈如熙　陈忠祥　姚郁杰　蒋生明　蒋振国　焦全贵　谢竹兰　雷文高

(二)在职教职工

机关党委：王志刚　牛建军　朱学军　刘兆强　刘雪冰　闫　蓉　芮利红　严　宏　李学斌
　　　　　李雪梅　张守荣　周　佩　周学忠　高桂英　龚旭峰　韩　勇　薛春燕　魏周旭

离退休人员服务处党委：苏莉华　宋锁文

人文学院党委：史春燕　刘佳润　张淑红

新闻传播学院党总支：雷丽霞

文化旅游学院党总支：贺　剑

法学院党委：王雪梅　吕耀军　朱爱农

外国语学院党委：王全瑞　王建刚　朱海燕　张海娟

阿拉伯学院党总支：马生忠

经济管理学院(西部发展研究院)党委：付　森　冯　骁　朱　伟　刘　涛　张彩彩

商学院党总支：苏军峰

数学统计学院党委：王　丽　王惠方　赵秉新　陶佳玲

物理与电子电气工程学院党委：马　薇　马晓波　王旭明　宋　娟　郑　富　郭中华

信息工程学院党委：马子睿　孙学宏　杨绍华

智能工程与技术学院党总支：张慧杰

化学化工学院党委：马玉龙　马丽蓉　李红英　范　辉　赵天生　贺海明

生命科学学院党委：杨　易　杨　涓　张建英　周学章　周续莲

地理科学与规划学院党委：闫婷婷　何　杰　邹淑燕

生态环境学院党委：刘任涛　杨　帆　麻冬梅

农学院党委：王掌军　代红军　刘永刚　李继东　张　娟　张雪艳　纳文娟

食品与葡萄酒学院党委：李　静　李茹一　张惠玲

机械工程学院党委:刘　坤　李宏燕　杨树川　唐　博
土木与水利工程学院党委:马冬梅　王　娜　王炳亮　杨明成　陈　艳
教育学院(教师教育学院、教育研究院、宁夏高等学校师资培训中心)党委:田　江　安旺国　吴　峰　郝振君
体育学院党委:王昌伟　徐　赟　彭飞翔
音乐学院党委:李　黎　沈　洋
美术学院党委:马小双　马树华
马克思主义学院党委:丁　颖　马拥军　李　斌　张建东
国际教育学院党总支:陶雪梅
民族预科教育学院党总支:马亚琳　马春生　陈　婕
继续教育、高等职业技术学院党总支:王江辉
新华学院党委:马海龙　王　凡　王　正　孔德凤　朱晓莉　刘　宇　刘亚兵　李海峰　李耀东　杨海娟　吴云柯　张园园　赵永生　赵赫楠　龚　静　韩　婷　滑　琴
西夏学研究院直属党支部:邓文韬
回族研究院直属党支部:梁莉莉
图书馆党总支:武永久　赵　明
后勤保障部党委:王　珺　祁泽平　张淑红　夏国辉　甄正国
宁大附中党委:苏兆阳　张金泉　张鹏全　胡金朋　俞珊珊　黑学军
中卫校区管理办公室直属党支部:贾随生
中卫校区公共教学部党总支:刘小鹏
网络与信息管理中心直属党支部:马建乐
校友总会与教育发展基金会工作办公室直属党支部:苏彦娜
国家大学生文化素质教育基地办公室(场馆管理服务中心)直属党支部:常　江
国防教育教学中心直属党支部:周海鹏
教师教学发展中心(教学质量监控与评估中心)直属党支部:王　莅
测试分析中心直属党支部:甄乐平
教学实验农场直属党支部:蒋　万

(三)学生

人文学院党委:马　慧　党　瑞
新闻传播学院党总支:杨　婧
文化旅游学院党总支:牛　乾
法学院党委:李后龙　刘晓萌
外国语学院党委:刘淑君　张诗央

阿拉伯学院党总支:刘馨瑶

经济管理学院(西部发展研究院)党委:于亚丽　王海洋　倪　雪

商学院党总支:魏佳聪

数学统计学院党委:孙佚林　李更生

物理与电子电气工程学院党委:王浩东　杨婷婷

信息工程学院党委:王正航

智能工程与技术学院党总支:杨　雪

化学化工学院党委:张世琛　罗　婷　黄　锐

生命科学学院党委:马小瑞　王　琪

地理科学与规划学院党委:李一辰

生态环境学院党委:王　明

农学院党委:马凯月　王晓东　鲍显伟

食品与葡萄酒学院党委:马昭洋

机械工程学院党委:孙　博　薛君蕊

土木与水利工程学院党委:李　艳　吴　婷　胡宇琛

教育学院(教师教育学院、教育研究院、宁夏高等学校师资培训中心)党委:郜洋洋　焦　帆

体育学院党委:王沛伟

音乐学院党委:庞　腾

美术学院党委:韩雪娇

马克思主义学院党委:李念念

国际教育学院党总支:王佳靖

新华学院党委:王洋洋　张　渊　张　赞　拓明莉　景　弟　路　苗

西夏学研究院直属党支部:高　赫

回族研究院直属党支部:刘　毅

二、优秀党务工作者

(一)离退休教职工

朱万业　刘玉梅　张廷杰　邵云香　郑璐石

(二)在职教职工

机关党委:马正亮　井惠敏　刘双萍　高永兴

离退休人员服务处党委:李思源

人文学院党委:金玉河

新闻传播学院党总支:周　强

文化旅游学院党总支:安瑞平

法学院党委:潘　瑞

外国语学院党委:拜发奎

阿拉伯学院党总支:赵永军

经济管理学院(西部发展研究院)党委:虎兴武　程胜利

商学院党总支:冯学文

数学统计学院党委:陈建丽

物理与电子电气工程学院党委:王志霄　刘　平

信息工程学院党委:武林波

智能工程与技术学院党总支:王玉祥

化学化工学院党委:马　洁　高继明

生命科学学院党委:王彦庚

地理科学与规划学院党委:常瑞敏

生态环境学院党委:郭振才

农学院党委:李文华　吴晓丽

食品与葡萄酒学院党委:张　宁

机械工程学院党委:何　佳

土木与水利工程学院党委:苏宇静　张晓天

教育学院(教师教育学院、教育研究院、宁夏高等学校师资培训中心)党委:江　伟

体育学院党委:陈晓敏

音乐学院党委:张建国

美术学院党委:王宏武

马克思主义学院党委:沈岩东

国际教育学院党总支:陈　楠

民族预科教育学院党总支:牛宁一

继续教育、高等职业技术学院党总支:鲁　晋

新华学院党委:冯　欣　刘丛玲　刘伯川　徐克红

西夏学研究院直属党支部:于光建

回族研究院直属党支部:崔明堂

图书馆党总支:王彦仓

后勤保障部党委:贺生斌

宁大附中党委:戴文静

档案馆直属党支部:王海文

学术期刊中心直属党支部:赵智宏

创新创业学院(大学科技园办公室)直属党支部:夏雪花

三、先进基层党组织

离退休人员服务处党委

外国语学院党委

阿拉伯学院党总支

经济管理学院(西部发展研究院)党委

数学统计学院党委

化学化工学院党委

农学院党委

机械工程学院党委

体育学院党委

新华学院党委

新华学院信息与计算机科学系党总支

新华学院经济与管理科学系党总支

纪委、监察专员办公室党支部

宁夏大学办公室党支部

学生工作部(学生处)党支部

巡察(督查)办公室党支部

保卫处(综合治理办公室)党支部

发展规划与学科建设处党支部

离退休人员服务处机关党支部

离退休人员服务处金凤校区第一离退休党支部

离退休人员服务处金凤校区第三离退休党支部

离退休人员服务处怀远校区第三离退休党支部

离退休人员服务处怀远校区第五离退休党支部

离退休人员服务处文华园第四离退休党支部

人文学院历史系教工党支部

新闻传播学院学生党支部

法学院法律系教工党支部

外国语学院公共外语教学部教工党支部

阿拉伯学院学生党支部

经济管理学院工商管理教工党支部

数学统计学院数学教育学生党支部

物理与电子电气工程学院教工信通党支部

信息工程学院教师第二党支部

化学化工学院化学教育学生党支部

生命科学学院生物技术与工艺系教工党支部

地理科学与规划学院地理科学系教工党支部

地理科学与规划学院地理科学类本科生党支部

生态环境学院生态学系教工党支部

农学院行政教工党支部

食品与葡萄酒学院葡萄与葡萄酒工程系教工党支部

机械工程学院机械、卓工学生党支部

土木与水利工程学院水利工程系教工党支部

土木与水利工程学院建规本科生党支部

教育学院本科生党支部

体育学院体育教学学生党支部

音乐学院本科生党支部

美术学院设计学本科生党支部

马克思主义学院思政系教工党支部

马克思主义学院研究生党支部

国际教育学院教工先锋党支部

民族预科教育学院教工第二党支部

继续教育学院教工第二党支部

新华学院文法外语系教工第二党支部

新华学院文法外语系学生第五党支部

图书馆信息技术党支部

后勤保障部幼教服务中心党支部

后勤保障部交通运输服务中心党支部

后勤保障部办公室党支部

附属中学第一党支部

附属中学第四党支部

宁夏大学脱贫攻坚先进个人和先进集体及记功、嘉奖奖励名单

1. 记功奖励个人：安瑞平
2. 记功奖励集体：生命科学学院科技扶贫指导员团队
3. 嘉奖奖励个人：聂义民　刘兆强　黄旭兴　李锦馨　苏军峰　刘　平　史　娟　秦泗海　刘学武
4. 嘉奖奖励集体：新华学院

宁夏大学首届教师教学创新大赛获奖人员

一等奖

正高组：冯　蛟　顾　欣　屠凤娥

副高组：马　玲　白俊英　杨　易

中级及以下组：许　昊　马雅琼　李茹一

二等奖

正高组：范映渊　张卫兵　王昱潭　吴　蓉　刘敦华

副高组：仇娟东　杨　蓉　郭建欣　施文英　纳少军

中级及以下组：高力扬　宋佳乾　周晓慧　鲁梦甜　赵　蓉

三等奖

正高组：秦飞舟　马春燕　侯建军　徐芝芳

副高组：张春波　白　楠　茹学萍　王奕文　崔倩倩　杨志云　李海峰

中级及以下组：张爱福　张尚荣　张　帅　胡启立

教学活动创新奖

正高组：屠凤娥

副高组：马　玲

中级及以下组：李茹一

教学学术创新奖

正高组：冯　蛟

副高组：白俊英

中级及以下组：高力扬

教学设计创新奖

正高组：顾　欣

副高组:杨　蓉

中级及以下组:鲁梦甜

基层教学组织奖

正高组:范映渊

副高组:杨　易

中级及以下组:宋佳乾

优秀组织奖

经济管理学院　土木与水利工程学院　教育学院　生命科学学院

2021年校级研究生教学成果奖获奖名单

序号	主要完成单位	获奖成果	校评等级	成果主持人	成果所属学科
1	研究生院	双协同多维度全过程推进研究生创新能力培养的探索与实践	特等奖	谢应忠	其他-14
2	人文学院	培根铸魂,启智润心——西北民族地区语言文学与文献研究生培养模式改革与实践	特等奖	胡玉冰	文学-05
3	西夏学研究院	构建铸牢中华民族共同体意识教学体系	一等奖	杜建录	其他-14
4	农学院	园艺学科研究生"五个一工程"提升行动的探索与实践	一等奖	张亚红	农学-09
5	生态环境学院	面向复合人才培养目标的恢复生态学课程教学模式创新	一等奖	宋乃平	理学-07
6	化学化工学院	"四位一体"的化学教育硕士人才培养模式的探索与实践	一等奖	吴晓红	教育学-04
7	机械工程学院	项目引领,德行养成,机械类创新型研究生"五位一体"培养模式实践	一等奖	王昱潭	工学-08
8	经济管理学院	基于科教融合的理论经济学研究生学术创新能力培养模式的探索与实践	二等奖	杨国涛	经济学-02
9	经济管理学院	以创新大赛为引领的研究生创新能力"梯度培养"模式	二等奖	张会萍	经济学-02
10	阿拉伯学院	科研创新驱动下的研究生人才培养模式	二等奖	金忠杰	文学-05
11	化学化工学院	"合成方法与技术"课程建设的改革与探索	二等奖	倪刚	理学-07

续表

序　号	主要完成单位	获奖成果	校评等级	成果主持人	成果所属学科
12	农学院	一流学科背景下的草学研究生培养体系创新与实践	二等奖	许冬梅	农学-09
13	物理与电子电气工程学院	强化立德树人引领,实施理工融合、学专互补的研究生创新培养长效机制探索与实践	二等奖	郭中华	理学-07
14	物理与电子电气工程学院	"一践行、两学会、三产出、四整合"的学科教学(物理)专业学位研究生培养模式探索与实践	二等奖	张轶炳	教育学-04
15	生命科学学院	基于产教融合与国际化的研究生创新能力培养模式探索与实践	二等奖	邓光存	理学-07

宁夏大学2021届本科毕业论文(设计)优秀指导教师

人文学院:胡玉冰　张富宝　赵　红　于凤艳　张启龙

文化旅游学院:王　帆　汪克会

新闻传播学院:于鹏亮

法学院:刘淑媛　陆筱璐

马克思主义学院:贾学锋

外国语学院:贾文娟　杜　玮　王　燕

阿拉伯学院:马成文

经济管理学院:方自远　哈梅芳　陈清华　虎兴武　冯　蛟

商学院:赵　军　房彦兵　王仲梅

数学统计学院:赵秉新　张　强　张启敏

物理与电子电气工程学院:王金梅　杨国华　秦飞舟　李　波　马晓波

信息工程学院:孙　莉　李贯峰　张　鹏

智能工程与技术学院:吴素萍　刘进锋　杜　方　赵　馨

化学化工学院:马景新　麻晓霞　王淑杰　吴晓红

生命科学学院:周续莲　杨贵军

地理科学与规划学院:李鸣骥　白林波

生态环境学院:罗玲玲

农学院:刘佳嘉　郭延生　许冬梅　贾彦霞

食品与葡萄酒学院:剧　柠　徐伟荣

机械工程学院:王昱潭　贺　华　慕　松
土木与水利工程学院:张学科　唐　莲　张尚荣　王润山
教育学院:丁凤琴　曹二磊　焦岩岩　梁占华
体育学院:马兆明　徐芝芳
音乐学院:胡启立　王一男　杨　笛
美术学院:查　娜　马宁新　鲁梦甜
国际教育学院:仇娟东

宁夏大学2021届毕业生就业工作先进单位

体育学院　西夏学研究院　信息工程学院　机械工程学院　商学院　土木与水利工程学院
光伏材料重点实验室　化学化工学院

宁夏大学2021届毕业生就业工作先进个人

体育学院:彭飞翔　邹建世
西夏学研究院:王丽莺
信息工程学院:张振霞　李　密　李贯峰
机械工程学院:赵亚峰　王　明　何　佳
商学院:苏军峰　张光旭　沈　薇
土木与水利工程学院:苏宇静　张尚荣　蒋宇欢　徐　浩
光伏材料重点实验室:杨珮珮
化学化工学院:倪　彬　马丽蓉　马　洁　吕　乐
生命科学学院:何彦平　杨亚珺
回族研究院:王　璨
智能工程与技术学院:聂义民　张慧杰　王　迪
食品与葡萄酒学院:马浩谦　曹　洋　张军翔
音乐学院:刘利宁　王巳卉
数学统计学院:郑　轶　陶佳玲　刘　璐
美术学院:马树华　王艳梅　刘　拉
地理科学与规划学院:尤　桦　常瑞敏
经济管理学院:陈军梅　王琳瑛　马志云　蒋紫艳　艾萨·阿尤普
教育学院:江　伟　王文浩　马　娥

外国语学院:余 洁 王 潇 马 丹

物理与电子电气工程学院:刘 剑 王子超 杨国华 刘 平

国际教育学院:陈 楠

阿拉伯学院:金宁洋

生态环境学院:王 兴

法学院:杨 扬 王嘉豫 周 群

新闻传播学院:雷丽霞

人文学院:马小军 史春燕 周 妍

农学院:刘成敏 李文华 陈 晶 李淑霞 程国新

马克思主义学院:徐 静 丁 颖

文化旅游学院:安瑞平 汪克会 王亚莉 杨淑霞

职能部门:张 翼 刘 斌 何文栋 李 瑾 徐 苗 曹 楠 任 盈 王 彬 何韶华

宁夏大学2020—2021学年先进班集体

人文学院

2019级汉语言文学(文秘)班

2019级历史学(教师教育)班

2020级汉语言文学(教师教育)(2)班

新闻传播学院

2019级新闻学(卓越新闻传播人才)班

2019级广告学

文化旅游学院

2019级汉语言文学(文秘)(1)班

2019级旅游管理(1)班

2020级旅游管理(旅游规划)(2)班

法学院

2019级行政管理班

2020级法学(2)班

外国语学院

2018级英语(教师教育)(3)班

2020级英语(教师教育)(1)班

2020级英语(教师教育)(3)班

2020级英语(翻译)(1)班

阿拉伯学院

2019级阿拉伯语(2)班

经济管理学院

2018级会计学(1)班

2018级信息管理与信息系统班

2019级经济学(金融)(1)班

2019级会计学(2)班

2020级经济学班

2020级经济学(金融)班

商学院

2019级电子商务(1)班

2019级市场营销(1)班

2020级信息管理与信息系统(2)班

数学统计学院

2019级数学与应用数学(教师教育)(1)班

2019级数学与应用数学(教师教育)(2)班

2020级数学与应用数学(教师教育)(2)班

2020级数学类(4)班

物理与电子电气工程学院

2018级电气工程及其自动化(1)班

2019级电气工程及其自动化(2)班

2019级通信工程(1)班

2020级电气工程及其自动化(1)班

2020级电子信息类(1)班

信息工程学院

2019级计算机科学与技术(1)班

2020级计算机类(2)班

智能工程与技术学院

2018级软件工程(云计算大数据、与印度国家信息技术学院合作)班

2019级软件工程(云计算大数据,与印度国家信息技术学院合作)(1)班

2020级软件工程(云计算、大数据)(2)班

2020级软件工程(云计算、大数据)(3)班

化学化工学院

  2018级化学(教师教育)(1)班

  2018级化学(分析与检测)班

  2020级化学(教师教育)班

生命科学学院

  2018级生物技术班

  2019级生物科学(教师教育)(2)班

地理科学与规划学院

  2018级地理科学(教师教育)班

  2018级人文地理与城乡规划班

农学院

  2018级林学班

  2019级草业科学班

  2019级园艺班

  2020级草业科学班

  2020级动物科学班

食品与葡萄酒学院

  2018级葡萄与葡萄酒工程(国际课程班)

  2019级食品科学与工程班

机械工程学院

  2018级过程装备与控制工程(1)班

  2019级机械工程(智能制造)班

  2020级机械类(2)班

  2020级交通运输(1)班

土木与水利工程学院

  2017级建筑学班

  2017级城乡规划班

  2019级建筑学班

  2019级工程管理班

  2020级交通工程班

教育学院

  2019级应用心理学(教师教育心理健康)班

  2020级学前教育(教师教育)班

2020级教育技术学班

体育学院

2019级武术与民族传统体育班

2020级体育教育(教师教育)(1)班

音乐学院

2019级音乐学(教师教育)(3)班

2020级音乐学(教师教育)(2)班

美术学院

2018级环境设计(1)班

2019级美术学(国画)(1)班

2019级美术学(国画)(2)班

2020级美术学(国画)(1)班

2020级美术学(国画)(2)班

马克思主义学院

2019级思想政治教育(教师教育)(2)班

国际教育学院

2019级工商管理(英国高等教育文凭项目)班

宁夏大学2020—2021学年三好学生

人文学院

杨 晶　杨 佳　禹银凤　马 媛　拓 蓉　撒 龙　金 琳　杨忠华　陈 晨　姚路路　江京津
李雨婷　李 珂　郭 博　海 雪　李青杨　孙继伟　马小洁　李 霞　徐欣瑞　田进龙　金紫玥
蔡艺洋　邵晗秋　刘子轩　史榕榕　罗树红　孟祥文　郭雯玉　庄佳林　施 娜　李 佳　刘嘉鸿
李 霏　雍 政　聂雪晴

新闻传播学院

王婧妍　王 娣　马欣楠　王琛汐　林 倩　林涵勋　李春美　武 磊　马磊磊　段语泽　海小琴
陈丽绮　纪梦欣　冯茹霜　胡美琪

文化旅游学院

陈雪儿　邵 冰　贾雯雪　鲁佳祎　李 苗　管文静　张泉灵　顾志秀　吴妍润　王 哲　刘鑫雨
王欣怡　邵丽婷　马 雪　高雅静　尚 宇　虎博文　李小芳　马晓林　买小亚　王 爱　李晓敏
张心译　陈玉洁　谢朝怡　李红霞　李文霞

法学院

聂子怡　李后龙　马　琴　徐绍宇　谭　旺　户文杰　郑晓彤　马小东　孔渐贞　李慧苹　程雪玲
赵永贵　柴李娜　郎琳智　赵金涛　马晶蓉　林　丹　张自永　罗　璇　万　瑞　齐剑英　李小澄
王泽达

经济管理学院

苏媛媛　田　娟　于晓晴　杨钰欣　李亚平　俞　林　李　娜　马利君　晏佳辉　任翠翠　管　雯
魏　群　王　静　卢一凡　苏晓娟　李　硕　籍楚妮　宋文静　张雪怡　张开源　王嘉欣　牛睿峥
马彦宁　惠正升　岳　霜　虎亚茹　张迎琪　宋　涛　崔琳琳　王苏婉　权　旺　蒋婷婷　梁振刚
张清华　杨世娟　张海斌　田　菁　李　萌　金道鑫　马晓媚　杨艺帆　马学芳　董钰佳　张嘉慧
林　昆　何　野　陈江梅　荣　俐　冯铱芹　王建婷　纪钊铭　张　蝶　李扬帆　景　蕊

商学院

梁斯宇　魏怡雯　刘艳凤　许思盈　王　芳　王娟娟　田归燕　席艺龄　余　婧　麻乐乐　周　媛
安彦婷　王家霖　郑晓妍　王晨晨　马立葳　徐丛锦　伍　雪　温乘龙　马发买　刘雨欣　罗　琛
黄瑞娟　张彤彤　田立宏　张语轩　马英莲　吴媛媛　王怡婷　郭军佳　李嘉丽　禹嘉怡

外国语学院

张千缘　刘　鹏　张闲雲　蒋　妞　韩　珂　俞思佳　代祎静　张诗央　王雅妮　李东泰　撒小兰
马　玲　张　佳　谢亚娴　李　雪　相世馨　杨鸿文　杜夏楠　田晓娜　邓学梅　刘伊帆　田海艳
高　倩　袁樱七七

阿拉伯学院

陈瑞瑞　洪锦銮　刘祎玲　王春艳　马悦茹　张明月

数学统计学院

马海英　杨晓娟　海春梅　郭亚妮　万　芳　马媛芳　杨佳丽　焦焱鑫　买淑萍　张嘉都　李媛媛
史玉兴　李晓花　余晓梅　李雨哲　杨　悦　马　成　殷　铭　席　蓓　冶永强　邱桂森　徐伟鹍
马　兰　刘美慧　王海霞　马　莉　王　娇　何一凡　张　昕　尹超男　柴雨成　田思雨　康晓芬
李雨桐　白明花

物理与电子电气工程学院

黄小龙　陆　波　宋超杰　贺蕊欣　刘彩云　肖博文　潘沛安　王　荣　陈梦宇　刘　杏　马亚丽
王佳丽　徐慧欣　盛鸿斌　邱丽双　马越冬　沈安琪　田彦刚　朱丹丹　邢潇文　周宏毅　吴海峰
魏一博　张浩通　焦英英　齐　蓉　王治萍　张艺杰　田宗清　焦　洋　齐传伟　李　鑫　吴国玲
杨乾浩　杜文超　张梦晴　蒲柯伶　韩小强　王智慧　赵淑媛　汪　琪　马　斌　杨福志　罗建军
朱刘慧　杨茗朱　许皓翔　李秉信

信息工程学院

冀庆荣　王鑫玮　穆秉甡　余　涛　朱涵江　李小金　白雪松　韩丽娜　王文武　屠晓雨　韩　雪

贾倩倩　曹　健　董培彬　袁夏莲　郝鑫民　赵智慧　刘　晴　胡煊宇　王佳祥　纪洪涛　黄承汉
王双进　薛子琦　丁　涛　何　鑫　何芯蕊　王　亮　邢海烨　由　越　刘胤宗
阿孜依娜·阿克木哈买提

智能工程与技术学院

柴潇凤　马瑞虎　王政国　马小龙　张娜娜　虎　辉　杨起帆　李旭通　赵恬欣　李付迁　陈苗苗
王　伟　苏晶晶　庞倩倩　李旭阳　田晨兵　王元清　孙　静　张　涛　马小飞　郭　昕　田淑荣
张艳静　杨浩勤　王嘉仪　张院斌　叶晓倩　韩文茜　许　颖　杨　锐　周婧楠　冶文慧　赵文龙
乔家祺　吴艳芳　余宁宁　张　倩　张沫雷　李　鲜　薛佳琪

化学化工学院

王梦云　冯海萌　刘昕鑫　王光琴　王　倩　田　军　徐晓星　张世琛　董飞龙　罗领弟　井　源
王丽莹　刘姝彦　张楷晨　罗期允　李　江　杨　鑫　王　雪　杨春梅　靳候鑫　王醒合　赵　刚
莫晨阳　王卓玉　吴冠霄　周　娟　马雪琴　孙梦祥　林泽彤　陈签吉

生命科学学院

原筱潭　于雯静　马忠秀　马小瑞　方　敏　丁荣荣　王志鹏　杜思莹　刘普浩　孙　畅　胡明珠
梁转生　赵非凡　徐　琳　王晓芹　林中雪　李　文　魏锦宵

地理科学与规划学院

万世龙　金昊峰　王　帅　布自强　安丰平　李建蕊　褚　阳　刘雯惠　刘瑞航　余　玲　陈韵雅
刘子毓　刘明康　罗祥军　李宁洁　张晓坤　吴一鸣　张婷玉

生态环境学院

罗　霄　马　迪　哈佳慧　王　传　王渊博　奚后容

农学院

何金童　苗　虎　刘芳燕　马　强　张正澳　昝嘉惠　苏　娟　樊姗姗　张家豪　刘　涛　杨晶鑫
魏　甜　张　淼　张　倩　蒲艳丽　王雪容　广怡静　李榕榕　王　涵　王佩瑶　杨天宇　王佳辉
臧家艺　张倩男　马　惠　方晶莹　冉　杰　刘盛槟　杨　艳　李心悦　李彦涛　马雨佳　王紫萱
贾　慧　李思琦　段　磊　梁瑞泽　沈延骏　喻方勇　李　轩　段静丹

食品与葡萄酒学院

王箐瑶　朱雯莎　张媛珂　李思琪　马彩萍　何雨薇　王　婷　翟　茹　张天玥　郭驭涛　谢林娇
高　蝶　刘雪锋　宋梦鸽　李尚霖　韩玉凤　魏伯阳　郑淳华　刘俊好　赵忠凯　周炬龙　郭　荣
陈小娟

机械工程学院

郭啸宇　程坤坤　张镯瑶　杨　婵　李　萍　曹克雷　卢冠华　邓浩鹏　谭金涛　董欣雨　王　鸿
杨晓丽　陈天贺　李安乐　戴婷婷　陈秀燕　胡吉峰　刘　倩　孔祥龙　李佳霖　张　璐　张晓童
黄可尔　马青森　李万能　孙育东　余　娜　王文俊　胡同辉　唐　轲　曹冠玉　康艺博　乔金顺

诸正杰　张庆敖　杨云霄　段继英　张馨月　闵成波

土木与水利工程学院

刘　明　李　艳　龚毅敏　王进虎　王　凡　朱晏辉　马京萍　连泽立　殷　磊　郭子龙　刘雨桐
李启航　买忠福　马学林　郭成功　张少涵　李　婧　贾　毅　杨泊宁　陈　涛　翟鸿漾　司力冰
万晓曼　朱泓宇　王雨欣　郑熠铮　张　鹏　杨学程　刘志超　郭文浚　王　雪　王　双　马飞菲
何　璐　周弘毅　朱晓娅　李振祎　杜倩萍　许祺祺　杨　熙　杜向兵　赵佳瑶　赵　杰　黄芝林
姚　强

教育学院

高家林　刘思璇　王亚玲　马　燕　马　娟　王　颖　邢博航　安彦东　梅　娜　杨　贞　王佳慧
王亚亚　武浩祥　谌　琳　魏佳慧　李京锴　夏安妮　耿丹阳　刘龙震　刘　璇　张　艳　孙慧玲
陈　慧　王　婧　张雪婷　刘亦璠　朱姿菡　马秀花

体育学院

郝　洋　潘　妍　董柏邑　谢振宁　王克烁　王　颖　王淑雅　罗　一　段文洁　周　花　赵　乐
陈宏鹏　杜嘉磊　张译玮　凌天鹏　张　垒　李珺琪　林生发　汪　琰　郭　培　欧家俊　郝银霞
张　佳　锁安娜　耿卓彦　奇德力海

音乐学院

杨诚珍　赵语双　张砚秋　赵若楠　胡佳慧　张洪健　张子豪　葛佳瑶　赵国腾　刘玺文　郭　星
蔺佳琪　薛维敏　吴嘉颖　王宇航　鲁桐汝　李清城　张馨匀　李艳茹　韩　丹　岳宏洋　王思瑶
滕紫含　王丽垚　齐　乐

美术学院

林川微　田　艳　冒季成　李庆瑞　田伟玥　顾　岳　陆　逍　吴思梦　贾宇灿　陈晓林　宋鹏飞
任　佳　吴一凡　李婷婷　高雅丽　陈希超　张荣涛　许芳诺　魏军强　张译丹　崔亚杰　韩雪娇
刘振东　刘文静　李紫譞

马克思主义学院

李念念　李梦越　薛可可　李晶晶　易　健　杨迎新　孙　莹　锁婷婷　王骞文　孙凤坤　虎荣荣
沙绍鼎

国际教育学院

李润尧　蒲婧怡　梁昕元　邵新淼　吴亦清　曹倩影　赵双娇　秦英淼　刘婧雅

宁夏大学2020—2021学年优秀学生干部

人文学院

钱张鹂　马　杰　赵　牵　王凤卓　黄　庆　虎　宁　马宇凝　游翔中　唐培培　朱文婧　陈钰露
连海伊　马　磊　王茹涵　孙曦晨　韩欣然　王　宁

新闻传播学院

周慧颖　李　红　杨子涵　马博丽　王雪蕊　方佳龙　杨若茜　苏　哲　陈新发

文化旅游学院

罗力峰　傅雅红　何舒婷　时紫秋　申晓婷　方利利　宋娟同　周宇轩　徐康康　张　婵　李婧雯
马俊梅　胡晋昕　李　倩　李　媛

法学院

马莉萍　杨佳澍　毛羿中　王　丹　马　萍　李立菲　胡海红　刘青坤　王胜宇　唐浩玮　张飞虎
杨俊虎　马永军

外国语学院

马源泽　吴璐璐　钱宇恒　杨　阳　马　瑞　田丽芳　罗洪粤　李辰心怡　马萍花　余　花　王思瑶
杨晓丽　贺塔娜　陈　谦　祁　雪　王海芳　任俊波　孙睿邈　王丽樱　周旷羽　杜　佳　李雅文
王圣刚　陈　璐

阿拉伯学院

高　荣　罗淑瑶　袁紫嫣　米小芳　康小霞　林昊琅

经济管理学院

杨宝华　田雯雯　彭　燕　陈方博　吴一凡　杨天龙　马晓花　杨景雅　爨露佳　曾理鸿　鲍俊涵
孙昱瑶　马瑞品　王一彤　马　玲　鲍　博　安　龙　杨佳静　王家鹏　李　润　马　芸　石玉浩
郭存山　陈思颖　马娅萱　兰星仪　杨　雪　马明慧　姚　露　桂　琳

商学院

虎园红　计培园　文丽芳　马　娟　刘　洁　张建成　陈亚飞　童　强　李　佳　金莫离　陈　聪
禹旭燕　杨云舒　杨淞越　高丽文

数学统计学院

苏亚杰　朱智斌　杨学琴　孙月焱　齐治淦　吕　烨　买小伟　李佳玲　马　静　马千慧　秦娟娟
刘轶轩　虎　花　何怡洁　耿承睿　柴佳黎　同小朵　李　欣

物理与电子电气工程学院

范云浩　刘　锴　康　娟　徐国文　朱宇娜　马　宁　田彦花　余　蕊　田晓虎　王志鸿　靳　睿
苏　彬　买　龙　任　鹏　吕　雪　虎建军　丁　磊　王广熙　梁富源　周玉海　刘若兰　杨飞雁
马小荣　马　莹

信息工程学院

段紫龙　田　培　牟岩松　杨正云　洪运开　郝培才　王　博　尹佳佳　薛志虎　卜星元　刘航明
闫　辉　程建祯　张文卓　张天一　马志瑜

智能工程与技术学院

张旦东　姬云利　王丹阳　马姝昱　庞　卓　吕　甜　马　琴　齐飞龙　惠昭君　樊瑶瑶　宋星奥
赵佳怡　杨　宁　刘世睿　陈炳桦　谢　一　田　博　丁亚飞　朱明轩　姚旭东

化学化工学院

邰　阳　胡　彪　陈云欢　陈晓宇　拓艳艳　罗金香　吴　迪　殷格兰　张　婷　张学兰　李小强
海舍舍　屈　丽　李研研　王毅飞　张应龙　宋芹芹　史茹月　马　楠　陈咨丞

生命科学学院

陈　惠　叶凌霄　黄　月　秦希曦　雷心茹　齐双婕　马　香　黄婷婷　朱文韬　马福成　侯海蓝田

地理科学与规划学院

王怡雯　潘薪宇　常家玲　陈　凯　王海仙　高　敏　杨千龙　张彤彤　哈语典　黄欣慧

生态环境学院

卫思琪　刘佳楠　铁少楠

农学院

沙　萍　高锦月　王　甲　孙建伟　马红义　马兴庆　张小龙　康淑铭　韩国瑞　迟敬楠　李家群
李稼润　何　莉　陈昊蓉　孙凯凯　海　瑞　田世贵　白田田　田海洋　刘志慧　杨飞雁　马登辉
李佳妮　马境悦　马耀海　李豫悦　杨东梅　李應英

食品与葡萄酒学院

成　铖　马昭洋　王海燕　孙敢超　李小宁　范芮甫　程梦琳　龙进波　尚聪燕　杨秉坤　赵若岑
贾晓凤　张叶叶

机械工程学院

周梦苑　赵俊达　曹易通　牛　奕　王银亮　陈浩浩　贺莉莉　郑　欣　王继旋　王浩然　田　成
马　科　陈　翔　刘　颖　杨尚宗　马　军　马卫国　刘道畅　郎浩然　吴　丰　雷震宙　何国豪

土木与水利工程学院

常金鹏　冀孟博　蒙文杰　张旭东　张自昱　柯小玲　李　智　卿家骏　马小波　黄佳芸　刘　莹

夏　恒　杨应俊　高　昊　白嘉怡　唐文强　徐　婷　马小文　马彦芳　余韩滨　侯雨晶　李兵兵
李康慧　罗丹怡　李雪莲　朱立晨

教育学院
邹梦毅　吕　宁　张　帆　冯媛媛　丁丽丽　马明贞　马彩虹　王福浩　徐　婕　史思远　谭诗意
马　玲　尹　杰　马志伟　任翔宇　王　慧　范书嫣　瞿　豪

体育学院
任大陆　马利兵　孙惠淇　张晓宇　杨　硕　马　鑫　牛馨雨　何青林　李　哲　周文迪　陶佳玉
杨佳浩　张静波　张鑫宇

音乐学院
杨海峰　张　琦　赵玲玲　姜　磊　蔺子捷　李　晴　李　满　党建军　秋佳祺　张昊弘　田思杰
程静雯

美术学院
金峰勤　王　悦　邹嘉宁　王　昊　李文瑶　任贤达　赵艺婷　徐　畅　王紫晴　宋嘉宁　郑双玲
贺　龙　马强龙　张　震　曲泽龙　党嘉兴　李仕涛　方钰博　赵世博　桑兰湛　侯云杰　张柏源
杨佳媛

马克思主义学院
华　悦　哈　昕　马　仟　任佳乐　马明明　金　波

国际教育学院
张洪麟　耿藏玉　范琦惠　安　宁　侯恺雯　霍青杨　赵睿珂

党委宣传部
安　倩　李　雪　段亚楠　史佳佳　李欣宜　蒋柯聪　魏涵博　马赟跃　杨　蕾

校团委
洪颖颖　罗宜恒　马鑫鑫　马　悦　邓　嘉　夏洁洁　赵乐天　苏彦莉　王佳慧　陈康灵

学生处
刘　恒

宁夏大学2021届优秀毕业研究生

人文学院：王晓雪　刘　丹　张　倩　林光钊

法学院：孙月茹　钱佳乐

外国语学院：王炜晨　肖永平　张　琛

经济管理学院：丁　丽　王梓钰　刘初脱

数学统计学院：刘兴伟　郭文娟

信息工程学院：李　雷　邓宗永　陈　魁

物理与电子电气工程学院：刘　煜　江　妍　孙亚茹　苏国庆　张鸿皓　韩　薇

化学化工学院：吴玥暐　张新沙　罗　婷　周瑞娟

生命科学学院：王建宏　骆　佳

地理科学与规划学院：贾萍萍

农学院：马　强　王云霞　付江鹏　冯永宏　李　伟　吴　爽　何海锋　张会丽　张　丽　张　昊　张　洁　陈仁伟　董　丽

机械工程学院：李　萍　李嘉婧　金学智

土木与水利工程学院：申同庆　严鹏飞　杨　霞　张圆圆　欧阳赞

教育学院：王艳丽　孙逸舒　季　瑜　靳泽宇

音乐学院：张帅宗　郝　玲

马克思主义学院：任　静

生态环境学院：陈　蔚

西夏学研究院：刘志月

回族研究院：刘　毅

体育学院：马　瑶

美术学院：闫佳玲　邵叶阳　景利军

阿拉伯学院：李文婷

新闻传播学院：方庆一

食品与葡萄酒学院：罗　辉　柳璇璇　樊奈昀

省部共建煤炭高效利用与绿色化工国家重点实验室：吕凌辉　刘雪萍　徐一鸣　锁　勇

光伏材料重点实验室：高雪梅

宁夏大学 2021 届优秀毕业本科生

人文学院
  2017 级历史学（教师教育）   谢祥康
  2017 级汉语言文学（教师教育）   李　睿
  2017 级汉语言文学（教师教育）   史亚萍
  2017 级汉语言文学（教师教育）   赵田蓉
  2017 级汉语言文学（文秘）   吴文萱
  2017 级汉语言文学（文秘）   何　琪

新闻传播学院
  2017 级新闻学   段　睿
  2017 级新闻学（网络与新媒体）   孔姝潼

法学院
  2017 级法学   杨雅静
  2017 级法学   雷雨田
  2017 级行政管理   罗　英
  2017 级社会学   曹　利

马克思主义学院
  2017 级思想政治教育（教师教育）   高金鹏
  2017 级思想政治教育（教师教育）   马红玲

外国语学院
  2017 级英语（教师教育）   陆美彤
  2017 级英语（教师教育）   邓　鑫
  2017 级英语（翻译）   杨浩洁
  2017 级日语   马俊国
  2017 级俄语   刘　晶

阿拉伯学院
  2017 级阿拉伯语   梁　钰

经济管理学院
  2017 级会计学   罗　妍
  2017 级会计学   谭蓬胤
  2017 级经济学（金融）   贾　静

2017级经济学（金融）	刘　轩
2017级经济学（金融）	安纪钊
2017级经济学	梁　安
2017级农林经济管理	倪　雪
2017级信息管理与信息系统	张　政
2017级工商管理	袁思思
2017级工商管理	刘明皇
2017级物流管理	张　培

数学统计学院

2017级数学与应用数学（教师教育）	朝治琴
2017级数学与应用数学（教师教育）	安玉雨
2017级数学与应用数学（教师教育）	杨丽萍
2017级信息与计算科学	李艳艳
2017级数学与应用数学（金融数学）	魏改过

物理与电子电气工程学院

2017级电气工程及其自动化	李镇廷
2017级电气工程及其自动化	孙常尊
2017级电气工程及其自动化	孙海龙
2017级电子信息工程（卓越工程师）	李宁辉
2017级通信工程	黄自南
2017级通信工程	张　旭
2017级物理学（教师教育）	撒　强
2017级物理学（教师教育）	丁　龙
2017级新能源材料与器件	康欣欣

信息工程学院

2017级计算机科学与技术（NIIT）	罗　茜
2017级计算机科学与技术（NIIT）	王佳琪
2017级计算机科学与技术（NIIT）	邱文璐
2017级软件工程（NIIT）	宋汝哲
2017级网络工程（NIIT）	杨　菊

化学化工学院

2017级化学（教师教育）	谢逸冰
2017级化学（教师教育）	周　颖

2017级应用化学	韦雨蒙
2017级化学工程与工艺	王军旗
2017级化学工程与工艺	张祖敏
2017级化学工程与工艺	沈雨可
2017级化学工程与工艺	桑 梓

生命科学学院

2017级生物科学（教师教育）	唐静荣
2017级生物科学	马亚博
2017级生物技术	冯 荣

地理科学与规划学院

2017级地理信息科学	李一辰
2017级地理科学（教师教育）	张 瑶
2017级房地产开发与管理	王云龙
2017级房地产开发与管理	刘 莲

生态环境学院

2017级环境科学	王 明

农学院(8人)：

2017级林学	樊 敏
2017级林学	金学娟
2017级动物科学	李金转
2017级园艺	焦田甜
2017级园林	马 莹
2017级农业资源与环境	杨 娜
2017级草业科学	刘嘉慧
2017级农学	杨伊玲

食品与葡萄酒学院

2017级食品科学与工程（生物工程）	刘知非
2017级食品科学与工程	刘思佳
2017级葡萄与葡萄酒工程(国际课程班)	耿荟莹
2017级葡萄与葡萄酒工程（葡萄酒文化国际课程班）	林济开

机械工程学院

2017级交通运输	万 鹏
2017级过程装备与控制工程	康嘉宁

2017级过程装备与控制工程	田治奇
2017级过程装备与控制工程	马秀桃
2017级机械工程(卓越工程师)	王幸福
2017级机械工程(卓越工程师)	岳　坤

土木与水利工程学院

2017级农业水利工程	韩冬凝
2016级建筑学	金一鸣
2016级城乡规划	马慧娟
2017级交通工程	刘　婷
2017级工程管理	彭　锐
2017级土木工程	宋牧原
2017级水利水电工程	杨　纳

教育学院

2017级应用心理学(教师教育心理健康)	李　玥
2017级学前教育(教师教育)	张丽莹
2017级小学教育(教师教育)	李润纳
2017级应用心理学	张　倩
2017级教育技术学	李苏琦

体育学院

2017级体育教育(教师教育)	李　慧
2017级体育教育(教师教育)	徐夏欣
2017级体育教育(教师教育)	张珠文
2017级运动训练	司海颖

音乐学院

2017级音乐学(教师教育)	庞　腾

美术学院

2017级环境设计	杨振远
2017级环境设计	李明享
2017级视觉传达设计	周　璇
2017级美术学(教师教育)	韩　嘉
2017级美术学(教师教育)	司超伟
2017级美术学(教师教育)	吴　妍

国际教育学院

2017级会计学（SQA HND国际项目）	郭新煜
2017级工商管理（SQA HND国际项目）	王佳靖

商学院

2017级市场营销	魏佳聪
2017级市场营销	杨文杰
2017级市场营销	冶　辉
2017级电子商务	王　瑞
2017级电子商务	李耀丽
2017级电子商务	杜文静
2017级电子商务	李亚萍

文化旅游学院

2017级汉语言文学（文秘）	黑娜娜
2017级汉语言文学（文秘）	马　燕
2017级汉语言文学（文秘）	范　萌
2017级汉语言文学（文秘）	陶　月
2017级汉语言文学（文秘）	周　月
2017级旅游管理	杨亚楠
2017级旅游管理	岳庆玲
2017级旅游管理	苏　茜
2017级学前教育（教师教育）	祝思雯
2017级学前教育（教师教育）	何　梅
2017级学前教育（教师教育）	李海英

智能工程与技术学院

2017级软件工程（NIIT）	邵　胜
2017级软件工程（NIIT）	常芳园
2017级软件工程（NIIT）	马晓蓉
2017级软件工程（数字媒体）	杨　雪
2017级软件工程（数字媒体）	曹　冰
2017级软件工程（云计算、大数据NIIT）	袁志同
2017级软件工程（云计算、大数据NIIT）	刘长远
2017级软件工程（云计算、大数据NIIT）	田智博

宁夏大学 2020—2021 学年研究生国家奖学金获奖者

张林民	马万梅	潘雅清	蒲　浩	杨朝云	杨子实	杨振峰	李晓旭	张　特	刘馨瑶	尚天浩
许艺馨	汪义双	王燕子	孙征尧	单凤琳	郗　婧	周贵乐	何　洋	薛君蕊	马　良	马　琪
孟瑞瑞	黄一帆	杜　楠	李英超	于　松	林江彪	尉　泽	陈雅媛	王晓东	焦　鹏	夏鸿川
惠悦然	和东迁	祁瑞雪	邓伟华	马永杰	王奕丹	田　清	李　想	王沛轩	牛丕莲	王　源
张玉洁	张金鹏	路广华	赵晓璐	马　尧	熊子晓	王　倩	曹美玲	胡宇琛	孙旭杨	刘一江
冯　娜	陈子君	蒋　阳	李佳宁	王　丹	杨卫霞	焦济雨	乔成龙	宋兆辉	丁志辉	马云川
魏佳圆	尹娟娟									

宁夏大学 2020—2021 学年本科生国家奖学金获奖者

李钰婷	孟祥文	武　磊	王欣怡	李后龙	袁樱七七	潘雪华	于晓晴	牛睿峥	章　轩	王玲玲
田立宏	焦焱鑫	申玉荣	尹　想	杨玉涛	杜文超	董培彬	曹　健	吴艳芳	张艳静	李嘉怡
董飞龙	雷心茹	哈佳慧	金昊峰	魏　甜	刘梦鸽	周冬冬	郭啸宇	张晓童	贾　浩	郑熠铮
朱晓娅	杨绍珂	王　颖	郭佳鑫	李紫禶	易　健	范琦惠				

宁夏大学 2020—2021 学年国家励志奖学金获奖者

人文学院

马思钰	刘丰斐	王　惠	刘　响	梁艺璇	马　英	李　楠	郑明月	蔡　薇	黄　庆	杨盈盈
张婉睿	海　雪	郭　博	孙继伟	马玉婷	唐培培	杨清詠	金紫玥	王　茹	马良文	史榕榕
刘子轩	唐英乔	孙　潇	李　霏	刘嘉鸿	郭军霞	庄佳林	杨书琴	蒋柯聪	候雪冰	郭雯玉

新闻传播学院

峇勇辉	王琛汐	李懿哲	徐玉昕	顾毓宁	林　倩	王锡彬	马　琴	李春美	王雪蕊	李佳佳
冯茹霜	陈丽琦	谢青青								

文化旅游学院

沈　聪	刘　乐	鲁佳祎	吴芳原	管文静	刘鑫雨	张泉灵	谢　娜	陈　瞳	贺　瑞	邵丽婷
杨　艳	曹丽辉	尚　宇	高雅静	李晓敏	张转转	买小亚	丰媛雯	吴雪欣	李小芳	陈玉洁
谢朝怡	李红霞	李文霞	王　哲							

法学院

马亚玲　谭　旺　康小嫩　马　琴　徐绍宇　马小红　程雪玲　靳婷婷　吴　佳　李　燕　赵永贵
万　瑞　郭嘉仪　林　丹　齐剑英　郑晓彤　秦小燕　田忠仁　赵金涛　马长毓　马　前　田爱霞
赵培龙　王泽达

外国语学院

撒小兰　马晓雨　王　勃　张　佳　王雅丽　马　玲　陈　娜　马彩云　李　雪　蔚雨真　邓学梅
杜夏楠　陈长硕　武　瑾　叶文宁　宋志颖　杨玉婷　李雅文　田海艳　任欢欢　蒋　妞　张嘉怡
安丽雯　陈慧凡　唐千雪

阿拉伯学院

田凤兰　张丛丛　刘祎玲　王春艳　康小霞

经济管理学院

杜　瑜　马利君　任翠翠　康秀华　谭　彪　杨钰欣　田雯雯　曾理鸿　籍楚妮　苏晓娟　王　静
魏　群　张敏琼　钟　敏　刘乃荣　李　硕　杨佳静　李　润　任调美　撒雪莲　王　涛　蒋红艳
权　旺　杨世娟　马彦宁　马　花　帕提古丽·热合曼　罗　艳　余静雅　冼小春　海　燕　马　玲
崔琳琳　张迎琪　宋　涛　王照君　罗晓燕　陈江梅　刘端端　曹思宇　丁小梅　孟佳琦　白小花
杨　丽　董钰佳　胡升玉　叶　卓　赵玉萍　王建婷　冯铱芹　刘　菲　李扬帆

商学院

王　芳　丁心雨　席艺龄　田归燕　赵　燕　田　英　刘　静　李玲玉　刘莹茹　赵倩纹　马发买
缑文凯　徐丛锦　胡娇娇　温乘龙　曹佳慧　高馨怡　李　可　谢　娜　王晨晨　马英莲　王怡婷
吴媛媛　郭军佳　李嘉丽　罗心茹　黄瑞娟　张彤彤　李　静　陈思伊　张语轩

数学统计学院

马海英　苏亚杰　万　芳　宋丹丹　马媛芳　马彩平　白月红　马国倩　马丽琴　李媛媛　孙　欢
孙佳瑞　李晓花　杨　悦　虎玉翠　苏侨彬　冶永强　邱桂森　苏　艳　苏文娟　马　成　张　晗
李　娜　汪　娟　吕少婷　单佩花　马明军　马　宣　丁雪琴　张茹苑　马　莉　王海霞　刘美慧

物理与电子电气工程学院

肖博文　江金凤　徐国文　王　荣　余　蕊　马越冬　马海燕　马亚丽　刘倍托　徐慧欣　盛鸿斌
王玉照　陆　波　吴仁杰　于宁宁　封新华　邬元保　廖垠钦　王志鸿　魏一博　吴佳君　刘文凯
焦英英　杨玲玲　马　涛　周宏毅　张天慈　周艳青　王　梅　田宗清　焦　洋　陆　楚　杜凯波
孟素素　常晓瑞　赵曜辉　梁富源　张梦晴　李飞扬　马　荣　田世启　张建龙　杨飞雁　董益汎
冯小玲　秦志强　田新娅　马　宝

信息工程学院

许　晴　李舒玲　张国竟　孙迪龙　何羽萱　姚娜娜　殷佳乐　李小金　刘珂宇　张　祥　王文武

郝培才 范乐媛 贾倩倩 吴宇航 李 陇 孙 妮 余 倩 陈士博 马旭琛 冯 盼 杨 华
刘 晴 纪洪涛 王佳祥 王嘉志 闫 辉 张欣宇 赵世华 强 东 张传奇 董婷婷 王 亮
王家旭 由 越 薛子琦 张钊硕

智能工程与技术学院

赵文龙 岳海荣 周婧楠 李小梅 许 颖 韩福政 乔家祺 李朝朝 李 鲜 薛佳琦 王雅楠
刘艳乔 庞倩倩 陈 尧 兰志成 马瑞虎 刘娜娜 谢 浩 虎 娜 张娜娜 胡阿慧 刘德鹏
张 俊 李付迁 杨浩勤 马永峰 张禄才 陈步云 侯思梦 田晨兵 纪 霞 李旭阳 王元清
孙 静 刘润芳 杨海梅 张院斌

化学化工学院

罗金香 杨 梅 杨逸鹏 王平霞 王丽莹 吴 迪 马国萍 安保芳 霍本娇 杨 婷 马小燕
孙亚楠 杨文艳 马 靖 马晓梅 杨 鑫 王醒合 马瑞平 虎晓燕 戴章军 胡周满 刘俊含
张灵翠 余晓梅 袁小花 熊红梅 马 强 宋芹芹 王卓玉 史茹月 马红梅 杨 锐 问晓红
马雪建 焦贤慧 海贵芳 吕建宇

生命科学学院

李林润 于雯静 张佳雪 方 敏 丁荣荣 刘 璐 秦希曦 马海鑫 刘普浩 胡明珠 马桂兰
王晓芹 徐 琳 刘庆春 杨 霞 梁世琦 姚欣玉

生态环境学院

罗 霄 王 媛 马 迪 王 传 奚后容

地理科学与规划学院

王 帅 布自强 李 敏 王恒恒 安丰平 杨娅刚 万世龙 赵逸雪 马晓菲 张茹檀 史凯璇
刘子毓 杨千龙 张小燕 黄 钧 刘明康 罗祥军

农学院

何金童 张纪元 苗 虎 罗玉红 魏娅娅 苏 娟 刘芳燕 樊姗姗 黄燕妮 马 强 刘 涛
康淑铭 杨 花 李亚娇 禹丽红 张 淼 孔伟豪 王湘银 杨芸芸 梁云涛 李 霞 杨志玲
杨天宇 周嘉惠 冯云星 杨 艳 张 涛 马 惠 李佳妮 喜金霞 李心悦 官淑萍 马沙燕
贾 慧 马 玲 王娜娜 喻方勇 王文凯

食品与葡萄酒学院

陈鑫龙 马云妮 杨 洁 杨 苗 罗燕燕 马彩萍 向书娅 翟 茹 王 婷 贺 鹏 李其其
宋亚晓 张雨欣 潘 艳 谭 雪 李佳欣 覃夏玲 邓紫瑶 蔡琦琦 刘佩鑫 张昌艳 吕欣蓉

机械工程学院

苏宝强 马智博 周梦苑 张镯瑶 曹 勇 马建玲 马小平 马 秀 王小恒 邓浩鹏 谭金涛
马晓丽 戴婷婷 吴 波 胡吉峰 李佳霖 杜美婷 刘 倩 关雨萌 刘 悬 李东旭 丁莎欧

王　鸿　汪　杨　雷震宙　杨云霄　张馨月　余　娜　曹冠玉　王文俊　杨家皓　张庆敖　康艺博　诸正杰　唐　轲　黄飞虎　刘一宏

土木与水利工程学院

杨学程　陈青亮　徐　婷　郑祖琛　穆朋燕　张　静　冯　雄　王雨欣　司力冰　陈雨晴　李娜娜　马　婷　马京萍　安红昌　张　利　杨　聪　方聆宇　孙菊艳　王进虎　杨　涛　李　红　马国荣　陈虎阳　李　斌　马学林　张少涵　胡　川　马虎山　王　雪　马　艳　柳苗苗　郭文浚　苏鹏飞　张美芸　马小蕾　于正海　杜倩萍　李　旭　罗丹怡　马飞云　赵　杰　马亚蓉

教育学院

李皖临　高家林　李思蕊　金鹏薇　柴　雪　马　燕　冯媛媛　丁丽丽　黄　越　马明贞　李　磊　朱　月　夏安妮　黄旭红　王佳慧　王亚亚　王　婧　黄青青　付　娜　朱姿菡　马秀花　张　艳　孙慧玲　马雪雁　谭诗意　马艳艳　刘亦璠

体育学院

潘　妍　任大陆　董柏邑　谢振宁　孙惠淇　周　燚　王克烁　罗小琴　段文洁　赵　乐　牛馨雨　杜嘉磊　张　垒　蔡登敏　林生发　张正阳　汪　琰　阮承凯　欧家俊　张鑫宇　耿卓彦

音乐学院

赵语双　杨诚珍　马凌钰　于子洋　刘　泽　张子豪　陈鹏阳　海小红　叶辰楠　马东梅　于锦云　董　妮　郭晓倩　李　晴　刘　琳　张馨匀　李艳茹　岳宏洋　郭日娜　田思杰　马　瑞　马寒姝　陈宝旦

美术学院

吴思梦　马小龙　张丹丹　王盼霞　田　艳　王娜娜　禹佳瑶　蔡可峰　郭晴瑞　宋鹏飞　叶　雪　马强龙　程子航　高雅丽　陈希超　刘祖胜　韩甜甜　韩耀龙　赵世博　桑兰湛　魏军强　唐学超　杜艳艳

马克思主义学院

白少梅　郑翻丁　薛可可　锁婷婷　马　仟　杜洁凡　马　佳　柳佳茹　虎荣荣　黎　梅　马　玲　丁奕珅　沙　宣

国际教育学院

许梦圆　祁　雪　黄子越

宁夏大学2021级本科生军训工作先进单位及先进个人

一、先进单位

一营一连(数学统计学院)

一营四连(体育学院)

一营五连(音乐学院)

二营一连(化学化工学院)

二营四连(机械工程学院)

二营七连(土木与水利工程学院)

三营一连(人文学院)

三营三连(法学院)

三营六连(教育学院)

四营三连(智能工程与技术学院)

二、单项优胜奖

队列会操优胜奖:一营一连(数学统计学院)

内务检查评比优胜奖:三营三连(法学院)

行军拉练优胜奖:二营七连(土木与水利工程学院)

宣传报道优胜奖:二营七连(土木与水利工程学院)　三营一连(人文学院)

摄影比赛优胜奖:二营七连(土木与水利工程学院)

军歌比赛优胜奖:一营四连(体育学院)

军歌表演优秀奖:一营五连(音乐学院)

三、教官先进个人

田小棚　王　楠　张　杰　骆　勇　李　望　董彦铭　穆毛毛　位大勇　刘江龙　李　意　江　鑫　丁晓杰

四、教师先进个人

杨　阳　王子超　王弄玉　玛伊拜尔·卡吾力　张　晓　韩朝一　姚永昊　查　芮　王艳梅　陈　楠　张　艳　马　洁　吕　乐　杨亚珺　尤　桦　何　佳　刘　坤　陈　晶　马维宗　马浩谦　蒋宇欢　何　涛　周　妍　杜　玥　付晓晨　王　玮　金宁洋　徐　静　禹文杰　黄旭兴　王　兴　沈　薇　贺　剑　吴笑江　贾随生

五、学生先进个人

一营一连(数学统计学院):

林文俊　马海龙　周桐雨　平　静　赵思宇　杨正文　高雨宁　马　倩　李娅梅　刘霖昊

姬雪芬

一营二连(物理与电子电气工程学院):

丁　龙　柳景琦　马　阳　马　波　丁　龙　李雅欣　李进儒　张　晨　杨瑞德　安莉芳　杨　岚　王江龙　马向虎　路　妍　杨彩丽　杨　叶

一营三连(信息工程学院):

马　强　刘宾原　马建梅　马　骞　徐振荣　林欣杰　饶瑞祥　王欣怡　陈彤彤　杨建强　吴雨童　吕　萍　何召生　迪拉热·艾色提　迟拉合·波拉提

一营四连(体育学院):

刘慧慧　余昊昊　何重阳　赵安唯　负婧璇　崔　迅　梁伟壮

一营五连(音乐学院):

雷　昊　王亚锋　马登辉　赵立鸿　黄　龙　韩秀秀　张　静　李巧娟　邸梦环　康莺莺

一营六连(美术学院):

蒲海龙　杨森涵　姜　毅　王诗雨(12021245355)　吴佳慧　徐祎婧　韩志达　范旭莹　杨　婧　马有福

一营七连(国际教育学院):

张馨文　张昊文　陈靖怡　秦兆阳

一营八连(马克思主义学院):

金子阳　史知新　王艺诺　南云骞

二营一连(化学化工学院):

计东杰　马　东　秦俊雅　姚玉杰　薛　昊　王瑛琦　杨晓燕　马　静　马启星　王　怡　禹小伟　窦文卓　马　斌　师永龙

二营二连(生命科学学院):

丁子叶　郭圣鹏　张彤彤　陈婷婷　许文慧　金佟胜　念桐西　阳　震

二营三连(地理科学与规划学院):

王　越　王宇晨　高　慧　徐宇波　马雪花　周雪娇

二营四连(机械工程学院):

孙艺鑫　赵　武　马瑞波　张金虎　马　兴　罗延庆　翟　渊　田文豪　马莹莹　张一帆　李梦娜　马晓苘　王蝴蝶　张静惠

二营五连(农学院):

锁占杰　单　磊　马　帅　马金龙　杨应福　董　悦　高　铭　阿布都乃比·阿布都克依木　丁雪娇　祁烁锟　张　恬　马忠艳　左佳怡　刘婧媛　贾欣瑶　黄艾琳

二营六连(食品与葡萄酒学院):

袁伟军　马　楠　白云霆　王　森　沈　彦　赵大硕　步嘉辉　李　蓉　左　倩

二营七连(土木与水利工程学院):

马嘉华 锁 斌 马瑞琨 王云辉 马 东 杨海霞 付玉山 曹 菲 冯宇宁 靳建豪 洪毓敏 马宏勇 曾若宽 余 旭 吴嘉琰

三营一连(人文学院):

纳文婷 沙萌颖 海艺雯 陈玥涵 张峻博 日亚几玛·阿尔肯 任子逸 马 瑞 刘思蓉

三营二连(新闻传播学院):

金 福 马斌奇 柴雨欣 郑子彬 马 思

三营三连(法学院):

德里努尔·波拉提别克 刘艾毓 穆天才 朱 倩 孟佳妮 马金霞 牛瑞瑞 蒋蝶舞 包雅萍

三营四连(外国语学院):

刘欣宇 穆嘉乐 吴 文 虎佳丽 尚王琪 魏田田 陈昕旖 耿 浩 李 星 马丹阳 连 正 黑志玲

三营五连(阿拉伯学院):

姜承崎 张璐薇 韩 雪

三营六连(教育学院):

张 恒 王睿娴 马悦佳 杨丽丽 田莹莹 于子怡 杨 露 马存英 杨 艳

三营七连(经济管理学院):

石京天 惠泽翔 聂红兵 陈振宇 张维慧 冯树斌 田彦林 龙 凤 游 鲜 钱振媛 温馨语 徐蜀豫 白如月 马佩钰 符 玉 魏孝辉

三营八连(生态环境学院):

马小倩 李涵煦

四营一连(商学院):

杜盼伟 金 晶 张炘杰 杨嘉怡 曹 静 马彦青 詹 欣 单聪毅 李 盈 刘慧萍

四营二连(文化旅游学院):

马 婷 罗双青 邓 露 杨心童 沈心如 李雯慧

四营三连(智能工程与技术学院):

王浩然 靳伟龙 李向军 赵 科 张 涛 陈琰琪 邹 婷 王佳瑶 李雪颖 王 蔚 褚治涵 何 晶

六、宣传报道先进个人

张 梦 贺宇飞 唐枢润 熊思睿

宁夏大学2020—2021学年优秀毕业实习生

数学统计学院:马 栋 李 成
农学院:樊 敏 马东海 陈国峰 宫凯轩 张红艳 海 香 马荣成 张万里 雷 昊
外国语学院:马 琴 陆美彤 余万晶
音乐学院:谢 圆 石玉娜 宋筱雨
马克思主义学院:王 平 张媛媛
文化旅游学院:唐天敏 马春喜 张 祯
经济管理学院:贾 静 蓝 双 田文娟 纳 芳 金佳洋 姚 昊 袁思思 张旭红 刘才兴 刘 升 刘 翔
地理科学与规划学院:黑建宝 吴海娟 王云龙 侯嘉烨
物理与电子电气工程学院:胡跃宽 李子龙 李盼姣 孙常尊 周保伟 蔡婷婷 丁 龙 薛 钊
生命科学学院:杨玲玲 武瑞瑞 王 虎
美术学院:尹一凡 宋泉毅 郭 榕 郝海龙 梁富宁
食品与葡萄酒学院:马梦瑶 杨彦鹏 王江林 杨 芳 马 瑞
信息工程学院:朱 悦 马 强 宋汝哲 霍 辽
体育学院:喇 鹏 南 鹏 马 宁 陈艳灵 余雯雯 李国青
智能工程与技术学院:刘长远 王浩楠 马应斌
机械工程学院:顾晓艳 李佳园 马秀桃 杨亚庆 胡海燕 王惠清 马 锴 严森洋
教育学院:李 玥 马 娟 何雨竹 马 平 盛 宁 海银莹
化学化工学院:户玉婷 张多伟 王军旗 张文华 桑 梓 脱晓燕 赵亚亚
法学院:张梅兰 马存花 张小杰 吴 越
生态环境学院:杨燕
人文学院:梁 鸥 苏 琴 胡欣冉 刘光华 杜雪雪 李晓娟 李守花
土木与水利工程学院:张 翔 马幸香 杨 军 马 永 季 祥 韩冬凝 马 兵 叶飞
国际教育学院:郭新煜 王佳靖
阿拉伯学院:董科飞 李小金
新闻传播学院:李春雪 洪光胜

宁夏大学2020—2021学年毕业实习优秀指导教师

数学统计学院：伏春玲　张保文

农学院：卞莹莹　孙　权　王晓敏　李文强　兰　剑　周玉香　李继东　梁　熠　张　黎

外国语学院：王奕文　马　真　王　燕

音乐学院：胡启立　赵文硕　姜轶群

马克思主义学院：曹庆锋　贾学锋

文化旅游学院：温晋林　杨淑霞

经济管理学院：蒋紫艳　王琳瑛

地理科学与规划学院：张明鑫　朱志玲　赵小勇　李建华　石　云　马振宁　郑　芳

物理与电子电气工程学院：杨国华　刘兴杰　潘　欢　纳春宁　刘　平　王　博　朱瑜红　覃国车　曹雨生　曹志杰　郝　睿　李发泽　朱巧萍

生命科学学院：周续莲　岳思君　徐惠娟　帕哈尔丁·麦米提明

美术学院：王胜泽　朱淑娥

食品与葡萄酒学院：张军翔　李茹一　张宁波　牛伊凡　方海田　张惠玲　王松磊　李海峰

信息工程学院：李振东　张娟洋　吕鹏远　余振华　张鹏　马自强

体育学院：张　炜　王　飒　咸云龙

机械工程学院：孙来宁　李　瑞　郭学东　丁　璞

教育学院：马志颖　周晓慧　郝振君　朱庆玲　茹学萍　陈淑娟

化学化工学院：范　辉　胡修德　犹　卫　杨文远　倪　刚　戴小军

法学院：刘　芳　何　磊　陆筱璐　杨文林　马　斌

生态环境学院：贺　婧　郑兰香

人文学院：杨志云　白晓荣　张　詠　于　薇　李国玲　刘鸿雁　刘佳润　万　江

土木与水利工程学院：咸宝林　杨维武　谭军利　江大庆

国际教育学院：曹新保

阿拉伯学院：王　艳

新闻传播学院：屠凤娥　王　利　王凤琴　雷双军　季　涓

宁夏大学2020—2021学年综合奖学金获得者

人文学院

一等奖

杨晶　杨佳　钱张鹂　王世鹏　马媛　严梦静　赵牵　金琳　陈晨　全婉仪
黄庆　江京津　李珂　郭博　马宇凝　孙继伟　马小洁　马娜　朱文婧　徐欣瑞
金紫玥　陈钰露　罗宜恒　李钰婷　耿迦南　孟祥文　郭雯玉　庄佳林　蒋柯聪　刘嘉鸿
李霏　唐英乔　史朝辉

二等奖

马思钰　邓顿雯　刘丰斐　禹银凤　田英　拓蓉　撒龙　王惠　柳靓　杨春
梁艺璇　田蕊　马英　杨忠华　廖明洁　郑明月　姚路路　李楠　李雨婷　赵尧尧
马香莲　蔡薇　杨盈盈　李沐泽　海雪　田进梅　马媛　李青杨　张婉睿　马玉婷
唐培培　马研妍　杨华军　李霞　马小梅　田进龙　张莉莉　杨楠　蔡艺洋　杨清誄
孔子儒　苏芙蓉　邵晗秋　杨慧　张葳西　刘子轩　史榕榕　海丽琴　马良文　罗树红
候雪冰　王茹涵　苏秀芳　李欣宜　李瑞芝　杨书琴　孙曦晨　施娜　李佳　马静
郭军霞　马云裳　刘凤萍　黄贤慧子　孙潇　雍政　聂雪晴　曹佩驰

三等奖

彭洋　马夏莹　郭笑　杨芳　满瑞瑞　郭涛　王佳丽　马丽英　刘响　杨飞
马杰　何新微　摆慧　苏玉梅　马维苹　张苛苛　贾雨霏　邹千千　李凤如　任慧
徐子尧　马可　李强　方旭　马星宇　张娟　王凤卓　姬巧荟　胡颖　刘亚萍
刘江浩　仇院婷　杨瑞雪　虎宁　黄琳轲　池笑至　游翔中　罗娟　陈格　马晓娟
马志兰　刘正婷　马婷　梁心雨　杨丽　张桃　杨晓晗　胡莹　张黎明　马万梅
杨燕　蔺馨然　吴昊　安乔乔　孔德馨　丁晓凤　邓子欣　邓怡慧　王雅萱　王海叶
王佳仪　金瑞华　宋晓萱　王茹　连海伊　何佳乐　单爱萍　杨圆圆　马雪琳　马磊
张晨　梁丹　杨梦娇　周雪　陈雪　李永明　王薇　刘薇　田美丽　王佳慧
李甜甜　陈安琪　马凤明　万静怡　马登花　郝书宣　崔歆格　叶芯瑜　王珂　李慧敏
韩丹　胡浩　马雪莲　孙娣　韩欣然　王亚婷　王静如　王玉宁　马洋阳　王宁
谈笑　穆佳璇　郭思宇　何建龙　马玲玲

新闻传播学院

一等奖

王婧妍　刘海洋　马欣楠　侯雅妮　林　倩　林涵勋　李春美　武　磊　王雪蕊　唐艺文
段语泽　陈丽绮　纪梦欣　冯茹霜　胡美琪

二等奖

王　娣　张瑛君　昝勇辉　周慧颖　王琛汐　李懿哲　徐玉昕　石　羽　杨子涵　王锡彬
万焓溥　高　佳　马博丽　吴洋庆　李佳佳　谢旻珈　马磊磊　海小琴　王　燕　方佳龙
杨若茜　刘　爽　段旭硕　周雪娇　刘雪雪　张赵文硕

三等奖

王　冉　周美馨　徐彬楠　吴丽芸　马欣然　金思雨　顾毓宁　李　红　陈爱琳　杨　征
王梦柯　赵永贵　柴欣邑　何小倩　刘　娇　刘冀蒙　常　琛　邵　昀　马　琴　姜琬琪
马　玉　马赟跃　白小琴　王雯玥　海晓梅　李　宁　杨雨茹　马鑫鑫　杨慧芝　罗进志
高　欢　李思洋　周媛媛　袁　虎　邓　嘉　王　硕　魏唤唤　苏　哲　陈新发　秦　媛
韩思睿　郭　倩　谢青青　祁亚洁

文化旅游学院

一等奖

杨　倩　沈　聪　陈雪儿　鲁佳祎　李　苗　吴芳原　张泉灵　赵娅茹　谢　娜　贺　瑞
王　哲　刘鑫雨　王欣怡　邵丽婷　戴若欣　高雅静　曹丽辉　尚　宇　李小芳　马晓林
吴雪欣　买小亚　张转转　马俊梅　陈玉洁　谢朝怡　李红霞　李文霞

二等奖

王　桂　邵　冰　金　雪　贾旺霞　贾雯雪　管文静　刘　乐　傅雅红　党茹玥　邹秦川
何　娟　牛健辉　孟　宪　石文玲　申晓婷　陈　瞳　顾志秀　吴妍润　方利利　候　媛
李晓蕊　常甜甜　宋娟同　石凤华　王艺霖　马　雪　李子宣　马惠娟　杨　艳　田小娟
汤　彦　郭　啸　秦丽荣　虎博文　赵环环　倪　好　陈家兴　郭美悦　丰媛雯　王　爱
王　硕　吴　红　李晓敏　朱　迪　张心译　王玲秀　张盼盼　柏胜杰　吴　雪　马　蓉
胡晋昕　高　璇　李　倩　石诗语　崔吉祥

三等奖

陈秀娟　马　昕　梁秀丽　罗力峰　曹田田　黄晓珍　锁淑萍　马佳慧　何舒婷　张　雪
杨欣宇　夏　静　姚盼盼　姚亚茹　孙　燕　赵婧辉　时紫秋　马文梅　王思德　徐　涛
付　琳　魏雪莲　马媛媛　闫丽莉　张小慧　杨　帆　王思恬　高　英　黄雅婷　高明涛
付　楠　明小梅　邵银萍　吕亚楠　刘德琴　马晓娟　李佳颖　周宇轩　宗　婧　王蓉蓉

刘佩璐	姚杨漾	哈　悦	赵宁宁	张　欣	李　媛	李梦茹	时　俊	朱高高	李蕾蕾
陈亚妮	张少环	马　会	郑　婕	徐康康	刘建鹤	马　雪	顾雨婷	张　婵	马　媛
哈瑞芸	张雪格	张春燕	杜琪娟	张欢欢	杨　帆	马红红	李靖雯	纳　霜	马召地
安　静	张金香	张燕婷	王亚晋	黄　潇	王文莲	张　刚	眭加怡	王科义	宋佳璐
苏彦彦	刘　佳	牛昕睿	沈照蕊						

法学院

一等奖

聂子怡	李后龙	马　琴	徐绍宇	谭　旺	陈雪薇	郑晓彤	孔淅贞	杨家荣	李慧苹
吴　佳	程雪玲	赵永贵	郎琳智	赵金涛	赵培龙	叶　涵	林　丹	张自永	罗　璇
许嘉灿	陈雨琳	王泽达							

二等奖

邬欣怡	马莉萍	马小梅	杨佳澍	马小红	郭佳欢	单亚雯	户文杰	黑新月	马亚玲
于士其	秦小燕	马小东	杨欣雨	李科龙	田爱霞	罗　浩	靳婷婷	柴李娜	李　燕
张思淼	许桂容	温佳惠	马学花	金佳然	李雅楠	田忠仁	王　君	王一涵	王胜宇
马晶蓉	王雨涵	万　瑞	马　莹	郭嘉仪	张博文	牛　佳	王婷婷	刘嘉榕	齐剑英
李小澄	武嘉旭	马长毓	梁文静	王俊淇	曹颖达				

三等奖

杨梦佳	张　玲	马文宇	陈　岩	康小嫩	毛羿中	马雪儿	杨丽婷	张小娟	丁玉娟
常　琛	吴绍凡	孙　媛	杨　梅	洪颖颖	陈　萍	杨　丽	王　丹	买亚男	马　杰
褚香音	王振华	禹翠莹	马　萍	马小燕	伏咪娜	尤　丹	李立菲	杨紫微	杨佳丽
彭　玲	胡海红	石　娜	尹泽祥	李小霞	杨姗姗	杨　丽	李浩浩	贾　芊	杨倩倩
刘青坤	杨草源	胡田娜	张亚伟	申　霖	梁　彬	王　琳	马欣瑶	唐浩玮	马占琴
马学娟	苏彦莉	王少威	张飞虎	马玉鹏	慕　东	马莉莉	李佳鑫	马　前	石中玉
杨俊虎	马福燕	王明丽	宋　亲	戴佩佩	马兰兰	马永军	康丽娟	底洋金晶	

经济管理学院

一等奖

夏　溦	谭　彪	田雯雯	于晓晴	李亚平	俞　林	李　娜	马利君	徐　雯	任翠翠
管　雯	张轲尚	魏　群	钟　敏	苏晓娟	刘乃荣	籍楚妮	曾理鸿	罗　艳	宋文静
张开源	徐娅娅	牛睿峥	郭乐乐	马彦宁	岳　霜	虎亚茹	孔令怡	张迎琪	崔琳琳
王苏婉	权　旺	蒋婷婷	梁振刚	张清华	杨世娟	田云霄	田　菁	章　轩	金道鑫
伊俊洁	杨艺帆	曹思宇	林　昆	何　野	杨　丽	陈江梅	冯铱芹	王建婷	纪钏铭

海　梅　李扬帆　桂　琳　孟佳琦　董钰佳

二等奖

杨宝华	苏媛媛	康秀华	杨兴雨	田　娟	梁璐璐	杨钰欣	徐玉卿	张　欣	王永花
杨璐璐	李　炜	杜　瑜	张君圆	马小荣	晏佳辉	胡晓静	马　娟	李　欣	倪凤倩
杨兰玉	田　鹏	张一弛	杨天龙	王　静	吉　祥	张敏琼	卢一凡	冯　海	杨　玲
李　硕	王　婷	王　婧	马思雨	张　宁	张雪怡	余静雅	鲍俊涵	冼小春	王嘉欣
李博涵	孙昱瑶	马　花	凌澜瑾	李宁梅	惠正升	王一彤	李生福	马　玲	鲍　博
宋　涛	薛佳良	罗　婷	宋柯叙	马俊花	马明慧	杨佳静	殷一凡	任调美	勉荣静
李　苗	娄佳谊	李　润	辛秋雯	杜鑫玥	撒雪莲	王文丽	马　芸	张海斌	赵玉萍
叶　卓	杜恒志	李　萌	马晓媚	马　妍	王照君	罗晓燕	张盈嘉	丁小梅	马学芳
陈思颖	胡升玉	刘端端	杨伊芸	韩欣芮	荣　俐	张燕林	马自秀	顾文娟	马明慧
陈永素	齐艳文	丁海燕	丁雪花	朱婉怡	张　蝶	张东旭	景　蕊	冯逸君	陈凯斌
吴俊杰	张嘉慧	李　雪	帕提古丽·热合曼						

三等奖

聂得香	范懿萱	穆晓花	马小梅	王海洋	罗　璇	张翠英	宋小倩	刘轶群	丁　婷
农军悦	张琢然	彭　燕	马治国	赵　丹	吴雨桐	吴佳莉	王　博	陈方博	尹双双
欧红星	杜佳欣	青亚松	何　爱	马　冲	吴一凡	陈佳茹	杜娇娇	舒　香	李　静
杨晓娟	焦雪娥	李卓怡	马龙霞	康晓萍	周　磊	魏永娟	马博阳	吴鑫月	马晓花
马　静	李　花	张　帆	杨景雅	陈道芳	王慧琴	爨露佳	王　欣	徐善钧	刘红钰
王　影	高文荣	丁　雪	杜　娟	赵　晴	海　燕	马小凤	卢晓蕊	惠淑红	杨　平
康晓花	马志蕊	孔德良	胡宝珠	张宏伟	王　淹	任春妮	马瑞品	田卫花	马丹丹
李雪娜	袁斯佳	李子豪	海东燕	马小兰	田佳敏	马　捷	马金芳	田彦花	张灵茹
吴元元	刘芳冰	田玲玲	米　媛	谢强红	丁兰兰	时鑫荣	安　龙	南嫣婷	柴玉娜
李若男	马玉芳	肖　凌	王家鹏	丁巧慧	郝心雨	王　涛	蒋红艳	杨小红	马　虎
王露瑶	安　倩	马　慧	成　茜	马晓琴	黄一帆	田昕华	闫学梅	石玉浩	孙小霞
张亚妮	陈晓婷	郭存山	何　璐	鲁皓元	喜晓梅	穆元香	黑艺雪	申艳宏	郑心怡
白小花	李楚楚	张　露	马学梅	兰星仪	杨　艳	马　兴	杨　慧	李艳芬	杨　雪
马依然	哈嘉艺	毕文静	樊亚萍	王　驰	山艳珍	马亚倩	田彦彪	杨　雪	姚　露
张　静	马亚茹	马颜颜	杨慧琴	刘　菲	王佳君	李永康	马雪莲	马　菲	高婧坤
虞　汀	邱让军	马娅萱	李凤玲	杨淑慧	王　振	沙拉依丁·艾合麦提			
买尔孜亚·阿不都热西提		阿依仙·吐尔逊							

商学院

一等奖

梁斯宇　虎园红　白　娜　刘　静　王　芳　王娟娟　田归燕　席艺龄　余　婧　刘莹茹
麻乐乐　安彦婷　李　可　卫媛媛　郑晓妍　马立葳　徐丛锦　王玲玲　伍　雪　马发买
缑文凯　刘雨欣　黄瑞娟　李　静　田立宏　陈思伊　马英莲　吴媛媛　王怡婷　郭军佳
李嘉丽　禹嘉怡

二等奖

魏怡雯　杨惠敏　曹明月　赵　燕　海　荣　刘艳凤　许思盈　陈晓雪　金　晶　文丽芳
丁心雨　苏　玲　任小瑞　杨雯婷　高嘉欣　马　勇　尹文君　李佳瑞　刘　慧　周　媛
刘　虎　赵倩纹　庞照绮　王家霖　陈亚飞　摆莉霞　王晨晨　谢　娜　周　莉　马凤宇
梁　薇　杨文清　朱灵玲　雷　娟　徐　燕　温乘龙　曹佳慧　汪　荣　罗小军　牛树霞
妥荣荣　宋淑玲　罗　琛　杨博宇　赵祥祥　张彤彤　赵佳红　李保花　杨　雪　张语轩
贺冰玉　马　梅　杜　洋　任　锐　王晶晶　马双双　吴银梅　逯凤红　乔　娟　任思璐
梁　媛　栗梦佳　罗心茹　赵谢童　高丽文

三等奖

田　英　李晓萍　闫昊楠　王　硕　张康弟　马岚欣　张铁铭　李玲玉　田秀梅　康　敏
冯晶晶　李　敏　马　阳　计培园　李小丽　陈亚甜　郭美玲　汪　婷　马丽媛　吴佳丽
周　彬　杨莉娇　翟香香　马　娟　刘　洁　康巧伟　王佳顺　陈　璐　马忠权　张建成
徐志林　拓陈卓璇　张馨尹　高馨怡　李淑委　杨尚鹏　金小玉　杨艳瑛　朱惠芳　邵佳佳
季文婷　陈　鹏　陈　莹　李丹阳　王朋亮　马　静　李庆州　田海亮　刘　佳　张苗苗
童　强　赵嘉伟　胡娇娇　马　艳　蒙变宁　刘雯慧　李　佳　胡晓睿　马小燕　杜海芳
吴巧燕　金雪楠　张嘉丽　余亚东　王成跃　金莫离　庄前程　陈　聪　王　涛　白嘉琦
段婧妍　张帅男　张　荣　王媛媛　代文月　马梦璇　禹旭燕　马瑞花　王婉钰　杨云舒
李　连　张佳钰　李文静　李　倩　马文杰　马晒晒　李乐利　徐　灿　杨淞越　刘航睿
张文娜　苏煜程　张夏枝　赵　芳　赵东川　顾雅欣　杨彩霞　尹　悦　李灵芝　王　丽
周　涛　王珊珊

外国语学院

一等奖

张千缘　刘　鹏　张闲雲　蒋　妞　韩　珂　俞思佳　代祎静　张诗央　王雅妮　李东泰
撒小兰　马　玲　张　佳　谢亚娴　李　雪　袁樱七七　相世馨　徐　博　杜夏楠　田晓娜
邓学梅　刘伊帆　田海艳　陈　璐

二等奖

李美童	马源泽	吴璐璐	王丽娟	张嘉怡	钱宇恒	邹业玲	马红瑞	谢小芳	何小艳
向斌艳	马　瑞	戴佳欣	田丽芳	王若寒	贝　静	罗洪粤	段安苗	段亚楠	王海婷
马彩云	李　玲	马晓雨	王　力	王　卉	贺塔娜	王雅丽	陈　娜	方　秀	祁　雪
高　远	陈金武	黄灵芝	邓　楠	李志艳	孙睿邈	杨鸿文	陈长硕	叶文宁	张运洁
周旷羽	武　瑾	史佳佳	宋志颖	杜　佳	李雅文	张雅茹	王圣刚	林睿瑶	颜　瑜
高　倩	胡　琰								

三等奖

张皓玥　李唯宁　唐千雪　朱　滢　杨小蕊　芦遥遥　虎玉楠　李辰心怡　康容珠　张艺航
薛景天　尹佳美　杨　阳　朱梓轩　杨　霞　马雪瑞　王敏娜　陈慧凡　杨雪瑶　马昕妍
陈　然　安丽雯　马　荣　黄　仟　刘文杰　马玲燕　王塬堤　马萍花　余　花　宋文宝
王思瑶　王　勃　金学娇　蔡　静　海小蓉　杨晓丽　段雪琴　李佳雪　丁　苗　马关织雨
李　芮　马旭妍　杨雯淇　陈　谦　石文慧　蔚雨真　文嘉慧　武铃宇　饶　晴　王海芳
傅晖晖　石　娜　任俊波　郑雅文　杜若家　张嘉怡　王兴齐　高溪曼　章　洁　铁紫微
耗亮春　王丽樱　妥亚玲　马　悦　陈立萍　武思婷　强欣雨　杨雪萍　杨玉婷　闫博雅
白丽燕　张雅琳　谢银庆　李萌倩　王珑驰　任欢欢　谢文秀　刘天悦　李　婷　唐悦乔
邱桃雄　贺心怡　李小娜　杜成龙(宁师)　李奕兰(宁师)　雍佳丽(宁师)

阿拉伯学院

一等奖

陈瑞瑞　洪锦銮　刘祎玲　李紫君　陈康灵　李佳萌

二等奖

张丛丛　高　荣　田凤兰　罗淑瑶　袁紫嫣　马　云　潘雪华　王春艳　马悦茹　邓春梅
马飞旗　张明月　林昊琅　王　繁

三等奖

杨姊娜　马　莎　孙　彤　李宇晴　王春红　闫瑞霖　聂爱雪　刘一洁　库孙霞　马丽那
杨文慧　米小芳　黄志嘉　吕　静　赵　茜　苗军辉　闫培宇　康小霞　罗雯萱　魏玉婷
何苗苗　马　慧

数学统计学院

一等奖

曹　丽　马小红　马海英　李南荣　郭亚妮　马媛芳　焦焱鑫　景晓定　张嘉都　顾　燕
李媛媛　王彩霞　孙佳瑞　申玉荣　李雨哲　马　成　殷　铭　苏侨彬　闫天鹏　杨宗华

苏文娟　苏　艳　刘美慧　马　荣　何怡洁　马　莉　何一凡　张　昕　尹超男　陈思思
罗雨晨　吕少婷　马　绘　马明军

二等奖

王明慧　程月贵　杨晓娟　海春梅　苏亚杰　于晓宏　马　霞　万　芳　马小燕　宋丹丹
马彩平　杨　英　杨佳丽　杨学琴　马国倩　雷大宁　白月红　买淑萍　孙月焱　黄子云
孙　欢　马　龙　史玉兴　李晓花　余晓梅　张　婷　买小伟　杨　悦　穆万兰　虎玉翠
喜小琴　张　晗　许智龙　杨连婷　马　飞　席　蓓　冶永强　杨志伟　王彦铭　秦娟娟
邱桂森　徐伟鹃　马　兰　马小兰　刘轶轩　王　冉　王海霞　虎　花　张笑笑　王　娇
罗　娜　张茹苑　李俊杉　刘泽琪　段银惠　李　娜　汪　娟　田文梅　罗　琦　柴佳黎
柴雨成　田思雨　康晓芬　罗　超　王少廷　单佩花　李雨桐　白明花　马　宣

三等奖

马丽梅　沈玉萍　雷晓虹　苏晓琴　马　娥　李晓菲　庞舒元　张宇贤　余晓琴　刁紫阳
张慧慧　董如敏　何毅冰　吴文钰　马庆歌　朱智斌　章　晴　虎玉琴　兰海英　李　鑫
陈雅婷　罗　钰　李芙蓉　尤　伟　李文静　马丽琴　柳欣玥　齐治淦　吕　烨　陆　洁
叶　勤　权　丽　李　春　马　倩　田文慧　马娅妮　马燕茹　朱　芳　田圆圆　魏　琴
王文洁　马玉兰　李佳玲　马丽丽　张小东　马晓红　海　芳　文　卉　马　静　顾昕喆
杨　蓉　李　霞　杨仲萍　徐　洁　杨　军　王　旭　马千慧　张赟赟　田　涛　赵丹阳
朱先沛　王志瞳　丁小蓉　刘霞霞　马媛媛　马　雪　徐甜甜　王雯雯　马红艳　高素姮
李桂彬　储俊杰　马　妍　秦晨玉　周映江　丁雪琴　李庆玲　刘梦潇　熊金琳　马　琴
杨永福　耿承睿　虎志娟　马吉芳　马　琴　马金芳　马海钰　李若玢　杨宁涛　李　花
王　雪　同小朵　马佐平　王登华　马　龙　马　娟　温沐浩　马　玉　李　欣　纪梦月
韩娇娇　唐祥隆

物理与电子电气工程学院

一等奖

王　宁　黄小龙　吴仁杰　汪　辉　刘彩云　肖博文　潘沛安　杨　晨　马佳豪　陈梦宇
冯亚娇　马亚丽　马海燕　徐慧欣　盛鸿斌　尹　想　沈安琪　邬元保　朱丹丹　王志鸿
杨玉涛　刘政峰　魏一博　吴佳君　焦英英　杨玲玲　周艳青　王　梅　姚嘉毅　田宗清
陆　楚　陈　澄　吴国玲　杨乾浩　李泓慧　许皓翔　梁富源　杜文超　蒲柯伶　李　阳
任立成　邓学浩　汪　琪　马　斌　王文萌　朱刘慧　田新娅

二等奖

王玉照　开志远　吴　淼　陆　波　王锦朝　宋超杰　于宁宁　何蕙汝　贺蕊欣　王雪潜
郭文斌　白凤花　孙良娟　王　荣　刘　宇　江金凤　韩丽媛　朱宇娜　马润芝　刘　杏

李佳婷　刘倍托　王佳丽　罗　婷　顾少飞　田文清　杨　勃　张腾飞　邱丽双　余　蕊
马越冬　王思嘉　封新华　田彦刚　卢　涛　廖垠钦　邢潇文　邓悦宁　樊　旺　周宏毅
吴海峰　张天慈　余　快　刘文凯　周文丽　马晓艳　张浩通　马　涛　卢文俊　刘金雷
齐　蓉　吕　昕　王治萍　张艺杰　陈钰洁　焦　洋　宋梦凡　吕　雪　金　楠　齐传伟
井水清　李　鑫　宋建勇　杨可歆　杜凯波　丁　磊　王广熙　李秉信　王文明　常晓瑞
张梦晴　李飞扬　马　荣　杨　泰　刘权德　韩小强　王泽丰　王　磊　肖　典　王智慧
赵淑媛　丁志辉　杨飞雁　冯小玲　董益汎　马　晶　罗建军　马小荣　杨子杰　杨福志
杨茗朱　姚夏夏　于杭溢　马　宝

三等奖

王思琦　鄢　龙　解伟龙　马吉祥　范云浩　陈子聪　何博超　李佳新　丁文静　刘　锴
白二曹　马小富　哈　婷　马丽成　康　娟　华承洋　金　攀　锁　月　马　磊　徐国文
洪　涛　云　龙　王元睿　任剑杰　马红霞　马　荣　张盼盼　马　静　孙末贤　马晓璇
但孝鹏　杨圆圆　严丽南　马　宁　田　玲　温云云　马浩男　马　琴　韩　加　妥宏霞
田彦花　何青松　崔艺凡　张玉鹏　许志超　刘　佳　范子豪　罗梅花　马思梦　翟帆顺
马小宝　刘宇彤　王飞鸿　田晓虎　朱浩远　高红梅　田智琦　于飞洋　杨　梅　杨发财
宗　瑶　靳　睿　马炳坤　周　兵　陈　帅　邹　涛　汪钟旭　陶伟杰　毕　凯　刘　芸
苏　彬　杨国虎　李　雯　马成武　马学梅　靳小杰　买　龙　杨飞燕　朱　果　王慧媛
任　鹏　李兴栋　罗　坤　李文婷　田世月　查　瑞　张海花　苏文贤　王　林　胡　贵
王子滕　康　斌　李　严　魏小明　马英建　李汶静　虎建军　唐小迪　孟素素　张志伟
郝相相　白金成　凌　骏　赵曜辉　覃满金　马学利　戴继斌　海旭阳　马　智　田世启
俞　莹　吴育荣　马雪琴　张建龙　邹夏辉　周　捷　杨　宁　周玉海　马正海　李玉龙
李旭东　刘若兰　马　军　马　龙　张婷婷　李梦雨　南智祥　任雅洁　马宝成　周建文
田彦焱　田　野　秦志强　张瑞琳　钟经祥　黄启宏　张希望　顾嘉顺　马　莹　马　应
李　晗　欧阳海涛　黄　媛(宁师)

信息工程学院

一等奖

冀庆荣　王鑫玮　穆秉牲　余　涛　李　娜　牟岩松　杨正云　李小金　韩丽娜　张　祥
郝培才　屠晓雨　贾倩倩　曹　健　董培彬　尹佳佳　刘胤宗　由　越　郝鑫民　章海洋
刘　晴　卜星元　王佳祥　纪洪涛　闫　辉　王嘉志　薛子琦　康伟奇　何　鑫　何芯蕊
夏志丽　王　亮

二等奖

段紫龙　常伟豪　姜　雪　王正航　孙迪龙　史丽媛　刘心梦　陈雯琪　张国竟　朱涵江

李　玉	姚娜娜	卡祖铭	詹鑫宁	白雪松	李　震	殷佳乐	顾天瑞	王文武	马玲艳
杨　森	洪运开	张振国	韩　雪	张文静	范乐媛	张仕杰	舒　莹	刘珂宇	袁夏莲
吴宇航	李　陇	张　郡	陈丹妮	马志瑜	陈士博	冯　盼	马旭琛	赵智慧	张钊硕
赵佳瑞	张永琪	杨　华	王美静	张梦瑶	胡煊宇	刘航明	韩一楠	张艳慧	杨虎林
黄承汉	王双进	苏天祺	曹　理	杨文川	王家旭	丁　涛	张广旭	荆永明	刘思佳
赵世华	张文卓	卢新雨	强　东	张天一	张传奇	卢一凡	邢海烨	李　筱	
阿孜依娜·阿克木哈买提		迪丽达娜·吾秀尔							

三等奖

杜蓉蓉	李舒玲	陈玉倬	张　彤	冯颖璐	郑子璇	许　晴	许思垚	田　培	樊芸璇
穆　琴	王佳惠	海　濛	郑　晨	何羽萱	邓高杰	马永娟	周　文	张家旺	吴亚玫
赵星楠	郭银花	马雨洁	冯欢生	胡岗贵	李亚卓	胡艺娜	陈国宁	帅涵天	王瑞霞
金　姗	滑诗睿	周俊蕾	罗智超	姜玉林	余　倩	孙　妮	马　艳	褚文璇	杨　丹
朱文倩	陈　霄	陆品贤	王　博	高　瑞	刘宁宁	马　沛	范嘉妮	何海亮	葛　洋
王玲娟	马学峰	李　杨	张微微	姬晓芳	李佳晨	董婷婷	孙显曜	马世鹏	虎兰兰
胡晓芳	薛志虎	贺伟华	马春雨	韩得萍	杨学萍	高　烨	马兴茹	朱兴源	马　宁
丁　力	王　韦	马青青	钱家树	李武骏	李屹玮	韩雨桐	马小宏	金主贵	王　根
曲家锐	高　娜	张妮娜	马　凯	朱　颜	付培利	杨晓燕	魏涵博	苏文妍	张欣宇
程建祯	林鑫磊	武宇杰	周凯轩	代佳伟	李　阳	范锐娜	赵一多	王豪杰	陈　倩
马凯歌	刘　斌	冯　硕							

智能工程与技术学院

一等奖

张旦东	柴潇凤	姬云利	王政国	张娜娜	虎　辉	杨起帆	李旭通	虎　娜	庞　卓
陈苗苗	刘艳乔	苏晶晶	庞倩倩	纪　霞	李旭阳	王元清	孙　静	惠昭君	樊瑶瑶
郭　昕	陈步云	张艳静	杨浩勤	王嘉仪	杨　宁	叶晓倩	许　颖	马　潇	周婧楠
岳海荣	赵文龙	乔家祺	吴艳芳	李甜甜	李朝朝	张　倩	李　鲜	薛佳琪	

二等奖

杨彦芃	王　萍	李九江	马瑞虎	金丽娜	马小龙	马智慧	张　俊	王丹阳	张东顺
周　莉	刘德鹏	曾玉洁	胡安宁	刘丹莉	胡阿慧	张盼凤	赵恬欣	李付迁	胡捧娟
刘　凡	陈　尧	王　伟	马小梅	吕　甜	罗丹妮	魏　轶	田晨兵	任佳蓉	马　琴
刘润芳	田维灵	樊奈昕	张　涛	李思杰	马小飞	张　瑞	宋星奥	李　祥	田淑荣
马永峰	赵佳怡	袁文杰	梁　刚	张院斌	马娟丽	宋　婷	马云霞	候佳伟	韩文茜
杨海梅	阿岩红	袁嘉洁	李金芬	杨　锐	宋露娜	冶文慧	刘世睿	李　佳	晁仙慧

| 李小梅 | 韩福政 | 王　虹 | 陈炳桦 | 许海霞 | 田　博 | 余宁宁 | 文　雯 | 张沫雷 | 潘　婷 |
| 沙思齐 | 王雅楠 | 高秋语 | 杨素滢 | 张　悦 | 田　冰 | | | | |

三等奖

李登龙	陈昭君	刘娜娜	王亚男	王凯琪	孙虎威	郭晓鹏	安继奎	兰志成	谢　浩
王艳宁	罗　磊	康　静	马　洋	何文亮	周李牧野	双雅婷	马姝昱	谢安国	王晓斌
高　雪	马世发	陈家辉	禹　杰	王　漫	杨林凯	苏嘉轩	王荣霞	贺海龙	毛艳婷
王丽娜	康乾荷	杨乐乐	虎文君	陈文燕	张　荣	陶河璋	王　勇	徐哲哲	侯思梦
徐　瑞	蔡　艳	齐飞龙	梁　晶	孙晓瑞	王佳明	李有倩	黄亚宁	马　萍	张经伟
李　攀	范奎奎	李　悦	麦　丰	李　萍	洪佳玲	郑鹏飞	田建华	王　刚	穆世斌
张禄才	马宗虎	王　浩	杨向阳	杨　欢	张妮娜	应炳文	王有娟	张　兰	马虎虎
张晓敏	何佳勋	安昊东	袁　冰	田彦成	黄珑香	虎伟伟	殷荣荣	罗家俊	石浩然
李亚宁	何　柳	许　浩	刘世豪	乔丽娜	王家骏	张亮亮	王萍萍	杨怀波	马启东
谢　一	董进龙	李　靖	白文静	马　菊	田海秀	钟　园	陈　敏	白语轩	丁亚飞
田宇娜	唐佳欣	尚　静	朱明轩	王　娣	舍玉玉	何晓慧	赵正阔	姚旭东	丁　悦
田志乾									

化学化工学院

一等奖

郜　阳	刘怡凡	胡　彪	陈云欢	周钰婷	刘昕鑫	李峪安	徐晓星	董飞龙	朱春红
拓艳艳	井　源	殷格兰	张楷晨	潘铭铭	罗期允	李　江	李嘉怡	杨　鑫	海舍舍
谢国栋	靳候鑫	屈　丽	尚　兴	甄　怡	赵　刚	刘　青	莫晨阳	程俊槐	王卓玉
刘　潇	吴冠霄	马红梅	查安娜	周　娟	焦贤慧	海贵芳	陈咨丞	陈签吉	

二等奖

王梦云	冯海萌	杨文艳	孙亚楠	王敬敬	姚　俊	王光琴	王　倩	马　花	田　军
景园园	安保芳	杨佳慧	赵欣雨	张世琛	顾小锋	杨逸鹏	穆兰花	罗金香	黄　昶
马晓芳	杨　梅	刘晨宇	罗领弟	王丽莹	吴　迪	张倩楠	刘姝彦	余晓梅	廖颖懿
虎晓燕	戴章军	高腾飞	闫晓萱	刘俊含	张学兰	赵芳娇	张灵翠	李小强	罗　倩
李　悦	王　雪	杨春梅	许一杰	陈　婧	胡周满	张尚军	王醒合	王毅飞	张　萌
王彩云	唐雨晴	邹业秀	张应龙	蒋丽莎	宋芹芹	史茹月	陈　政	杨　锐	黄金娜
马雪琴	孙梦祥	高贝贝	马雪建	林泽彤	吕建宇	魏淬瑄			

三等奖

| 李雯柯 | 苏　蕊 | 付昌震 | 马　靖 | 左伟响 | 马小燕 | 刘晓雪 | 张乐香 | 何轩轩 | 霍本娇 |
| 马小燕 | 应浩杰 | 杨　婷 | 马国萍 | 徐　敏 | 马思莹 | 杨学花 | 柯小龙 | 陆小彦 | 陈晓宇 |

柴嘉欣	武慧玲	禹宗尧	王平霞	马　娆	白强斌	马丽娟	冯晓燕	马玲燕	王淑云
刘　哲	高文萍	周海娜	韩　彤	丁思静	张小玲	丁彩霞	杜文艳	马小梅	王　晶
田进英	杨　洋	马志芳	袁小花	杨志兰	张　婷	徐海颖	海晓英	刘子琳	杨润祺
马晓梅	陆　梦	雷　勇	马学慧	张　鑫	赵　唯	刘梦雪	马　倩	王媛媛	顾小娟
何晓娟	熊红梅	苗　青	苏静辉	李研研	马瑞平	李　旭	胡天乐	问晓红	马　倩
韩荣荣	李向博	徐耀南	王月梅	马金花	王虹艳	马小琴	马　强	吴婷婷	马文楚
车建花	马　楠	罗海艳	何秋蓉	王誉茹	马金锁	李卓雅	齐佳鑫	喜雪琴	焦丽文
王文娟	谢　冰	韩佳睿	段彦忠	宋　阳	雷轶婷(宁师)	刘紫霞(宁师)

生命科学学院

一等奖

| 原筱潭 | 于雯静 | 马忠秀 | 马小瑞 | 方　敏 | 石忠良 | 秦希曦 | 雷心茹 | 杜思莹 | 刘普浩 |
| 孙　畅 | 胡明珠 | 梁转生 | 邢帝达 | 赵非凡 | 王晓芹 | 林中雪 | 李　文 | 魏锦宵 | |

二等奖

陈　惠	李林润	张佳雪	杨宗元	王冬冬	叶凌霄	黄　月	刘玉鑫	杨文斌	丁荣荣
蒲美运	王志鹏	马海鑫	徐珺蕾	姚彦芳	岳艺彤	马桂兰	何　静	罗　芳	何立言
李治刚	孙旭冉	马小兰	徐　琳	池礼鑫	黄婷婷	孙　楠	朱文韬	刘庆春	马娟娟
杨　霞	白柳静	梁世琦	刘娜娜	姚欣玉	侯海蓝田				

三等奖

岳　楠	闵思蕊	丁丽雪	白圆平	马伯杰	高　跳	胡成博	田术艳	刘　璐	虎　静
王　琼	亶亚杰	路富瑞	曾凡佩	豆苗苗	杜　倩	陈　通	苗申奥	马玉琴	高　莹
李文博	樊　帅	曹颖慧	赵李红	兰芳芳	齐双婕	王子娇	马国梅	黄　倩	杨晓兰
陶亚茹	马　香	黄荣荣	王芋入	马小琴	石雪瑞	毛金花	李　翔	但　瑶	阿　杨
李　娜	牛东丽	左芯茹	李振强	王巧艳	马晨阳	高雨欣	扎西拉姆	张龙珠	王　琦
杨　敏	刘迎雪	马家娇	马福成						

地理科学与规划学院

一等奖

| 万世龙 | 金昊峰 | 王　帅 | 布自强 | 安丰平 | 李建蕊 | 褚　阳 | 刘雯惠 | 刘瑞航 | 余　玲 |
| 陈韵雅 | 刘子毓 | 刘明康 | 罗祥军 | 李宁洁 | 张晓坤 | 吴一鸣 | 张婷玉 | | |

二等奖

| 王怡雯 | 赵逸雪 | 祝雨茜 | 欧宜雪 | 潘薪宇 | 杨　泽 | 冯自贤 | 王恒恒 | 罗小梅 | 常家玲 |
| 王晓璐 | 陈　凯 | 王海仙 | 孙西早 | 张小燕 | 刘龙容 | 史凯璇 | 韩留帅 | 杨千龙 | 马　艳 |

杨佳琪　高玉蓉　李　敏　皇甫霞丹　张先齐　赵红红　叶静雨　潘　越　杨　丽　黄欣慧
马治花　唐利红　曹建华

三等奖

田　妞　杨　勃　杨浩楠　马晓菲　杨　雪　曲　成　史明宽　周　蓉　王兆一　李　敏
马小娟　秦振翔　韩立南　杨娅刚　田如俊　齐　华　马文鑫　张露露　刘志浩　马晶晶
马　睿　乔萌萌　罗润溪　张茹檀　高　敏　马丽娅　郭宇昂　马荣花　张紫萍　张彤彤
苏永红　陈彦其　哈语典　杨　静　高　梅　李爱民　杨　艳　尹向梅　吴晓兰　王月琴
黄　钧　姚诗雨　马小琴　方　元　马雅荣

生态环境学院

一等奖

罗　霄　马　迪　哈佳慧　王　传　王渊博　奚后容

二等奖

杨小雪　董彦斌　张婧雯　刘佳楠　刘凯月　马志霞　陈星宇　王　鑫　童银霜

三等奖

周佳伟　李家澍　弋国荣　王　媛　卫思琪　贾倩格　陈　龙　王　宇　铁少楠　马明阳
杨丽娟　杨凌彬

农学院

一等奖

何金童　苗　虎　刘芳燕　马　强　张正澳　昝嘉惠　苏　娟　樊姗姗　张家豪　刘　涛
康淑铭　魏　甜　张　淼　张　倩　蒲艳丽　王雪容　广怡静　李榕榕　王　涵　王佩瑶
杨天宇　王佳辉　刘梦鸽　张倩男　方晶莹　冉　杰　曹乐乐　刘盛槟　李心悦　李彦涛
马雨佳　王紫萱　赵乐天　贾　慧　段　磊　梁瑞泽　沈延骏　李明阳　李　轩　敬晓雪

二等奖

闫涛涛　姚婷婷　罗玉红　高锦月　王　甲　田彦梅　孙建伟　毕建宇　由晗雪　张纪元
邹　倩　马　琴　徐苗苗　齐双蕾　黄燕妮　张小龙　李昭轩　杨晶鑫　姬　丽　者永清
曹　磊　吕伯辰　唐雨童　魏　强　迟敬楠　李素娟　杨芸芸　李晓蓉　李　玲　文涵泳
杨　花　顾亚荣　李　霞　杨一凡　梁云涛　孙凯凯　孔伟豪　王心田　周嘉惠　海　瑞
田世贵　王博涛　杨志玲　何熙源　白田田　臧家艺　禹丽红　刘文祥　曹静雯　马　惠
孟宏旭　杨飞雁　杨　阳　马登辉　王俊豪　杨　艳　李佳妮　官淑萍　尹　慧　马境悦
田丹丹　何钟浩　马　玲　李思琦　陈怡任　刘依萍　王　睿　蔡文祺　张孝正　喻方勇
王娜娜　张燕妮　段静丹　高思语　刘志慧

三等奖

沙　萍	樊希雅	李浩宁	杨艳丽	李　茜	赵　莹	李玉玉	顾梅花	杨文琴	黄凯悦
李　媛	朱正霞	张愉力	田金花	吕　娜	王建聪	马红义	蒲嘉馨	何亚莉	马兴庆
李　佳	马晓梅	冯雪娟	杨　甜	王嘉欣	李梅花	刘雨婧	闫海静	穆志梅	冯培媛
买晓凤	田仲红	母学荣	韩国瑞	魏娅娅	刘　欣	李亚娇	李　爽	宋　煜	李家群
田　娜	李稼润	田永升	李杰东	李国银	任宇航	米钦茹	何　莉	李　花	陈昊蓉
王晓娟	焦资琪	雷艺青	范晓菲	刘祖江	田　梅	马　楠	李　跃	程　博	虎　瑛
靳宗洋	关纪兰	赵　颖	杨小会	吴国伟	康雅茹	尹　杰	王湘银	田海洋	黄淑迪
冯占荣	任家辉	穆小慧	郭宁宁	梁　婧	罗巧蓉	王　怡	马小燕	张　涛	李　简
邵　帅	马年钰	梁　敏	马思雅	焦　慧	冯云星	何芳霞	喜金霞	顾雪雪	李子硕
魏双艳	刘世雄	苏　琴	高　正	胡　珂	王翻龙	赵伟杰	赵晓博	马耀海	万文浩
苏世华	韩晓娟	马沙燕	马　媛	麻旭霞	李豫悦	王鸿彪	毛向媛	马莉花	杨东梅
马雪琴	王文凯	李博源	栗文超	王　华	刘拧过	李應英			

食品与葡萄酒学院

一等奖

周冬冬	王箐瑶	杨　洁	李思琪	郭佳睿	马彩萍	向书娅	张圣卓	张天玥	程梦琳
谢林娇	潘　艳	张雨欣	宋梦鸽	杨秉坤	韩玉凤	毛君旭	魏伯阳	杨　柳	安政旭
邓紫瑶	贾晓凤	张昌艳	周炬龙						

二等奖

陈鑫龙	马云妮	陈　璐	朱雯莎	王潇仪	李慧贤	张媛珂	罗　璐	杨　苗	王海燕
何雨薇	孙敢超	罗燕燕	刘宗儒	王　婷	翟　茹	王有功	贺　鹏	李其其	郭驭涛
宋亚晓	张万达	于建国	高　蝶	刘雪锋	谭　雪	李尚霖	薛宇炜	杨　策	刘憬晨
李敏诗	吕树升	赵若岑	杨广驿	郑淳华	覃夏玲	刘俊妤	李佳欣	赵忠凯	刘佩鑫
张叶叶	郭　荣	吕欣蓉	关　丽	陈小娟	马瑞雪	蔡琦琦			

三等奖

徐　博	许一锋	郑玲俐	成　铖	吴　浩	刘云鹏	王晓东	马昭洋	刘　凡	王皓璇
康敏敏	吴　静	李丹阳	牛玉平	王文斌	田玲丽	白　玲	马　娇	李小宁	杜　瑞
程有斗	马小玲	杨　超	樊西曼	沙志行	范芮甫	张　瑞	戈文尚	刘欣瑜	刘婷婷
朱心心	田　飞	王宁玉	龙进波	孟玉洁	罗晓婧	马雪霞	尚聪燕	马丽芳	李　娜
江启健	脱晓雨	杜欣然	顾晓亮	娄胜銎	林家逸	张洋溶	李　娜	时晓佳	杨风英
李　菊	马生慧	罗　婧	段祯祯	姜茗馨	赵徐宇睿	余泓颖	史　倩	刘金旺	李晓辉
韩立鹏	李建芳	常　彤	黄梦肖						

机械工程学院

一等奖

郭啸宇　程坤坤　张镯瑶　杨　婵　李　萍　曹克雷　卢冠华　邓浩鹏　谭金涛　董欣雨
王　鸿　杨晓丽　陈天贺　李安乐　戴婷婷　刘　倩　李佳霖　张　璐　张晓童　黄可尔
马青淼　孙育东　余　娜　王文俊　胡同辉　唐　轲　曹冠玉　康艺博　乔金顺　诸正杰
张庆敖　杨云霄　段继英　张馨月　陈秀燕　胡吉峰

二等奖

马智博　袁维军　姚云祥　孔铭扬　邓成岩　李亚朋　赵俊达　曹易通　何　扬　马　艳
杨　林　曹　勇　强佳明　李泓玮　杨　伏　马小平　欧洋溢　杨　钧　王银亮　王小恒
贺莉莉　黄　蕊　郑　欣　杨兰兰　刘发琴　王继旋　马晓丽　王浩然　王宗禹　曹蒙蒙
陈海川　梁存全　田　成　来晓洋　于庆宸　丁　香　孔祥龙　马　科　曹双辉　陈　翔
牛苏静　丁莎欧　虎盈盈　刘　颖　杨尚宗　李东旭　关雨萌　李万能　张池行　王志坤
叶剑波　黄飞虎　薛贻旺　陈李蹊　马卫国　刘道畅　杨家皓　苏帅帅　孟伟伟　穆占莲
罗志江　刘一宏　汪淑民　吴　丰　杨　雪　侯文静　雷震宙　唐明宇　闵成波　何国豪
马继明　吴　波　马慧宝

三等奖

苏宝强　伍永琴　周梦苑　耿　青　胡博宇　赵　梅　丁思凯　虎鹏山　马小龙　郭文丁
廖子键　庄超群　马晓梅　马建玲　马文付　曹凯歌　牛　奚　赵宏强　王　萌　赵海华
罗强盛　虎晓玲　罗小明　陈浩浩　马　秀　摆志国　田金翠　王石卷　田风威　邵佳雪
安娜娜　马桃花　丁晓梅　王梦倩　马　莉　李新强　马喜龙　陈子勉　邹家伟　汪　杨
王　翔　时永旭　王海东　马浩楠　杨　瑞　田土轩　张维荣　高　佳　杜美婷　雒培龙
吴晓能　杨河川　张佳星　王　娟　谢鹏智　王　宇　刘　悬　贾小兵　徐立一　周中锐
马　军　马啸云　张　瑞　曹家骏　黄以阳　苏　龙　张海松　刘晓强　夏港成　谢　毅
李耀兵　安浩轩　单开敏　薛　强　周嘉诚　梁晟颖　马宏福　田彦贵　查　磊　郎浩然
贺　龙　陈冠松　杨睿睿　李小龙　虎志兴　郭晶晶　代金豹　阿　若　陈　城　丁振厅
马　涛　白海文　杨蓉蓉　石　梅　王晓燕　马建华　贺永亮　陈世锋

土木与水利工程学院

一等奖

刘　明　李昱甫　李　艳　贾　浩　王进虎　孙菊艳　施　宇　朱晏辉　曹子萱　王　杰
陈颖琦　郑小雨　刘雨桐　李紫荆　李　斌　买忠福　李新正　刘　莹　夏　恒　杨泊宁
陈　涛　翟鸿漾　司力冰　白嘉怡　朱泓宇　王雨欣　郑熠铮　张　鹏　匡　欢　杨学程

| 郭文浚 | 王　雪 | 张美芸 | 王　双 | 张成皓 | 余韩滨 | 朱晓娅 | 冯梦圆 | 杜倩萍 | 邱君琰 |
| 罗丹怡 | 李雪莲 | 赵佳瑶 | 赵　杰 | 黄芝林 | | | | | |

二等奖

方聆宇	常金鹏	冀孟博	何沛哲	龚毅敏	马　琳	杨　聪	王怡萱	徐誉晴	王　凡
徐明蕊	张　利	胡佳冰	马京萍	连泽立	殷　磊	柯小玲	李　智	郭子龙	马国荣
马　潘	李启航	武海苗	马学林	郭成功	陈虎阳	姚一凡	马小波	马玲花	张少涵
李　婧	马　婷	贾　毅	郝　悦	王斯腾	张一凡	谢　娜	杨　熙	高　昊	王燕娃
陈雨晴	万晓曼	穆朋燕	张　静	虎若青	龚玉琴	马志鹏	徐　婷	陈青亮	王建华
刘志超	张佳航	马　艳	马彦芳	吴炎格	罗小梅	马虎山	马飞菲	何　璐	王雪娜
苏　域	周弘毅	侯雨晶	李兵兵	李振裨	于正海	许祺祺	王恺悦	李康慧	张子军
杨　熙	杜向兵	姚　强	黑付财	吕　坤	范峰源	肖镇忠	马亚蓉	陈　周	

三等奖

江歆琪	李　洁	高　婕	边　磊	单佳洁	杨　涛	张相璐	董　慧	马　波	蒙文杰
马尚智	徐文斌	张旭东	杨彦霞	马　莲	杨佳鹤	张自昱	丰丽阳	虞思源	安红昌
张文静	王展展	昝怡凡	李　红	张万龙	武治颖	张怡娴	杨　武	卿家骏	郭彦琴
马嘉安	林丹妮	袁　慧	胡　川	马　飞	荀欣茹	杨文静	马玉楠	王忠豪	黄佳芸
吴晓甜	冉梅梅	马晓兰	李英豪	林汇凯	袁依七	海燕贞	刘长伟	王玉琦	石泰玥
马小兰	马巧梅	魏祖超	曹开鑫	杨应俊	王雅妮	杨欣玥	方旭明	李娜娜	周梓烨
李欣雨	丰玉婷	于丽荣	罗　贵	冯　雄	唐文强	郑祖琛	柯　严	马小文	刘誉钊
黄　江	王成巳	柳苗苗	马　雨	段绪旭	王文娜	杨　进	王　娇	马小蕾	高　琪
苏鹏飞	黎敏芝	马　婷	吴　祥	李建凤	赵岳悦	马　红	蔡新元	张文轩	杨小凤
邹春禹	陈凯楠	李欣欣	李　旭	刘津钏	周文勇	唐　松	杨璐敏	王竣珑	李双轮
顾彩霞	李靖贤	朱立晨	苏腊梅	马　雪	王思慧	马飞云	高海海		

教育学院

一等奖

袁一琳	高家林	金鹏薇	柴　雪	王亚玲	崔　琳	邢博航	安彦东	梅　娜	杨绍珂
王佳慧	王亚亚	朱　月	王福浩	程依静	李京锴	夏安妮	耿丹阳	刘龙震	马福晓
张　艳	孙慧玲	陈　慧	王　婧	张雪婷	刘亦瑶	朱姿菡	马秀花		

二等奖

刘思璇	邹梦毅	李思蕊	强旭旭	李晓渝	吕　宁	马　燕	马　娟	王娜娜	张　帆
李皖临	王　颖	冯媛媛	沈　桐	涂亦佳	邱长江	丁丽丽	窦颖贞	黄　越	杨　贞
马明贞	马丽雅	郝　莺	冯世香	马彩虹	马　莉	武浩祥	谌　琳	金　正	魏佳慧

李　磊　徐　婕　许青芸　黄旭红　史思远　杨万梅　刘　璇　王蕾嫄　谭诗意　王　琪
刘　恒　孙奇梦　马雪雁　杜雨萌　冶亚瑞　马　玲　黄青青　付　娜　韩　瑞　尹　杰
马艳艳　任翔宇　刘宇妍　李仕龙　范书嫣　孙　浩　高玉娇　张　丽

三等奖

蒲雪琪　刘畅航　张岩岩　李颜露　周文娟　张惠宁　王　英　马　琴　高晶晶　马成燕
田　梅　锁　霞　周晓静　马　媛　卜　敏　罗秋佳　马乐薇　高飞燕　卢雅楠　黑晓兰
梁　沁　李俊蓉　刘荣先　高小玲　咸　慧　杨小梅　王淼仪　席　乐　李雨洋　李明娟
马　娟　李发梅　李　艳　马　琴　杨小梅　年少杰　马小霞　虎莉莉　施玉欣　吴艳凤
田进兰　杨慧霞　熊翰涛　张　彤　马茹晶　马　莉　姚静茹　赵　颖　刘　楠　郭雨昂
后奇辉　李　梅　陈重庆　朱奕华　陈佳娜　吴　菁　卓　立　叶玉红　姬思宇　于丽丽
贾玉玲　李万新　马爱弟　康　芳　王　颖　马　楠　马　丽　梁　璐　马德花　海旭花
程天时　马志伟　王　天　音　锐　王　慧　兰会玲　白欣瑞　王艺文　李浩润　马　璠
瞿　豪　王盼盼　何　甜　马佳慧

体育学院

一等奖

郝　洋　潘　妍　董柏邑　谢振宁　王克烁　王　颖　王淑雅　罗　一　罗小琴　段文洁
赵　乐　牛馨雨　杜嘉磊　张译玮　凌天鹏　张　垒　蔡登敏　林生发　汪　琰　欧家俊
郝银霞　张鑫宇　张　佳　耿卓彦　奇德力海

二等奖

任大陆　高瑞辰　潘　博　田晓林　马翠钰　马利兵　杨　莉　孙惠淇　乔昕鹏　范银辉
张佳琪　何　杰　杨　硕　周　花　张成炜　王越茂华　马　鑫　黄永芬　晏雪妮　杨　凯
陈宏鹏　刘路兵　闫秦龙　陈俊宇　何青林　白　茹　戚煜昊　张芮溪　张亚琪　李珺琪
张正阳　陶佳玉　肖忠志　任永胜　杨佳浩　郭　培　赵容川　王诗然　张静波　张花花
锁安娜　眭梓春　李　芳

三等奖

赵　敏　马学学　王　楠　秦翔飞　马　涛　马小明　陆　然　牛海明　黄华翠　周　燚
李家慧　龙思雨　郑　亿　赵世圆　张曾铨　向海营　寿美玲　张晓宇　濮晓燕　魏尚敏
刘　平　杨新婷　马　蕊　王　涛　丁海霞　苏成武　杨义玲　夏洁洁　赵锦玲　邵　丁
张　灵　田悦琴　李畦闻　汪紫寒　韩晖颖　郁润泽　高　珂　李　哲　赵忠旭　周文迪
常潇丹　李自燕　丁立荣　程开龙　张　花　王萧尧　王佳强　阮承凯　孔　奔　虎小文
高　丹　李天宇　曹佳欢　王梓同　张佳祺　田红燕　李　攀

音乐学院

一等奖

杨诚珍	赵语双	张砚秋	刘欣然	赵若楠	胡佳慧	何星雨	姜 磊	刘 泽	刘玺文
郭 星	蔺佳琪	于锦云	薛维敏	郭佳鑫	王宇航	鲁桐汝	张馨匀	李艳茹	韩 丹
岳宏洋	滕紫含	王丽垚	武小靖						

二等奖

于子洋	庞舒玮	马凌钰	史雅婕	周欣颖	张洪健	杨海峰	时 薇	张 琦	姜琛媛
海小红	张子豪	葛佳瑶	赵国腾	高亚旭	原一丹	高富成	叶辰楠	吴嘉颖	曹雨涵
王 双	蔺子捷	李 晴	王相源	杨文杰	李 满	党建军	李清城	张灵舒	刘宇杰
刘 琳	王思瑶	秋佳祺	王燕子	郭日娜	马凯钰	张昊弘	沈佳怡	王 洁	邵 妮
马 瑞	董子涵	马寒姝	马会敏	陈宝旦	梁茹愿	齐 乐			

三等奖

李安宁	赵倩倩	陈鹏阳	王 璇	李 迎	谢雪源	赵玲玲	张致豪	王 茹	宋辰垚
胡 芳	陈欣茹	王路丹	瞿梦佳	何雨童	韩 睿	严兑兑	任昱瑾	张唯一	吉思源
马 林	张子瑜	高 雪	彭子琦	李 雯	王一宁	马海龙	周净宇	张 昕	马东梅
侯佳怡	董 妮	石煜亮	孙 嘉	王茁源	齐浩男	林 怡	赵路路	郭晓倩	李司祺
魏 莱	刘雨珂	赵高星	李健杰	虎 涛	梁婧怡	杨宏权	洪海雯	张颖琪	王舒毅
张 芳	邓雯莉	温 馨	孙铭艺	陈 昕	田思杰	王 涵	刘欣媛	赵若冰	李昕霏
芦子怡	王亚楠	李 菲	程静雯	南卜星	雷 浩	杨凯茹	马子航	史盎然	冯程灵芝

美术学院

一等奖

林川微	田 艳	邹嘉宁	王 昊	田伟玥	权子馨	任文莹	陆 逍	吴思梦	贾宇灿
陈晓林	贺 龙	任 佳	吴一凡	李婷婷	纳丝芮	张荣涛	许芳诺	魏军强	牛 勇
赵世博	崔亚杰	王靖雯	刘振东	刘文静	李紫䍐	高雅丽			

二等奖

周晓月	金峰勤	土 悦	张丹丹	冒季成	李庆瑞	朱珉成	杨 蕾	张 洋	高天天
强智楠	顾 岳	任贤达	赵艺婷	赵娴雅	徐 畅	刘云婷	郭晴瑞	宋嘉宁	郑双玲
宋鹏飞	马强龙	王婷婷	冯瑞琦	余楚凝	兰海蓓	高 妍	胡慧敏	韩佳宜	党嘉兴
杨欣艺	李仕涛	米亚瑄	张雪萌	朱 杰	张译丹	桑兰湛	韩雪娇	王昕玥	侯云杰
郭 华	张柏源	唐学超	杨佳媛	岳跃政	陈希超	曲泽龙	郭 琪(宁师)		

三等奖

贺俊萌	刘 尚	吴新燕	张 婷	王盼霞	丁冰月	魏婷婷	冯雯雯	董江凡	吕乐乐

刘艳婷	李文瑶	王凯垚	聂英英	刘苗苗	米魏思琪	王新卉	王子龙	杨东崇	黄天赐
许大城	剡泽霖	石艳君	程子航	蔡可峰	王紫晴	温雅	张瑜	冯楠	张鑫鑫
陈海青	张宸伟	马亚亚	白倍源	张震	朱凡	梁旭婷	马伟	徐晓丽	周品
刘乐乐	贾佩郡	郎大霖	刘天娇	王嘉怡	张云翔	杜艳艳	关玲玲	赵芝瑞	方钰博
赵莹	梁挺	沈馨	李洁	冯欣悦	李玉	宋丽君	韩甜甜	艾国庆	程译娇
顾伊晴	王得全	田正	韩耀龙	张哲	刘雅洁	陈宇涵	丰恺怡	辛悦敏	赵花花(宁师)

马克思主义学院

一等奖

李念念　李梦越　薛可可　李晶晶　易健　杨迎新　孙莹　锁婷婷　王骞文　孙凤坤
虎荣荣　沙绍鼎

二等奖

李小文　郑翻丁　黄佳欣　张瑞霞　吴丹　白少梅　胡小红　李雪梅　哈馨钰　哈昕
杜洁凡　马悦　马仟　李金花　田姗姗　任佳乐　赵雪茹　柳佳茹　沙宣　李韵
丁奕珅　刘成龙　刘祎曼　孙姝源　马玲　黎梅

三等奖

丁媛媛　华悦　岳梦媛　尹变子　于福红　王肖婷　任清　穆守英　王佳娣　周永红
白婷婷　魏娜　郭可欣　刘卓圆　黄雅利　张晶　王诗瑶　杨彤　杨梅　马佳
刘莹莹　熊昭质　王玉玲　庄婧茹　易舒琪　张轩铭　杨小刚　李飞燕　马明明　冯月芳
梁琦　杨丹　马丽　秦印　黄佳蓉　苏荣　金波　王文文　张霞

国际教育学院

一等奖

李润尧　蒲婧怡　侯佳琪　范琦惠　吴亦清　黄子越　赵双娇　周靖颖　秦英淼

二等奖

张洪麟　金玉　武昊宇　梁昕元　乔越洋　赵芸宁　邵新淼　林欣晨　刘珂希　张扬
陈泽慧　曹倩影　庄思荷　史涵钺　刘子源　刘婧雅　霍青杨　丁文珞

三等奖

许梦圆　杨雪　张修志　祁雪　尹思行　耿藏玉　刘思婕　张守上　邓路珊　王润智
冯小娟　夏宇扬　马瑞琪　韩佳杏　张栩　安宁　李雯婷　陈喆　徐千然　李欣笑
候恺雯　顾书婷　潘思宇　陈晨　刘静雯　赵睿珂

宁夏大学 2020—2021 学年单项奖学金获得者

新闻传播学院
吴洋庆　陈爱琳　马　琴　孔婷婷　王锡彬

法学院
李后龙

经济管理学院
汪　慧　杨文辉　杨　佳　苏晓轩　章　轩　余金霞　黄一帆　张海斌　杨世娟　王文丽　马　慧
安　龙　杨佳静

物理与电子电气工程学院
贺纯珍　张腾飞　李存华　韩丽媛　靳小杰　马　六　康　斌　郭文斌　刘彩云　许志超　丁文龙
谢长青　徐国文　闫　励　刘　宇　马佳豪　何蕙汝　吴仁杰　王玉照　马浩男　马亚丽　郑俊豪
任剑杰　夏文刚　王佳丽　马　琴　马亚坤　庞自治　马　川　李　雯　马晓艳　陆　楚　余　快
刘政峰　杨伟涛　宗　瑶　廖垠钦　万雅帆　李宗波　宋建勇　唐小迪　杨　宁　张新然　张腾飞
朱宇娜　白二曹　王小军　买婷婷　罗　凯　杨玉涛　吴海峰　周宏毅　靳　睿　高红梅　宗　瑶
马思梦　沈安琪　毕　凯

化学化工学院
郜　阳　李峪安　罗期允　马晓虎　胡　彪　刘昕鑫　徐　敏　王光琴　应浩杰　李雨辰　陈云欢
华　骥　李　煜　周钰婷　吴永龙　马园园　马　花　杨佳慧　何轩轩　海舍舍　王亚福　吴永睿
梁银萍　张　鑫　袁小花

生命科学学院
刘普浩　原筱潭　李昊男　何立言　马伯杰　于雯静　石忠良　马丽娜　马桂兰　李治刚　马晓琴
黄荣荣　马小兰　马雪艳

地理科学与规划学院
安丰平　苑　旭　刘雯惠　乔萌萌　褚　阳　王海仙　马　睿　胡振豪　苏晓蕊　马晶晶　孙西早
李建蕊　王亚云　王晓梅　张露露　马文鑫　布自强　杨　泽　万世龙　祝雨茜　金昊峰　王伟江
曲　成　黄瀚升　杨娅刚

农学院
刘芳燕　王　甲　苗　虎　迟敬楠　魏　强　李家群　马和芳　程　楠　刘拧过　穆志梅　曹凤凤
李玉蓉　摆俊龙　田　兰

土木与水利工程学院

王雨欣　朱泓宇　郭子龙　杨家乐　马学林　李昱甫　江歆琪　白嘉怡　王　杰　刘　明　吴玉娜
杨　聪　王　刚　陈颖琦　张　燕　罗　永　买忠福　朱晏辉　李　艳　周子凌　张　利　郭彦琴
周梓烨　徐誉晴　杨仁强　王浩哲　马彦刚　车春雪　王坤鹏　施　宇　黄丽蓉　刘　昱　田宇哲
李紫荆　孔令仪　刘武鑫　朱新欣

教育学院

徐　婕　李明娟　马　娟　马　琴　姚静茹　李　梅　史思远　李俊蓉

宁夏大学第七届"互联网+"大学生创新创业大赛先进集体、优秀组织单位

一、先进单位

化学化工学院

农学院

物理与电子电气工程学院

生命科学学院

土木与水利工程学院

二、优秀组织单位

地理科学与规划学院

商学院

机械工程学院

经济管理学院

人文学院

阿拉伯学院

宁夏大学 2021 年度研究生学业奖学金获奖学生

序号	学号	姓名	院系	专业	奖学金等级	培养层次
1	12021140011	丁永安	法学院	民族地区公共管理	学业奖学金(博)硕博连读(一等)	博士
2	12021140001	许静珂	法学院	民族学	学业奖学金(博)博士申请-审核(一等)	博士
3	12021140005	李唐宁	法学院	民族学	学业奖学金(博)博士申请-审核(一等)	博士
4	12021140006	王果	法学院	民族学	学业奖学金(博)博士申请-审核(一等)	博士
5	12021140007	李雨芝	法学院	民族学	学业奖学金(博)博士申请-审核(一等)	博士
6	12021140008	杨子琦	法学院	民族学	学业奖学金(博)博士申请-审核(一等)	博士
7	12021140010	苗楠	法学院	民族地区公共管理	学业奖学金(博)博士申请-审核(一等)	博士
8	12019140002	张同	法学院	民族学	学业奖学金(博)一等	博士
9	12020140001	张明辉	法学院	民族学	学业奖学金(博)一等	博士
10	12020140008	李晨	法学院	民族地区公共管理	学业奖学金(博)一等	博士
11	12019140001	包诺妍	法学院	民族学	学业奖学金(博)二等	博士
12	12019140006	张舒满	法学院	民族地区公共管理	学业奖学金(博)二等	博士
13	12020140002	龙寸英	法学院	民族学	学业奖学金(博)二等	博士
14	12020140004	狄芮	法学院	民族学	学业奖学金(博)二等	博士
15	12020140007	高国富	法学院	民族地区公共管理	学业奖学金(博)二等	博士
16	12020140009	尹静汝	法学院	民族地区公共管理	学业奖学金(博)二等	博士
17	12021140062	张玉洁	化学化工学院	水资源利用与化学化工	学业奖学金(博)硕博连读(一等)	博士
18	12021140069	朱颖博	化学化工学院	水资源利用与化学化工	学业奖学金(博)硕博连读(一等)	博士
19	12021140051	孙功成	化学化工学院	水资源利用与化学化工	学业奖学金(博)博士申请-审核(一等)	博士
20	12021140053	王刚	化学化工学院	水资源利用与化学化工	学业奖学金(博)博士申请-审核(一等)	博士
21	12021140056	王晨	化学化工学院	水资源利用与化学化工	学业奖学金(博)博士申请-审核(一等)	博士
22	12021140057	高柱仙	化学化工学院	水资源利用与化学化工	学业奖学金(博)博士申请-审核(一等)	博士
23	12021140058	袁永宁	化学化工学院	水资源利用与化学化工	学业奖学金(博)博士申请-审核(一等)	博士
24	12021140059	余雪萍	化学化工学院	水资源利用与化学化工	学业奖学金(博)博士申请-审核(一等)	博士
25	12021140060	高靖红	化学化工学院	水资源利用与化学化工	学业奖学金(博)博士申请-审核(一等)	博士
26	12021140061	吴润民	化学化工学院	水资源利用与化学化工	学业奖学金(博)博士申请-审核(一等)	博士
27	12021140063	陈杰	化学化工学院	水资源利用与化学化工	学业奖学金(博)博士申请-审核(一等)	博士
28	12021140064	邹武	化学化工学院	水资源利用与化学化工	学业奖学金(博)博士申请-审核(一等)	博士
29	12021140065	丁文明	化学化工学院	水资源利用与化学化工	学业奖学金(博)博士申请-审核(一等)	博士

续表1

序号	学号	姓名	院系	专业	奖学金等级	培养层次
30	12021140066	刘振宇	化学化工学院	水资源利用与化学化工	学业奖学金(博)博士申请-审核(一等)	博士
31	12021140067	田海洲	化学化工学院	水资源利用与化学化工	学业奖学金(博)博士申请-审核(一等)	博士
32	12021140068	高志国	化学化工学院	水资源利用与化学化工	学业奖学金(博)博士申请-审核(一等)	博士
33	12019140051	谢非	化学化工学院	水资源利用与化学化工	学业奖学金(博)一等	博士
34	12019140055	仝云霄	化学化工学院	水资源利用与化学化工	学业奖学金(博)一等	博士
35	12020140050	马萌	化学化工学院	水资源利用与化学化工	学业奖学金(博)一等	博士
36	12020140051	史雨晨	化学化工学院	水资源利用与化学化工	学业奖学金(博)一等	博士
37	12019140046	丁洁	化学化工学院	水资源利用与化学化工	学业奖学金(博)二等	博士
38	12019140049	李彦坤	化学化工学院	水资源利用与化学化工	学业奖学金(博)二等	博士
39	12019140054	张轩	化学化工学院	水资源利用与化学化工	学业奖学金(博)二等	博士
40	12020140046	李翔	化学化工学院	水资源利用与化学化工	学业奖学金(博)二等	博士
41	12020140048	吴江龙	化学化工学院	水资源利用与化学化工	学业奖学金(博)二等	博士
42	12020140054	顾婷婷	化学化工学院	水资源利用与化学化工	学业奖学金(博)二等	博士
43	12020140058	张娟	化学化工学院	水资源利用与化学化工	学业奖学金(博)二等	博士
44	12021140016	刘毅	回族研究院	民族社会学	学业奖学金(博)硕博连读(一等)	博士
45	12021140017	王舒	回族研究院	民族社会学	学业奖学金(博)硕博连读(一等)	博士
46	12021140020	庞伟	回族研究院	民族社会学	学业奖学金(博)博士申请-审核(一等)	博士
47	12019140013	王锋	回族研究院	民族社会学	学业奖学金(博)一等	博士
48	12020140017	马慧	回族研究院	民族社会学	学业奖学金(博)一等	博士
49	12019140012	刘倩	回族研究院	民族社会学	学业奖学金(博)二等	博士
50	12019140017	洪娟	回族研究院	民族社会学	学业奖学金(博)二等	博士
51	12020140019	任敏	回族研究院	民族社会学	学业奖学金(博)二等	博士
52	12021140026	李强	教育学院	民族心理与民族教育	学业奖学金(博)博士申请-审核(一等)	博士
53	12021140027	孙逸舒	教育学院	民族心理与民族教育	学业奖学金(博)博士申请-审核(一等)	博士
54	12019140022	王喜斌	教育学院	民族心理与民族教育	学业奖学金(博)一等	博士
55	12020140024	马骁	教育学院	民族心理与民族教育	学业奖学金(博)二等	博士
56	12020140026	王小艳	教育学院	民族心理与民族教育	学业奖学金(博)二等	博士
57	12021140013	谷华菩	经济管理学院	中国少数民族经济	学业奖学金(博)博士申请-审核(一等)	博士
58	12020140013	罗媛月	经济管理学院	中国少数民族经济	学业奖学金(博)一等	博士
59	12019140010	王冬雪	经济管理学院	中国少数民族经济	学业奖学金(博)二等	博士

续表2

序号	学号	姓名	院系	专业	奖学金等级	培养层次
60	12020140011	马娟	经济管理学院	中国少数民族经济	学业奖学金(博)二等	博士
61	12020140014	杨丽	经济管理学院	中国少数民族经济	学业奖学金(博)二等	博士
62	12021140132	何海锋	农学院	草学	学业奖学金(博)硕博连读(一等)	博士
63	12021140134	李楠	农学院	草学	学业奖学金(博)硕博连读(一等)	博士
64	12021140107	冯雪	农学院	畜牧学	学业奖学金(博)博士申请-审核(一等)	博士
65	12021140108	张俊星	农学院	畜牧学	学业奖学金(博)博士申请-审核(一等)	博士
66	12021140109	马若霜	农学院	畜牧学	学业奖学金(博)博士申请-审核(一等)	博士
67	12021140110	禹保军	农学院	畜牧学	学业奖学金(博)博士申请-审核(一等)	博士
68	12021140111	刘爽	农学院	畜牧学	学业奖学金(博)博士申请-审核(一等)	博士
69	12021140112	盛辉	农学院	畜牧学	学业奖学金(博)博士申请-审核(一等)	博士
70	12021140113	杨卓	农学院	畜牧学	学业奖学金(博)博士申请-审核(一等)	博士
71	12021140114	高昌鹏	农学院	畜牧学	学业奖学金(博)博士申请-审核(一等)	博士
72	12021140115	戴东文	农学院	畜牧学	学业奖学金(博)博士申请-审核(一等)	博士
73	12021140116	杨飞	农学院	畜牧学	学业奖学金(博)博士申请-审核(一等)	博士
74	12021140117	刘盼盼	农学院	畜牧学	学业奖学金(博)博士申请-审核(一等)	博士
75	12021140118	郑安然	农学院	畜牧学	学业奖学金(博)博士申请-审核(一等)	博士
76	12021140119	高爽	农学院	畜牧学	学业奖学金(博)博士申请-审核(一等)	博士
77	12021140120	于双	农学院	草学	学业奖学金(博)博士申请-审核(一等)	博士
78	12021140121	吴梦瑶	农学院	草学	学业奖学金(博)博士申请-审核(一等)	博士
79	12021140122	李雯	农学院	草学	学业奖学金(博)博士申请-审核(一等)	博士
80	12021140123	刘卓	农学院	草学	学业奖学金(博)博士申请-审核(一等)	博士
81	12021140124	陈晓莹	农学院	草学	学业奖学金(博)博士申请-审核(一等)	博士
82	12021140127	郭志霞	农学院	草学	学业奖学金(博)博士申请-审核(一等)	博士
83	12021140128	冯玲霞	农学院	草学	学业奖学金(博)博士申请-审核(一等)	博士
84	12021140131	周娟	农学院	草学	学业奖学金(博)博士申请-审核(一等)	博士
85	12021140133	闫思远	农学院	草学	学业奖学金(博)博士申请-审核(一等)	博士
86	12021140135	赵宇晨	农学院	草学	学业奖学金(博)博士申请-审核(一等)	博士
87	12019140074	潘翠丽	农学院	动物遗传育种与繁殖	学业奖学金(博)一等	博士
88	12019140083	张翼	农学院	草学	学业奖学金(博)一等	博士
89	12019140087	朱丽珍	农学院	草学	学业奖学金(博)一等	博士

续表3

序号	学号	姓名	院系	专业	奖学金等级	培养层次
90	12019140088	刘学琴	农学院	草学	学业奖学金(博)一等	博士
91	12020140091	虎红红	农学院	畜牧学	学业奖学金(博)一等	博士
92	12020140097	刘军	农学院	畜牧学	学业奖学金(博)一等	博士
93	12020140102	王誉陶	农学院	草学	学业奖学金(博)一等	博士
94	12020140110	宋鲜梅	农学院	草学	学业奖学金(博)一等	博士
95	12019140073	母童	农学院	动物遗传育种与繁殖	学业奖学金(博)二等	博士
96	12019140075	杨朝云	农学院	动物遗传育种与繁殖	学业奖学金(博)二等	博士
97	12019140077	王永瑞	农学院	动物营养与饲料科学	学业奖学金(博)二等	博士
98	12019140079	宋小龙	农学院	草学	学业奖学金(博)二等	博士
99	12019140081	潘雅清	农学院	草学	学业奖学金(博)二等	博士
100	12019140084	许爱云	农学院	草学	学业奖学金(博)二等	博士
101	12019140086	顾旭东	农学院	草学	学业奖学金(博)二等	博士
102	12020140089	赵秀新	农学院	畜牧学	学业奖学金(博)二等	博士
103	12020140090	冯小芳	农学院	畜牧学	学业奖学金(博)二等	博士
104	12020140093	郭成	农学院	畜牧学	学业奖学金(博)二等	博士
105	12020140094	毛彦妮	农学院	畜牧学	学业奖学金(博)二等	博士
106	12020140098	陈娟	农学院	草学	学业奖学金(博)二等	博士
107	12020140099	陆琪	农学院	草学	学业奖学金(博)二等	博士
108	12020140100	马静利	农学院	草学	学业奖学金(博)二等	博士
109	12020140103	蒋鹏	农学院	草学	学业奖学金(博)二等	博士
110	12021140022	王婧哲	人文学院	西北民族地区语言文学与文献	学业奖学金(博)硕博连读(一等)	博士
111	12021140021	蒋毓璐	人文学院	西北民族地区语言文学与文献	学业奖学金(博)博士申请-审核(一等)	博士
112	12021140023	张越	人文学院	西北民族地区语言文学与文献	学业奖学金(博)博士申请-审核(一等)	博士
113	12019140021	王璐	人文学院	西北民族地区语言文学与文献	学业奖学金(博)一等	博士
114	12020140022	孙璇	人文学院	西北民族地区语言文学与文献	学业奖学金(博)二等	博士
115	12021140070	马沁梅	生命科学学院	生物学	学业奖学金(博)硕博连读(一等)	博士

续表 4

序号	学　号	姓　名	院　系	专　业	奖学金等级	培养层次
116	12021140071	樊嘉琦	生命科学学院	生物学	学业奖学金(博)硕博连读(一等)	博士
117	12021140072	张　颖	生命科学学院	生物学	学业奖学金(博)硕博连读(一等)	博士
118	12021140073	马　佳	生命科学学院	生物学	学业奖学金(博)硕博连读(一等)	博士
119	12021140075	吴　霜	生命科学学院	生物学	学业奖学金(博)硕博连读(一等)	博士
120	12021140076	蔡玉荣	生命科学学院	生物学	学业奖学金(博)硕博连读(一等)	博士
121	12021140080	贾晨波	生命科学学院	生物学	学业奖学金(博)硕博连读(一等)	博士
122	12021140082	沈　聪	生命科学学院	生物学	学业奖学金(博)硕博连读(一等)	博士
123	12021140083	路国栋	生命科学学院	生物学	学业奖学金(博)硕博连读(一等)	博士
124	12021140086	耿康奇	生命科学学院	生物学	学业奖学金(博)硕博连读(一等)	博士
125	12021140087	张　洁	生命科学学院	生物学	学业奖学金(博)硕博连读(一等)	博士
126	12021140088	牛小芸	生命科学学院	生物学	学业奖学金(博)硕博连读(一等)	博士
127	12021140089	陈良越	生命科学学院	生物学	学业奖学金(博)硕博连读(一等)	博士
128	12021140077	黄　娜	生命科学学院	生物学	学业奖学金(博)博士申请-审核(一等)	博士
129	12021140078	张西倩	生命科学学院	生物学	学业奖学金(博)博士申请-审核(一等)	博士
130	12021140079	杨江流	生命科学学院	生物学	学业奖学金(博)博士申请-审核(一等)	博士
131	12021140085	吴　巍	生命科学学院	生物学	学业奖学金(博)博士申请-审核(一等)	博士
132	12019140056	徐雅楠	生命科学学院	生物学	学业奖学金(博)一等	博士
133	12019140057	徐兆坤	生命科学学院	生物学	学业奖学金(博)一等	博士
134	12020140061	王永玉	生命科学学院	生物学	学业奖学金(博)一等	博士
135	12020140070	王　猛	生命科学学院	生物学	学业奖学金(博)一等	博士
136	12019140058	杨佳丽	生命科学学院	生物学	学业奖学金(博)二等	博士
137	12019140059	林　雪	生命科学学院	生物学	学业奖学金(博)二等	博士
138	12019140061	黄　蔚	生命科学学院	生物学	学业奖学金(博)二等	博士
139	12020140062	魏萌萌	生命科学学院	生物学	学业奖学金(博)二等	博士
140	12020140067	陈丽萍	生命科学学院	生物学	学业奖学金(博)二等	博士
141	12020140068	张　众	生命科学学院	生物学	学业奖学金(博)二等	博士
142	12020140069	李振凯	生命科学学院	生物学	学业奖学金(博)二等	博士
143	12020140073	贺泽帅	生命科学学院	生物学	学业奖学金(博)二等	博士
144	12021140036	王　芳	数学统计学院	计算数学	学业奖学金(博)硕博连读(一等)	博士
145	12021140039	蒲娜娜	数学统计学院	计算数学	学业奖学金(博)硕博连读(一等)	博士

续表5

序号	学号	姓名	院系	专业	奖学金等级	培养层次
146	12021140041	马园园	数学统计学院	应用数学	学业奖学金(博)硕博连读(一等)	博士
147	12021140042	杨勇林	数学统计学院	应用数学	学业奖学金(博)硕博连读(一等)	博士
148	12021140043	杜艳艳	数学统计学院	应用数学	学业奖学金(博)硕博连读(一等)	博士
149	12021140044	谢军	数学统计学院	应用数学	学业奖学金(博)硕博连读(一等)	博士
150	12021140045	王亚镇	数学统计学院	应用数学	学业奖学金(博)硕博连读(一等)	博士
151	12021140037	王丽	数学统计学院	计算数学	学业奖学金(博)博士申请-审核(一等)	博士
152	12021140038	娄玉芝	数学统计学院	计算数学	学业奖学金(博)博士申请-审核(一等)	博士
153	12021140040	黄小利	数学统计学院	计算数学	学业奖学金(博)博士申请-审核(一等)	博士
154	12021140046	韩文艳	数学统计学院	应用数学	学业奖学金(博)博士申请-审核(一等)	博士
155	12019140036	张博	数学统计学院	计算数学	学业奖学金(博)一等	博士
156	12019140037	常康康	数学统计学院	应用数学	学业奖学金(博)一等	博士
157	12020140038	张晨熙	数学统计学院	应用数学	学业奖学金(博)一等	博士
158	12019140035	杨晓佳	数学统计学院	计算数学	学业奖学金(博)二等	博士
159	12019140038	胡静	数学统计学院	应用数学	学业奖学金(博)二等	博士
160	12020140036	王芝	数学统计学院	计算数学	学业奖学金(博)二等	博士
161	12020140039	王宗	数学统计学院	应用数学	学业奖学金(博)二等	博士
162	12020140041	蒲浩	数学统计学院	应用数学	学业奖学金(博)二等	博士
163	12021140092	刘子西	土木与水利工程学院	水文学及水资源	学业奖学金(博)硕博连读(一等)	博士
164	12021140095	高海燕	土木与水利工程学院	水文学及水资源	学业奖学金(博)硕博连读(一等)	博士
165	12021140100	魏文璐	土木与水利工程学院	水利水电工程	学业奖学金(博)硕博连读(一等)	博士
166	12021140101	李兴强	土木与水利工程学院	水利水电工程	学业奖学金(博)硕博连读(一等)	博士
167	12020140112	杨振峰	土木与水利工程学院	水利水电工程	学业奖学金(博)硕博连读(一等)	博士
168	12021140090	赵增锋	土木与水利工程学院	水文学及水资源	学业奖学金(博)博士申请-审核(一等)	博士
169	12021140091	李永梅	土木与水利工程学院	水文学及水资源	学业奖学金(博)博士申请-审核(一等)	博士
170	12021140093	冯波	土木与水利工程学院	水文学及水资源	学业奖学金(博)博士申请-审核(一等)	博士
171	12021140094	王晓明	土木与水利工程学院	水文学及水资源	学业奖学金(博)博士申请-审核(一等)	博士
172	12021140097	王亚	土木与水利工程学院	水工结构工程	学业奖学金(博)博士申请-审核(一等)	博士
173	12021140098	潘鹏飞	土木与水利工程学院	水工结构工程	学业奖学金(博)博士申请-审核(一等)	博士
174	12021140102	郭洋	土木与水利工程学院	水利水电工程	学业奖学金(博)博士申请-审核(一等)	博士
175	12021140103	王瑞	土木与水利工程学院	水利水电工程	学业奖学金(博)博士申请-审核(一等)	博士

续表6

序号	学号	姓名	院系	专业	奖学金等级	培养层次
176	12021140104	张璐瑶	土木与水利工程学院	水利水电工程	学业奖学金(博)博士申请-审核(一等)	博士
177	12021140105	杨莹攀	土木与水利工程学院	水利水电工程	学业奖学金(博)博士申请-审核(一等)	博士
178	12021140106	孙振源	土木与水利工程学院	水利水电工程	学业奖学金(博)博士申请-审核(一等)	博士
179	12019140068	常留成	土木与水利工程学院	水工结构工程	学业奖学金(博)一等	博士
180	12020140084	马正虎	土木与水利工程学院	水利水电工程	学业奖学金(博)一等	博士
181	12020140087	吴旭	土木与水利工程学院	水利水电工程	学业奖学金(博)一等	博士
182	12020140075	齐娅荣	土木与水利工程学院	水文学及水资源	学业奖学金(博)二等	博士
183	12020140076	王永良	土木与水利工程学院	水文学及水资源	学业奖学金(博)二等	博士
184	12020140078	王海东	土木与水利工程学院	水文学及水资源	学业奖学金(博)二等	博士
185	12020140083	马小娟	土木与水利工程学院	水利水电工程	学业奖学金(博)二等	博士
186	12020140085	强晓琳	土木与水利工程学院	水利水电工程	学业奖学金(博)二等	博士
187	12021140048	杨佳	物理与电子电气工程学院	土木工程与计算科学	学业奖学金(博)硕博连读(一等)	博士
188	12021140047	周春玲	物理与电子电气工程学院	土木工程与计算科学	学业奖学金(博)博士申请-审核(一等)	博士
189	12021140049	樊国伟	物理与电子电气工程学院	土木工程与计算科学	学业奖学金(博)博士申请-审核(一等)	博士
190	12021140050	朱厚影	物理与电子电气工程学院	土木工程与计算科学	学业奖学金(博)博士申请-审核(一等)	博士
191	12019140043	芦伟男	物理与电子电气工程学院	土木工程与计算科学	学业奖学金(博)一等	博士
192	12020140111	方璐	西夏学研究院	中国少数民族史	学业奖学金(博)硕博连读(一等)	博士
193	12021140033	段靖	西夏学研究院	中国少数民族史	学业奖学金(博)硕博连读(一等)	博士
194	12021140034	廖莎莎	西夏学研究院	中国少数民族史	学业奖学金(博)硕博连读(一等)	博士
195	12021140035	郭恺	西夏学研究院	中国少数民族史	学业奖学金(博)硕博连读(一等)	博士
196	12021140028	苗亚婻	西夏学研究院	中国少数民族史	学业奖学金(博)博士申请-审核(一等)	博士
197	12021140029	闫中华	西夏学研究院	中国少数民族史	学业奖学金(博)博士申请-审核(一等)	博士
198	12021140030	张林	西夏学研究院	中国少数民族史	学业奖学金(博)博士申请-审核(一等)	博士
199	12021140031	陈盈诺	西夏学研究院	中国少数民族史	学业奖学金(博)博士申请-审核(一等)	博士
200	12021140032	高亚西	西夏学研究院	中国少数民族史	学业奖学金(博)博士申请-审核(一等)	博士
201	12019140028	郭明明	西夏学研究院	中国少数民族史	学业奖学金(博)一等	博士

续表7

序号	学号	姓名	院系	专业	奖学金等级	培养层次
202	12020140027	庞倩	西夏学研究院	中国少数民族史	学业奖学金(博)一等	博士
203	12019140031	何伟凤	西夏学研究院	中国少数民族史	学业奖学金(博)二等	博士
204	12020140028	周泽鸿	西夏学研究院	中国少数民族史	学业奖学金(博)二等	博士
205	12020140031	刘畅	西夏学研究院	中国少数民族史	学业奖学金(博)二等	博士
206	12020140032	王凯	西夏学研究院	中国少数民族史	学业奖学金(博)二等	博士
207	12019131268	杨慧	阿拉伯学院	阿拉伯语语言文学	学业奖学金(硕)一等	硕士
208	12019131265	章洁颖	阿拉伯学院	阿拉伯语语言文学	学业奖学金(硕)二等	硕士
209	12020131613	刘金兮	阿拉伯学院	阿拉伯语语言文学	学业奖学金(硕)二等	硕士
210	12019131262	李晓阳	阿拉伯学院	阿拉伯语语言文学	学业奖学金(硕)三等	硕士
211	12019131264	王瑞丰	阿拉伯学院	阿拉伯语语言文学	学业奖学金(硕)三等	硕士
212	12020131611	何叶	阿拉伯学院	阿拉伯语语言文学	学业奖学金(硕)三等	硕士
213	12020131612	蒋学梅	阿拉伯学院	阿拉伯语语言文学	学业奖学金(硕)三等	硕士
214	12020131614	强媛	阿拉伯学院	阿拉伯语语言文学	学业奖学金(硕)三等	硕士
215	12020131615	王菲菲	阿拉伯学院	阿拉伯语语言文学	学业奖学金(硕)三等	硕士
216	12021131629	吴嘉伟	阿拉伯学院	阿拉伯语语言文学	学业奖学金(硕)三等	硕士
217	12021130828	杨惠娟	地理科学与规划学院	地理学	学业奖学金(硕)一等(推免)	硕士
218	12019130614	李富娟	地理科学与规划学院	自然地理学	学业奖学金(硕)一等	硕士
219	12019130615	许艺馨	地理科学与规划学院	自然地理学	学业奖学金(硕)一等	硕士
220	12019130618	尚天浩	地理科学与规划学院	自然地理学	学业奖学金(硕)一等	硕士
221	12020130766	陈睿华	地理科学与规划学院	自然地理学	学业奖学金(硕)一等	硕士
222	12020130788	杨晨	地理科学与规划学院	地图学与地理信息系统	学业奖学金(硕)一等	硕士
223	12019130609	高阳	地理科学与规划学院	自然地理学	学业奖学金(硕)二等	硕士
224	12019130611	李媛媛	地理科学与规划学院	自然地理学	学业奖学金(硕)二等	硕士
225	12019130620	李瑾	地理科学与规划学院	人文地理学	学业奖学金(硕)二等	硕士
226	12020130762	董智今	地理科学与规划学院	自然地理学	学业奖学金(硕)二等	硕士
227	12020130764	柳利利	地理科学与规划学院	自然地理学	学业奖学金(硕)二等	硕士
228	12020130782	翟嘉港	地理科学与规划学院	人文地理学	学业奖学金(硕)二等	硕士
229	12020130785	滑雨琪	地理科学与规划学院	地图学与地理信息系统	学业奖学金(硕)二等	硕士
230	12020130792	刘亚楠	地理科学与规划学院	旅游开发与规划管理	学业奖学金(硕)二等	硕士
231	12021130819	佘洁	地理科学与规划学院	地理学	学业奖学金(硕)二等	硕士

续表 8

序号	学号	姓名	院系	专业	奖学金等级	培养层次
232	12019130610	李诗瑶	地理科学与规划学院	自然地理学	学业奖学金(硕)三等	硕士
233	12019130612	魏琪琪	地理科学与规划学院	自然地理学	学业奖学金(硕)三等	硕士
234	12019130617	阮晓晗	地理科学与规划学院	自然地理学	学业奖学金(硕)三等	硕士
235	12019130622	赵 茹	地理科学与规划学院	人文地理学	学业奖学金(硕)三等	硕士
236	12019130625	王丽娜	地理科学与规划学院	人文地理学	学业奖学金(硕)三等	硕士
237	12019130627	赵倩倩	地理科学与规划学院	地图学与地理信息系统	学业奖学金(硕)三等	硕士
238	12019130630	安斯文	地理科学与规划学院	地图学与地理信息系统	学业奖学金(硕)三等	硕士
239	12019130633	黄卉洁	地理科学与规划学院	旅游开发与规划管理	学业奖学金(硕)三等	硕士
240	12019130634	田伟荣	地理科学与规划学院	旅游开发与规划管理	学业奖学金(硕)三等	硕士
241	12020130771	李春环	地理科学与规划学院	自然地理学	学业奖学金(硕)三等	硕士
242	12020130774	王融融	地理科学与规划学院	自然地理学	学业奖学金(硕)三等	硕士
243	12020130776	张舒欣	地理科学与规划学院	自然地理学	学业奖学金(硕)三等	硕士
244	12020130777	冯康利	地理科学与规划学院	人文地理学	学业奖学金(硕)三等	硕士
245	12020130779	唐朝朝	地理科学与规划学院	人文地理学	学业奖学金(硕)三等	硕士
246	12020130780	卫宇曦	地理科学与规划学院	人文地理学	学业奖学金(硕)三等	硕士
247	12020130786	王莹婧	地理科学与规划学院	地图学与地理信息系统	学业奖学金(硕)三等	硕士
248	12020130790	朱晓雯	地理科学与规划学院	地图学与地理信息系统	学业奖学金(硕)三等	硕士
249	12020130793	罗教盛	地理科学与规划学院	旅游开发与规划管理	学业奖学金(硕)三等	硕士
250	12020130794	王 云	地理科学与规划学院	旅游开发与规划管理	学业奖学金(硕)三等	硕士
251	12021130793	毕金露	地理科学与规划学院	地理学	学业奖学金(硕)三等	硕士
252	12021130795	丛士翔	地理科学与规划学院	地理学	学业奖学金(硕)三等	硕士
253	12021130798	蒋春梅	地理科学与规划学院	地理学	学业奖学金(硕)三等	硕士
254	12021130799	李文慧	地理科学与规划学院	地理学	学业奖学金(硕)三等	硕士
255	12021130803	魏超凡	地理科学与规划学院	地理学	学业奖学金(硕)三等	硕士
256	12021130804	张呈春	地理科学与规划学院	地理学	学业奖学金(硕)三等	硕士
257	12021130809	明梦姣	地理科学与规划学院	地理学	学业奖学金(硕)三等	硕士
258	12021130814	崔云霞	地理科学与规划学院	地理学	学业奖学金(硕)三等	硕士
259	12021130815	侯嘉烨	地理科学与规划学院	地理学	学业奖学金(硕)三等	硕士
260	12021130817	李聪慧	地理科学与规划学院	地理学	学业奖学金(硕)三等	硕士
261	12021130818	李小雨	地理科学与规划学院	地理学	学业奖学金(硕)三等	硕士

续表9

序号	学号	姓名	院系	专业	奖学金等级	培养层次
262	12021130820	王佳蓉	地理科学与规划学院	地理学	学业奖学金(硕)三等	硕士
263	12021130823	杨航	地理科学与规划学院	地理学	学业奖学金(硕)三等	硕士
264	12021130825	赵娜	地理科学与规划学院	地理学	学业奖学金(硕)三等	硕士
265	12020130023	童鹏	法学院	民商法学	学业奖学金(硕)支教复学	硕士
266	12019130006	万木婷	法学院	外国哲学	学业奖学金(硕)一等	硕士
267	12019130013	赵元媛	法学院	宗教学	学业奖学金(硕)一等	硕士
268	12019130014	陈子安	法学院	法学理论	学业奖学金(硕)一等	硕士
269	12019130020	黄博阳	法学院	民商法学	学业奖学金(硕)一等	硕士
270	12019130037	王瑜	法学院	马克思主义民族理论与政策	学业奖学金(硕)一等	硕士
271	12020130028	韩晓旭	法学院	诉讼法学	学业奖学金(硕)一等	硕士
272	12019130002	罗雨佳	法学院	外国哲学	学业奖学金(硕)二等	硕士
273	12019130008	向永慧	法学院	伦理学	学业奖学金(硕)二等	硕士
274	12019130032	张旭	法学院	诉讼法学	学业奖学金(硕)二等	硕士
275	12019130033	闫敏	法学院	诉讼法学	学业奖学金(硕)二等	硕士
276	12019130039	薛欣莹	法学院	马克思主义民族理论与政策	学业奖学金(硕)二等	硕士
277	12020130011	潘文雯	法学院	法学理论	学业奖学金(硕)二等	硕士
278	12020130025	杨园园	法学院	民商法学	学业奖学金(硕)二等	硕士
279	12020130036	罗玲玲	法学院	民族学	学业奖学金(硕)二等	硕士
280	12021130009	马钰馨	法学院	哲学	学业奖学金(硕)二等	硕士
281	12021130018	邱浩天	法学院	法学	学业奖学金(硕)二等	硕士
282	12021130024	刘华文	法学院	法学	学业奖学金(硕)二等	硕士
283	12021130042	刘柠	法学院	民族学	学业奖学金(硕)二等	硕士
284	12019130001	刘明传	法学院	外国哲学	学业奖学金(硕)三等	硕士
285	12019130003	顾思杨	法学院	外国哲学	学业奖学金(硕)三等	硕士
286	12019130011	高雯	法学院	宗教学	学业奖学金(硕)三等	硕士
287	12019130012	刘晓萌	法学院	宗教学	学业奖学金(硕)三等	硕士
288	12019130015	靳小虎	法学院	法学理论	学业奖学金(硕)三等	硕士
289	12019130016	景卓	法学院	法学理论	学业奖学金(硕)三等	硕士
290	12019130018	陈立莹	法学院	法学理论	学业奖学金(硕)三等	硕士

续表10

序号	学　号	姓　名	院　系	专　业	奖学金等级	培养层次
291	12019130021	罗文秀	法学院	民商法学	学业奖学金(硕)三等	硕士
292	12019130024	陈乾宁	法学院	民商法学	学业奖学金(硕)三等	硕士
293	12019130025	梁文青	法学院	民商法学	学业奖学金(硕)三等	硕士
294	12019130026	王清文	法学院	民商法学	学业奖学金(硕)三等	硕士
295	12019130027	丁莞悦	法学院	诉讼法学	学业奖学金(硕)三等	硕士
296	12019130038	许亚丽	法学院	马克思主义民族理论与政策	学业奖学金(硕)三等	硕士
297	12020130001	景晓瑞	法学院	外国哲学	学业奖学金(硕)三等	硕士
298	12020130003	霍嘉楠	法学院	外国哲学	学业奖学金(硕)三等	硕士
299	12020130006	郝　琦	法学院	伦理学	学业奖学金(硕)三等	硕士
300	12020130007	李雪玉	法学院	伦理学	学业奖学金(硕)三等	硕士
301	12020130015	袁晓燕	法学院	法学理论	学业奖学金(硕)三等	硕士
302	12020130018	韩玉彪	法学院	民商法学	学业奖学金(硕)三等	硕士
303	12020130019	李佩燕	法学院	民商法学	学业奖学金(硕)三等	硕士
304	12020130020	马锐杰	法学院	民商法学	学业奖学金(硕)三等	硕士
305	12020130021	牛存龙	法学院	民商法学	学业奖学金(硕)三等	硕士
306	12020130029	李相甫	法学院	诉讼法学	学业奖学金(硕)三等	硕士
307	12020130031	荀　倩	法学院	诉讼法学	学业奖学金(硕)三等	硕士
308	12020130033	张　垚	法学院	诉讼法学	学业奖学金(硕)三等	硕士
309	12020130037	马立明	法学院	民族学	学业奖学金(硕)三等	硕士
310	12020130038	马小丽	法学院	民族学	学业奖学金(硕)三等	硕士
311	12020130039	陈雅静	法学院	马克思主义民族理论与政策	学业奖学金(硕)三等	硕士
312	12020130041	王雅婕	法学院	马克思主义民族理论与政策	学业奖学金(硕)三等	硕士
313	12021130003	王嘉雯	法学院	哲学	学业奖学金(硕)三等	硕士
314	12021130007	阮涵君	法学院	哲学	学业奖学金(硕)三等	硕士
315	12021130011	高雪莉	法学院	法学	学业奖学金(硕)三等	硕士
316	12021130012	蒙健億	法学院	法学	学业奖学金(硕)三等	硕士
317	12021130013	王苗苗	法学院	法学	学业奖学金(硕)三等	硕士
318	12021130017	马希言	法学院	法学	学业奖学金(硕)三等	硕士
319	12021130019	朱　梦	法学院	法学	学业奖学金(硕)三等	硕士
320	12021130025	马　娟	法学院	法学	学业奖学金(硕)三等	硕士

续表11

序号	学号	姓名	院系	专业	奖学金等级	培养层次
321	12021130027	杨长江	法学院	法学	学业奖学金(硕)三等	硕士
322	12021130029	吕家伟	法学院	法学	学业奖学金(硕)三等	硕士
323	12021130033	焦明艳	法学院	民族学	学业奖学金(硕)三等	硕士
324	12021130036	肖娜	法学院	民族学	学业奖学金(硕)三等	硕士
325	12021130038	杨冰寒	法学院	民族学	学业奖学金(硕)三等	硕士
326	12020131619	侯琳琳	光伏材料重点实验室	微电子学与固体电子学	学业奖学金(硕)一等	硕士
327	12020131857	白鹤	光伏材料重点实验室	材料化工	学业奖学金(硕)一等	硕士
328	12020131859	陈静宇	光伏材料重点实验室	材料化工	学业奖学金(硕)一等	硕士
329	12020131623	程洵	光伏材料重点实验室	微电子学与固体电子学	学业奖学金(硕)二等	硕士
330	12020131625	康育冲	光伏材料重点实验室	微电子学与固体电子学	学业奖学金(硕)二等	硕士
331	12020131860	高敏	光伏材料重点实验室	材料化工	学业奖学金(硕)二等	硕士
332	12020131861	李梦瑶	光伏材料重点实验室	材料化工	学业奖学金(硕)二等	硕士
333	12020131862	李先昊	光伏材料重点实验室	材料化工	学业奖学金(硕)二等	硕士
334	12020131866	石星宇	光伏材料重点实验室	材料化工	学业奖学金(硕)二等	硕士
335	12020131873	王允正	光伏材料重点实验室	材料化工	学业奖学金(硕)二等	硕士
336	12020131621	徐超	光伏材料重点实验室	微电子学与固体电子学	学业奖学金(硕)三等	硕士
337	12020131622	左郁琳	光伏材料重点实验室	微电子学与固体电子学	学业奖学金(硕)三等	硕士
338	12020131858	蔡荣燕	光伏材料重点实验室	材料化工	学业奖学金(硕)三等	硕士
339	12020131863	明凯亮	光伏材料重点实验室	材料化工	学业奖学金(硕)三等	硕士
340	12020131868	宋扬	光伏材料重点实验室	材料化工	学业奖学金(硕)三等	硕士
341	12020131872	王伟	光伏材料重点实验室	材料化工	学业奖学金(硕)三等	硕士
342	12020131874	吴瑞科	光伏材料重点实验室	材料化工	学业奖学金(硕)三等	硕士
343	12020131880	禹栋楠	光伏材料重点实验室	材料化工	学业奖学金(硕)三等	硕士
344	12021131637	刘旭辉	光伏材料重点实验室	微电子学与固体电子学	学业奖学金(硕)三等	硕士
345	12021131638	彭根根	光伏材料重点实验室	微电子学与固体电子学	学业奖学金(硕)三等	硕士
346	12021131639	施袭纯	光伏材料重点实验室	微电子学与固体电子学	学业奖学金(硕)三等	硕士
347	12021131640	魏凯特	光伏材料重点实验室	微电子学与固体电子学	学业奖学金(硕)三等	硕士
348	12021131641	杨坤	光伏材料重点实验室	微电子学与固体电子学	学业奖学金(硕)三等	硕士
349	12021131642	王凌霄	光伏材料重点实验室	微电子学与固体电子学	学业奖学金(硕)三等	硕士
350	12021131885	何亚瑄	光伏材料重点实验室	材料化工	学业奖学金(硕)三等	硕士

续表 12

序号	学 号	姓 名	院 系	专 业	奖学金等级	培养层次
351	12021131886	胡隆生	光伏材料重点实验室	材料化工	学业奖学金(硕)三等	硕士
352	12021131887	黄开涛	光伏材料重点实验室	材料化工	学业奖学金(硕)三等	硕士
353	12021131889	刘嘉霖	光伏材料重点实验室	材料化工	学业奖学金(硕)三等	硕士
354	12021131890	马少龙	光伏材料重点实验室	材料化工	学业奖学金(硕)三等	硕士
355	12021131897	孙博康	光伏材料重点实验室	材料化工	学业奖学金(硕)三等	硕士
356	12021131903	张云舒	光伏材料重点实验室	材料化工	学业奖学金(硕)三等	硕士
357	12021131905	赵琪鲜	光伏材料重点实验室	材料化工	学业奖学金(硕)三等	硕士
358	12021131906	周统	光伏材料重点实验室	材料化工	学业奖学金(硕)三等	硕士
359	12021131907	祝钰灵	光伏材料重点实验室	材料化工	学业奖学金(硕)三等	硕士
360	12019130584	宋欢	化学化工学院	无机化学	学业奖学金(硕)一等	硕士
361	12019130589	马宗琴	化学化工学院	分析化学	学业奖学金(硕)一等	硕士
362	12019130590	杨婵	化学化工学院	分析化学	学业奖学金(硕)一等	硕士
363	12019130591	杨晓楠	化学化工学院	分析化学	学业奖学金(硕)一等	硕士
364	12019130607	罗丽龙	化学化工学院	物理化学	学业奖学金(硕)一等	硕士
365	12020130710	李桂梅	化学化工学院	学科教学(化学)	学业奖学金(硕)一等	硕士
366	12020130716	齐蓓蓓	化学化工学院	学科教学(化学)	学业奖学金(硕)一等	硕士
367	12020130735	郭信	化学化工学院	化学	学业奖学金(硕)一等	硕士
368	12020131834	郝红英	化学化工学院	材料化工	学业奖学金(硕)一等	硕士
369	12020131851	杨佳辉	化学化工学院	材料化工	学业奖学金(硕)一等	硕士
370	12019130583	钱瑞	化学化工学院	无机化学	学业奖学金(硕)二等	硕士
371	12019130588	李三秀	化学化工学院	分析化学	学业奖学金(硕)二等	硕士
372	12019130594	梁禹旺	化学化工学院	有机化学	学业奖学金(硕)二等	硕士
373	12019130606	郁婧	化学化工学院	物理化学	学业奖学金(硕)二等	硕士
374	12020130717	邱亚莉	化学化工学院	学科教学(化学)	学业奖学金(硕)二等	硕士
375	12020130718	任飞	化学化工学院	学科教学(化学)	学业奖学金(硕)二等	硕士
376	12020130722	吴小英	化学化工学院	学科教学(化学)	学业奖学金(硕)二等	硕士
377	12020130753	王彦	化学化工学院	化学	学业奖学金(硕)二等	硕士
378	12020131829	曾晓元	化学化工学院	材料化工	学业奖学金(硕)二等	硕士
379	12020131836	李美云	化学化工学院	材料化工	学业奖学金(硕)二等	硕士
380	12020131855	周婷	化学化工学院	材料化工	学业奖学金(硕)二等	硕士

续表13

序号	学号	姓名	院系	专业	奖学金等级	培养层次
381	12021130734	丁永梅	化学化工学院	学科教学(化学)	学业奖学金(硕)二等	硕士
382	12021130756	赵童	化学化工学院	学科教学(化学)	学业奖学金(硕)二等	硕士
383	12021130769	王秀利	化学化工学院	化学	学业奖学金(硕)二等	硕士
384	12021130773	张辉	化学化工学院	化学	学业奖学金(硕)二等	硕士
385	12021130780	马婷	化学化工学院	化学	学业奖学金(硕)二等	硕士
386	12021131866	哈郁	化学化工学院	材料化工	学业奖学金(硕)二等	硕士
387	12021131870	马统统	化学化工学院	材料化工	学业奖学金(硕)二等	硕士
388	12019130586	刘诗雯	化学化工学院	无机化学	学业奖学金(硕)三等	硕士
389	12019130587	马宏霞	化学化工学院	无机化学	学业奖学金(硕)三等	硕士
390	12019130592	贾转红	化学化工学院	分析化学	学业奖学金(硕)三等	硕士
391	12019130595	孙娜	化学化工学院	有机化学	学业奖学金(硕)三等	硕士
392	12019130598	张思思	化学化工学院	有机化学	学业奖学金(硕)三等	硕士
393	12019130599	班艳	化学化工学院	有机化学	学业奖学金(硕)三等	硕士
394	12019130601	买依宁	化学化工学院	有机化学	学业奖学金(硕)三等	硕士
395	12019130603	袁瑞琪	化学化工学院	有机化学	学业奖学金(硕)三等	硕士
396	12020130702	达海丽	化学化工学院	学科教学(化学)	学业奖学金(硕)三等	硕士
397	12020130704	冯雅琪	化学化工学院	学科教学(化学)	学业奖学金(硕)三等	硕士
398	12020130706	郭瑞	化学化工学院	学科教学(化学)	学业奖学金(硕)三等	硕士
399	12020130709	蒋巧娟	化学化工学院	学科教学(化学)	学业奖学金(硕)三等	硕士
400	12020130711	李玉爱	化学化工学院	学科教学(化学)	学业奖学金(硕)三等	硕士
401	12020130713	刘俊	化学化工学院	学科教学(化学)	学业奖学金(硕)三等	硕士
402	12020130715	满艳艳	化学化工学院	学科教学(化学)	学业奖学金(硕)三等	硕士
403	12020130719	撒博花	化学化工学院	学科教学(化学)	学业奖学金(硕)三等	硕士
404	12020130721	王雨婷	化学化工学院	学科教学(化学)	学业奖学金(硕)三等	硕士
405	12020130725	杨光丽	化学化工学院	学科教学(化学)	学业奖学金(硕)三等	硕士
406	12020130730	吕文博	化学化工学院	化学	学业奖学金(硕)三等	硕士
407	12020130731	田汾奕	化学化工学院	化学	学业奖学金(硕)三等	硕士
408	12020130732	赵晓婷	化学化工学院	化学	学业奖学金(硕)三等	硕士
409	12020130737	李绍荣	化学化工学院	化学	学业奖学金(硕)三等	硕士
410	12020130739	王迎辉	化学化工学院	化学	学业奖学金(硕)三等	硕士

续表 14

序号	学号	姓名	院系	专业	奖学金等级	培养层次
411	12020130740	朱惠	化学化工学院	化学	学业奖学金(硕)三等	硕士
412	12020130741	常雅娟	化学化工学院	化学	学业奖学金(硕)三等	硕士
413	12020130744	贺瑜	化学化工学院	化学	学业奖学金(硕)三等	硕士
414	12020130750	沈超	化学化工学院	化学	学业奖学金(硕)三等	硕士
415	12020130759	秦媛媛	化学化工学院	化学	学业奖学金(硕)三等	硕士
416	12020130760	谭梦瑶	化学化工学院	化学	学业奖学金(硕)三等	硕士
417	12020131831	高梦悦	化学化工学院	材料化工	学业奖学金(硕)三等	硕士
418	12020131832	高明慧	化学化工学院	材料化工	学业奖学金(硕)三等	硕士
419	12020131833	韩蕾	化学化工学院	材料化工	学业奖学金(硕)三等	硕士
420	12020131838	吕前前	化学化工学院	材料化工	学业奖学金(硕)三等	硕士
421	12020131841	彭媛	化学化工学院	材料化工	学业奖学金(硕)三等	硕士
422	12020131842	任凯	化学化工学院	材料化工	学业奖学金(硕)三等	硕士
423	12020131843	任紫颖	化学化工学院	材料化工	学业奖学金(硕)三等	硕士
424	12020131848	魏涵	化学化工学院	材料化工	学业奖学金(硕)三等	硕士
425	12020131853	张显	化学化工学院	材料化工	学业奖学金(硕)三等	硕士
426	12020131856	周怡萱	化学化工学院	材料化工	学业奖学金(硕)三等	硕士
427	12021130740	马芹	化学化工学院	学科教学(化学)	学业奖学金(硕)三等	硕士
428	12021130745	田明慧	化学化工学院	学科教学(化学)	学业奖学金(硕)三等	硕士
429	12021130746	田琴	化学化工学院	学科教学(化学)	学业奖学金(硕)三等	硕士
430	12021130750	王旖旎	化学化工学院	学科教学(化学)	学业奖学金(硕)三等	硕士
431	12021130753	杨燕宁	化学化工学院	学科教学(化学)	学业奖学金(硕)三等	硕士
432	12021130755	张佳敏	化学化工学院	学科教学(化学)	学业奖学金(硕)三等	硕士
433	12021130758	刘蓉蓉	化学化工学院	化学	学业奖学金(硕)三等	硕士
434	12021130763	蒋潇静	化学化工学院	化学	学业奖学金(硕)三等	硕士
435	12021130770	吴永莉	化学化工学院	化学	学业奖学金(硕)三等	硕士
436	12021130771	谢芳	化学化工学院	化学	学业奖学金(硕)三等	硕士
437	12021130772	杨晓霞	化学化工学院	化学	学业奖学金(硕)三等	硕士
438	12021130775	胡进凯	化学化工学院	化学	学业奖学金(硕)三等	硕士
439	12021130777	李杰	化学化工学院	化学	学业奖学金(硕)三等	硕士
440	12021130778	刘茂根	化学化工学院	化学	学业奖学金(硕)三等	硕士

续表 15

序号	学号	姓名	院系	专业	奖学金等级	培养层次
441	12021130779	罗辉	化学化工学院	化学	学业奖学金(硕)三等	硕士
442	12021130784	田华辉	化学化工学院	化学	学业奖学金(硕)三等	硕士
443	12021130785	王强	化学化工学院	化学	学业奖学金(硕)三等	硕士
444	12021130790	曾兆鹏	化学化工学院	化学	学业奖学金(硕)三等	硕士
445	12021131863	曾帅	化学化工学院	材料化工	学业奖学金(硕)三等	硕士
446	12021131865	郭涛	化学化工学院	材料化工	学业奖学金(硕)三等	硕士
447	12021131871	马雪琴	化学化工学院	材料化工	学业奖学金(硕)三等	硕士
448	12021131876	王睿	化学化工学院	材料化工	学业奖学金(硕)三等	硕士
449	12021131880	尹峤	化学化工学院	材料化工	学业奖学金(硕)三等	硕士
450	12021131882	臧影	化学化工学院	材料化工	学业奖学金(硕)三等	硕士
451	12021131883	张荣静	化学化工学院	材料化工	学业奖学金(硕)三等	硕士
452	12021130751	杨婷婷	化学化工学院	学科教学(化学)	学业奖学金(硕)三等	硕士
453	12019130120	秦凤伶	回族研究院	人类学	学业奖学金(硕)一等	硕士
454	12019130124	倪佳欣	回族研究院	民族社会学	学业奖学金(硕)一等	硕士
455	12019130115	陈敏	回族研究院	人类学	学业奖学金(硕)二等	硕士
456	12019130121	安宏甫	回族研究院	民族社会学	学业奖学金(硕)二等	硕士
457	12019130125	张懿嘉	回族研究院	民族社会学	学业奖学金(硕)二等	硕士
458	12020130129	陆思伟	回族研究院	人类学	学业奖学金(硕)三等	硕士
459	12020130130	王昌	回族研究院	人类学	学业奖学金(硕)三等	硕士
460	12020130133	史聪玲	回族研究院	人类学	学业奖学金(硕)三等	硕士
461	12020130134	余慧娟	回族研究院	民族社会学	学业奖学金(硕)三等	硕士
462	12020130136	银阳	回族研究院	民族社会学	学业奖学金(硕)三等	硕士
463	12020130137	张盼伟	回族研究院	民族社会学	学业奖学金(硕)三等	硕士
464	12021130122	刘子翔	回族研究院	人类学	学业奖学金(硕)三等	硕士
465	12021130123	吴涵	回族研究院	人类学	学业奖学金(硕)三等	硕士
466	12021130124	杨赦坤	回族研究院	人类学	学业奖学金(硕)三等	硕士
467	12021130126	苏娇楠	回族研究院	民族社会学	学业奖学金(硕)三等	硕士
468	12021130127	王洁	回族研究院	民族社会学	学业奖学金(硕)三等	硕士
469	12021130128	周晓	回族研究院	民族社会学	学业奖学金(硕)三等	硕士
470	12019130779	黄政红	机械工程学院	机械工程(学术)	学业奖学金(硕)一等	硕士

续表 16

序号	学　号	姓　名	院　系	专　业	奖学金等级	培养层次
471	12020130981	成芳娟	机械工程学院	机械工程(学术)	学业奖学金(硕)一等	硕士
472	12020130994	邢振伟	机械工程学院	机械工程(学术)	学业奖学金(硕)一等	硕士
473	12020131015	李桐满	机械工程学院	机械	学业奖学金(硕)一等	硕士
474	12020131030	史兴龙	机械工程学院	机械	学业奖学金(硕)一等	硕士
475	12020131035	孙浩伟	机械工程学院	机械	学业奖学金(硕)一等	硕士
476	12020131046	王雨桐	机械工程学院	机械	学业奖学金(硕)一等	硕士
477	12020131047	魏海岩	机械工程学院	机械	学业奖学金(硕)一等	硕士
478	12020131048	魏红星	机械工程学院	机械	学业奖学金(硕)一等	硕士
479	12020131052	闫小鹏	机械工程学院	机械	学业奖学金(硕)一等	硕士
480	12019130783	薛君蕊	机械工程学院	机械工程(学术)	学业奖学金(硕)二等	硕士
481	12020130983	王文辉	机械工程学院	机械工程(学术)	学业奖学金(硕)二等	硕士
482	12020130989	孟志坚	机械工程学院	机械工程(学术)	学业奖学金(硕)二等	硕士
483	12020131000	陈美玲	机械工程学院	机械	学业奖学金(硕)二等	硕士
484	12020131020	马　良	机械工程学院	机械	学业奖学金(硕)二等	硕士
485	12020131031	宋家兴	机械工程学院	机械	学业奖学金(硕)二等	硕士
486	12020131039	王　军	机械工程学院	机械	学业奖学金(硕)二等	硕士
487	12020131049	吴　妍	机械工程学院	机械	学业奖学金(硕)二等	硕士
488	12020131051	徐大鹏	机械工程学院	机械	学业奖学金(硕)二等	硕士
489	12021131032	张文博	机械工程学院	机械工程(学术)	学业奖学金(硕)二等	硕士
490	12021131044	温琼阳	机械工程学院	机械工程(学术)	学业奖学金(硕)二等	硕士
491	12021131051	戴宏伟	机械工程学院	机械	学业奖学金(硕)二等	硕士
492	12021131087	率宝奇	机械工程学院	机械	学业奖学金(硕)二等	硕士
493	12021131096	孟　圆	机械工程学院	机械	学业奖学金(硕)二等	硕士
494	12021131099	王　刚	机械工程学院	机械	学业奖学金(硕)二等	硕士
495	12021131104	魏　迟	机械工程学院	机械	学业奖学金(硕)二等	硕士
496	12021131109	徐纪刚	机械工程学院	机械	学业奖学金(硕)二等	硕士
497	12021131127	郑德勇	机械工程学院	机械	学业奖学金(硕)二等	硕士
498	12019130780	黎　游	机械工程学院	机械工程(学术)	学业奖学金(硕)三等	硕士
499	12019130784	邓建飞	机械工程学院	机械工程(学术)	学业奖学金(硕)三等	硕士
500	12019130785	马洪文	机械工程学院	机械工程(学术)	学业奖学金(硕)三等	硕士

续表 17

序号	学 号	姓 名	院 系	专 业	奖学金等级	培养层次
501	12020130982	韩棒斌	机械工程学院	机械工程(学术)	学业奖学金(硕)三等	硕士
502	12020130984	包绍亿	机械工程学院	机械工程(学术)	学业奖学金(硕)三等	硕士
503	12020130987	柯泽荣	机械工程学院	机械工程(学术)	学业奖学金(硕)三等	硕士
504	12020130991	徐天艺	机械工程学院	机械工程(学术)	学业奖学金(硕)三等	硕士
505	12020130992	张炳建	机械工程学院	机械工程(学术)	学业奖学金(硕)三等	硕士
506	12020130997	蔡涪全	机械工程学院	机械	学业奖学金(硕)三等	硕士
507	12020130998	蔡政杰	机械工程学院	机械	学业奖学金(硕)三等	硕士
508	12020131001	打彦梅	机械工程学院	机械	学业奖学金(硕)三等	硕士
509	12020131003	高海峰	机械工程学院	机械	学业奖学金(硕)三等	硕士
510	12020131004	高乾峰	机械工程学院	机械	学业奖学金(硕)三等	硕士
511	12020131008	侯才易	机械工程学院	机械	学业奖学金(硕)三等	硕士
512	12020131010	吉冬青	机械工程学院	机械	学业奖学金(硕)三等	硕士
513	12020131013	李建港	机械工程学院	机械	学业奖学金(硕)三等	硕士
514	12020131021	毛雨飏	机械工程学院	机械	学业奖学金(硕)三等	硕士
515	12020131022	穆万琴	机械工程学院	机械	学业奖学金(硕)三等	硕士
516	12020131027	秦洪燕	机械工程学院	机械	学业奖学金(硕)三等	硕士
517	12020131032	宋文世	机械工程学院	机械	学业奖学金(硕)三等	硕士
518	12020131036	孙照凯	机械工程学院	机械	学业奖学金(硕)三等	硕士
519	12020131040	王 凯	机械工程学院	机械	学业奖学金(硕)三等	硕士
520	12020131041	王 凯	机械工程学院	机械	学业奖学金(硕)三等	硕士
521	12020131042	王 萌	机械工程学院	机械	学业奖学金(硕)三等	硕士
522	12020131045	王耀伟	机械工程学院	机械	学业奖学金(硕)三等	硕士
523	12020131053	杨文玉	机械工程学院	机械	学业奖学金(硕)三等	硕士
524	12020131055	袁天孝	机械工程学院	机械	学业奖学金(硕)三等	硕士
525	12020131056	张 峰	机械工程学院	机械	学业奖学金(硕)三等	硕士
526	12020131059	张星池	机械工程学院	机械	学业奖学金(硕)三等	硕士
527	12020131060	张亚轩	机械工程学院	机械	学业奖学金(硕)三等	硕士
528	12020131061	张 瑶	机械工程学院	机械	学业奖学金(硕)三等	硕士
529	12020131064	邹泽坤	机械工程学院	机械	学业奖学金(硕)三等	硕士
530	12021131034	何立军	机械工程学院	机械工程(学术)	学业奖学金(硕)三等	硕士

续表 18

序号	学号	姓名	院系	专业	奖学金等级	培养层次
531	12021131035	刘行宇	机械工程学院	机械工程(学术)	学业奖学金(硕)三等	硕士
532	12021131037	石梓迅	机械工程学院	机械工程(学术)	学业奖学金(硕)三等	硕士
533	12021131040	赵勇	机械工程学院	机械工程(学术)	学业奖学金(硕)三等	硕士
534	12021131042	马列飞	机械工程学院	机械工程(学术)	学业奖学金(硕)三等	硕士
535	12021131046	周艳芳	机械工程学院	机械工程(学术)	学业奖学金(硕)三等	硕士
536	12021131054	董昌生	机械工程学院	机械	学业奖学金(硕)三等	硕士
537	12021131061	贺一丁	机械工程学院	机械	学业奖学金(硕)三等	硕士
538	12021131063	洪步林	机械工程学院	机械	学业奖学金(硕)三等	硕士
539	12021131064	侯良森	机械工程学院	机械	学业奖学金(硕)三等	硕士
540	12021131065	胡建	机械工程学院	机械	学业奖学金(硕)三等	硕士
541	12021131067	贾智勇	机械工程学院	机械	学业奖学金(硕)三等	硕士
542	12021131071	康文	机械工程学院	机械	学业奖学金(硕)三等	硕士
543	12021131078	李泽宇	机械工程学院	机械	学业奖学金(硕)三等	硕士
544	12021131079	李争光	机械工程学院	机械	学业奖学金(硕)三等	硕士
545	12021131081	李宙真	机械工程学院	机械	学业奖学金(硕)三等	硕士
546	12021131082	凌玉施	机械工程学院	机械	学业奖学金(硕)三等	硕士
547	12021131083	刘健	机械工程学院	机械	学业奖学金(硕)三等	硕士
548	12021131086	罗康宁	机械工程学院	机械	学业奖学金(硕)三等	硕士
549	12021131089	马辉	机械工程学院	机械	学业奖学金(硕)三等	硕士
550	12021131093	马卫成	机械工程学院	机械	学业奖学金(硕)三等	硕士
551	12021131097	孙泽程	机械工程学院	机械	学业奖学金(硕)三等	硕士
552	12021131098	唐嘉泽	机械工程学院	机械	学业奖学金(硕)三等	硕士
553	12021131100	王淮玉	机械工程学院	机械	学业奖学金(硕)三等	硕士
554	12021131103	王振秋	机械工程学院	机械	学业奖学金(硕)三等	硕士
555	12021131105	魏鑫	机械工程学院	机械	学业奖学金(硕)三等	硕士
556	12021131107	夏振宇	机械工程学院	机械	学业奖学金(硕)三等	硕士
557	12021131108	劾振宁	机械工程学院	机械	学业奖学金(硕)三等	硕士
558	12021131110	徐铭涵	机械工程学院	机械	学业奖学金(硕)三等	硕士
559	12021131123	张龙	机械工程学院	机械	学业奖学金(硕)三等	硕士
560	12021131126	赵明伟	机械工程学院	机械	学业奖学金(硕)三等	硕士
561	12021131128	郑克诚	机械工程学院	机械	学业奖学金(硕)三等	硕士

续表 19

序号	学号	姓名	院系	专业	奖学金等级	培养层次
562	12021131131	朱浩	机械工程学院	机械	学业奖学金(硕)三等	硕士
563	12020130288	胡洋	教育学院	教育学	学业奖学金(硕)支教复学	硕士
564	12018130214	王奕洁	教育学院	应用心理学	学业奖学金(硕)一等	硕士
565	12019130236	魏晓倩	教育学院	教育学原理	学业奖学金(硕)一等	硕士
566	12019130248	谭颖	教育学院	课程与教学论	学业奖学金(硕)一等	硕士
567	12020130272	高欢	教育学院	教育学	学业奖学金(硕)一等	硕士
568	12020130286	卢晋媛	教育学院	教育学	学业奖学金(硕)一等	硕士
569	12020130302	刘鸣杰	教育学院	心理学	学业奖学金(硕)一等	硕士
570	12020130308	付文秋	教育学院	现代教育技术	学业奖学金(硕)一等	硕士
571	12020130321	李欣蔚	教育学院	现代教育技术	学业奖学金(硕)一等	硕士
572	12020130322	李一祎	教育学院	现代教育技术	学业奖学金(硕)一等	硕士
573	12020130328	秦沛玲	教育学院	现代教育技术	学业奖学金(硕)一等	硕士
574	12020130357	毕文伟	教育学院	小学教育	学业奖学金(硕)一等	硕士
575	12020130361	邓红侠	教育学院	小学教育	学业奖学金(硕)一等	硕士
576	12020130377	刘锦闪	教育学院	小学教育	学业奖学金(硕)一等	硕士
577	12020130396	赵向荣	教育学院	小学教育	学业奖学金(硕)一等	硕士
578	12020130401	牛天娇	教育学院	教育技术学	学业奖学金(硕)一等	硕士
579	12019130241	刘露	教育学院	教育学原理	学业奖学金(硕)二等	硕士
580	12019130249	安富宏	教育学院	课程与教学论	学业奖学金(硕)二等	硕士
581	12019130258	马小芳	教育学院	心理学	学业奖学金(硕)二等	硕士
582	12019130314	马昊学	教育学院	教育技术学	学业奖学金(硕)二等	硕士
583	12020130267	陈浩钱	教育学院	教育学	学业奖学金(硕)二等	硕士
584	12020130284	刘露	教育学院	教育学	学业奖学金(硕)二等	硕士
585	12020130299	张洁	教育学院	心理学	学业奖学金(硕)二等	硕士
586	12020130310	高天宇	教育学院	现代教育技术	学业奖学金(硕)二等	硕士
587	12020130315	景嘉欣	教育学院	现代教育技术	学业奖学金(硕)二等	硕士
588	12020130332	田帅	教育学院	现代教育技术	学业奖学金(硕)二等	硕士
589	12020130333	王佳倩	教育学院	现代教育技术	学业奖学金(硕)二等	硕士
590	12020130336	王心怡	教育学院	现代教育技术	学业奖学金(硕)二等	硕士
591	12020130383	邱慧林	教育学院	小学教育	学业奖学金(硕)二等	硕士

续表20

序号	学号	姓名	院系	专业	奖学金等级	培养层次
592	12020130387	王丽雅	教育学院	小学教育	学业奖学金(硕)二等	硕士
593	12020130394	张爽爽	教育学院	小学教育	学业奖学金(硕)二等	硕士
594	12020130395	赵蓉	教育学院	小学教育	学业奖学金(硕)二等	硕士
595	12021130290	徐丹阳	教育学院	教育学	学业奖学金(硕)二等	硕士
596	12021130292	冯锦芳	教育学院	教育学	学业奖学金(硕)二等	硕士
597	12021130307	高瑀谣	教育学院	心理学	学业奖学金(硕)二等	硕士
598	12021130331	郭洋	教育学院	现代教育技术	学业奖学金(硕)二等	硕士
599	12021130343	苏航	教育学院	现代教育技术	学业奖学金(硕)二等	硕士
600	12021130346	王福荣	教育学院	现代教育技术	学业奖学金(硕)二等	硕士
601	12021130362	赵梦袁	教育学院	现代教育技术	学业奖学金(硕)二等	硕士
602	12021130367	杜维	教育学院	小学教育	学业奖学金(硕)二等	硕士
603	12021130370	段小媛	教育学院	小学教育	学业奖学金(硕)二等	硕士
604	12021130398	王晔	教育学院	小学教育	学业奖学金(硕)二等	硕士
605	12021130399	薛丹妮	教育学院	小学教育	学业奖学金(硕)二等	硕士
606	12021130413	王盈乐	教育学院	学前教育	学业奖学金(硕)二等	硕士
607	12021130419	叶芬	教育学院	教育技术学	学业奖学金(硕)二等	硕士
608	12018130208	马小红	教育学院	应用心理学	学业奖学金(硕)三等	硕士
609	12019130235	屈琳君	教育学院	教育学原理	学业奖学金(硕)三等	硕士
610	12019130239	张蓝	教育学院	教育学原理	学业奖学金(硕)三等	硕士
611	12019130240	姜丹	教育学院	教育学原理	学业奖学金(硕)三等	硕士
612	12019130245	焦帆	教育学院	课程与教学论	学业奖学金(硕)三等	硕士
613	12019130246	阚兵	教育学院	课程与教学论	学业奖学金(硕)三等	硕士
614	12019130252	李政莹	教育学院	少年儿童组织与思想意识教育	学业奖学金(硕)三等	硕士
615	12019130256	简佩玲	教育学院	心理学	学业奖学金(硕)三等	硕士
616	12019130260	王小芳	教育学院	心理学	学业奖学金(硕)三等	硕士
617	12019130261	吴静	教育学院	心理学	学业奖学金(硕)三等	硕士
618	12019130317	李柱	教育学院	教育技术学	学业奖学金(硕)三等	硕士
619	12020130268	陈漫玉	教育学院	教育学	学业奖学金(硕)三等	硕士
620	12020130269	陈莎莎	教育学院	教育学	学业奖学金(硕)三等	硕士
621	12020130270	崔苗苗	教育学院	教育学	学业奖学金(硕)三等	硕士

续表 21

序号	学号	姓名	院系	专业	奖学金等级	培养层次
622	12020130271	党春苗	教育学院	教育学	学业奖学金(硕)三等	硕士
623	12020130273	高志华	教育学院	教育学	学业奖学金(硕)三等	硕士
624	12020130282	李先花	教育学院	教育学	学业奖学金(硕)三等	硕士
625	12020130283	刘静宜	教育学院	教育学	学业奖学金(硕)三等	硕士
626	12020130292	郑梦瑶	教育学院	教育学	学业奖学金(硕)三等	硕士
627	12020130298	宋秀萍	教育学院	心理学	学业奖学金(硕)三等	硕士
628	12020130301	郭童	教育学院	心理学	学业奖学金(硕)三等	硕士
629	12020130303	张森森	教育学院	心理学	学业奖学金(硕)三等	硕士
630	12020130306	段文婷	教育学院	现代教育技术	学业奖学金(硕)三等	硕士
631	12020130307	方寄达	教育学院	现代教育技术	学业奖学金(硕)三等	硕士
632	12020130309	高琼	教育学院	现代教育技术	学业奖学金(硕)三等	硕士
633	12020130314	黄萱	教育学院	现代教育技术	学业奖学金(硕)三等	硕士
634	12020130316	李会	教育学院	现代教育技术	学业奖学金(硕)三等	硕士
635	12020130317	李晶晶	教育学院	现代教育技术	学业奖学金(硕)三等	硕士
636	12020130318	李瑞利	教育学院	现代教育技术	学业奖学金(硕)三等	硕士
637	12020130320	李欣	教育学院	现代教育技术	学业奖学金(硕)三等	硕士
638	12020130323	刘嘉丽	教育学院	现代教育技术	学业奖学金(硕)三等	硕士
639	12020130329	宋歌	教育学院	现代教育技术	学业奖学金(硕)三等	硕士
640	12020130330	孙怡	教育学院	现代教育技术	学业奖学金(硕)三等	硕士
641	12020130331	孙莹莹	教育学院	现代教育技术	学业奖学金(硕)三等	硕士
642	12020130335	王思雨	教育学院	现代教育技术	学业奖学金(硕)三等	硕士
643	12020130341	吴亚玲	教育学院	现代教育技术	学业奖学金(硕)三等	硕士
644	12020130342	伍清清	教育学院	现代教育技术	学业奖学金(硕)三等	硕士
645	12020130350	张曼钧	教育学院	现代教育技术	学业奖学金(硕)三等	硕士
646	12020130353	赵巧	教育学院	现代教育技术	学业奖学金(硕)三等	硕士
647	12020130356	白小玲	教育学院	小学教育	学业奖学金(硕)三等	硕士
648	12020130358	曹振芳	教育学院	小学教育	学业奖学金(硕)三等	硕士
649	12020130360	陈宁	教育学院	小学教育	学业奖学金(硕)三等	硕士
650	12020130362	丁科州	教育学院	小学教育	学业奖学金(硕)三等	硕士
651	12020130364	段红丹	教育学院	小学教育	学业奖学金(硕)三等	硕士
652	12020130370	赫林娜	教育学院	小学教育	学业奖学金(硕)三等	硕士

续表 22

序号	学 号	姓 名	院 系	专 业	奖学金等级	培养层次
653	12020130371	胡义甜	教育学院	小学教育	学业奖学金(硕)三等	硕士
654	12020130372	李 红	教育学院	小学教育	学业奖学金(硕)三等	硕士
655	12020130373	李 静	教育学院	小学教育	学业奖学金(硕)三等	硕士
656	12020130374	梁茹茹	教育学院	小学教育	学业奖学金(硕)三等	硕士
657	12020130379	刘亚敏	教育学院	小学教育	学业奖学金(硕)三等	硕士
658	12020130381	马 燕	教育学院	小学教育	学业奖学金(硕)三等	硕士
659	12020130382	苗丹丹	教育学院	小学教育	学业奖学金(硕)三等	硕士
660	12020130388	王小凤	教育学院	小学教育	学业奖学金(硕)三等	硕士
661	12020130399	刘佳玉	教育学院	教育技术学	学业奖学金(硕)三等	硕士
662	12020130400	卢 彬	教育学院	教育技术学	学业奖学金(硕)三等	硕士
663	12021130280	艾玲玲	教育学院	教育学	学业奖学金(硕)三等	硕士
664	12021130283	陈春彦	教育学院	教育学	学业奖学金(硕)三等	硕士
665	12021130284	陈 娥	教育学院	教育学	学业奖学金(硕)三等	硕士
666	12021130291	张阿飞	教育学院	教育学	学业奖学金(硕)三等	硕士
667	12021130293	李小琴	教育学院	教育学	学业奖学金(硕)三等	硕士
668	12021130295	刘晓丽	教育学院	教育学	学业奖学金(硕)三等	硕士
669	12021130296	龙少佩	教育学院	教育学	学业奖学金(硕)三等	硕士
670	12021130304	王晓娇	教育学院	教育学	学业奖学金(硕)三等	硕士
671	12021130305	徐智妞	教育学院	教育学	学业奖学金(硕)三等	硕士
672	12021130308	黄丽莹	教育学院	心理学	学业奖学金(硕)三等	硕士
673	12021130312	高 浩	教育学院	心理学	学业奖学金(硕)三等	硕士
674	12021130316	李 征	教育学院	心理学	学业奖学金(硕)三等	硕士
675	12021130317	沈姝含	教育学院	心理学	学业奖学金(硕)三等	硕士
676	12021130322	邓玉超	教育学院	现代教育技术	学业奖学金(硕)三等	硕士
677	12021130323	冯慧敏	教育学院	现代教育技术	学业奖学金(硕)三等	硕士
678	12021130325	符 建	教育学院	现代教育技术	学业奖学金(硕)三等	硕士
679	12021130328	高莉茹	教育学院	现代教育技术	学业奖学金(硕)三等	硕士
680	12021130335	焦 静	教育学院	现代教育技术	学业奖学金(硕)三等	硕士
681	12021130344	童佩佩	教育学院	现代教育技术	学业奖学金(硕)三等	硕士
682	12021130345	汪雨楠	教育学院	现代教育技术	学业奖学金(硕)三等	硕士

续表 23

序号	学号	姓名	院系	专业	奖学金等级	培养层次
683	12021130349	闻秋燕	教育学院	现代教育技术	学业奖学金(硕)三等	硕士
684	12021130351	吴丽娜	教育学院	现代教育技术	学业奖学金(硕)三等	硕士
685	12021130352	吴妍	教育学院	现代教育技术	学业奖学金(硕)三等	硕士
686	12021130353	武芳	教育学院	现代教育技术	学业奖学金(硕)三等	硕士
687	12021130355	杨抒然	教育学院	现代教育技术	学业奖学金(硕)三等	硕士
688	12021130356	杨颖超	教育学院	现代教育技术	学业奖学金(硕)三等	硕士
689	12021130357	禹娟娟	教育学院	现代教育技术	学业奖学金(硕)三等	硕士
690	12021130360	张芝源	教育学院	现代教育技术	学业奖学金(硕)三等	硕士
691	12021130363	郑钰	教育学院	现代教育技术	学业奖学金(硕)三等	硕士
692	12021130365	曹晓慧	教育学院	小学教育	学业奖学金(硕)三等	硕士
693	12021130366	董春娣	教育学院	小学教育	学业奖学金(硕)三等	硕士
694	12021130368	段晨	教育学院	小学教育	学业奖学金(硕)三等	硕士
695	12021130373	何思清	教育学院	小学教育	学业奖学金(硕)三等	硕士
696	12021130376	贾茸茸	教育学院	小学教育	学业奖学金(硕)三等	硕士
697	12021130380	李寒菲	教育学院	小学教育	学业奖学金(硕)三等	硕士
698	12021130383	刘嘉潾	教育学院	小学教育	学业奖学金(硕)三等	硕士
699	12021130384	刘新星	教育学院	小学教育	学业奖学金(硕)三等	硕士
700	12021130385	卢凤霞	教育学院	小学教育	学业奖学金(硕)三等	硕士
701	12021130388	宋晓婷	教育学院	小学教育	学业奖学金(硕)三等	硕士
702	12021130393	王静	教育学院	小学教育	学业奖学金(硕)三等	硕士
703	12021130394	王俊博	教育学院	小学教育	学业奖学金(硕)三等	硕士
704	12021130401	岳雪琴	教育学院	小学教育	学业奖学金(硕)三等	硕士
705	12021130402	白菁如	教育学院	学前教育	学业奖学金(硕)三等	硕士
706	12021130403	常婧娴	教育学院	学前教育	学业奖学金(硕)三等	硕士
707	12021130406	郭睿	教育学院	学前教育	学业奖学金(硕)三等	硕士
708	12021130407	李霞霞	教育学院	学前教育	学业奖学金(硕)三等	硕士
709	12021130415	周洁萍	教育学院	学前教育	学业奖学金(硕)三等	硕士
710	12021130418	乔丹	教育学院	教育技术学	学业奖学金(硕)三等	硕士
711	12021130421	岳丽丽	教育学院	教育技术学	学业奖学金(硕)三等	硕士
712	12020130054	池俸禄	经济管理学院	政治经济学	学业奖学金(硕)支教复学	硕士
713	12020130116	苏志琴	经济管理学院	会计	学业奖学金(硕)支教复学	硕士

续表 24

序号	学号	姓名	院系	专业	奖学金等级	培养层次
714	12020130126	张晓红	经济管理学院	会计	学业奖学金(硕)支教复学	硕士
715	12019130045	韩东华	经济管理学院	政治经济学	学业奖学金(硕)一等	硕士
716	12019130059	马滢	经济管理学院	工商管理	学业奖学金(硕)一等	硕士
717	12020130045	曾丛维	经济管理学院	政治经济学	学业奖学金(硕)一等	硕士
718	12020130052	谢瑞杰	经济管理学院	政治经济学	学业奖学金(硕)一等	硕士
719	12020130061	丁铎栋	经济管理学院	世界经济	学业奖学金(硕)一等	硕士
720	12020130091	陆旖璠	经济管理学院	会计	学业奖学金(硕)一等	硕士
721	12020130104	杨昕	经济管理学院	会计	学业奖学金(硕)一等	硕士
722	12020130118	戴悦	经济管理学院	会计	学业奖学金(硕)一等	硕士
723	12020130125	于亚丽	经济管理学院	会计	学业奖学金(硕)一等	硕士
724	12019130049	马逸菲	经济管理学院	政治经济学	学业奖学金(硕)二等	硕士
725	12019130056	甄魏	经济管理学院	人口、资源与环境经济学	学业奖学金(硕)二等	硕士
726	12020130051	陶乐	经济管理学院	政治经济学	学业奖学金(硕)二等	硕士
727	12020130066	陈雪莉	经济管理学院	人口、资源与环境经济学	学业奖学金(硕)二等	硕士
728	12020130068	虎娜娜	经济管理学院	工商管理	学业奖学金(硕)二等	硕士
729	12020130077	沈小诗	经济管理学院	农林经济管理	学业奖学金(硕)二等	硕士
730	12020130080	冯雪琴	经济管理学院	会计	学业奖学金(硕)二等	硕士
731	12020130087	刘梦月	经济管理学院	会计	学业奖学金(硕)二等	硕士
732	12020130108	张璐	经济管理学院	会计	学业奖学金(硕)二等	硕士
733	12020130119	窦乐	经济管理学院	会计	学业奖学金(硕)二等	硕士
734	12021130047	吴小燕	经济管理学院	理论经济学	学业奖学金(硕)二等	硕士
735	12021130058	陆雅静	经济管理学院	理论经济学	学业奖学金(硕)二等	硕士
736	12021130064	陈启楠	经济管理学院	工商管理	学业奖学金(硕)二等	硕士
737	12021130080	郭依青	经济管理学院	会计	学业奖学金(硕)二等	硕士
738	12021130086	李奕轩	经济管理学院	会计	学业奖学金(硕)二等	硕士
739	12021130098	王旭娟	经济管理学院	会计	学业奖学金(硕)二等	硕士
740	12021130106	高源	经济管理学院	会计	学业奖学金(硕)二等	硕士
741	12019130042	冷泽源	经济管理学院	政治经济学	学业奖学金(硕)三等	硕士
742	12019130054	陈懿	经济管理学院	世界经济	学业奖学金(硕)三等	硕士
743	12019130055	马于凡	经济管理学院	人口、资源与环境经济学	学业奖学金(硕)三等	硕士
744	12019130060	陈雅妮	经济管理学院	工商管理	学业奖学金(硕)三等	硕士

续表25

序号	学号	姓名	院系	专业	奖学金等级	培养层次
745	12019130062	杨慧	经济管理学院	工商管理	学业奖学金(硕)三等	硕士
746	12019130063	邓爽	经济管理学院	农林经济管理	学业奖学金(硕)三等	硕士
747	12019130064	黄鑫	经济管理学院	农林经济管理	学业奖学金(硕)三等	硕士
748	12020130046	刘素	经济管理学院	政治经济学	学业奖学金(硕)三等	硕士
749	12020130047	王雅蕾	经济管理学院	政治经济学	学业奖学金(硕)三等	硕士
750	12020130050	金小雨	经济管理学院	政治经济学	学业奖学金(硕)三等	硕士
751	12020130053	周涛	经济管理学院	政治经济学	学业奖学金(硕)三等	硕士
752	12020130057	王小琴	经济管理学院	政治经济学	学业奖学金(硕)三等	硕士
753	12020130058	李若萱	经济管理学院	世界经济	学业奖学金(硕)三等	硕士
754	12020130060	张娟悦	经济管理学院	世界经济	学业奖学金(硕)三等	硕士
755	12020130062	郑焜雪	经济管理学院	世界经济	学业奖学金(硕)三等	硕士
756	12020130063	刘彩玉	经济管理学院	人口、资源与环境经济学	学业奖学金(硕)三等	硕士
757	12020130067	陈娜娜	经济管理学院	工商管理	学业奖学金(硕)三等	硕士
758	12020130069	虎亚菲	经济管理学院	工商管理	学业奖学金(硕)三等	硕士
759	12020130073	范晨露	经济管理学院	农林经济管理	学业奖学金(硕)三等	硕士
760	12020130081	侯雪	经济管理学院	会计	学业奖学金(硕)三等	硕士
761	12020130084	李梦莹	经济管理学院	会计	学业奖学金(硕)三等	硕士
762	12020130089	刘易斯	经济管理学院	会计	学业奖学金(硕)三等	硕士
763	12020130092	石金茹	经济管理学院	会计	学业奖学金(硕)三等	硕士
764	12020130094	苏双妹	经济管理学院	会计	学业奖学金(硕)三等	硕士
765	12020130095	孙梦雅	经济管理学院	会计	学业奖学金(硕)三等	硕士
766	12020130097	王彩香	经济管理学院	会计	学业奖学金(硕)三等	硕士
767	12020130100	王毓欣	经济管理学院	会计	学业奖学金(硕)三等	硕士
768	12020130102	杨杰	经济管理学院	会计	学业奖学金(硕)三等	硕士
769	12020130106	应昕臣	经济管理学院	会计	学业奖学金(硕)三等	硕士
770	12020130107	余淑璐	经济管理学院	会计	学业奖学金(硕)三等	硕士
771	12020130109	张珊珊	经济管理学院	会计	学业奖学金(硕)三等	硕士
772	12020130113	韩振	经济管理学院	会计	学业奖学金(硕)三等	硕士
773	12020130120	黑珊珊	经济管理学院	会计	学业奖学金(硕)三等	硕士
774	12020130124	杨有琴	经济管理学院	会计	学业奖学金(硕)三等	硕士
775	12021130044	窦志胜	经济管理学院	理论经济学	学业奖学金(硕)三等	硕士

续表 26

序号	学 号	姓 名	院 系	专 业	奖学金等级	培养层次
776	12021130045	申清清	经济管理学院	理论经济学	学业奖学金(硕)三等	硕士
777	12021130059	彭芮茜	经济管理学院	理论经济学	学业奖学金(硕)三等	硕士
778	12021130060	王敬霞	经济管理学院	理论经济学	学业奖学金(硕)三等	硕士
779	12021130063	于 恒	经济管理学院	工商管理	学业奖学金(硕)三等	硕士
780	12021130065	陈雪洁	经济管理学院	工商管理	学业奖学金(硕)三等	硕士
781	12021130067	苏晓峰	经济管理学院	工商管理	学业奖学金(硕)三等	硕士
782	12021130068	张晨萱	经济管理学院	工商管理	学业奖学金(硕)三等	硕士
783	12021130073	程鑫沄	经济管理学院	农林经济管理	学业奖学金(硕)三等	硕士
784	12021130074	虎亚观	经济管理学院	农林经济管理	学业奖学金(硕)三等	硕士
785	12021130075	刘雯雯	经济管理学院	农林经济管理	学业奖学金(硕)三等	硕士
786	12021130083	李 青	经济管理学院	会计	学业奖学金(硕)三等	硕士
787	12021130084	李思佳	经济管理学院	会计	学业奖学金(硕)三等	硕士
788	12021130088	刘 瑞	经济管理学院	会计	学业奖学金(硕)三等	硕士
789	12021130091	马依敏	经济管理学院	会计	学业奖学金(硕)三等	硕士
790	12021130093	秦嘉媛	经济管理学院	会计	学业奖学金(硕)三等	硕士
791	12021130094	苏佳明	经济管理学院	会计	学业奖学金(硕)三等	硕士
792	12021130097	王浩东	经济管理学院	会计	学业奖学金(硕)三等	硕士
793	12021130100	徐海昭	经济管理学院	会计	学业奖学金(硕)三等	硕士
794	12021130102	张一涵	经济管理学院	会计	学业奖学金(硕)三等	硕士
795	12021130107	韩 欢	经济管理学院	会计	学业奖学金(硕)三等	硕士
796	12021130108	卫浩然	经济管理学院	会计	学业奖学金(硕)三等	硕士
797	12021130110	韩秋乐	经济管理学院	会计	学业奖学金(硕)三等	硕士
798	12021130113	孙家玉	经济管理学院	会计	学业奖学金(硕)三等	硕士
799	12021130116	吴 静	经济管理学院	会计	学业奖学金(硕)三等	硕士
800	12021130117	张一博	经济管理学院	会计	学业奖学金(硕)三等	硕士
801	12021130056	李程祎	经济管理学院	理论经济学	学业奖学金(硕)三等	硕士
802	12019130139	尉 泽	马克思主义学院	思想政治教育	学业奖学金(硕)一等	硕士
803	12020130149	徐 琛	马克思主义学院	马克思主义基本原理	学业奖学金(硕)一等	硕士
804	12020130160	刘可心	马克思主义学院	思想政治教育	学业奖学金(硕)一等	硕士
805	12020130164	孙晓宇	马克思主义学院	思想政治教育	学业奖学金(硕)一等	硕士
806	12020130170	王晨阳	马克思主义学院	思想政治教育	学业奖学金(硕)一等	硕士

续表27

序号	学　号	姓　名	院　系	专　业	奖学金等级	培养层次
807	12019130126	马鹏宇	马克思主义学院	马克思主义基本原理	学业奖学金(硕)二等	硕士
808	12019130134	孙万兵	马克思主义学院	马克思主义基本原理	学业奖学金(硕)二等	硕士
809	12019130136	蒋永强	马克思主义学院	思想政治教育	学业奖学金(硕)二等	硕士
810	12019130141	杨欣	马克思主义学院	思想政治教育	学业奖学金(硕)二等	硕士
811	12019130142	杨银	马克思主义学院	思想政治教育	学业奖学金(硕)二等	硕士
812	12019130145	张红	马克思主义学院	思想政治教育	学业奖学金(硕)二等	硕士
813	12020130161	路亚迪	马克思主义学院	思想政治教育	学业奖学金(硕)二等	硕士
814	12020130163	孙博文	马克思主义学院	思想政治教育	学业奖学金(硕)二等	硕士
815	12020130166	王毓环	马克思主义学院	思想政治教育	学业奖学金(硕)二等	硕士
816	12020130168	余劲草	马克思主义学院	思想政治教育	学业奖学金(硕)二等	硕士
817	12019130129	刘艺	马克思主义学院	马克思主义基本原理	学业奖学金(硕)三等	硕士
818	12019130130	海淑霞	马克思主义学院	马克思主义基本原理	学业奖学金(硕)三等	硕士
819	12019130131	李瑞雪	马克思主义学院	马克思主义基本原理	学业奖学金(硕)三等	硕士
820	12019130137	马媛媛	马克思主义学院	思想政治教育	学业奖学金(硕)三等	硕士
821	12019130138	王蓉	马克思主义学院	思想政治教育	学业奖学金(硕)三等	硕士
822	12019130140	徐浩楠	马克思主义学院	思想政治教育	学业奖学金(硕)三等	硕士
823	12019130144	袁晓雪	马克思主义学院	思想政治教育	学业奖学金(硕)三等	硕士
824	12019130147	周方妍	马克思主义学院	思想政治教育	学业奖学金(硕)三等	硕士
825	12019130148	王亚茹	马克思主义学院	思想政治教育	学业奖学金(硕)三等	硕士
826	12020130142	刘一聪	马克思主义学院	马克思主义基本原理	学业奖学金(硕)三等	硕士
827	12020130144	倪雨林	马克思主义学院	马克思主义基本原理	学业奖学金(硕)三等	硕士
828	12020130145	王杉	马克思主义学院	马克思主义基本原理	学业奖学金(硕)三等	硕士
829	12020130150	姜明军	马克思主义学院	马克思主义基本原理	学业奖学金(硕)三等	硕士
830	12020130155	顾悦	马克思主义学院	思想政治教育	学业奖学金(硕)三等	硕士
831	12020130156	黄雅欣	马克思主义学院	思想政治教育	学业奖学金(硕)三等	硕士
832	12020130159	李晓艳	马克思主义学院	思想政治教育	学业奖学金(硕)三等	硕士
833	12020130167	姚佳丽	马克思主义学院	思想政治教育	学业奖学金(硕)三等	硕士
834	12021130132	李颖欣	马克思主义学院	马克思主义基本原理	学业奖学金(硕)三等	硕士
835	12021130133	刘璐	马克思主义学院	马克思主义基本原理	学业奖学金(硕)三等	硕士
836	12021130142	赵爽	马克思主义学院	马克思主义基本原理	学业奖学金(硕)三等	硕士
837	12021130144	来振宇	马克思主义学院	马克思主义基本原理	学业奖学金(硕)三等	硕士

续表 28

序号	学 号	姓 名	院 系	专 业	奖学金等级	培养层次
838	12021130145	刘青阳	马克思主义学院	马克思主义基本原理	学业奖学金(硕)三等	硕士
839	12021130146	刘新育	马克思主义学院	马克思主义基本原理	学业奖学金(硕)三等	硕士
840	12021130147	刘亚莉	马克思主义学院	马克思主义基本原理	学业奖学金(硕)三等	硕士
841	12021130148	苏新巧	马克思主义学院	马克思主义基本原理	学业奖学金(硕)三等	硕士
842	12021130150	田 鑫	马克思主义学院	马克思主义基本原理	学业奖学金(硕)三等	硕士
843	12021130154	贺蔚佳	马克思主义学院	思想政治教育	学业奖学金(硕)三等	硕士
844	12021130157	刘金花	马克思主义学院	思想政治教育	学业奖学金(硕)三等	硕士
845	12021130160	吴启乐	马克思主义学院	思想政治教育	学业奖学金(硕)三等	硕士
846	12021130161	薛春艳	马克思主义学院	思想政治教育	学业奖学金(硕)三等	硕士
847	12021130162	薛 丽	马克思主义学院	思想政治教育	学业奖学金(硕)三等	硕士
848	12021130163	杨 婧	马克思主义学院	思想政治教育	学业奖学金(硕)三等	硕士
849	12021130168	冯安慧	马克思主义学院	思想政治教育	学业奖学金(硕)三等	硕士
850	12021130174	关 悦	马克思主义学院	思想政治教育	学业奖学金(硕)三等	硕士
851	12019131252	郭飞凤	美术学院	美术	学业奖学金(硕)一等	硕士
852	12019131254	刘茂营	美术学院	美术	学业奖学金(硕)一等	硕士
853	12019131255	裴文斌	美术学院	美术	学业奖学金(硕)一等	硕士
854	12020131589	杨艳宏	美术学院	美术	学业奖学金(硕)一等	硕士
855	12020131599	马素君	美术学院	美术	学业奖学金(硕)一等	硕士
856	12019131228	刘兴好	美术学院	中国少数民族艺术	学业奖学金(硕)二等	硕士
857	12019131235	段明威	美术学院	美术	学业奖学金(硕)二等	硕士
858	12019131245	王 敏	美术学院	美术	学业奖学金(硕)二等	硕士
859	12019131247	杨骞鑫	美术学院	美术	学业奖学金(硕)二等	硕士
860	12019131250	陈斯艺	美术学院	美术	学业奖学金(硕)二等	硕士
861	12019131259	郭 钱	美术学院	美术	学业奖学金(硕)二等	硕士
862	12020131585	刘 萱	美术学院	美术	学业奖学金(硕)二等	硕士
863	12020131594	查 雪	美术学院	美术	学业奖学金(硕)二等	硕士
864	12020131595	陈小青	美术学院	美术	学业奖学金(硕)二等	硕士
865	12020131601	秦文涛	美术学院	美术	学业奖学金(硕)二等	硕士
866	12019131233	程蕾蕾	美术学院	美术	学业奖学金(硕)三等	硕士
867	12019131238	鞠晨鸣	美术学院	美术	学业奖学金(硕)三等	硕士
868	12019131239	李佳函	美术学院	美术	学业奖学金(硕)三等	硕士

续表 29

序号	学号	姓名	院系	专业	奖学金等级	培养层次
869	12019131241	马梅	美术学院	美术	学业奖学金(硕)三等	硕士
870	12019131243	孙欣如	美术学院	美术	学业奖学金(硕)三等	硕士
871	12019131244	田茹	美术学院	美术	学业奖学金(硕)三等	硕士
872	12019131246	徐煜茗	美术学院	美术	学业奖学金(硕)三等	硕士
873	12019131248	张霁月	美术学院	美术	学业奖学金(硕)三等	硕士
874	12019131249	张树苹	美术学院	美术	学业奖学金(硕)三等	硕士
875	12019131256	徐珂军	美术学院	美术	学业奖学金(硕)三等	硕士
876	12019131257	徐遥	美术学院	美术	学业奖学金(硕)三等	硕士
877	12019131258	郭鹏云	美术学院	美术	学业奖学金(硕)三等	硕士
878	12020131579	刘馨阳	美术学院	中国少数民族艺术	学业奖学金(硕)三等	硕士
879	12020131580	邬楠	美术学院	中国少数民族艺术	学业奖学金(硕)三等	硕士
880	12020131583	江南	美术学院	美术	学业奖学金(硕)三等	硕士
881	12020131586	乔楚	美术学院	美术	学业奖学金(硕)三等	硕士
882	12020131591	张杰	美术学院	美术	学业奖学金(硕)三等	硕士
883	12020131597	何佩玉	美术学院	美术	学业奖学金(硕)三等	硕士
884	12020131598	胡艺培	美术学院	美术	学业奖学金(硕)三等	硕士
885	12020131600	齐娅楠	美术学院	美术	学业奖学金(硕)三等	硕士
886	12020131605	赵杰文	美术学院	美术	学业奖学金(硕)三等	硕士
887	12020131607	李军霞	美术学院	美术	学业奖学金(硕)三等	硕士
888	12020131609	尚靖珍	美术学院	美术	学业奖学金(硕)三等	硕士
889	12021131588	窦轲轲	美术学院	美术	学业奖学金(硕)三等	硕士
890	12021131589	郭妞	美术学院	美术	学业奖学金(硕)三等	硕士
891	12021131591	贾蔚	美术学院	美术	学业奖学金(硕)三等	硕士
892	12021131592	李昭亭	美术学院	美术	学业奖学金(硕)三等	硕士
893	12021131594	马佳宁	美术学院	美术	学业奖学金(硕)三等	硕士
894	12021131597	王嘉轩	美术学院	美术	学业奖学金(硕)三等	硕士
895	12021131615	侯佳彤	美术学院	艺术设计	学业奖学金(硕)三等	硕士
896	12021131619	刘清	美术学院	艺术设计	学业奖学金(硕)三等	硕士
897	12021131623	孙宜聪	美术学院	艺术设计	学业奖学金(硕)三等	硕士
898	12021131625	张云杰	美术学院	艺术设计	学业奖学金(硕)三等	硕士

续表30

序号	学号	姓名	院系	专业	奖学金等级	培养层次
899	12019131242	任雪银	美术学院	美术	学业奖学金(硕)三等	硕士
900	12021131621	舒 展	美术学院	艺术设计	学业奖学金(硕)三等	硕士
901	12021131136	运彬媛	农学院	作物学	学业奖学金(硕)一等(推免)	硕士
902	12021131358	马乔女	农学院	资源利用与植物保护	学业奖学金(硕)一等(推免)	硕士
903	12019130844	吕开源	农学院	作物栽培学与耕作学	学业奖学金(硕)一等	硕士
904	12019130850	路旭平	农学院	作物遗传育种	学业奖学金(硕)一等	硕士
905	12019130856	马村艺	农学院	果树学	学业奖学金(硕)一等	硕士
906	12019130857	俞沁含	农学院	葡萄与葡萄酒学	学业奖学金(硕)一等	硕士
907	12019130859	贺 琰	农学院	葡萄与葡萄酒学	学业奖学金(硕)一等	硕士
908	12019130864	韦 伟	农学院	葡萄与葡萄酒学	学业奖学金(硕)一等	硕士
909	12019130870	申佳丽	农学院	设施园艺学	学业奖学金(硕)一等	硕士
910	12019130875	张邦彦	农学院	农业资源与环境	学业奖学金(硕)一等	硕士
911	12019130878	侯则颖	农学院	农业昆虫与害虫防治	学业奖学金(硕)一等	硕士
912	12019130879	梁 鹏	农学院	动物遗传育种与繁殖	学业奖学金(硕)一等	硕士
913	12019130882	雷召雄	农学院	动物遗传育种与繁殖	学业奖学金(硕)一等	硕士
914	12019130883	王卫振	农学院	动物遗传育种与繁殖	学业奖学金(硕)一等	硕士
915	12019130889	马秀花	农学院	动物营养与饲料科学	学业奖学金(硕)一等	硕士
916	12019130891	李瑞乾	农学院	预防兽医学	学业奖学金(硕)一等	硕士
917	12019130894	李 娜	农学院	预防兽医学	学业奖学金(硕)一等	硕士
918	12019130896	张瑞雪	农学院	临床兽医学	学业奖学金(硕)一等	硕士
919	12019130898	李志丽	农学院	草学	学业奖学金(硕)一等	硕士
920	12019130899	刘进娣	农学院	草学	学业奖学金(硕)一等	硕士
921	12019130900	罗 叙	农学院	草学	学业奖学金(硕)一等	硕士
922	12020131159	陈 倬	农学院	农艺与种业	学业奖学金(硕)一等	硕士
923	12020131170	石艳艳	农学院	农艺与种业	学业奖学金(硕)一等	硕士
924	12020131180	魏 雪	农学院	农艺与种业	学业奖学金(硕)一等	硕士
925	12020131222	唐玄德	农学院	农艺与种业	学业奖学金(硕)一等	硕士
926	12020131232	吴 轩	农学院	农艺与种业	学业奖学金(硕)一等	硕士
927	12020131236	杨 英	农学院	农艺与种业	学业奖学金(硕)一等	硕士
928	12020131259	王 斌	农学院	农艺与种业	学业奖学金(硕)一等	硕士
929	12020131269	韩 固	农学院	资源利用与植物保护	学业奖学金(硕)一等	硕士

续表31

序号	学号	姓名	院系	专业	奖学金等级	培养层次
930	12020131273	蒋婷婷	农学院	资源利用与植物保护	学业奖学金(硕)一等	硕士
931	12020131295	马志宁	农学院	资源利用与植物保护	学业奖学金(硕)一等	硕士
932	12020131317	李宇航	农学院	畜牧	学业奖学金(硕)一等	硕士
933	12020131339	张倩	农学院	畜牧	学业奖学金(硕)一等	硕士
934	12020131431	侯晓洋	农学院	农村发展	学业奖学金(硕)一等	硕士
935	12020131436	刘凯凯	农学院	农村发展	学业奖学金(硕)一等	硕士
936	12020131443	吴钰	农学院	农村发展	学业奖学金(硕)一等	硕士
937	12020131469	杨坤	农学院	兽医	学业奖学金(硕)一等	硕士
938	12020131499	杨虎	农学院	林业	学业奖学金(硕)一等	硕士
939	12020131501	杨泽康	农学院	林业	学业奖学金(硕)一等	硕士
940	12020131505	周亮	农学院	林业	学业奖学金(硕)一等	硕士
941	12019130847	满本菊	农学院	作物栽培学与耕作学	学业奖学金(硕)二等	硕士
942	12019130848	闫承宏	农学院	作物栽培学与耕作学	学业奖学金(硕)二等	硕士
943	12019130854	冯蕊	农学院	果树学	学业奖学金(硕)二等	硕士
944	12019130873	李东利	农学院	农业资源与环境	学业奖学金(硕)二等	硕士
945	12019130874	田超	农学院	农业资源与环境	学业奖学金(硕)二等	硕士
946	12019130884	杨箭	农学院	动物遗传育种与繁殖	学业奖学金(硕)二等	硕士
947	12019130885	丁燕玲	农学院	动物遗传育种与繁殖	学业奖学金(硕)二等	硕士
948	12019130887	朱相德	农学院	动物营养与饲料科学	学业奖学金(硕)二等	硕士
949	12019130901	王星	农学院	草学	学业奖学金(硕)二等	硕士
950	12019130902	张欢	农学院	草学	学业奖学金(硕)二等	硕士
951	12019130903	刘万弟	农学院	草学	学业奖学金(硕)二等	硕士
952	12019130904	王晶	农学院	草学	学业奖学金(硕)二等	硕士
953	12020131085	翟勇全	农学院	作物学	学业奖学金(硕)二等	硕士
954	12020131126	孟科	农学院	畜牧学	学业奖学金(硕)二等	硕士
955	12020131127	王晋鹏	农学院	畜牧学	学业奖学金(硕)二等	硕士
956	12020131128	周小南	农学院	畜牧学	学业奖学金(硕)二等	硕士
957	12020131132	桂瑞麒	农学院	畜牧学	学业奖学金(硕)二等	硕士
958	12020131141	孙佳琳	农学院	兽医学	学业奖学金(硕)二等	硕士
959	12020131154	曹立娟	农学院	草学	学业奖学金(硕)二等	硕士

续表 32

序号	学 号	姓 名	院 系	专 业	奖学金等级	培养层次
960	12020131166	刘海成	农学院	农艺与种业	学业奖学金(硕)二等	硕士
961	12020131167	刘露露	农学院	农艺与种业	学业奖学金(硕)二等	硕士
962	12020131184	杨永森	农学院	农艺与种业	学业奖学金(硕)二等	硕士
963	12020131187	詹保成	农学院	农艺与种业	学业奖学金(硕)二等	硕士
964	12020131190	张 倩	农学院	农艺与种业	学业奖学金(硕)二等	硕士
965	12020131203	黄 灵	农学院	农艺与种业	学业奖学金(硕)二等	硕士
966	12020131218	宋嘉玮	农学院	农艺与种业	学业奖学金(硕)二等	硕士
967	12020131223	田宗林	农学院	农艺与种业	学业奖学金(硕)二等	硕士
968	12020131225	王 冠	农学院	农艺与种业	学业奖学金(硕)二等	硕士
969	12020131231	吴小梅	农学院	农艺与种业	学业奖学金(硕)二等	硕士
970	12020131237	张海兵	农学院	农艺与种业	学业奖学金(硕)二等	硕士
971	12020131240	张文文	农学院	农艺与种业	学业奖学金(硕)二等	硕士
972	12020131247	黄 薇	农学院	农艺与种业	学业奖学金(硕)二等	硕士
973	12020131249	李满有	农学院	农艺与种业	学业奖学金(硕)二等	硕士
974	12020131256	沈笑天	农学院	农艺与种业	学业奖学金(硕)二等	硕士
975	12020131274	康娥儿	农学院	资源利用与植物保护	学业奖学金(硕)二等	硕士
976	12020131275	刘 芳	农学院	资源利用与植物保护	学业奖学金(硕)二等	硕士
977	12020131297	牛 浩	农学院	资源利用与植物保护	学业奖学金(硕)二等	硕士
978	12020131300	张强强	农学院	资源利用与植物保护	学业奖学金(硕)二等	硕士
979	12020131301	张婷婷	农学院	资源利用与植物保护	学业奖学金(硕)二等	硕士
980	12020131303	赵 鹏	农学院	资源利用与植物保护	学业奖学金(硕)二等	硕士
981	12020131316	李庆敏	农学院	畜牧	学业奖学金(硕)二等	硕士
982	12020131326	任倩倩	农学院	畜牧	学业奖学金(硕)二等	硕士
983	12020131327	荣 轩	农学院	畜牧	学业奖学金(硕)二等	硕士
984	12020131331	王 庆	农学院	畜牧	学业奖学金(硕)二等	硕士
985	12020131341	赵 磊	农学院	畜牧	学业奖学金(硕)二等	硕士
986	12020131427	傅成斌	农学院	农村发展	学业奖学金(硕)二等	硕士
987	12020131435	李显睿	农学院	农村发展	学业奖学金(硕)二等	硕士
988	12020131438	马 兰	农学院	农村发展	学业奖学金(硕)二等	硕士
989	12020131439	马 雯	农学院	农村发展	学业奖学金(硕)二等	硕士

续表33

序号	学　号	姓　名	院系	专　业	奖学金等级	培养层次
990	12020131449	周　静	农学院	农村发展	学业奖学金(硕)二等	硕士
991	12020131452	高　蕊	农学院	兽医	学业奖学金(硕)二等	硕士
992	12020131456	李明哲	农学院	兽医	学业奖学金(硕)二等	硕士
993	12020131461	牛晓昊	农学院	兽医	学业奖学金(硕)二等	硕士
994	12020131463	任　曼	农学院	兽医	学业奖学金(硕)二等	硕士
995	12020131484	李元景	农学院	林业	学业奖学金(硕)二等	硕士
996	12020131486	李治苇	农学院	林业	学业奖学金(硕)二等	硕士
997	12020131489	彭　苓	农学院	林业	学业奖学金(硕)二等	硕士
998	12020131490	石　媚	农学院	林业	学业奖学金(硕)二等	硕士
999	12020131493	王　博	农学院	林业	学业奖学金(硕)二等	硕士
1000	12020131502	张丽华	农学院	林业	学业奖学金(硕)二等	硕士
1001	12021131150	李文慧	农学院	园艺学	学业奖学金(硕)二等	硕士
1002	12021131168	孙文静	农学院	园艺学	学业奖学金(硕)二等	硕士
1003	12021131169	薛晓斌	农学院	园艺学	学业奖学金(硕)二等	硕士
1004	12020131175	王晓港	农学院	农艺与种业	学业奖学金(硕)二等	硕士
1005	12021131240	王巧玲	农学院	农艺与种业	学业奖学金(硕)二等	硕士
1006	12021131253	摆福红	农学院	农艺与种业	学业奖学金(硕)二等	硕士
1007	12021131260	高　虎	农学院	农艺与种业	学业奖学金(硕)二等	硕士
1008	12021131267	李　悦	农学院	农艺与种业	学业奖学金(硕)二等	硕士
1009	12021131268	梁小娟	农学院	农艺与种业	学业奖学金(硕)二等	硕士
1010	12021131288	王凯彬	农学院	农艺与种业	学业奖学金(硕)二等	硕士
1011	12021131343	张　舒	农学院	资源利用与植物保护	学业奖学金(硕)二等	硕士
1012	12021131458	李小龙	农学院	兽医	学业奖学金(硕)二等	硕士
1013	12021131471	叶宇恒	农学院	兽医	学业奖学金(硕)二等	硕士
1014	12019130865	夏鸿川	农学院	葡萄与葡萄酒学	学业奖学金(硕)三等	硕士
1015	12019130867	祁瑞雪	农学院	设施园艺学	学业奖学金(硕)三等	硕士
1016	12019130868	王晓东	农学院	设施园艺学	学业奖学金(硕)三等	硕士
1017	12019130881	和东迁	农学院	动物遗传育种与繁殖	学业奖学金(硕)三等	硕士
1018	12020131094	马永杰	农学院	园艺学	学业奖学金(硕)三等	硕士
1019	12020131119	赵雪怡	农学院	农业昆虫与害虫防治	学业奖学金(硕)三等	硕士

续表 34

序号	学　号	姓　名	院系	专　业	奖学金等级	培养层次
1020	12020131121	王若彤	农学院	农业昆虫与害虫防治	学业奖学金(硕)三等	硕士
1021	12020131228	王奕丹	农学院	农艺与种业	学业奖学金(硕)三等	硕士
1022	12020131243	郭宏仙	农学院	农艺与种业	学业奖学金(硕)三等	硕士
1023	12020131250	李小云	农学院	农艺与种业	学业奖学金(硕)三等	硕士
1024	12020131261	吴嘉煜	农学院	农艺与种业	学业奖学金(硕)三等	硕士
1025	12020131263	余淑艳	农学院	农艺与种业	学业奖学金(硕)三等	硕士
1026	12020131264	张晶龙	农学院	农艺与种业	学业奖学金(硕)三等	硕士
1027	12020131271	惠悦然	农学院	资源利用与植物保护	学业奖学金(硕)三等	硕士
1028	12020131294	刘秉阳	农学院	资源利用与植物保护	学业奖学金(硕)三等	硕士
1029	12020131299	姚　凡	农学院	资源利用与植物保护	学业奖学金(硕)三等	硕士
1030	12020131313	焦　鹏	农学院	畜牧	学业奖学金(硕)三等	硕士
1031	12020131425	邓伟华	农学院	农村发展	学业奖学金(硕)三等	硕士
1032	12020131428	顾　聪	农学院	农村发展	学业奖学金(硕)三等	硕士
1033	12020131429	郭亚鹏	农学院	农村发展	学业奖学金(硕)三等	硕士
1034	12020131432	李　聪	农学院	农村发展	学业奖学金(硕)三等	硕士
1035	12020131433	李冠征	农学院	农村发展	学业奖学金(硕)三等	硕士
1036	12020131440	马　翔	农学院	农村发展	学业奖学金(硕)三等	硕士
1037	12020131445	于　瑞	农学院	农村发展	学业奖学金(硕)三等	硕士
1038	12020131448	张志博	农学院	农村发展	学业奖学金(硕)三等	硕士
1039	12020131479	程馨月	农学院	林业	学业奖学金(硕)三等	硕士
1040	12021131132	陈佳静	农学院	作物学	学业奖学金(硕)三等	硕士
1041	12021131133	贾继宝	农学院	作物学	学业奖学金(硕)三等	硕士
1042	12021131137	张正珍	农学院	作物学	学业奖学金(硕)三等	硕士
1043	12021131138	李　杨	农学院	作物学	学业奖学金(硕)三等	硕士
1044	12021131139	李永飞	农学院	作物学	学业奖学金(硕)三等	硕士
1045	12021131141	白双宇	农学院	作物学	学业奖学金(硕)三等	硕士
1046	12021131142	乔承彬	农学院	作物学	学业奖学金(硕)三等	硕士
1047	12021131143	孙志勇	农学院	作物学	学业奖学金(硕)三等	硕士
1048	12021131144	闫炜芳	农学院	作物学	学业奖学金(硕)三等	硕士
1049	12021131145	谭小敏	农学院	作物学	学业奖学金(硕)三等	硕士

续表 35

序号	学号	姓名	院系	专业	奖学金等级	培养层次
1050	12021131146	曹树槟	农学院	园艺学	学业奖学金(硕)三等	硕士
1051	12021131151	罗雁馨	农学院	园艺学	学业奖学金(硕)三等	硕士
1052	12021131153	王帅	农学院	园艺学	学业奖学金(硕)三等	硕士
1053	12021131154	王欣怡	农学院	园艺学	学业奖学金(硕)三等	硕士
1054	12021131155	温璐	农学院	园艺学	学业奖学金(硕)三等	硕士
1055	12021131156	冯学瑞	农学院	园艺学	学业奖学金(硕)三等	硕士
1056	12021131158	吕凯	农学院	园艺学	学业奖学金(硕)三等	硕士
1057	12021131160	王征	农学院	园艺学	学业奖学金(硕)三等	硕士
1058	12021131161	赵昕玥	农学院	园艺学	学业奖学金(硕)三等	硕士
1059	12021131162	侯晨阳	农学院	园艺学	学业奖学金(硕)三等	硕士
1060	12021131163	颉雅萍	农学院	园艺学	学业奖学金(硕)三等	硕士
1061	12021131164	刘雅琦	农学院	园艺学	学业奖学金(硕)三等	硕士
1062	12021131165	路妍	农学院	园艺学	学业奖学金(硕)三等	硕士
1063	12021131166	马梦瑶	农学院	园艺学	学业奖学金(硕)三等	硕士
1064	12021131167	宋琳娜	农学院	园艺学	学业奖学金(硕)三等	硕士
1065	12021131170	朱袁正鸿	农学院	园艺学	学业奖学金(硕)三等	硕士
1066	12021131171	解昊郡	农学院	农业资源与环境	学业奖学金(硕)三等	硕士
1067	12021131172	李丹	农学院	农业资源与环境	学业奖学金(硕)三等	硕士
1068	12021131173	李雪芳	农学院	农业资源与环境	学业奖学金(硕)三等	硕士
1069	12021131174	邓江茹	农学院	农业资源与环境	学业奖学金(硕)三等	硕士
1070	12021131176	丁嘉欣	农学院	农业昆虫与害虫防治	学业奖学金(硕)三等	硕士
1071	12021131178	贾淑鑫	农学院	农业昆虫与害虫防治	学业奖学金(硕)三等	硕士
1072	12021131181	李承隆	农学院	畜牧学	学业奖学金(硕)三等	硕士
1073	12021131182	李瑞瑞	农学院	畜牧学	学业奖学金(硕)三等	硕士
1074	12021131185	付希	农学院	畜牧学	学业奖学金(硕)三等	硕士
1075	12021131187	马学虎	农学院	畜牧学	学业奖学金(硕)三等	硕士
1076	12021131189	姜超	农学院	畜牧学	学业奖学金(硕)三等	硕士
1077	12021131190	李彩琴	农学院	畜牧学	学业奖学金(硕)三等	硕士
1078	12021131191	任文义	农学院	畜牧学	学业奖学金(硕)三等	硕士
1079	12021131192	任亚琼	农学院	畜牧学	学业奖学金(硕)三等	硕士

续表36

序号	学 号	姓 名	院系	专 业	奖学金等级	培养层次
1080	12021131193	王川川	农学院	畜牧学	学业奖学金(硕)三等	硕士
1081	12021131195	苑双杰	农学院	兽医学	学业奖学金(硕)三等	硕士
1082	12021131196	李 昊	农学院	兽医学	学业奖学金(硕)三等	硕士
1083	12021131199	马晓燕	农学院	兽医学	学业奖学金(硕)三等	硕士
1084	12021131200	王菲菲	农学院	兽医学	学业奖学金(硕)三等	硕士
1085	12021131201	王健霖	农学院	兽医学	学业奖学金(硕)三等	硕士
1086	12021131205	蔺雄奎	农学院	草学	学业奖学金(硕)三等	硕士
1087	12021131206	王思瑶	农学院	草学	学业奖学金(硕)三等	硕士
1088	12021131207	杨 博	农学院	草学	学业奖学金(硕)三等	硕士
1089	12021131208	张 浩	农学院	草学	学业奖学金(硕)三等	硕士
1090	12021131209	赵雅欣	农学院	草学	学业奖学金(硕)三等	硕士
1091	12021131211	李胜楠	农学院	草学	学业奖学金(硕)三等	硕士
1092	12021131212	宋文学	农学院	草学	学业奖学金(硕)三等	硕士
1093	12021131213	苏荣霞	农学院	草学	学业奖学金(硕)三等	硕士
1094	12021131214	杨彦东	农学院	草学	学业奖学金(硕)三等	硕士
1095	12021131218	摆小蓉	农学院	农艺与种业	学业奖学金(硕)三等	硕士
1096	12021131219	樊亚雷	农学院	农艺与种业	学业奖学金(硕)三等	硕士
1097	12021131220	伏晓昭	农学院	农艺与种业	学业奖学金(硕)三等	硕士
1098	12021131222	高 燕	农学院	农艺与种业	学业奖学金(硕)三等	硕士
1099	12021131224	郭慧荣	农学院	农艺与种业	学业奖学金(硕)三等	硕士
1100	12021131225	韩志阳	农学院	农艺与种业	学业奖学金(硕)三等	硕士
1101	12021131226	胡媛媛	农学院	农艺与种业	学业奖学金(硕)三等	硕士
1102	12021131228	李战魁	农学院	农艺与种业	学业奖学金(硕)三等	硕士
1103	12021131229	刘春彩	农学院	农艺与种业	学业奖学金(硕)三等	硕士
1104	12021131230	龙姣卉	农学院	农艺与种业	学业奖学金(硕)三等	硕士
1105	12021131233	马 楠	农学院	农艺与种业	学业奖学金(硕)三等	硕士
1106	12021131234	马 伟	农学院	农艺与种业	学业奖学金(硕)三等	硕士
1107	12021131235	屈 洁	农学院	农艺与种业	学业奖学金(硕)三等	硕士
1108	12021131237	孙 刚	农学院	农艺与种业	学业奖学金(硕)三等	硕士
1109	12021131238	田 娜	农学院	农艺与种业	学业奖学金(硕)三等	硕士

续表37

序号	学号	姓名	院系	专业	奖学金等级	培养层次
1110	12021131239	王建鹏	农学院	农艺与种业	学业奖学金(硕)三等	硕士
1111	12021131243	向 峰	农学院	农艺与种业	学业奖学金(硕)三等	硕士
1112	12021131244	杨 辉	农学院	农艺与种业	学业奖学金(硕)三等	硕士
1113	12021131246	杨伊玲	农学院	农艺与种业	学业奖学金(硕)三等	硕士
1114	12021131248	张风琴	农学院	农艺与种业	学业奖学金(硕)三等	硕士
1115	12021131249	张 昊	农学院	农艺与种业	学业奖学金(硕)三等	硕士
1116	12021131250	张 龙	农学院	农艺与种业	学业奖学金(硕)三等	硕士
1117	12021131251	张 龙	农学院	农艺与种业	学业奖学金(硕)三等	硕士
1118	12021131252	周 霞	农学院	农艺与种业	学业奖学金(硕)三等	硕士
1119	12021131254	毕雪婷	农学院	农艺与种业	学业奖学金(硕)三等	硕士
1120	12021131255	卜虎柏	农学院	农艺与种业	学业奖学金(硕)三等	硕士
1121	12021131256	蔡 洁	农学院	农艺与种业	学业奖学金(硕)三等	硕士
1122	12021131257	陈 帆	农学院	农艺与种业	学业奖学金(硕)三等	硕士
1123	12021131258	陈思宇	农学院	农艺与种业	学业奖学金(硕)三等	硕士
1124	12021131259	高 含	农学院	农艺与种业	学业奖学金(硕)三等	硕士
1125	12021131261	郜雅欣	农学院	农艺与种业	学业奖学金(硕)三等	硕士
1126	12021131262	何 曦	农学院	农艺与种业	学业奖学金(硕)三等	硕士
1127	12021131263	金 枝	农学院	农艺与种业	学业奖学金(硕)三等	硕士
1128	12021131264	雷 昊	农学院	农艺与种业	学业奖学金(硕)三等	硕士
1129	12021131269	罗 艳	农学院	农艺与种业	学业奖学金(硕)三等	硕士
1130	12021131270	马 聪	农学院	农艺与种业	学业奖学金(硕)三等	硕士
1131	12021131272	马丽娟	农学院	农艺与种业	学业奖学金(硕)三等	硕士
1132	12021131273	马 玲	农学院	农艺与种业	学业奖学金(硕)三等	硕士
1133	12021131274	马 龙	农学院	农艺与种业	学业奖学金(硕)三等	硕士
1134	12021131275	马 强	农学院	农艺与种业	学业奖学金(硕)三等	硕士
1135	12021131276	马小梅	农学院	农艺与种业	学业奖学金(硕)三等	硕士
1136	12021131277	马 莹	农学院	农艺与种业	学业奖学金(硕)三等	硕士
1137	12021131279	穆晓国	农学院	农艺与种业	学业奖学金(硕)三等	硕士
1138	12021131280	穆晓坤	农学院	农艺与种业	学业奖学金(硕)三等	硕士
1139	12021131281	撒晓梅	农学院	农艺与种业	学业奖学金(硕)三等	硕士

续表38

序号	学　号	姓名	院系	专　业	奖学金等级	培养层次
1140	12021131282	沙晓蓉	农学院	农艺与种业	学业奖学金(硕)三等	硕士
1141	12021131283	邵洁玲	农学院	农艺与种业	学业奖学金(硕)三等	硕士
1142	12021131284	苏海者	农学院	农艺与种业	学业奖学金(硕)三等	硕士
1143	12021131285	苏晓兰	农学院	农艺与种业	学业奖学金(硕)三等	硕士
1144	12021131286	田　伟	农学院	农艺与种业	学业奖学金(硕)三等	硕士
1145	12021131289	王　玲	农学院	农艺与种业	学业奖学金(硕)三等	硕士
1146	12021131290	王星明	农学院	农艺与种业	学业奖学金(硕)三等	硕士
1147	12021131291	魏　锋	农学院	农艺与种业	学业奖学金(硕)三等	硕士
1148	12021131292	吴洁萍	农学院	农艺与种业	学业奖学金(硕)三等	硕士
1149	12021131293	徐梓凯	农学院	农艺与种业	学业奖学金(硕)三等	硕士
1150	12021131296	张宝娣	农学院	农艺与种业	学业奖学金(硕)三等	硕士
1151	12021131298	张学青	农学院	农艺与种业	学业奖学金(硕)三等	硕士
1152	12021131299	张雪梅	农学院	农艺与种业	学业奖学金(硕)三等	硕士
1153	12021131300	张　莹	农学院	农艺与种业	学业奖学金(硕)三等	硕士
1154	12021131303	高嘉慧	农学院	农艺与种业	学业奖学金(硕)三等	硕士
1155	12021131304	高龙飞	农学院	农艺与种业	学业奖学金(硕)三等	硕士
1156	12021131307	李国强	农学院	农艺与种业	学业奖学金(硕)三等	硕士
1157	12021131308	李惠惠	农学院	农艺与种业	学业奖学金(硕)三等	硕士
1158	12021131309	李奇铮	农学院	农艺与种业	学业奖学金(硕)三等	硕士
1159	12021131310	李永康	农学院	农艺与种业	学业奖学金(硕)三等	硕士
1160	12021131312	马凤华	农学院	农艺与种业	学业奖学金(硕)三等	硕士
1161	12021131314	马　霜	农学院	农艺与种业	学业奖学金(硕)三等	硕士
1162	12021131315	撒春宁	农学院	农艺与种业	学业奖学金(硕)三等	硕士
1163	12021131316	王　博	农学院	农艺与种业	学业奖学金(硕)三等	硕士
1164	12021131317	王　琴	农学院	农艺与种业	学业奖学金(硕)三等	硕士
1165	12021131319	王腾飞	农学院	农艺与种业	学业奖学金(硕)三等	硕士
1166	12021131320	王旭成	农学院	农艺与种业	学业奖学金(硕)三等	硕士
1167	12021131321	王　园	农学院	农艺与种业	学业奖学金(硕)三等	硕士
1168	12021131325	周欣扬	农学院	农艺与种业	学业奖学金(硕)三等	硕士
1169	12021131327	陈国峰	农学院	资源利用与植物保护	学业奖学金(硕)三等	硕士

续表39

序号	学号	姓名	院系	专业	奖学金等级	培养层次
1170	12021131328	陈贺婷	农学院	资源利用与植物保护	学业奖学金(硕)三等	硕士
1171	12021131329	戴鹏飞	农学院	资源利用与植物保护	学业奖学金(硕)三等	硕士
1172	12021131330	高 明	农学院	资源利用与植物保护	学业奖学金(硕)三等	硕士
1173	12021131331	金春娥	农学院	资源利用与植物保护	学业奖学金(硕)三等	硕士
1174	12021131332	刘鹏飞	农学院	资源利用与植物保护	学业奖学金(硕)三等	硕士
1175	12021131333	田海梅	农学院	资源利用与植物保护	学业奖学金(硕)三等	硕士
1176	12021131334	王 磊	农学院	资源利用与植物保护	学业奖学金(硕)三等	硕士
1177	12021131335	王灵娟	农学院	资源利用与植物保护	学业奖学金(硕)三等	硕士
1178	12021131337	王月梅	农学院	资源利用与植物保护	学业奖学金(硕)三等	硕士
1179	12021131339	薛 旭	农学院	资源利用与植物保护	学业奖学金(硕)三等	硕士
1180	12021131341	杨 娜	农学院	资源利用与植物保护	学业奖学金(硕)三等	硕士
1181	12021131344	赵富贵	农学院	资源利用与植物保护	学业奖学金(硕)三等	硕士
1182	12021131346	陈雨薇	农学院	资源利用与植物保护	学业奖学金(硕)三等	硕士
1183	12021131347	高 龙	农学院	资源利用与植物保护	学业奖学金(硕)三等	硕士
1184	12021131348	郭佳茹	农学院	资源利用与植物保护	学业奖学金(硕)三等	硕士
1185	12021131352	胡耀龙	农学院	资源利用与植物保护	学业奖学金(硕)三等	硕士
1186	12021131353	蒋朝阳	农学院	资源利用与植物保护	学业奖学金(硕)三等	硕士
1187	12021131356	路金博	农学院	资源利用与植物保护	学业奖学金(硕)三等	硕士
1188	12021131360	裴 伟	农学院	资源利用与植物保护	学业奖学金(硕)三等	硕士
1189	12021131361	申 昊	农学院	资源利用与植物保护	学业奖学金(硕)三等	硕士
1190	12021131362	汤新杰	农学院	资源利用与植物保护	学业奖学金(硕)三等	硕士
1191	12021131365	张红艳	农学院	资源利用与植物保护	学业奖学金(硕)三等	硕士
1192	12021131368	安彦昊	农学院	畜牧	学业奖学金(硕)三等	硕士
1193	12021131374	冯 芬	农学院	畜牧	学业奖学金(硕)三等	硕士
1194	12021131377	郭 帅	农学院	畜牧	学业奖学金(硕)三等	硕士
1195	12021131378	郭星汝	农学院	畜牧	学业奖学金(硕)三等	硕士
1196	12021131380	贺丽霞	农学院	畜牧	学业奖学金(硕)三等	硕士
1197	12021131381	李德生	农学院	畜牧	学业奖学金(硕)三等	硕士
1198	12021131382	李蕾蕾	农学院	畜牧	学业奖学金(硕)三等	硕士
1199	12021131383	李彦霞	农学院	畜牧	学业奖学金(硕)三等	硕士

续表 40

序号	学号	姓名	院系	专业	奖学金等级	培养层次
1200	12021131385	马步仓	农学院	畜牧	学业奖学金(硕)三等	硕士
1201	12021131386	马利鑫	农学院	畜牧	学业奖学金(硕)三等	硕士
1202	12021131387	马瑞聪	农学院	畜牧	学业奖学金(硕)三等	硕士
1203	12021131388	马子明	农学院	畜牧	学业奖学金(硕)三等	硕士
1204	12021131391	沈露	农学院	畜牧	学业奖学金(硕)三等	硕士
1205	12021131393	宋雅萍	农学院	畜牧	学业奖学金(硕)三等	硕士
1206	12021131394	孙昊然	农学院	畜牧	学业奖学金(硕)三等	硕士
1207	12021131395	孙奕烁	农学院	畜牧	学业奖学金(硕)三等	硕士
1208	12021131398	妥强	农学院	畜牧	学业奖学金(硕)三等	硕士
1209	12021131399	王浩睿	农学院	畜牧	学业奖学金(硕)三等	硕士
1210	12021131400	王小伟	农学院	畜牧	学业奖学金(硕)三等	硕士
1211	12021131401	魏榕	农学院	畜牧	学业奖学金(硕)三等	硕士
1212	12021131402	薛晓姝	农学院	畜牧	学业奖学金(硕)三等	硕士
1213	12021131403	杨广军	农学院	畜牧	学业奖学金(硕)三等	硕士
1214	12021131404	杨嘉翊	农学院	畜牧	学业奖学金(硕)三等	硕士
1215	12021131405	杨靖	农学院	畜牧	学业奖学金(硕)三等	硕士
1216	12021131407	杨双鸣	农学院	畜牧	学业奖学金(硕)三等	硕士
1217	12021131408	杨晓斌	农学院	畜牧	学业奖学金(硕)三等	硕士
1218	12021131410	袁晓春	农学院	畜牧	学业奖学金(硕)三等	硕士
1219	12021131411	张迪	农学院	畜牧	学业奖学金(硕)三等	硕士
1220	12021131412	张腱皓	农学院	畜牧	学业奖学金(硕)三等	硕士
1221	12021131413	张宁	农学院	畜牧	学业奖学金(硕)三等	硕士
1222	12021131414	朱志强	农学院	畜牧	学业奖学金(硕)三等	硕士
1223	12021131416	邓皓喆	农学院	农村发展	学业奖学金(硕)三等	硕士
1224	12021131417	方帅玉	农学院	农村发展	学业奖学金(硕)三等	硕士
1225	12021131418	高文杰	农学院	农村发展	学业奖学金(硕)三等	硕士
1226	12021131423	金向琴	农学院	农村发展	学业奖学金(硕)三等	硕士
1227	12021131425	黎鹏	农学院	农村发展	学业奖学金(硕)三等	硕士
1228	12021131429	李永胜	农学院	农村发展	学业奖学金(硕)三等	硕士
1229	12021131437	任旭	农学院	农村发展	学业奖学金(硕)三等	硕士
1230	12021131438	盛琳	农学院	农村发展	学业奖学金(硕)三等	硕士

续表41

序号	学号	姓名	院系	专业	奖学金等级	培养层次
1231	12021131439	田新杰	农学院	农村发展	学业奖学金(硕)三等	硕士
1232	12021131442	王丹	农学院	农村发展	学业奖学金(硕)三等	硕士
1233	12021131445	吴旭冉	农学院	农村发展	学业奖学金(硕)三等	硕士
1234	12021131446	杨小兰	农学院	农村发展	学业奖学金(硕)三等	硕士
1235	12021131450	鲍显伟	农学院	兽医	学业奖学金(硕)三等	硕士
1236	12021131451	陈苏徽	农学院	兽医	学业奖学金(硕)三等	硕士
1237	12021131452	丁宝隆	农学院	兽医	学业奖学金(硕)三等	硕士
1238	12021131453	伏文博	农学院	兽医	学业奖学金(硕)三等	硕士
1239	12021131454	高鹰	农学院	兽医	学业奖学金(硕)三等	硕士
1240	12021131456	李彩霞	农学院	兽医	学业奖学金(硕)三等	硕士
1241	12021131457	李韦	农学院	兽医	学业奖学金(硕)三等	硕士
1242	12021131459	刘红燕	农学院	兽医	学业奖学金(硕)三等	硕士
1243	12021131460	刘晓波	农学院	兽医	学业奖学金(硕)三等	硕士
1244	12021131462	马正兵	农学院	兽医	学业奖学金(硕)三等	硕士
1245	12021131464	石亚楠	农学院	兽医	学业奖学金(硕)三等	硕士
1246	12021131466	田兴苗	农学院	兽医	学业奖学金(硕)三等	硕士
1247	12021131468	王莉	农学院	兽医	学业奖学金(硕)三等	硕士
1248	12021131470	杨斌	农学院	兽医	学业奖学金(硕)三等	硕士
1249	12021131473	张林	农学院	兽医	学业奖学金(硕)三等	硕士
1250	12021131475	张万里	农学院	兽医	学业奖学金(硕)三等	硕士
1251	12021131476	张雪	农学院	兽医	学业奖学金(硕)三等	硕士
1252	12021131477	张正刚	农学院	兽医	学业奖学金(硕)三等	硕士
1253	12021131478	陈改莲	农学院	林业	学业奖学金(硕)三等	硕士
1254	12021131481	虎雅玲	农学院	林业	学业奖学金(硕)三等	硕士
1255	12021131482	金学娟	农学院	林业	学业奖学金(硕)三等	硕士
1256	12021131483	李慧	农学院	林业	学业奖学金(硕)三等	硕士
1257	12021131485	李尚玉	农学院	林业	学业奖学金(硕)三等	硕士
1258	12021131486	刘佳欣	农学院	林业	学业奖学金(硕)三等	硕士
1259	12021131488	陆晖	农学院	林业	学业奖学金(硕)三等	硕士
1260	12021131489	吕英泽	农学院	林业	学业奖学金(硕)三等	硕士

续表42

序号	学号	姓名	院系	专业	奖学金等级	培养层次
1261	12021131490	聂晓萌	农学院	林业	学业奖学金(硕)三等	硕士
1262	12021131492	沙 欢	农学院	林业	学业奖学金(硕)三等	硕士
1263	12021131493	王 博	农学院	林业	学业奖学金(硕)三等	硕士
1264	12021131495	王家辉	农学院	林业	学业奖学金(硕)三等	硕士
1265	12021131497	王书砚	农学院	林业	学业奖学金(硕)三等	硕士
1266	12021131498	王 朔	农学院	林业	学业奖学金(硕)三等	硕士
1267	12021131499	魏文轩	农学院	林业	学业奖学金(硕)三等	硕士
1268	12021131503	颜培轩	农学院	林业	学业奖学金(硕)三等	硕士
1269	12021131507	余雅尧	农学院	林业	学业奖学金(硕)三等	硕士
1270	12021131509	张博华	农学院	林业	学业奖学金(硕)三等	硕士
1271	12021131510	周 鹏	农学院	林业	学业奖学金(硕)三等	硕士
1272	12021131148	高富成	农学院	园艺学	学业奖学金(硕)三等	硕士
1273	12021131241	王晓苹	农学院	农艺与种业	学业奖学金(硕)三等	硕士
1274	12021131463	毛首会	农学院	兽医	学业奖学金(硕)三等	硕士
1275	12021131472	岳 康	农学院	兽医	学业奖学金(硕)三等	硕士
1276	12021131479	丁晓梅	农学院	林业	学业奖学金(硕)三等	硕士
1277	12019130222	马 婷	人文学院	比较文学与世界文学	学业奖学金(硕)一等	硕士
1278	12021130250	宋 雯	人文学院	中国语言文学	学业奖学金(硕)一等(推免)	硕士
1279	12020130250	张淑媛	人文学院	中国语言文学	学业奖学金(硕)支教复学	硕士
1280	12020130263	沈玉进	人文学院	中国近现代史	学业奖学金(硕)支教复学	硕士
1281	12019130191	李甜嘉	人文学院	文艺学	学业奖学金(硕)一等	硕士
1282	12019130194	王 欢	人文学院	汉语言文字学	学业奖学金(硕)一等	硕士
1283	12019130203	丁卓源	人文学院	中国古典文献学	学业奖学金(硕)一等	硕士
1284	12019130215	张静楠	人文学院	中国古代文学	学业奖学金(硕)一等	硕士
1285	12019130218	张 萌	人文学院	中国现当代文学	学业奖学金(硕)一等	硕士
1286	12019130226	马 俊	人文学院	专门史	学业奖学金(硕)一等	硕士
1287	12019130230	王家保	人文学院	中国近现代史	学业奖学金(硕)一等	硕士
1288	12020130172	摆雪红	人文学院	学科教学(语文)	学业奖学金(硕)一等	硕士
1289	12020130178	范佳琪	人文学院	学科教学(语文)	学业奖学金(硕)一等	硕士
1290	12020130181	郭代君	人文学院	学科教学(语文)	学业奖学金(硕)一等	硕士

续表 43

序号	学号	姓名	院系	专业	奖学金等级	培养层次
1291	12020130221	王甜甜	人文学院	学科教学(历史)	学业奖学金(硕)一等	硕士
1292	12019130200	宣 莉	人文学院	中国古典文献学	学业奖学金(硕)二等	硕士
1293	12020130183	郭 毅	人文学院	学科教学(语文)	学业奖学金(硕)二等	硕士
1294	12020130188	贾馥榕	人文学院	学科教学(语文)	学业奖学金(硕)二等	硕士
1295	12020130196	马艳红	人文学院	学科教学(语文)	学业奖学金(硕)二等	硕士
1296	12020130213	郝 英	人文学院	学科教学(历史)	学业奖学金(硕)二等	硕士
1297	12020130225	班云雷	人文学院	中国语言文学	学业奖学金(硕)二等	硕士
1298	12020130227	贾雨晴	人文学院	中国语言文学	学业奖学金(硕)二等	硕士
1299	12020130243	陈 琪	人文学院	中国语言文学	学业奖学金(硕)二等	硕士
1300	12020130245	石越帆	人文学院	中国语言文学	学业奖学金(硕)二等	硕士
1301	12020130246	孙玉欣	人文学院	中国语言文学	学业奖学金(硕)二等	硕士
1302	12020130253	张雪琼	人文学院	中国语言文学	学业奖学金(硕)二等	硕士
1303	12020130256	强晓林	人文学院	专门史	学业奖学金(硕)二等	硕士
1304	12020130266	于 凡	人文学院	中国近现代史	学业奖学金(硕)二等	硕士
1305	12021130180	蔡勇平	人文学院	学科教学(语文)	学业奖学金(硕)二等	硕士
1306	12021130187	黄 月	人文学院	学科教学(语文)	学业奖学金(硕)二等	硕士
1307	12021130199	彭 行	人文学院	学科教学(语文)	学业奖学金(硕)二等	硕士
1308	12021130210	肖赛男	人文学院	学科教学(语文)	学业奖学金(硕)二等	硕士
1309	12021130227	牛苗苗	人文学院	学科教学(历史)	学业奖学金(硕)二等	硕士
1310	12021130241	边江鹤	人文学院	中国语言文学	学业奖学金(硕)二等	硕士
1311	12021130270	李佳霖	人文学院	专门史	学业奖学金(硕)二等	硕士
1312	12021130273	白 燕	人文学院	中国近现代史	学业奖学金(硕)二等	硕士
1313	12019130195	杨 鑫	人文学院	汉语言文字学	学业奖学金(硕)三等	硕士
1314	12019130196	郑柳君	人文学院	汉语言文字学	学业奖学金(硕)三等	硕士
1315	12019130197	刘 佳	人文学院	汉语言文字学	学业奖学金(硕)三等	硕士
1316	12019130204	行怡帆	人文学院	中国古典文献学	学业奖学金(硕)三等	硕士
1317	12019130207	田 清	人文学院	中国古典文献学	学业奖学金(硕)三等	硕士
1318	12019130208	张 妍	人文学院	中国古典文献学	学业奖学金(硕)三等	硕士
1319	12019130209	陈 欣	人文学院	中国古代文学	学业奖学金(硕)三等	硕士
1320	12019130211	干江涛	人文学院	中国古代文学	学业奖学金(硕)三等	硕士

续表 44

序号	学号	姓名	院系	专业	奖学金等级	培养层次
1321	12019130214	党 瑞	人文学院	中国古代文学	学业奖学金(硕)三等	硕士
1322	12019130216	马 娟	人文学院	中国现当代文学	学业奖学金(硕)三等	硕士
1323	12019130217	任可欣	人文学院	中国现当代文学	学业奖学金(硕)三等	硕士
1324	12019130221	温 乐	人文学院	中国现当代文学	学业奖学金(硕)三等	硕士
1325	12019130227	乔 雅	人文学院	专门史	学业奖学金(硕)三等	硕士
1326	12019130229	田 芬	人文学院	专门史	学业奖学金(硕)三等	硕士
1327	12019130232	肖雪晨	人文学院	中国近现代史	学业奖学金(硕)三等	硕士
1328	12019130234	袁小燕	人文学院	中国近现代史	学业奖学金(硕)三等	硕士
1329	12020130174	陈 杨	人文学院	学科教学(语文)	学业奖学金(硕)三等	硕士
1330	12020130176	崔 丹	人文学院	学科教学(语文)	学业奖学金(硕)三等	硕士
1331	12020130177	董振霞	人文学院	学科教学(语文)	学业奖学金(硕)三等	硕士
1332	12020130179	高 敬	人文学院	学科教学(语文)	学业奖学金(硕)三等	硕士
1333	12020130180	高 倩	人文学院	学科教学(语文)	学业奖学金(硕)三等	硕士
1334	12020130187	黄欣宇	人文学院	学科教学(语文)	学业奖学金(硕)三等	硕士
1335	12020130189	金逸伦	人文学院	学科教学(语文)	学业奖学金(硕)三等	硕士
1336	12020130193	刘旭静	人文学院	学科教学(语文)	学业奖学金(硕)三等	硕士
1337	12020130194	马传芳	人文学院	学科教学(语文)	学业奖学金(硕)三等	硕士
1338	12020130195	马苗苗	人文学院	学科教学(语文)	学业奖学金(硕)三等	硕士
1339	12020130203	王 佳	人文学院	学科教学(语文)	学业奖学金(硕)三等	硕士
1340	12020130204	王 茹	人文学院	学科教学(语文)	学业奖学金(硕)三等	硕士
1341	12020130205	王 颖	人文学院	学科教学(语文)	学业奖学金(硕)三等	硕士
1342	12020130212	邓艳艳	人文学院	学科教学(历史)	学业奖学金(硕)三等	硕士
1343	12020130214	刘冬焕	人文学院	学科教学(历史)	学业奖学金(硕)三等	硕士
1344	12020130215	刘 杰	人文学院	学科教学(历史)	学业奖学金(硕)三等	硕士
1345	12020130218	孟 霞	人文学院	学科教学(历史)	学业奖学金(硕)三等	硕士
1346	12020130230	董守轩	人文学院	中国语言文学	学业奖学金(硕)三等	硕士
1347	12020130233	何丽君	人文学院	中国语言文学	学业奖学金(硕)三等	硕士
1348	12020130237	李宇晖	人文学院	中国语言文学	学业奖学金(硕)三等	硕士
1349	12020130238	李正梅	人文学院	中国语言文学	学业奖学金(硕)三等	硕士
1350	12020130239	刘萍萍	人文学院	中国语言文学	学业奖学金(硕)三等	硕士

续表45

序号	学 号	姓 名	院 系	专 业	奖学金等级	培养层次
1351	12020130241	王海英	人文学院	中国语言文学	学业奖学金(硕)三等	硕士
1352	12020130242	吴爱玲	人文学院	中国语言文学	学业奖学金(硕)三等	硕士
1353	12020130248	杨 蓉	人文学院	中国语言文学	学业奖学金(硕)三等	硕士
1354	12020130255	李 碧	人文学院	专门史	学业奖学金(硕)三等	硕士
1355	12020130259	王 晨	人文学院	专门史	学业奖学金(硕)三等	硕士
1356	12020130262	李涛涛	人文学院	中国近现代史	学业奖学金(硕)三等	硕士
1357	12020130264	汪 茵	人文学院	中国近现代史	学业奖学金(硕)三等	硕士
1358	12021130183	陈月红	人文学院	学科教学(语文)	学业奖学金(硕)三等	硕士
1359	12021130185	董春雨	人文学院	学科教学(语文)	学业奖学金(硕)三等	硕士
1360	12021130188	贾雅琪	人文学院	学科教学(语文)	学业奖学金(硕)三等	硕士
1361	12021130189	李 锦	人文学院	学科教学(语文)	学业奖学金(硕)三等	硕士
1362	12021130191	李诗妮	人文学院	学科教学(语文)	学业奖学金(硕)三等	硕士
1363	12021130192	李小燕	人文学院	学科教学(语文)	学业奖学金(硕)三等	硕士
1364	12021130198	毛 宇	人文学院	学科教学(语文)	学业奖学金(硕)三等	硕士
1365	12021130201	宋苗苗	人文学院	学科教学(语文)	学业奖学金(硕)三等	硕士
1366	12021130204	王雪平	人文学院	学科教学(语文)	学业奖学金(硕)三等	硕士
1367	12021130208	吴 娜	人文学院	学科教学(语文)	学业奖学金(硕)三等	硕士
1368	12021130212	郁昌琪	人文学院	学科教学(语文)	学业奖学金(硕)三等	硕士
1369	12021130215	余 黎	人文学院	学科教学(语文)	学业奖学金(硕)三等	硕士
1370	12021130216	张 宁	人文学院	学科教学(语文)	学业奖学金(硕)三等	硕士
1371	12021130217	张艺博	人文学院	学科教学(语文)	学业奖学金(硕)三等	硕士
1372	12021130219	郑玉露	人文学院	学科教学(语文)	学业奖学金(硕)三等	硕士
1373	12021130220	蔡婉茹	人文学院	学科教学(历史)	学业奖学金(硕)三等	硕士
1374	12021130229	孙 浩	人文学院	学科教学(历史)	学业奖学金(硕)三等	硕士
1375	12021130232	杨育茹	人文学院	学科教学(历史)	学业奖学金(硕)三等	硕士
1376	12021130234	张文嫔	人文学院	学科教学(历史)	学业奖学金(硕)三等	硕士
1377	12021130235	赵文锋	人文学院	学科教学(历史)	学业奖学金(硕)三等	硕士
1378	12021130236	朱冬芝	人文学院	学科教学(历史)	学业奖学金(硕)三等	硕士
1379	12021130239	李佳宸	人文学院	中国语言文学	学业奖学金(硕)三等	硕士
1380	12021130243	申传玉	人文学院	中国语言文学	学业奖学金(硕)三等	硕士

续表46

序号	学号	姓名	院系	专业	奖学金等级	培养层次
1381	12021130249	阮先慧	人文学院	中国语言文学	学业奖学金(硕)三等	硕士
1382	12021130251	王海月	人文学院	中国语言文学	学业奖学金(硕)三等	硕士
1383	12021130254	韦力	人文学院	中国语言文学	学业奖学金(硕)三等	硕士
1384	12021130258	侯春露	人文学院	中国语言文学	学业奖学金(硕)三等	硕士
1385	12021130259	侯云轩	人文学院	中国语言文学	学业奖学金(硕)三等	硕士
1386	12021130262	刘秀庆	人文学院	中国语言文学	学业奖学金(硕)三等	硕士
1387	12021130268	高科研	人文学院	专门史	学业奖学金(硕)三等	硕士
1388	12021130271	刘留	人文学院	专门史	学业奖学金(硕)三等	硕士
1389	12021130275	高婕	人文学院	中国近现代史	学业奖学金(硕)三等	硕士
1390	12021130276	马雪莲	人文学院	中国近现代史	学业奖学金(硕)三等	硕士
1391	12021130231	王婷	人文学院	学科教学(历史)	学业奖学金(硕)二等	硕士
1392	12021130246	袁小婷	人文学院	中国语言文学	学业奖学金(硕)三等	硕士
1393	12021130868	马亚博	生命科学学院	生物学	学业奖学金(硕)一等(推免)	硕士
1394	12020130804	袁冬冬	生命科学学院	生物学	学业奖学金(硕)支教复学	硕士
1395	12019130640	马洁	生命科学学院	植物学	学业奖学金(硕)一等	硕士
1396	12019130653	陈琪	生命科学学院	生物化学与分子生物学	学业奖学金(硕)一等	硕士
1397	12019130654	聂雪伊	生命科学学院	生物化学与分子生物学	学业奖学金(硕)一等	硕士
1398	12020130813	刘占有	生命科学学院	生物学	学业奖学金(硕)一等	硕士
1399	12020130831	姚晓翠	生命科学学院	生物学	学业奖学金(硕)一等	硕士
1400	12019130639	姚宁	生命科学学院	植物学	学业奖学金(硕)二等	硕士
1401	12019130652	严娜	生命科学学院	微生物学	学业奖学金(硕)二等	硕士
1402	12020130797	蔡明玉	生命科学学院	生物学	学业奖学金(硕)二等	硕士
1403	12020130821	张仙宏	生命科学学院	生物学	学业奖学金(硕)二等	硕士
1404	12020130822	赵富强	生命科学学院	生物学	学业奖学金(硕)二等	硕士
1405	12020130835	周春梅	生命科学学院	生物学	学业奖学金(硕)二等	硕士
1406	12021130839	程钏	生命科学学院	生物学	学业奖学金(硕)二等	硕士
1407	12021130840	程珊珊	生命科学学院	生物学	学业奖学金(硕)二等	硕士
1408	12021130863	刘涵	生命科学学院	生物学	学业奖学金(硕)二等	硕士
1409	12021130870	张媛	生命科学学院	生物学	学业奖学金(硕)二等	硕士
1410	12019130641	马晓蓉	生命科学学院	植物学	学业奖学金(硕)三等	硕士

续表 47

序号	学号	姓名	院系	专业	奖学金等级	培养层次
1411	12019130646	邓可新	生命科学学院	微生物学	学业奖学金(硕)三等	硕士
1412	12019130649	王琪	生命科学学院	微生物学	学业奖学金(硕)三等	硕士
1413	12019130657	庞晓燕	生命科学学院	生物化学与分子生物学	学业奖学金(硕)三等	硕士
1414	12019130658	谭星	生命科学学院	生物化学与分子生物学	学业奖学金(硕)三等	硕士
1415	12019130660	于志瑞	生命科学学院	生物化学与分子生物学	学业奖学金(硕)三等	硕士
1416	12019130664	宫照乾	生命科学学院	生物化学与分子生物学	学业奖学金(硕)三等	硕士
1417	12019130665	潘晓乐	生命科学学院	生物化学与分子生物学	学业奖学金(硕)三等	硕士
1418	12019130667	马文爽	生命科学学院	生物化学与分子生物学	学业奖学金(硕)三等	硕士
1419	12019130669	王璞	生命科学学院	生物化学与分子生物学	学业奖学金(硕)三等	硕士
1420	12020130796	安琪	生命科学学院	生物学	学业奖学金(硕)三等	硕士
1421	12020130799	刘莉	生命科学学院	生物学	学业奖学金(硕)三等	硕士
1422	12020130800	马磊	生命科学学院	生物学	学业奖学金(硕)三等	硕士
1423	12020130802	吴一鸣	生命科学学院	生物学	学业奖学金(硕)三等	硕士
1424	12020130805	常勇勇	生命科学学院	生物学	学业奖学金(硕)三等	硕士
1425	12020130809	韩琴	生命科学学院	生物学	学业奖学金(硕)三等	硕士
1426	12020130815	马嘉琦	生命科学学院	生物学	学业奖学金(硕)三等	硕士
1427	12020130823	朱滕滕	生命科学学院	生物学	学业奖学金(硕)三等	硕士
1428	12020130824	高建中	生命科学学院	生物学	学业奖学金(硕)三等	硕士
1429	12020130825	胡进红	生命科学学院	生物学	学业奖学金(硕)三等	硕士
1430	12020130828	宋繁	生命科学学院	生物学	学业奖学金(硕)三等	硕士
1431	12020130829	王红	生命科学学院	生物学	学业奖学金(硕)三等	硕士
1432	12020130830	王甜	生命科学学院	生物学	学业奖学金(硕)三等	硕士
1433	12021130829	郭鑫	生命科学学院	生物学	学业奖学金(硕)三等	硕士
1434	12021130832	牛小霞	生命科学学院	生物学	学业奖学金(硕)三等	硕士
1435	12021130841	戴帆	生命科学学院	生物学	学业奖学金(硕)三等	硕士
1436	12021130848	刘强	生命科学学院	生物学	学业奖学金(硕)三等	硕士
1437	12021130849	刘雪霞	生命科学学院	生物学	学业奖学金(硕)三等	硕士
1438	12021130852	马献	生命科学学院	生物学	学业奖学金(硕)三等	硕士
1439	12021130854	王静	生命科学学院	生物学	学业奖学金(硕)三等	硕士
1440	12021130856	王相燕	生命科学学院	生物学	学业奖学金(硕)三等	硕士

续表 48

序号	学 号	姓 名	院 系	专业	奖学金等级	培养层次
1441	12021130857	姚佳妮	生命科学学院	生物学	学业奖学金(硕)三等	硕士
1442	12021130860	周 婷	生命科学学院	生物学	学业奖学金(硕)三等	硕士
1443	12021130865	孟利芳	生命科学学院	生物学	学业奖学金(硕)三等	硕士
1444	12021130867	赵格格	生命科学学院	生物学	学业奖学金(硕)三等	硕士
1445	12021130869	石家祺	生命科学学院	生物学	学业奖学金(硕)三等	硕士
1446	12019131370	李海波	省部共建煤炭高效利用与绿色化工国家重点实验室	化学工艺	学业奖学金(硕)一等	硕士
1447	12019131389	张 旭	省部共建煤炭高效利用与绿色化工国家重点实验室	应用化学	学业奖学金(硕)一等	硕士
1448	12020131720	耿 畅	省部共建煤炭高效利用与绿色化工国家重点实验室	化学工艺	学业奖学金(硕)一等	硕士
1449	12020131728	别南西	省部共建煤炭高效利用与绿色化工国家重点实验室	化学工艺	学业奖学金(硕)一等	硕士
1450	12020131738	梁 洁	省部共建煤炭高效利用与绿色化工国家重点实验室	应用化学	学业奖学金(硕)一等	硕士
1451	12020131750	柏 君	省部共建煤炭高效利用与绿色化工国家重点实验室	材料化工	学业奖学金(硕)一等	硕士
1452	12020131754	陈思瑶	省部共建煤炭高效利用与绿色化工国家重点实验室	材料化工	学业奖学金(硕)一等	硕士
1453	12020131773	孔月月	省部共建煤炭高效利用与绿色化工国家重点实验室	材料化工	学业奖学金(硕)一等	硕士
1454	12020131781	李 霄	省部共建煤炭高效利用与绿色化工国家重点实验室	材料化工	学业奖学金(硕)一等	硕士
1455	12020131803	王倩倩	省部共建煤炭高效利用与绿色化工国家重点实验室	材料化工	学业奖学金(硕)一等	硕士
1456	12020131815	许 露	省部共建煤炭高效利用与绿色化工国家重点实验室	材料化工	学业奖学金(硕)一等	硕士
1457	12020131822	张鹏芳	省部共建煤炭高效利用与绿色化工国家重点实验室	材料化工	学业奖学金(硕)一等	硕士
1458	12019131371	孔 磊	省部共建煤炭高效利用与绿色化工国家重点实验室	化学工艺	学业奖学金(硕)二等	硕士
1459	12019131375	杨广明	省部共建煤炭高效利用与绿色化工国家重点实验室	化学工艺	学业奖学金(硕)二等	硕士
1460	12019131379	党钰莹	省部共建煤炭高效利用与绿色化工国家重点实验室	应用化学	学业奖学金(硕)二等	硕士

续表 49

序号	学 号	姓 名	院 系	专 业	奖学金等级	培养层次
1461	12020131717	刘 斌	省部共建煤炭高效利用与绿色化工国家重点实验室	化学工艺	学业奖学金(硕)二等	硕士
1462	12020131729	丁云云	省部共建煤炭高效利用与绿色化工国家重点实验室	化学工艺	学业奖学金(硕)二等	硕士
1463	12020131747	赵 颖	省部共建煤炭高效利用与绿色化工国家重点实验室	应用化学	学业奖学金(硕)二等	硕士
1464	12020131782	李亚朝	省部共建煤炭高效利用与绿色化工国家重点实验室	材料化工	学业奖学金(硕)二等	硕士
1465	12020131804	王驷骐	省部共建煤炭高效利用与绿色化工国家重点实验室	材料化工	学业奖学金(硕)二等	硕士
1466	12020131808	王 正	省部共建煤炭高效利用与绿色化工国家重点实验室	材料化工	学业奖学金(硕)二等	硕士
1467	12020131816	薛淑洁	省部共建煤炭高效利用与绿色化工国家重点实验室	材料化工	学业奖学金(硕)二等	硕士
1468	12020131817	严佩蓉	省部共建煤炭高效利用与绿色化工国家重点实验室	材料化工	学业奖学金(硕)二等	硕士
1469	12020131820	杨 粤	省部共建煤炭高效利用与绿色化工国家重点实验室	材料化工	学业奖学金(硕)二等	硕士
1470	12020131826	朱琪顾	省部共建煤炭高效利用与绿色化工国家重点实验室	材料化工	学业奖学金(硕)二等	硕士
1471	12021131791	高瑞瑞	省部共建煤炭高效利用与绿色化工国家重点实验室	材料化工	学业奖学金(硕)二等	硕士
1472	12021131792	巩成伟	省部共建煤炭高效利用与绿色化工国家重点实验室	材料化工	学业奖学金(硕)二等	硕士
1473	12021131803	康 琼	省部共建煤炭高效利用与绿色化工国家重点实验室	材料化工	学业奖学金(硕)二等	硕士
1474	12021131814	陆国梁	省部共建煤炭高效利用与绿色化工国家重点实验室	材料化工	学业奖学金(硕)二等	硕士
1475	12021131822	苏莉萍	省部共建煤炭高效利用与绿色化工国家重点实验室	材料化工	学业奖学金(硕)二等	硕士
1476	12021131835	王元臻	省部共建煤炭高效利用与绿色化工国家重点实验室	材料化工	学业奖学金(硕)二等	硕士
1477	12021131837	吴 舸	省部共建煤炭高效利用与绿色化工国家重点实验室	材料化工	学业奖学金(硕)二等	硕士

续表 50

序号	学号	姓名	院系	专业	奖学金等级	培养层次
1478	12021131851	张雄雄	省部共建煤炭高效利用与绿色化工国家重点实验室	材料化工	学业奖学金(硕)二等	硕士
1479	12021131756	王雪	省部共建煤炭高效利用与绿色化工国家重点实验室	化学工艺	学业奖学金(硕)二等	硕士
1480	12021131757	魏新煜	省部共建煤炭高效利用与绿色化工国家重点实验室	化学工艺	学业奖学金(硕)二等	硕士
1481	12021131772	周鹏	省部共建煤炭高效利用与绿色化工国家重点实验室	应用化学	学业奖学金(硕)二等	硕士
1482	12019131369	阚浩勇	省部共建煤炭高效利用与绿色化工国家重点实验室	化学工艺	学业奖学金(硕)三等	硕士
1483	12019131374	马琴	省部共建煤炭高效利用与绿色化工国家重点实验室	化学工艺	学业奖学金(硕)三等	硕士
1484	12019131380	黄耀桢	省部共建煤炭高效利用与绿色化工国家重点实验室	应用化学	学业奖学金(硕)三等	硕士
1485	12019131382	刘志昊	省部共建煤炭高效利用与绿色化工国家重点实验室	应用化学	学业奖学金(硕)三等	硕士
1486	12019131384	姜秀云	省部共建煤炭高效利用与绿色化工国家重点实验室	应用化学	学业奖学金(硕)三等	硕士
1487	12019131387	高婷婷	省部共建煤炭高效利用与绿色化工国家重点实验室	应用化学	学业奖学金(硕)三等	硕士
1488	12019131388	唐文龙	省部共建煤炭高效利用与绿色化工国家重点实验室	应用化学	学业奖学金(硕)三等	硕士
1489	12020131719	杜亚飞	省部共建煤炭高效利用与绿色化工国家重点实验室	化学工艺	学业奖学金(硕)三等	硕士
1490	12020131721	吕鑫鑫	省部共建煤炭高效利用与绿色化工国家重点实验室	化学工艺	学业奖学金(硕)三等	硕士
1491	12020131722	蒙亮亮	省部共建煤炭高效利用与绿色化工国家重点实验室	化学工艺	学业奖学金(硕)三等	硕士
1492	12020131726	赵曦	省部共建煤炭高效利用与绿色化工国家重点实验室	化学工艺	学业奖学金(硕)三等	硕士
1493	12020131730	申钰	省部共建煤炭高效利用与绿色化工国家重点实验室	化学工艺	学业奖学金(硕)三等	硕士
1494	12020131735	陈妍	省部共建煤炭高效利用与绿色化工国家重点实验室	应用化学	学业奖学金(硕)三等	硕士

续表 51

序号	学 号	姓 名	院 系	专 业	奖学金等级	培养层次
1495	12020131737	贾娟	省部共建煤炭高效利用与绿色化工国家重点实验室	应用化学	学业奖学金(硕)三等	硕士
1496	12020131739	罗丽	省部共建煤炭高效利用与绿色化工国家重点实验室	应用化学	学业奖学金(硕)三等	硕士
1497	12020131741	宋昊	省部共建煤炭高效利用与绿色化工国家重点实验室	应用化学	学业奖学金(硕)三等	硕士
1498	12020131745	张昊	省部共建煤炭高效利用与绿色化工国家重点实验室	应用化学	学业奖学金(硕)三等	硕士
1499	12020131746	张静	省部共建煤炭高效利用与绿色化工国家重点实验室	应用化学	学业奖学金(硕)三等	硕士
1500	12020131751	毕航	省部共建煤炭高效利用与绿色化工国家重点实验室	材料化工	学业奖学金(硕)三等	硕士
1501	12020131760	杜有梅	省部共建煤炭高效利用与绿色化工国家重点实验室	材料与化工	学业奖学金(硕)三等	硕士
1502	12020131763	高凯华	省部共建煤炭高效利用与绿色化工国家重点实验室	材料化工	学业奖学金(硕)三等	硕士
1503	12020131764	高雄	省部共建煤炭高效利用与绿色化工国家重点实验室	材料化工	学业奖学金(硕)三等	硕士
1504	12020131766	韩婷婷	省部共建煤炭高效利用与绿色化工国家重点实验室	材料化工	学业奖学金(硕)三等	硕士
1505	12020131771	胡君君	省部共建煤炭高效利用与绿色化工国家重点实验室	材料化工	学业奖学金(硕)三等	硕士
1506	12020131775	李慧宁	省部共建煤炭高效利用与绿色化工国家重点实验室	材料化工	学业奖学金(硕)三等	硕士
1507	12020131779	李敏	省部共建煤炭高效利用与绿色化工国家重点实验室	材料化工	学业奖学金(硕)三等	硕士
1508	12020131783	李镇伶	省部共建煤炭高效利用与绿色化工国家重点实验室	材料化工	学业奖学金(硕)三等	硕士
1509	12020131784	刘国栋	省部共建煤炭高效利用与绿色化工国家重点实验室	材料化工	学业奖学金(硕)三等	硕士
1510	12020131785	刘娇杉	省部共建煤炭高效利用与绿色化工国家重点实验室	材料化工	学业奖学金(硕)三等	硕士
1511	12020131788	刘莹花	省部共建煤炭高效利用与绿色化工国家重点实验室	材料化工	学业奖学金(硕)三等	硕士

续表 52

序号	学 号	姓 名	院 系	专 业	奖学金等级	培养层次
1512	12020131789	罗 艳	省部共建煤炭高效利用与绿色化工国家重点实验室	材料化工	学业奖学金(硕)三等	硕士
1513	12020131792	亓黎越	省部共建煤炭高效利用与绿色化工国家重点实验室	材料化工	学业奖学金(硕)三等	硕士
1514	12020131796	孙 昊	省部共建煤炭高效利用与绿色化工国家重点实验室	材料化工	学业奖学金(硕)三等	硕士
1515	12020131797	孙莹莹	省部共建煤炭高效利用与绿色化工国家重点实验室	材料化工	学业奖学金(硕)三等	硕士
1516	12020131798	孙钰欣	省部共建煤炭高效利用与绿色化工国家重点实验室	材料化工	学业奖学金(硕)三等	硕士
1517	12020131801	王海波	省部共建煤炭高效利用与绿色化工国家重点实验室	材料化工	学业奖学金(硕)三等	硕士
1518	12020131802	王 佳	省部共建煤炭高效利用与绿色化工国家重点实验室	材料化工	学业奖学金(硕)三等	硕士
1519	12020131805	王小娟	省部共建煤炭高效利用与绿色化工国家重点实验室	材料化工	学业奖学金(硕)三等	硕士
1520	12020131807	王旭乾	省部共建煤炭高效利用与绿色化工国家重点实验室	材料化工	学业奖学金(硕)三等	硕士
1521	12020131812	夏世钦	省部共建煤炭高效利用与绿色化工国家重点实验室	材料化工	学业奖学金(硕)三等	硕士
1522	12020131813	夏选莉	省部共建煤炭高效利用与绿色化工国家重点实验室	材料化工	学业奖学金(硕)三等	硕士
1523	12020131814	徐青文	煤炭高效利用与绿色化工国家重	材料化工	学业奖学金(硕)三等	硕士
1524	12020131819	杨 婷	省部共建煤炭高效利用与绿色化工国家重点实验室	材料化工	学业奖学金(硕)三等	硕士
1525	12020131821	张红艳	省部共建煤炭高效利用与绿色化工国家重点实验室	材料化工	学业奖学金(硕)三等	硕士
1526	12020131824	周有慧	省部共建煤炭高效利用与绿色化工国家重点实验室	材料化工	学业奖学金(硕)三等	硕士
1527	12021131780	袁盛博	省部共建煤炭高效利用与绿色化工国家重点实验室	应用化学	学业奖学金(硕)三等	硕士
1528	12021131781	安国栋	省部共建煤炭高效利用与绿色化工国家重点实验室	材料化工	学业奖学金(硕)三等	硕士

续表 53

序号	学号	姓名	院系	专业	奖学金等级	培养层次
1529	12021131782	白博坤	省部共建煤炭高效利用与绿色化工国家重点实验室	材料化工	学业奖学金(硕)三等	硕士
1530	12021131783	陈 财	省部共建煤炭高效利用与绿色化工国家重点实验室	材料化工	学业奖学金(硕)三等	硕士
1531	12021131785	陈浩文	省部共建煤炭高效利用与绿色化工国家重点实验室	材料化工	学业奖学金(硕)三等	硕士
1532	12021131794	郭文倩	省部共建煤炭高效利用与绿色化工国家重点实验室	材料化工	学业奖学金(硕)三等	硕士
1533	12021131795	韩 鹏	省部共建煤炭高效利用与绿色化工国家重点实验室	材料化工	学业奖学金(硕)三等	硕士
1534	12021131797	黄爱君	省部共建煤炭高效利用与绿色化工国家重点实验室	材料化工	学业奖学金(硕)三等	硕士
1535	12021131802	靳雨薇	省部共建煤炭高效利用与绿色化工国家重点实验室	材料化工	学业奖学金(硕)三等	硕士
1536	12021131804	冷 颖	省部共建煤炭高效利用与绿色化工国家重点实验室	材料化工	学业奖学金(硕)三等	硕士
1537	12021131808	李亚男	省部共建煤炭高效利用与绿色化工国家重点实验室	材料化工	学业奖学金(硕)三等	硕士
1538	12021131810	刘国瑞	省部共建煤炭高效利用与绿色化工国家重点实验室	材料化工	学业奖学金(硕)三等	硕士
1539	12021131815	吕 良	省部共建煤炭高效利用与绿色化工国家重点实验室	材料化工	学业奖学金(硕)三等	硕士
1540	12021131819	庞庆鑫	省部共建煤炭高效利用与绿色化工国家重点实验室	材料化工	学业奖学金(硕)三等	硕士
1541	12021131820	石恒杰	省部共建煤炭高效利用与绿色化工国家重点实验室	材料化工	学业奖学金(硕)三等	硕士
1542	12021131821	石晓慧	省部共建煤炭高效利用与绿色化工国家重点实验室	材料化工	学业奖学金(硕)三等	硕士
1543	12021131826	王 静	省部共建煤炭高效利用与绿色化工国家重点实验室	材料化工	学业奖学金(硕)三等	硕士
1544	12021131827	王蒙恩	省部共建煤炭高效利用与绿色化工国家重点实验室	材料化工	学业奖学金(硕)三等	硕士
1545	12021131828	王若彤	省部共建煤炭高效利用与绿色化工国家重点实验室	材料化工	学业奖学金(硕)三等	硕士

续表54

序号	学号	姓名	院系	专业	奖学金等级	培养层次
1546	12021131830	王鑫	省部共建煤炭高效利用与绿色化工国家重点实验室	材料化工	学业奖学金(硕)三等	硕士
1547	12021131841	杨帅	省部共建煤炭高效利用与绿色化工国家重点实验室	材料化工	学业奖学金(硕)三等	硕士
1548	12021131842	尹旺	省部共建煤炭高效利用与绿色化工国家重点实验室	材料化工	学业奖学金(硕)三等	硕士
1549	12021131843	尹银梅	省部共建煤炭高效利用与绿色化工国家重点实验室	材料化工	学业奖学金(硕)三等	硕士
1550	12021131844	雍正冬	省部共建煤炭高效利用与绿色化工国家重点实验室	材料化工	学业奖学金(硕)三等	硕士
1551	12021131849	张祥	省部共建煤炭高效利用与绿色化工国家重点实验室	材料化工	学业奖学金(硕)三等	硕士
1552	12021131850	张鑫	省部共建煤炭高效利用与绿色化工国家重点实验室	材料化工	学业奖学金(硕)二等	硕士
1553	12021131854	张迎归	省部共建煤炭高效利用与绿色化工国家重点实验室	材料化工	学业奖学金(硕)三等	硕士
1554	12021131858	赵思傲	省部共建煤炭高效利用与绿色化工国家重点实验室	材料化工	学业奖学金(硕)三等	硕士
1555	12021131750	何思远	省部共建煤炭高效利用与绿色化工国家重点实验室	化学工艺	学业奖学金(硕)三等	硕士
1556	12021131753	李兆龙	省部共建煤炭高效利用与绿色化工国家重点实验室	化学工艺	学业奖学金(硕)三等	硕士
1557	12021131763	马聪花	省部共建煤炭高效利用与绿色化工国家重点实验室	化学工艺	学业奖学金(硕)三等	硕士
1558	12021131765	刘赟	省部共建煤炭高效利用与绿色化工国家重点实验室	化学工艺	学业奖学金(硕)三等	硕士
1559	12021131766	张凯翼	省部共建煤炭高效利用与绿色化工国家重点实验室	化学工艺	学业奖学金(硕)三等	硕士
1560	12021131767	何富贵	省部共建煤炭高效利用与绿色化工国家重点实验室	应用化学	学业奖学金(硕)三等	硕士
1561	12021131776	李添明	省部共建煤炭高效利用与绿色化工国家重点实验室	应用化学	学业奖学金(硕)三等	硕士

续表55

序号	学号	姓名	院系	专业	奖学金等级	培养层次
1562	12021131777	马晶	省部共建煤炭高效利用与绿色化工国家重点实验室	应用化学	学业奖学金(硕)三等	硕士
1563	12021131778	乔松	省部共建煤炭高效利用与绿色化工国家重点实验室	应用化学	学业奖学金(硕)三等	硕士
1564	12021131779	沈小楠	省部共建煤炭高效利用与绿色化工国家重点实验室	应用化学	学业奖学金(硕)三等	硕士
1565	12019130838	李璞钰	食品与葡萄酒学院	食品科学与工程	学业奖学金(硕)一等	硕士
1566	12019130842	王雪蓉	食品与葡萄酒学院	食品科学与工程	学业奖学金(硕)一等	硕士
1567	12020131355	郝慧慧	食品与葡萄酒学院	食品加工与安全	学业奖学金(硕)一等	硕士
1568	12020131366	李恳恳	食品与葡萄酒学院	食品加工与安全	学业奖学金(硕)一等	硕士
1569	12020131372	刘吉娟	食品与葡萄酒学院	食品加工与安全	学业奖学金(硕)一等	硕士
1570	12020131373	刘丽	食品与葡萄酒学院	食品加工与安全	学业奖学金(硕)一等	硕士
1571	12020131377	鲁玲	食品与葡萄酒学院	食品加工与安全	学业奖学金(硕)一等	硕士
1572	12020131383	马旭华	食品与葡萄酒学院	食品加工与安全	学业奖学金(硕)一等	硕士
1573	12020131390	门家利	食品与葡萄酒学院	食品加工与安全	学业奖学金(硕)一等	硕士
1574	12020131415	张园园	食品与葡萄酒学院	食品加工与安全	学业奖学金(硕)一等	硕士
1575	12020131065	贾莉莉	食品与葡萄酒学院	食品科学与工程	学业奖学金(硕)二等	硕士
1576	12020131067	柳凤敏	食品与葡萄酒学院	食品科学与工程	学业奖学金(硕)二等	硕士
1577	12020131075	魏培媛	食品与葡萄酒学院	食品科学与工程	学业奖学金(硕)二等	硕士
1578	12020131357	贺捷群	食品与葡萄酒学院	食品加工与安全	学业奖学金(硕)二等	硕士
1579	12020131358	侯晓健	食品与葡萄酒学院	食品加工与安全	学业奖学金(硕)二等	硕士
1580	12020131359	胡羚	食品与葡萄酒学院	食品加工与安全	学业奖学金(硕)二等	硕士
1581	12020131360	胡晓磊	食品与葡萄酒学院	食品加工与安全	学业奖学金(硕)二等	硕士
1582	12020131379	马莉	食品与葡萄酒学院	食品加工与安全	学业奖学金(硕)二等	硕士
1583	12020131384	马雪梅	食品与葡萄酒学院	食品加工与安全	学业奖学金(硕)二等	硕士
1584	12020131391	穆红	食品与葡萄酒学院	食品加工与安全	学业奖学金(硕)二等	硕士
1585	12020131393	司欣	食品与葡萄酒学院	食品加工与安全	学业奖学金(硕)二等	硕士
1586	12020131395	王雪荣	食品与葡萄酒学院	食品加工与安全	学业奖学金(硕)二等	硕士
1587	12020131400	吴月	食品与葡萄酒学院	食品加工与安全	学业奖学金(硕)二等	硕士
1588	12020131404	许昌	食品与葡萄酒学院	食品加工与安全	学业奖学金(硕)二等	硕士
1589	12020131406	杨静慧	食品与葡萄酒学院	食品加工与安全	学业奖学金(硕)二等	硕士

续表56

序号	学 号	姓 名	院 系	专 业	奖学金等级	培养层次
1590	12020131409	糟 帆	食品与葡萄酒学院	食品加工与安全	学业奖学金(硕)二等	硕士
1591	12020131410	张变飞	食品与葡萄酒学院	食品加工与安全	学业奖学金(硕)二等	硕士
1592	12020131420	周 婷	食品与葡萄酒学院	食品加工与安全	学业奖学金(硕)二等	硕士
1593	12020131068	马瑞雪	食品与葡萄酒学院	食品科学与工程	学业奖学金(硕)三等	硕士
1594	12020131069	马小梅	食品与葡萄酒学院	食品科学与工程	学业奖学金(硕)三等	硕士
1595	12020131072	袁江涛	食品与葡萄酒学院	食品科学与工程	学业奖学金(硕)三等	硕士
1596	12020131345	毕 可	食品与葡萄酒学院	食品加工与安全	学业奖学金(硕)三等	硕士
1597	12020131346	毕永昭	食品与葡萄酒学院	食品加工与安全	学业奖学金(硕)三等	硕士
1598	12020131351	董福佳	食品与葡萄酒学院	食品加工与安全	学业奖学金(硕)三等	硕士
1599	12020131352	冯丹萍	食品与葡萄酒学院	食品加工与安全	学业奖学金(硕)三等	硕士
1600	12020131354	郭佳俊	食品与葡萄酒学院	食品加工与安全	学业奖学金(硕)三等	硕士
1601	12020131365	李 娟	食品与葡萄酒学院	食品加工与安全	学业奖学金(硕)三等	硕士
1602	12020131368	李 彤	食品与葡萄酒学院	食品加工与安全	学业奖学金(硕)三等	硕士
1603	12020131370	李一鸣	食品与葡萄酒学院	食品加工与安全	学业奖学金(硕)三等	硕士
1604	12020131378	马兰芳	食品与葡萄酒学院	食品加工与安全	学业奖学金(硕)三等	硕士
1605	12020131394	王江龙	食品与葡萄酒学院	食品加工与安全	学业奖学金(硕)三等	硕士
1606	12020131399	吴 迅	食品与葡萄酒学院	食品加工与安全	学业奖学金(硕)三等	硕士
1607	12020131403	徐潇吟	食品与葡萄酒学院	食品加工与安全	学业奖学金(硕)三等	硕士
1608	12020131407	杨晓花	食品与葡萄酒学院	食品加工与安全	学业奖学金(硕)三等	硕士
1609	12020131416	赵建成	食品与葡萄酒学院	食品加工与安全	学业奖学金(硕)三等	硕士
1610	12020131417	赵亚亚	食品与葡萄酒学院	食品加工与安全	学业奖学金(硕)三等	硕士
1611	12020131423	朱盼盼	食品与葡萄酒学院	食品加工与安全	学业奖学金(硕)三等	硕士
1612	12021131956	李佳佳	食品与葡萄酒学院	食品科学与工程	学业奖学金(硕)三等	硕士
1613	12021131957	刘思佳	食品与葡萄酒学院	食品科学与工程	学业奖学金(硕)三等	硕士
1614	12021131958	牛孜君	食品与葡萄酒学院	食品科学与工程	学业奖学金(硕)三等	硕士
1615	12021131959	叶 彤	食品与葡萄酒学院	食品科学与工程	学业奖学金(硕)三等	硕士
1616	12021131962	张远绿	食品与葡萄酒学院	食品科学与工程	学业奖学金(硕)三等	硕士
1617	12021131965	马 萍	食品与葡萄酒学院	食品科学与工程	学业奖学金(硕)三等	硕士
1618	12021131968	查晓彤	食品与葡萄酒学院	食品加工与安全	学业奖学金(硕)三等	硕士
1619	12021131970	陈雪妍	食品与葡萄酒学院	食品加工与安全	学业奖学金(硕)三等	硕士

续表57

序号	学 号	姓 名	院 系	专 业	奖学金等级	培养层次
1620	12021131972	丁雨红	食品与葡萄酒学院	食品加工与安全	学业奖学金(硕)三等	硕士
1621	12021131974	范 敏	食品与葡萄酒学院	食品加工与安全	学业奖学金(硕)三等	硕士
1622	12021131975	伏棋画	食品与葡萄酒学院	食品加工与安全	学业奖学金(硕)三等	硕士
1623	12021131976	付俊维	食品与葡萄酒学院	食品加工与安全	学业奖学金(硕)三等	硕士
1624	12021131977	付玉虎	食品与葡萄酒学院	食品加工与安全	学业奖学金(硕)三等	硕士
1625	12021131980	巩丽莉	食品与葡萄酒学院	食品加工与安全	学业奖学金(硕)三等	硕士
1626	12021131981	郭方圆	食品与葡萄酒学院	食品加工与安全	学业奖学金(硕)三等	硕士
1627	12021131983	何小玲	食品与葡萄酒学院	食品加工与安全	学业奖学金(硕)三等	硕士
1628	12021131984	胡丽筠	食品与葡萄酒学院	食品加工与安全	学业奖学金(硕)三等	硕士
1629	12021131985	黄小兰	食品与葡萄酒学院	食品加工与安全	学业奖学金(硕)三等	硕士
1630	12021131986	金丽娜	食品与葡萄酒学院	食品加工与安全	学业奖学金(硕)三等	硕士
1631	12021131987	李俊松	食品与葡萄酒学院	食品加工与安全	学业奖学金(硕)三等	硕士
1632	12021131989	李 荣	食品与葡萄酒学院	食品加工与安全	学业奖学金(硕)三等	硕士
1633	12021131995	刘 媛	食品与葡萄酒学院	食品加工与安全	学业奖学金(硕)三等	硕士
1634	12021132003	马小菊	食品与葡萄酒学院	食品加工与安全	学业奖学金(硕)三等	硕士
1635	12021132004	马燕飞	食品与葡萄酒学院	食品加工与安全	学业奖学金(硕)三等	硕士
1636	12021132007	乃国丫	食品与葡萄酒学院	食品加工与安全	学业奖学金(硕)三等	硕士
1637	12021132008	潘思弋	食品与葡萄酒学院	食品加工与安全	学业奖学金(硕)三等	硕士
1638	12021132009	裴慧敏	食品与葡萄酒学院	食品加工与安全	学业奖学金(硕)三等	硕士
1639	12021132010	裴宇芳	食品与葡萄酒学院	食品加工与安全	学业奖学金(硕)三等	硕士
1640	12021132017	王传发	食品与葡萄酒学院	食品加工与安全	学业奖学金(硕)三等	硕士
1641	12021132019	王金霞	食品与葡萄酒学院	食品加工与安全	学业奖学金(硕)三等	硕士
1642	12021132020	王 亮	食品与葡萄酒学院	食品加工与安全	学业奖学金(硕)三等	硕士
1643	12021132023	王雯雯	食品与葡萄酒学院	食品加工与安全	学业奖学金(硕)三等	硕士
1644	12021132024	王旭娟	食品与葡萄酒学院	食品加工与安全	学业奖学金(硕)三等	硕士
1645	12021132025	王延尧	食品与葡萄酒学院	食品加工与安全	学业奖学金(硕)三等	硕士
1646	12021132026	王 玉	食品与葡萄酒学院	食品加工与安全	学业奖学金(硕)三等	硕士
1647	12021132028	武思睿	食品与葡萄酒学院	食品加工与安全	学业奖学金(硕)三等	硕士
1648	12021132031	谢启文	食品与葡萄酒学院	食品加工与安全	学业奖学金(硕)三等	硕士
1649	12021132033	烟小霞	食品与葡萄酒学院	食品加工与安全	学业奖学金(硕)三等	硕士

续表 58

序号	学号	姓名	院系	专业	奖学金等级	培养层次
1650	12021132035	杨世虎	食品与葡萄酒学院	食品加工与安全	学业奖学金(硕)三等	硕士
1651	12021132038	杨小燕	食品与葡萄酒学院	食品加工与安全	学业奖学金(硕)三等	硕士
1652	12021132039	于恒和	食品与葡萄酒学院	食品加工与安全	学业奖学金(硕)三等	硕士
1653	12021132040	鱼 灏	食品与葡萄酒学院	食品加工与安全	学业奖学金(硕)三等	硕士
1654	12021132041	俞 佳	食品与葡萄酒学院	食品加工与安全	学业奖学金(硕)三等	硕士
1655	12021132042	岳洋洋	食品与葡萄酒学院	食品加工与安全	学业奖学金(硕)三等	硕士
1656	12021132043	翟慧楠	食品与葡萄酒学院	食品加工与安全	学业奖学金(硕)三等	硕士
1657	12021132047	张 倩	食品与葡萄酒学院	食品加工与安全	学业奖学金(硕)三等	硕士
1658	12021132049	朱晓雪	食品与葡萄酒学院	食品加工与安全	学业奖学金(硕)三等	硕士
1659	12019130404	杨 静	数学统计学院	数学	学业奖学金(硕)三等	硕士
1660	12021130543	吴嘉慧	数学统计学院	数学	学业奖学金(硕)一等(推免)	硕士
1661	12021130557	赵文婷	数学统计学院	数学	学业奖学金(硕)一等(推免)	硕士
1662	12020130519	李 辉	数学统计学院	数学	学业奖学金(硕)支教复学	硕士
1663	12019130406	张翼菲	数学统计学院	数学	学业奖学金(硕)一等	硕士
1664	12019130409	马海亮	数学统计学院	数学	学业奖学金(硕)一等	硕士
1665	12019130412	徐云程	数学统计学院	数学	学业奖学金(硕)一等	硕士
1666	12019130418	张亚莉	数学统计学院	数学	学业奖学金(硕)一等	硕士
1667	12020130477	董彦国	数学统计学院	学科教学(数学)	学业奖学金(硕)一等	硕士
1668	12020130479	顾 萍	数学统计学院	学科教学(数学)	学业奖学金(硕)一等	硕士
1669	12020130504	赵 喆	数学统计学院	学科教学(数学)	学业奖学金(硕)一等	硕士
1670	12019130405	张 莉	数学统计学院	数学	学业奖学金(硕)二等	硕士
1671	12019130410	王 倩	数学统计学院	数学	学业奖学金(硕)二等	硕士
1672	12019130413	黄丽转	数学统计学院	数学	学业奖学金(硕)二等	硕士
1673	12019130414	李更生	数学统计学院	数学	学业奖学金(硕)二等	硕士
1674	12019130419	熊子晓	数学统计学院	数学	学业奖学金(硕)二等	硕士
1675	12020130484	梁 倩	数学统计学院	学科教学(数学)	学业奖学金(硕)二等	硕士
1676	12020130495	薛雅文	数学统计学院	学科教学(数学)	学业奖学金(硕)二等	硕士
1677	12021130499	程 欢	数学统计学院	学科教学(数学)	学业奖学金(硕)二等	硕士
1678	12021130515	宁 静	数学统计学院	学科教学(数学)	学业奖学金(硕)二等	硕士
1679	12021130516	乔心怡	数学统计学院	学科教学(数学)	学业奖学金(硕)二等	硕士

续表 59

序号	学 号	姓名	院 系	专 业	奖学金等级	培养层次
1680	12021130528	刘浩玮	数学统计学院	数学	学业奖学金(硕)二等	硕士
1681	12021130542	朱祥峰	数学统计学院	数学	学业奖学金(硕)二等	硕士
1682	12021130551	徐盼盼	数学统计学院	数学	学业奖学金(硕)二等	硕士
1683	12019130400	毛东雪	数学统计学院	数学	学业奖学金(硕)三等	硕士
1684	12019130401	秦万霞	数学统计学院	数学	学业奖学金(硕)三等	硕士
1685	12019130402	王 荣	数学统计学院	数学	学业奖学金(硕)三等	硕士
1686	12019130403	吴 钰	数学统计学院	数学	学业奖学金(硕)三等	硕士
1687	12019130408	高子贤	数学统计学院	数学	学业奖学金(硕)三等	硕士
1688	12019130411	吴梦玲	数学统计学院	数学	学业奖学金(硕)三等	硕士
1689	12019130415	李 艳	数学统计学院	数学	学业奖学金(硕)三等	硕士
1690	12019130417	余密密	数学统计学院	数学	学业奖学金(硕)三等	硕士
1691	12020130478	高 媛	数学统计学院	学科教学(数学)	学业奖学金(硕)三等	硕士
1692	12020130481	季安琦	数学统计学院	学科教学(数学)	学业奖学金(硕)三等	硕士
1693	12020130482	解千娟	数学统计学院	学科教学(数学)	学业奖学金(硕)三等	硕士
1694	12020130489	苏 杭	数学统计学院	学科教学(数学)	学业奖学金(硕)三等	硕士
1695	12020130491	拓欣怡	数学统计学院	学科教学(数学)	学业奖学金(硕)三等	硕士
1696	12020130492	王 倩	数学统计学院	学科教学(数学)	学业奖学金(硕)三等	硕士
1697	12020130496	闫 玲	数学统计学院	学科教学(数学)	学业奖学金(硕)三等	硕士
1698	12020130497	闫园园	数学统计学院	学科教学(数学)	学业奖学金(硕)三等	硕士
1699	12020130498	杨 莉	数学统计学院	学科教学(数学)	学业奖学金(硕)三等	硕士
1700	12020130499	杨雅淇	数学统计学院	学科教学(数学)	学业奖学金(硕)三等	硕士
1701	12020130506	候力佳	数学统计学院	数学	学业奖学金(硕)三等	硕士
1702	12020130512	周 娜	数学统计学院	数学	学业奖学金(硕)三等	硕士
1703	12020130513	周 奇	数学统计学院	数学	学业奖学金(硕)三等	硕士
1704	12020130522	刘那兵	数学统计学院	数学	学业奖学金(硕)三等	硕士
1705	12020130523	马 晗	数学统计学院	数学	学业奖学金(硕)三等	硕士
1706	12020130528	杨 玲	数学统计学院	数学	学业奖学金(硕)三等	硕士
1707	12020130530	张永玉	数学统计学院	数学	学业奖学金(硕)三等	硕士
1708	12021130498	陈丽丽	数学统计学院	学科教学(数学)	学业奖学金(硕)三等	硕士
1709	12021130500	丁明璐	数学统计学院	学科教学(数学)	学业奖学金(硕)三等	硕士

续表60

序号	学号	姓名	院系	专业	奖学金等级	培养层次
1710	12021130504	虎博	数学统计学院	学科教学(数学)	学业奖学金(硕)三等	硕士
1711	12021130508	李琦	数学统计学院	学科教学(数学)	学业奖学金(硕)三等	硕士
1712	12021130509	林海强	数学统计学院	学科教学(数学)	学业奖学金(硕)三等	硕士
1713	12021130511	刘涵	数学统计学院	学科教学(数学)	学业奖学金(硕)三等	硕士
1714	12021130517	佘颖	数学统计学院	学科教学(数学)	学业奖学金(硕)三等	硕士
1715	12021130519	王满言	数学统计学院	学科教学(数学)	学业奖学金(硕)三等	硕士
1716	12021130520	王澎婕	数学统计学院	学科教学(数学)	学业奖学金(硕)三等	硕士
1717	12021130521	杨婉晴	数学统计学院	学科教学(数学)	学业奖学金(硕)三等	硕士
1718	12021130530	申奥	数学统计学院	数学	学业奖学金(硕)三等	硕士
1719	12021130539	王媛	数学统计学院	数学	学业奖学金(硕)三等	硕士
1720	12021130541	郑金阳	数学统计学院	数学	学业奖学金(硕)三等	硕士
1721	12021130545	章秋香	数学统计学院	数学	学业奖学金(硕)三等	硕士
1722	12021130548	任晨晨	数学统计学院	数学	学业奖学金(硕)三等	硕士
1723	12021130550	万月琴	数学统计学院	数学	学业奖学金(硕)三等	硕士
1724	12021130552	杨双艳	数学统计学院	数学	学业奖学金(硕)三等	硕士
1725	12021130553	岳国钰	数学统计学院	数学	学业奖学金(硕)三等	硕士
1726	12021130549	田湘茹	数学统计学院	数学	学业奖学金(硕)三等	硕士
1727	12020131550	李洁庆	体育学院	体育教学	学业奖学金(硕)支教复学	硕士
1728	12019131199	柳庆	体育学院	民族传统体育文化	学业奖学金(硕)一等	硕士
1729	12020131543	黄漫芝	体育学院	民族传统体育文化	学业奖学金(硕)一等	硕士
1730	12020131545	于贝贝	体育学院	学科教学(体育)	学业奖学金(硕)一等	硕士
1731	12020131557	王沛伟	体育学院	体育教学	学业奖学金(硕)一等	硕士
1732	12020131544	徐进	体育学院	学科教学(体育)	学业奖学金(硕)二等	硕士
1733	12020131551	李晒晒	体育学院	体育教学	学业奖学金(硕)二等	硕士
1734	12020131558	徐向龙	体育学院	体育教学	学业奖学金(硕)二等	硕士
1735	12020131561	黄书元	体育学院	运动训练	学业奖学金(硕)二等	硕士
1736	12021131574	周加兵	体育学院	体育硕士	学业奖学金(硕)二等	硕士
1737	12021131582	徐佳军	体育学院	体育硕士	学业奖学金(硕)二等	硕士
1738	12020131546	李翔熠	体育学院	学科教学(体育)	学业奖学金(硕)三等	硕士
1739	12020131553	吕政虎	体育学院	体育教学	学业奖学金(硕)三等	硕士

续表 61

序号	学号	姓名	院系	专业	奖学金等级	培养层次
1740	12020131554	裴浩泽	体育学院	体育教学	学业奖学金(硕)三等	硕士
1741	12020131555	谯诚	体育学院	体育教学	学业奖学金(硕)三等	硕士
1742	12020131556	王贵兵	体育学院	体育教学	学业奖学金(硕)三等	硕士
1743	12020131559	周亮	体育学院	体育教学	学业奖学金(硕)三等	硕士
1744	12020131560	杜倩	体育学院	运动训练	学业奖学金(硕)三等	硕士
1745	12020131562	李景东	体育学院	运动训练	学业奖学金(硕)三等	硕士
1746	12020131563	马超	体育学院	运动训练	学业奖学金(硕)三等	硕士
1747	12020131564	马坤	体育学院	运动训练	学业奖学金(硕)三等	硕士
1748	12020131565	马若君	体育学院	运动训练	学业奖学金(硕)三等	硕士
1749	12020131568	赵腾飞	体育学院	运动训练	学业奖学金(硕)三等	硕士
1750	12020131574	李长泽	体育学院	社会体育指导	学业奖学金(硕)三等	硕士
1751	12020131576	张明星	体育学院	社会体育指导	学业奖学金(硕)三等	硕士
1752	12021131550	杨晋	体育学院	学科教学(体育)	学业奖学金(硕)三等	硕士
1753	12021131551	白乾赟	体育学院	体育硕士	学业奖学金(硕)三等	硕士
1754	12021131553	陈沼东	体育学院	体育硕士	学业奖学金(硕)三等	硕士
1755	12021131557	李慧	体育学院	体育硕士	学业奖学金(硕)三等	硕士
1756	12021131558	刘勇	体育学院	体育硕士	学业奖学金(硕)三等	硕士
1757	12021131562	齐庞博	体育学院	体育硕士	学业奖学金(硕)三等	硕士
1758	12021131565	魏东旭	体育学院	体育硕士	学业奖学金(硕)三等	硕士
1759	12021131567	徐唐娇	体育学院	体育硕士	学业奖学金(硕)三等	硕士
1760	12021131571	张旭东	体育学院	体育硕士	学业奖学金(硕)三等	硕士
1761	12021131572	张雪娟	体育学院	体育硕士	学业奖学金(硕)三等	硕士
1762	12021131573	赵凤娇	体育学院	体育硕士	学业奖学金(硕)三等	硕士
1763	12021131586	鄂列臣	体育学院	体育硕士	学业奖学金(硕)三等	硕士
1764	12021131581	谢凡	体育学院	体育硕士	学业奖学金(硕)二等	硕士
1765	12019130712	许昊丽	土木与水利工程学院	水力学及河流动力学	学业奖学金(硕)三等	硕士
1766	12020130869	姜彦杰	土木与水利工程学院	结构工程	学业奖学金(硕)支教复学	硕士
1767	12019130693	李峥	土木与水利工程学院	岩土工程	学业奖学金(硕)一等	硕士
1768	12019130708	杨鹏宇	土木与水利工程学院	防灾减灾工程及防护工程	学业奖学金(硕)一等	硕士

续表62

序号	学号	姓名	院系	专业	奖学金等级	培养层次
1769	12019130711	赵广兴	土木与水利工程学院	水文学及水资源	学业奖学金(硕)一等	硕士
1770	12020130871	周海洋	土木与水利工程学院	结构工程	学业奖学金(硕)一等	硕士
1771	12020130879	徐盼盼	土木与水利工程学院	防灾减灾工程及防护工程	学业奖学金(硕)一等	硕士
1772	12020130886	穆敏	土木与水利工程学院	水文学及水资源	学业奖学金(硕)一等	硕士
1773	12020130898	刘巧玲	土木与水利工程学院	水利水电工程	学业奖学金(硕)一等	硕士
1774	12020130910	崔岚博	土木与水利工程学院	土木水利	学业奖学金(硕)一等	硕士
1775	12020130922	贾振江	土木与水利工程学院	土木水利	学业奖学金(硕)一等	硕士
1776	12020130934	刘欣雨	土木与水利工程学院	土木水利	学业奖学金(硕)一等	硕士
1777	12020130950	童彧斐	土木与水利工程学院	土木水利	学业奖学金(硕)一等	硕士
1778	12020130963	延常玉	土木与水利工程学院	土木水利	学业奖学金(硕)一等	硕士
1779	12020130971	张广招	土木与水利工程学院	土木水利	学业奖学金(硕)一等	硕士
1780	12020130973	张虎彪	土木与水利工程学院	土木水利	学业奖学金(硕)一等	硕士
1781	12019130702	蒙卉恩	土木与水利工程学院	结构工程	学业奖学金(硕)二等	硕士
1782	12019130703	徐芳泽	土木与水利工程学院	结构工程	学业奖学金(硕)二等	硕士
1783	12019130710	王洁	土木与水利工程学院	水文学及水资源	学业奖学金(硕)二等	硕士
1784	12020130867	王晋浩	土木与水利工程学院	结构工程	学业奖学金(硕)二等	硕士
1785	12020130877	朱海峰	土木与水利工程学院	结构工程	学业奖学金(硕)二等	硕士
1786	12020130896	马明泽	土木与水利工程学院	水工结构工程	学业奖学金(硕)二等	硕士
1787	12020130903	李杰	土木与水利工程学院	水利水电工程	学业奖学金(硕)二等	硕士
1788	12020130905	安文举	土木与水利工程学院	土木水利	学业奖学金(硕)二等	硕士
1789	12020130919	胡志勇	土木与水利工程学院	土木水利	学业奖学金(硕)二等	硕士
1790	12020130925	李思齐	土木与水利工程学院	土木水利	学业奖学金(硕)二等	硕士
1791	12020130949	唐佳鑫	土木与水利工程学院	土木水利	学业奖学金(硕)二等	硕士
1792	12020130969	詹疆淮	土木与水利工程学院	土木水利	学业奖学金(硕)二等	硕士
1793	12020130972	张浩南	土木与水利工程学院	土木水利	学业奖学金(硕)二等	硕士
1794	12020130980	周鑫磊	土木与水利工程学院	土木水利	学业奖学金(硕)二等	硕士
1795	12021130909	李盛	土木与水利工程学院	土木工程	学业奖学金(硕)二等	硕士
1796	12021130923	朱含熙	土木与水利工程学院	土木工程	学业奖学金(硕)二等	硕士
1797	12021130926	江伟	土木与水利工程学院	水利工程	学业奖学金(硕)二等	硕士
1798	12021130941	郭丽平	土木与水利工程学院	水利工程	学业奖学金(硕)二等	硕士

续表63

序号	学号	姓名	院系	专业	奖学金等级	培养层次
1799	12021130963	刘玉飞	土木与水利工程学院	土木水利	学业奖学金(硕)二等	硕士
1800	12021130987	周闯	土木与水利工程学院	土木水利	学业奖学金(硕)二等	硕士
1801	12021131003	李丹丹	土木与水利工程学院	土木水利	学业奖学金(硕)二等	硕士
1802	12021131006	李阳阳	土木与水利工程学院	土木水利	学业奖学金(硕)二等	硕士
1803	12021131009	刘庆鑫	土木与水利工程学院	土木水利	学业奖学金(硕)二等	硕士
1804	12021131016	万思思	土木与水利工程学院	土木水利	学业奖学金(硕)二等	硕士
1805	12021131019	韦广源	土木与水利工程学院	土木水利	学业奖学金(硕)二等	硕士
1806	12021131025	张媛媛	土木与水利工程学院	土木水利	学业奖学金(硕)二等	硕士
1807	12018130592	余帅	土木与水利工程学院	结构工程	学业奖学金(硕)三等	硕士
1808	12019130699	尹朝正	土木与水利工程学院	结构工程	学业奖学金(硕)三等	硕士
1809	12019130704	艾庆一	土木与水利工程学院	结构工程	学业奖学金(硕)三等	硕士
1810	12019130705	黄博文	土木与水利工程学院	结构工程	学业奖学金(硕)三等	硕士
1811	12019130706	李仕浩	土木与水利工程学院	结构工程	学业奖学金(硕)三等	硕士
1812	12019130707	李鑫平	土木与水利工程学院	防灾减灾工程及防护工程	学业奖学金(硕)三等	硕士
1813	12019130714	王韵	土木与水利工程学院	水工结构工程	学业奖学金(硕)三等	硕士
1814	12019130717	张志龙	土木与水利工程学院	水工结构工程	学业奖学金(硕)三等	硕士
1815	12019130719	魏小东	土木与水利工程学院	水利水电工程	学业奖学金(硕)三等	硕士
1816	12019130720	李株丹	土木与水利工程学院	水利水电工程	学业奖学金(硕)三等	硕士
1817	12020130864	吴泓钢	土木与水利工程学院	岩土工程	学业奖学金(硕)三等	硕士
1818	12020130872	曹金生	土木与水利工程学院	结构工程	学业奖学金(硕)三等	硕士
1819	12020130873	冉文君	土木与水利工程学院	结构工程	学业奖学金(硕)三等	硕士
1820	12020130874	张辉映	土木与水利工程学院	结构工程	学业奖学金(硕)三等	硕士
1821	12020130881	陈小龙	土木与水利工程学院	防灾减灾工程及防护工程	学业奖学金(硕)三等	硕士
1822	12020130883	李霖	土木与水利工程学院	水文学及水资源	学业奖学金(硕)三等	硕士
1823	12020130885	李承璐	土木与水利工程学院	水文学及水资源	学业奖学金(硕)三等	硕士
1824	12020130888	王文娟	土木与水利工程学院	水文学及水资源	学业奖学金(硕)三等	硕士
1825	12020130890	丁昌峰	土木与水利工程学院	水力学及河流动力学	学业奖学金(硕)三等	硕士
1826	12020130892	宋璐璐	土木与水利工程学院	水力学及河流动力学	学业奖学金(硕)三等	硕士
1827	12020130893	闫超	土木与水利工程学院	水工结构工程	学业奖学金(硕)三等	硕士
1828	12020130894	刘臻祥	土木与水利工程学院	水工结构工程	学业奖学金(硕)三等	硕士

续表 64

序号	学号	姓名	院系	专业	奖学金等级	培养层次
1829	12020130900	农 睿	土木与水利工程学院	水利水电工程	学业奖学金(硕)三等	硕士
1830	12020130906	白利茹	土木与水利工程学院	土木水利	学业奖学金(硕)三等	硕士
1831	12020130907	曹占琪	土木与水利工程学院	土木水利	学业奖学金(硕)三等	硕士
1832	12020130916	巩永杰	土木与水利工程学院	土木水利	学业奖学金(硕)三等	硕士
1833	12020130918	贺树杰	土木与水利工程学院	土木水利	学业奖学金(硕)三等	硕士
1834	12020130920	黄单丰	土木与水利工程学院	土木水利	学业奖学金(硕)三等	硕士
1835	12020130923	景严谊	土木与水利工程学院	土木水利	学业奖学金(硕)三等	硕士
1836	12020130924	李瑞楠	土木与水利工程学院	土木水利	学业奖学金(硕)三等	硕士
1837	12020130926	李 晓	土木与水利工程学院	土木水利	学业奖学金(硕)三等	硕士
1838	12020130928	李怡瑶	土木与水利工程学院	土木水利	学业奖学金(硕)三等	硕士
1839	12020130935	柳明洋	土木与水利工程学院	土木水利	学业奖学金(硕)三等	硕士
1840	12020130936	路 畅	土木与水利工程学院	土木水利	学业奖学金(硕)三等	硕士
1841	12020130937	骆 言	土木与水利工程学院	土木水利	学业奖学金(硕)三等	硕士
1842	12020130940	马永鑫	土木与水利工程学院	土木水利	学业奖学金(硕)三等	硕士
1843	12020130943	潘彦辰	土木与水利工程学院	土木水利	学业奖学金(硕)三等	硕士
1844	12020130944	任 磊	土木与水利工程学院	土木水利	学业奖学金(硕)三等	硕士
1845	12020130947	宋俊杰	土木与水利工程学院	土木水利	学业奖学金(硕)三等	硕士
1846	12020130948	谭金宝	土木与水利工程学院	土木水利	学业奖学金(硕)三等	硕士
1847	12020130951	万开唯	土木与水利工程学院	土木水利	学业奖学金(硕)三等	硕士
1848	12020130952	王 磊	土木与水利工程学院	土木水利	学业奖学金(硕)三等	硕士
1849	12020130954	王文涛	土木与水利工程学院	土木水利	学业奖学金(硕)三等	硕士
1850	12020130958	吴志敏	土木与水利工程学院	土木水利	学业奖学金(硕)三等	硕士
1851	12020130959	邢 敏	土木与水利工程学院	土木水利	学业奖学金(硕)三等	硕士
1852	12020130961	徐文栋	土木与水利工程学院	土木水利	学业奖学金(硕)三等	硕士
1853	12020130962	许梓晔	土木与水利工程学院	土木水利	学业奖学金(硕)三等	硕士
1854	12020130964	闫东琦	土木与水利工程学院	土木水利	学业奖学金(硕)三等	硕士
1855	12020130965	闫凌璐	土木与水利工程学院	土木水利	学业奖学金(硕)三等	硕士
1856	12020130978	周粲铭	土木与水利工程学院	土木水利	学业奖学金(硕)三等	硕士
1857	12021130900	方礼鑫	土木与水利工程学院	土木工程	学业奖学金(硕)三等	硕士
1858	12021130904	陈志伟	土木与水利工程学院	土木工程	学业奖学金(硕)三等	硕士

续表 65

序号	学号	姓名	院系	专业	奖学金等级	培养层次
1859	12021130908	李森	土木与水利工程学院	土木工程	学业奖学金(硕)三等	硕士
1860	12021130913	吕欢	土木与水利工程学院	土木工程	学业奖学金(硕)三等	硕士
1861	12021130914	尚浩东	土木与水利工程学院	土木工程	学业奖学金(硕)三等	硕士
1862	12021130915	王虎祥	土木与水利工程学院	土木工程	学业奖学金(硕)三等	硕士
1863	12021130920	赵晶晶	土木与水利工程学院	土木工程	学业奖学金(硕)三等	硕士
1864	12021130924	唐响	土木与水利工程学院	土木工程	学业奖学金(硕)三等	硕士
1865	12021130927	刘双羽	土木与水利工程学院	水利工程	学业奖学金(硕)三等	硕士
1866	12021130929	蒙俊杰	土木与水利工程学院	水利工程	学业奖学金(硕)三等	硕士
1867	12021130932	于蘇越	土木与水利工程学院	水利工程	学业奖学金(硕)三等	硕士
1868	12021130937	张伟业	土木与水利工程学院	水利工程	学业奖学金(硕)三等	硕士
1869	12021130939	熊梓铭	土木与水利工程学院	水利工程	学业奖学金(硕)三等	硕士
1870	12021130944	张萌	土木与水利工程学院	水利工程	学业奖学金(硕)三等	硕士
1871	12021130945	蔡伟涵	土木与水利工程学院	土木水利	学业奖学金(硕)三等	硕士
1872	12021130947	丁孟成	土木与水利工程学院	土木水利	学业奖学金(硕)三等	硕士
1873	12021130949	丁永发	土木与水利工程学院	土木水利	学业奖学金(硕)三等	硕士
1874	12021130950	杜鹏	土木与水利工程学院	土木水利	学业奖学金(硕)三等	硕士
1875	12021130953	韩强强	土木与水利工程学院	土木水利	学业奖学金(硕)三等	硕士
1876	12021130955	江宇嘉	土木与水利工程学院	土木水利	学业奖学金(硕)三等	硕士
1877	12021130971	商立宏	土木与水利工程学院	土木水利	学业奖学金(硕)三等	硕士
1878	12021130974	王亚凡	土木与水利工程学院	土木水利	学业奖学金(硕)三等	硕士
1879	12021130978	薛成广	土木与水利工程学院	土木水利	学业奖学金(硕)三等	硕士
1880	12021130982	张茂正	土木与水利工程学院	土木水利	学业奖学金(硕)三等	硕士
1881	12021130983	张轩硕	土木与水利工程学院	土木水利	学业奖学金(硕)三等	硕士
1882	12021130986	郑凯旋	土木与水利工程学院	土木水利	学业奖学金(硕)三等	硕士
1883	12021130991	陈欣	土木与水利工程学院	土木水利	学业奖学金(硕)三等	硕士
1884	12021130995	高爽	土木与水利工程学院	土木水利	学业奖学金(硕)三等	硕士
1885	12021130996	高欣悦	土木与水利工程学院	土木水利	学业奖学金(硕)三等	硕士
1886	12021130997	管小龙	土木与水利工程学院	土木水利	学业奖学金(硕)三等	硕士
1887	12021131002	金铭锐	土木与水利工程学院	土木水利	学业奖学金(硕)三等	硕士
1888	12021131007	刘华茹	土木与水利工程学院	土木水利	学业奖学金(硕)三等	硕士

续表66

序号	学 号	姓 名	院 系	专 业	奖学金等级	培养层次
1889	12021131010	罗 园	土木与水利工程学院	土木水利	学业奖学金(硕)三等	硕士
1890	12021131011	马桂平	土木与水利工程学院	土木水利	学业奖学金(硕)三等	硕士
1891	12021131014	石慧群	土木与水利工程学院	土木水利	学业奖学金(硕)三等	硕士
1892	12021131015	苏荟琰	土木与水利工程学院	土木水利	学业奖学金(硕)三等	硕士
1893	12021131018	王金鹏	土木与水利工程学院	土木水利	学业奖学金(硕)三等	硕士
1894	12021131021	席 睿	土木与水利工程学院	土木水利	学业奖学金(硕)三等	硕士
1895	12021131022	徐 磊	土木与水利工程学院	土木水利	学业奖学金(硕)三等	硕士
1896	12021131024	张青青	土木与水利工程学院	土木水利	学业奖学金(硕)三等	硕士
1897	12021131027	庄淏然	土木与水利工程学院	土木水利	学业奖学金(硕)三等	硕士
1898	12021130989	陈恩民	土木与水利工程学院	土木水利	学业奖学金(硕)三等	硕士
1899	12018130272	刘淑君	外国语学院	英语语言文学	学业奖学金(硕)一等	硕士
1900	12019130323	杨景雯	外国语学院	英语语言文学	学业奖学金(硕)一等	硕士
1901	12020130441	陈书越	外国语学院	英语口译	学业奖学金(硕)一等	硕士
1902	12020130444	丁梦娇	外国语学院	英语口译	学业奖学金(硕)一等	硕士
1903	12020130446	高财湘	外国语学院	英语口译	学业奖学金(硕)一等	硕士
1904	12020130455	张鑫宇	外国语学院	英语口译	学业奖学金(硕)一等	硕士
1905	12019130321	兰佳慧	外国语学院	英语语言文学	学业奖学金(硕)二等	硕士
1906	12019130327	曾文星	外国语学院	外国语言学及应用语言学	学业奖学金(硕)二等	硕士
1907	12020130410	王思遥	外国语学院	外国语言学及应用语言学	学业奖学金(硕)二等	硕士
1908	12020130420	李诗静	外国语学院	英语笔译	学业奖学金(硕)二等	硕士
1909	12020130425	刘晓艺	外国语学院	英语笔译	学业奖学金(硕)二等	硕士
1910	12020130426	刘玉娟	外国语学院	英语笔译	学业奖学金(硕)二等	硕士
1911	12020130427	陆 颖	外国语学院	英语笔译	学业奖学金(硕)二等	硕士
1912	12020130434	吴 晶	外国语学院	英语笔译	学业奖学金(硕)二等	硕士
1913	12020130445	杜非格	外国语学院	英语口译	学业奖学金(硕)二等	硕士
1914	12020130449	石 娟	外国语学院	英语口译	学业奖学金(硕)二等	硕士
1915	12020130451	徐博宇	外国语学院	英语口译	学业奖学金(硕)二等	硕士
1916	12019130322	杨花儿	外国语学院	英语语言文学	学业奖学金(硕)三等	硕士
1917	12019130324	李 芳	外国语学院	英语语言文学	学业奖学金(硕)三等	硕士
1918	12019130325	李燕鸣	外国语学院	外国语言学及应用语言学	学业奖学金(硕)三等	硕士

续表 67

序号	学号	姓名	院系	专业	奖学金等级	培养层次
1919	12019130328	王进进	外国语学院	外国语言学及应用语言学	学业奖学金(硕)三等	硕士
1920	12020130405	沈思月	外国语学院	英语语言文学	学业奖学金(硕)三等	硕士
1921	12020130407	王语婷	外国语学院	英语语言文学	学业奖学金(硕)三等	硕士
1922	12020130408	向小可	外国语学院	英语语言文学	学业奖学金(硕)三等	硕士
1923	12020130413	冯星芮	外国语学院	外国语言学及应用语言学	学业奖学金(硕)三等	硕士
1924	12020130415	费一琼	外国语学院	英语笔译	学业奖学金(硕)三等	硕士
1925	12020130417	韩雨晗	外国语学院	英语笔译	学业奖学金(硕)三等	硕士
1926	12020130418	郝营	外国语学院	英语笔译	学业奖学金(硕)三等	硕士
1927	12020130419	郝志凡	外国语学院	英语笔译	学业奖学金(硕)三等	硕士
1928	12020130423	刘楠	外国语学院	英语笔译	学业奖学金(硕)三等	硕士
1929	12020130424	刘天阳	外国语学院	英语笔译	学业奖学金(硕)三等	硕士
1930	12020130428	罗国凤	外国语学院	英语笔译	学业奖学金(硕)三等	硕士
1931	12020130430	邵馨	外国语学院	英语笔译	学业奖学金(硕)三等	硕士
1932	12020130432	王凤	外国语学院	英语笔译	学业奖学金(硕)三等	硕士
1933	12020130435	夏文青	外国语学院	英语笔译	学业奖学金(硕)三等	硕士
1934	12020130437	张雪莉	外国语学院	英语笔译	学业奖学金(硕)三等	硕士
1935	12020130447	高杨	外国语学院	英语口译	学业奖学金(硕)三等	硕士
1936	12020130448	李杨余	外国语学院	英语口译	学业奖学金(硕)三等	硕士
1937	12020130450	孙延琳	外国语学院	英语口译	学业奖学金(硕)三等	硕士
1938	12021130422	陈鑫	外国语学院	外国语言文学	学业奖学金(硕)三等	硕士
1939	12021130427	田荫娟	外国语学院	外国语言文学	学业奖学金(硕)三等	硕士
1940	12021130429	徐雯莉	外国语学院	外国语言文学	学业奖学金(硕)三等	硕士
1941	12021130433	周珊	外国语学院	外国语言文学	学业奖学金(硕)三等	硕士
1942	12021130434	白瑒	外国语学院	英语笔译	学业奖学金(硕)三等	硕士
1943	12021130436	封雪	外国语学院	英语笔译	学业奖学金(硕)三等	硕士
1944	12021130438	蒋楚婷	外国语学院	英语笔译	学业奖学金(硕)三等	硕士
1945	12021130441	练文森	外国语学院	英语笔译	学业奖学金(硕)三等	硕士
1946	12021130443	梁金焕	外国语学院	英语笔译	学业奖学金(硕)三等	硕士
1947	12021130444	刘伟	外国语学院	英语笔译	学业奖学金(硕)三等	硕士
1948	12021130455	许珂	外国语学院	英语笔译	学业奖学金(硕)三等	硕士

续表68

序号	学　号	姓　名	院　系	专　业	奖学金等级	培养层次
1949	12021130458	尹子燕	外国语学院	英语笔译	学业奖学金(硕)三等	硕士
1950	12021130462	崔艳波	外国语学院	英语口译	学业奖学金(硕)三等	硕士
1951	12021130463	高利如	外国语学院	英语口译	学业奖学金(硕)三等	硕士
1952	12021130464	贾翎霄	外国语学院	英语口译	学业奖学金(硕)三等	硕士
1953	12021130466	李　婧	外国语学院	英语口译	学业奖学金(硕)三等	硕士
1954	12021130469	毛成硕	外国语学院	英语口译	学业奖学金(硕)三等	硕士
1955	12021130475	张芷宁	外国语学院	英语口译	学业奖学金(硕)三等	硕士
1956	12020130554	孙思莹	物理与电子电气工程学院	学科教学(物理)	学业奖学金(硕)三等	硕士
1957	12019130442	杨卫霞	物理与电子电气工程学院	凝聚态物理	学业奖学金(硕)一等	硕士
1958	12019130447	王　丹	物理与电子电气工程学院	凝聚态物理	学业奖学金(硕)一等	硕士
1959	12019130452	韩　博	物理与电子电气工程学院	固体力学	学业奖学金(硕)一等	硕士
1960	12019130456	伏娜娜	物理与电子电气工程学院	电路与系统	学业奖学金(硕)一等	硕士
1961	12019130457	焦济雨	物理与电子电气工程学院	电路与系统	学业奖学金(硕)一等	硕士
1962	12019130458	兰旭婷	物理与电子电气工程学院	电路与系统	学业奖学金(硕)一等	硕士
1963	12019130461	王浩桐	物理与电子电气工程学院	电路与系统	学业奖学金(硕)一等	硕士
1964	12019130463	张海同	物理与电子电气工程学院	电路与系统	学业奖学金(硕)一等	硕士
1965	12019130467	李佳宁	物理与电子电气工程学院	电磁场与微波技术	学业奖学金(硕)一等	硕士
1966	12020130536	陈培兰	物理与电子电气工程学院	学科教学(物理)	学业奖学金(硕)一等	硕士
1967	12020130542	李广富	物理与电子电气工程学院	学科教学(物理)	学业奖学金(硕)一等	硕士
1968	12020130558	谢禄桥	物理与电子电气工程学院	学科教学(物理)	学业奖学金(硕)一等	硕士
1969	12020130568	张永刚	物理与电子电气工程学院	学科教学(物理)	学业奖学金(硕)一等	硕士
1970	12020130570	郑恬恬	物理与电子电气工程学院	学科教学(物理)	学业奖学金(硕)一等	硕士
1971	12020130580	张贺翔	物理与电子电气工程学院	物理学	学业奖学金(硕)一等	硕士
1972	12020130635	罗　欢	物理与电子电气工程学院	电子信息	学业奖学金(硕)一等	硕士
1973	12020130647	陈鹏飞	物理与电子电气工程学院	电子信息	学业奖学金(硕)一等	硕士
1974	12020130650	陈首涛	物理与电子电气工程学院	电子信息	学业奖学金(硕)一等	硕士
1975	12019130441	王丽春	物理与电子电气工程学院	凝聚态物理	学业奖学金(硕)二等	硕士
1976	12019130444	李丽江	物理与电子电气工程学院	凝聚态物理	学业奖学金(硕)二等	硕士
1977	12019130448	王　欣	物理与电子电气工程学院	凝聚态物理	学业奖学金(硕)二等	硕士
1978	12019130450	周　龙	物理与电子电气工程学院	凝聚态物理	学业奖学金(硕)二等	硕士

续表 69

序号	学号	姓名	院系	专业	奖学金等级	培养层次
1979	12019130466	贾睿	物理与电子电气工程学院	电路与系统	学业奖学金(硕)二等	硕士
1980	12020130534	蔡智勇	物理与电子电气工程学院	学科教学(物理)	学业奖学金(硕)二等	硕士
1981	12020130535	陈泓宇	物理与电子电气工程学院	学科教学(物理)	学业奖学金(硕)二等	硕士
1982	12020130539	何婧	物理与电子电气工程学院	学科教学(物理)	学业奖学金(硕)二等	硕士
1983	12020130541	蒋蕊	物理与电子电气工程学院	学科教学(物理)	学业奖学金(硕)二等	硕士
1984	12020130543	李佳妮	物理与电子电气工程学院	学科教学(物理)	学业奖学金(硕)二等	硕士
1985	12020130544	李思敏	物理与电子电气工程学院	学科教学(物理)	学业奖学金(硕)二等	硕士
1986	12020130545	林妹平	物理与电子电气工程学院	学科教学(物理)	学业奖学金(硕)二等	硕士
1987	12020130549	刘仕飞	物理与电子电气工程学院	学科教学(物理)	学业奖学金(硕)二等	硕士
1988	12020130557	项浩原	物理与电子电气工程学院	学科教学(物理)	学业奖学金(硕)二等	硕士
1989	12020130560	杨斯杰	物理与电子电气工程学院	学科教学(物理)	学业奖学金(硕)二等	硕士
1990	12020130561	杨永宏	物理与电子电气工程学院	学科教学(物理)	学业奖学金(硕)二等	硕士
1991	12020130566	张静	物理与电子电气工程学院	学科教学(物理)	学业奖学金(硕)二等	硕士
1992	12020130569	郑凯倪	物理与电子电气工程学院	学科教学(物理)	学业奖学金(硕)二等	硕士
1993	12020130574	黄志梅	物理与电子电气工程学院	物理学	学业奖学金(硕)二等	硕士
1994	12020130590	赵诣深	物理与电子电气工程学院	力学	学业奖学金(硕)二等	硕士
1995	12020130592	方亮	物理与电子电气工程学院	电子科学与技术	学业奖学金(硕)二等	硕士
1996	12020130607	姜汉周	物理与电子电气工程学院	电子科学与技术	学业奖学金(硕)二等	硕士
1997	12020130616	袁晓红	物理与电子电气工程学院	电子信息	学业奖学金(硕)二等	硕士
1998	12020130627	高鑫	物理与电子电气工程学院	电子信息	学业奖学金(硕)二等	硕士
1999	12020130630	李凯	物理与电子电气工程学院	电子信息	学业奖学金(硕)二等	硕士
2000	12020130637	马明	物理与电子电气工程学院	电子信息	学业奖学金(硕)二等	硕士
2001	12020130649	曹鹏利	物理与电子电气工程学院	电子信息	学业奖学金(硕)二等	硕士
2002	12020130659	冉祥良	物理与电子电气工程学院	电子信息	学业奖学金(硕)二等	硕士
2003	12020130661	宋佳星	物理与电子电气工程学院	电子信息	学业奖学金(硕)二等	硕士
2004	12020130676	李强	物理与电子电气工程学院	电子信息	学业奖学金(硕)二等	硕士
2005	12020130689	王平	物理与电子电气工程学院	电子信息	学业奖学金(硕)二等	硕士
2006	12020130690	王裕民	物理与电子电气工程学院	电子信息	学业奖学金(硕)二等	硕士
2007	12020130698	赵鸣宇	物理与电子电气工程学院	电子信息	学业奖学金(硕)二等	硕士
2008	12020130699	梁彭伟	物理与电子电气工程学院	电子信息	学业奖学金(硕)二等	硕士
2009	12019130445	李婷婷	物理与电子电气工程学院	凝聚态物理	学业奖学金(硕)三等	硕士

续表 70

序号	学 号	姓 名	院 系	专 业	奖学金等级	培养层次
2010	12019130459	李光昊	物理与电子电气工程学院	电路与系统	学业奖学金(硕)三等	硕士
2011	12019130460	李 强	物理与电子电气工程学院	电路与系统	学业奖学金(硕)三等	硕士
2012	12019130462	王 煜	物理与电子电气工程学院	电路与系统	学业奖学金(硕)三等	硕士
2013	12019130464	张玉霞	物理与电子电气工程学院	电路与系统	学业奖学金(硕)三等	硕士
2014	12019130465	赵莹萍	物理与电子电气工程学院	电路与系统	学业奖学金(硕)三等	硕士
2015	12019130472	马小莉	物理与电子电气工程学院	电子与通信工程	学业奖学金(硕)三等	硕士
2016	12020130538	陈 莹	物理与电子电气工程学院	学科教学(物理)	学业奖学金(硕)三等	硕士
2017	12020130540	黄文林	物理与电子电气工程学院	学科教学(物理)	学业奖学金(硕)三等	硕士
2018	12020130546	蔺百童	物理与电子电气工程学院	学科教学(物理)	学业奖学金(硕)三等	硕士
2019	12020130547	刘美玲	物理与电子电气工程学院	学科教学(物理)	学业奖学金(硕)三等	硕士
2020	12020130548	刘瑞峥	物理与电子电气工程学院	学科教学(物理)	学业奖学金(硕)三等	硕士
2021	12020130551	吕雨雨	物理与电子电气工程学院	学科教学(物理)	学业奖学金(硕)三等	硕士
2022	12020130553	南亚亚	物理与电子电气工程学院	学科教学(物理)	学业奖学金(硕)三等	硕士
2023	12020130559	杨 桦	物理与电子电气工程学院	学科教学(物理)	学业奖学金(硕)三等	硕士
2024	12020130562	叶巧婷	物理与电子电气工程学院	学科教学(物理)	学业奖学金(硕)三等	硕士
2025	12020130563	银嘉浩	物理与电子电气工程学院	学科教学(物理)	学业奖学金(硕)三等	硕士
2026	12020130564	尹 琪	物理与电子电气工程学院	学科教学(物理)	学业奖学金(硕)三等	硕士
2027	12020130573	胡伟伟	物理与电子电气工程学院	物理学	学业奖学金(硕)三等	硕士
2028	12020130593	王艳妮	物理与电子电气工程学院	电子科学与技术	学业奖学金(硕)三等	硕士
2029	12020130594	张恒博	物理与电子电气工程学院	电子科学与技术	学业奖学金(硕)三等	硕士
2030	12020130595	石甜甜	物理与电子电气工程学院	电子科学与技术	学业奖学金(硕)三等	硕士
2031	12020130596	郭姝琪	物理与电子电气工程学院	电子科学与技术	学业奖学金(硕)三等	硕士
2032	12020130597	贺愉婷	物理与电子电气工程学院	电子科学与技术	学业奖学金(硕)三等	硕士
2033	12020130598	姜文超	物理与电子电气工程学院	电子科学与技术	学业奖学金(硕)三等	硕士
2034	12020130599	石 硬	物理与电子电气工程学院	电子科学与技术	学业奖学金(硕)三等	硕士
2035	12020130600	王 帆	物理与电子电气工程学院	电子科学与技术	学业奖学金(硕)三等	硕士
2036	12020130601	杨 健	物理与电子电气工程学院	电子科学与技术	学业奖学金(硕)三等	硕士
2037	12020130602	韩 朔	物理与电子电气工程学院	电子科学与技术	学业奖学金(硕)三等	硕士
2038	12020130603	柳 萱	物理与电子电气工程学院	电子科学与技术	学业奖学金(硕)三等	硕士
2039	12020130605	薛 鸿	物理与电子电气工程学院	电子科学与技术	学业奖学金(硕)三等	硕士

续表71

序号	学 号	姓名	院系	专业	奖学金等级	培养层次
2040	12020130606	尹江杰	物理与电子电气工程学院	电子科学与技术	学业奖学金(硕)三等	硕士
2041	12020130608	房虹辰	物理与电子电气工程学院	电子信息	学业奖学金(硕)三等	硕士
2042	12020130609	蒋润康	物理与电子电气工程学院	电子信息	学业奖学金(硕)三等	硕士
2043	12020130610	李冰涛	物理与电子电气工程学院	电子信息	学业奖学金(硕)三等	硕士
2044	12020130611	马 勇	物理与电子电气工程学院	电子信息	学业奖学金(硕)三等	硕士
2045	12020130613	王 昊	物理与电子电气工程学院	电子信息	学业奖学金(硕)三等	硕士
2046	12020130614	邢霄海	物理与电子电气工程学院	电子信息	学业奖学金(硕)三等	硕士
2047	12020130617	张丽佳	物理与电子电气工程学院	电子信息	学业奖学金(硕)三等	硕士
2048	12020130618	曹晓峰	物理与电子电气工程学院	电子信息	学业奖学金(硕)三等	硕士
2049	12020130619	常光耀	物理与电子电气工程学院	电子信息	学业奖学金(硕)三等	硕士
2050	12020130620	陈荣达	物理与电子电气工程学院	电子信息	学业奖学金(硕)三等	硕士
2051	12020130621	陈天蕴	物理与电子电气工程学院	电子信息	学业奖学金(硕)三等	硕士
2052	12020130622	陈文阳	物理与电子电气工程学院	电子信息	学业奖学金(硕)三等	硕士
2053	12020130623	封 啸	物理与电子电气工程学院	电子信息	学业奖学金(硕)三等	硕士
2054	12020130624	冯宇阳	物理与电子电气工程学院	电子信息	学业奖学金(硕)三等	硕士
2055	12020130625	伏培宇	物理与电子电气工程学院	电子信息	学业奖学金(硕)三等	硕士
2056	12020130626	付旭通	物理与电子电气工程学院	电子信息	学业奖学金(硕)三等	硕士
2057	12020130628	吉柳颖	物理与电子电气工程学院	电子信息	学业奖学金(硕)三等	硕士
2058	12020130629	李昌昊	物理与电子电气工程学院	电子信息	学业奖学金(硕)三等	硕士
2059	12020130631	李禗洞	物理与电子电气工程学院	电子信息	学业奖学金(硕)三等	硕士
2060	12020130632	刘德文	物理与电子电气工程学院	电子信息	学业奖学金(硕)三等	硕士
2061	12020130633	刘 银	物理与电子电气工程学院	电子信息	学业奖学金(硕)三等	硕士
2062	12020130634	鲁子霖	物理与电子电气工程学院	电子信息	学业奖学金(硕)三等	硕士
2063	12020130636	吕佳枫	物理与电子电气工程学院	电子信息	学业奖学金(硕)三等	硕士
2064	12020130639	马伟林	物理与电子电气工程学院	电子信息	学业奖学金(硕)三等	硕士
2065	12020130640	马 旭	物理与电子电气工程学院	电子信息	学业奖学金(硕)三等	硕士
2066	12020130641	万江华	物理与电子电气工程学院	电子信息	学业奖学金(硕)三等	硕士
2067	12020130643	王 宽	物理与电子电气工程学院	电子信息	学业奖学金(硕)三等	硕士
2068	12020130645	尹良武	物理与电子电气工程学院	电子信息	学业奖学金(硕)三等	硕士
2069	12020130646	张彦鹏	物理与电子电气工程学院	电子信息	学业奖学金(硕)三等	硕士

续表72

序号	学号	姓名	院系	专业	奖学金等级	培养层次
2070	12020130648	徐潼	物理与电子电气工程学院	电子信息	学业奖学金(硕)三等	硕士
2071	12020130651	陈玺	物理与电子电气工程学院	电子信息	学业奖学金(硕)三等	硕士
2072	12020130652	代小宇	物理与电子电气工程学院	电子信息	学业奖学金(硕)三等	硕士
2073	12020130653	董鹏伟	物理与电子电气工程学院	电子信息	学业奖学金(硕)三等	硕士
2074	12020130654	虎风林	物理与电子电气工程学院	电子信息	学业奖学金(硕)三等	硕士
2075	12020130655	贾大勇	物理与电子电气工程学院	电子信息	学业奖学金(硕)三等	硕士
2076	12020130656	李锦鹏	物理与电子电气工程学院	电子信息	学业奖学金(硕)三等	硕士
2077	12020130657	卢俊成	物理与电子电气工程学院	电子信息	学业奖学金(硕)三等	硕士
2078	12020130658	马鹏	物理与电子电气工程学院	电子信息	学业奖学金(硕)三等	硕士
2079	12020130660	荣春玉	物理与电子电气工程学院	电子信息	学业奖学金(硕)三等	硕士
2080	12020130662	王菲	物理与电子电气工程学院	电子信息	学业奖学金(硕)三等	硕士
2081	12020130663	王仕儒	物理与电子电气工程学院	电子信息	学业奖学金(硕)三等	硕士
2082	12020130664	吴严	物理与电子电气工程学院	电子信息	学业奖学金(硕)三等	硕士
2083	12020130665	杨倩	物理与电子电气工程学院	电子信息	学业奖学金(硕)三等	硕士
2084	12020130666	杨瑞平	物理与电子电气工程学院	电子信息	学业奖学金(硕)三等	硕士
2085	12020130667	杨旺	物理与电子电气工程学院	电子信息	学业奖学金(硕)三等	硕士
2086	12020130668	白佳菁	物理与电子电气工程学院	电子信息	学业奖学金(硕)三等	硕士
2087	12020130669	曹芮嘉	物理与电子电气工程学院	电子信息	学业奖学金(硕)三等	硕士
2088	12020130670	冯骥	物理与电子电气工程学院	电子信息	学业奖学金(硕)三等	硕士
2089	12020130671	高翔	物理与电子电气工程学院	电子信息	学业奖学金(硕)三等	硕士
2090	12020130672	韩彦鹏	物理与电子电气工程学院	电子信息	学业奖学金(硕)三等	硕士
2091	12020130674	胡甜甜	物理与电子电气工程学院	电子信息	学业奖学金(硕)三等	硕士
2092	12020130675	李钧	物理与电子电气工程学院	电子信息	学业奖学金(硕)三等	硕士
2093	12020130677	李艳秀	物理与电子电气工程学院	电子信息	学业奖学金(硕)三等	硕士
2094	12020130678	李长江	物理与电子电气工程学院	电子信息	学业奖学金(硕)三等	硕士
2095	12020130679	陆楠菲	物理与电子电气工程学院	电子信息	学业奖学金(硕)三等	硕士
2096	12020130680	罗云雷	物理与电子电气工程学院	电子信息	学业奖学金(硕)三等	硕士
2097	12020130681	牛顺	物理与电子电气工程学院	电子信息	学业奖学金(硕)三等	硕士
2098	12020130682	蒲芳宁	物理与电子电气工程学院	电子信息	学业奖学金(硕)三等	硕士
2099	12020130683	尚佳炜	物理与电子电气工程学院	电子信息	学业奖学金(硕)三等	硕士

续表 73

序号	学号	姓名	院系	专业	奖学金等级	培养层次
2100	12020130685	孙亚萍	物理与电子电气工程学院	电子信息	学业奖学金(硕)三等	硕士
2101	12020130686	汤航	物理与电子电气工程学院	电子信息	学业奖学金(硕)三等	硕士
2102	12020130687	万方	物理与电子电气工程学院	电子信息	学业奖学金(硕)三等	硕士
2103	12020130688	王波	物理与电子电气工程学院	电子信息	学业奖学金(硕)三等	硕士
2104	12020130691	杨浩龙	物理与电子电气工程学院	电子信息	学业奖学金(硕)三等	硕士
2105	12020130692	袁一杰	物理与电子电气工程学院	电子信息	学业奖学金(硕)三等	硕士
2106	12020130693	张刚	物理与电子电气工程学院	电子信息	学业奖学金(硕)三等	硕士
2107	12020130694	张乾军	物理与电子电气工程学院	电子信息	学业奖学金(硕)三等	硕士
2108	12020130695	张馨芳	物理与电子电气工程学院	电子信息	学业奖学金(硕)三等	硕士
2109	12020130696	张雪峰	物理与电子电气工程学院	电子信息	学业奖学金(硕)三等	硕士
2110	12020130697	赵灵芝	物理与电子电气工程学院	电子信息	学业奖学金(硕)三等	硕士
2111	12021130558	曹瑾	物理与电子电气工程学院	学科教学(物理)	学业奖学金(硕)三等	硕士
2112	12021130561	丁聪	物理与电子电气工程学院	学科教学(物理)	学业奖学金(硕)三等	硕士
2113	12021130571	李美霖	物理与电子电气工程学院	学科教学(物理)	学业奖学金(硕)三等	硕士
2114	12021130594	赵明慧	物理与电子电气工程学院	学科教学(物理)	学业奖学金(硕)三等	硕士
2115	12021130605	王哲	物理与电子电气工程学院	物理学	学业奖学金(硕)三等	硕士
2116	12021130610	张飞	物理与电子电气工程学院	物理学	学业奖学金(硕)三等	硕士
2117	12021130616	杨金行	物理与电子电气工程学院	力学	学业奖学金(硕)三等	硕士
2118	12021130631	王颉	物理与电子电气工程学院	电子科学与技术	学业奖学金(硕)三等	硕士
2119	12021130633	李一航	物理与电子电气工程学院	电子科学与技术	学业奖学金(硕)三等	硕士
2120	12021130641	宁远浩	物理与电子电气工程学院	电子信息	学业奖学金(硕)三等	硕士
2121	12021130653	李彦昭	物理与电子电气工程学院	电子信息	学业奖学金(硕)三等	硕士
2122	12021130656	廖乾国	物理与电子电气工程学院	电子信息	学业奖学金(硕)三等	硕士
2123	12021130667	徐嘉琪	物理与电子电气工程学院	电子信息	学业奖学金(硕)三等	硕士
2124	12021130678	黄宇航	物理与电子电气工程学院	电子信息	学业奖学金(硕)三等	硕士
2125	12021130681	李玉	物理与电子电气工程学院	电子信息	学业奖学金(硕)三等	硕士
2126	12021130690	石瑛琪	物理与电子电气工程学院	电子信息	学业奖学金(硕)三等	硕士
2127	12021130695	王若呈	物理与电子电气工程学院	电子信息	学业奖学金(硕)三等	硕士
2128	12021130716	倪萌萌	物理与电子电气工程学院	电子信息	学业奖学金(硕)三等	硕士
2129	12021130720	田子陌	物理与电子电气工程学院	电子信息	学业奖学金(硕)三等	硕士

续表74

序号	学号	姓名	院系	专业	奖学金等级	培养层次
2130	12020130861	吴宏玥	生态环境学院	生态学	学业奖学金(硕)支教复学	硕士
2131	12019130671	万红云	生态环境学院	植物生态学	学业奖学金(硕)一等	硕士
2132	12019130672	王文静	生态环境学院	植物生态学	学业奖学金(硕)一等	硕士
2133	12019130675	张馨文	生态环境学院	植物生态学	学业奖学金(硕)一等	硕士
2134	12019130689	白燕娇	生态环境学院	恢复生态学	学业奖学金(硕)一等	硕士
2135	12019130670	解 盛	生态环境学院	植物生态学	学业奖学金(硕)二等	硕士
2136	12019130673	谢博勋	生态环境学院	植物生态学	学业奖学金(硕)二等	硕士
2137	12019130676	赵丽娟	生态环境学院	植物生态学	学业奖学金(硕)二等	硕士
2138	12019130680	牟红霞	生态环境学院	植物生态学	学业奖学金(硕)二等	硕士
2139	12019130683	蒋嘉瑜	生态环境学院	恢复生态学	学业奖学金(硕)二等	硕士
2140	12019130684	刘春虹	生态环境学院	恢复生态学	学业奖学金(硕)二等	硕士
2141	12020130836	车金凤	生态环境学院	生态学	学业奖学金(硕)二等	硕士
2142	12020130838	侯 晖	生态环境学院	生态学	学业奖学金(硕)三等	硕士
2143	12020130839	荆庆芳	生态环境学院	生态学	学业奖学金(硕)三等	硕士
2144	12020130845	张 庆	生态环境学院	生态学	学业奖学金(硕)三等	硕士
2145	12020130855	曹萌豪	生态环境学院	生态学	学业奖学金(硕)三等	硕士
2146	12020130856	李 琴	生态环境学院	生态学	学业奖学金(硕)三等	硕士
2147	12020130859	王培源	生态环境学院	生态学	学业奖学金(硕)三等	硕士
2148	12021130871	方 进	生态环境学院	生态学	学业奖学金(硕)三等	硕士
2149	12021130872	冯怡琳	生态环境学院	生态学	学业奖学金(硕)三等	硕士
2150	12021130875	申建香	生态环境学院	生态学	学业奖学金(硕)三等	硕士
2151	12021130876	田 霞	生态环境学院	生态学	学业奖学金(硕)三等	硕士
2152	12021130877	魏庐潞	生态环境学院	生态学	学业奖学金(硕)三等	硕士
2153	12021130878	邢彬彬	生态环境学院	生态学	学业奖学金(硕)三等	硕士
2154	12021130880	张 玲	生态环境学院	生态学	学业奖学金(硕)三等	硕士
2155	12021130881	赵长海	生态环境学院	生态学	学业奖学金(硕)三等	硕士
2156	12021130884	郭 蓉	生态环境学院	生态学	学业奖学金(硕)三等	硕士
2157	12021130885	侯汶君	生态环境学院	生态学	学业奖学金(硕)三等	硕士
2158	12021130886	吕 浩	生态环境学院	生态学	学业奖学金(硕)三等	硕士
2159	12021130889	索梦曦	生态环境学院	生态学	学业奖学金(硕)三等	硕士

续表 75

序号	学号	姓名	院系	专业	奖学金等级	培养层次
2160	12021130890	王超群	生态环境学院	生态学	学业奖学金(硕)三等	硕士
2161	12021130891	王恩田	生态环境学院	生态学	学业奖学金(硕)三等	硕士
2162	12021130892	王晓悦	生态环境学院	生态学	学业奖学金(硕)三等	硕士
2163	12021130893	杨霜奇	生态环境学院	生态学	学业奖学金(硕)三等	硕士
2164	12021130894	张海英	生态环境学院	生态学	学业奖学金(硕)三等	硕士
2165	12021130896	杨敏	生态环境学院	生态学	学业奖学金(硕)三等	硕士
2166	12021130897	杨竹青	生态环境学院	生态学	学业奖学金(硕)三等	硕士
2167	12021130898	易志远	生态环境学院	生态学	学业奖学金(硕)三等	硕士
2168	12019130371	陆韦志	西夏学研究院	中国少数民族史	学业奖学金(硕)一等	硕士
2169	12020130457	马浩强	西夏学研究院	中国少数民族史	学业奖学金(硕)一等	硕士
2170	12020130471	赵成仁	西夏学研究院	中国古代史	学业奖学金(硕)一等	硕士
2171	12019130374	王思贤	西夏学研究院	中国少数民族史	学业奖学金(硕)二等	硕士
2172	12019130378	高赫	西夏学研究院	中国古代史	学业奖学金(硕)二等	硕士
2173	12019130379	谭强	西夏学研究院	中国古代史	学业奖学金(硕)二等	硕士
2174	12021130486	王晓庆	西夏学研究院	中国少数民族史	学业奖学金(硕)二等	硕士
2175	12021130490	王启越	西夏学研究院	中国古代史	学业奖学金(硕)二等	硕士
2176	12019130384	王海榆	西夏学研究院	中国古代史	学业奖学金(硕)三等	硕士
2177	12021130477	黑雅娜	西夏学研究院	中国少数民族史	学业奖学金(硕)三等	硕士
2178	12021130478	汪阳	西夏学研究院	中国少数民族史	学业奖学金(硕)三等	硕士
2179	12021130479	杨嘉禾	西夏学研究院	中国少数民族史	学业奖学金(硕)三等	硕士
2180	12021130480	杨媛	西夏学研究院	中国少数民族史	学业奖学金(硕)三等	硕士
2181	12021130481	段娇	西夏学研究院	中国少数民族史	学业奖学金(硕)三等	硕士
2182	12021130483	靳兆雄	西夏学研究院	中国少数民族史	学业奖学金(硕)三等	硕士
2183	12021130484	穆凤麒	西夏学研究院	中国少数民族史	学业奖学金(硕)三等	硕士
2184	12021130485	王俊俊	西夏学研究院	中国少数民族史	学业奖学金(硕)三等	硕士
2185	12021130487	吕玥乐	西夏学研究院	中国少数民族史	学业奖学金(硕)三等	硕士
2186	12021130488	何芊芊	西夏学研究院	中国古代史	学业奖学金(硕)三等	硕士
2187	12021130489	李诗琦	西夏学研究院	中国古代史	学业奖学金(硕)三等	硕士
2188	12021130491	吴仪	西夏学研究院	中国古代史	学业奖学金(硕)三等	硕士
2189	12021130492	赵桐欣	西夏学研究院	中国古代史	学业奖学金(硕)三等	硕士

续表76

序号	学号	姓名	院系	专业	奖学金等级	培养层次
2190	12021130493	白昀东	西夏学研究院	中国古代史	学业奖学金(硕)三等	硕士
2191	12021130494	田秦	西夏学研究院	中国古代史	学业奖学金(硕)三等	硕士
2192	12021130495	徐艺萌	西夏学研究院	中国古代史	学业奖学金(硕)三等	硕士
2193	12021130496	张雪丽	西夏学研究院	中国古代史	学业奖学金(硕)三等	硕士
2194	12021130497	周玲艳	西夏学研究院	中国古代史	学业奖学金(硕)三等	硕士
2195	12019131442	方宁	新闻传播学院	新闻与传播	学业奖学金(硕)一等	硕士
2196	12020131885	封宏砚	新闻传播学院	新闻与传播	学业奖学金(硕)一等	硕士
2197	12020131899	史文静	新闻传播学院	新闻与传播	学业奖学金(硕)一等	硕士
2198	12020131904	杨阿敏	新闻传播学院	新闻与传播	学业奖学金(硕)一等	硕士
2199	12020131890	何鹏飞	新闻传播学院	新闻与传播	学业奖学金(硕)二等	硕士
2200	12020131895	马驰	新闻传播学院	新闻与传播	学业奖学金(硕)二等	硕士
2201	12020131898	石敏琦	新闻传播学院	新闻与传播	学业奖学金(硕)二等	硕士
2202	12020131914	赵慧	新闻传播学院	新闻与传播	学业奖学金(硕)二等	硕士
2203	12021131911	崔秀玲	新闻传播学院	新闻与传播	学业奖学金(硕)二等	硕士
2204	12021131927	李鹏强	新闻传播学院	新闻与传播	学业奖学金(硕)二等	硕士
2205	12021131935	刘骁	新闻传播学院	新闻与传播	学业奖学金(硕)二等	硕士
2206	12021131940	邵秋露	新闻传播学院	新闻与传播	学业奖学金(硕)二等	硕士
2207	12020131881	崔杰	新闻传播学院	新闻与传播	学业奖学金(硕)三等	硕士
2208	12020131886	付圣	新闻传播学院	新闻与传播	学业奖学金(硕)三等	硕士
2209	12020131887	高悦	新闻传播学院	新闻与传播	学业奖学金(硕)三等	硕士
2210	12020131891	金琪佳	新闻传播学院	新闻与传播	学业奖学金(硕)三等	硕士
2211	12020131892	李泽馨	新闻传播学院	新闻与传播	学业奖学金(硕)三等	硕士
2212	12020131894	刘孜建	新闻传播学院	新闻与传播	学业奖学金(硕)三等	硕士
2213	12020131896	马晓宁	新闻传播学院	新闻与传播	学业奖学金(硕)三等	硕士
2214	12020131901	孙晶晶	新闻传播学院	新闻与传播	学业奖学金(硕)三等	硕士
2215	12020131903	肖健健	新闻传播学院	新闻与传播	学业奖学金(硕)三等	硕士
2216	12020131906	杨嘉琪	新闻传播学院	新闻与传播	学业奖学金(硕)三等	硕士
2217	12020131907	杨璐	新闻传播学院	新闻与传播	学业奖学金(硕)三等	硕士
2218	12020131915	赵娟娟	新闻传播学院	新闻与传播	学业奖学金(硕)三等	硕士
2219	12021131909	陈欣	新闻传播学院	新闻与传播	学业奖学金(硕)三等	硕士

续表 77

序号	学 号	姓 名	院 系	专 业	奖学金等级	培养层次
2220	12021131916	高源泽	新闻传播学院	新闻与传播	学业奖学金(硕)三等	硕士
2221	12021131925	李久榕	新闻传播学院	新闻与传播	学业奖学金(硕)三等	硕士
2222	12021131926	李居正	新闻传播学院	新闻与传播	学业奖学金(硕)三等	硕士
2223	12021131928	李秋红	新闻传播学院	新闻与传播	学业奖学金(硕)三等	硕士
2224	12021131929	李 遥	新闻传播学院	新闻与传播	学业奖学金(硕)三等	硕士
2225	12021131930	林 烨	新闻传播学院	新闻与传播	学业奖学金(硕)三等	硕士
2226	12021131931	刘付枫荷	新闻传播学院	新闻与传播	学业奖学金(硕)三等	硕士
2227	12021131932	刘红彬	新闻传播学院	新闻与传播	学业奖学金(硕)三等	硕士
2228	12021131934	刘文生	新闻传播学院	新闻与传播	学业奖学金(硕)三等	硕士
2229	12021131944	杨丽竹	新闻传播学院	新闻与传播	学业奖学金(硕)三等	硕士
2230	12021131946	杨 逸	新闻传播学院	新闻与传播	学业奖学金(硕)三等	硕士
2231	12021131948	于 巧	新闻传播学院	新闻与传播	学业奖学金(硕)三等	硕士
2232	12021131949	张 萌	新闻传播学院	新闻与传播	学业奖学金(硕)三等	硕士
2233	12021131950	张 睿	新闻传播学院	新闻与传播	学业奖学金(硕)三等	硕士
2234	12021131954	朱佳璐	新闻传播学院	新闻与传播	学业奖学金(硕)三等	硕士
2235	12021131647	宋汝哲	信息工程学院	计算机科学与技术	学业奖学金(硕)一等(推免)	硕士
2236	12021131690	胡晓雨	信息工程学院	电子信息	学业奖学金(硕)一等(推免)	硕士
2237	12020131637	冯耀韦	信息工程学院	计算机科学与技术	学业奖学金(硕)支教复学	硕士
2238	12019131304	赵 沫	信息工程学院	计算机科学与技术	学业奖学金(硕)一等	硕士
2239	12019131305	郭静纯	信息工程学院	计算机科学与技术	学业奖学金(硕)一等	硕士
2240	12019131308	魏 昕	信息工程学院	计算机科学与技术	学业奖学金(硕)一等	硕士
2241	12020131643	邸世麟	信息工程学院	电子信息	学业奖学金(硕)一等	硕士
2242	12020131651	袁意映	信息工程学院	电子信息	学业奖学金(硕)一等	硕士
2243	12020131652	蔡伟伟	信息工程学院	电子信息	学业奖学金(硕)一等	硕士
2244	12020131657	胡泽斌	信息工程学院	电子信息	学业奖学金(硕)一等	硕士
2245	12020131680	周志远	信息工程学院	电子信息	学业奖学金(硕)一等	硕士
2246	12020131690	马 锐	信息工程学院	电子信息	学业奖学金(硕)一等	硕士
2247	12020131692	施江鸣	信息工程学院	电子信息	学业奖学金(硕)一等	硕士
2248	12019131301	王荣钊	信息工程学院	计算机科学与技术	学业奖学金(硕)二等	硕士
2249	12019131302	王文雅	信息工程学院	计算机科学与技术	学业奖学金(硕)二等	硕士

续表 78

序号	学 号	姓 名	院 系	专 业	奖学金等级	培养层次
2250	12020131627	董鑫	信息工程学院	计算机科学与技术	学业奖学金(硕)二等	硕士
2251	12020131641	魏佳圆	信息工程学院	计算机科学与技术	学业奖学金(硕)二等	硕士
2252	12020131648	刘元峰	信息工程学院	电子信息	学业奖学金(硕)二等	硕士
2253	12020131670	王博	信息工程学院	电子信息	学业奖学金(硕)二等	硕士
2254	12020131677	张保森	信息工程学院	电子信息	学业奖学金(硕)二等	硕士
2255	12020131681	曹虎	信息工程学院	电子信息	学业奖学金(硕)二等	硕士
2256	12020131691	马云川	信息工程学院	电子信息	学业奖学金(硕)二等	硕士
2257	12020131694	王涛	信息工程学院	电子信息	学业奖学金(硕)二等	硕士
2258	12020131696	闫龙泉	信息工程学院	电子信息	学业奖学金(硕)二等	硕士
2259	12020131708	何杰林	信息工程学院	电子信息	学业奖学金(硕)二等	硕士
2260	12020131709	刘孟鑫	信息工程学院	电子信息	学业奖学金(硕)二等	硕士
2261	12020131712	马研凯	信息工程学院	电子信息	学业奖学金(硕)二等	硕士
2262	12021131668	李博文	信息工程学院	电子信息	学业奖学金(硕)二等	硕士
2263	12021131670	刘冰瑶	信息工程学院	电子信息	学业奖学金(硕)二等	硕士
2264	12021131677	孙浩	信息工程学院	电子信息	学业奖学金(硕)二等	硕士
2265	12021131683	张博洋	信息工程学院	电子信息	学业奖学金(硕)二等	硕士
2266	12019131306	韩笑	信息工程学院	计算机科学与技术	学业奖学金(硕)三等	硕士
2267	12020131628	巩建昌	信息工程学院	计算机科学与技术	学业奖学金(硕)三等	硕士
2268	12020131632	李志峰	信息工程学院	计算机科学与技术	学业奖学金(硕)三等	硕士
2269	12020131635	张凯	信息工程学院	计算机科学与技术	学业奖学金(硕)三等	硕士
2270	12020131654	付江涛	信息工程学院	电子信息	学业奖学金(硕)三等	硕士
2271	12020131660	李新宇	信息工程学院	电子信息	学业奖学金(硕)三等	硕士
2272	12020131661	刘功平	信息工程学院	电子信息	学业奖学金(硕)三等	硕士
2273	12020131663	马婧	信息工程学院	电子信息	学业奖学金(硕)三等	硕士
2274	12020131664	马明	信息工程学院	电子信息	学业奖学金(硕)三等	硕士
2275	12020131665	马振亮	信息工程学院	电子信息	学业奖学金(硕)三等	硕士
2276	12020131666	任家乐	信息工程学院	电子信息	学业奖学金(硕)三等	硕士
2277	12020131668	宋大鹏	信息工程学院	电子信息	学业奖学金(硕)三等	硕士
2278	12020131669	孙恺悦	信息工程学院	电子信息	学业奖学金(硕)三等	硕士
2279	12020131685	韩会珍	信息工程学院	电子信息	学业奖学金(硕)三等	硕士

续表 79

序号	学号	姓名	院系	专业	奖学金等级	培养层次
2280	12020131687	李垠汛	信息工程学院	电子信息	学业奖学金(硕)三等	硕士
2281	12020131689	雒建梅	信息工程学院	电子信息	学业奖学金(硕)三等	硕士
2282	12020131699	朱东辉	信息工程学院	电子信息	学业奖学金(硕)三等	硕士
2283	12020131700	朱梦涵	信息工程学院	电子信息	学业奖学金(硕)三等	硕士
2284	12020131701	陈亮池	信息工程学院	电子信息	学业奖学金(硕)三等	硕士
2285	12020131704	栗远明	信息工程学院	电子信息	学业奖学金(硕)三等	硕士
2286	12020131711	马 乐	信息工程学院	电子信息	学业奖学金(硕)三等	硕士
2287	12020131716	张 艳	信息工程学院	电子信息	学业奖学金(硕)三等	硕士
2288	12021131643	陈 磊	信息工程学院	计算机科学与技术	学业奖学金(硕)三等	硕士
2289	12021131645	黄 磊	信息工程学院	计算机科学与技术	学业奖学金(硕)三等	硕士
2290	12021131646	李运宏	信息工程学院	计算机科学与技术	学业奖学金(硕)三等	硕士
2291	12021131648	杨 众	信息工程学院	计算机科学与技术	学业奖学金(硕)三等	硕士
2292	12021131656	汪 涛	信息工程学院	计算机科学与技术	学业奖学金(硕)三等	硕士
2293	12021131657	余 航	信息工程学院	计算机科学与技术	学业奖学金(硕)三等	硕士
2294	12021131661	卢晓彤	信息工程学院	电子信息	学业奖学金(硕)三等	硕士
2295	12021131662	彭雨欣	信息工程学院	电子信息	学业奖学金(硕)三等	硕士
2296	12021131664	王喆霖	信息工程学院	电子信息	学业奖学金(硕)三等	硕士
2297	12021131665	于城香	信息工程学院	电子信息	学业奖学金(硕)三等	硕士
2298	12021131673	马克华	信息工程学院	电子信息	学业奖学金(硕)三等	硕士
2299	12021131675	马 梅	信息工程学院	电子信息	学业奖学金(硕)三等	硕士
2300	12021131676	马 朔	信息工程学院	电子信息	学业奖学金(硕)三等	硕士
2301	12021131680	杨乐洋	信息工程学院	电子信息	学业奖学金(硕)三等	硕士
2302	12021131682	余艳英	信息工程学院	电子信息	学业奖学金(硕)三等	硕士
2303	12021131685	张 英	信息工程学院	电子信息	学业奖学金(硕)三等	硕士
2304	12021131686	郑 洁	信息工程学院	电子信息	学业奖学金(硕)三等	硕士
2305	12021131687	邹 华	信息工程学院	电子信息	学业奖学金(硕)三等	硕士
2306	12021131688	党 进	信息工程学院	电子信息	学业奖学金(硕)三等	硕士
2307	12021131692	嵇 谦	信息工程学院	电子信息	学业奖学金(硕)三等	硕士
2308	12021131693	李 博	信息工程学院	电子信息	学业奖学金(硕)三等	硕士
2309	12021131694	李国柱	信息工程学院	电子信息	学业奖学金(硕)三等	硕士

续表80

序号	学　号	姓　名	院　系	专　业	奖学金等级	培养层次
2310	12021131696	林　灵	信息工程学院	电子信息	学业奖学金(硕)三等	硕士
2311	12021131698	牛飞扬	信息工程学院	电子信息	学业奖学金(硕)三等	硕士
2312	12021131702	武　蕊	信息工程学院	电子信息	学业奖学金(硕)三等	硕士
2313	12021131704	延佳倩	信息工程学院	电子信息	学业奖学金(硕)三等	硕士
2314	12021131705	闫玉杰	信息工程学院	电子信息	学业奖学金(硕)三等	硕士
2315	12021131706	杨　栋	信息工程学院	电子信息	学业奖学金(硕)三等	硕士
2316	12021131707	杨鹏云	信息工程学院	电子信息	学业奖学金(硕)三等	硕士
2317	12021131708	袁重阳	信息工程学院	电子信息	学业奖学金(硕)三等	硕士
2318	12021131711	曹小敏	信息工程学院	电子信息	学业奖学金(硕)三等	硕士
2319	12021131712	胡耀刚	信息工程学院	电子信息	学业奖学金(硕)三等	硕士
2320	12021131718	马　丁	信息工程学院	电子信息	学业奖学金(硕)三等	硕士
2321	12021131719	孙　岩	信息工程学院	电子信息	学业奖学金(硕)三等	硕士
2322	12021131720	王嘉鹏	信息工程学院	电子信息	学业奖学金(硕)三等	硕士
2323	12021131724	徐子怡	信息工程学院	电子信息	学业奖学金(硕)三等	硕士
2324	12021131726	张　朝	信息工程学院	电子信息	学业奖学金(硕)三等	硕士
2325	12021131732	郝　赫	信息工程学院	电子信息	学业奖学金(硕)三等	硕士
2326	12021131733	李喜娟	信息工程学院	电子信息	学业奖学金(硕)三等	硕士
2327	12021131735	刘嘉华	信息工程学院	电子信息	学业奖学金(硕)三等	硕士
2328	12021131736	宋子硕	信息工程学院	电子信息	学业奖学金(硕)三等	硕士
2329	12021131743	王志凌	信息工程学院	电子信息	学业奖学金(硕)三等	硕士
2330	12021131748	赵毛毛	信息工程学院	电子信息	学业奖学金(硕)三等	硕士
2331	12021131653	刘丁源	信息工程学院	计算机科学与技术	学业奖学金(硕)三等	硕士
2332	12021131655	马训德	信息工程学院	计算机科学与技术	学业奖学金(硕)二等	硕士
2333	12021131746	袁智翔	信息工程学院	电子信息	学业奖学金(硕)三等	硕士
2334	12021131514	陈　果	音乐学院	音乐	学业奖学金(硕)一等(推免)	硕士
2335	12021131522	刘泽慧	音乐学院	音乐	学业奖学金(硕)一等(推免)	硕士
2336	12021131529	王　焱	音乐学院	音乐	学业奖学金(硕)一等(推免)	硕士
2337	12021131543	沈　琪	音乐学院	舞蹈	学业奖学金(硕)一等(推免)	硕士
2338	12021131546	幸自强	音乐学院	舞蹈	学业奖学金(硕)一等(推免)	硕士
2339	12019131190	于天睿	音乐学院	音乐	学业奖学金(硕)一等	硕士

续表81

序号	学号	姓名	院系	专业	奖学金等级	培养层次
2340	12020131514	韩若雯	音乐学院	音乐	学业奖学金(硕)一等	硕士
2341	12020131515	籍紫荃	音乐学院	音乐	学业奖学金(硕)一等	硕士
2342	12020131530	姚静玉	音乐学院	音乐	学业奖学金(硕)一等	硕士
2343	12020131532	袁巍	音乐学院	音乐	学业奖学金(硕)一等	硕士
2344	12019131176	李欣航	音乐学院	音乐	学业奖学金(硕)二等	硕士
2345	12019131188	武亚婷	音乐学院	音乐	学业奖学金(硕)二等	硕士
2346	12019131192	赵静	音乐学院	音乐	学业奖学金(硕)二等	硕士
2347	12020131524	王盛敏	音乐学院	音乐	学业奖学金(硕)二等	硕士
2348	12020131531	余梦瑶	音乐学院	音乐	学业奖学金(硕)二等	硕士
2349	12020131540	孙宇航	音乐学院	舞蹈	学业奖学金(硕)二等	硕士
2350	12021131517	李倩	音乐学院	音乐	学业奖学金(硕)二等	硕士
2351	12021131520	刘萍	音乐学院	音乐	学业奖学金(硕)二等	硕士
2352	12021131521	刘云云	音乐学院	音乐	学业奖学金(硕)二等	硕士
2353	12019131169	贺元姣	音乐学院	中国少数民族艺术	学业奖学金(硕)三等	硕士
2354	12019131170	樊永佳	音乐学院	音乐	学业奖学金(硕)三等	硕士
2355	12019131172	纪翔	音乐学院	音乐	学业奖学金(硕)三等	硕士
2356	12019131177	刘思琪	音乐学院	音乐	学业奖学金(硕)三等	硕士
2357	12019131179	马琦媛	音乐学院	音乐	学业奖学金(硕)三等	硕士
2358	12019131183	万天舒	音乐学院	音乐	学业奖学金(硕)三等	硕士
2359	12019131187	王雅坤	音乐学院	音乐	学业奖学金(硕)三等	硕士
2360	12019131189	尹娟娟	音乐学院	音乐	学业奖学金(硕)三等	硕士
2361	12019131193	王妍	音乐学院	音乐	学业奖学金(硕)三等	硕士
2362	12019131194	李媛媛	音乐学院	舞蹈	学业奖学金(硕)三等	硕士
2363	12019131195	刘余君	音乐学院	舞蹈	学业奖学金(硕)三等	硕士
2364	12019131197	赵诗雨	音乐学院	舞蹈	学业奖学金(硕)三等	硕士
2365	12020131507	张敏敏	音乐学院	中国少数民族艺术	学业奖学金(硕)三等	硕士
2366	12020131511	高东悦	音乐学院	音乐	学业奖学金(硕)三等	硕士
2367	12020131513	郭青	音乐学院	音乐	学业奖学金(硕)三等	硕士
2368	12020131517	李澄芳	音乐学院	音乐	学业奖学金(硕)三等	硕士
2369	12020131518	林天翼	音乐学院	音乐	学业奖学金(硕)三等	硕士
2370	12020131519	刘甜	音乐学院	音乐	学业奖学金(硕)三等	硕士

续表 82

序号	学　号	姓　名	院　系	专　业	奖学金等级	培养层次
2371	12020131523	王　静	音乐学院	音乐	学业奖学金(硕)三等	硕士
2372	12020131525	魏舒宇	音乐学院	音乐	学业奖学金(硕)三等	硕士
2373	12020131533	苑　梦	音乐学院	音乐	学业奖学金(硕)三等	硕士
2374	12021131512	孙　洁	音乐学院	中国少数民族艺术	学业奖学金(硕)三等	硕士
2375	12021131515	付逸雯	音乐学院	音乐	学业奖学金(硕)三等	硕士
2376	12021131525	马心宇	音乐学院	音乐	学业奖学金(硕)三等	硕士
2377	12021131526	权洁美	音乐学院	音乐	学业奖学金(硕)三等	硕士
2378	12021131528	孙　莹	音乐学院	音乐	学业奖学金(硕)三等	硕士
2379	12021131531	吴晓磊	音乐学院	音乐	学业奖学金(硕)三等	硕士
2380	12021131534	尹昊奇	音乐学院	音乐	学业奖学金(硕)三等	硕士
2381	12021131536	张　琼	音乐学院	音乐	学业奖学金(硕)三等	硕士
2382	12021131538	卓欣俞	音乐学院	音乐	学业奖学金(硕)三等	硕士
2383	12021131545	孙　萌	音乐学院	舞蹈	学业奖学金(硕)三等	硕士
2384	12021131541	李晓燕	音乐学院	舞蹈	学业奖学金(硕)三等	硕士

宁夏大学赴新疆工作优秀毕业生

一、本科生

阿拉伯学院:刘瑞瑞

教育学院:仇康洪

美术学院:赵佳明

体育学院:赵　鹏　杨立哲　钟　超

外国语学院:土文龙

二、研究生

回族研究院:李秀福

农学院:韩雪琴

教育学院:吴　昊

综合统计

冬 (钟子杰 摄)

组织机构情况

党组织、党员基本情况表

项　目		数量(个/人)
基层党组织	党　委	25
	党总支	10
	直属党支部	13
	基层党支部	251
党　员	教工党员	2140
	离退休党员	824
	学生党员	4588

★统计数据包含宁夏大学新华学院、宁夏大学附属中学。

2021年学校中层党组织

序号	党组织
1	机关党委
2	离退休人员服务处党委
3	人文学院党委
4	新闻传播学院党总支
5	文化旅游学院党总支
6	法学院党委
7	外国语学院党委
8	阿拉伯学院党总支
9	经济管理学院党委
10	商学院党总支
11	数学统计学院党委
12	物理与电子电气工程学院党委
13	信息工程学院党委
14	智能工程与技术学院党总支
15	化学化工学院党委
16	生命科学学院党委
17	地理科学与规划学院党委

续表

序号	党组织
18	生态环境学院党委
19	农学院党委
20	食品与葡萄酒学院党委
21	机械工程学院党委
22	土木与水利工程学院党委
23	教育学院党委
24	体育学院党委
25	音乐学院党委
26	美术学院党委
27	马克思主义学院党委
28	国际教育学院党总支
29	民族预科教育学院党总支
30	继续教育学院、高等职业技术学院党总支
31	中卫校区公共教学部党总支
32	新华学院党委
33	西夏学研究院直属党支部
34	回族研究院直属党支部
35	图书馆党总支
36	档案馆直属党支部
37	学术期刊中心直属党支部
38	网络与信息管理中心直属党支部
39	校友总会与教育发展基金会工作办公室直属党支部
40	国防教育教学中心直属党支部
41	国家大学生文化素质教育基地办公室直属党支部
42	创新创业学院直属党支部
43	教师教学发展中心直属党支部
44	测试分析中心直属党支部
45	后勤保障部党委
46	中卫校区管理办公室直属党支部
47	附属中学党委
48	教学实验农场直属党支部

2021年组织机构设置及负责人

党群部门

纪委、监察专员办公室	副书记	李正东
宁夏大学办公室(法制工作办公室)(2021.04设立法制工作办公室)	主　任	高永兴(—2021.06) 冯学文(2021.06—)
党委组织部(宁夏大学党校、党建工作办公室)、机关党委(2021.04合署办公)	部　长 部长、书记	韩惠丽(—2021.01) 张立杰(2021.06—)
党委宣传部	部　长	张立杰(—2021.06) 高永兴(2021.06—)
党委统战部	部　长	何风隽
党委巡察(督查)办公室	主　任	井惠敏
工会(妇女工作委员会、计划生育办公室)	主　席	孙建军
团　委	书　记	闫　蓉(—2021.07) 肖功国(2021.12—)

行政部门

对外合作交流处(港澳台事务办公室、宁夏大学·宁夏师范学院联合办学工作办公室、孔子学院事务联络办公室)	处长(主任)	高桂英(—2021.11)
	孔子学院中方院长(正处级)	刘艳晖
发展规划与学科建设处	处　长	张　桓
人事处(党委教师工作部)	处长(部长)	李学斌
教务处	处　长	冯秀芳(—2021.11)
科学技术处	处　长	曹　兵(—2021.11)
学生处(党委学生工作部)	处长(部长)	罗进德
研究生院	院　长	朱学军(—2021.11) 曹　兵(2021.11—)
计划财务处	处　长	刘双萍(—2021.11) 冯秀芳(2021.11—)
审计处	处　长	邵淑宁
资产与实验室管理处	处　长	马正亮(—2021.11) 朱学军(2021.11—)
保卫处(社会治安综合治理委员会办公室)	处长(主任)	张守荣
基建处	处　长	牛建军
离退休人员服务处	党委书记、处长	李思源
中卫校区管理办公室	中卫校区党委书记	何风隽(—2021.04)
	直属党支部书记、主任	李　举(2021.08—)

教学科研单位

单位	职务	姓名
人文学院	党委书记	李胜刚（—2021.11） 张培松（2021.12—）
	院　长	胡玉冰
新闻传播学院	党总支书记	周　强（—2021.11） 潘　瑞（2021.11—）
	执行院长（正处级）	李世举
文化旅游学院	党总支书记	马　骏
	院　长	王　磊
法学院	党委书记	潘　瑞（—2021.11） 李治涛（2021.12—）
	院　长	吕耀军
外国语学院（宁夏大学·岛根大学国际联合研究所）	党委书记	拜发奎
	院长（所长）	赵晓佳（2021.11—）
阿拉伯学院（中国阿拉伯国家研究院）	党总支书记	张前进（—2021.02） 李海燕（2021.02—）
	院　长	李绍先（外聘）
经济管理学院（西部发展研究院）	党委书记	朱　伟（—2021.11） 李胜刚（2021.11—）
	院　长	杨国涛
商学院	党总支书记	冯学文（—2021.06） 张　强（2021.08—）
	院　长	赵　军
数学统计学院	党委书记	刘富祥（—2021.11） 常海波（2021.12—）
物理与电子电气工程学院	党委书记	王志霄（—2021.11） 马　瑜（2021.12—）
	院　长	王旭明
信息工程学院	党委书记	武林波（—2021.11） 车　进（2021.11—）
	院　长	高玉琢（—2021.02） 冯　锋（2021.02—）
智能工程与技术学院	党总支书记	王玉祥（—2021.08） 张　翼（2021.08—）
	院　长	王怀柱
化学化工学院（省部共建煤炭高效利用与绿色化工国家重点实验室）	党委书记	高继明
	院　长	倪　刚（—2021.11）
	国家重点实验室主任	郭庆杰（—2021.11）

续表 1

生命科学学院(西部特色生物资源保护与利用教育部重点实验室)	党委书记	王彦庚(—2021.09) 李东宁(2021.09—)
	院长(主任)	苏建宇
地理科学与规划学院	党委书记	赵　勤(—2021.06) 陈军胜(2021.06—)
	院　长	孙兆军(—2021.06) 刘小鹏(2021.06—)
生态环境学院(西北土地退化与生态恢复国家重点实验室培育基地)	党委书记	杨振东
	常务副院长(正处级,主持工作)、常务副主任	钟艳霞(—2021.07)
	院长(常务副主任)	钟艳霞(2021.07—)
	西北土地退化与生态恢复国家重点实验室培育基地主任	谢应忠(兼)
农学院	党委书记	刘成敏(—2021.11) 武林波(2021.11—)
	院　长	马红彬
食品与葡萄酒学院〔宁夏葡萄与葡萄酒研究院(葡萄与葡萄酒教育部工程研究中心)〕	党委书记	张　宁
	院长(主任)	张亚红
机械工程学院	党委书记	钟子杰(—2021.11) 程胜利(2021.12—)
	院　长	张　波
土木与水利工程学院	党委书记	张晓天(—2021.11) 陈晓敏(2021.11—)
	院　长	毛明杰
教育学院(教师教育学院、教育研究院、宁夏高等学校师资培训中心)	党委书记	党小龙(—2021.11) 吕海军(2021.12—)
	教育学院院长、教育研究院院长、教师教育学院副院长	王安全(2021.01—)
	宁夏高等学校师资培训中心主任	党小龙(—2021.11) 王安全(2021.11—)
体育学院	党委书记	陈晓敏(—2021.11) 王志霄(2021.11—)
	院　长	咸云龙
音乐学院	党委书记	张建国
	院　长	雷兴明
美术学院	党委书记	王宏武

续表 2

马克思主义学院	党委书记	沈岩东
	院　长	范映渊
国际教育学院	党总支书记	赤学礼（—2021.10） 闫　蓉（2021.11—）
民族预科教育学院	党总支书记	代兴安（—2021.11） 倪　彬（2021.12—）
	院　长	马亦兵
继续教育学院(高等职业技术学院)	党总支书记	鲁　晋（—2021.11）
	院　长	刘　明
中卫校区公共教学部	党总支书记	雷灵芝
	主　任	刘小鹏（—2021.06） 任　磊（2021.08—）
新华学院	党委书记	赵晓瑞（—2021.02） 杨文刚（2021.02—）
	常务副院长(正处级)	郭少新
宁夏大学中华民族共同体研究院、西夏学研究院(民族学与文化旅游产业研究院)	直属党支部书记	党锐锋（2021.02—）
	院　长	杜建录
回族研究院	直属党支部书记	崔明堂
	院　长	梁向明
光伏材料重点实验室	主　任(副处级)	李　进（—2021.02） 何力军（2021.02—）

直属单位

图书馆	党总支书记	王彦仓
	馆　长	车　进(—2021.11) 倪　刚(2021.11—)
档案馆	馆　长	王海文
学术期刊中心	直属党支部书记	赵智宏
	主　任	马春宝(—2021.02) 苗福生(2021.02—)
网络与信息管理中心	主　任	王学明
校友总会与教育发展基金会工作办公室	主　任	王智勇
场馆管理服务中心(国家大学生文化素质教育基地办公室)	主　任	和　润
国防教育教学中心	主　任	方　非
创新创业学院(大学科技园办公室)	直属党支部书记、院长(主任)	冯　蛟(2021.09—)
教师教学发展中心(教学质量监控与评估中心)	主　任	李　浩
测试分析中心	主　任	薛　屏(—2021.11) 邓光存(2021.12—)
师生服务中心	主　任	韩　勇
后勤保障部（2021.04 后勤集团转设为后勤保障部）	党委书记	贺生斌(—2021.06) 马正亮(2021.06—)
	总经理/部长	祁泽平(—2021.06)
	部　长	贺生斌(2021.06—)

附属单位

宁夏大学附属中学	党委书记	马廷喜
	校　长	亢　燕
教学实验农场	直属党支部书记	纳殿文
	场　长	蒋　万

学科与专业情况

宁夏大学本科专业一览表

序号	专业代码	学制	专业	所在学院	授予学位	批准时间	备注
1	050101	四年	汉语言文学	人文学院	文学学士	2002 年前	
2	060101	四年	历史学	人文学院	历史学学士	2002 年前	
3	050301	四年	新闻学	新闻传播学院	文学学士	2002 年前	
4	050303	四年	广告学	新闻传播学院	文学学士	2004 年	
5	030101K	四年	法学	法学院	法学学士	2002 年前	
6	030301	四年	社会学	法学院	法学学士	2011 年	
7	120402	四年	行政管理	法学院	管理学学士	2003 年	
8	050201	四年	英语	外国语学院	文学学士	2002 年前	
9	050202	四年	俄语	外国语学院	文学学士	2013 年	
10	050207	四年	日语	外国语学院	文学学士	2002 年前	
11	050206	四年	阿拉伯语	阿拉伯学院	文学学士	2006 年	
12	020101	四年	经济学	经济管理学院	经济学学士	2002 年前	
13	120102	四年	信息管理与信息系统	经济管理学院	管理学学士	2002 年前	
14	120201K	四年	工商管理	经济管理学院	管理学学士	2002 年前	
15	120202	四年	市场营销	经济管理学院	管理学学士	2002 年前	
16	120203K	四年	会计学	经济管理学院	管理学学士	2002 年前	
17	120301	四年	农林经济管理	经济管理学院	管理学学士	2002 年前	
18	120601	四年	物流管理	经济管理学院	管理学学士	2012 年	
19	120801	四年	电子商务	商学院	管理学学士	2003 年	
20	070101	四年	数学与应用数学	数学统计学院	理学学士	2002 年前	
21	070102	四年	信息与计算科学	数学统计学院	理学学士	2002 年前	
22	071202	四年	应用统计学	数学统计学院	理学学士	2017 年	
23	070201	四年	物理学	物理与电子电气学院	理学学士	2002 年前	
24	080414T	四年	新能源材料与器件	物理与电子电气学院	工学学士	2012 年	
25	080601	四年	电气工程及其自动化	物理与电子电气学院	工学学士	2002 年前	
26	080701	四年	电子信息工程	物理与电子电气学院	工学学士	2002 年前	
27	080703	四年	通信工程	物理与电子电气学院	工学学士	2002 年前	
28	080901	四年	计算机科学与技术	信息工程学院	工学学士	2002 年前	

续表 1

序号	专业代码	学制	专业	所在学院	授予学位	批准时间	备注
29	080902	四年	软件工程	信息工程学院	工学学士	2005 年	
30	080903	四年	网络工程	信息工程学院	工学学士	2004 年	
31	070301	四年	化学	化学化工学院	理学学士	2002 年前	
32	070302	四年	应用化学	化学化工学院	工学学士	2002 年前	
33	080403	四年	材料化学	化学化工学院	工学学士	2005 年	
34	081301	四年	化学工程与工艺	化学化工学院	工学学士	2002 年前	
35	081302	四年	制药工程	化学化工学院	工学学士	2002 年前	
36	071001	四年	生物科学	生命科学学院	理学学士	2002 年前	
37	071002	四年	生物技术	生命科学学院	理学学士	2002 年前	
38	070501	四年	地理科学	地理科学与规划学院	理学学士	2002 年前	
39	070503	四年	人文地理与城乡规划	地理科学与规划学院	理学学士	2002 年前	
40	070504	四年	地理信息科学	地理科学与规划学院	理学学士	2002 年前	
41	082503	四年	环境科学	生态环境学院	理学学士	2002 年前	
42	120104	四年	房地产开发与管理	经济管理学院	管理学学士	2006 年	停招
43	090101	四年	农学	农学院	农学学士	2002 年前	
44	090102	四年	园艺	农学院	农学学士	2002 年前	
45	090103	四年	植物保护	农学院	农学学士	2002 年前	
46	090201	四年	农业资源与环境	农学院	农学学士	2002 年前	
47	090301	四年	动物科学	农学院	农学学士	2002 年前	
48	090401	四年	动物医学	农学院	农学学士	2002 年前	
49	090501	四年	林学	农学院	农学学士	2002 年前	
50	090502	四年	园林	农学院	农学学士	2002 年前	
51	090701	四年	草业科学	农学院	农学学士	2002 年前	
52	082701	四年	食品科学与工程	食品与葡萄酒学院	工学学士	2002 年前	
53	082706T	四年	葡萄与葡萄酒工程	食品与葡萄酒学院	工学学士	2015 年	
54	080201	四年	机械工程	机械工程学院	工学学士	2002 年前	
55	080206	四年	过程装备与控制工程	机械工程学院	工学学士	2002 年前	
56	081801	四年	交通运输	机械工程学院	工学学士	2003 年	
57	082302	四年	农业机械化及其自动化	机械工程学院	工学学士	2002 年前	停招
58	081001	四年	土木工程	土木与水利水电工程学院	工学学士	2002 年前	
59	081101	四年	水利水电工程	土木与水利水电工程学院	工学学士	2006 年	
60	081802	四年	交通工程	机械工程学院	工学学士	2002 年前	停招

续表2

序号	专业代码	学 制	专 业	所在学院	授予学位	批准时间	备 注
61	082305	四年	农业水利工程	土木与水利水电工程学院	工学学士	2002年前	
62	082801	五年	建筑学	土木与水利水电工程学院	工学学士	2003年	
63	082802	五年	城乡规划	土木与水利水电工程学院	工学学士	2002年前	
64	120103	四年	工程管理	土木与水利水电工程学院	工学学士	2002年前	
65	081006T	四年	道路桥梁与渡河工程	土木与水利水电工程学院	工学学士	2019年	停招
66	040104	四年	教育技术学	教育学院	理学学士	2003年	
67	040106	四年	学前教育	教育学院	教育学学士	2013年	
68	040107	四年	小学教育	教育学院	教育学学士	2005年	
69	071102	四年	应用心理学	教育学院	理学学士	2002年前	
70	040201	四年	体育教育	体育学院	教育学学士	2002年前	
71	040202K	四年	运动训练	体育学院	教育学学士	2011年	
72	040204K	四年	武术与民族传统体育	体育学院	教育学学士	2013年	
73	130202	四年	音乐学	音乐学院	艺术学学士	2002年前	
74	130204	四年	舞蹈表演	音乐学院	艺术学学士	2005年	
75	130401	四年	美术学	美术学院	艺术学学士	2002年前	
76	130502	四年	视觉传达设计	美术学院	艺术学学士	2002年前	
77	130503	四年	环境设计	美术学院	艺术学学士	2002年前	
78	030503	四年	思想政治教育	马克思主义学院	法学学士	2002年前	
79	120901K	四年	旅游管理	文化旅游学院	管理学学士	2002年前	
80	130309	四年	播音与主持艺术	新闻传播学院	管理学学士	2021年	

国家级课程思政示范课

获批年度	课 程	负责人
2021	解读西夏	杜建录

教育部首批虚拟教研室建设试点

获批时间	虚拟教研室	负责人
2021	东西部高校园艺专业核心课程群虚拟教研室	张亚红

自治区级教学成果奖

序号	成果	单位	主持人	获奖等级
1	以"三顶石"为核心、面向产出的新工科人才培养模式研究与实践	机械工程学院	张波	特等奖
2	基于工程认证理念的化学工程与工艺专业建设与人才培养模式的探索与实践	化学化工学院	李平	特等奖
3	"双协同四提升"经济学高水平本科人才培养模式的构建与实践	经济管理学院	杨国涛	一等奖
4	以社会需求为导向的体育专业"三分式"人才培养模式创新与实践	体育学院	咸云龙	一等奖
5	"三式一化一中心"物理学专业人才培养模式的创新与实践	物理与电子电气工程学院	郝睿	一等奖
6	基于信息化的大学英语多元多维教学体系构建与实践——以宁夏大学为例	外国语学院	朱海燕	一等奖
7	敏捷共创 协同赋能：数字化时代网络营销课程"一体四翼"混合式教学改革创新与实践	经济管理学院	冯蛟	一等奖
8	一本多元，复合卓越——互联网+背景下农学类人才培养模式探索与实践	农学院	顾欣	一等奖
9	基于生物科学类专业特色的全维度、一体化育人体系构建与人才培养	生命科学学院	苏建宇	一等奖
10	新农科背景下园艺专业"知识打造+能力提升+素质拓展"三维人才培养模式实践应用	农学院	张雪艳	一等奖
11	"三协同四提升"葡萄与葡萄酒全产业链人才培养模式创新与实践	食品与葡萄酒学院	徐伟荣	二等奖

2021年教育部产学合作协同育人项目

序号	项目类型	项目	负责人
1	新工科、新医科、新农科、新文科建设	面向新工科电子信息类专业数据库课程教学的改革与实现	秦飞舟
2	教学内容和课程体系改革	基于产教共创的《数据库原理与应用》课程教学改革与实践	付森
3	教学内容和课程体系改革	新工科大学物理实验教学内容与课程体系改革探究	曾建成
4	教学内容和课程体系改革	智能温室仿真软件设计	吴龙国
5	教学内容和课程体系改革	新工科背景下应用型土木工程人才教育的数字化改革	包超
6	师资培训	煤基甲醇合成工艺仿真师资培训	吉文欣
7	师资培训	新一代信息技术背景下应用型本科院校"复合型"师资培养研究	贾伟
8	师资培训	基于"互联网+"创新创业教育人才体系建设	张光旭

续表

序号	项目类型	项 目	负责人
9	师资培训	基于新数码光学的实验教学师资培训	曾建成
10	实践条件和实践基地建设	宁夏大学物联网综合应用与创新开发实验室	张虹波
11	实践条件和实践基地建设	宁夏大学无人机技术创新培训实践基地建设	张虹波
12	创新创业教育改革	基于数据素养和技术赋能的数字化人才创新创业赋能体系建设	冯 蛟
13	师资培训	设计与制造类本科一流课程建设及研究生《有限单元法》教学改革与实践	张 波
14	教学内容和课程体系改革	基于OBE的《贝叶斯统计》课程资源建设与教学评测项目	杨丽霞
15	教学内容和课程体系改革	大学英语混合式教学资源创新与实践研究——以宁夏高校为例	周 震
16	教学内容和课程体系改革	植物生产类专业课程《生物技术概论》创新建设	李清峰
17	创新创业教育改革	启明星辰信息安全培训认证宁夏中心建设项目	刘 续
18	实践条件和实践基地建设	畜牧学概论实践条件和实践基地建设	马 云
19	实践条件和实践基地建设	公共管理案例实验室建设	马金龙
20	教学内容和课程体系改革	新商科背景下《市场营销学》课程教学改革与实践	马晓云
21	教学内容和课程体系改革	创新创业驱动下《程序设计与算法》课程教学改革与实践	付 森
22	实践条件和实践基地建设	经济学本科专业产教融合基地建设项目	仇娟东
23	教学内容和课程体系改革	结合应用案例的新工科应用型人才培养《Java语言程序设计》课程教学改革项目	杨 硕
24	实践条件和实践基地建设	宁夏大学—苍穹数码区域地理大数据联合实验室	佘 璐
25	实践条件和实践基地建设	宁夏大学—苍穹数码有限公司地理信息科学创新人才培养实践基地	何 杰
26	新工科、新医科、新农科、新文科建设	新工科应用开发型《网络安全》专业人才的创新培养与实践	张建军
27	实践条件和实践基地建设	面向新工科的基础物理实验中心创新实验体系建设	曾建成
28	创新创业联合基金	基于Tensorflow的贺兰山岩画识别	孙鹏翔
29	师资培训	基于数学建模素养视角的高校教师队伍建设与提升	汪文帅
30	新工科、新医科、新农科、新文科建设	新工科背景下基于OBE教育模式的操作系统教学改革研究与实践	李贯峰
31	实践条件和实践基地建设	大学生建筑材料试验实践条件建设	王德志
32	新工科、新医科、新农科、新文科建设	基于PROSPECT理念的信息类专业人才培养体系新工科建设	孙学宏

重点学科建设情况一览表

类　别		学　科	依托单位
国家"双一流"建设学科		化学工程与技术 配合学科：化学、物理学、机械工程	省部共建煤炭高效利用与绿色化工国家重点实验室
国家重点学科		草业科学	农学院
国家重点培育学科		中国少数民族史	西夏学研究院
部区合建优势特色学科群		化学工程与技术学科群 牵头学科：化学工程与技术 配合学科：化学、物理学、机械工程、环境工程	省部共建煤炭高效利用与绿色化工国家重点实验室
		民族学学科群 牵头学科：民族学 配合学科：外国语言文学、中国史、旅游管理	西夏学研究院
自治区一流学科	A类 （以国内一流）	民族学	西夏学研究院
		草学	农学院
		水利工程	土木与水利工程学院
		化学工程与技术	省部共建煤炭高效利用与绿色化工国家重点实验室
		园艺学	农学院
	B类 （以西部一流为建设目标）	计算机科学与技术	信息工程学院
		马克思主义理论	马克思主义学院
		生物学	生命科学学院
		机械工程	机械工程学院
		理论经济学	经济管理学院
		生态学	生态环境学院
	重点培育学科	教育学	教育学院
		中国语言文学	人文学院
		外国语言文学	外国语学院
		数　学	数学统计学院
		畜牧学	农学院

2021 年新增授权博士学位学科专业一览表

序号	学科代码	一级学科	批准时间	学位点所在学院	备　注
1	0702	物理学	2021	物理与电子电气工程学院	一级博士学位授权点

2021年授权博士学位学科专业一览表

序号	学科代码	一级学科	批准时间	学位点所在学院	备注
1	0304	民族学	2011	法学院 经济管理学院 西夏研究院 回族研究院 教育学院人文学院 阿拉伯学院	一级博士学位授权点
2	0701	数学	2006	数学统计学院	一级博士学位授权点
3	0702	物理学	2021	物理与电子电气工程学院	一级博士学位授权点
4	0710	生物学	2018	生命科学学院	一级博士学位授权点
5	0815	水利工程	2011	土木与水利工程学院 化学化工学院 物理与电子电气工程学院	一级博士学位授权点
6	0905	畜牧学	2011	农学院	一级博士学位授权点
7	0909	草学	2003	农学院	一级博士学位授权点

2021年授权硕士学位学科专业一览表

序号	学科代码	一级学科	批准时间	学位点所在学院	备注
1	0101	哲学	2011	法学院	一级硕士学位授权点
2	0201	理论经济学	2011	经济管理学院	一级硕士学位授权点
3	0301	法学	2011	法学院	一级硕士学位授权点
4	0304	民族学	2011	法学院 西夏研究院 美术学院 音乐学院 回族研究院 体育学院 阿拉伯学院	一级硕士学位授权点
5	0401	教育学	2011	教育学院	一级硕士学位授权点
6	0402	心理学	2018	教育学院	一级硕士学位授权点
7	0501	中国语言文学	2011	人文学院	一级硕士学位授权点
8	0502	外国语言文学	2000	外国语学院阿拉伯学院	一级硕士学位授权点
9	0602	中国史	2011	人文学院西夏研究院	一级硕士学位授权点

续表

序号	学科代码	一级学科	批准时间	学位点所在学院	备注
10	0701	数学	2006	数学统计学院	一级硕士学位授权点
11	0702	物理学	2011	物理与电子电气工程学院	一级硕士学位授权点
12	0703	化学	2011	化学化工学院	一级硕士学位授权点
13	0705	地理学	2011	地理科学与规划学院	一级硕士学位授权点
14	0710	生物学	2011	生命科学学院	一级硕士学位授权点
15	0713	生态学	2011	生态环境学院	一级硕士学位授权点
16	0801	力学	2011	物理与电子电气工程学院	一级硕士学位授权点
17	0802	机械工程	2011	机械工程学院	一级硕士学位授权点
18	0809	电子科学与技术	2011	物理与电子电气工程学院 材料与新能源学院	一级硕士学位授权点
19	0812	计算机科学与技术	2011	信息工程学院	一级硕士学位授权点
20	0814	土木工程	2011	土木与水利工程学院	一级硕士学位授权点
21	0815	水利工程	2011	土木与水利工程学院	一级硕士学位授权点
22	0817	化学工程与技术	2011	化学化工学院	一级硕士学位授权点
23	0832	食品科学与工程	2018	食品与葡萄酒学院	一级硕士学位授权点
24	0901	作物学	2011	农学院	一级硕士学位授权点
25	0902	园艺学	2011	农学院	一级硕士学位授权点
26	0903	农业资源与环境	2018	农学院	一级硕士学位授权点
27	0905	畜牧学	2011	农学院	一级硕士学位授权点
28	0906	兽医学	2011	农学院	一级硕士学位授权点
29	0909	草学	1993	农学院	一级硕士学位授权点
30	1203	农林经济管理	2018	经济管理学院	一级硕士学位授权点
31	1202	工商管理	2018	经济管理学院	一级硕士学位授权点

2021年授权专业硕士学位学科专业一览表

序号	学科代码	一级学科	批准时间	学位点所在学院	备注
1	035100	法律	2018	法学院	专业硕士
2	035200	社会工作	2018	法学院	专业硕士
3	045100	教育	2003	人文学院 马克思主义学院 数学统计学院 物理与电子工程学院 化学化工学院 外国语学院 体育学院 教育学院	专业硕士
4	045200	体育	2018	体育学院	专业硕士
5	055100	翻译	2011	外国语学院	专业硕士
6	055200	新闻与传播	2018	新闻传播学院	专业硕士
7	065100	文物与博物馆	2020	西夏学研究院	专业硕士
8	085400	电子信息	2007	物理与电子电气工程学院	专业硕士
9	085500	机械	2007	机械工程学院	专业硕士
10	085600	材料与化工	2007	化学化工学院	专业硕士
11	085900	土木水利	2007	土木与水利工程学院	专业硕士
12	095100	农业	2004	农学院 食品与葡萄酒学院	专业硕士
13	095200	兽医硕士	2018	农学院	专业硕士
14	095300	林业硕士	2018	农学院	专业硕士
15	125100	工商管理	2003	经济管理学院	专业硕士
16	125200	公共管理	2014	法学院	专业硕士
17	125300	会计	2014	经济管理学院	专业硕士
18	125400	旅游管理硕士	2018	文化旅游学院	专业硕士
19	135100	艺术	2014	音乐学院美术学院	专业硕士

2021年高等学历继续教育(成人教育)专业

培养层次	专 业	合 计
本科 (专升本)	电气工程及其自动化	18
	动物医学	
	法学	
	工商管理	
	汉语言文学	
	化学工程与工艺	
	会计学	
	计算机科学与技术	
	林学	
	旅游管理	
	农学	
	市场营销	
	水利水电工程	
	体育教育	
	土木工程	
	小学教育	
	行政管理	
	学前教育	
本科 (高起本)	电气工程及其自动化	9
	工商管理	
	化学工程与工艺	
	会计学	
	水利水电工程	
	土木工程	
	小学教育	
	行政管理	
	学前教育	
专科	电力系统自动化技术	9
	工商企业管理	
	机电一体化技术	
	计算机应用技术	
	建筑工程技术	
	行政管理	
	学前教育	
	应用化工技术	
	大数据与会计	

科学研究情况

2021年度科研立项项目数及经费统计表

单　位	国家级(个)	省部级(个)	立项经费(万元)
人文学院	4	2	112.5
新闻传播学院	0	2	2.7
法学院	4	11	111.7
阿拉伯学院(中国阿拉伯国家研究院)	2	4	64
经济管理学院	2	3	88
外国语学院	2	0	40
经济管理学院	2	16	88.5
公共教学部	0	2	1.6
回族研究院	3	2	62
教师教学发展中心	0	1	1.4
教育学院	1	17	60.8
体育学院	0	3	9.4
音乐学院	0	1	4
美术学院	1	2	26
马克思主义学院	2	5	90
文化旅游学院	1	3	30
中卫校区公共教学部	0	2	6.5
民族预科教育学院	0	1	10
西夏研究院	1	2	35
数学统计学院	4	14	291.5
物理与电子电气工程学院	6	9	322
信息工程学院	3	15	727.5
化学化工学院(煤炭高效利用与绿色化工国家重点实验室)	12	22	1513.43
生命科学学院	7	15	875.6
地理科学与规划学院	3	16	1208.1
生态环境学院	6	14	901.1
农学院	17	43	9881.5
食品与葡萄酒学院	7	10	1064
机械工程学院	2	7	204.5
土木与水利工程学院	4	20	850.1
光伏材料实验室	2	4	210.9
新华学院	0	2	20
其　他	2	0	9331
合　计	100	270	28245.33

科技创新平台一览表

序号	名　　称	平台类型	级　别	获批年份	负责人	依托单位
1	省部共建煤炭高效利用与绿色化工国家重点实验室	重点实验室	国家级	2017 年	罗正鸿	化学化工学院
2	西北土地退化与生态恢复省部共建国家重点实验室培育基地	重点实验室	部委级	2010 年	王忠静	生态环境学院
3	西部特色生物资源保护与利用教育部重点实验室	重点实验室	部委级	2003 年	苏建宇	生命科学学院
4	教育部中阿旱区特色资源开发与环境治理国际合作联合实验室	重点实验室	部委级	2017 年	孙兆军	地理科学与规划学院
5	宁夏光伏材料重点实验室	重点实验室	自治区级	2010 年	何力军	材料与新能源学院
6	宁夏沙漠信息智能感知重点实验室	重点实验室	自治区级	2012 年	王旭明	物理与电子电气工程学院
7	宁夏智能装备 CAE 重点实验室	重点实验室	自治区级	2017 年	朱学军	机械工程学院
8	宁夏食品微生物应用技术与安全控制重点实验室	重点实验室	自治区级	2017 年	张惠玲	农学院
9	宁夏优势特色作物现代分子育种重点实验室	重点实验室	自治区级	2017 年	陈　任	生命科学学院
10	宁夏科学工程计算与数据分析重点实验室	重点实验室	自治区级	2018 年	冯秀芳	数计学院
11	宁夏回族自治区反刍动物分子细胞育种重点实验室	重点实验室	自治区级	2019 年	马　云	农学院
12	旱区现代农业水资源高效利用教育部工程研究中心	工程技术研究中心	部委级	2009 年	田军仓	土木与水利工程学院
13	葡萄与葡萄酒教育部工程研究中心	工程技术研究中心	部委级	2006 年	张军翔	食品与葡萄酒学院
14	宁夏天然药物工程技术研究中心	工程技术研究中心	自治区级	2001 年	马建龙	化学化工学院
15	宁夏饲料工程技术研究中心	工程技术研究中心	自治区级	2006 年	辛国省	生命科学学院
16	宁夏肉品加工与质量安全控制工程技术研究中心	工程技术研究中心	自治区级	2011 年	罗瑞明	农学院
17	宁夏现代设施园艺工程技术研究中心	工程技术研究中心	自治区级	2016 年	李建设	农学院

续表

序号	名　　称	平台类型	级　别	获批年份	负责人	依托单位
18	宁夏土木工程防震减灾工程技术研究中心	工程技术研究中心	自治区级	2019年	杨文伟	土木与水利工程学院
19	宁夏生态草牧业工程技术研究中心	工程技术研究中心	自治区级	2019年	马红彬	农学院
20	阿拉伯国家研究省部共建协同创新中心	协同创新中心	部委级	2018年	张前进	阿拉伯学院
21	宁夏大数据与人工智能应用省部共建协同创新中心	协同创新中心	部委级	2019年	孙学宏	信息工程学院
22	文化遗产保护与文旅产业研发协同创新中心	协同创新中心	自治区级	2020年	杜建录	西夏学研究院
23	西夏学研究院——教育部人文社会科学重点研究基地	人文社科重点研究基地	部委级	2001年	杜建录	西夏学研究院
24	宁夏大学中国阿拉伯国家研究院—教育部区域和国别研究培育基地	人文社科重点研究基地	部委级	2016年	李绍先	阿拉伯研究院
25	回族研究院——自治区人文社会科学重点研究基地	人文社科重点研究基地	自治区级	2004年	梁向明	回族研究院
26	西部地区区域治理与民族发展——自治区人文社会科学重点研究基地	人文社科重点研究基地	自治区级	2016年	吕耀军	法学院
27	古文献整理与地域文化——自治区人文社会科学重点研究基地	人文社科重点研究基地	自治区级	2016年	胡玉冰	人文学院
28	开放战略与区域经济——自治区人文社会科学重点研究基地	人文社科重点研究基地	自治区级	2016年	杨国涛	经济管理学院
29	国家民委中华民族共同体研究基地	人文社科重点研究基地	国家民委	2020年	杜建录	西夏学研究院
30	宁夏教育发展研究中心	新型智库	自治区级	2018年	王安全	教育学院
31	马克思主义中国化研究中心	新型智库	自治区级	2018年	范映渊	马克思主义学院
32	宁夏乡村振兴战略研究中心	新型智库	自治区级	2018年	黄立军	经济管理学院
33	宁夏生态文明建设研究中心	新型智库	自治区级	2018年	宋乃平	生态环境学院
34	园艺作物优质高效安全生产产学研合作基地	产学研合作基地	自治区级	2016年	冯　美	农学院
35	宁夏设施园艺(宁夏大学)技术创新中心	技术创新中心	自治区级	2011年	张光弟	农学院

2021 年度科技成果统计表

单 位	专 著	SCIE、EI	CSSCI	其他期刊论文
人文学院	0	0	4	0
新闻传播学院	0	0	1	0
法学院	1	3	4	0
外国语学院	5	1	0	0
阿拉伯学院（中国阿拉伯国家研究院）	1	0	2	0
经济管理学院	0	2	8	4
教育学院	5	0	5	2
马克思主义学院	1	0	1	0
文化旅游学院	0	1	0	0
西夏学研究院	1	0	8	0
回族研究院	1	0	5	0
数学统计学院	1	91	1	14
物理与电子电气工程学院	1	51	0	19
信息工程学院	1	21	0	11
化学化工学院（煤炭高效利用与绿色化工国家重点实验室）	0	250	0	26
生命科学学院	4	15	0	42
地理科学与规划学院	0	2	6	32
生态环境学院	1	23	1	42
农学院	13	108	0	227
食品与葡萄酒学院	2	31	0	23
机械工程学院	4	9	0	16
土木与水利工程学院	1	59	1	52
光伏材料重点实验室	0	37	0	3
新华学院	0	6	0	2
其他	0	0	1	1
合计	43	710	48	516

2021年度承担的自治区级以上及其他校外科研课题一览表(自然科学)

序号	课题	主持人	所在单位	批准经费(万元)	课题来源
1	黄河上游河套平原节水控盐产能提升技术模式与应用	王忠静	学校办公室	9282	国家重点研发项目
2	黄花菜、高山蔬菜产业关键技术研究与应用示范	李建设	农学院	6200	国家重点研发项目
3	黄河宁蒙灌区控盐减污生态保护技术研究与示范	李 茜	地理科学与规划学院	615	国家重点研发课题
4	羧酸保护银纳米团簇的形成机制及其构效关系研究	刘宽贯	光伏材料实验室	75	国基金重点研发计划
5	气流床高温煤气化多相过程热态原位基础研究	于光锁	化学化工学院	260	国家自然科学基金
6	两个 Ramsey 数相关问题的研究	陈 纲	数学统计学院	32	国家自然科学基金
7	几类生物趋化模型的高精度紧致有限差分方法研究	葛永斌	数学统计学院	33	国家自然科学基金
8	气候变化下半退化草原修复模型有限时间的稳定性及生态阈值算法研究	张启敏	数学统计学院	33	国家自然科学基金
9	砂土 CT 三轴试验及组构动态演化强度机理研究	李学丰	物理与电子电气工程学院	38	国家自然科学基金
10	热冲击作用下含界面非均匀材料断裂力学问题的高效无网格方法	马文涛	数学统计学院	38	国家自然科学基金
11	金属诱导法 Si-BC8 纳米晶的可控制备及其多激子效应增强与光伏应用研究	马晓波	物理与电子电气工程学院	33	国家自然科学基金
12	多元学习方式下的合作机制探究	张继强	物理与电子电气工程学院	38	国家自然科学基金
13	超亲油 ZnO-SiC 多尺度微纳复合陶瓷膜的精密构筑及其油液限域分离机制研究	魏逸彬	化学化工学院	24	国家自然科学基金
14	自掺杂调控双层反蛋白石结构 $CuBi_2O_4$ 同质结表界面优化其光电 CO_2 还原性能	马冬梅	化学化工学院	24	国家自然科学基金
15	基于高温可视化及光谱诊断的熔渣壁面煤焦颗粒沉积及残碳形成机理研究	宋旭东	化学化工学院	24	国家自然科学基金
16	基于金属氢化物催化叠氮-烯烃构建 α-叔胺结构及其在 Hasubanan 类生物碱全合成中的应用研究	冀 阳	化学化工学院	35	国家自然科学基金
17	金属负载型中空聚苯胺基纳米反应器的设计及其催化有机小分子偶联反应构效关系研究	刘万毅	化学化工学院	35	国家自然科学基金

续表1

序号	课　题	主持人	所在单位	批准经费（万元）	课题来源
18	嵌段共聚物自组装结构中的缺陷研究	杨　涛	物理与电子电气工程学院	35	国家自然科学基金
19	正己烷芳构化一步制对二甲苯(pX)反应耦合强化及耦合反应机理研究	范素兵	化学化工学院	35	国家自然科学基金
20	微气泡耦合电Fenton-电絮凝"双极双效"体系构建及其深度处理难降解有机废水机理研究	任永胜	化学化工学院	35	国家自然科学基金
21	基于煤显微组分结构特征的气流床气化细渣残碳形成机理研究	白永辉	化学化工学院	35	国家自然科学基金
22	具有三元界面结构的双金属催化剂设计及其在CO_2加氢合成乙醇中的应用	马清祥	化学化工学院	35	国家自然科学基金
23	基于MOFs膜构筑三维微孔Cu@Cu_2O纳米线催化剂及其电催化CO_2还原制C2+产物的研究	王　政	化学化工学院	35	国家自然科学基金
24	基于形态学与RAD-seq技术研究狭叶锦鸡儿的群体适应性进化机制	张　雪	生态环境学院	24	国家自然科学基金
25	氨调控mTORC信号通路的分子机制研究	李　乐	生命科学学院	24	国家自然科学基金
26	转录因子MsBBX24调控紫花苜蓿抗旱耐盐的分子机制研究	李淑霞	农学院	24	国家自然科学基金
27	基于高光谱和激光雷达数据的森林生物量估测研究	胡　杨	生态环境学院	24	国家自然科学基金
28	荒漠草原豆科灌木群落根际微生态特征及耐旱细菌缓解植物干旱胁迫的机理研究	代金霞	生命科学学院	34	国家自然科学基金
29	牛源克柔念珠菌外囊泡14-3-3蛋白调控奶牛乳腺上皮细胞免疫应答机制研究	杜　军	生命科学学院	34	国家自然科学基金
30	中国蚁形甲亚科(鞘翅目:蚁形甲科)分类学研究	王新谱	农学院	35	国家自然科学基金
31	阿拉善高原拟步甲群落分布及其环境解释	贾　龙	农学院	35	国家自然科学基金
32	脂肪酸结合蛋白4对结核分枝杆菌感染后巨噬细胞脂代谢及细胞凋亡的调控机制	邓光存	生命科学学院	33	国家自然科学基金
33	氮硫沉降下西北荒漠煤矿区植物群落多样性和稳定性的维持机制	黄菊莹	生态环境学院	35	国家自然科学基金
34	R2R3-MYB转录因子调控褪黑素在紫花苜蓿盐胁迫应答的分子机制研究	麻冬梅	生态环境学院	35	国家自然科学基金
35	降水变化对荒漠草原土壤有机碳固持过程的影响及其驱动机制研究	李建平	农学院	35	国家自然科学基金

续表 2

序号	课题	主持人	所在单位	批准经费（万元）	课题来源
36	气温升高与干旱互作下灵武长枣内源激素对果实花青苷合成的调控机制	宋丽华	农学院	35	国家自然科学基金
37	大气 CO_2 浓度升高诱导宁夏枸杞 LbGALA1、LbGALA2 基因参与糖代谢的调控机制	曹兵	农学院	35	国家自然科学基金
38	基于水文生态位分离假说的荒漠草原短花针茅植物群落物种抗旱策略与共存机制	胡海英	农学院	35	国家自然科学基金
39	小麦籽粒沉降值主效 QTL-qSV2D 的精细定位及其目标区间内候选基因分析	王掌军	农学院	35	国家自然科学基金
40	深松结合施氮对旱作马铃薯产量形成及氮素利用的耕层调控机制研究	侯贤清	农学院	35	国家自然科学基金
41	泛素-蛋白酶体途径介导的转录因子 MYB 对枸杞多糖去甲酯化的转录调控机制	范艳丽	食品与葡萄酒学院	35	国家自然科学基金
42	冷却秦川牛肉贮藏中肌红蛋白衍生态转化的量子与分子机制	李亚蕾	食品与葡萄酒学院	35	国家自然科学基金
43	贺兰山东麓赤霞珠葡萄酒果香脂类物质合成机理研究	王岚	食品与葡萄酒学院	35	国家自然科学基金
44	红葡萄酒陈酿过程中单宁源物质演化及优质涩感形成分子基础	马雯	食品与葡萄酒学院	36	国家自然科学基金
45	贺兰山东麓希氏乳杆菌 Q19 耐高酒精度的分子机制解析	金刚	食品与葡萄酒学院	35	国家自然科学基金
46	原料乳冷藏过程中乳蛋白质降解释放内源酶与微生物群落演替的互驱机制研究	剧柠	食品与葡萄酒学院	35	国家自然科学基金
47	灵武长枣瘀伤态下激光诱导荧光高光谱波谱变化特征及其量子力学机理研究	何建国	食品与葡萄酒学院	36	国家自然科学基金
48	甘露寡糖调控奶牛瘤胃球菌 GH48 家族糖苷水解酶表达的作用机制	徐晓锋	农学院	35	国家自然科学基金
49	丁酸组蛋白去乙酰化酶抑制作用调控牛骨骼肌卫星细胞成肌分化的研究	康晓龙	农学院	35	国家自然科学基金
50	HDACs 家族 I 调控滩羊卵巢颗粒细胞分泌 EGF 样生长因子的作用及机制研究	刘新峰	生命科学学院	35	国家自然科学基金
51	日粮琥珀酸调控滩羊瘤胃菌群代谢及肉质性状的作用与机制	张力莉	农学院	35	国家自然科学基金
52	产后能量负平衡奶牛瘤胃微生物区系-代谢物互作机制及四君子散的干预作用	郭延生	农学院	35	国家自然科学基金

续表3

序号	课　题	主持人	所在单位	批准经费（万元）	课题来源
53	枸杞槲皮素对金黄色葡萄球菌生物被膜形成及耐药性抑制作用的研究	王桂琴	农学院	35	国家自然科学基金
54	荒漠草原植物功能多样性调控土壤多功能对尺度和生境的依赖性	王兴	生态环境学院	58	国家自然科学基金
55	新 lncRNA TLCD2-AS 作为 ceRNA 通过 TLR4/NF-κB 信号通路调节 E.coli 型奶牛乳房炎的分子机制	王兴平	农学院	56	国家自然科学基金
56	宁夏清水河流域社会水文系统时空均衡与风险研究	侯迎	地理科学与规划学院	35	国家自然科学基金
57	宁夏河东沙地水分在土壤—植被系统演变中的驱动作用	展秀丽	地理科学与规划学院	35	国家自然科学基金
58	宁南山区生态效率-经济规模—国土管控空间可持续匹配机制研究	樊新刚	经济管理学院	35	国家自然科学基金
59	基于热挥发性分离技术研究黑炭气溶胶的吸湿性	黎康宁	物理与电子电气工程学院	25	国家自然科学基金
60	银川平原地下水浅埋灌区农业节水影响地下水盐迁移协同优化模拟与调控	米丽娜	土木与水利工程学院	34	国家自然科学基金
61	低阶煤活化耦合原位气相沉积制备石墨碳/多孔炭微纳复合电极及其电容特性研究	郝健	化学化工学院	35	国家自然科学基金
62	Si-Al-Fe 三元合金提纯太阳能级多晶硅过程中初晶硅形貌调控与杂质去除机理研究	高忙忙	光伏材料实验室	36	国家自然科学基金
63	概率特性影响下的流体机械局部腐蚀结构多尺度建模研究	王冠	机械工程学院	35	国家自然科学基金
64	协同磁场辅助的双金属复合材料单道激光焊层状接头成形关键技术及机理研究	苟宁年	机械工程学院	35	国家自然科学基金
65	考虑交叉耦合效应基于"辨""补"一体化思路的永磁同步电动机在线补偿控制方法研究	李峰	物理与电子电气工程学院	36	国家自然科学基金
66	拉挤型 GFRP 管-混凝土-钢管组合双壁空心柱受力机理及承载性能研究	杨文伟	土木与水利工程学院	35	国家自然科学基金
67	高温后沙漠砂混凝土力学性能劣化机理	刘海峰	土木与水利工程学院	35	国家自然科学基金
68	土壤水环境变化条件下土壤粗颗粒裂化机理研究	李王成	土木与水利工程学院	35	国家自然科学基金
69	普适化的强鲁棒分布式查询分析关键技术研究	高锦涛	信息工程学院	24	国家自然科学基金

续表4

序号	课题	主持人	所在单位	批准经费（万元）	课题来源
70	面向ACPS的宁夏引黄灌区紫花苜蓿虚实融合水肥精准调控方法研究	刘 瑞	信息工程学院	37	国家自然科学基金
71	基于传统与深度表示学习的唐卡图像综合修复研究	史 伟	信息工程学院	37	国家自然科学基金
72	"一带一路"沿线PPP项目中政府引导对社会资本吸纳效应的影响研究	仇娟东	经济管理学院	28	国家自然科学基金
73	设施蔬菜高产优质绿色栽培关键技术集成创新与转化	高艳明	农学院	190	中央引导地方科技发展专项
74	西部特色生物资源保护与利用教育部重点实验室科技创新能力提升项目	王玉炯	生命科学学院	158	中央引导地方科技发展专项
75	氨代谢在结直肠癌发生发展中的作用及分子机制研究	李 乐	生命科学学院	97	中央引导地方科技发展专项
76	气候变化背景下贺兰山生物多样性保育与生态系统服务功能提升研究	李国旗	生态环境学院	40	中央引导地方科技发展专项
77	智能工厂调度关键技术研究	毕 利	信息工程学院	67	自治区高质量发展前引导专项
78	高产奶牛高产期健康控制技术研发与应用	马 云	农学院	160	自治区高质量发展前引导专项
79	矿用液压支架部件机器人智能焊接关键技术与应用	苟宁年	机械工程学院	44.5	自治区高质量发展前引导专项
80	2-氨基-4-乙酰胺甲醚绿色消化关键工艺技术研究	杨金会	化学化工学院	48.5	自治区高质量发展前引导专项
81	大掺量粉煤灰泡沫混凝土保温墙体材料关键技术研究与应用	杨秋宁	土木与水利工程学院	35	自治区高质量发展前引导专项
82	磷掺杂碳基材料制备及其储能特性研究	李海波	光伏材料实验室	40	自治区高质量发展前引导专项
83	烷基化学催化剂反应周期调控和规模化制备技术研究	王乃良	化学化工学院	58.73	自治区高质量发展前引导专项
84	多材料混合3D打印中金属纳米墨水闪灯烧结工艺优化研究	母全祎	物理与电子电气工程学院	17	自治区高质量发展前引导专项
85	气流床煤气化细渣制备活性炭-分子筛复合功能材料技术研究	白永辉	化学化工学院	70	自治区高质量发展前引导专项
86	C1催化转化制化学品及燃料过程催化剂合作开发	马清祥	化学化工学院	35	自治区高质量发展前引导专项

续表 5

序号	课　题	主持人	所在单位	批准经费（万元）	课题来源
87	宁夏工业互联网标识解析关键技术研究与应用	宋丽娟	信息工程学院	55	自治区高质量发展前引导专项
88	贺兰山东麓葡萄酒核心品质定向积累关键酿造工艺及技术研发	张军祥	食品与葡萄酒学院	90	自治区黄河流域高质量发展专项
89	基于抗性砧木的酿酒葡萄高位嫁接免埋土栽培技术研究	王振平	农学院	40	自治区黄河流域高质量发展专项
90	葡萄园生产废弃物综合利用关键技术研究与应用	李　明	食品与葡萄酒学院	62	自治区黄河流域高质量发展专项
91	宁夏奶牛场病原菌耐药性监测及合理用药方案建立与示范	周学章	生命科学学院	30	自治区黄河流域高质量发展专项
92	滩羊高效安全日粮系统生产体系集成与新产品区域示范	周玉香	农学院	30	自治区黄河流域高质量发展专项
93	宁夏肉牛呼吸系统疫病综合征与腹泻综合征快速诊断与技术研究	李　勇	生命科学学院	60	自治区黄河流域高质量发展专项
94	肉牛良种高效繁育关键技术研究与应用	王兴平	农学院	70	自治区黄河流域高质量发展专项
95	一年两熟人工草地可持续生产模式研究与示范	兰　剑	农学院	150	自治区现代农业科技示范区建设专项
96	畜禽粪污清洁高效资源化利用与瓜菜高品质生产模式研究与示范	曹云娥	农学院	400	自治区现代农业科技示范区建设专项
97	供港蔬菜土壤连作障碍预警与综合修复技术研究	叶　林	农学院	207	自治区现代农业科技示范区建设专项
98	中部干旱带以水定产路径与特色农业高效节水模式研究	孙兆军	地理科学与规划学院	40	自治区现代农业科技示范区建设专项
99	香水梨菜后提质增效关键技术集成推广应用	刘贵珊	食品与葡萄酒学院	245	自治区现代农业科技示范区建设专项
100	宁夏红寺堡易地搬迁致富提升示范区重点产业提质增效集成示范	吴龙国	农学院	480	自治区现代农业科技示范区建设专项
101	设施葡萄优质新品种引进及配套绿色高效栽培技术研究	张　宁	食品与葡萄酒学院	90	自治区现代农业科技示范区建设专项
102	基于光调控的植物工厂瓜菜快速加代关键技术研究与示范	王晓敏	农学院	264	自治区现代农业科技示范区建设专项
103	设施蔬菜健康复合生境系统研究与示范	靳　磊	农学院	170	自治区现代农业科技示范区建设专项

续表6

序号	课题	主持人	所在单位	批准经费（万元）	课题来源
104	大青葡萄设施栽培花芽分化规律及精品化栽培技术研究	冯 美	农学院	90	自治区现代农业科技示范区建设专项
105	越冬高效生产新型日光温室建造及配套技术研究与示范	王晓卓	农学院	100	自治区现代农业科技示范区建设专项
106	旱区农业高效节水智慧管理系统开发与集成示范	朱 磊	土木与水利工程学院	329	自治区现代农业科技示范区建设专项
107	中部干旱带楼葱优势种品质定向调优与绿色高效生产技术示范	张光弟	食品与葡萄酒学院	100	自治区现代农业科技示范区建设专项
108	太阳能发电系列科普视频制作	李国龙	光伏材料实验室	20	自治区科普与科技创新政策研究专项
109	滩羊营养需要标准制定及高效转化技术研究	张桂杰	农学院	220	现代农业科技创新示范区建设
110	旱区农林复合高值高效产业模式研究	李 茜	地理科学与规划学院	349	现代农业科技创新示范区建设
111	设施番茄、西瓜提质高效生产肥料开发与关键技术集成	张雪艳	农学院	80	现代农业科技创新示范区建设
112	智能工厂调度的关键技术研究	毕 利	信息工程学院	67	黄河流域生态保护高质量发展专项
113	宁夏财政资金支持创新驱动效果评估	仇娟东	经济管理学院	5	国家自然科学基金
114	抗生素发酵菌渣资源化利用气化装备技术及应用示范	杨金会	化学化工学院	440	自治区重点研发
115	基于合成生物学技术的新型抗生素挖掘及高效绿色生物制造	苏建宇	生命科学学院	152	自治区重点研发
116	宁夏沿黄绿洲演变及地力提升试验示范研究	钟艳霞	生态环境学院	176	自治区重点研发
117	食源性致病菌的微流控核酸等温扩增快速检测体系开发及应用	刘洪涛 方海田	食品与葡萄酒学院	190	自治区重点研发
118	多环芳烃污染农田土壤强化微生物修复关键技术研究与示范	王亚娟	化学化工学院	46	自治区重点研发
119	宁夏沿黄城市带生态网络优化关键技术及应用平台研发	马彩虹	农学院	85	自治区重点研发
120	基于北斗的贺兰山生物多样性智能监测预警与保护修复关键技术研究与示范	杨 军	信息工程学院	276	自治区重点研发
121	贺兰山典型小流域生态功能提升及其应对气候变化技术试验示范研究	陈 林	生态环境学院	198	自治区重点研发

续表7

序号	课题	主持人	所在单位	批准经费（万元）	课题来源
122	罗山自然保护区生态修复与功能提升关键技术研究与示范	马红彬	农学院	90	自治区重点研发
123	黄河流域宁夏段农田退水多级生态净化与资源化利用关键技术研究与示范	杨 龙 王幼奇	生态环境学院	63	自治区重点研发
124	宁夏黄河典型滩涂湿地生态环境功能优化提升关键技术集成与示范	璩向宁	生态环境学院	70	自治区重点研发
125	无极固废协同制备绿色低碳建材技术研发与智能化应用示范	毛明杰	土木与水利工程学院	87.5	自治区重点研发
126	宁夏道地药材银柴胡多元化开发关键技术研究与应用	彭 励	生命科学学院	60	自治区重点研发
127	空天地协同遥感监测引黄灌区土壤盐渍化及生态风险评估关键技术	贾科利	生态环境学院	32	自治区重点研发
128	宁夏黄河流域沙漠—绿洲过渡带脆弱生态系统土地退化与适应性恢复关键技术研发	刘任涛	生态环境学院	34	自治区重点研发
129	基于无人机的荒漠种子雨生态工程技术试验与示范	王 磊	生态环境学院	32.5	自治区重点研发
130	基于覆盖措施的宁夏中部荒漠草地水肥调控与植被重建技术研究及示范	李志刚	农学院	26.5	自治区重点研发
131	黄河流域农业面源污染生物修复技术研究	张启敏	数学统计学院	21.5	自治区重点研发
132	宁夏农田残膜污染监测评价及土壤修复技术引进消化吸收再创新	贾 彪	农学院	24.5	自治区重点研发
133	降雨敏感型滑坡快速排水锚固新技术研发	董旭光	土木与水利工程学院	30.5	自治区重点研发
134	视频大数据下的高速公路异常事件智能分析系统研发与应用	刘立波	信息工程学院	34.5	自治区重点研发
135	基于霾电性质的霾事件监测、预警及防治技术研究	薄天利	物理与电子电气工程学院	30	自治区重点研发
136	基于文件特征和NTRU公钥密码体制的医疗健康大数据安全和隐私保护技术研究	李 帅	信息工程学院	20	自治区重点研发
137	增材制造Fe/Ni异种金属结构组织成形与性能强化机理研究	吴斌涛	光伏材料实验室	29.9	宁夏自然科学基金
138	小半径曲线段高弹轨道低轨波磨的形成机理及控制研究	王誉蓉	机械工程学院	40	宁夏自然科学基金
139	纳米片层结构ZSM-5分子筛负载单原子铂催化丙烷脱氢制丙烯研究	王 政	化学化工学院	33.3	宁夏自然科学基金

续表8

序号	课题	主持人	所在单位	批准经费（万元）	课题来源
140	基于RFID和WSN融合技术的仓储定位与追踪管理研究及应用	冯 锋	信息工程学院	30	宁夏自然科学基金
141	宁夏枸杞环境适应性分化的群体基因组研究	郑国琦	生命科学学院	30	宁夏自然科学基金
142	基于灌溉回归水再利用的农田暗管排水外包滤料结构型式及其界面渗流机理研究	王红雨	土木与水利工程学院	30	宁夏自然科学基金
143	作物模型伴随率定的多源同化数据机器学习灌区蒸散量估算研究	冯克鹏	土木与水利工程学院	29.6	宁夏自然科学基金
144	宁夏中部干旱带压砂地砾石中元素淋溶对红枣品质的影响研究	李王成	土木与水利工程学院	30	宁夏自然科学基金
145	人工固沙区景观格局差异对沙蒿主要害虫发生的影响及控害功能的调控机制研究	张大治	生命科学学院	30	宁夏自然科学基金
146	多部图中独立圈若干问题研究	高云澍	数学统计学院	20	宁夏自然科学基金
147	掺杂及表面分子修饰优化Cu_2O电化学还原CO_2性能研究	李 丰	化学化工学院	20	宁夏自然科学基金
148	大底盘多塔楼复合被动控制体系隔—减震机理及性态控制研究	张尚荣	土木与水利工程学院	19.7	宁夏自然科学基金
149	有机紫外防晒剂作用于四膜虫多外源化合物耐受性(MXR)系统的分子机制研究	高 礼	地理科学与规划学院	20	宁夏自然科学基金
150	荒漠草原不同土地利用方式土壤优先流特征及其对孔隙结构的响应	孟 晨	生态环境学院	20	宁夏自然科学基金
151	RIG-I在IFI16介导流感病毒感染中的作用研究	魏凡华	农学院	20	宁夏自然科学基金
152	LATS2基因调控牛骨骼肌细胞增殖和分化的转录机制研究	魏大为	农学院	20	宁夏自然科学基金
153	VII型分泌系统对马红球菌致病性的作用研究	罗海霞	生命科学学院	20	宁夏自然科学基金
154	宁夏特色天然产物与若干生物活性片段杂交的高效合成方法及抗肿瘤活性研究	魏梦雪	化学化工学院	20	宁夏自然科学基金
155	基于代谢组学和蛋白组学对静原鸡肌肉特异性沉积的分子网络调控机制解析	张 娟	农学院	10	宁夏自然科学基金
156	零维过渡金属磷化物-二维MXene复合纳米结构的构筑及其电催化水分解的构效机理研究	王婷婷	物理与电子电气工程学院	10	宁夏自然科学基金
157	深松结合施氮对旱作马铃薯产量形成和氮肥利用的耕层调控机制研究	侯贤清	农学院	10	宁夏自然科学基金

续表9

序号	课题	主持人	所在单位	批准经费（万元）	课题来源
158	多智能体网络系统的博弈机制设计及网络形成研究	马婧瑛	数学统计学院	10	宁夏自然科学基金
159	宁夏地区安格斯牛育种目标确定及优化育种规划的研究	顾亚玲	农学院	10	宁夏自然科学基金
160	二维三温辐射扩散问题的非线性迭代并行算法	许秋燕	数学统计学院	10	宁夏自然科学基金
161	典型区土壤污染诊断及修复植物的响应机制	余海龙	地理科学与规划学院	10	宁夏自然科学基金
162	"莲藕"结构硅碳复合材料的储锂性能调控及机理研究	郝 健	化学化工学院	10	宁夏自然科学基金
163	银川市农业土壤中抗生素污染特征及生态风险评价	王亚娟	经济管理学院	10	宁夏自然科学基金
164	基于分位数视野的相依信度模型及其应用	张 强	数学统计学院	10	宁夏自然科学基金
165	中心碳代谢信号通路在环形泰勒虫转化细胞中作用及分子机制	赵洪喜	农学院	10	宁夏自然科学基金
166	开放式异构地球空间网络服务集成方法研究	何 杰	地理科学与规划学院	10	宁夏自然科学基金
167	枸杞叶黄酮改善肉鸡运输应激介导"铁代谢"异常的分子机制研究	刘敦华	农学院	10	宁夏自然科学基金
168	iMSC来源的外泌体对小鼠卵巢早衰模型中颗粒细胞作用机理研究	杨 易	生命科学学院	10	宁夏自然科学基金
169	荒漠草原柠条人工林群落结构对生态系统功能的维持作用与机理	王 兴	生态环境学院	10	宁夏自然科学基金
170	图的 anti-Ramsey 数与 Ramsey-minimal 图的饱和数问题	陈 纲	数学统计学院	6	宁夏自然科学基金
171	森林蓄积量遥感估测饱和点定量化研究	胡 杨	生态环境学院	10	宁夏自然科学基金
172	宁夏中南部调水工程水源区生态补偿评估研究	李金燕	土木与水利工程学院	10	宁夏自然科学基金
173	不同平茬方式下荒漠草原人工柠条林土壤C、N特征变化及微生物驱动机制	沈 艳	农学院	10	宁夏自然科学基金
174	宁夏六盘山国家级自然保护区叶状地衣物种多样性研究	牛东玲	生命科学学院	9.8	宁夏自然科学基金
175	季节冻土区刚柔复合衬砌渠道冻胀机理及试验研究	唐少容	土木与水利工程学院	10	宁夏自然科学基金

续表10

序号	课题	主持人	所在单位	批准经费（万元）	课题来源
176	干预策略下随机噪声对传染病动力学行为的影响研究	李 婷	数学统计学院	10	宁夏自然科学基金
177	整合组学技术揭示高密度发酵益生乳酸菌枸杞产物对慢性饮酒引起的肠道菌群及代谢网络改变的调控机制	潘 琳	农学院	10	宁夏自然科学基金
178	荒漠草原土壤团聚体中有机碳组分及结构对氮磷添加的响应	薛 斌	化学化工学院	9.9	宁夏自然科学基金
179	基于遥感监测的滴灌玉米实时追氮管理及精确调控机制	贾 彪	农学院	10	宁夏自然科学基金
180	分子内环化诱导聚酰胺酸自组装及其机理研究	孙 辉	化学化工学院	10	宁夏自然科学基金
181	牛采食量相关线粒体编码蛋白基因的甲基化修饰研究	康晓龙	农学院	10	宁夏自然科学基金
182	解析函数Riemann-Hilbert边值问题的数值解法	韩惠丽	数学统计学院	10	宁夏自然科学基金
183	自组装生物质气凝胶基柔性硅电极的制备及其储能特性研究	张 慧	化学化工学院	10	宁夏自然科学基金
184	Lévy风险模型中最优分红与注资问题研究	胡 华	数学统计学院	10	宁夏自然科学基金
185	酿酒葡萄皮渣对葡萄酒澄清效果的工艺研究	张宁波	农学院	10	宁夏自然科学基金
186	宁夏某铜矿尾矿库周边土壤对重金属的吸持—释放特征研究	贺 婧	生态环境学院	9.8	宁夏自然科学基金
187	宁南山区无资料地区分布式水沙物理模型应用与研究	张汉辰	地理科学与规划学院	10	宁夏自然科学基金
188	基于数据剪枝技术的数据库等值连接查询鲁棒性和性能问题的研究	高锦涛	信息工程学院	10	宁夏自然科学基金
189	基于深度学习的唐卡图像修复算法研究与实现	李振东	信息工程学院	10	宁夏自然科学基金
190	微生物与酶共驱动下的巴氏杀菌乳冷藏过程中品质劣变机制研究	剧 柠	农学院	10	宁夏自然科学基金
200	基于能耗优化的多级带式输送机协同控制方法研究	郝洪涛	机械工程学院	10	宁夏自然科学基金
201	放牧管理条件下旱区灌丛节肢动物对枯落物分解的影响	刘任涛	生态环境学院	9.8	宁夏自然科学基金

续表11

序号	课题	主持人	所在单位	批准经费（万元）	课题来源
202	宁夏荒漠地区光伏发电建设的生态效应观测与分析研究	展秀丽	地理科学与规划学院	10	宁夏自然科学基金
203	产气荚膜梭菌CPB毒素单克隆抗体的制备筛选及应用	马臣杰	生命科学学院	10	宁夏自然科学基金
204	奶油发酵过程中脂质与多肽对特征风味形成的作用机制研究	魏超昆	食品与葡萄酒学院	10	宁夏自然科学基金
205	基于"城市双修"的银川市失落空间识别与空间再造研究	郑芳	地理科学与规划学院	9.9	宁夏自然科学基金
206	嵌段共聚物自组装结构中缺陷的演化机理研究	杨涛	物理与电子电气工程学院	10	宁夏自然科学基金
207	煤与费托合成含蜡滤渣的共热解行为及富氢蜡油对煤热解过程的供氢机制研究	吕鹏	化学化工学院	10	宁夏自然科学基金
208	灵武长枣果实AGPs组织化学定位特征研究	章英才	生命科学学院	9.8	宁夏自然科学基金
209	基于GC-MC技术的沙芦草种子萌发内源抑制物研究	高雪芹	农学院	10	宁夏自然科学基金
210	固体废料粉煤灰的功能化改性制备及其应用	史可人	化学化工学院	10	宁夏自然科学基金
211	微波吸波催化剂无害化/资源化高效处置化工危险废物废盐作用机制	刘万毅	化学化工学院	10	宁夏自然科学基金
212	暴恐、枪击、械斗等案件中手掌上金属凶器（工具）遗留印痕显现机理研究	王丽婷	政法学院	9	宁夏自然科学基金
213	三维金纳米柱阵列的局域表面等离激元效应及其近场增强光谱的应用研究	徐艳茹	机械工程学院	10	宁夏自然科学基金
214	基于RS和GIS的黄河流域宁夏平原湿地动态变化监测与季相干旱效应研究	邹业斌	土木与水利工程学院	10	宁夏自然科学基金
215	不规则形状扩展目标跟踪中形状估计的研究	韩玉兰	物理与电子电气工程学院	10	宁夏自然科学基金
216	考虑不确定性因素与多模型融合负荷预测的宁夏综合能源系统协同优化调度	杨国华	物理与电子电气工程学院	10	宁夏自然科学基金
217	Ni基纳米合金核壳催化剂对甲烷干重整反应的催化性能研究	范辉	化学化工学院	10	宁夏自然科学基金
218	Cu对Al-Si合金法提纯太阳能级多晶硅中Al和其他主要杂质相互作用机理研究	高忙忙	光伏材料实验室	10	宁夏自然科学基金

续表12

序号	课题	主持人	所在单位	批准经费（万元）	课题来源
219	环境污染下随机种群模型数值解收敛性研究	许新忠	数学统计学院	10	宁夏自然科学基金
220	宁夏中部干旱带适水发展的土地可持续利用规划研究	张居平	土木与水利工程学院	10	宁夏自然科学基金
221	基于水盐运移规律的宁夏地区硫酸盐渍土盐冻胀量响应研究	张卫兵	土木与水利工程学院	10	宁夏自然科学基金
222	边缘计算环境下安全防御算法研究	苗莉	信息工程学院	10	宁夏自然科学基金
223	宁夏小麦提质增效品种资源遗传多样性分析及综合评价	王掌军	农学院	10	宁夏自然科学基金
224	宁夏沿黄地区农田干旱结构的三维解剖分析	侯迎	地理科学与规划学院	10	宁夏自然科学基金
225	宁夏南部山区肉牛养殖模式及草畜耦合机制研究	聂毓敏	经济管理学院	10	宁夏自然科学基金
226	滴灌水肥一体化玉米籽粒淀粉形成对钾素的响应机理研究	康建宏	农学院	10	宁夏自然科学基金
227	含高比例新能源的电力系统优化调度研究	李萍	物理与电子电气工程学院	10	宁夏自然科学基金
228	降雨条件下黄土边坡三维失稳破坏机理研究	万愉快	土木与水利工程学院	10	宁夏自然科学基金
229	人工光合成还原CO_2的复合尖晶石型铬酸钴基固溶体的构筑及催化作用机制	梁军	化学化工学院	10	宁夏自然科学基金
230	基于光谱诊断的气态烃非催化转化机理研究	宋旭东	化学化工学院	10	宁夏自然科学基金
231	银川市快速公交与常规公交协同机理与控制策略研究	李耀南	生命科学学院	9	宁夏自然科学基金
232	密码计算的Cache侧信道攻击关键技术研究	马自强	信息工程学院	10	宁夏自然科学基金
233	宁夏冷凉区芹菜连作障碍及轮作调控的土壤微生物学机制	吴宏亮	农学院	10	宁夏自然科学基金
234	装配式多腔钢管自密实混凝土剪力墙轴压性能研究	朱一丁	土木与水利工程学院	10	宁夏自然科学基金
235	基于带传播延迟的多传感器跟踪水下目标的融合算法研究	郝惠娟	民族预科学院	10	宁夏自然科学基金
236	煤焦化硫铵工段氨分缩器的腐蚀机理研究	李宏燕	机械工程学院	10	宁夏自然科学基金
237	风沙环境下典型灌木种群自然更新过程及其障碍机制研究	曲文杰	生态环境学院	10	宁夏自然科学基金

续表 13

序号	课题	主持人	所在单位	批准经费（万元）	课题来源
238	基于可解释神经网络的持续学习方法研究	刘进锋	信息工程学院	10	宁夏自然科学基金
239	宁夏草原针茅属植物叶片功能性状分异及地理替代分布机制研究	李小伟	农学院	10	宁夏自然科学基金
240	淀粉合成关键基因在宁夏水稻品种中的分析及育种利用	马天利	农学院	10	宁夏自然科学基金
241	宁夏沿黄经济区乡村聚落空间演变及其影响因素	张佳瑜	地理科学与规划学院	10	宁夏自然科学基金
242	大西洋海温对南亚高压强度年际变率的影响及机制研究	葛 静	农学院	10	宁夏自然科学基金
243	宁夏六盘山片区农户生计可持续性评价及提升途径研究	杨美玲	地理科学与规划学院	10	宁夏自然科学基金
244	盐胁迫对贺兰山东麓"赤霞珠"葡萄浆果花色苷的影响机理研究	李 明	食品与葡萄酒学院	10	宁夏自然科学基金
245	不同土壤类型与外界环境条件变化下的农田土壤干缩开裂研究及模型体系构建	朱 磊	土木与水利工程学院	10	宁夏自然科学基金
246	山葡萄响应低温诱导 ERF 转录因子基因启动子功能分析	王 岚	食品与葡萄酒学院	10	宁夏自然科学基金
247	贺兰山东麓葡萄园土壤微生物多样性时空动态变化研究	李 茜	地理科学与规划学院	10	宁夏自然科学基金
248	宁南干旱区马铃薯高产高效深松耕作模式及其机理研究	吴 娜	农学院	10	宁夏自然科学基金
249	带有智能骨料的玻璃钢复合材料管约束混凝土柱损伤监测与评估方法研究	张 刚	期刊中心	10	宁夏自然科学基金
250	基于 RNG $\kappa\text{-}\varepsilon$ 紊流模型的黄河宁夏段水沙水质数值模拟及水生态评价预测	黄凌霄	地理科学与规划学院	10	宁夏自然科学基金
251	基于抑制疫情扩散的银川市居民区与公共设施布局的大数据平台建设	霍 杰	物理与电子电气工程学院	10	宁夏自然科学基金
252	肌细胞基因组断裂对宰后滩羊成熟后期肉质劣变的引发机制研究	罗玉龙	食品与葡萄酒学院	10	宁夏自然科学基金
253	SlGIPC 基因调控番茄耐盐性的功能研究	郭 猛	农学院	10	宁夏自然科学基金
254	硼酸酯取代烯烃的不对称硅氢化反应研究	苏 艳	化学化工学院	10	宁夏自然科学基金
255	用于柔性电阻式传感器的导电纳米颗粒填充聚合物的电阻黏弹性研究	母全祎	物理与电子电气工程学院	10	宁夏自然科学基金

续表 14

序号	课题	主持人	所在单位	批准经费（万元）	课题来源
256	基于置换群论的分组密码算法研究	李 帅	信息工程学院	10	宁夏自然科学基金
257	宁夏道地药材银柴胡代谢物特征及其与产地生境因子相关性研究	彭 励	生命科学学院	10	宁夏自然科学基金
258	滩羊脂肪代谢相关基因表达发育性变化规律研究	张力莉	农学院	10	宁夏自然科学基金
259	银川市西夏区道路交叉口透化·亮化 VR 设计模式研究	张 强	土木与水利工程学院	10	宁夏自然科学基金
260	一类新型整系数多项式的若干性质研究	刘建强	数学统计学院	10	宁夏自然科学基金
261	宁夏三线建设工业遗产价值评价研究	马小凤	土木与水利工程学院	10	宁夏自然科学基金
262	铜基催化剂表面亲水结构制备及其在醇类重整制氢中的应用	李 鹏	化学化工学院	10	宁夏自然科学基金
263	药物成瘾性精神及行为障碍的基因多态性筛查与蛋白组学干预一体化技术研发	张 晨	教育学院	10	宁夏自然科学基金
264	基于纳米流体 SNP 基因分型技术的宁夏野生枣种群遗传多样性研究	宋丽华	农学院	9.5	宁夏自然科学基金
265	FeV 双金属氧化物三维异质界面构建及其电催化水分解性能研究	王 薇	化学化工学院	10	宁夏自然科学基金
266	不同耕作方式对马铃薯根际土壤微生物多样性的影响	陈彦云	生命科学学院	10	宁夏自然科学基金
267	基于高光谱图像及神经网络的构杞叶片叶绿素监测	刘大铭	生命科学学院	10	宁夏自然科学基金
268	结合注意力机制基于深度学习的网络入侵检测研究	王 恒	信息工程学院	10	宁夏自然科学基金
269	基于深度学习和遥感数据的宁夏引黄灌区农作物分布精确提取及其时空变化分析	潘海珠	生态环境学院	10	宁夏自然科学基金
270	复杂环境下 GFRP 管—钢管混凝土新型组合桥墩承载性能研究	雷 婷	新华学院	10	宁夏自然科学基金
271	参数共享的混合多任务学习神经网络及其在间歇过程监控中的应用研究	郭 辉	信息工程学院	10	宁夏自然科学基金
272	综合能源价值挖掘建模及相关算法研究	赵国栋	数学统计学院	10	宁夏自然科学基金
273	基于 GRNN 的双变量外槽轮排肥器排肥特性研究	张季琴	机械工程学院	10	宁夏自然科学基金

2021年度承担的自治区级以上及其他校外科研课题一览表(人文社会科学)

序号	课　题	主持人	所在单位	批准经费（万元）	课题来源
1	中国社会治理	马永亮	阿拉伯学院	25	国家社科基金中华学术外译项目
2	黄河甘宁青段文旅深度融合与高质量发展路径研究	梁向明	回族研究院	20	国家社科基金一般项目
3	铸牢中华民族共同体意识视域中宁夏多民族共享民俗文化研究	梁莉莉	回族研究院	20	国家社科基金一般项目
4	"路学"视域下青藏铁路与多民族交融共生研究	马　巍	回族研究院	20	国家社科基金青年项目
5	近代报刊西行游记文献整理与研究(1840—1919)	李九华	人文学院	20	国家社科基金一般项目
6	法国农民经济研究(1789—1914)	孙　柳	人文学院	20	国家社科基金西部项目
7	宁夏古代各体文章的整理与研究	梁祖萍	人文学院	20	国家社科基金西部项目
8	中国共产党与中东华人华侨百年关系史研究	雷安琪	法学院	20	国家社科基金青年项目
9	民族地区中心城市文旅空间培育及治理机制研究	陆筱璐	法学院	20	国家社科基金西部项目
10	黄河流域各民族共享的中华文化符号和中华民族形象研究	狄良川	法学院	20	国家社科基金西部项目
11	生态移民民族互嵌型社区的共同体韧性重塑研究	冯　骁	经济管理学院	20	国家社科基金一般项目
12	农村家庭育赡投入之代际冲突与干预对策研究	华　静	经济管理学院	20	国家社科基金青年项目
13	基于语料库的托妮·莫里森创作风格及其历时演变研究	马　艳	外国语学院	20	国家社科基金一般项目
14	朱子学二百年英语译介史研究	田　莎	外国语学院	20	国家社科基金青年项目
15	《资本论》视域下数字资本主义批判研究	余伟如	马克思主义学院	20	国家社科基金青年项目
16	新时代大学生正确党史观培育研究	林雅琴	马克思主义学院	20	国家社科基金西部项目
17	"互联网+"背景下西北民族地区小学教师职前培养模式研究	马　丽	教育学院	20	国家社科基金一般项目
18	绥西抗战文献整理与研究	马　骏	文化旅游学院	20	国家社科基金一般项目
19	须弥山石窟研究	王　艳	美术学院	20	国家社科基金一般项目
20	奥斯曼帝国历史上的瘟疫与防疫研究(1347—1923)	宋保军	中国阿拉伯国家研究院	20	国家社科基金一般项目

续表 1

序号	课题	主持人	所在单位	批准经费（万元）	课题来源
21	陆上丝绸之路"华夷译语"文献整理、语言研究与数据库建设	周永军	学术期刊中心	20	国家社科基金一般项目
22	黄土丘陵地带宋夏金墓葬研究	陈雪飞	西夏研究院	20	国家社科基金青年项目
23	中国藏珍稀黄河古地图整理与研究	李新贵	人文学院	35	国家社科基金重点项目
24	中华民族共同体形成的历史必然性和价值合理性研究	李伟	法学院	12	国家社科基金重大项目子课题
25	中小学生视野下的父母教养力模型建构及测评工具开发	陈淑娟	教育学院	10	教育部人文社会科学研究规划基金西部和边疆地区项目
26	"中国智慧"话语体系建构研究	白宁芳	马克思主义学院	10	教育部人文社会科学研究规划基金西部和边疆地区项目
27	黄河流域高质量发展视域下外包服务对农户绿色生产影响研究：机理、效应与路径优化	于艳丽	经济管理学院	8	教育部人文社会科学研究青年基金项目
28	"一带一路"视域下阿联酋中文教育现状与发展研究	冯汝源	对外合作交流处	1	教育部中外语言交流合作中心国际中文教育研究课题青年项目
29	新时代我国依法治理民族事务现状调查及推进对策研究	刘振宇	回族研究院	5	国家民委民族研究项目
30	移民、慈善与跨国网络建构：对美国旧金山行安善堂的历史人类学考察	景燕春	法学院	5	中华全国归国华侨联合会
31	对阿拉伯语国家开展节目版权贸易的政策及市场研究	冯燚	中国阿拉伯国家研究院	10	教育部高校国别和区域研究委托课题
32	中俄西夏学联合研究	杜建录	西夏研究院	10	教育部国际合作与交流司
33	国家治理现代化背景下宁夏宗教治理的理论和实践路径研究	李伟	法学院	7	中央统战部宗教研究中心
34	中华民族历史观研究报告	杜建录	西夏研究院	5	国家民委民族研究项目
35	全国高校思政课名师工作室	党锐锋	马克思主义学院	30	教育部高校思想政治理论课建设项目
36	对国家乡村振兴重点帮扶县开展教师国家通用语言文字能力提升在线示范培训	杨晓宇	人文学院	15	教育部语用司
37	激发宁夏企业创新动力的路径研究	仇娟东	经济管理学院	2	第四批宁夏新型智库课题

续表 2

序号	课 题	主持人	所在单位	批准经费（万元）	课题来源
38	数字经济赋能黄河流域高质量发展的空间优化对策及宁夏的战略选择	马 静	经济管理学院	2	第四批宁夏新型智库课题
39	创新驱动宁夏经济高质量耦合协同发展路径研究	哈梅芳	经济管理学院	2	第四批宁夏新型智库课题
40	高铁开通对宁夏站点城市旅游经济发展影响研究	刘晓伟	经济管理学院	2	第四批宁夏新型智库课题
41	宁夏奶产业高质量发展的动力机制与路径研究	杨韶艳	经济管理学院	2	第四批宁夏新型智库课题
42	"一带一路"背景下宁夏物流枢纽多式联运存在的问题及对策研究	蒋紫艳	经济管理学院	2	第四批宁夏新型智库课题
43	巩固拓展宁夏脱贫攻坚成果与乡村振兴有效衔接机制研究	杨 琼	经济管理学院	2	第四批宁夏新型智库课题
44	黄河流域先行区视域下宁夏科技人才政策优化研究	马金龙	法学院	2	第四批宁夏新型智库课题
45	新媒体时代下宁夏红色文化网上展示馆建设研究	张 琴	法学院	2	第四批宁夏新型智库课题
46	宁夏基层社会治理视域下的社区治理机制研究	朱爱农	法学院	2	第四批宁夏新型智库课题
47	宁夏民族团结进步进学校项目化推进研究	潘忠宇	法学院	2	第四批宁夏新型智库课题
48	宁夏引黄古灌区世界灌溉工程遗产文化景观保护及开发策略研究	梁莉莉	回族研究院	2	第四批宁夏新型智库课题
49	高质量发展背景下宁夏乡村旅游生态影响评价与人居环境优化路径	杨莹莹	文化旅游学院	2	第四批宁夏新型智库课题
50	创新驱动战略背景下宁夏企业创新动力提升的路径研究	仇娟东	经济管理学院	4	宁夏哲学社会科学规划一般项目
51	基于集群式供应链视角的宁夏葡萄酒产业高质量发展瓶颈及对策研究	高桂英	经济管理学院	4	宁夏哲学社会科学规划一般项目
52	脱贫攻坚和乡村振兴耦合背景下宁夏农村电商可持续发展路径研究	赵燕妮	经济管理学院	4	宁夏哲学社会科学规划一般项目
53	提升宁夏制造产业链供应链现代化水平的共融路径研究	蒋紫艳	经济管理学院	4	宁夏哲学社会科学规划一般项目
54	基于工业互联网的宁夏装备制造业数字化转型路径研究	付 森	经济管理学院	4	宁夏哲学社会科学规划一般项目

续表3

序号	课　题	主持人	所在单位	批准经费（万元）	课题来源
55	基于创业心理和关键胜任力的宁夏科技型企业人才管理策略研究	刘梦琼	经济管理学院	2.5	宁夏哲学社会科学规划青年项目
56	宁夏推进葡萄酒产业高质量发展路径研究	熊莉萍	教育学院	5	宁夏哲学社会科学规划重点项目
57	宁夏地区城市老年人社区居家养老的影响因素及优化对策研究	杨丽恒	教育学院	4	宁夏哲学社会科学规划一般项目
58	乡村振兴战略下宁夏乡村教育高质量发展路径研究	咸富莲	教育学院	4	宁夏哲学社会科学规划一般项目
59	新时代历史虚无主义对高校的危害及对策研究	马　斌	法学院	2.5	宁夏哲学社会科学规划青年项目
60	习近平中华优秀传统文化观研究	倪富静	法学院	4	宁夏哲学社会科学规划青年项目
61	新时代宁夏经济高质量发展的法治保障	刘　芳	法学院	4	宁夏哲学社会科学规划青年项目
62	宁夏高校网络意识形态领域风险防范化解机制研究	马　越	马克思主义学院	4	宁夏哲学社会科学规划青年项目
63	宁夏红色资源案例挖掘整理研究	丁冬梅	马克思主义学院	4	宁夏哲学社会科学规划青年项目
64	宁夏文化旅游产业融合水平测度与"双循环"发展策略研究	许丽君	文化旅游学院	4	宁夏哲学社会科学规划青年项目
65	高质量发展驱动下宁夏旅游公共服务体系优化研究	王　静	文化旅游学院	4	宁夏哲学社会科学规划青年项目
66	基于SWOT分析法的宁夏地区沙漠体育旅游发展研究	吴广宏	体育学院	4	宁夏哲学社会科学规划青年项目
67	健康老龄化背景下宁夏老年人公共体育服务现状及提升路径研究	谢　琴	体育学院	4	宁夏哲学社会科学规划青年项目
68	"四个自信"教育融入高校思政课教学研究	暴文婷	中卫校区公共教学部	2.5	宁夏哲学社会科学规划青年项目
69	基于机器学习的相对贫困识别与预警研究	孙　莉	中卫校区公共教学部	4	宁夏哲学社会科学规划一般项目
70	宁夏中宁宽口井生态移民社区发展变迁研究	徐　舒	新闻传播学院	2.5	宁夏哲学社会科学规划青年项目
71	埃及涉华舆论影响因素分析及对策研究	王　榕	阿拉伯学院	4	宁夏哲学社会科学规划一般项目

续表 4

序号	课题	主持人	所在单位	批准经费（万元）	课题来源
72	中东涉华舆情监测分析——以埃及、沙特为例	郝诗羽	中国阿拉伯国家研究院	4	宁夏哲学社会科学规划一般项目
73	宁夏古代引黄灌溉工程开发及其保护研究	尤桦	地理科学与规划学院	4	宁夏哲学社会科学规划一般项目
74	地域文化视野下的宁夏儿童文学研究	李丽	人文学院	2.5	宁夏哲学社会科学规划青年项目
75	宁夏实施百万移民致富提升行动路径研究	杨海娟	新华学院	4	宁夏哲学社会科学规划一般项目
76	宁夏高校课程思政建设研究	冯秀芳	教务处	2	宁夏新型智库课题（"三进"工作及思政研究专项）
77	宁夏红色文化资源融入大中小学思想政治教育应用研究	刘晞平	马克思主义学院	2	宁夏新型智库课题（"三进"工作及思政研究专项）
78	高校美术助力宁夏乡村文化振兴实践研究	卯芳	美术学院	3	宁夏哲学社会科学（艺术学）规划一般项目
79	宁夏红色旅游文创产品的创新设计研究	杜天蓉	美术学院	3	宁夏哲学社会科学（艺术学）规划一般项目
80	百年党史中的红色经典音乐研究	潘珅	音乐学院	4	宁夏哲学社会科学（艺术学）规划重点项目
81	乡村振兴背景下宁夏乡村旅游文创产品发展研究	李颖	经济管理学院	3	宁夏哲学社会科学（艺术学）规划一般项目
82	宁夏乡村学校治理现代化路径研究	顾玉军	教育学院	1.8	宁夏哲学社会科学（教育学）规划重点项目
83	新时代宁夏高校教师"四位一体"评价改革研究	任磊	公共教学部	1.4	宁夏哲学社会科学（教育学）规划一般项目
84	项目制情境中的高校行动逻辑与教师行为选择研究	王苾	教师教学发展中心	1.4	宁夏哲学社会科学（教育学）规划一般项目
85	新时代体教融合一体化发展研究	徐贽	体育学院	1.4	宁夏哲学社会科学（教育学）规划一般项目
86	宁夏"互联网+"教育示范区建设教育资源共享与教学模式创新研究	张玲	教育学院	0.8	宁夏教育科学"十四五"规划"互联网+"教育示范区建设专项研究委托重点课题

续表5

序号	课 题	主持人	所在单位	批准经费（万元）	课题来源
87	"互联网+"背景下集团化幼儿园教研共同体构建研究	马 娥	教育学院	0.2	宁夏教育科学"十四五"规划"互联网+"教育示范区建设专项研究委托一般课题
88	"互联网+"教育助力宁夏薄弱学校创新发展路径研究	马晓玲	教育学院	0.2	宁夏教育科学"十四五"规划"互联网+"教育示范区建设专项研究规划课题
89	基于"三个课堂"的优质教育资源共享模型构建及其实现路径研究	咸富莲	教育学院	0.2	宁夏教育科学"十四五"规划"互联网+"教育示范区建设专项研究规划课题
90	智慧环境下新型教学模式构建与应用案例研究	贾 巍	教育学院	0.2	宁夏教育科学"十四五"规划"互联网+"教育示范区建设专项研究规划课题
91	宁夏"互联网+"教育示范区建设推进路径、成效及实践案例研究	安旺国	教育学院	0.2	宁夏教育科学"十四五"规划"互联网+"教育示范区建设专项研究规划课题
92	基于"互联网+"的高校招生宣传新媒体模式探析	王 伟	教育学院	0.2	宁夏教育科学"十四五"规划"互联网+"教育示范区建设专项研究委托一般课题
93	人工智能推动新时代乡村教师队伍建设策略探究	崔 瑶	公共教学部	0.2	宁夏教育科学"十四五"规划"互联网+"教育示范区建设专项研究规划课题
94	"5W"模式下新冠疫情前后宁夏高校线上教学模式研究——以宁夏大学为例	于鹏亮	新闻传播学院	0.2	宁夏教育科学"十四五"规划"互联网+"教育示范区建设专项研究规划课题
95	"互联网+"教育时代提升高校思政教育教学模式创新实践的多元思考	江晓红	法学院	0.2	宁夏教育科学"十四五"规划"互联网+"教育示范区建设专项研究规划课题

续表6

序号	课题	主持人	所在单位	批准经费（万元）	课题来源
96	"互联网+"教育扶贫：脱贫地区教育均衡化路径研究	文琦	地理科学与规划学院	0.2	宁夏教育科学"十四五"规划"互联网+"教育示范区建设专项研究规划课题
97	宁夏民办中小学教育现状及高质量发展对策研究	咸富莲	教育学院	1	教育厅教育政策研究课题
98	智能时代教师职业发展政策研究	马晓玲	教育学院	1	教育厅教育政策研究课题
99	高校人才培养模式创新策略研究	马志霞	教育学院	1	教育厅教育政策研究课题
100	乡村振兴中宁夏乡村学校教育质量提升政策研究	顾玉军	教育学院	1	教育厅教育政策研究课题
101	产业集群背景下宁夏地方高校拔尖创新人才协同培养模式研究	蒋紫艳	经济管理学院	1	教育厅教育政策研究课题
102	宁夏高校思政教育校内外协同育人策略研究	马成文	阿拉伯学院	1	教育厅教育政策研究课题
103	高校图书馆参与校园文化建设策略研究	张红燕	图书馆	1	教育厅教育政策研究课题
104	"破五唯"背景下推进高校科研评价体系改革研究	刘斌	科技处	1	教育厅教育政策研究课题

2021年度自治区级以上人文社会科学类结题课题一览表

序号	项目	项目来源	主持人	所在单位
1	我国多民族道德生活史系列研究	国家社科基金重大项目	李 伟	校长办公室
2	回族家谱文献考述	国家社科基金一般项目	张 詠	人文学院
3	刑法中的接受性责任理论研究	国家社科基金西部项目	杨国举	政法学院
4	回族非物质文化遗产生产性保护研究	国家社科基金西部项目	杨文林	政法学院
5	基于制度融合视角的少数民族就业促进和创业扶持研究	国家社科基金一般项目	安 翔	政法学院
6	布莱恩·斯坦利·特纳的伊斯兰社会哲学思想研究与编译	国家社科基金一般项目	冯璐璐	政法学院
7	西夏驿传制度研究	国家社科基金青年项目	张笑峰	西夏学研究院
8	近代回族社团运动与回族社会变迁研究	国家社科基金西部项目	马 艾	人文学院
9	当代甘宁青穆斯林慈善组织运作比较研究	国家社科基金一般项目	杨晓梅	政法学院
10	唐前期陇右防御体系研究	国家社科基金一般项目	李新贵	人文学院
11	社会化媒体传播对西北回族地区文化生态影响机制研究	国家社科基金一般项目	顾广欣	新闻传播学院
12	基于灰色理论构建大数据模式的学生体质健康综合信息服务平台的研究	国家社科基金一般项目	李晓玲	体育学院
13	明清伊斯兰教汉文典籍采借儒家经典辑录与诠释	国家社科基金一般项目	冯杰文	政法学院
14	近现代回族报刊与回族国家认同构建研究	国家社科基金一般项目	刘 莉	人文学院
15	马克思人学理论视阈下腐败现象的生成逻辑与反腐路径研究	国家社科基金一般项目	王思鸿	马克思主义学院
16	宁夏回族工艺美术品研究	国家社科基金艺术学青年项目	王 艳	美术学院
17	回族聚居区宗教权威人士参与行政诉讼调解制度研究	国家社科基金青年项目	何 磊	政法学院
18	"一带一路"背景下推进中国与阿拉伯国家贸易投资便利化问题研究	国家社科基金西部项目	杨韶艳	经济管理学院
19	精准扶贫视域下西北民族地区农村人力资源开发减贫机制研究	国家社科基金一般项目	马金龙	马克思主义学院
20	西夏多元文化及其历史地位研究	教育部哲学社会科学研究重大委托项目	陈育宁	西夏学研究院

续表 1

序号	项　目	项目来源	主持人	所在单位
21	西北地区民族中小学课程文化选择与实践研究	全国教育科学"十三五"规划教育部重点课题	马志颖	教育学院
22	俄裔犹太移民对以色列国内政治的影响	教育部国别和区域研究2019年度课题	李绍先	中国阿拉伯国家研究院
23	中国特色社会主义进入新时代的历史逻辑、理论逻辑和实践逻辑研究	教育部人文社科研究中国特色社会主义理论体系研究专项任务项目	毛　升	马克思主义学院
24	民族团结进步创建第三方测评的区域实践与经验研究	国家民委民族研究项目	杨文笔	回族研究院
25	文化、民族与宗教的互动：丝路沿线国家的文明认同及其冲突问题研究	宁夏哲学社会科学规划一般项目	张红娟	政法学院
26	张贤亮小说评论史研究	宁夏哲学社会科学规划项目（引才专项）	马占俊	民族预科教育学院
27	从委管制到河长制：明清以来宁夏水治理与区域社会运行机制研究	宁夏哲学社会科学规划项目（引才专项）	王晓霞	人文学院
28	基于功能变异的典籍英译易读度研究	宁夏哲学社会科学规划项目（引才专项）	干丽丽	外国语学院
29	新媒体语境下的诗学重构——美国数字文学研究	宁夏哲学社会科学规划项目（引才专项）	李　洁	外国语学院
30	习近平战略扶贫思想在宁夏贫困地区的实践路径研究	宁夏哲学社会科学规划一般项目	马　莉	民族预科教育学院
31	宁夏南部山区乡村社会治理机制研究	宁夏哲学社会科学规划一般项目	罗强强	政法学院
32	"互联网+"背景下宁夏体育公共服务共享机制的构建	宁夏哲学社会科学规划一般项目	赵奋军	体育学院
33	在宁丝绸之路经济带沿线国家留学生汉字认知理论研究	宁夏哲学社会科学规划项目（引才专项）	张　艳	国际教育学院
34	脱贫攻坚政策下民俗民间体育的开发利用对宁夏六盘山地区旅游产业发展作用的研究	宁夏哲学社会科学规划一般项目	吕红芳	体育学院
35	宁夏高校大学生跨文化交际中的中国文化双失语原因及对策研究	宁夏哲学社会科学规划青年项目	陈　鋆	外国语学院
36	西夏星神崇拜图像与文献的整理与研究	宁夏哲学社会科学规划青年项目	张海娟	外国语学院
37	基于交互设计模式下的宁夏红色旅游文创产品开发策略研究	宁夏哲学社会科学规划年度青年项目	焦晓琼	美术学院

续表2

序号	项目	项目来源	主持人	所在单位
38	"流量社会"民众日常生活分析和批判研究	宁夏哲学社会科学规划年度一般项目	余伟如	马克思主义学院
39	宁夏特色优势农产品区域品牌保护路径研究	宁夏哲学社会科学规划年度一般项目	唐 芳	政法学院
40	人才强国背景下宁夏基层公务员队伍建设的策略研究	宁夏哲学社会科学规划年度一般项目	雷安琪	政法学院
41	宁夏"互联网+"医疗健康示范区建设视角下患者就诊流程再造与管理研究	宁夏哲学社会科学规划年度一般项目	付 森	经济管理学院
42	宁夏城乡公共交通绿色可持续出行的需求引导模式研究	宁夏哲学社会科学规划年度一般项目	蒋紫艳	经济管理学院
43	宁夏农村中小学教师远程学习绩效评估与提升策略研究	宁夏哲学社会科学规划年度一般项目	黄兰芳	教育学院
44	宁夏贫困地区农民职业能力提升策略研究	宁夏哲学社会科学规划年度一般项目	马建宏	教育学院
45	社会组织融入基层社区治理结构的机制研究	宁夏哲学社会科学规划年度青年项目	王若溪	经济管理学院
46	宁夏高校防范宗教渗透机制研究	宁夏哲学社会科学规划年度青年项目	马成文	阿拉伯学院
47	宁夏研学旅行助推文旅融合升级发展策略研究	宁夏哲学社会科学规划年度一般项目	王 静	人文学院
48	新时代基于奋斗的宁夏人民群众获得感、幸福感的测量与评估研究	宁夏哲学社会科学规划年度一般项目	何晓丽	教育学院
49	互联网+背景下红寺堡生态移民安置区教育精准扶贫路径研究	宁夏哲学社会科学规划年度一般项目	杨巧南	外国语学院
50	新时代宁夏6—12岁儿童父母的教养力提升对策建议	宁夏哲学社会科学规划年度一般项目	陈淑娟	教育学院
51	纵向科层制与横向自组织结合模式条件下的社区治理体系建设研究	宁夏哲学社会科学规划年度青年项目	李嗣骊	学术期刊中心
52	丝路宁夏文创产品设计应用研究	宁夏哲学社会科学规划年度青年项目	郭海鹏	美术学院
53	军民融合背景下宁夏地区国防教育机制协同创新研究	宁夏哲学社会科学规划年度一般项目	张美纪	国防教育教学中心
54	宁夏绿色发展的效率测度及其路径研究	宁夏哲学社会科学规划年度一般项目	高桂英	经济管理学院
55	基于能值的宁南山区精准脱贫路径研究	宁夏哲学社会科学规划年度一般项目	齐拓野	资源环境学院(环境工程研究院)

续表 3

序号	项 目	项目来源	主持人	所在单位
56	宁夏"文创+农产品"品牌发展模式研究	宁夏哲学社会科学规划年度一般项目	王 娟	经济管理学院
57	宁夏民营经济发展水平比较与对策研究	宁夏哲学社会科学规划年度青年项目	代 乾	经济管理学院
58	宁夏城市独生子女父母精神养老问题研究	宁夏哲学社会科学规划年度一般项目	刘淑媛	政法学院
59	乡村文明传承助力宁夏乡村学校道德教育发展质性研究	宁夏哲学社会科学规划年度一般项目	顾玉军	教育学院
60	"健康中国"战略视域内宁夏中小学体育教育绩效研究	宁夏哲学社会科学规划年度青年项目	马兆明	体育学院
61	宁夏脱贫攻坚中的扶智扶志对策研究	宁夏哲学社会科学规划年度青年项目	马玉洁	政法学院
62	宁夏方言词汇内部差异比较研究	宁夏哲学社会科学规划年度一般项目	马晓玲	人文学院
63	宁夏工业遗产再生路径研究	宁夏哲学社会科学规划年度一般项目	查 娜	美术学院
64	宁夏乡村振兴与新型城镇化融合发展研究	宁夏哲学社会科学规划年度一般项目	韩秀丽	西部发展研究中心
65	宁夏研究生教育改革和发展对策研究	宁夏哲学社会科学规划项目（引才专项）	周学忠	科学技术处
66	宁夏乡村贫困家庭幼儿教育精准扶贫研究	宁夏哲学社会科学（教育学）一般项目	朱 虹	教育学院
67	宁夏适应二孩政策背景下学前教育资源配置的前瞻研究	宁夏哲学社会科学（教育学）重点项目	马 娥	教育学院
68	基于宁夏形象塑造的文创设计研究	宁夏哲学社会科学（艺术学）一般项目	解 兰	美术学院
69	历史与影像：宁夏电影的前世今生——宁夏电影口述史的影视化表达	宁夏哲学社会科学（艺术学）一般项目	季 涓	新闻传播学院
70	水洞沟遗址的音乐开发研究——实景表演《神奇水洞沟》音乐设计创新	宁夏哲学社会科学（艺术学）青年项目	贺思媛	音乐学院
71	宁夏智慧社区治理能力现代化的提升与创新	第三批宁夏新型智库课题	刘 芳	政法学院
72	互联网+背景下宁夏优质教育资源共享机制创新研究	第三批宁夏新型智库课题	咸富莲	教育学院

续表4

序号	项　目	项目来源	主持人	所在单位
73	推动黄河流域高质量发展的"宁夏模式"与路径研究	第三批宁夏新型智库课题	马　静	经济管理学院
74	提升宁夏全要素生产率的路径研究	第三批宁夏新型智库课题	仇娟东	经济管理学院
75	新时代党建引领城市社区"微治理"创新研究	第三批宁夏新型智库课题	张建东	马克思主义学院
76	基于游客行为的宁夏葡萄酒品牌数字化营销关键技术研究	第三批宁夏新型智库课题	冯　蛟	经济管理学院

2021年度自治区级以上自然科学类验收、鉴定、结题课题一览表

序号	项　目	项目来源	主持人	所在单位
1	宁南山区人工林草植被与土壤干层互馈机制研究	国家自然科学基金	白一茹	地理科学与规划学院
2	微咸水灌溉下设施黄瓜土壤—灌溉制度协同调控机制研究	国家自然科学基金	曹云娥	农学院
3	濒危植物裸果木的年轮特征及其对胁迫环境的响应机制	国家自然科学基金	柴永青	生态环境学院
4	柠条根际微生物群落结构、PGPR多样性及其促生机制研究	国家自然科学基金	代金霞	生命科学学院
5	Kisspeptin54对乏情季节滩羊繁殖的作用及其机制研究	国家自然科学基金	淡新刚	农学院
6	结核分枝杆菌感染巨噬细胞后自噬相关LncRNA分子的筛选及其调控机制研究	国家自然科学基金	邓光存	生命科学学院
7	多层热电复合材料断裂力学模型和有效热电性能研究	国家自然科学基金	丁生虎	数学统计学院
8	宁夏限制开发生态区可持续经济社会规模的热力学多方法集成研究	国家自然科学基金	樊新刚	经济管理学院
9	连作压砂地生防哈茨木霉对西瓜根分泌物的响应机制	国家自然科学基金	顾　欣	农学院
10	宁夏河东沙地典型防护林树种水分来源及水分利用策略研究	国家自然科学基金	韩　磊	地理科学与规划学院
11	半荒漠—绿洲区湿地系统动态变化的关键生态阈值识别	国家自然科学基金	何彤慧	生态环境学院

续表1

序号	项　目	项目来源	主持人	所在单位
12	氮沉降增加对宁夏荒漠草原植物—土壤碳氮磷化学计量特征的影响机制	国家自然科学基金	黄菊莹	生态环境学院
13	过渡金属纳米复合材料模拟酶催化的生物燃料电池研究	国家自然科学基金	晋晓勇	化学化工学院
14	基于多组学技术的原料乳冷藏过程中微生物群落演替驱动机制研究	国家自然科学基金	剧　柠	食品与葡萄酒学院
15	下丘脑关键 LncRNA 对肉牛剩余采食量的调控解析	国家自然科学基金	康晓龙	农学院
16	三氟甲基化含氮杂环类配合物对 DNA 的热力学响应机理研究	国家自然科学基金	李　冰	化学化工学院
17	宁南半干旱区沟垄二元覆盖条件下土壤水—温—肥联动效应研究	国家自然科学基金	李　荣	农学院
18	铱催化硅基烯烃的不对称加氢反应研究	国家自然科学基金	李　锐	化学化工学院
19	准晶材料接触问题的复变函数方法	国家自然科学基金	李　星	数学统计学院
20	内蒙古和新疆地区蜱虫携带人畜共患病毒的病原生态学与分子流行病学研究	国家自然科学基金	李　勇	生命科学学院
21	MtB 亚单位蛋白微粒抗原的高效植物病毒载体表达系统的研究	国家自然科学基金	李志英	生命科学学院
22	GaSb 基磁性半导体第一性原理研究	国家自然科学基金	林雪玲	物理与电子电气工程学院
23	基于光纤式高光谱成像技术的活体滩羊肉品质预测方法研究	国家自然科学基金	刘贵珊	农学院
24	宁夏苦豆子氧化苦参碱合成关键酶 SaLDC 基因功能研究	国家自然科学基金	刘　萍	农学院
25	宁夏生态移民安置区空间冲突过程及调控机制研究	国家自然科学基金	刘小鹏	地理科学与规划学院
26	"大村庄制"合并新村脆弱性及优化升级研究	国家自然科学基金	刘学武	经济管理学院
27	VapA 在马红球菌逃逸巨噬细胞自噬中的作用及机制研究	国家自然科学基金	罗海霞	生命科学学院
28	紫花苜蓿根系响应盐胁迫的分子机制及重要耐盐基因克隆与功能分析	国家自然科学基金	麻冬梅	生态环境学院
29	宁夏六盘山贫困区农户生计转型的资源环境效应研究	国家自然科学基金	马彩虹	地理科学与规划学院
30	新型荧光 d-f 金属-有机框架物的构筑及其在水体中芳香类环境持久污染物检测中的应用	国家自然科学基金	马景新	化学化工学院

续表2

序号	项目	项目来源	主持人	所在单位
31	铜粒子表面微界面结构的设计及其在二氧化碳加氢合成甲醇中的应用	国家自然科学基金	马清祥	化学化工学院
32	交通荷载下宁夏滨河粉细砂路基变形机理研究	国家自然科学基金	马文国	物理与电子电气工程学院
33	冻融循环下宁夏引黄灌区渠道冻土多物理场耦合机理及衬砌破坏规律研究	国家自然科学基金	马文涛	数学统计学院
34	精准扶贫背景下村级互助担保基金发育、运行绩效及响应机理研究——以宁夏为例	国家自然科学基金	马艳艳	经济管理学院
35	枸杞多糖抑制肿瘤代谢靶标分子的分离富集及其代谢机制研究	国家自然科学基金	孟哲	化学化工学院
36	枸杞连作障碍的土壤微生物生态学机制研究	国家自然科学基金	纳小凡	生命科学学院
37	含分布式电源的复杂电网脆弱性综合评估与同步控制	国家自然科学基金	潘欢	物理与电子电气工程学院
38	基于多重信号放大的比率型电化学生物传感器用于抗生素的检测	国家自然科学基金	彭娟	化学化工学院
39	腐蚀损伤诱发金属内部应力演化机理研究	国家自然科学基金	任克亮	物理与电子电气工程学院
40	气温升高和干旱胁迫对灵武长枣果实糖分积累和着色的影响机理	国家自然科学基金	宋丽华	农学院
41	水稻苗期耐盐基因 qSTS8 的克隆及功能鉴定	国家自然科学基金	田蕾	农学院
42	microRNAs 在奶牛乳腺上皮细胞抗金黄色葡萄球菌免疫反应中的调控机理	国家自然科学基金	王东	生命科学学院
43	节水灌溉对宁夏干旱区枸杞园土壤活性有机碳库及碳排放的影响机制	国家自然科学基金	王芳	土木与水利工程学院
44	宁夏地区奶牛乳房炎金黄色葡萄球菌生物被膜形成能力及其与耐药性的相关性研究	国家自然科学基金	王桂琴	农学院
45	荒漠草原不同叶型草地群落冠层光谱尺度效应及叶面积指数反演	国家自然科学基金	王磊	生态环境学院
46	基于氧化石墨烯/分子筛纳米片制备超薄分子筛膜及其气体分离性能研究	国家自然科学基金	王政	化学化工学院
47	Wnt/β-catenin 信号对结核分枝杆菌感染后巨噬细胞自噬调控机制研究	国家自然科学基金	吴晓玲	生命科学学院
48	选择性白腐真菌 Phlebia tremellosa 降解木质纤维素的机制研究	国家自然科学基金	徐春燕	生命科学学院

续表3

序号	项目	项目来源	主持人	所在单位
49	LncRNA-ABCA对牛肺泡巨噬细胞抗结核分枝杆菌感染的调控作用研究	国家自然科学基金	徐金瑞	生命科学学院
50	鬼箭锦鸡儿与荒漠锦鸡儿简化基因组进化分析及其对气候变化的分子适应机制研究	国家自然科学基金	徐婷婷	生命科学学院
51	基于iTRAQ技术研究牛分枝杆菌诱导下巨噬细胞胞内蛋白及信号通路的作用机制	国家自然科学基金	许立华	农学院
52	贺兰山地表甲虫多样性分布格局及环境解释	国家自然科学基金	杨贵军	生命科学学院
53	农户资产分布及其对减贫的作用——以六盘山片区为例	国家自然科学基金	杨国涛	经济管理学院
54	以目标结构为导向的嵌段共聚物自组装的理论研究	国家自然科学基金	杨涛	物理与电子电气工程学院
55	口罩边缘缝隙颗粒物泄漏进入呼吸道的动力学机理研究	国家自然科学基金	俞艳蓉	物理与电子电气工程学院
56	异质复杂社会网络下社区发现及演变的系列问题研究	国家自然科学基金	张海燕	信息工程学院
57	北方农牧交错带草原生态补奖对农户行为影响及其长效激励机制研究	国家自然科学基金	张会萍	经济管理学院
58	宁夏河东沙地新月形沙丘季节性结冻期的形态动力学研究	国家自然科学基金	张萍	农学院
59	非极限拉伸荷载作用下粉煤灰混凝土抗裂性能和机理研究	国家自然科学基金	张文博	土木与水利工程学院
60	深翻与柠条堆肥对设施连作土壤微环境的修复机制研究	国家自然科学基金	张雪艳	农学院
61	温度压力耦合下微物理场中芽孢内膜水分子通透屏障受损的分子机理	国家自然科学基金	章中	食品与葡萄酒学院
62	宁夏回族生态移民社区生活空间的演化机理与协调机制研究	国家自然科学基金	赵多平	地理科学与规划学院
63	环形泰勒虫介导的宿主细胞代谢改变及其重编程分子机制研究	国家自然科学基金	赵洪喜	农学院
64	宁夏枸杞果皮细胞壁差异蛋白表达及糖蛋白相关基因克隆	国家自然科学基金	郑国琦	生命科学学院
65	多关节致动器非线性摩擦最小能耗控制模型研究	国家自然科学基金	朱学军	机械工程学院
66	非线性扩散反应奇性问题的高效精确自适应有限差分方法研究	国家自然科学基金	葛永斌	数学统计学院

续表 4

序号	项 目	项目来源	主持人	所在单位
67	lncRNA 调控免疫代谢在牛结核分枝杆菌诱导肺泡巨噬细胞自噬中的作用机制研究	国家自然科学基金	王玉炯	生命科学学院
68	高储量过渡金属配位铝氢化物的可逆储氢特性及机理研究	国家自然科学基金	曹志杰	物理与电子电气工程学院
69	多年冻土区新型框架热锚管支护边坡稳定性分析	国家自然科学基金	董旭光	土木与水利工程学院
70	东西部城市洪涝灾害风险演变规律与适度防御阈值研究	国家自然科学基金	李超超	土木与水利工程学院
71	利用普通小麦—冰草异附加系 5113 创制携带高产、抗病等优异性状新种质	国家自然科学基金	李清峰	农学院
72	基于氨脱附理性设计 Mxene 基光催化复合材料及其固氮性能调控	国家自然科学基金	李晓曼	化学化工学院
73	基于深度强化学习的人脸关键点检测	国家自然科学基金	刘 昊	信息工程学院
74	非橡木桶陈酿的葡萄酒中香草醛形成机理的研究	国家自然科学基金	马 雯	食品与葡萄酒学院
75	矩阵整流式大电流磁铁电源拓扑特性及调制策略的研究	国家自然科学基金	王 斌	物理与电子电气工程学院
76	金属掺杂铁基载氧体结构及其在煤化学链燃烧中反应机理的理论和实验研究	国家自然科学基金	夏洪强	化学化工学院
77	基于深度全卷积与生成对抗网络的多模态前列腺自动分割方法研究	国家自然科学基金	王 博	物理与电子电气工程学院
78	CFP10 和 ESAT6 在结核分枝杆菌感染肺泡上皮细胞中对 TLRs/MyD88 信号转导通路的调控机制研究	国家自然科学基金	李 武	生命科学学院
79	宁夏旱区沙湖国家自然保护区碳汇量优化调控模式及对策研究	自治区重点研发	卜晓燕	地理科学与规划学院
80	宁夏污水处理厂污泥处理处置关键技术研究与示范	自治区重点研发	常 虹	地理科学与规划学院
81	宁南山区马铃薯滴灌节水技术集成与示范	自治区重点研发	陈彦云	生命科学学院
82	石墨烯/过渡族金属碳化物复合材料的制备及其在锂空气电池中的性能研究	自治区重点研发	董雯浩	物理与电子电气工程学院
83	煤化工废灰渣的资源化高值利用关键技术研发	自治区重点研发	范素兵	化学化工学院
84	基于物联网技术的食品安全动态监测与预警机制研究及应用	自治区重点研发	冯 锋	信息工程学院
85	PHOEBESolverV2.0 软件开发	自治区重点研发	葛永斌	数学统计学院

续表 5

序号	项 目	项目来源	主持人	所在单位
86	秸秆资源化利用关键技术与装备研发	自治区重点研发	顾 欣 石伟勇	农学院
87	远程带式输送机智能化巡检系统研发	自治区重点研发	郝洪涛	机械工程学院
88	马铃薯优质高效生产技术集成示范与科技扶贫	自治区重点研发	何文寿	农学院
89	饲料(绿肥)油菜种植加工综合利用关键技术研究与示范	自治区重点研发	何文寿	农学院
90	科技创新支撑宁夏高质量发展的重大举措研究	自治区重点研发	黄立军	经济管理学院
91	宁夏特色果蔬绿色贮藏保藏关键技术研究	自治区重点研发	焦中高 张光弟	农学院
92	设施土壤中钾富集对钙、镁有效性的影响及机制研究	自治区重点研发	李惠霞	农学院
93	人工光植物工厂节能及高效栽培技术研究与示范	自治区重点研发	李建设	农学院
94	玻纤/乙烯基酯复合材料整体防腐内衬技术研发	自治区重点研发	李 进	光伏材料实验室
95	贺兰山保护区采煤迹地生态修复技术与模式研究	自治区重点研发	刘秉儒	生态环境学院
96	汽车轻量化低密度聚丙烯复合材料开发	自治区重点研发	罗发亮	化学化工学院
97	基于宁东能源化工基地副产顺丁二烯可控合成高性能稀土顺丁橡胶	自治区重点研发	罗发亮	化学化工学院
98	煤基聚丙烯/异质结半导体抗静电抗菌新型纳米复合材料的开发	自治区重点研发	罗发亮	化学化工学院
99	具有纳米线织构的 N 型发射极环绕穿通型背接触式太阳能电池的研制与性能研究	自治区重点研发	马晓波	物理与电子电气工程学院
100	国内外科技政策跟踪比较研究	自治区重点研发	马晓玲	教育学院
101	特色农业高质量发展的关键技术选择及创新要素优化配置研究	自治区重点研发	马 云	农学院
102	科技支撑生态和民生改善的关键技术选择及创新要素优化配置研究	自治区重点研发	宋乃平	生态环境学院
103	航空先进复合材料构件的在位加工技术与装备	自治区重点研发	宿友亮	机械工程学院
104	宁东能源化工场地固废利用及污染土壤生态修复关键技术研究与示范	自治区重点研发	孙兆军	地理科学与规划学院
105	基于健康水循环的城市污水再生回用水环境修复策略及关键技术研究	自治区重点研发	唐 莲	土木与水利工程学院
106	建筑废弃物制备再生混凝土自保温砌块关键技术研发	自治区重点研发	王德志	土木与水利工程学院

续表6

序号	项 目	项目来源	主持人	所在单位
107	科技助推乡村振兴战略典型案例与模式研究	自治区重点研发	王国庆	经济管理学院
108	复杂荷载条件下水库大坝反滤层的水力学性能研究	自治区重点研发	王红雨	土木与水利工程学院
109	宁夏枸杞流行病的防治与农药的最优控制	自治区重点研发	王 丽	数学统计学院
110	枸杞高效低损智能化采收关键技术与装备研发	自治区重点研发	王儒敬 朱学军	机械工程学院
111	宁夏苜蓿牛角花齿蓟马基础生物学及其绿色综合防治研究	自治区重点研发	王新谱	农学院
112	西北旱区内陆湿地土壤有机碳蓄积及循环模式研究	自治区重点研发	王幼奇	生态环境学院
113	牛羊重要传染病快速诊断与检测关键技术研究	自治区重点研发	王玉炯	生命科学学院
114	奶牛主要疫病防控技术研发与应用	自治区重点研发	吴心华	农学院
115	酯酰辅酶A胆固醇酰基转移酶1对结核分枝杆菌诱导巨噬细胞凋亡的调控作用研究	自治区重点研发	徐金瑞	生命科学学院
116	煤基芳香烃制备高附加值药物中间体及精细化学品关键技术研发	自治区重点研发	杨金会	化学化工学院
117	高性能混凝土路面板疲劳寿命检测技术的合作研究	自治区重点研发	杨秋宁	土木与水利工程学院
118	宁夏创新型城市发展水平评价与建设路径研究	自治区重点研发	杨韶艳	经济管理学院
119	太阳能电池板汇流条激光焊接自动化生产线关键技术研发	自治区重点研发	张 波	机械工程学院
120	宁夏贺兰山东麓葡萄越冬防寒保护仓栽培技术研究	自治区重点研发	张光弟	农学院
121	宁夏贺兰山东麓葡萄越冬防寒	自治区重点研发	张光弟	农学院
122	CO_2加氢高选择性制低碳烯烃和α-烯烃催化工艺	自治区重点研发	张建利	化学化工学院
123	新优特异花卉引进筛选与配套栽培技术集成示范	自治区重点研发	张 黎	农学院
124	宁南山区生态恢复与水资源潜力开发研究与示范	自治区重点研发	张维江	土木与水利工程学院
125	宁夏贺兰山东麓葡萄产区风土条件与葡萄酒特异性研究	自治区重点研发	张亚红	食品与葡萄酒学院
126	宁夏酒庄葡萄酒清洁生产及废水废物管控（防控）研究	自治区重点研发	郑兰香	地理科学与规划学院

续表 7

序号	项 目	项目来源	主持人	所在单位
127	混合模式限进材料的可控制备及在食品药物残留检测中的应用研究	宁夏自然科学基金	卜春苗	化学化工学院
128	调控嵌段共聚物自组装行为的理论研究	宁夏自然科学基金	曹瑞芳	新华学院
129	金属离子掺杂结合碳包覆调控 P2 型锰基钠离子电池正极材料的电化学性能及其机理研究	宁夏自然科学基金	曹志杰	物理与电子电气工程学院
130	植物病毒缺失干扰 RNA 载体表达系统的研究	宁夏自然科学基金	丁向真	生命科学学院
131	牛源克柔念珠菌对奶牛乳腺上皮细胞损伤机制研究	宁夏自然科学基金	杜 军	生命科学学院
132	煤化工副产轻烃耦合甲醇共进料一步制对二甲苯	宁夏自然科学基金	范素兵	化学化工学院
133	电磁场数值求解中高精度紧致差分方法研究	宁夏自然科学基金	冯秀芳	数学统计学院
134	$Fe_3O_4/Ni-MCM-41$ 催化 CO_2 一步法制线性 α-烯烃	宁夏自然科学基金	高新华	化学化工学院
135	半线性抛物型方程解的爆破及淬灭现象的数值模拟算法研究	宁夏自然科学基金	葛永斌	数学统计学院
136	基于深度强化学习和 3S 技术的黄土坡沟系统水保措施空间配置	宁夏自然科学基金	侯景伟	地理科学与规划学院
137	基于随机分析的复杂网络模型及动力学研究	宁夏自然科学基金	胡 华	数学统计学院
138	基于化学计量学的工业园区大气酸沉降效应研究	宁夏自然科学基金	黄菊莹	生态环境学院
139	蜡蚧轮枝菌对烟粉虱主要酶活影响及其与高效低毒化学农药复配研究	宁夏自然科学基金	贾彦霞	农学院
140	随机噪声影响下的生物种群系统的 Hopf 分支分析与反馈控制	宁夏自然科学基金	亢 婷	新华学院
141	基于新型卷积神经网络的宁夏枸杞病虫害图像智能检测与识别研究	宁夏自然科学基金	李风军	数学统计学院
142	本体匹配中不确定性问题的研究	宁夏自然科学基金	李贯峰	信息工程学院
143	黄土高原封育草地土壤干层动态特征研究	宁夏自然科学基金	李建平	农学院
144	旱作土壤氮素及春玉米生产力对控释尿素输入的响应机制	宁夏自然科学基金	梁 熠	农学院
145	玉米滴灌适宜耕作模式选择及其水肥耦合机理研究	宁夏自然科学基金	刘根红	农学院
146	无网格多尺度数值方法研究	宁夏自然科学基金	刘智永	数学统计学院
147	宁夏废弃秸秆结构的化学解聚机制研究	宁夏自然科学基金	麻晓霞	化学化工学院

续表8

序号	项 目	项目来源	主持人	所在单位
148	滴灌枸杞优质高产水肥耦合及养分平衡机理研究	宁夏自然科学基金	马　波	土木与水利工程学院
149	合金单原子链稳定性和磁性的第一性原理研究	宁夏自然科学基金	马良财	物理与电子电气工程学院
150	钙钛矿型铁电体结构相变的群论研究	宁夏自然科学基金	马　治	物理与电子电气工程学院
151	基于iTRAQ技术的宁夏枸杞在钠盐胁迫下差异蛋白的筛选及生物信息学分析	宁夏自然科学基金	毛桂莲	生命科学学院
152	$g-C_3N_4/TiO_2@AL-MoS_2@Fe_3O_4$的制备及光催化降解磺酰脲类除草剂的机制研究	宁夏自然科学基金	孟　哲	化学化工学院
153	基于磁性荧光双功能纳米粒子传感器的构建及其对食源性致病菌高灵敏度检测方法的研究	宁夏自然科学基金	纳鹏军	化学化工学院
154	生物质碳缓解枸杞连作障碍的微生物生态学机制研究	宁夏自然科学基金	纳小凡	生命科学学院
155	极限学习机在人类蛋白质泛素化修饰位点预测中的应用研究	宁夏自然科学基金	唐晓芬	信息工程学院
156	局部保结构数值计算方法研究	宁夏自然科学基金	汪文帅	数学统计学院
157	发菜响应干旱胁迫的蛋白琥珀酰化修饰及重要耐旱基因功能研究	宁夏自然科学基金	王玲霞	生命科学学院
158	基于C波段SAR数据的草地生物量遥感估算	宁夏自然科学基金	王新云	生态环境学院
159	宁南旱区马铃薯粉垄耕作的土壤环境效应与增产机制研究	宁夏自然科学基金	吴　娜	农学院
160	宁东能源化工基地核心区表层土壤中PAHs空间分布特征及潜在风险评估	宁夏自然科学基金	杨　帆	生态环境学院
161	石墨烯/过渡金属硫化物纳米复合材料的微波介电及吸波机理研究	宁夏自然科学基金	杨珮珮	光伏材料实验室
162	改性石墨烯/橡胶复合材料的研究	宁夏自然科学基金	杨永清	物理与电子电气工程学院
163	知识—数据驱动的显著性目标检测方法研究	宁夏自然科学基金	张　瑞	数学统计学院
164	地震作用下相邻混合隔—减震体系工作机理及性态控制研究	宁夏自然科学基金	张尚荣	土木与水利工程学院
165	宁夏地区硫酸盐渍土风化劣化机理与防治关键技术研究	宁夏自然科学基金	张卫兵	土木与水利工程学院
166	灵武长枣果实糖分卸载和运输途径的研究	宁夏自然科学基金	章英才	生命科学学院

续表9

序号	项 目	项目来源	主持人	所在单位
167	基于多源数据的宁夏典型沿黄城市城区扩展分异及其动力机制研究	宁夏自然科学基金	郑 芳	地理科学与规划学院
168	融合地质信息的高效水力层析扫描技术研究	宁夏自然科学基金	朱 磊	土木与水利工程学院
169	土石混合料散粒破碎的细观力学研究	宁夏自然科学基金	朱一丁	土木与水利工程学院

2021年度获得授权的专利一览表

序号	名 称	发明人	所在单位	专利号	类型
1	一种利用ZnO负载型膨胀石墨去除絮凝处理后制药废水中残留四环内塑的方法	马玉龙	化学化工学院	ZL201810906113.6	发明专利
2	吡啶基铑催化剂及其制备方法和应用	吉文欣	省部共建煤炭高效利用与绿色化工国家重点实验室	ZL201910369670.3	发明专利
3	一种用于化学链制氢复合载氧体及其制备	马晶晶	省部共建煤炭高效利用与绿色化工国家重点实验室	ZL202010012167.5	发明专利
4	基于2-(4-吡啶基)对苯二甲酸的稀土金属—有机框架荧光传感材料、制备方法及应用	刘翔宇	化学化工学院	ZL201910731352.7	发明专利
5	一种粉煤灰基MCM-41介孔分子筛的制备方法及其产品	史可人	省部共建煤炭高效利用与绿色化工国家重点实验室	ZL202110837237.5	发明专利
6	一种粉煤灰基SBA-15介孔分子筛的制备方法及其产品	史可人	省部共建煤炭高效利用与绿色化工国家重点实验室	CN202110732224.1	发明专利
7	一种益生菌发酵枣粉及其制备方法	方海田	食品与葡萄酒学院	202110370637	发明专利
8	一种谷氨酸脱羧酶及γ-氨基丁酸高产菌株	方海田	食品与葡萄酒学院	CN112831488A	发明专利
9	一种便携式内陆湖泊采器	邱小琮	生命科学学院	ZL201810263016.X	发明专利
10	REPARATION METHOD OF AN ENERGETIC COORDINATION COMPOUND WITH 5-METHYLTETRAZOLE	刘翔宇	化学化工学院	US11098065B2	发明专利
11	金属高温蠕变性能测试的设备及利用该设备的测试方法	史可人	省部共建煤炭高效利用与绿色化工国家重点实验室	CN202110167229.4	发明专利
12	一种自动贴膜机及基于其的贴膜方法	李耀南	机械工程学院	ZL201910257173.4	发明专利
13	一种复合膜层的制备方法以及利用其去除制药废水中残留四环素的方法	马玉龙	省部共建煤炭高效利用与绿色化工国家重点实验室	ZL201711070765.2	发明专利

续表1

序号	名称	发明人	所在单位	专利号	类型
14	Method for transplanting trees and afforestation in saline-alkali land	李茜	地理科学与规划学院	2020103948	发明专利
15	一种五轴联动水切割机床的空间圆弧插补方法及系统	戴欣童	土木与水利工程学院	ZL202011404139.4	发明专利
16	一种金属蠕变性能测试的方法	史可人	省部共建煤炭高效利用与绿色化工国家重点实验室	CN202011355106.5	发明专利
17	曲面高精度激光打磨方法及装置	闫志民	机械工程学院	CN202011302006.6	发明专利
18	聚乙烯醇包覆表面增强拉曼散射基底及其制备方法	汪燕青	物理与电子电气工程学院	CN202011283863.6	发明专利
19	一种钙钛矿型载氧体的制备方法和应用	郭庆杰	省部共建煤炭高效利用与绿色化工国家重点实验室	CN112206783B	发明专利
20	一种钙钛矿催化剂的制备方法和应用	郭庆杰	省部共建煤炭高效利用与绿色化工国家重点实验室	CN112121814B	发明专利
21	一种表面包覆二氧化硅涂层的硫酸钙晶须及其制备方法	马英剑	物理与电子电气工程学院	CN202010781089.5	发明专利
22	一种青蒿砜-哌嗪-呋喃酮类衍生物及其制备方法和应用	魏梦雪	化学化工学院	ZL202010357334.X	发明专利
23	电弧高效高质制备三明治板的方法及三明治板	蒋小霞	机械工程学院	ZL202010256723.3	发明专利
24	基于气化增压的阀门静压寿命自动测试装置	班伟	机械工程学院	202010202144.0	发明专利
25	一种多源煤基固废土壤保水调理剂及其加工方法	何俊	地理科学与规划学院	ZL202010159412.5	发明专利
26	白葡萄汁和白葡萄皮渣制作白酒的方法	张军翔	食品与葡萄酒学院	CN202010054474.X	发明专利
27	专利:一种用于化学链制氢复合载氧体及其制备	马晶晶	省部共建煤炭高效利用与绿色化工国家重点实验室	ZL202010012167.5	发明专利
28	一种钠修饰化学链制氢协同CO_2捕集系统	马晶晶	省部共建煤炭高效利用与绿色化工国家重点实验室	2.0201E+11	发明专利
29	一种耗能自恢复压力型锚杆的施工方法	董旭光	土木与水利工程学院	2019113735136	发明专利
30	一种耗能减震锚杆及其施工方法	董旭光	土木与水利工程学院	2019113734951	发明专利
31	一种钻井井控模拟教学实验装置	李丽	教育学院(教师教育学院、教育研究院、宁夏高等学校师资培训中心)	ZL201911063887.8	发明专利

续表 2

序号	名　称	发明人	所在单位	专利号	类　型
32	一种碳改性铜基催化剂及其制备方法和应用	马清祥	省部共建煤炭高效利用与绿色化工国家重点实验室	ZL201911011719.4	发明专利
33	一种二芳基砜类化合物的合成方法	郑庆忠	化学化工学院	ZL201910931386.0	发明专利
34	用于水土流失治理的截流缓释生态坝	马　轶	土木与水利工程学院	ZL201910908316.3	发明专利
35	一种电磁排水抗滑桩及其施工方法	董旭光	土木与水利工程学院	ZL2019106756918	发明专利
36	一种防治中华鼢鼠的种植方法	李锦馨	农学院	ZL201910644918.2	发明专利
37	用于灌溉引水渠的塑料管束渠道衬砌预制件	李宏波	土木与水利工程学院	ZL201910443662.9	发明专利
38	一种用于费托合成的改性 Fe 基催化剂及其制备方法与应用	张建利	省部共建煤炭高效利用与绿色化工国家重点实验室	ZL201910372544.3	发明专利
39	电容脱盐材料及制备方法、采用该电极材料制备的电极和含有该电极的电池	罗　民	化学化工学院	ZL201910288087.X	发明专利
40	一种真空排水锚杆及施工方法	董旭光	土木与水利工程学院	ZL2019100416382	发明专利
41	一种双孔镍基催化剂及其制备方法和在甲烷二氧化碳重整反应中的应用	马清祥	省部共建煤炭高效利用与绿色化工国家重点实验室	ZL201910032070.8	发明专利
42	一种高比表面积大介孔氧化钨硫化氢敏感材料及其制备方法	赖小勇	省部共建煤炭高效利用与绿色化工国家重点实验室	ZL201811623057.1	发明专利
43	煤炭基地树种耐尘性评价方法及耐尘树种选择方法	曹　兵	科学技术处	ZL20181559612.9	发明专利
44	一种基于资源保护的沙地再生水灌溉利用装置及方法	唐　莲	土木与水利工程学院	ZL201811536932.2	发明专利
45	一种绿色外维护墙体	李宏波	土木与水利工程学院	201811332211.X	发明专利
46	驼源纳米抗体基因库的构建方法	李　敏	西部特色生物资源保护与利用教育部重点实验室	CN109762835B	发明专利
47	一种 MFI 结构废分子筛晶化再生的方法	范素兵	省部共建煤炭高效利用与绿色化工国家重点实验室	ZL201811306502.1	发明专利
48	一种 CO_2 加氢耦合制取低碳烯烃的核壳催化剂及其制备	张建利	省部共建煤炭高效利用与绿色化工国家重点实验室	ZL201811156238.8	发明专利
49	一种产类胡萝卜素降解酶的库特氏杆菌	张惠玲	食品与葡萄酒学院	ZL201811023159.X	发明专利
50	一种表面氧空位改性的溴氧铋光催化剂及其制备方法	邢永雷	化学化工学院	ZL201810884525.4	发明专利

续表3

序号	名称	发明人	所在单位	专利号	类型
51	节杆菌NX917及其吸附菌剂在邻苯二甲酸酯污染土壤修复中的应用	王亚娟	经济管理学院（西部发展研究院）	CN109112082B	发明专利
52	一种从烟气中去除零价汞并固定离子汞的方法	高礼	地理科学与规划学院	ZL201810710686.1	发明专利
53	一种用于枸杞采摘的平动式多点夹持采摘装置	朱学军	机械工程学院	ZL201810362016.5	发明专利
54	一种高比表面积有序大介孔氧化镍丙酮气敏材料及其制备方法	赖小勇	省部共建煤炭高效利用与绿色化工国家重点实验室	ZL201810286396.9	发明专利
55	一种具有手工家庭小炒风味的羊肉臊子炒制机	罗瑞明	食品与葡萄酒学院	ZL201810184202.4	发明专利
56	填料塔及其使用方法	丁文捷	机械工程学院	ZL201810094586.0	发明专利
57	一种煤基W/WC复合催化剂及其制备方法	马保军	省部共建煤炭高效利用与绿色化工国家重点实验室	ZL201810096583.0	发明专利
58	一种快速正反馈主动移频式孤岛检测方法	郭中华	物理与电子电气工程学院	ZL201711371293.4	发明专利
59	一种羊肉产地的检测方法	郭中华	物理与电子电气工程学院	ZL201710977247.2	发明专利
60	一种冰枸杞酒及其制备方法	刘敦华	食品与葡萄酒学院	CN201710523867.9	发明专利
61	一种Mo2C/CdS复合光催化剂及其制备和应用	马保军	省部共建煤炭高效利用与绿色化工国家重点实验室	ZL201510264889.9	发明专利
62	一种Mo2N/CdS复合光催化剂及其制备和应用	马保军	省部共建煤炭高效利用与绿色化工国家重点实验室	ZL201510266122.x	发明专利
63	昆虫诱集装置	陈云康	农学院	Zl202121722523.9	实用新型
64	林业标准地规划用防线定点装置	王博	农学院	ZL202121366419.0	实用新型
65	昆虫诱集灯	赵鹏	农学院	202121304585.8	实用新型
66	枣果采摘防破损收集箱	李娜	农学院	CN214986949U	实用新型
67	一种汽油动力式土壤采样器	李志刚	农学院	ZL202121099951.0	实用新型
68	一种用于天然气管道焊接的检测装置	宋娟	物理与电子电气工程学院	ZL202120991636.2	实用新型
69	一种可遥控的体育教师用传球训练装置	马志军	体育学院	ZL202120854698.9	实用新型
70	一种多功能体育器材安全收纳车	石红	体育学院	ZL202120845107.1	实用新型
71	带式输送机远程巡检载具	丁文捷	机械工程学院	CN202120691105.1	实用新型
72	一种可调节大小的多功能采水器	邱小琮	生命科学学院	ZL202021213729.4	实用新型

续表 4

序号	名　称	发明人	所在单位	专利号	类　型
73	肉牛移动保定栏	张转弟	农学院	ZL202120472828.2	实用新型
74	新型抽滤装置	邱小琮	生命科学学院	ZL202020983035.2	实用新型
75	植物—蚯蚓立体无土种养装置	曹云娥	农学院	ZL202120024403.5	实用新型
76	一种综合水土保持监控装置	石　云	地理科学与规划学院	ZL202120012698.4	实用新型
77	一种地信遥感大数据融合研究用数据记录装置	石　云	地理科学与规划学院	ZL202120012720.5	实用新型
78	鱼、龟、菜、蚯蚓共生装置	曹云娥	农学院	ZL202023225094.2	实用新型
79	实时监测高盐废水处理中膜表面污染行为的设备	任永胜	化学化工学院	ZL202023227447.2	实用新型
80	葡萄酒酿造过程中的存储装置	任　和	食品与葡萄酒学院	ZL202022969674.6	实用新型
81	自动清扫的太阳能发电装置	李兴财	物理与电子电气工程学院	ZL202022925403.0	实用新型
82	一种员工行为分析智能化监控报警装置	张森森	教育学院(教师教育学院、教育研究院、宁夏高等学校师资培训中心)	ZL202022872584.5	实用新型
83	植物—蚯蚓共养装置	曹云娥	农学院	ZL202022805343.9	实用新型
84	用于规模化制备鲜蚯蚓全营养发酵液体肥的好氧发酵罐	曹云娥	农学院	ZL202022805501.0	实用新型
85	用于小区绿化养护的餐厨废弃物蚯蚓固液分离塔	曹云娥	农学院	ZL202022660039.X	实用新型
86	枸杞专用碳基生物有机肥的制备装置	曹云娥	农学院	ZL202022626115.5	实用新型
87	一种过渡翻转输送机	胡春生	机械工程学院	ZL202022579033.X	实用新型
88	昆虫标记重捕用罗盘	张大治	生命科学学院	ZL202022562847.2	实用新型
89	利用黄浆水制备高氨基酸液体肥的制备装置	曹云娥	农学院	ZL202022538045.8	实用新型
90	三轴、环刀制模	张卫兵	土木与水利工程学院	ZL202022515818.0	实用新型
91	一种提高 L-色氨酸发酵供氧能力的系统	方海田	食品与葡萄酒学院	ZL202022499105X	实用新型
92	一种道路基层混合料力学性能测试多功能一体化装置	王　杰	土木与水利工程学院	ZL202022388967.5	实用新型
93	一种提高建筑工程筛分效率和筛分质量的自动筛分装置	延常玉	土木与水利工程学院	ZL202022388973.0	实用新型
94	一种多功能道路基层混合料养护冻融循环—体机	童彧斐	土木与水利工程学院	ZL202022388974.5	实用新型

续表5

序号	名称	发明人	所在单位	专利号	类型
95	一种组织个体破坏行为智能分析监控报警装置	雍少宏	教育学院(教师教育学院、教育研究院、宁夏高等学校师资培训中心)	ZL202022372499.2	实用新型
96	一种电气工程用剥线装置	宋娟	物理与电子电气工程学院	ZL202022335474.5	实用新型
97	一种集中性节水循环利用系统	闫新房	土木与水利工程学院	ZL202022279192.8	实用新型
98	一种煤炭用的可移动式热加工设备	白红存	省部共建煤炭高效利用与绿色化工国家重点实验室	ZL202022270833.3	实用新型
99	一种粉煤灰相变发泡混凝土板建造的温室大棚	延常玉	土木与水利工程学院	ZL202022364307.3	实用新型
100	用于再生铅生产的车间空气系统	丁文捷	机械工程学院	ZL202022219772.8	实用新型
101	塔顶除沫装置	丁文捷	机械工程学院	ZL202022218178.7	实用新型
102	一种铅酸电池破碎物分离机	丁文捷	机械工程学院	ZL202022230263.5	实用新型
103	一种用于矫正儿童心理行为的动态展示装置	张森森	教育学院(教师教育学院、教育研究院、宁夏高等学校师资培训中心)	ZL202022186644.8	实用新型
104	一种水利施工类清淤装置	王平	土木与水利工程学院	ZL2020221758392.2	实用新型
105	蚯蚓综合养殖塔	曹云娥	农学院	ZL202021781725.6	实用新型
106	一种车载式电动葡萄喷雾装置	杨树川	机械工程学院	ZL202021723119.9	实用新型
107	便携式孢子采集器	赵龙冬	农学院	202021654666.6	实用新型
108	用于克服土壤盐渍化和连坐障碍的蔬菜蚯蚓培育生态系统	曹云娥	农学院	ZL202021382397.2	实用新型
109	一种分子生物学用杀菌装置	魏大为	农学院	ZL202021369685.7	实用新型
110	一种道路基层混合料制件脱模装置	殷建光	土木与水利工程学院	202021167889.X	实用新型
111	一种测试道路基层混合料收缩的装置	严鹏飞	土木与水利工程学院	202021167697.9	实用新型
112	一种含碳废弃物气化炉	宋旭东	省部共建煤炭高效利用与绿色化工国家重点实验室	ZL202021173611.3	实用新型
113	一种刮旋式葡萄挖藤机	杨术明	本科生院	ZL202021009671.1	实用新型
114	农田灌区水肥气热药一体化智能灌溉系统	沈晖	物理与电子电气工程学院	ZL202020998678.4	实用新型
115	基于NB-IOT的SDI12传感器数据无线采集装置及系统	刘大铭	物理与电子电气工程学院	ZL202020998211.X	实用新型
116	基于NB-IOT的灌溉脉冲电磁阀远程控制装置及系统	刘大铭	物理与电子电气工程学院	ZL202020998677.X	实用新型

续表6

序号	名 称	发明人	所在单位	专利号	类型
117	一种定时提醒吃药的药盒	丁 璞	机械工程学院	ZL202020703698.4	实用新型
118	一种便携式定时提醒吃药装置	丁 璞	机械工程学院	ZL202020636983.9	实用新型
119	一种装配式建筑屋面结构	胡思斯	土木与水利工程学院	202020313534.0	实用新型
120	一种平行夹持夹具及夹持组件	李宏燕	机械工程学院	ZL202020114391.0	实用新型
121	腰包(远古精灵三色系列)	曾发茂	美术学院	ZL202130426927.2	外观设计
122	发带(远古精灵六色系列)	曾发茂	美术学院	ZL2021304147951	外观设计
123	便签纸(宁夏大学建筑)	曾发茂	美术学院	2021300527595	外观设计
124	丝巾(远古精灵)	曾发茂	美术学院	2021303508670	外观设计
125	便签纸(玉皇阁建筑)	曾发茂	美术学院	2021300532733	外观设计

2021年度横向合作项目一览表

序号	项 目	主持人	所在单位	资助经费(万元)	项目来源
1	《风电齿轮箱齿类零部件再制造关键技术与装备》科技项目多功能陪试齿轮箱研发服务	慕 松	机械工程学院	29	宁夏银星能源股份有限公司装备工程分公司
2	沙坡头区乡村旅游高质量发展集聚带规划项目	王 磊	文化旅游学院	35	中卫市沙坡头区旅游和文化体育广电局
3	留学生汉语语法偏误解析教程项目合作开发协议书	刘文燕	国际教育学院	5	教育部中外语言交流合作中心
4	宁夏贺兰山国家级自然保护区2021年度生态保护和修复封山育林样地调查项目	李小伟	农学院	4.5	宁夏贺兰山管理局
5	宁夏2021年度实施全国水土保持规划情况自评工作(一标段)	石 云	地理科学与规划学院	29.6	宁夏回族自治区水土保持检测总站
6	黄河黑山峡河段开发论证历程研究	田军仓	土木与水利工程学院	43	宁夏大柳树水利枢纽工程前期工作中心
7	牛肉品质及血液分析评价	辛国省	生命科学学院	7	宁夏畜牧工作站
8	幼儿园思政教育策略与途径的研究	闫秋菊	后勤保障部	2	银川市教育局
9	退耕还林工程生态效益监测	倪细炉	生态环境学院	10	国家林业和草原局生态建设工程管理中心
10	新型节能环保一体化成套房屋和智慧建筑系统设计研发	徐 浩	土木与水利工程学院	50	宁夏新阜特能源服务有限公司

续表1

序号	项 目	主持人	所在单位	资助经费（万元）	项目来源
11	"天然气壁挂炉"课题3合作协议	马保军	省部共建煤炭高效利用与绿色化工国家重点实验室	13	宁夏凯添燃气发展股份有限公司
12	宁夏地区特殊污秽成分分析及积污特性研究	杨国华	物理与电子电气工程学院	3.708	国网宁夏电力公司电力科学研究院
13	NRE合作协议	高锦涛	信息工程学院	13.9856	华为技术有限公司
14	牛羊育肥后期增肌塑形关键技术研究与应用	张桂杰	农学院	28	宁夏大北农科技实业有限公司
15	宁夏回族自治区民族团结进步示范区创建第三方评估	李伟	法学院	19	宁夏回族自治区民族事务委员会
16	黄河流域宁夏段水生态现状调查研究	邱小琮	生命科学学院	24	宁夏回族自治区生态环境监测中心
17	"价值增强汉语与国际公民教育"主题学术活动设计与研究	赵世芳	国际教育学院	1	世界汉语教学学会
18	重大外来入侵物种重点调查点位踏查布设及质量控制	刘成敏	农学院	28	农业农村部科技教育司
19	宁夏乡村振兴战略实施及屋顶光伏发展研究	仇娟东	经济管理学院（西部发展研究院）	14.7	国网宁夏电力有限公司经济技术研究院
20	过瘤胃赖氨酸乐金瑞对奶牛生产性能、乳成分的影响	张巧娥	农学院	10	建明（中国）科技有限公司
21	西北不同地域和季节奶牛饮用水中主要矿物元素含量测定分析	张巧娥	农学院	35	河北永和荣达生物科技有限公司
22	华为MindSpore学术奖励基金研究课题项目合同	刘昊	信息工程学院	9	中国人工智能学会
23	宁夏林草碳计量样品处理和实验室测定分析技术服务	李学斌	人事处（党委教师工作部）	75	国家林业和草原局发展研究中心
24	西部高校专业学位研究生培养模式改革与创新研究	姜克银	国际教育学院	10	中国学位与研究生教育学会
25	吉元集团自动进料系统关键技术开发	胡春生	机械工程学院	8	宁夏吉元冶金集团有限公司
26	2021年宁夏回族自治区实施乡村振兴战略工作成效第三方评估项目	文琦	地理科学与规划学院	20	宁夏回族自治区党委农村工作领导小组办公室
27	委托技术服务咨询科技项目合作协议书	李全军	资产与实验室管理处	1.5	宁夏汉尧石墨烯储能材料科技有限公司

续表 2

序号	项 目	主持人	所在单位	资助经费（万元）	项目来源
28	中国锰产业链高效协同国际多式联运示范工程实施方案	王 芳	土木与水利工程学院	146	宁夏天元物流集团有限公司
29	国家耕地质量监测点审核上报数据与土壤样品采购	马 琨	生态环境学院	3.4	农业农村部耕地质量监测保护中心
30	汽水分离再热系统调节阀设计	王 冠	机械工程学院	8.5	吴忠仪表有限责任公司
31	天湖、香山湖水生生物调查评估	赵红雪	生命科学学院	15	宁夏环境科学研究院（有限责任公司）
32	水中有机污染物检测材料研究	刘翔宇	化学化工学院	30	宁夏瑞沃水资源工程研究院
33	中卫市向阳街视觉设计及建筑外立面辅助设计落地项目	杨 娜	文化旅游学院	4	宁夏德厚生科技服务有限公司
34	宁夏优化营商环境激发市场主体活力对策研究	梁旭辉	马克思主义学院	10	宁夏回族自治区政府研究室
35	利用亚洲开发银行贷款黄河流域绿色农田建设和农业高质量发展项目可行性研究报告的编制	张启敏	数学统计学院	8.5	湖南省汇杰勘测设计服务有限公司
36	兴庆区乡村振兴文化旅游骨干人才合作项目	戴晓琳	文化旅游学院	10	银川市兴庆区文化旅游体育广电局
37	宁夏大学国家语言文字推广基地对口帮扶国家乡村振兴重点帮扶县红寺堡区国家通用语言文字能力提升培训	杨晓宇	人文学院	15	教育部语言文字应用管理司
38	稀土氧化物涂层在锂电池正极材料承烧用匣钵的应用研发	史可人	省部共建煤炭高效利用与绿色化工国家重点实验室	5	宁夏劲远达新材料科技有限公司
39	高端装备制造业转型升级产学共同体建设	慕 松	机械工程学院	13	中国空间科学学会
40	彭阳县财政"十四五"规划	张会萍	经济管理学院（西部发展研究院）	9.8	彭阳县财政局
41	2021 年度规模以下 31 条河流管理界限划定项目	田军仓	土木与水利工程学院	13.790128	宁夏坤博测绘地理信息技术有限公司
42	冶金废渣生产岩棉的工艺研发	史可人	省部共建煤炭高效利用与绿色化工国家重点实验室	15	宁夏森源重工设备有限公司

续表 3

序号	项目	主持人	所在单位	资助经费（万元）	项目来源
43	宁夏儿童福利院儿童青少年心理健康教育支持项目	王淑莲	教育学院(教师教育学院、教育研究院、宁夏高等学校师资培训中心)	15	宁夏儿童福利院
44	青铜峡黄河大峡谷 5A 创建项目	王 磊	文化旅游学院	96	宁夏智信管理咨询有限公司
45	彭阳县 2021 年草原生态修复治理补助项目绩效评价委托项目	兰 剑	农学院	1	彭阳县草原工作站
46	宁夏"互联网+"教育中卫沙坡头区示范区建设专家包县指导服务项目	贾 巍	教育学院(教师教育学院、教育研究院、宁夏高等学校师资培训中心)	9.5	中卫市沙坡头区教育局
47	岩石裂纹扩展过程的声学特征试验测试	杨有贞	物理与电子电气工程学院	8.1	北京工业大学
48	动植物标本室标本维护协议	杜天奎	生命科学学院	2	银川市湿地保护中心
49	自治区畜牧站2021—2022年度饲草料良种繁育基地建设项目	兰 剑	农学院	10	宁夏畜牧工作站
50	应用于液晶显示屏彩色滤色片的颜料红 177 技术开发	史可人	省部共建煤炭高效利用与绿色化工国家重点实验室	15	宁夏彩妍科技有限公司
51	石嘴山市出租汽车运力评估报告及网约车项目社会风险评估报告	王 芳	土木与水利工程学院	8	石嘴山市交通运输局
52	脒基硫脲工艺研发	史可人	省部共建煤炭高效利用与绿色化工国家重点实验室	5	宁夏信立泰化工有限公司
53	内蒙古阿拉善左旗哈市哈苏木花棒平茬技术与特色肉牛饲料研发	沈 艳	农学院	53.38	内蒙古阿拉善左旗哈市哈苏木
54	碳化硅陶瓷膜制备与应用技术	魏逸彬	省部共建煤炭高效利用与绿色化工国家重点实验室	10	南京弘顺和生物科技有限公司
55	关于乙麦氯化工艺微通道探索性实验研究	杨金会	省部共建煤炭高效利用与绿色化工国家重点实验室	2	宁夏万香源生物科技有限公司
56	深长深隧道用高端空气净化活性炭的研发	史可人	省部共建煤炭高效利用与绿色化工国家重点实验室	5	宁夏茂华活性炭有限公司

续表 4

序号	项 目	主持人	所在单位	资助经费（万元）	项目来源
57	以烟煤为主料、用生物活性剂代替煤焦油生产脱硫、脱硝用活性焦的研发	史可人	省部共建煤炭高效利用与绿色化工国家重点实验室	5	宁夏捷成新材料科技有限公司
58	贺兰山东麓综合试验站—土肥专题	孙权	农学院	3	宁夏农林科学院园艺研究所
59	一种含 Sb 的高效复合孕育剂的研究开发	史可人	省部共建煤炭高效利用与绿色化工国家重点实验室	3	宁夏新顺成特种合金有限公司
60	宁东煤快速热解活化定向制备功能炭材料实验室研究—催化热解活化部分技术咨询服务合同	王焦飞	省部共建煤炭高效利用与绿色化工国家重点实验室	16.5	国家能源集团宁夏煤业有限责任公司洗选中心
61	下垫面变化条件下水资源潜力分析与变化趋势研究	李超超	土木与水利工程学院	6	宁夏首创海绵城市建设发展有限公司
62	2021年政府购买服务项目——农牧交错带牛羊牧繁农育关键技术集成示范项目	张桂杰	农学院	3	中国农业大学
63	石灰氮高效复合肥开发及应用示范	张峰举	西北土地退化与生态恢复国家重点实验室	30	宁夏凌云化工有限公司
64	《宁夏既有建筑抗震性能鉴定标准》编制—2021	张尚荣	土木与水利工程学院	1.8	宁夏回族自治区住房和城乡建设厅
65	2021年度规模以下48条河湖界桩设立项目	田军仓	土木与水利工程学院	17.535	彭阳县水利服务中心
66	2021年静原鸡保种项目	张娟	农学院	32.2	彭阳县畜牧技术推广服务中心
67	宁夏林木良种繁育中心国家杨树良种基地种质资源收集圃、试验示范林树木生长状况调查技术服务	宋丽华	农学院	6.8	宁夏回族自治区国有林场和林木种苗工作总站
68	中阿博览会秘书处2021年合作服务机构采购项目	张前进	中国阿拉伯国家研究院	20	宁夏回族自治区博览局
69	彭阳县农业水权确权和交易方案编制	田军仓	土木与水利工程学院	32	彭阳县水务局
70	中卫市城市公交分担率调查研究（2020—2022年度）	王芳	土木与水利工程学院	47.4	中卫市交通局
71	2021年度文化艺术职业教育和旅游职业教育提质培优行动计划	王磊	文化旅游学院	0.5	文化和旅游部

续表5

序号	项目名称	主持人	所在单位	资助经费（万元）	项目来源
72	保护及监测设施建设项目生物多样性物种资源管理建设技术服务	宋丽华	农学院	12.4	宁夏罗山国家级自然保护区管理局
73	植被类遥感产品真实性检验（2021年度）	王磊	生态环境学院	24	中国科学院空天信息创新研究院
74	关于甘肃省武威市博物馆夏汉合璧姓氏杯设计服务协议	曾发茂	美术学院	6	武威市博物馆
75	工业应用规模的有机危险废物气化技术的开发	李广宇	省部共建煤炭高效利用与绿色化工国家重点实验室	300	环球润博能源科技（北京)有限公司
76	朝那乌鸡团体标准体系申报（2021年）	张娟	农学院	4	彭阳县朝那乌鸡养殖协会
77	高通量平板碳化硅微滤膜的关键制备技术研究	魏逸彬	省部共建煤炭高效利用与绿色化工国家重点实验室	70	宁夏兴凯硅业有限公司
78	宁夏大学食品与葡萄酒学院 宁夏华信达健康科技有限公司技术研发服务合作协议	王松磊	食品与葡萄酒学院	3	宁夏华信达健康科技有限公司
79	黄河流域生态保护和高质量发展财税政策研究——宁夏电子信息产业发展与税源形势分析	哈梅芳	经济管理学院（西部发展研究院）	3	国家税务总局银川市税务局
80	从"十三五"时期税收看宁夏葡萄酒产业高质量发展的对策研究	刘涛	经济管理学院（西部发展研究院）	3	国家税务总局银川市税务局
81	镇朔湖湿地公园动物资源调查	赵红雪	生命科学学院	7.5	宁夏农垦沙湖生态渔业有限公司
82	2021年农技协与科技志愿服务调查研究	华静	经济管理学院（西部发展研究院）	5	中国农业大学
83	宁夏贺兰山生态保护屏障一体化保护和修复成效研究	王磊	生态环境学院	19.6	宁夏回族自治区生态环境厅
84	工业锅炉炉膛火焰温度场测量系统研究及应用	李广宇	省部共建煤炭高效利用与绿色化工国家重点实验室	44.3	西安交通大学
85	委托合作协议(石嘴山市农村经济发展服务中心)	王仲梅	经济管理学院（西部发展研究院）	10	石嘴山市农村经济发展服务中心
86	宁夏黄河流域非物质文化遗产调查工作	王磊	文化旅游学院	19.95	宁夏回族自治区文化和旅游厅

续表6

序号	项 目	主持人	所在单位	资助经费（万元）	项目来源
87	亚麻及其副产品深加工生产技术	刘敦华	食品与葡萄酒学院	12	宁夏马季食用油有限公司
88	活性炭微观性能分析	魏海琴	测试分析中心	2.3	宁夏华辉环保科技股份有限公司
89	2021年石嘴山市大武口自然资源局草原监测项目	李小伟	农学院	1	石嘴山市大武口自然资源局
90	石嘴山市大武口区城乡交通运输一体化示范创建及验收技术服务	王 芳	土木与水利工程学院	98.7	石嘴山市大武口区住房城乡建设和交通局
91	宁夏奶产业发展关键问题对策与建议	杨韶艳	经济管理学院（西部发展研究院）	1	宁夏回族自治区科学技术协会
92	2021年安格斯牛核心群建设项目	张 娟	农学院	15	宁夏回族自治区畜牧工作站
93	宁夏回族自治区应急物资储备"十四五"规划	侯景伟	地理科学与规划学院	28	宁夏回族自治区应急管理厅
94	青海省引大济湟工程水价形成机制与水价方案研究——水价体系与水价形成机制专题研究	申晓晶	土木与水利工程学院	30	中国水利水电科学研究院
95	2001年度企业对外农业投资信息采集与分析	鲍旺虎	经济管理学院（西部发展研究院）	0.96	农业农村部对外经济合作中心
96	宁夏引黄灌区农田退水氮磷流失监测	马 琨	生态环境学院	10	农业农村部农业生态与资源保护总站
97	骏华农牧产业融合发展环境和路径研究	杨韶艳	经济管理学院（西部发展研究院）	10	宁夏骏华月牙湖农牧科技股份有限公司
98	全国农田氮磷流失等监测评价	马 琨	生态环境学院	59	农业农村部科技教育司
99	锡酸锌在高分子材料PVC、PP中阻燃机理研究	白红存	省部共建煤炭高效利用与绿色化工国家重点实验室	25	云南锡业集团（控股）有限责任公司研发中心
100	2021年全区大学生篮球比赛合作协议书	咸云龙	体育学院	20	宁夏学生体育艺术协会
101	关于银川黄河军事文化博览园主题绘画服务协议	曾发茂	美术学院	6.5	宁夏西夏陵文物保护技术服务工程有限公司
102	雕塑设计及制作	冯 亮	美术学院	23.5	宁夏嘉宁文化传播网络科技有限公司
103	滩羊绿色发酵饲料全混合日粮新产品研究与示范	周玉香	农学院	5	宁夏农林科学院畜牧兽医研究所*有限公司）

续表7

序号	项　目	主持人	所在单位	资助经费（万元）	项目来源
104	医疗大数据关键技术研究与应用	史金龙	校领导	50	创业慧康科技股份有限公司
105	宁夏黄河湿地生态系统定位监测（2021年）	张　雪	生态环境学院	12	银川市湿地保护中心
106	罗山保护区主要害虫发生危害调查及小蠹虫防治成效评价	王新谱	农学院	13.8	宁夏罗山国家级自然保护区管理局
107	新时代宁夏侨务工作对高质量改革开放的作用研究	雷安琪	法学院	1	宁夏回族自治区归国华侨联合会
108	宁夏法学研究"十四五"规划	胡世恩	法学院	0.7	宁夏回族自治区法学会
109	水泥粉煤灰稳定钢渣混合料路用技术的研发	李宏波	土木与水利工程学院	10	宁夏华晟节能环保科技有限公司
110	宁夏"山、酒、河"文化资源与文化旅游开发调查	周学忠	科学技术处	24	宁夏宁礼文化旅游产业有限公司
111	贺兰山矿区生态修复模式分析及典型治理示范区研究项目	石　云	地理科学与规划学院	80.6	银川市自然资源局
112	贺兰山岩画的识别分类研究——产学协作项目	毕　利	信息工程学院	2	谷歌信息技术（中国）有限公司
113	宁夏城乡交通运输一体化建设项目技术咨询	王　芳	土木与水利工程学院	75	宁夏惠达晨科技有限公司
114	宁夏沙漠蔬菜水肥高效调控及高产栽培关键技术研究及应用	李惠霞	农学院	30	宁夏华泰农农业科技发展有限公司
115	激光定标试验技术服务	冯克鹏	土木与水利工程学院	103	中国资源卫星应用中心
116	稻渔综合种养立体复合生态养殖技术研究与示范	邱小琮	生命科学学院	10	银川科海生物技术有限公司
117	水生植物引种与净水效应研究	何彤慧	生态环境学院	3	银川市湿地保护中心
118	人工智能技术教师培训项目	毕　利	信息工程学院	3	谷歌信息技术（中国）有限公司
119	细菌素协同益生菌的动物替抗产品综合试验与评价	辛国省	生命科学学院	20	宁夏伊品生物科技股份有限公司
120	河湖治理关键技术研究与示范	邱小琮	生命科学学院	40	中交基础设施养护集团宁夏工程有限公司
121	太阳山石灰岩产品市场调查研究	刘小鹏	地理科学与规划学院	26.7	宁夏高铁矿业开发有限责任公司

续表 8

序号	项　目	主持人	所在单位	资助经费（万元）	项目来源
122	CNP 引发剂的生产工艺改进	冒　杰	省部共建煤炭高效利用与绿色化工国家重点实验室	30	宁夏顺邦达新材料有限公司
123	高污秽地区工业粉尘分析和绝缘子积污特性研究-2	李　平	化学化工学院	22	国网宁夏电力有限公司电力科学研究院
124	高污秽地区工业粉尘分析和绝缘子积污特性研究	杨国华	物理与电子电气工程学院	40	国网宁夏电力有限公司电力科学研究院
125	中卫市沙坡头区乡村旅游规划与发展培训项目	李　波	文化旅游学院	9.21726	中卫市沙坡头区旅游和文化体育广电局
126	宁夏尚农生物科技产业发展有限公司食品与葡萄酒学院技术研发合作协议	王松磊	食品与葡萄酒学院	5	宁夏尚农生物科技产业发展有限公司
127	酒店服务质量提升研究	冯　健	文化旅游学院	0.72	北京金雁饭店有限责任公司
128	酒店服务质量提升研究	冯　健	文化旅游学院	0.54	北京北控国际会都房地产开发有限公司雁栖岛分公司
129	基于无人机数据的多年冻土区路面病害提取	柴明堂	土木与水利工程学院	4.5	中国科学院西北生态环境资源研究院
130	晶立方视力康养智能训练系统	高志军	教育学院(教师教育学院、教育研究院、宁夏高等学校师资培训中心)	1	宁夏韵智文化发展有限公司
131	沥青路面阻燃剂热动力学分析及路用关键技术研发	李宏波	土木与水利工程学院	19.6	中交基础设施养护集团宁夏工程有限公司
132	宁夏人民防空"十四五"规划编制	崔明堂	回族研究院	19	宁夏人民防空办公室
133	宁夏推进农村一二三产业融合发展研究	王国庆	经济管理学院(西部发展研究院)	5	宁夏回族自治区农村经济经营管理站
134	黄花菜杀青—干制一体化技术	张海红	食品与葡萄酒学院	20	吴忠市红寺堡区兆君万鑫种植专业合作社
135	石嘴山市 2020 年城市公共交通分担率调查报告	王　芳	土木与水利工程学院	11.2	石嘴山市交通运输局
136	宁夏中卫沙坡头国家级自然保护区野生脊椎动物专项调查	杨贵军	生命科学学院	14	宁夏回族自治区中卫沙坡头国家级自然保护区管理局
137	银川平原绿洲区生态地质环境质量综合评价	王　磊	生态环境学院	10	宁夏回族自治区地质调查院

续表9

序号	项目	主持人	所在单位	资助经费（万元）	项目来源
138	支撑奶产业，助推乡村振兴专家服务基层项目	王建宇	农学院	5.6	宁夏回族自治区人力资源和社会保障厅
139	贺兰山东麓酿酒葡萄长廊土壤与葡萄品质关系	王锐	农学院	10	宁夏回族自治区地质调查院
140	旱地农田水肥高效利用种植模式研究	姬强	农学院	50	宁夏农林科学院农业资源与环境研究所
141	宁夏干旱半干旱区林草资源保育与生态生产功能提升关键技术研究示范	王兴	西北土地退化与生态恢复国家重点实验室	5	宁夏农林科学院荒漠化治理研究所
142	优质牧草提质增效关键技术研究与集成示范—2021年	兰剑	农学院	8	宁夏农林科学院荒漠化治理研究所
143	基于生态安全的荒漠草原生态生产功能耦合关键技术研究与示范	杨鑫	农学院	50	宁夏农林科学院荒漠化治理研究所
144	2021年度宁夏珍稀濒危植物资源调查项目	李小伟	农学院	48	宁夏林业调查规划院
145	2021年国家耐盐碱区试水稻品种试验	王彬	农学院	0.9	青岛海水稻研究发展中心有限公司
146	同心县民族团结进步示范县第三方评估委托协议书	潘忠宇	法学院	2	中共同心县委统一战线工作部
147	银川铁路口岸可行性研究报告编制项目	黑秀玲	经济管理学院(西部发展研究院)	53	银川公路铁路运输物流服务中心
148	基于虚拟仪器的工程车ECU检测系统	葛永琪	信息工程学院	10	陕西旋星电子科技有限公司
149	彭阳县"十四五"科技创新发展规划	刘小鹏	地理科学与规划学院	12	彭阳县科技局
150	推进黄河流域生态保护和高质量发展先行区建设的财税政策研究	刘涛	经济管理学院(西部发展研究院)	5	宁夏回族自治区国际税收研究会
151	吴忠市民族团结进步示范单位第三方评估委托协议书	潘忠宇	法学院	5.52	中共吴忠市委统一战线工作部
152	工艺包技术委托合同	于广锁	省部共建煤炭高效利用与绿色化工国家重点实验室	120	万华化学(四川)有限公司
153	宁夏蔬菜产业质量效益和市场竞争力提升研究	张雪艳	农学院	5	自治区农村经济经营管理站
154	基于施工力学的大跨度预应力空心楼板应用及研究	包超	土木与水利工程学院	28	中铁一局集团建筑安装工程有限公司

续表 10

序号	项 目	主持人	所在单位	资助经费（万元）	项目来源
155	交通运输领域科技创新发展规划及技术服务	王 芳	土木与水利工程学院	60	宁夏公路勘察设计有限责任公司
156	超声设备水循环系统技术开发合同	班 伟	机械工程学院	10	北京千循生态环境科技有限公司
157	基于宁夏特色文化的旅游文创产品设计研发（第一批）	曾发茂	美术学院	8	宁夏佑启文化科技有限公司
158	氧化石墨烯负载金属钯储氢材料实验室合成及储氢机理探索研究	白红存	省部共建煤炭高效利用与绿色化工国家重点实验室	20	军事科学院系统工程研究院军事新能源技术研究所
159	平罗县"十四五"文化发展规划	王 磊	文化旅游学院	18	平罗县文化旅游广电局
160	宁夏农垦盐碱地农艺改良培肥水盐监测项目效果评价合作协议	孙 权	农学院	7	宁夏回族自治区农垦事业管理局农林牧技术推广服务中心
161	舔砖对围产期和泌乳期奶牛生理参数及生产性能影响的研究	张巧娥	农学院	30	天津全药动物保健品有限公司
162	银川市"十四五"人口发展规划	苏东海	离退休人员服务处	10	银川市发改委
163	用微通道反应器合成乙亚胺酸乙酯及三甲基嘧啶酮工艺研究	杨金会	省部共建煤炭高效利用与绿色化工国家重点实验室	5	宁夏东吴农化股份有限公司
164	可视面无醛防火装饰新材料的研发	李宏波	土木与水利工程学院	6	宁夏丰通新材料科技有限公司
165	活性炭微观性能分析	魏海琴	测试分析中心	2	宁夏华辉活性炭股份有限公司
166	基于物联网的农机装备生产及售后追溯系统开发	胡春生	机械工程学院	15	宁夏智源农业装备有限公司
167	西藏然乌湖4A景区创建级控制线详细规划	王 磊	文化旅游学院	60	福建万嘉旅游管理有限责任公司
168	西夏区科技项目	李茹一	食品与葡萄酒学院	8.0753	西夏区科技厅
169	西北地区苜蓿草矿物营养成分的研究	张巧娥	农学院	18	北京永和荣达饲料有限公司
170	陶瓷膜法氢氧化铌反应分离耦合关键技术研究	魏逸彬	省部共建煤炭高效利用与绿色化工国家重点实验室	50	南京弘顺和生物科技有限公司
171	银川市渔业资源及生态保护项目调查评估	邱小琮	生命科学学院	2.2365	银川市农业农村局

续表 11

序号	项 目	主持人	所在单位	资助经费（万元）	项目来源
172	关于完成《宁夏科技型企业知识价值评价体系研究》项目的协议	赵雅洁	法学院	2	宁夏回族自治区生产力促进中心
173	银川市商务局委托第三方机构编制银川市现代物流产业及外向型经济"十四五"发展规划项目	刘立波	信息工程学院	19.98	银川市商务局
174	教育部—北京瑞泰创新公司产学合作协同育人项目：TI DSP系列芯片应用技术校企联合师资培训建设	郭辉	信息工程学院	2	北京瑞泰创新科技有限责任公司
175	中卫市沙坡头区城乡交通运输一体化建设示范县验收咨询服务	王芳	土木与水利工程学院	64.8	中卫市交通运输局
176	中阿经贸关系发展进程2020年度报告编纂出版项目	金忠杰	阿拉伯学院（中国阿拉伯国家研究院）	51.8	宁夏博览局
177	国家耕地质量监测点审核上报数据与土壤样品采购	马琨	生态环境学院	3.4	农业农村部耕地质量监测保护中心
178	固原市城市公共交通分担率调查报告及固原市出租汽车运力评估报告	王芳	土木与水利工程学院	11.8	固原市交通运输局
179	相变材料的刺激性气味问题分析及解决方案研究	冒杰	省部共建煤炭高效利用与绿色化工国家重点实验室	20	上海生生物流有限公司
180	液压支架关重零部件绿色再制造关键技术研究	郑浩博	化学化工学院	50	天地宁夏支护装备有限公司
181	产品研发技术合作协议	刘敦华	食品与葡萄酒学院	3	宁夏中宁县春杞枸杞科技有限公司
182	2甲4氯工业化生产研发项目	杨金会	省部共建煤炭高效利用与绿色化工国家重点实验室	10	宁夏格瑞精细化工有限公司
183	"新时代伊斯兰教中国化"教材建设的课程教学研究	孙振玉	法学院	15	中央社会主义学院
184	广州中博教育股份有限公司与宁夏大学经济管理学院共建卓越拔尖人才培养基地方案	虎兴武	经济管理学院（西部发展研究院）	3	广州中博教育股份有限公司
185	平罗县盐碱地"生态循环智慧型"农业规划方案	王彬	农学院	13	平罗县农业农村局
186	全混合日粮配料装置结构的优化	任重义	机械工程学院	10	宁夏新大众机械有限公司
	合 计			3924	

2021年度教职工出版著作一览表

序号	著作	著者	所在单位	出版社	类别
1	《中国传统文化精神与社会主义核心价值观的关系研究》	胡滨	马克思主义学院	人民出版社	专著
2	《消失的自然村》	海正忠	回族研究院	阳光出版社	专著
3	《宏程序在数控编程及控制中的应用》	蒙斌	机械工程学院	化学工业出版社	专著
4	《教师混合式学习研究》	黄兰芳	教育学院(教师教育学院、教育研究院、宁夏高等学校师资培训中心)	科学出版社	专著
5	《教师混合式学习研究》	贾巍	教育学院(教师教育学院、教育研究院、宁夏高等学校师资培训中心)	科学出版社	专著
6	《交往视角下大学课堂生活的质性研究——以西北地区两所大学为例》	马丽	教育学院(教师教育学院、教育研究院、宁夏高等学校师资培训中心)	科学出版社	专著
7	《荒漠草原优势植物水分利用策略与干旱适应机制》	胡海英	农学院	宁夏人民出版社	专著
8	《玉米生长模拟模型构建与图像识别系统系统设计》	贾彪	农学院	中国农业科学技术出版社	专著
9	《荒漠草原生态系统对气候变化的生态响应——以宁夏盐池县荒漠草原为例》	李建平	农学院	宁夏人民出版社	专著
10	《黄土高封育草地深层土壤碳氮动态》	李建平	农学院	宁夏人民出版社	专著
11	《半湿润易旱区春玉米沟垄集雨结合覆盖技术研究》	李荣	农学院	阳光出版社	专著
12	《宁夏植物图鉴(第四卷)》	李小伟	农学院	科学出版社	专著
13	《哈巴湖植物图志》	李小伟	农学院	阳光出版社	专著
14	《植物响应锂离子的分子生物学研究》	马天利	农学院	中国农业科学技术出版社	专著
15	《降雨入渗下的宁南山区黄土梯田稳定性及优化设计研究》	田佳	农学院	宁夏人民出版社	专著
16	《植物护坡原理与数值模拟研究》	田佳	农学院	宁夏人民出版社	专著
17	《旱作枣林土壤干化及其修复技术研究》	汪星	农学院	中国农业出版社	专著
18	《生态环境监测与恢复——以宁夏东部风沙区沙化草地为例》	许冬梅	农学院	科学出版社	专著

续表1

序号	著作	著者	所在单位	出版社	类别
19	《高效养羊一本通》	周玉香	农学院	化学工业出版社	专著
20	《《荒漠沙生植物种子昆虫生态学研究》》	张大治	生命科学学院	阳光出版社	专著
21	《荒漠草原短花针茅群落多样性维持机制》	王 兴	生态环境学院	中国农业出版社	专著
22	《苹果酸—乳酸发酵细菌的研究现状及优良发酵菌株的筛选》	金 刚	食品与葡萄酒学院	中国农业科学技术出版社	专著
23	《气候变化背景下宁夏引黄灌区水资源配置研究》	王战平	数学统计学院	中国水利水电出版社	专著
24	《水生态文明建设过程中水利信息化建设途径与方法研究》	冯克鹏	土木与水利工程学院	中国农业出版社	专著
25	《文化批评视角下的约瑟夫·康拉德研究》	李文军	外国语学院	科学出版社	专著
26	《黑水城出土元代律令与词讼文书整理研究》	张笑峰	西夏学研究院	中国社会科学出版社	专著
27	《医学图像处理案例分析研究》	刘立波	信息工程学院	科学技术文献出版社	专著
28	《古代阿拉伯史学家及其著作目录》	梁道远	阿拉伯学院（中国阿拉伯国家研究院）	社会科学文献出版社	专著
29	《宏程序在数控编程及控制中的应用》	蒙 斌	机械工程学院	化学工业出版社	专著
30	《数控原理与数控机床》	蒙 斌	机械工程学院	化学工业出版社	专著
31	《物联网基础概论》	胡春生	机械工程学院	北京大学出版社	专著
32	《经济新格局下中国房地产政策研究》	雷安琪	法学院	阳光出版社	专著
33	《荒漠沙生植物种子昆虫生态学研究》	张大治	生命科学学院	阳光出版社	专著
34	《小学英语课程与教学法》	马笑岩	教育学院(教师教育学院、教育研究院、宁夏高等学校师资培训中心)	科学出版社	编著
35	《塞上江南草木春——宁夏大学校园植物图鉴》	牛东玲	生命科学学院	东北林业大学出版社	编著
36	《从邻接矩阵到拓扑网络——基于NetworkX的网络与图分析》	马 治	物理与电子电气工程学院	宁夏人民教育出版社	编著

续表2

序号	著作	著者	所在单位	出版社	类别
37	《一瓶葡萄酒的诞生》	张亚红	食品与葡萄酒学院	科学出版社	工具书
38	《学校积极心理:教师实践指南》	从友忠	教育学院(教师教育学院、教育研究院、宁夏高等学校师资培训中心)	科学出版社	译著
39	《小狗巴基斯》	徐廷廷	外国语学院	甘肃文化出版社	译著
40	《四月小猫咪》	徐廷廷	外国语学院	甘肃文化出版社	译著
41	《棉花糖兔子》	徐廷廷	外国语学院	甘肃文化出版社	译著
42	《十种人性:谁在决定我们的善恶选择》	杨红梅	外国语学院	中信出版社	译著

教职工情况

2021年教职工基本情况统计表

	管理人员	教学人员	科研人员	思政人员	教辅人员	附属机构人员	离退休人员	合计(不含离休人员)
正高级	11	450	31	6	13	1	15	512
副高级	118	605	54	26	106	20	22	929
中级	119	431	27	40	129	24	4	770
初级	66	57	10	59	36	11	0	239
无职称	59	0	0	4	17	105	6	185
合计	373	1543	122	135	301	161	47	2615

2021年专任教师职称、学历情况表

职称情况				学历情况			合计
正高级	副高级	中级	初级	博士	硕士	本科及以下	
488	682	510	120	842	829	129	1800

2021年专任教师年龄情况表

	35岁以下	36—40岁	41—45岁	46—50岁	51—55岁	56—60岁	61岁及以上	合计
正高级	1	18	62	146	118	141	2	488
副高级	47	144	251	133	58	49	0	682
中 级	204	155	78	39	20	14	0	510
初 级	97	13	5	5	0	0	0	120
合 计	349	330	396	323	196	204	2	1800

在职的各类专家人才

教育部"长江学者"特聘教授

  彭志科　王青云　杜建录　于广锁　罗正鸿

国家高层次人才特殊支持计划(万人计划)

 1. 百千万人才工程领军人才

  李　星

 2. 科技创新领军人才

  彭志科　罗正鸿

 3. 哲学社会领军人才

  杜建录　胡玉冰　彭向前

 4. 青年拔尖人才

  潘　洁　魏凡华

国家杰出青年基金获得者

  彭志科　罗正鸿　王青云

全国宣传文化系统"四个一批"人才

  杜建录　胡玉冰　彭向前

百千万人才工程一、二层次人选

  李　星　许　兴　杜建录　孙兆军　马玉龙　胡玉冰　郭庆杰　马　云　赖小勇

国家突出贡献中青年专家

  何建国　胡玉冰　郭庆杰　马　云　赖小勇

国家级教学名师

  王玉炯

享受国务院特殊津贴人员

  李　星　何建国　王忠静　王玉炯　许　兴　赵天生　郭庆杰　孙兆军　杜建录　刘万毅
  马玉龙　李建设　陈彦云　胡玉冰　赖小勇　罗瑞明

中国科协青年人才托举工程

  刘　昊　李　乐

教育部高校骨干教师资助计划

  王玉炯　李　星　赵天生

教育部高校优秀青年教师教学科研奖励计划人员

  李　星

教育部新世纪优秀人才支持计划

  王玉炯　王青云　杜建录　马玉龙　王旭明　李国旗　郭庆杰　王新谱　赵天生　胡玉冰
  杨金会　肖国举　曹　兵　顾培明

享受自治区政府特贴人员

  杜建录　孙兆军　刘万毅　李建设　胡玉冰　张自萍　张亚红　高桂英　顾培明　王安全
  杨文伟　李　斌　张　波

自治区"塞上英才"

  王玉炯　杜建录　孙兆军　马玉龙

自治区"塞上名师"

  郎　伟　张亚红　王岩森

自治区"塞上文化名家"

  杨　浣　李　斌　陈　宏

自治区"塞上农业专家"

  陈彦云　孙　权　曹　兵

新世纪学术技术带头人（313 人才工程）人选

  1. 国家百千万三层次人选

  何建国　许　兴　史远刚　王玉炯　赵天生　王旭明　杨金会　王新谱　冯秀芳　彭向前
  东　梅　杨国涛

  2. 自治区新世纪学术、技术带头人

  杜建录　王振平　孙兆军　宋乃平　张军翔　马玉龙　李建设　刘万毅　孙　权　张启敏
  胡玉冰　曹　兵　彭　励　马红彬　蔡　超

自治区海外引才百人计划人选

  王　政　刘晓明　毛明杰　顾培明　王治文　杨秋宁　藏志勇　马保军　王海龙　罗海霞

陈　任　李海波　彭　娟　马清祥　周　震

自治区"国内引才312计划"人选

赵天生　任　军　文　琦　赖小勇　张自萍　周学章　贾科利　张雪艳　韩　磊　李兴财
丁生虎　李学丰　张建利　张桂杰　范素兵

自治区教学名师

刘万毅　郭鸿雁　张轶炳　王岩森　王　盛　袁　红　朱学军　白宁芳　张　波　李　平

自治区科技创新领军人才

张军翔　顾培明　肖国举　王海龙　王　政　张雪艳　邓光存　赖小勇　文　琦　彭　娟
马红彬　李学丰　张建利　马　云　丁生虎　刘贵珊　李兴财　李凤军　马保军　周学章
王　磊　王昱潭　范素兵

自治区哲学社会科学和文化艺术领军人才

佟建荣　李世举　段玉泉　姜克银　钱容德　冯　蛟　李新贵

自治区青年拔尖人才培养工程人选

邓光存　文　琦　杨　浣　肖国举　倪细炉　钟艳霞　张雪艳　王松磊　刘任涛　杜灵通
刘小鹏　李茹一　白红存　孙学宏　方海田　王幼奇　李王成　白永辉　马　佳　王　冠
王思鸿　王换芳　朱　磊　安　慧　李　乐　李　勇　赵多平　贾　巍　高云澍　曹云娥
葛永斌　谢延龙　戴新毅　朱海燕　麻冬梅　伏兵哲　王德志　杨庆凤

自治区青年科技人才托举工程人选

王　冠　苏　艳　白红存　李兴财　邓　篯　张玮玮　薛　顿　李海波　张尚荣　惠迎新
詹海鹃　白一茹　李　荣　李志刚　车佳玲　魏梦雪　马　薇　刘　昊　刘宽冠　刘智永
刘翔宇　齐拓野　何进宇　张桂杰　陈　林　金　刚　侯　迎　展秀丽　曹志杰　宿友亮
董旭光　潘　欢　高雪芹　李清峰　吴龙国　禄兴丽　魏大为　马晓波　王　芳　王泽云
王玲霞　包　超　邢永雷　许秋燕　高新华　李超超　李普博　杨珮珮　班　伟　康宁波
王　兴　孙　辉　孙永刚　李　晶　李典军　李晓曼　余振华　张汉辰　郑浩博　孟　晨
姚文孔　姬　强　崔倩倩　寇琳媛　傅　婧　潘　琳　黎康宁　吕鹏远　孙　悦　张舜祖
罗玉龙　岳健敏　冒　杰　程　亮　谭永涛

自治区青年哲学社会科学和文化艺术人才托举工程人选

于光建　王丽婷　朱丽娅　刘振宇　杨文笔　高秀军　马　静　仇娟东　冯　燚　田养邑
刘东宁　许　昊　焦岩岩　王　艳　邓文韬　王　龙　华　静　余伟如　周　易　咸富莲
于鹏亮　王淑兰　张建东　于艳丽　马志云　王雅蕾

2021 年聘请的校外专家一览表

序 号	姓 名	工作单位及职务	聘任职务
1	夏明许	上海交通大学教授	"贺兰山学者"
2	郑元世	西安电子科技大学教师	特聘教授
3	谢广明	北京大学教师	客座(兼职)教授
4	何建明	中国作家协会副主席	客座(兼职)教授
5	郭庆茹	石嘴山市农业技术推广中心主任	客座(兼职)教授
6	陈晓军	宁夏工商职业技术学院党委书记	客座(兼职)教授
7	刘社龙	西安航天动力研究所总工程师	客座(兼职)教授
8	罗 援	军事科学学会副秘书长	客座(兼职)教授
9	侯欣一	天津财经大学近现代法研究中心主任	客座(兼职)教授
10	詹小美	中山大学教师	客座(兼职)教授
11	许云霄	银川汇创资本投资控股有限公司总经理助理	客座(兼职)教授
12	温德青	上海音乐学院教师	客座(兼职)教授
13	郑兰荪	厦门大学教师	客座(兼职)教授
14	关晶奇	中国邮政储蓄银行宁夏回族自治区分行党委委员、副行长	客座(兼职)教授
15	王静芳	中央广播电视总台(宁夏总站)副召集人	客座(兼职)教授
16	张 波	上海交通大学教师	客座(兼职)教授
17	路万里	华茂伟业绿色科技股份有限公司董事长	客座(兼职)教授
18	张 栋	西北工业大学教师	客座(兼职)教授

2021年晋升副高级及以上职称人员

一、高教系列

教　授：马良财　王幼奇　王胜泽　王　彬　王　磊　冯杰文　吉文欣　朱丽娅　刘　昊　刘贵珊　李晓春　余永涛　汪文帅　张　萍　陈　宏　柳玉宏　徐春燕　曹云娥　惠迎新　潘　欢　魏凡华

副教授：王　龙　王昌伟　王晓中　王　博　王雅俊　王　颖(1983)　车志军　孔德银　冯　骁　吕鹏远　孙　辉　何育荣　汪　星　张　帅　张现强　张尚荣　张笑峰　杨海娟　吴斌涛　高力扬　金　刚　高　军　周丽娅　高锦涛　冒　杰　秦江丽　柴明堂

副教授(专职辅导员1人)：白雪梅

二、社科研究系列

研 究 员：潘　洁

副研究员：许伟伟

三、自然科学研究系列

研 究 员：马清祥　王　兴(1986)　杨新国　高忙忙

副研究员：刘建康

四、实验系列

高级实验师：葛少英

五、会计系列

高级会计师：梅　婕　马静雅　吴金华

六、经济系列

高级经济师：王建宁

2021年新增博士生指导教师一览表

序　号	姓　名	指导专业	备　注
1	东　梅	中国少数民族经济	
2	杨韶艳	中国少数民族经济	
3	李新贵	中国少数民族史	
4	佟建荣	中国少数民族史	
5	雷兴明	中国少数民族史	
6	杨文笔	民族社会学	
7	周　震	民族心理与民族教育	
8	谢延龙	民族心理与民族教育	
9	田富军	西北民族地区语言文学与文献	外聘

续表

序 号	姓 名	指导专业	备 注
10	杨晓梅	民族地区公共管理	
11	刘立波	应用数学	
12	汪文帅	应用数学	
13	韩惠丽	应用数学	外聘
14	魏立力	应用数学	
15	李 勇	动物病原生物学	
16	吴晓玲	动物病原生物学	
17	徐伟荣	植物生物学	
18	王 盛	微生物资源开发与利用	
19	方海田	微生物资源开发与利用	
20	卢文玉	微生物资源开发与利用	外聘
21	毛克彪	土水工程与计算科学	外聘
22	李兴财	土水工程与计算科学	
23	马保军	水资源利用与化学化工	
24	张建利	水资源利用与化学化工	
25	陈芬儿	水资源利用与化学化工	外聘
26	顾培明	水资源利用与化学化工	
27	倪 刚	水资源利用与化学化工	
28	李王成	水文学及水资源	
29	王德志	水工结构工程	
30	毛明杰	水工结构工程	
31	王忠静	水利水电工程	
32	杨秋宁	水利水电工程	
33	王兴平	动物遗传育种与繁殖	
34	张巧娥	动物营养与饲料科学	
35	徐晓锋	动物营养与饲料科学	
36	许立华	动物安全生产	
37	王红梅	草学	
38	白 明	草学	外聘
39	兰 剑	草学	
40	伏兵哲	草学	
41	杜灵通	草学	
42	沈 艳	草学	
43	Marcelo Sternberg	草学	外聘

续表

2021年新增硕士生指导教师一览表

序 号	姓 名	专 业	备 注
1	黑静洁	刑法学	外聘
2	王 静	法学理论	
3	王丽宏	民族社会学	
4	许 昊	农林经济管理	
5	刘淑萍	政治经济学	
6	马建宏	工商管理	
7	冯 骁	农业经济管理	
8	刘晓伟	政治经济学	
9	仇 瑞	工商管理	
10	王若溪	工商管理	
11	史金龙	政治经济学	
12	马志云	世界经济	
13	于艳丽	农业经济管理	
14	石 荣	政治经济学	
15	苗艳青	政治经济学	外聘
16	顾雪非	政治经济学	外聘
17	马 巍	人类学	
18	马 莉	思想政治教育	
19	杨 敏	汉语言文字学	
20	蔡淑梅	汉语言文字学	
21	杨志云	文艺学	
22	张富宝	文艺学	
23	于 薇	文字学	
24	刘文燕	语言学及应用语言学	
25	任淑媛	中国现当代文学	
26	孙 静	中国古代史	
27	王 静	学科教学(语文)	
28	沈秀英	学科教学(语文)	
29	曹二磊	课程与教学论	
30	马笑岩	课程与教学论、小学教育	
31	王 莅	少年儿童组织与思想意识教育、小学教育	
32	马 丽	教育学原理、小学教育	

续表1

序 号	姓 名	专 业	备 注
33	杨丽恒	心理健康教育	
34	安旺国	现代教育技术	
35	张 乐	现代教育技术	外聘
36	宋晓龑	学科教学(英语)	
37	郑晓英	学科教学(英语)	
38	杨巧南	学科教学(英语)	
39	王 龙	中国少数民族史	
40	马旭俊	中国少数民族史	
41	许伟伟	中国古代史	
42	高 仁	中国古代史	
43	张天杰	基础数学	
44	杜庆辉	运筹学与控制论	
45	亢 婷	运筹学与控制论	
46	杨 娟	应用数学	
47	苏克义	学科教学(数学)	外聘
48	吕鹏远	计算机应用技术	
49	贾 伟	计算机应用技术	
50	鲍学亮	计算机应用技术	
51	杜玲玲	物理学	
52	汪燕青	凝聚态物理学	
53	黎康宁	物理学	
54	曹雨生	物理学	
55	程 亮	物理学	
56	王婷婷	物理学	
57	马晓波	凝聚态物理	
58	董雯浩	凝聚态物理	
59	霍 杰	凝聚态物理	
60	张 刚	力学	
61	马文国	力学	
62	孙文海	固体力学	
63	母全祎	固体力学	
64	俞艳蓉	学科教学(物理)	
65	李 波	电路与系统	

续表2

序　号	姓　名	专　业	备　注
66	吴斌涛	微电子学与固体电子学	
67	孙　贤	学科教学(化学)	
68	王　鑫	化学	
69	郑浩博	化学	
70	张　鑫	自然地理学	
71	刘邓超	自然地理学	
72	陶　红	自然地理学	
73	卜晓燕	人文地理学	
74	王晓燕	人文地理学	
75	咸宝林	人文地理学	
76	张汉辰	地图学与地理信息系统	
77	佘　璐	地图学与地理信息系统	
78	董锁成	旅游开发与规划管理	外聘
79	刘新峰	生物学	
80	罗海霞	生物学	
81	薛　頔	生物学	
82	高力扬	生物学	
83	杨淑娟	生物学	
84	王世全	生态学	
85	贺　婧	生态学	
86	李　媛	生态学	
87	刘建康	生态学	
88	吕　雯	生态学	
89	孟　晨	生态学	
90	潘海珠	生态学	
91	王　兴	生态学	
92	王　珍	生态学	
93	薛　斌	生态学	
94	柴明堂	水工结构工程	
95	丁一民	土木水利	
96	姜　鲁	土木水利	
97	李小纲	土木水利	
98	马冬梅	土木水利	

续表3

序　号	姓　名	专　业	备　注
99	马熙伦	土木水利	
100	邹业斌	土木水利	
101	万愉快	土木水利	
102	张晓华	土木水利	
103	刘　娟	土木水利	
104	何进宇	土木水利	
105	苗福生	土木水利	
106	于　强	机械工程	外聘
107	张振涛	机械工程	外聘
108	王誉蓉	机械工程	
109	徐艳茹	机械工程	
110	侯才生	机械工程	
111	张富臣	机械工程	
112	胡　阳	机械工程	
113	王　明	机械工程	
114	王　旭	机械工程	
115	刘华雷	预防兽医学	外聘
116	张　莉	基础兽医学	
117	龚振兴	预防兽医学	
118	王晓亮	动物疫病诊断与防控技术	外聘
119	宋亮丽	预防兽医学	
120	李知新	动物疫病诊断与防控技术	外聘
121	杨　鑫	草学	
122	沈　月	草学	
123	高雪芹	草学	
124	李淑霞	草业科学	
125	薛艳林	草学	外聘
126	刘文娟	农业资源与环境	
127	李清峰	作物遗传育种	
128	马天利	作物遗传育种	
129	刘彩霞	作物遗传育种	
130	孙　颖	作物栽培学与耕作学	
131	侯　鹏	作物栽培学与耕作学	外聘

续表4

序　号	姓　名	专　　　业	备　注
132	杨国虎	作物学	外聘
133	马文礼	作物栽培学与耕作学	外聘
134	徐雪蕾	林业	
135	胡　杨	林业	
136	苗　颖	农业昆虫与害虫防治	
137	贾　龙	农业昆虫与害虫防治	
138	白　明	农业昆虫与害虫防治	
139	任应党	农业昆虫与害虫防治	
140	周传社	畜牧学	外聘
141	毕研亮	畜牧学	外聘
142	马燕芬	动物营养与饲料	
143	姚文孔	园艺学	
144	程国新	园艺学	
145	王晓卓	农艺与种业（园艺）	
146	郭　猛	蔬菜学	
147	冯　美	园艺	
148	严　瑞	农艺与种业	
149	徐国前	农艺与种业	
150	葛　静	设施园艺学	
151	薛婷婷	农艺与种业	
152	段　茹	艺术硕士	外聘
153	吴广宏	体育硕士	
154	王　飒	体育硕士	
155	严　津	体育硕士	
156	徐　赟	体育硕士	
157	孙　辉	材料与化工（专业学位）	
158	年　佩	材料与化工（专业学位）	
159	李　丰	材料与化工（专业学位）	
160	王　薇	材料与化工（专业学位）	
161	孙永刚	材料与化工（专业学位）	
162	张　慧	材料与化工（专业学位）	
163	魏逸彬	材料与化工（专业学位）	
164	李广宇	材料与化工（专业学位）	

续表5

序 号	姓 名	专 业	备 注
165	司崇殿	材料与化工(专业学位)	外聘
166	孙彦丽	材料与化工(专业学位)	外聘
167	王 霞	材料与化工(专业学位)	外聘
168	王立惠	材料与化工(专业学位)	外聘
169	张健康	材料与化工(专业学位)	外聘
170	张小刚	新闻与传播硕士	
171	马 骏	新闻与传播硕士	
172	李 瑾	新闻与传播硕士	
173	康宁波	食品科学与工程	
174	李茹一	食品科学与工程	
175	潘 琳	食品科学与工程	
176	魏超昆	食品科学与工程	
177	傅 婧	食品科学与工程	
178	罗玉龙	食品科学与工程	
179	王 岚	食品科学与工程	
180	曹有龙	食品科学与工程	外聘
181	闫亚美	食品科学与工程	外聘
182	白云峰	学科教学(思政)	外聘
183	梁 艳	学科教学(语文)	
184	张建东	思想政治教育	外聘
185	于 钊	农艺与种业(草业)	外聘
186	叶 农	材料与化工	外聘
187	宋正平	材料与化工	外聘
188	邢雅琴	材料与化工	外聘
189	李军义	材料与化工	外聘

2021 年新聘请外籍教师人员情况表

序 号	姓 名	国 籍	性 别	所在单位
1	Melissa Kay Smith	美国	女	外国语学院
2	Dale Robert Deweerd	美国	男	外国语学院
3	Elle Nicole Floyd	美国	女	外国语学院
4	lgor Kriukov	俄罗斯	男	外国语学院
5	Nave Lola	法国	女	食品与葡萄酒学院
6	Kevin Andrew Schouten	加拿大	男	食品与葡萄酒学院
7	Wagdy Wahib Metry Kalds	埃及	男	阿拉伯学院
8	Donald Gray Vestal II	美国	男	国际教育学院
9	Mechelle Opal Vestal	美国	女	国际教育学院
10	Kundu Sucharita	印度	女	信息工程学院
11	Singh Nitesh Kumar	印度	男	信息工程学院
12	颜清宇	新加坡	男	化学化工学院
13	WU ZHIWEI	美国	男	生命科学学院
14	Ali Morsali	伊朗	男	国重实验室
15	Hirata Shigeki	日本	男	西夏学研究院
16	Carrie Lou Anthony	美国	女	外国语学院
17	Valerie Sue Cook	美国	女	外国语学院
18	Benjamin Andrew Brewer	美国	男	外国语学院
19	Sunita Sharma	印度	女	信息工程学院
20	Vaibhavi Balasaheb Walunj	印度	女	信息工程学院

学生情况

2021 年授予博士学位人员

法 学

马丽慧	王 帆	郭春霞	李治涛	孙秀丽	张力文	王 歌	李醉海	杜慧彬	丁 颖	王若溪
金 玲	冯 燕	王 宁	刘志月	周 雪	郭莉萍	靳泽宇	白 鑫	赵世芳	杨慧娟	邵 敏
马军丽	张 玉	马 骏	张 静	尚久荻	李 玲	孟 筱	杨丽恒	赵 佳	邓胜吉	白韶璞
张国清	魏亚丽	刘静荣	笑 笑							

理 学

武莉莉　董白英　张之国　郭文娟　王 燕　张 林　黄如楷　任 杰

工 学

开晓莉　李和平　张新沙　郭 靖　周瑞娟　夏 天　欧阳赞　张 刚　王 婷　简敏捷　林 枫
马利海　杨晓梅　吴玉花

农 学

徐婧祎　姜碧薇　柏 霜　张静远　骆 佳　贾 芳　刘丽元　黄增文　张会丽　徐金瑞　郝秀静
马巧利　杜 军　张 旭　周靖航　金亚东　李冬冬　陶迎梅　许 喆　周 瑶　田 英

2021 年授予硕士学位人员

哲 学

高倩娜　白冰峰　陶晓娟　王 渊　伍元吉　陈 钰　关 沁　乔鹏程　计生荣

经济学

丁 丽　胡佩瑶　王 悦　侯欣然　杜静静　马丛辉　何 佳　徐 浩　罗旖璇　刘佳麟

法 学

张 帅　孙月茹　吕利玲　孙云飞　王海莲　张谋义　曹美羿　郭佳慧　李明燕　罗雪樱　马馨睿
杨春凡　顾丝雨　刘佳璐　董沛雯　司欣然　汤 沐　彭雅楠　钱佳乐　田亚慧　张金红　马素珍
高逸超　邹 毅　刘 毅　马思铭　丁永安　胡新霞　马 啸　吴文丽　张如星　张 颖　周 倩
杨 朔　宋佳曼　白 蓉　曹睿男　陈 红　郭荣霞　胡晓健　黄国翠　李巧梅　任 静　王 慧
郭 恺　姜 鸥　刘媛媛　崔 宁　张 涛　徐文钊　孙文捷　王 琛　赵丽娜　王凯圆　倪 允
王静雯　闫中华　余翔伊　姚 瑜　龙晓惠　杨 兰　王明明　陈 伟　郭惠子　范 昕　杨震群
胡晓丽　陆 玥

教育学

包永伟　胡鹏艳　高 露　杨 雪　陈银翘　王佳佳　徐 倩　陈丽菡　代 思　解 莹　任彩晋
王 凤　蒙春柳　徐如画　李瀚琛　孙逸舒　许文亮　何晓英　张国雯　陈 鸢

文　学

吴百惠	桑　迪	赵　微	钟　莎	吴慧玲	陈思雨	王炜晨	邓丽媛	高　乐	左　曼	马　红
孙永贞	辛晓丽	杨文静	蒋毓璐	王慧芳	张　娜	张　倩	郭婉莹	孔德成	林光钊	牛露露
王婧哲	杨思雨	冯建吉	胡钟毓	马兰花	吴悦妍	徐嘉忻	马佳妮	徐自立	周慢慢	郭家利
李苗苗	马睿旋	苏　曾	王　茜	王晓雪	冯亚茜	郭莉莉	孙舒奇	杨　婧	肖永平	翟晓莉
张　哲	李文婷	马冰雪	乃丽蓉	王　颖	赵春红	明　月	金　星	卡丽萨	张继超	唐烁盼
孟凡思										

历史学

| 马志江 | 黄思伶 | 陈盈诺 | 刘玖鹿 | 陈永博 | 杜　佳 | 贺娇娇 | 马　梅 | 辛婉怡 | 邵佳楠 | 张　林 |
| 廖莎莎 | 余　晟 | | | | | | | | | |

理　学

宗　昊	董文丞	赵泽昆	吴　青	杨建青	杨苗苗	张　娟	刘优阳	权俊亮	王宗奇	翟　婷
丁兰玲	冯　倩	龚　薇	郭浩宇	刘兴伟	张　红	张林平	段安冉	李煜雯	梁　军	郭晶晶
陆　尧	孙亚茹	张　敏	武丹萍	冯香芝	吴燕飞	赵孟欣	蒙　阳	张诚诚	梁艳萍	杨培文
吴玥暐	张莎莎	陈文轩	樊　瑾	贾萍萍	夏子书	张小红	朱湾湾	艾　喆	郭占强	崔文斌
韩永贵	李　玲	程　静	化朝阳	柳　宁	马存霞	商庆凯	温生瑾	张　亮	毛鸿欣	汪　冉
袁倩颖	朱默研	杨亚芳	赵金涛	李　爽	魏小衬	赵伟佚	袁春春	张　琛	张　筝	马彩霞
马志芳	王　敏	杨　洁	马玲玲	朱　慧	沈　聪	王健宏	张小雨	贾晨波	蔡玉荣	樊嘉琦
冯婷婷	王文玉	张　颖	冯嘉馨	孔云逸	刘　蕾	杨丹丹	王雯雯	张想军	张　兴	曹　媛
陈　蔚	陈向全	伏云珍	马龙龙	谢　莉	杨　蕾	张安宁	崔　乔	张裔勋	王甜甜	王雅芳
吴梦瑶	夏皖豫	赵学琳	杜忠毓	刘　波	刘丽贞	乐　凯	马婷婷	高鹏鹏	秦　娇	王一帆
李文爽	马　林	宋美育	张莹莹	张萌卫						

工　学

杨　佳	赵世丰	金梦华	江　妍	杨　琦	高学平	邵剑峰	郑果果	马　岩	袁小威	张林鹏
郑豪丰	李泽丕	景　鑫	马　利	马晓红	曾子粤	陈浩旭	陈小龙	马明晓	杨　霞	杜亚男
张　倩	张圆圆	高海燕	刘子西	马　芳	孙晓荣	杨佩瑶	柴鹏翔	黄传霁	曲兆凯	刘芳兰
申同庆	王凯亮	曾玉霞	张海军	王　顺	单　宁	郭　琦	李　成	李逸尘	刘好博	孟祥秀
王立恒	薛　莲	赵唯一	李　萍	胡　超	樊奈昀	乔　芦	袁瑞瑞	陈　翔	李佩佩	牛银红
赵　旭	高雪梅	刘真真	苏　杭	陈　魁	李向拯	张　甜	黄婷婷	刘会东	王裕菲	杨　晨
杨　天	庹　杰	徐一鸣	刘永东	王　强	姚建琪	潘　鑫	于冰洁	黄　锐	张佳伟	张玉玺
周　康	刘雪萍	吕凌辉	赵康合	赵雁楠	王力飞	魏文慧	樊晓晨	何金沙	薛嘉南	

农　学

| 何海锋 | 付江鹏 | 坚天才 | 陆安桥 | 吴春花 | 李文娟 | 陈丽华 | 陈仁伟 | 谢　云 | 田　甜 | 徐广亚 |

李 伟	史晓敏	李 萍	吴 楠	郑巧玲	陈祖民	乔子纯	闫思华	张凯歌	王慧茹	刘 帅
郑福顺	耿世杰	张 丽	张丽萍	杜 娟	景亮亮	邓惜缘	李叔臻	张天闻	贾 柔	吴 爽
张 洁	罗 芳	谢建林	余树芳	马 强	郭仕辉	陈秀红	郭艳菊	杨 凯	唐 林	张则宇
宋阿北	李海泉									

管理学

赵林燕　盖尊琦　刘初脱　马　荣　白淑叶

2021年授予专业硕士学位人员

教育硕士

周国丽	巴 婷	曹亚利	陈威廷	代 蕾	丁 琳	房玉玺	何 萍	黄寄洪	江海鹏	金子彤
李 轩	李育淼	刘 丹	马红霞	马艺华	满 杨	毛 荣	倪 萍	司洪瑾	苏 丹	孙晓霞
唐新哲	王 婵	王 理	王丽媛	王 嫚	韦书姣	魏亚丽	文建凤	文珂馨	吴 锦	吴世娟
杨 桐	杨苑鑫	叶雪婷	张沐宸	张蓉蓉	张燕飞	周小梅	吴 岚	张玉洁	陈 飞	陈施红
陈祎禳	陈玉欢	程 莹	代昕怡	丁燕燕	董 梅	范春亚	付云飞	高 斐	郭晨雪	何 瑞
姬佳璐	季 瑜	赖丽婷	李瑞霞	李彤彤	梁 丽	柳一凡	罗 玥	马丽芳	马 倩	齐国娟
隋丽君	王 虹	王笑远	王艳丽	杨 杰	杨莹莹	姚月月	翟 梅	张亚宁	张 悦	张 政
祖丹妮	邓玉萍	董文姣	杜晓花	高晓霞	郭晓芸	洪建美	李聪琳	刘扬帆	吕 鑫	肖宇君
杨 菲	杨 婷	杨 彤	张 妞	张兴妍	陈禹冰	方文婷	李超阳	马丽萍	马晓娟	邵子琪
田丽萍	王瑞香	谢 媛	张友明	赵 燕	胡小亮	赵卓银	曾庆河	段怀玺	韩 薇	郝星宇
胡华愉	黄宁静	李白灵	李 沙	卢亚军	马生莲	彭宗欣	王 伟	王晓锴	吴 霞	吴玉娟
杨嘉鑫	杨清宇	邹 萍	邹 莹	买 玲	余自强	柴雪琦	柴 玉	陈 洁	陈晓缘	代豆豆
党佳瑛	窦 敏	樊卫霞	樊小英	伏彩彩	郭云倩	韩 雪	李慧艳	李金燕	李 欣	李欣玉
李 艳	李奕霖	刘 康	刘 玉	罗 婷	吕天瑶	祁可洋	瞿 婷	苏 瑞	孙帅妮	王 帆
王沺菁	王 潇	魏秀芳	吴红霞	薛嘉莹	杨条条	杨小凤	杨雪萍	殷 佳	张陶陶	张亚妮
张 妍	郑 倩	李丽丽	杜 杨	高小霞	黎 娜	李国琼	李惠芳	李京晶	李筱曼	罗 容
吕晨晖	齐太郎	王玥琦	伍梦林	薛 冰	禹文龙	张方群	张 玉	杨小琴	陈海静	胡克克
李 锋	潘 纾	田婷婷	王少勤	张 婉	王彩萍	刘爱芹	丁 潇	冯斯京	李静钰	马晓芳
南春妹	潘 红	史娟琴	王艳东	杨灵霄	杨 琴	杨赛男	张学梅	周梅芬	陈巧丽	侯雪梅
蒋 蕾	蒋天婧	李玲艳	李美玉	刘 东	刘英伟	吕新露	孟兰兰	冉 肖	徐婧哲	崔伟楠
侯利民	关 兴	谢雪松	顾 巍	陈 翠	纳 莉	马金龙	赵 娟	蒋艳芳	谭 漫	杨 旸
张 霞	赵思旸	李玉柱								

体育硕士

崔西航 郭浩安 贾 坤 刘 皓 马 瑶 任子男 肖泽兰 薛晨旭 杜浩浩 古鹏鑫 何天琴
黄 皓 李帅伟 马 龙 宋 昂 王嘉骏 朱冰莹 朱朝语 陈会盟 贾敏娟 隽同笑 宋思雨
苏嘉俊 文 歌

翻译硕士

摆存梅 程 方 丁丽娟 高 迎 郭银霞 金晓香 金亚宁 李 静 李依琳 刘 妲 刘 雯
马 倩 马欣阳 浦玉吉 王晨曦 王莹莹 魏燕荣 杨 楠 尹 兰 云如雪 张 曈 赵 蕾
周 盼 左淑娟 曾绍丽 曹 青 曹 鑫 陈嘉敏 陈 鹏 郭 婷 黄 冕 廉蕊菌 闫贵宇
杨 宏 张 灿 张 琛 张娟娟 张 军 张星瑶 张艺凌 穆拉提艾力·阿扎提 马 悦

新闻与传播硕士

方庆一 高 嵘 李文婷 芦 瑶 马 婷 马小梅 马亚宁 潘佳仪 宋 歌 王 晶 王 希
杨 婧 张 璞 张 峪 周玉莹

工程硕士

陈 燕 王永奇 程晓婷 王 原 何昊瀚 毛 威 孟 斌 吴煜宇 薛 澄 张鸿皓 赵 阳
程朝阳 邓嘉靖 董晶轩 段绪章 高 佳 龚正洋 何 铭 纪 帅 金 灿 康梓桐 李思维
李向秀 李亚斌 刘媛媛 柳 勇 卢 娟 孟少飞 齐 振 苏国庆 拓万银 王 苗 王桥露
杨娅坤 余 双 张浩楠 海宝宝 王 兵 郭锦程 郭宇洋 郝才成 虎 丽 景云云 李博渊
李 霞 路梦瑶 饶尊煜 魏博文 吴宣儒 徐文琨 杨丽娟 杨 燕 郁 航 章佳晟 朱 赫
崔雯雯 冯子辉 郭宗鑫 何佳玮 洪 亮 梁远哲 刘宇博 刘 煜 马 鼎 乔晗燕 邵国庆
王泊鑫 王 伟 鲍振铎 万怡华 姜茂付 白 云 陈 港 陈海银 陈华斌 陈嘉伟 程 良
程 伟 董思琼 方 进 冯 波 韩 敏 赫小英 景 升 雷 肃 李存厚 李嘉琦 李 转
梁天财 麦旭东 欧阳虹 任亚军 尚彦祥 邵 蔚 锁晓南 陶吉杨 滕怀颐 汪 菲 王 俊
王润泽 王世强 王 悦 王子杰 徐天渊 严鹏飞 杨耀生 殷建光 于昊含 余 刚 张 菁
张润奇 张嗣墅 赵相宇 赵增锋 周 得 周志兴 朱文婷 朱永福 朱志有 白璟琦 常桥墩
陈 旭 陈亚威 董通科 郭 瑜 韩 涛 韩文博 金鹏飞 金学智 李嘉婧 李龙伟 李双文
李 伟 李文举 李小龙 李壮壮 刘海雷 刘 磊 刘 数 马永龙 苏耀瑞 孙 硕 汪 荷
王邦乐 王朝雨 王景玉 王君宇 王力浩 王清彬 王 涛（12019130820） 王 涛（12019130821）
王志峰 文天祥 吴 腾 闫永强 杨青瑞 杨 松 杨 欣 苑永光 张兵兵 张海宝 张 继
张加欣 张 鹏 赵瑞恒 周 亚 蔡正林 陈佳楣 陈路尧 黄秋智 黄 蓉 蒋权伟 李鸿晶
李梦莹 李 杨 尚 旭 司 伟 苏少鹏 万 菁 王浩海 王 杰 王永勋 王宇欢 王梓旺
杨 华 姚珊珊 郑玉鑫 周 熙 朱 坤 樊 星 耿 超 钱园园 程似锦 程文林 崔佳豪
邓宗永 董 蕊 杜涛利 海 强 李 雷 李 瑞 李 赞 刘秀全 马 波（12019131324）
孙 静 王晨宏 王潘琪 王熠明 吴康博 吴亚星 闫婷婷 姚晨昕 由楚川 赵嘉政 周嘉琪

祝洪宇　丁宜凡　高媛媛　高　岳　郭旭晖　季则欣　李宽宽　李　英　李英杰　李　跃　林　奎　刘郭琦　苗星宇　王东洋　王　鑫　王　璇　张建军　赵斐斐　赵　宁　郭婕娟　马　泽　沈　龙　杨海梅　杨　杰　马　波（12019131362）　蒲　伟　万广路　王露洁　王　涛（12019131366）　高靖红　姜　帅　梁　晨　锁　勇　吴润民　吴　勇　谢　平　杨宁伟　张四鹏　崔佳旭　高　宇　郭雅楠　何晓飞　胡忠治　黎康宁　李　军　蔺海川　刘　波　卢鹏飞　吕登攀　马小莲　孟维军　唐　彬　田宇欣　王　秀　吴兴亮　席　荣　张　奇　朱庆娇　李佳璇　刘　喆　薛广旭　杨加乐　丁曼馨　冯　宁　郭新雨　黄红蓝　康盆伟　乔　哲　王璐平　王睿涵　王玉玉　熊瑞佳　张　丽　张　鑫　张盼成　马燕宁　梁天宇　姬小敏　王　建　刘乃成　余泽华　陈恬洁　陈重阳　贺秀娟　靳　凯　徐　浩　程嵩鹏　张世林　屈婷婷　黎爱闽　姜瑞洋　李伟建

农业硕士

马嘉伟　摆虹霞　曹行行　曹晶晶　曹　静　岑晓斐　陈毅东　程金平　程雅婷　崔慧珍　段雅欣　盖昱梓　高登国　弓　瑶　弓泽涛　谷晓博　郭帅奇　郝春磊　胡　凡　胡泽军　虎学琴　金　玲　兰　宇　李春波　李芳红　李芳兰　李光文　李国花　李洪磊　李　杰　李林山　李　芮　李　思　李　涛　李　鑫　梁　颖　刘　辉　刘　麟　刘　星　刘　艳　孟　露　孟文芬　牟怡晓　师　斌　宋珂辰　王　昊　王　佳　王　林　王禄星　王　荣　王晓艳　王欣盼　王新华　王云霞　王志丹　卫　乐　武育芳　薛欣月　薛垠鑫　闫　秀　杨官凯　杨　墨　杨　茜　杨乔乔　杨雨琦　叶旭波　于金田　于　祥　翟懿铭　张　昊　张嘉新　张美君　张　茹　张稳稳　张小花　张　莹　赵芳芳　赵朋波　郑永丽　周　娟　周鹏泽　周永瑾　周玉龙　刘　婷　王巧莉　郭君钰　陈思杰　古超峰　惠治兵　亢锦奇　李文兵　梁翔宇　刘　敏　刘　鹏　刘少泉　刘文辉　刘　智　吕喆铭　马建梅　马　雯　苗芳芳　祁焕军　谭娇娇　田　里　田晓曦　万佳淼　汪振国　王　晶　魏照清　张　涛　赵斌荣　赵晨晓　赵龙冬　朱　琴　李雅琦　卢　佳　马雅倩　思旺阳　袁嘉玮　张　伟　陈丽尧　程新东　高晓茜　郭　菊　郝晨曲　胡启超　火　苗　贾　立　焦　娜　李雅辉　李荫柱　马丽琴　马　应　梅　山　邵顺成　师丹丹　王凤莲　王俊奎　王亚妮　杨思瑞　杨　卓　禹保军　钟　锐　周子航　邹诗凡　时发亿　黄　瑞　张浩宇　陈亚鹏　单启梅　高　坤　高　爽　郭建宏　郭　美　何荣荣　胡明珍　李晓芳　李旭阳　李　燕　李应兰　刘玉美　柳璇璇　罗　辉　马惠敏　马　亮　马梦媛　马思丽　马晓艳　马亚男　宋亚倩　孙少忆　田　欢　田玉潭　王　娟　王瑞琦　王　通　王　彤　王媛媛　魏亚儒　谢玉芬　徐毓谦　薛美芳　杨文丽　尹　晶　张　恒　张　也　周慧宁　李万军　张煜欣　董　丽　杜　涵　付俊怡　葛丽霞　韩淑娟　贾韫泽　吕佳莹　邰一博　王光辉　王满旺　王妍璎　许文明　张兴华　朱　姝　崔鸿娇　李邦耀　吴泽帅　韩　勇　曹　坤　于　菲　刘雅回　尚彬玲　李叶凤　田争福　李姝琪　张倩倩　曹俊英　张振民　方　甜　张家萌　陈　乐　马少兴　孙博康　栗克文　王米佳　白宇馨　慕嘉宁　孙小涵　谢义军　刘　成　谢画画　廖家乐　申鹏森

兽医硕士

陈梅娟　黄　伟　蒋　晨　李　霞　马佳睿　马　靓　彭何涛　钱　军　史康妍　孙亚琼　田新岳
魏硕佟　谢　婧　张　博　张蒙蒙　张小梅　袁曼华　张浩东　张津慎

林业硕士

陈高路　段永峰　范志懿　冯永宏　高得平　郭志霞　贺玲威　李万源　陆亚楠　王文帆　王亚楠
赵思明　林俊填　王　蕾　施雪霞

工商管理硕士

党云婷　孙　婕　杨　帆　郭振红　许作如　冉彦娟　安东民　白　芳　白小龙　常　晶　陈　艳
陈　阳　丁加鹏　丁　汀　丁雅坤　杜昊锋　范志华　冯嘉诚　高喜宁　公培芳　官菊攀　郭　婷
韩浩之　郝海莉　何　欣　黄梦羽　黄　信　霍天琦　蒋秀芝　解雅伊　李　千　李　俏　李晓君
李　筱　梁　靖　梁泽蕙　刘敬轩　刘儒强　刘　玮　刘文娟　卢红钰　芦　佳　鲁思涵　马　洁
马丽娅　马　荣　马　雪　孟庆良　牛征亚　彭　健　任　波　盛书成　双　茜　宋世媛　苏恩尼
孙　飞　孙鲁静　谭　飞　万　帅　王伯蕾　王　博　王芳芳　王　军　王美琪　王明珠　王　鹏
王　帅　王晓诗　王一帆　王艺伊　吴　爽　咸　瑢　徐　婷　许婧雅　薛　超　杨　丹　杨慧雯
杨　婷　姚　磊　余啸天　袁　婧　原晓杰　张海燕　张佩健　张　文　张　雪　张雁风　张　洋
赵阿倩　赵　娜　赵　威　赵霄伟　赵艳花　甄　园　周　磊　周兴洋　朱　力　马　斌　杨　健
蔡　政　常诺涵　郭亚婕　李洪军　李佳谊　刘　莎　柳　晶　鲁　东　马　勇　冉晓铁　桑　媛
司阿妮　唐怡文　王　欢　王　晶　王内娜　王儒婉　肖　雪　许　聪　杨　楠　张　莉　张文远

公共管理硕士

高　媛　马惠娟　马祖保　白　瑾　拜丽楠　毕楠楠　陈昱之　管晓光　何　玮　贾　芳　蒋玉瑞
井雅倩　李芳翠　李　姣　刘　鸣　刘　琪　马迪雅　马海霞　马丽娜　马晓锐　毛燕燕　齐雪瑞
邵　森　宋嘉茹　唐　菲　王惠惠　王文霞　王雅歆　王彦芳　王颖琦　温莉莉　温　薇　吴　倩
徐　磊　许秀花　剡虎贵　岳文瑶　张　博　张蓉钰　张小康　赵　朋　赵　赞　赵真真　周　第
周红艳　常昊天　马　颖　张思梦　李　翔　李鹏翔　顾　燕　蔡　磊　杜晴阳　方　卉　冯　丹
冯　枫　高　源　胡　娜　黄慧波　李　佳　李思洁　梁雅丹　刘振玲　马　乐　马　融　穆　娟
尚于人　施　政　塔　娜　田进栋　田雅丽　王　芸　魏红霞　吴　桐　严　茹　张　娜　张喻花
征瑞雪

会计硕士

李佳艳　杨　兰　白晨曦　高建蓉　郭亚丽　李　佳　李　敏　刘洁莹　刘书润　刘晓宇　刘　玥
彭雪琴　师孟郁　王宇霞　王子轩　王梓钰　魏靖华　杨佳惠　杨一青　张　帆　张顺薏　张　甜
张甜甜　周　爽　周泳甜　关智聪　郭静怡　宦陈香　李朋涛　李　媛　马　娟　陶秀芸　杨　静
于静静　张轩眉　张志文　郑祉怡　庄赛楠　董佳鑫　海秀婷　李慧文　李　璇　苏彦诚　孙　玥
吴静怡　闫雯莹　张丹瑶　晁亚静　黄小耘

艺术硕士

毕雯瑾　陈大龙　陈　男　陈倩楠　丁籽茹　杜　欣　段　珂　高昕雨　耿晓童　郝　玲　李思羽
李　杨　路俊芳　马鹤婷　任靖怡　孙　皓　王　格　王雅菲　肖祎萌　张华丹　张帅宗　张晓宇
赵钦尧　单宇欣　马思怡　王佳琪　张　岭　邹文静　蒋锦华　陈盈君　方　苗　呼　蓉　景利军
李玄巧　汪宝琪　王　璐　杨　梅　张　瑞　郭　颖　吕心悦　苗雨萱　武婧如　闫佳玲　杨旭艳
张晨蕾　赵玉婧　常文云　陈俊安　高自豪　苗芃菲　王贝贝　严　青　杨潇婕　曹春艳　程　婧
郝曼利　惠馨乐　蒋雅馨　靳　展　苗亚婿　邵叶阳　隋　璐　王好玮　卫　瑶　杨　娜　俞　莹
张　颖　黄媛媛　任　洁　万广兴　王文婷　王　旭　魏　姣　袁睿馨　赵雅静　周　洋　雷思思
生雨萌　宋担担

2021年授予学士学位人员

人文学院

何　荷　谢梦婷　丁玉荣　纪　薇　马　慧　杨　甜　杨灵玲　海玉英　马　婷（12017240008）
罗彦红　马　艳　马祥晶　丁丽娟　苏惠伦　柯亚辉　康　佳　杨梅妍　姬选梅　柯旭兰　马　莉
马永花　马小玲　王志莲　李　慧　顾玲玲　马雪琴　马亚南　马　媛　马亚婷　史亚萍　马金玲
史丽珍　陈文汐雨　李文会　李　睿　吴慧博　周　全　冯湘粤　王　一　张　俊　严　羽　张天为
李　娜　梁　鸥　袁　彪　赵田蓉　李建回　雷　倩　谭远洋　何　苗　谢慧敏　丁小艳　王振龙
张敏钰　马燕妮　卜翔宇　亢文璐　哈金平　李　花　顾　娴　王适恒　吴昊昊　白　莹　王宝宝
乔　霞　杨光明　张　萍　马银霞　王童童　马　虎　马国兰　李永梅　苏　琴　张宝贞　杨　岩
段文星　宋　雯　何　岩　马彦霞　何　雪　杜明明　马　梅　杨　莉　马晶淑　买廷梅　刘　璇
王　婧　马小蓉　马蕾蕾　李兴红　马　颖　金乐瑶　吴文萱　王　越　岳　欣　杨丽丽　周凌慧
马　蕊　兰　晶　田晓花　罗舒温　李旭宁　马小娅　李思妙　李娜娜　金美琳　杨馨茗　何　琪
尚怡婷　王正娅　唐微微　高湛策　刘丽华　禹国宁　杨生丽　丁照辉　刘晓婧　郭　佳　李格格
马　荣　陈苗苗　刘光华　魏靖雯　段俊秀　赵铭敏　王玉萍　李晗语　马旭红　李小琳　许爱华
吴卓松　郭　雨　丁　钰　郭　亮　咸　雪　王心怡　温学燕　马　涛　马小倩　王　玮　杨梅花
张泽贤　康　雪　张　薇　白之桦　郭　佼　樊雨薇　杨金娜　左惠郦　杨　佳　张盼盼　马晓英
周玉婷　杨福帆　柯　伟　单婷玉　马　荣　陈　晨　白　彬　黑晓乐　马　莲　代　丽　李　玲
罗　烜　魏瑞瑞　刘彦刚　赵婷婷　文静静　李治娟　秦绍莹　黄明哲　黑付芳　杨安然　王　君
陈转红　乔紫贤　王　素　王变涛　柯　梅　马娅荣　王凤玉　贠晓莉　张　荷　苏维芳　李欣峰
张　静　杜雪雪　王佳琪　范　萌　李　欣　马　燕（12017246271）王　未　张欢欢　李瑞瑞
翟欣悦　邬　琦　王梦月　张梦茹　姜　岩　朱　丽　朱　聪　王琪瑞　王　红　康雅慧　焦　杨
钱　慧　黄　浩　王瑞芳　张志文　周　月　魏蓓蓓　候　玉　邵晓悦　张　甜　郝新悦　关　悦

马　芳　白志慧　应　悦　哈　磊　陶　月　武　婷　郑志鹏　张　莹　周　婷　岳　萍　曹学茹
李俊娴　禹　成　李晓娟　黑娜娜　李　艳　范子龙　仇燕丽　马　婷（12017246318）吴佳荣
乔　哲　李守花　倪佳慧　李佳乐　夏　琳　吴丹敬　金　笑　马　晶　宁　倩　张思琦　刘全玲
康亚晶　杨晓雪　王　雪　盛　娟　杨　礼　张明明　胡娇娇　乔欣欣　赵宏平　沙　锐　何小萍
刘　楠　陈　凤　田彩花　丁晓娟　马　婷（12017246348）靳娜娜　段旺龙　杨淑媛　王婷婷
张清清　张彦彦　郭倩蓉　禹长琴　石　旭　赵雪变　马　菲　田　鹤　王　慧　董　浩　刘明明
王甜甜　李　省　苏　燕　张艳妮　王进刚　张　岚　石金霞　丁子涵　田　甜　武旭升　张佳茹
金正楠　杨菲儿　马嘉欣　柏佳悦　张　楠　丁　萍　马保芳　黑雅娜　罗甲慧　杨晓芳　杨荣慧
马小月　张译文　胡欣冉　方熠祥　谢祥康　刘晓欢　苏　涵　张　翕　李　杰　张建华　别　娇
徐甜甜　马玲梅　贾　鑫　陈　琳　马小林　何思毅　马艳艳　张彩秀　马　燕（12017240187）
张洋洋　杨　莲　刘建伟　王小楠　李建玲　黄远洋　王　芸　赵雯雯

新闻传播学院

谢　瑞　王心悦　赫　艳　禹文丽　苏婷玥　于槟楠　马云娇　马　燕　王欣惠　马立文　马若凝
马思宇　马瑞嫔　陈　慧　马文静　杨　菊　马俊林　马　慧　鲜少欣　王　强　杨有芳　马　萍
马斌芳　陈浩楠　李雯娜　周冰洁　吴　燕　刘　芮　海荣花　王兰兰　任启晶　张彤彤　吴琳燕
马　铃　孙著宁　陈广宁　李春雪　郭晓雪　刘文妍　王科桥　吕　娅　吴亚非　黄欣乐　洪光胜
孔姝潼　王淑怡　范姝雨　魏彦如　马　雪　马书源　马　静　马　雯　何佳瑜　朱佳璐　马佳乐
赵颖娟　何佳辉　胡进媛　万　逾　王亚兵　高小兰　杨　帆　罗燕燕　王瑞刚　党伟娜　段　睿
李佩瑶　鲁晨雨　慎德文　王　天　马新磊

文化旅游学院

龚　玥　姚莹莹　连雪龙　郑诗会　杨东东　李　恬　张栋栋　胡丹丹　马　静（12017245414）
李建琴　胥骅珍　田妮妮　武　晗　李　雪　赵明刚　海永强　者慧宁　阮晟琪　岳庆玲　邹梦婕
丁　彤　张　源　罗　娜　马云虹　马春喜　卢芹青　冶文静　张佳祺　晁亚君　陈倩倩　赵怀义
陆仪卿　史玲玉　杨磊鑫　范雪燕　金学娇　王温馨　苏　童　赵雪儿　李泽祥　丁　慧　史恒荣
亢柠琪　李晓颖　唐　兴　马佳媛　岳　帅　孙欣怡　韩雪晞　田　甜　杨　雪　陈　艳　文　慧
张瑞芝　刘玉莲　张　爽　王润霞　李桐林　李晓晓　李若彤　余小艳　裴玲曦　马　睿　苏　茜
杨亚楠　马　静（12017245482）王　精　张　珍　金学红　田进升　马嘉宁　唐天敏　王　笑
穆万红　马小琴（12017245497）海金虎　韩甲乐　马晓琴　祁银行　张海蓉　刘　媛
马　静（12017245505）安广福　杨婷婷　马丽娜　赵志梅　马小琴（12017245512）杨小花　赵鹏东
姚　慧　石小倩　顾丽娜　何得强　李　娜　黄　雪　王　钰　郭玉杰　高国红　马彩梅　杨　颖
王转转　杨亚亚　李晓婷　王银银　张　梅　张雪晶　张爱娟　朱亚宁　于泽辉　张　祯　姬　祥
薛小健　李瑞香　景晶晶　陶淑淑

法学院

余文豪	金廷豪	罗小艳	马会丽	马 荣	田小颖	马依娜	王 璇	杨 燕	何 静	丁佳慧
马文静	丁丽蓉	田 丽	张 花	马宁菊	贺婧容	张煜敏	张发兰	马小林	马占花	李 梅
马存花	马联杰	马会兰	海向兰	马 兰	米亚茹	张贝贝	马志琴	杨长江	唐兴翠	廖家敏
何 威	王哲礼	周海后	赵乐乐	段 浩	童良军	孙郑虎	王玉妍	白如玉	杨雅静	马健衡
张梅兰	焦晓燕	冯文旭	王 欢	马 蓉(12017240347)		马燕芳	严振铎	马跃民	王伊婷	
李晨晨	徐 浩	江 玥	台 娟	毛佳钰	牛庆克	马 飞	马小霞	张 悦	李 媛	宿 瑾
马 婷	董柔希	陈 艳	雷雨田	陶圣韬	郭福臻	张航溥	曹格格	李 娜	康维佳	罗嘉妮
马静雯	周海霞	秦云红	田玉玺	张苗苗	兰翠翠	马蓉蓉	田 册	马 蓉(12017240563)		
梁亚琦	金 睿	丁雪蓉	张惠玲	王旭娟	张 燕	张晨玉	金 慧	李宜轩	马 雪	魏媛媛
李成龙	马永花	王玉珏	王双双	周 丽	杨有贵	马亚琳	李成洋	李 龙	左英怡	罗兰芳
张 婷	张倩倩	章双雪	王 清	张占钰	陈 晨	张 浩	郑文铠	金 哲	罗 英	张小杰
杨 娟	张佳怡	张 娜	苏 雅	李婷婷	王 菲	丁丽娜	杨家磊	马丽婷	吴 悦	海英东
马小艳	丁彦花	胡书坤	黄妮娜	马芙萍	穆 敏	曹 利	卜 通	申暄帆		

外国语学院

马彩虹	严佳慧	马 乐	吕 靖	徐绘雁	殷诗曼	刘 晶	王慧君	罗丽丽	余 兰	马俊国
张锐颖	杜 鑫	蒋文昕	贾艺菲	谢 祺	王佳楠	代婉茹	郑小庆	矫可悦	田兴国	黄宇豪
张博润	马桃桃	李 媛	马佳丽	马依莎	马旭颖	丁晓娜	牛伟丽	马 月	马思琪	韩 晶
苏晓婷	杨佳甜	马桃花	黑晓燕	顾丽萍	杨彩静	王博璐	丁成花	杨华瑞	马晓艳	杨 静
马金玲	马玉霞	杨家乐	刘彤彤	褚玼玼	赵菊梅	邓 鑫	宋雪芹	陆美彤	邢晓妍	王赛欣
何正雪	陈东勇	李屹博	陈澳迎	张天予	王涵冰	郭素瑞	丁宰百	仇小楠	蔺 嫣	马 蓉
洪 燕	张豫宁	张 璐	杨佳敏	孙 丽	马晓雨	马 鑫	马 苑	李雅楠	马小波	高思芳
杨 毅	母志英	方文璐	余万晶	马 琴	栾 香	何小慧	柳 丹	高 洁	猫秀松	保雪姣
肖淑淼	吴冬英	赵栩辰	李荣情	买小琴	胡 楠	马明月	马小兰	李 慧	李 静	黄梓瑶
马 芳	谢 丹	撒佳庆	马园园	马 珍	吴瑞雪	杨学琴	马春霞	马思奇	马小花	禹 敏
杨小庆	高 燕	何 花	马小霞	杨文娟	杨浩洁	钟晴晴	项文艳	田荫娟	郭千惠	金晓铭
李 安	张秀改	倪名扬	姚海艳	卞子卓	罗 琦	潘真真	吴兰兰	郭子琪	赵子轩	程禧凤
杜小兰	马国兰	王倩倩	马 洁	王 惠	张芳宁	马丽媛	杨梓雯	杜若飞	张 佳	杨 柳
马 玲	杨小玲	刘 娜	徐雯莉	李巧丽	王淑娇	许 甜	孙彩迪	罗志艳	赵 雪	张 岚
陈亚玲	韩家沛	文师嘉	李 雪	林怀玉	艾肖肖					

阿拉伯学院(中国阿拉伯研究院)

罗海艳	杨雪妮	罗欣蕊	保 旭	李怡萱	王丽婷	丁 香	白 诚	余佳慧	马文丽	康小燕
马 雪	马 洁	李小金	冯娟娟	马志娟	童亚平	辛玉清	李 楠	李岚婷	潘芳萍	罗彦涛

王子轩　刘　赫　程卓然　刘健康　冯　琪　吴佳乐　赵　可　张　冉　高明娅　刘　菁　华雨涵
罗　娜　李　燕　马小荣　叶　瑶　孙雨萌　马海龙　董科飞　蔡佳雪　郝　静　陈佳璐　梁　钰
常　雪　陈韵竹　訾江月　张学惠　李　恒　王珂昕　应　荷　李良伟　黄　禹

经济管理学院（西部发展研究院）

古丽末然·玉苏甫　买热依·玛达汗　铁列克·爱力木哈孜　木伊萨尔·木塔力甫　王富连　周　刚
李　娟　屈汉雷　周蓉蓉　张　震　李　娜（12017241317）　姚　昊　任文艺　杨永芸　冶苗苗
马　悦　吴慧佳　王　雄　王国兴　刘　茜　高　鹏　任　芳　马艳燕　杨晶晶　李欣洁　杨百慧
咸振龙　康丽艳　白博荣　乔雄鹰　杨　虎　王　银　王　萍　罗小兰　李多娇　杨佳欣　马晶晶
杨亚慧　马静花　马　虎　马　麟　袁思思　杜彦欣　苏成娟　顾　花　张苗苗　孙小宁　史文钰
刘明皇　王汉文　肖梦黎　马　琪　台　娜　冯晓倩　李　娜（12017244046）　虎建兴　李松源
田　虎　马　雯　李海艳　马小兰　洪瑞雪　海小花　马晓芳　丁芙蓉　杨　丹（12017241109）
田文娟　马文香　马和霞　李学花　杨文花　吴佳静　刘佳楠　张晓甜　张　进　马凯丽　计　文
巢　娟　于海婷　安艺虹　王淑欣　马宏兰　陈瑞瑞　王雪花　何　倩　马学梅　席静研　马佳欣
白敏芳　宗　庆　苟婷婷　杨嘉敏（12017241157）　张鹏举　杨嘉敏（12017241159）　马春兰　丁丽蓉
纪晓倩　马慧婷　张学琴　马　萍　雷　敏　潘昌玲　张晓丽　蓝　双　罗　妍　谭蓬胤　蒋曦然
王晓晓　贾若禹　赵　越　赵素颖　刘博欢　杨　娟（12017241216）　常宇帆　唐进志　陈园园
董玉珊　朱晗齐　黑　玥　邢　越　杨治颖　马丹妮　姜健蓉　韩向东　陈敬娜　马春花　魏登博
田　娟（12017242618）　张凤祥　张向阳　康　婷　冒丰民　李　桂　赵兴蓉　陶　凤　周　玲
马彬誉　任梦双　陈昱利　罗发财　田　鹏　马海科　金　忠　乔雪燕　虎兰兰　杨佳鑫　王　静
马晓霞　库德孜阿依·牙力坤　木也赛尔·斯马伊力　柔鲜古丽·穆合塔尔　马丛花　苏瑞雪　喇应梅
张莹莹　王　雪　拜孜力亚·乔阿洪　王　强　马冰燕　马　燕　马晓慧　罗秀燕　马　梅　马小娟
马晓红　禹媛媛　杨　帆　罗　辉　韩金轩　谭　松　肖卫东　赵丹凤　梁　安　张宽元　冯　燕
黄巧军　张明明　金　玲　王　婧　刘彦麟　杨付云　周雨萱　步莹霜　张雪雨　罗　花　张雨欣
丁　宁　李永心　张　健　穆小兰　许永红　买亚琳　杨　丹（12017241064）　田佳欣
杨　娟（12017241066）　马　莹　马飞蕊　安纪钊　刘　轩　孟智伟　王嘉璐　陆泓羽　彭红莲
崔雅妮　姚铭芮　任佳佳　罗晓花　咸永智　刘　升　马艳艳　马立蓉　马哈白　邢　楠　罗丽丽
杨紫琪　张　娴　海小芳　刘新一　白凌云　白　岩　尘玉洁　孙梦玲　杨　燕　马雯婧　马兴梅
高　雅　王　婷　马彦婷　刘才兴　杨　森　马　静　李　欣　贾　静　王旭梅　李廷福　勉　龙
杨百虎　钱嘉辉　陈　斐　孙　瑞　丁嘉琛　田　娟（12017244219）　黄本芬　杨树花　李晓娟
买小琴　崔亚伟　徐　丹　勉　洁　马国红　马　昕　白凤兰　马小红　纳　芳　倪　雪　金向琴
丁梦媛　何　婷　马灵琴　马金凤　赵宗花　丁雅婷　罗忠明　康　梅　杨凤玲　罗慧琴　打小红
刘晓燕　李玲玲　马晓平　马雪梅　张海红　杨小兰　马　艳　杨金霞　海　波　刘啸涛　张　钊
陈　钰　翟　玥　金雪儿　陈仁杰　杨晓玲　吴金梅　马格兰　王天赐　李建夏　潘富娟　周芙蓉

金佳洋	马慧玲	李鹏波	海晓军	马晓萍	母家家	刘三达	曾志远	江剑华	于　浪	李金凤
赵芝彤	海　雪	丁海霞	都妍君	史雪梅	杨　琼	庞小玲	吴　瑶	孙艺洋	罗　龙	马寅寒
付小娟	李进刚	张旭红	湛博汶	陈　炫	田馨媛	母小花	赵　晶	柯丽娜	丁　洋	王耿彪
王传宝	代光宇	冯　硕	魏转红	张　培	王海东	罗浩程	高耀军	阿依夏	李　瑞	
米尔阿迪力·艾海提	买热依·哈吉曼	艾比拜·如则麦提	居拉兰·艾海提	马小慧	罗　虎	李　虎
刘银凤	刘朔宇	张　政	张晓青	南少伟	刘　晗	马永健	马　晶	马　原	纳　慧	张科扬
李振山	高金国	刘　翔	白伽俐	李玉琳					

商学院

马婷婷	王艳龙	刘佳皓	任　静	王小军	何姝瑶	李亮亮	满昭媛	仲苗苗	柳双双	路　玲
马　逍	杜文静	张　豆	张予静	田嘉欣	张金虎	谷青龙	余永茂	杨雪朋	李耀丽	马　东
马　燕	丁　玲	周振夏	马小明	李慧卓	刘　莹	何万学	王　瑞	沙　燕	马　昕	马应虎
雷志刚	王　兴	杨正林	连　珍	何　连	王　铭	马　成	查敬允	李亚萍	刘伟民	
李浩浩（12017245652）	熊婉婷	黎康荣	胡锦成	马梅花	蔺　旭	景艳霞	徐　强	周　航
任　煜	黎　秀	郭　嘉	王　浩	何小强	杜亚萍	魏银英	郭嘉宁	张若楠	开　博	康展鹏
刘家民	潘媛媛	单浙南	肖海棠	马　荣	张　驰	孟　苏	方志远	候梦琳	方　辰	徐肇林
李　浩	蒋　涛	李逸凡	王莹莹	安　梅	王梦翔	李雅婷	赵　娜	王琳翔	张雨欣	陈永丽
古金月	马佳丽	黑忠华	马晓莲	马　红	马　利	杨　梅	刘映妍	马文文	黄雅洁	孙　静
罗　京	黄天欣	杨　玲	惠　玥	徐　浩	伏　霞	樊　静	康艳丽	赵桃娟	锁银国	杨博文
兰小军	武　卓	王　斌	李　丹	李文娜	高雪云	杨廷山	任　坤	赵雅欣	罗永花	金业康
景　凯	康旺童	李媛媛	马明瑞	杨文杰	任代兄	轩彩玉	马擎峰	王淑芬	潘柯莹	陈　悦
刘禹含	常　虎	平　莉	郭建勤	冯瑞峰	马　花	杨思玥	杨正慧	刘宵磊	马晓龙	李存明
尹宁霞	冶　辉	郑亚楠	杨德林	延　茹	秦　华	王国龙	丁旭升	李进龙	管婷婷	代亚南
顾翔宇	董党宁	王　鹏	马金鹏	张庆鹏	米天梅	祁文婷	扈鹏晶	张天瑞	王云哲	赵明艳
马永嘉	张文博	杨雪芹	万浩浩	马晓琴	赵　勇	罗佳怡	张雯瑄	李梦颖	张富强	樊家祺
宋夕晨	荀　艺	魏佳聪	马　琳	杨　婷	张　悦	石仁慈	刘雪颖	刘善堃	张皓月	杨　琴
吕　禾	沙飞霞	李　雪	田佳丽	彭玉倩	罗小燕	李爱琳	马德莉	罗　薇	马晓兵	张慧荣
王　霞	李园园	母　兰	张祎涵	刘　霞	倪金玊	马艳艳	方　燕	马　桃		
李浩浩（12017246214）	毛诺兰	何飞红	李丹妮	马　芳	杨晓龙	马巧梅

数学统计学院

赵江涛	马晓蓉	谢　慰	冯芸珍	夏立平	马晓伟	冯　敏	李娟红	刘　烨	撒学梅	郝子璇
杨丽萍	马　燕	纪　娟	吴嘉慧	周泽萍	马　栋	马　琼	朝治琴	马　娟	海瑞瑞	安玉雨
李　显	鲁家豪	刘啊东	陈子兵	王雅琼	李世奔	陈雅芝	宁　静	闫　晨	詹　玥	吴　龙
张惠欣	陈　瑜	沈移愁	李　芯	杨佩玉	钟　媛	马润宇	王菁菲	冯宝林	闫丽娜	马　乐

王晓梅	丁晓轩	马金霞	杨成虎	祁 举	刘亚平	陶 虹	杨苗苗	张 雪	李 雯	哈 梅
冶彩云	周秀君	蒙莲梅	李 玲	马贵斌	火雪宁	单志义	马小娟	马小梅	邹 丽	王亚楠
穆金玲	虎 博	马晓兰	杨 萍	马晓花	马佳玉	虎 静	卢永向	田湘茹	杨金林	马 保
马 明	吴 亮	王 贵	张晓倩	杨朝烨	王巧慧	马彩霞	白 琴	杨 倩	马飞燕	李圆圆
马阿姐	马秀英	穆 荣	李晓琴	马志芳	张 刚	于彦辉	王 媛	王卫华	高 蕊	李建生
杨晓龙	丁小媛	马海艳	张永强	姚晓宇	刘仕炜	菅浩飞	张 凯	樊才威	刘云鹤	李嘉鑫
李 成	李成乐	马慧玲	刘 慧	杨莉莉	李 坤	王满言	刘晓娟	王 慧	吴文静	李 雪
马海东	武文斌	李 燕	陆晓娟	李煜葶	张 宇	周佳慧	严 蕊	任俊椰	杨佳宁	马 艳
张 娜	黄建成	苏 雪	魏改过	杜段立	高秀秀	赵 敏	廖思灏	魏佳宁	李 萍	文 静
马亚楠	田 静	姬梦瑶	王小林	王彦娜	何花云	车彦霞	靳甜甜	乔翠莹	王菊馨	彭 毓
周 洋	郭凯伦	赵文婷	李艳艳	吴长鸣	韩学花	李雨欣	张路路	袁 媛	陈佳瑞	韩 荣
张亚飞	李亚男	马 楠	赵 米	宁 婕						

物理与电子电气工程学院

金小珍	李鹏利	安 宁	沈婧怡	车小兵	顾玉龙（12017241704）		秦晓飞	于 洋	罗 成	
顾玉龙（12017241753）		马小帆	海亚宁	马锦涛	李志琴	冶玉慧	李 悦	康 晶	强 丹	
兰红英	杨 捷	朱旷农	马 玥	王正虎	梁蓓钰	马小伟	张 强	李镇廷	周保伟	庄绪远
孙常尊	闫金磊	刘 宇	李家乐	冯承志	郑统军	罗启厚	臧文博	孙海龙	胡文涛	金 珍
董海龙	赫利强	李 军	戴熠童	谢湘鹏	虎育林	苏 坚	马永浩	祁 鹏	李家辉	王正玉
闫芳玲	马 龙（12017241801）		马 顺	马 林	杨巧俊	陈世明	晁雅楠	贾 兵	李昊昊	
曹中民	陈 伟	王万成	海旭龙	殷嘉诚	李鹏科	毛 健	柳 岳	张 雪	陶 苇	吴宇涵
杨国彪	丁奎山	王亚宁	黄铭伟	罗广唯	马 波	马如旭	马普刚	郭文博	王忠良	丁 林
马 超	姜仁杰	杨旭成	朱鹤旭	靳益民	胡跃宽	代嘉星	王星宇	朱子浩	马 媛	周 龙
纪 娟	虎安安	李宁辉	位浩杰	何 涛	黑付龙	何 萍	曹翠倩	海 强	马玉虎	马国义
苏利利	梁巧凤	袁 香	邱炜畅	赵源航	李 奇	史 伟	吕平海	张 康	任 鹏	冉 博
马 军	邓 茹	黑 龙	李自红	哈美玲	马若萱	马小芳	黑小燕	马小艳	李 筱	杨雪梅
杨 红（12017241910）		马世梅	李广花	马学萍	王 斌	马 伟	姚秉虎	张珀宁	曾青青	
朱智坚	敬智驿	李震东	高 嘉	李子龙	曹文昌	胡运杰	贺 琰	张 路	贾心妍	王 婧
张 旭	徐 磊	吴文博	黄自南	孙启成	龙君杰	平翔宇	李盼娇	王晓键	陈 旺	黄梦齐
王亚楠	马嘉强	马 静	马 博	马志强	马 雯	陈 谦	刘 培	蒋 欣	苏晓翠	马丽梅
马智强	杨瑞媛	李 雪	李正渊	马海成	马海龙	王 静	王 楠	海 霞	杨万福	薛永霞
任开洁	王先耀	李健民	鲁尚辉	刘骏杰	欧阳亿明	马小梅	王书凝	马 芳	马学燕	郭月芳
马小花	李 娟	杨 静	丁 龙	田 荣	陈世俊	高子恢	胡德忠	张 璐	祁娅玲	张 琳
王 珩	赵宪斌	虎建刚	朱娜娜	蒋 隆	马卫林	马建华	马文慧	撒 强	陈亚秀	何 盼

燕浩浩　黄翻娜　马旭文　杨林林　马　洋　马　荣　马　龙（12017241709）　黄晓强　吴　波
马佳伟　喻晓彦　杨　洋　宋乘吉　李新宇　马平玉　辛园园　柯万真　谢旭升　何学梅　张儆轩
杨芳芳　沈佳华　崔永建　宋　潇　赵婷婷　田和平　胡隆生　王保英　薛　钊　李晓平　米金辉
王浩东　马宁涛　曹　梦　马沁玥　陈启帆　杨　红（12017242009）　马　琴　赵　鹏　王世雄
樊　凯　杨伟东　杨浩楠　王发旺　王依岗　赵凤荣　潘宏宇　张自婷　马军杰　韩桂英　康欣欣
蔡婷婷　杨海涛

信息工程学院

司喜绢　夏勇超　金剑涛　刘家兴　于玲玲　杨　静　杨　宸　陈　豪　范晓毅　焦绪日　谭美慧
陈建国　刘佳伟　种俊如　邱文璐　苏婷婷　王　欢　史新华　杨佰虎　马泽丫　辛慧玲　马国宾
马晓兰　马　强　李雅丽　苏　玲　魏晓宇　王平国　魏瑞鑫　殷德彪　马慧英　杨　帆　王思俊
许晓艳　谢静泊　李骐元　张博洋　马贵贵　马　林　马克华　朱　悦　管梦雅　李　瑞　马　梅
胡柏涛　李　越　王柏雯　李海霞　郭　菁　黄明晓　锁　荣　马　丫　马　琴　马力军　祁　思
虎小娟　王佳琪　李　璇　李　楠　梁　言　丰苗苗　杨　莉　马　圆　雷　丽　海　玲　田　赟
马文秀　田　梅　邵　洁　赵娟弟　田　娟　赵　倩　王苗苗　马　昕　李　慧　罗　茜　任丹妮
李　鑫　李欣辉　任金城　董文慧　郭晓林　白少华　邵长江　李有信　何　明　郭卫锋　宋汝哲
马佳朋　冯昭玉　刘　銮　米惠如　成永强　丁　兰　张　弛　白　超　李东东　辛帅帅　高富川
张彪彪　张　斌　杨忠成　万小钰　李海鹏　李世琦　李磊磊　姚晶晶　马昊敏　郑兴文　张诗钦
王宝林　倪博宇　李海歌　马　悦　原　立　吉家庆　杨　菊　罗金兰　马　瑛　马小娟　撒国栋
乔木羲　马小军　霍　辽　史高磊　张盼文　王淑芳　林　磊　郭若彤　王小兵　张　海　马　龙
马　慧　苏吉民　王　娜　张恒祥　郭镇瑜　马赛扬　马明铭　李晓平　邵克欣　马鼎钰　王宣人
邱缨杰　杨泽霖　王圣陶　蒋为杰　马　伟　王　瑞　刘晓泽

智能工程与技术学院

乔　瑜　李　尧　刘子晨　陈时恬　马显勋　罗　刚　王　蕾　朱维博　苟玲玲　邹新凤　陈彦彤
尹博文　刘长远　秦金蓉　李旭彤　王鹏飞（12017245771）　章学刚　徐　锐　李思远　李文绪
张　敏　王浩楠　代梦瑶　黄香灵　高子龙　陈　帅　丁　曦　席　琳　刘　浩　赵　阳　石　旭
王　凯　王　宏　杨　多　高永旭　岳紫雨　莫世才　胡明宗　詹　莹　史天赐　王　莉　席彩娟
郑立莹　李　扬　金晓梦　郭瑜豪　张建超　张　程　文　龙　杨　功　吴秉旺　杨志昊　高　稳
万　刚　王鹏飞（12017245818）　张云飞　张晨涛　郭晓敏　田　蓉　高亚菲　王云龙　安世雄
王沛东　马玉程　陈　艳　白银瑛　马旭霞　史　瑞　李　桢　王旭升　刘嘉伟　王健生　李双强
李　渊　杨小红　罗进关　卢永勤　马应斌　刘　娜　田智博　雷振虎　张宝宝　吕建君　伏高田
姚雪彬　许娟弟　卢志敏　吴金鹏　陈和平　党小浩　靳文慧　妥鹏筱　王　成　安万民　吴天媛
任　奎　袁志同　杨　丽　邓　榕　王渝植　张　玥　胡晓雨　武　清　王发发　张　源　穆向阳
马若冰　胡亚飞　陈魏文　汪彩忆　陈少博　王　攀　裴　宇　王　宁　田思怡　陈　艺　李晓铁

张方帅　万继荣　王　霄　杨　雪　户　妮　杨飞飞　张钰辉　包　倩　马　冲　芮成凯　赵　娜
陈丽媛　黄彦文　刘志艳　李晓宗　杨文杰　孙振文　孙振琰　杨虎成　王宏喜　李慧玲　剡多辉
满金根　马　丽　李晓福　王　雪　李明慧　高鹏霄　刘　敏　海小安　王小兵　马建慧　曹　旭
柳　鲜　蔡雅丽　马晓燕　杨海乾　王亚博　赵　恒　张　毅　曹　冰　吕　凯　高　举　袁心雨
范东刚　李　勇　张　辉　靳盘盘　王雪梅　张鹏飞　虎苗苗　梁智雄　虎永刚　冯万宁　杨　帅
何建奎　关学仁　杨　楠　赵　爽　常青青　杨佳琳　侯敬瑶　张永丽　安凤霞　马学生　李春萱
张学东　张博轶　常芳园　马国军　时圣泉　谢可欣　刘　飞　杨　凯　勉飞燕　杨佳宁　马小娟
卢　婷　方梅静　文雅莉　武育伟　左培娣　施雨艳　余凤花　高栋娟　丁　敏　杨　旭　范　琦
李　旭　马　健　刘乐乐　李晓亮　杨娅璟　张文杰　邓文敏　谢　龙　马小兰　马晓蓉　杨瑞梅
齐聪聪　张　盼　邵　胜　王璟璟　杨　倩　何青凤　贾紫薇　杨宇博　太宏伟　施　泉　高雪兰
马翠兰　田俊琴

化学化工学院

李　兵　禹鹏娟　田　珍　马　静　吴　桐　蔡意如　李金振　唐非凡　蒋潇静　户玉婷　马彩霞
撒占玉　王小龙　刘慧娟　王丁鹏　王佳雪　杨合聿　马苗苗　马小蕊　黑慕蓉　田钧芬　曹利平
沈陈虎　马佳庆　马玲蕊　张红霞　马　蓉　马彩兰　田　琴　杨　花　冉　李　黎旭芳　谢逸冰
李英莲　周　颖　脱晓燕　冯　婕　杨燕宁　哈佳静　仇亚宁　丁晓丽　李　晶　史浩浩　刘梦丽
马　兰　马金福　杨　帆　李　娟　王飞梅　王　萍　金学萍　丁永梅　何燕燕　马济芳　杨小琴
贺彩花　张多伟　薛　凯　孔冰珊　马宝芳　马晓燕　宋银强　郭娅倩　王　兰　马治霞　齐　荣
马　婷　罗续安　顾丽湘　马巧玲　叶亚君　何　琦　李　涛　汤文秀　高霞飞
马　军（12017242342）王亚龙　李瑞瑞　马飞虎　王　亮　于　媛　马小燕　马佳荣　杨　梅
李　英　马海霞　张榕丽　马　荣　锁凤蓉　常雅婷　方雨欣　海娟萍　王　银　何亚楠　禹圆圆
苗春雨　贺雨晨　王海玲　史　慧　杨　兰　张振兴　罗　平　李博涛　冶　飞　李　伟　马志虎
马晓波　锁海霞　周　静　马卫莉　田晓燕　马　栋　杨　波　马小函　王　莲　陆耀飞　张金鹏
郑海涛　马国平　马应彪　焦红婷　张祖敏　胡文霞　李　政　于润鹏　李昊源　孙晓欢　安国茂
姜金矿　张苗苗　李　梅　杨万龙　何万军　马学花　程　静　韩彦飞　李彦花　杨小芬　司浩志
乔慧珍　王自凤　王　钰　马小聪　杨宗虎　杨学茹　张鸿芳　牛佳民　李佳澄　马小福　马秉鑫
肖伏荣　王鹏燕　王佳瑢　马玉霞　马　军（12017242476）李　蓉　赵　静　梁萌萌　张晓兰
杨凯霞　马天宝　王佳豪　李良超　苏　沁　邹　云　陈秋好　桑　梓　沈雨可　徐燕红　王军旗
张又彬　陈亚男　薛双龙　杨燕红　侯信州　陈立夫　祁诗友　张浩宇　王航宇　冯彦琴　马　佳
马　斌　张文华　马莉萍　韦雨蒙　马　磊　何小燕　马　瑞　马化梅　马小娟　王小琴　赵亚亚
李春雨　李静文　沙雪兰　马玉莹　周子恒　王文波

生命科学学院

覃伊文　马　强　喜　哈　杨玲玲　邱映莲　苏一黄　韦雅素　孙菲玥　祁宝霞　于银凤　侯霄昆

乔亚蕊	刘　艳	龚　雪	冯　荣	赵　伟	李　明	李佩蔓	唐慧艳	马文慧	杨佳丽	纪彩婷
马小蓉	张　艳	包玉花	马素婷	姜　顺	李林燕	黄　晓	伊　扬	兰卉泽	赵晓艳	唐静荣
武瑞瑞	余德菊	董新莹	张春艳	张旭阳	焦雨婷	毛　婧	戴　帆	陈艺姝	纵　秋	林章苑
张　媛	于丽丽	王玉玉	张明艳	高　雪	蔡小甜	程秀妮	丁春花	虎冬雪	赵燕萍	杨婷婷
马清兰	马　杰	丁　龙	马贤文	马瑞欣	吴春雨	丁学华	马　慧	周思丽	买　雪	马蓉蓉
苏国梅	吴　霜	杨　翠	李　彪	马亚博	安婷婷	李文华	闵智博	陈丽华	王月坤	石佳佳
张丽昀	张思瑞	冯小彦	马　蓉	侯雨欣	杨彦研	汤红燕	马双兰	张慧玲	柳　叶	马廷玉
杨　雪	马晓英	张　玲	朱源鹤	喇小琴	李艳蓉	王　虎	任婷利	简阿妮	陈　欣	李小梅
马小霞	王发发									

生态环境学院

许炎武	杨碧涵	麻金花	马倩倩	任钰健	马永贞	何兴芳	马海军	张存喜	张贞强	薛宇涵
王丽萍	郑　义	王　明	娄长拴	高远威	张　锐	王如风	毛　艳	沈舒雨	张晓丽	赵皓月
马海丹	马佳星	杨　燕	邢彬彬	黄　薇	杨　鹏	杨雪玲	常　嫱	王　侨	郭　蓉	廖天婷
文　芬										

地理科学与规划学院

张美龄	魏甜甜	马玉娟	李晓玲	章宇航	尹　钐	刘昕玥	王伊林	冯子格	张　瑶	董　娜
黑建宝	张　宁	常娜娜	马香花	马亚莉	扈会童	赵　珍	吴　勇	康　娟	吴德健	任惠芹
李姣姣	李　佳	金　佳	闫　雪	马　伟	兰　丰	张忠贵	马成花	柳甜甜	杨丽丽	马若梅
杨晓琴	马晓慧	柯　欣	马建军	马晓龙	李一辰	李启萌	张志荣	马海龙	刘赛淼	赵乾博
张怀珍	王佳蓉	韩家欢	赵建建	张笑笑	赵媛媛	侯嘉烨	李聪慧	马亚婧	刘瑞亮	马奇智
杨　璐	陈　阳	马雨欣	刘园园	张维福	冉　爽	马红霞	张卓昇	庞鑫燕	罗　宇	张海鑫
王旭燕	蒋文慧	李　雪	郑步云	黄　彪	王调调	金录才	李雪琳	伍云飞	王小梅	马　翠
顾忠虎	王康飞	马嘉豪	马启超	梁　铮	刘　莲	张　焜	王云龙	李小玉	柯兰兰	姚鹏亮
田炎鑫	剡　珺	牛东明	张阳扬	马玉娥	牛家禾	李长青	李星月	姚田田	杨万程	马益婷
苏　芮	杨　阳	张　建	侯丽君	吴海娟	牛嫄嫄	马瑾科	费　颖	何晓华	李　玲	任　嘉
满　意	吴　芮	王美艳								

农学院

海　香	杨旭兵	撒春宁	马　霜	苏启明	易海平	苏荣霞	王旭成	马凤华	单小玲	
马　龙（12017243311）		刘永泉	饶越悦	妥昀昀	高龙飞	田世杰	张筠钰	杨浩楠	宋艳艳	
刘嘉慧	高嘉慧	王　园	李佳旺	李永康	张彩云	田兴芳	马洪泽	杜艳艳	杨　博	王腾飞
刘鸿敏	马亚伟	兰　莹	马荣成	妥　强	马小东	田海宗	锁少玉	马鹏飞	马建英	马　杰
马小宁	马飞虎	张　宁	卜　莹	梁　帅	王旭光	郭　荣	赵　强	胡　泽	牛天翔	魏　榕
段红娟	李蕾蕾	李彩琴	安彦昊	王彦英	李金转	马步仓	李小龙	刘晓波	张万里	穆　强

张正刚	马青海	马正兵	杨 斌	杨晓斌	叶宇恒	安治通	黑正萍	张 雪	张淼淼	乔 双
鲍显伟	张 绪	柳佳娣	毛首会	石亚楠	丁宝隆	李彩霞	王 博(12017243557)		夏天波
王泽蛟	李元平	马晓庆	王宝英	金学娟	杨学霞	金玉莲	王 昊	王 慧	杨鑫波	魏文轩
李明明	王 朔	王 彪	王 博(12017243234)		王 妮	张 媛	李晓梅	杨 龙	林少华
马小虎	王 娜	樊 敏	李海震	陈文鑫	朱 荣	姚会武	杨小学	冯彦花	杨鹏辉	刘 睿
丁晓梅	朱泽昊	周青青	虎雅玲	田普江	王震宇	唐建兵	马 楠	丁普贵	付 龙	景盼盼
申晓雨	张 龙	马童杰	运彬媛	龙姣卉	张 昱	杨 辉	周 霞	张风琴	吴雨雨	马向虎
杨 杰	马冬花	王建鹏	马东海	马 伟(12017243184)		吴小琴	罗晓玲	闵炜芳	王晓苹
杨伊玲	肖 娟	杨 娜	白小艳	田海梅	王月梅	丁玉兰	马治梅	李仁英	马富海	马乔女
摆小蓉	马健祯	王 磊	杨 雪	陈贺婷	张 舒	陈国峰	屈 洁	张 莹	马胜利	薛 旭
夏 雪	裴 伟	韩健健	王巧玲	戴鹏飞	胡媛媛	马小兵	张 青	马明虎	田 娜	罗伊荣
马丽娟	马 莹	马 慧	马小梅	沙晓蓉	张 蓉	李 冰	马小霞	杨小倩	马媛媛	金雪花
田 燕	金春娥	张学青	卜虎柏	王通锐	王 帅	徐丽爽	孙福华	贺秀阳	雷 昊	王娅茹
郭佳茹	白世东	寇小君	马小琴	张雪梅	杨 丽	马有强	马 婷	李小娟	王 萍	马 聪
虎治军	田 伟	秦丽莉	盛 叶	刘霄芸	宫凯轩	高 虎	张佳芮	邓胜艺	李 悦	焦 扬
王凯彬	姚 磊	曹树槟	张永宁	丁嘉欣	苏俊娜	苏晓兰	马 强	寇存莲	张 捷	焦田甜
穆晓坤	王玉婷	马小连	摆福红	马月玲	马 龙(12017243191)		穆晓国	熊文汶	高 迁
马嘉瑜	刘海强	杨小文	张 鑫	马光孝	马小磊	张 欣	徐 帆	王 岩	洪浩曾	胡耀龙
党福鼎	马芳芳	田海龙	高 龙	路金博	马 伟(12017243173)		张红艳	申 昊	

食品与葡萄酒学院

高鹏燕	张忠明	刘晨昱	杨惠娟	刘心缘	姜元也	李 萌	贾淑鑫	耿荟莹	齐天宇	苏钰钰
关 玥	赵世民	胡进懿	马梦瑶	路 妍	孙文静	鲍平安	张冬阳	祁婷婷	王梦松	郭 丽
史佳慧	陈 欣	唐 新	鲍星全	段亚茹	任 和	王坤莉	高 明	柳雪洁	王 红	郑荣圣
曾 镜	徐嘉良	翟全景	刘丁豪	杨逸豪	郭方圆	高凡钧	王寅森	刘依琳	曾 彬	高 香
庞 学	梁嘉敏	梁学芳	王江林	李 磊	冯 蓉	李 波	穆 锐	龚 旭	王 一	靳鹏孝
金雪芳	马江涛	谢 铃	林济开	何 源	李雨陶	刘晓文	符姝怡	程瑨津	周锦文	张婷婷
田志宁	王醒醒	任一夫	吴莹艳	白 雪	杜雅婷	冶飞龙	陆燕妮	杨彦朋	李慧慧	刘秀彩
王浩瑞	王小姣	张 甜	杨 彤	马小花	高迎东	杨 帆	马雪妹	高春芳	虎 毅	锁国玉
杨进银	马 瑞	杨 芳	丁 雪	马 慧	康 玲	马丽婷	王 霞	马晓梅	苏 洋	何小玲
李 爽	李 想	李佳佳	庞颖鑫	张远绿	叶凌凤	刘知非	付邦峰	王延尧	刘思佳	刘张知远
彭振欢	谢启文	李 秀	马 文	王学宝	马小菊	刘 孜	吴志丹	李卓玥	王 娟	锁博海
王素也	白 岩	潘 滨	王 燕(12017243043)		孙天祥	王 燕(12017243045)		刘倍倍	俞 佳
马 蓉	马海洋	冯满秀	周小荣	苏晓凤	王金霞	杨春梅	胡丽筠	马志源	伏棋画	李 莉

机械工程学院

马银刚　王伟伟　李秀鹏　闫明月　张翔且　张伟伟　马小霞　王飞龙　母文发　马　林　康嘉宁
李静仁　马　磊（12017243766）　何　辉　刘　铮　杨　鹏　刘天斌　高海龙　姜　喆　李政豪
魏　伟　马秀桃　顾晓艳　蔡亚兴　马　蓉　杨　璟　何立坤　牛康龙　梁宇霄　赵敏明　沈佳辉
南少杰　李　兰　杨旭东　刘立锋　孙福荣　马晓海　王振兴　海玉礼　任全春　田治奇　马　瑞
肖玲玉　马　劼　苏德俊　王　娜　李宇卓　白露露　王　计　丁亚君　袁　润　赵　哲　姚　浩
余学龙　张君豪　彭　达　杨子东　聂晓晗　王若岩　魏建行　王幸福　冯建鹏　樊维刚　庞　浩
孙　博　纳　戬　汤森曜　李乾峰　刘帅波　杨博文　武学峰　赵飞龙　李　斌　柯小龙　马　锴
李煜帆　王惠龙　黑　龙　田彦俊　马　钊　何　东　马　龙　王惠清　程　涛　马庆阳　苏国庆
赵　勇　马宝鹏　李风云　周伽波　何国强　周　杰　刘　浪　董源哲　任　杰　王冠群　印镇岳
周　弘　严森洋　徐茹茹　吴建强　罗　站　任鹏飞　张佳宇　杨晓坤　刘亚涛　喻　鹄　陈卓贤
魏星星　杨　伟　钱文安　罗成亮　田青山　李自宁　陈雨行　母玉成　王　玥　岳　坤　曾纪洋
郭保潞　方成成　曹新宇　梅续虎　赵　斌　李宏洁　张东福　张天始　高　原　樊茹玉　李佳园
王梓烨　周钰博　周　义　马　磊（12016244109）　马东君　马寅森　马　侦　杨　丰　马小平
徐飞龙　杨　玥　马国仁　吴保刚　周振军　王锦扬　陈　裕　牟文成　杜立立　宋俊丽　张　奂
蔡永众　王兵兵　李海成　张盼盼　何　健　刘　浩　宋　荡　虎小冬　刘　艳　王永旭　徐斐斐
毛　宁　田世玉　马小琴　余　林　秦银芳　黑建芳　马　宁　尹睿智　何　伟　赵　蕾　侯明月
张　锦　杨　涛　周嘉辉　万　鹏　杨亚庆　李燕燕　曹亚荣　王丽丽　胡海燕　张　硕　刘　颖

土木与水利工程学院

马太空　马小平　马鹏珍　金　静　王　枫　唐　美　谷晓菲　李嘉山　李　萍　魏东旭　闫树成
马　玲　马　龙（12016251070）　杨　奎　马幸香　马　学　马慧娟　马　娟　杜　宁　丁娅静
李　霞　马一旋　马文平　马金仁　杨　成（12017244153）　冯国庆　于　飞　马和梅　海春花
马雯婧　彭　锐　靳立璇　潘德壮　程露露　韩小峡　齐娅楠　苟慧艳　雍　洁　王雅文　杨　波
兰治国　周丽丽　张　颖　马向阳　马　庆　吴　婷　马　兵　马红伟　铁明丽　李小瑞　赵　强
路建建　刘佳佩　田云云　杨　成（12015250020）　赵　晏　魏红宁　杨欣慧　金一鸣　马晓东
买　瑞　张　翔　苏玉刚　李正宝　苏　涛　伍雅超　唐湘缘　万洪良　王　璐
田　瑞（12016251014）　付　钰　赵雨时　郭生根　刘蓓蓓　苏佳雪　张志栋　曹淑婷　马玉军
虎勇源　马　龙（12016251027）　李小平　丁　轶　管小龙　马桂平　刘玉杰　马忠旭　王　今
齐雅婷　刘宝文　柴紫檀　曹　凯　耿智雷　曹国庆　刘　婷　叶　飞　杨雨芮　裴睿聪　付自龙
马智强　王凯亮　徐　微　张立峰　虎小梅　兰晓海　魏牛旺　虎庆丹　刘晓露　李嘉艺　刘倩倩
杨伟相　王　平　杨博龙　金　帅　马云鑫　马玉梅　郑娇萌　孔　逸　黑正军　董　昊　马金霞
韩柏涛　锁丽燕　李阳阳　张媛媛　马佳昕　李承承　朱燕丽　王梦莹　陈卫东　马志杰　杨金霞
林依婷　韩冬凝　海昕宇　李小龙（12017243952）　杨如民　冯　薇　努尔艾合买提·努尔买买提

唐耀莹　罗　旭　韦广源　杨菊花　刘华茹　崔桂芳　王彦军　姬秀艳　杨生梅　季　亮　季　祥
马双成　冯俊涛　田　瑞（12017243974）　杨　纳　张廷宁　海　鑫　田　锐　许根瑞
麦麦提图尔贡·阿卜杜热依木　顾晓慧　赵武伟　张海旭　蒋立伟　海　瑞　金媛媛　王昭义
杨　军　禹宏伟　马　瑞　马　永　马英杰　马永成　张绍虎　余冠辉　李小龙（12017244010）
马思玉　王丹阳　杨嘉慧　王万欣　陈　冲　杜惟梵　谢　鑫　白鹏程　邱子豪　孔　骏　周晶晶
张阳成　周文林　何　军　王福星　马　涵　徐文腾　杨佰才　尹佳云　靳　婷　李金川　撒飞虎
马　军　张　涛　刘海涛　马　银　胡彦刚　马相花　徐文婧　付海龙　海斌斌　丁永发　吴巧智
田海洋　田　鑫　李希虎　杨　鹏　王　超　秦鹏亮　陈永圣　王胜楠　马毅康　宋牧原　黄　爽
梁江船　马淑娴　马志安　田世勇　罗　衍

教育学院（教师教育学院、教育研究院、宁夏高等学校师资培训中心）

吴启昕　杨凯文　张　磊　马小忠　杨佳楠　孙淑敏　李苏琦　杨　帆　姚舰惠　杨晶晶　马忠秀
王小燕　丁晓玲　马小芳　禹娟娟　田亚文　马莲花　杨　盈　肖　媛　史燕青　沈思凡　刘佳蓉
杨　燕（12017244380）　方　茹　丁佳楠　李　梅　胡婷婷　梁玉蓉　娜迪热·阿依甫　马晓琴
马兆霞　李　懿　杨俊花　李红翠　吴　霞　张　瑞　廖敏君　马翠花　杨心仪　田风梅　买小丽
马　晶　何雨竹　刘晓芹　石雅琳　易梦琪　叶　瑞　段思宇　邹洋洋　林　婧　杨文明　杨彩蓉
马　琴（12017244414）　马晓燕　金　菊　周小慧　毛　萍　于永霞　杨梅兰　张慧玲　陈　丹
田亚茹　王　海　白　瑞　马秀秀　王香丽　王　莎　谢　梅　姚　凡　马文丽　李润纳　王进成
杨　燕（12017244505）　张丽莹　杜丽君　冯宇琳　周洁萍　李英瑛　刘春玉　海　梅　罗　静
杨　丽　糟冥叶　马　娟　马林娟　张瑞雪　梁亚丽　李霞霞　周　玲　郝正英　李晨霞　肖奕文
吴曼琳　杨瑷萍　庞　欢　王诗雨　贺　熙　白菁如　刘小嫚　刘家琦　李佳欣　马云云　海依萍
马　芳　马筱筱　禹靖靖　贾亚亚　郭亚文　王鉴芳　马小霞　李必武　杨莹莹　石佳星　虎岩锦
满晓晖　虎招招　梁　悦　买佳雪　盛　宁　冯萌春　刘博强　杨　乐　李　果　苏静芳　刘　芳
陈媛媛　李建梅　胡佳欣　郑海润　罗　倩　马金花　马　玲　裴玲丽　梁馨予　江　雪　刘　娟
班彩琴　潘婷婷　安佳楠　牛　乾　石霄燕　张瑞强　李婷婷　虎　霞　李继玲　王盼宁　冯慧慧
马　婷　张利霞　杨凤香　王　智　王艳青　杨　惠　吴圆圆　马　平　李孝蓉　蒙　乐　侯宁宁
李彦彦　马　莉　陈　姝　海　云　刘　艳　焦　雪　孙佳慧　苏天晴　王　涛　范怡萌　者梦宇
祝思雯　陆宇欣　丁　楠　陶　芮　王惠英　王静雅　汪方颖　冶兰兰　杨玉彦　马晨新　李海霞
李海英　庞文文　史　尧　董　艳　陆博辉　高贵宁　石嘉欣　李银霞　王海英　宋晓甜　吴娅鑫
海银莹　闫　露　马鑫玲　刘　卉　杨亚宁　李娟朋　赵佳佳　吕引弟　裴　蕾　姚晓明　杨晓兰
陆　娜　魏　莹　田　洋　何　梅　任纬钰　苏西玲　王　丽　王　炫　樊稳强　马琴琴　金　月
安雅珠　李　纳　张　雯　马　英　杨　慧　李玲玲　田　怡　马晓丽　梁媛媛　丁　蕊　郭　雁
候咏辉　赵雅琼　马维宗　马晓英　张雪琴　马　静　欧阳元馨　冰　妮　娄　娟　马天姿　马嘉琪
李璞瑶　袁　仪　李　玥　殷　浩　王　丹　马　琴（12017244303）　杨树清　吴　鹏　仇康洪

陈世林　崔小同　张　倩　祝佳蓉　丁　娜　马雅琴　陈　凡　赵成秋　贺孝琴　程雪峰　周　慧
周　驰　杨小丽　马　兰　史银霞　马　玲　王宇寒　强　玉

体育学院

蓝艺强　廖勋炫　王　赫　王　鑫　裴心玉　樊诗慧　高　阳　陈沼东　郭　雄　金鑫宇　王　岩
李文杰　马英建　张　齐　马盛庭　马　敏　马泽文　田海东　黑玲珑　张晓佳　罗永俊　杨志昆
马　东　马卫东　晁伟伟　杨青春　李　慧　马学智　宗国龙　王卧龙　张　博　张珠文　丘鹏中
张旭东　张廷维　杨隆泰　张锐锋　叶正茂　袁港钦　徐夏欣　刘金源　赵楷熹　谢万排　苏战峰
李　琛　胡缘圆　钟佳伶　刘莹莹　谭　磊　王嘉琦　谢　凡　林丽荣　吕　鑫　杨鸿鑫　喇　鹏
南　鹏　李旭红　马国虎　杨社儿　马俊明　李康梅　徐志红　陈　莉　王登辉　张　丽　张杨子钰
赵小月　王雁鸿　李国青　靳耀峰　李　晶　陈永灿　郝　捷　吴作铭　冯进鹏　梁世国　马苏平
保学刚　钟启梦　李　莹　王凯鹏　申　彪　贺红娜　刘　旭　徐　赛　柴慕蓉　孙雨峥　张蕾航
谢嘉璇　李　晗　陈　晨　高银洁　薛凤娇　马华丽　贺　翔　王皓桢　高新沛　李芸柳　陈欧阳雯
张　翔　段吉昊　刘佳昊　李红焱　王文佩　张怀晓　莫　凡　靳康辉　韩　波　余雯雯　黄海莲
卢家润　李子晗　张　淼　高　露　蔡　铎　任晋男　张宇健　殷宇彤　周贤琦　倪金轮　司海颖
潘思立　张天缘　陈艳灵　殷夕望　王亚飞　李文希

音乐学院

王晓宇　鲁佳欣　徐梦媛　毛　润　马　伟　周　慧　王宇航　张舒婷　刘子烨　寇紫琪　赵稷瀛
路　成　韩紫萱　翟伟业　刘佳琦　樊玉顾　刘　芳　郭少兰　王星雨　杨思颖　齐　蕊　孙唯一
张澳东　戚敬灏　张　靖　唐倩蓓　张欣掀　丁子璇　马　越　石梦琪　陈霁月　赵　倩　肖祎航
刘雨欣　康　泽　李欣儒　孟　娜　李　文　李瑞昕　孙　萌　徐青青　党晨晖　汪佳洁　张　甜
刘　晶　高　露　赵咪咪　张　露　薛　雅　侯　莉　杨　琳　郝思涵　章聪毅　谷　森　朱恬雨
郭　睿　杨　森　周　游　张睿杰　蔡　想　王　焱　臧晨宇　张嘉惠　肖晨曦　梁晨曦　周　洋
周治龙　褚治智　王彦邦　谢　圆　吕志雄　舒雅琦　马心宇　王　颖　谭孝凤　李　敏　张　钰
董　浩　刘泽慧　刘金垒　高凤鸣　丁宏潇　许子涵　吕宗烨　鲍亚男　李欣悦　张　瑞　马丽莹
纳朵儿　秦　鑫　李语涵　金一诺　李清蟾　宇欣欣　宋筱雨　陶欣瑞　马佳丽　刘家琳　王　洁
万　珊　蒋晓晨　严莹莹　刘　浩　孙佳祺　孙燕茹　张丽艳　王晓晴　李　磊　何怡蓉　任安琪
王　璐　王　娟　马丽丽　张　萌　马　宝　陈　果　谢小红　杨艺楠　李姝娴　冯诗雯　张雪莹
张靖雯　徐艺珊　康　昊　石玉娜　张　越　鲁召男　鲁长越　王建洋　郝荆炜　孙庆宇　陈晓宣
杨冰倩　曹　浩　唐智文　马桂平　葛　迎　汪智强　杨枝强　徐　琳　杨　慧　明　月　糟存亮
王贵相　张　淇　高　阳　陈想平　刘桃梅　王一斐　赵庆龄　梁家玮　王　唱　李小语　王笑天
庞　腾　董译枫　刘权震　王锐峰　贾琳皓

美术学院

云砚琪　祁　阳　李长兴　祁　敏　文金珠　孙银辉　王晓然　李明享　夏雍迪　杨国欣　赵龙吟

于德真　邵长瑞　段思如　葛梦梦　边步朋　张勇勇　王钋欣　王佳辉　王书瑜　丁泽鹏　周虹余
董新婷　杨鹤文　蔡雪霞　海小迪　刘　敏　王维军　杨　芹　潘彦伟　尚春辉　石　玮　包　凯
朱　敏　米重瑶　魏　文　马应剑　张　悦　杨振远　朱佳敏　曹一鸣　刘　伟　卫垣兴　贾倩倩
马　媛　白文轩　梁富宁　李娅楠　郭思媛　马月英　杨志宇　张虎童　马家媛　厉永胜　田若茵
吴　妍　白彦丽　相宇佳　侯东彪　吕赛鹏　王艳菊　王照辉　杨博轩　张广敏　王　洁　陈　婷
吕君燕　张晓辉　刘　阳　高　鹤　胡蓓蓓　李玲洁　马克遥　李　曼　刘爱娣　魏兆笛　司超伟
侯善壮　马文浩　魏　鹏　王朝琪　张梦娇　凌　冰　张钰馨　鲁银娜　马　慧　刘霁靓　单交交
陈明辉　景浩然　张佳萌　周文辉　郭　甜　强莹雪　赵　悦　艾丽娅　王玮敏　余慧慧　郭　浩
胡海洋　王萌萌　马改雄　苏晓梅　程亚玲　薛中华　黄玉菲　张婷婷　安仓义　杨亚武　闫　杰
汪阿龙　马小芳　刘艳春　王锦秀　宋佳鑫　万文浩　孟　佳　宋泉毅　庞蓉蓉　王国珍　韩　嘉
马佳宁　姚素媛　刘　彬　郝海龙　郭　榕　郝慧鹏　洪倩雯　刘玮祺　周海梅　尹一凡　田富庆
王宇航　王涵宇　石博阳　赵新宇　李银波　许永辉　王　琰　李红亚　刘子核　高　扬　王嘉豪
王　昊　李元泾　刘心怡　张梦丽　李梦茹　刘锦雯　李　金　张淑敏　杨　雯　马宇鲲　陈　倩
杨　佳　郝思凡　卢致为　许明科　支　娅　周　璇　李　前　马亚飞　李仕魁　郝鹏波　妥卫明
申梦娜　马　帅　王珅晟　李耀辉　高　婷

马克思主义学院

马晓琴　赫梦芸　丁　凡　马　雪　丁小娟　马红艳　马双慧　马　婷　马　楠　马彩梅　虎小萍
康　迪　马　兰　杨小丽　李　英　杨亚琪　杨彩霞　马　琴（12017240419）　铁　艳　马小凤
杨小梅　周双双　杨　娜　吴　静　陆海莲　唐　创　高金鹏　蒋梦真　石一鸣　冯锦瑞　叶发钿
张方园　李晓婷　马丹阳　姚柳荣　刘慧敏　史岘榕　李　驰　张　慧　马文静　李桂林　甘　林
雍国蕾　王　欣　何　花　海飞霞　郝　银　魏玉宁　任　佳　李亚露　火爱萍　王　平　罗国香
程静强　马红玲　马耀英　杨海燕　顾红梅　白小珍　李小娟　姚福花　张媛媛　马存英　田丽丽
沙　琴　杨梅艳　赵健雄　马慧珍　康　花　马志俊　马　琴（12017241372）　王　慧

国际教育学院

王佳靖　夏长晖　刘薇妮　龚　艾　王　琪　王煊赫　高大翔　李少恩　申振宁　张博兴　王　澳
李政道　杨　露　唐刘舒璇　马　玲　张宜禾　陈嘉泰　田　磊　李　欣　倪乃容　陆　游　柳卿赟
张军霞　冯　皓　徐艺桓　陈　媛　刘晓璇　杨　礼　张耀宇　顾浩然　井晓文　郭新煜　黄若寒
王亦纯　盛俊超　李怡秋　何先昊　沈　清　邵燕茹　周伽莉　叶　静　白如君　郭小琴　年明一
祁　茹　揣　钧　马萧潇　杨　颖　吴一帆　孟　宇　冯金辉

2021 年留学生授予学士学位人员

文学

林　娜　王雨洁　白　木　李　昊　谢　玛　乐　娜
李飞龙　扎　依　上官灵　金汉泽　金智明　金　灿　张乐迪　王俊凯　艾小美　李　健

2021 年成人本科生学士学位获得者

行政管理

李佳旺　张文博　李国英　刘梓慕　张谢园　张丹琼　杨翠霞　史　可　杨　佳　侯星燕　罗发婧
刘　娟　武　丽　李　净　徐　芮　李瑞宁　刘宇星　李　慧　马小红　屠玉媛　王满霞　张丽娟
黑学成

法学

李治华　吕骁丹　杨若飞　马　军　何玉旋　田向红　丁　静　黑哈东　余泽梅　李　翔　李朝晔
余卓妮　刘宇晶　苏　娟　杨喜前　杨生妍　王玢瑶　古恩慧　张　华　韩效州　何　芳

会计学

曹丽辉　马思媛　杨　芳　俞　颖　那　菁　吴嘉伟　郑　倩　陶玉珠　汪　娟

经济学

张雪婷

工商管理

顾爱杨　袁志莹　李　超　王承伟　张乐乐　马　瑞　祁　文　潘慧敏　张郎郎

小学教育

白海玲　刘文霞　田治梅　杨　芳　宋　艳　郭洋洋　张海荣　周春玲　吴　翠　杨晓英　吴选亮
虎晓花　朱小娟　谢润红　田晓琴　刘慧娣

学前教育

田　苗　徐婷婷　金海花　杨万芳　余　芳　王淑华

汉语言文学

刘亚亚　周　楠　杜　宏　张莉娜　马瑞华　周　惠　胡雯君　王　斌　佟昀远　杨嘉瑗　马德琴
胡　婷　马智慧　张　娜　周雯静　赵　彤　刘　亮　王梦媛

计算机科学与技术
卢冠举　唐丽霞
艺术设计
王彦峰　孙　敏　杨克鹏

文件与规章

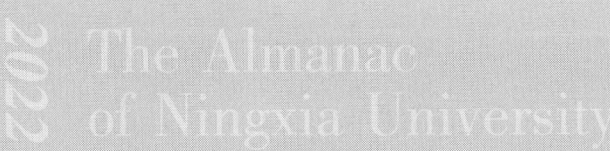

宁大湖（苏宇静 摄）

2021 年党发文件目录

序　号	文　件	文　号
1	关于王伟等同志任职试用期满正式任用的通知	宁大党发〔2021〕2 号
2	关于印发《宁夏大学关于进一步健全新时代师德师风建设长效机制的实施意见》的通知	宁大党发〔2021〕3 号
3	关于印发《宁夏大学中层部门（单位）年度工作考核办法（修订）》的通知	宁大党发〔2021〕4 号
4	关于印发《宁夏大学中华民族共同体研究院建设方案》的通知	宁大党发〔2021〕6 号
5	关于给予脱贫攻坚先进个人和先进集体"记功""嘉奖"奖励的决定	宁大党发〔2021〕7 号
6	关于公布 2020 年度中层部门（单位）工作考核评定结果的通知	宁大党发〔2021〕8 号
7	关于 2020 年度中层党组织书记抓党建述职评议考核结果的通报	宁大党发〔2021〕9 号
8	关于张前进等同志免职的通知	宁大党发〔2021〕11 号
9	关于印发《宁夏大学全面落实研究生导师立德树人职责实施细则（试行）》的通知	宁大党发〔2021〕12 号
10	关于成立中共宁夏大学马克思主义学院委员会的通知	宁大党发〔2021〕13 号
11	关于沈岩东等同志职务任免的通知	宁大党发〔2021〕14 号
12	关于叶志春等同志职务任免的通知	宁大党发〔2021〕15 号
13	关于李海燕等同志职务任免的通知	宁大党发〔2021〕17 号
14	关于印发《宁夏大学庆祝中国共产党成立 100 周年活动方案》的通知	宁大党发〔2021〕18 号
15	关于给予刘自福开除党籍处分的决定	宁大党发〔2021〕19 号
16	关于刘伯川同志任职的通知	宁大党发〔2021〕20 号
17	关于印发《宁夏大学关于加强和改进研究生思想政治教育工作的实施方案（试行）》的通知	宁大党发〔2021〕22 号
18	关于印发《中共宁夏大学委员会 2021 年巡察工作方案》的通知	宁大党发〔2021〕25 号
19	中共宁夏大学委员会关于第四、五、六轮巡察巡察组组长、副组长授权任职的决定	宁大党发〔2021〕26 号
20	关于印发《宁夏大学党委理论学习中心组学习实施细则（修订）》的通知	宁大党发〔2021〕27 号
21	关于印发《宁夏大学 2021 年工作要点》的通知	宁大党发〔2021〕29 号
22	关于印发《宁夏大学专业技术岗位设置和聘任补充规定》的通知	宁大党发〔2021〕31 号
23	关于印发《宁夏大学高层次人才工作补助（绩效）考核发放暂行管理办法》的通知	宁大党发〔2021〕32 号
24	关于印发《宁夏大学师德师风建设实施方案》的通知	宁大党发〔2021〕33 号
25	关于印发《宁夏大学深化新时代教育评价改革工作方案》的通知	宁大党发〔2021〕34 号

续表1

序　号	文　件	文　号
26	关于创新创业学院等单位科级机构名称变更的通知	宁大党发〔2021〕35号
27	关于调整部分党组织的通知	宁大党发〔2021〕36号
28	关于调整机关党委设置的通知	宁大党发〔2021〕37号
29	关于李嗣丞等同志职务任免的通知	宁大党发〔2021〕38号
30	关于表彰宁夏大学2020年度五四红旗团委五四红旗团支部优秀共青团干部优秀共青团员的决定	宁大党发〔2021〕41号
31	关于成立宁夏大学法制工作办公室的通知	宁大党发〔2021〕42号
32	关于印发《宁夏大学后勤综合改革工作方案》的通知	宁大党发〔2021〕43号
33	关于印发《2021年宁夏大学全面从严治党党风廉政建设和反腐败工作主要任务分工方案》的通知	宁大党发〔2021〕44号
34	关于评选宁夏大学优秀共产党员、优秀党务工作者和先进基层党组织的通知	宁大党发〔2021〕45号
35	关于印发《宁夏大学深化新时代教育评价改革政策宣传月活动实施方案》的通知	宁大党发〔2021〕48号
36	关于印发《宁夏大学基层教学组织建设年活动实施方案》的通知	宁大党发〔2021〕49号
37	关于印发《宁夏大学政治生态分析研判评价实施方案(试行)》的通知	宁大党发〔2021〕50号
38	关于印发《中共宁夏大学委员会落实全面从严治党主体责任运用"四种形态"实施办法》的通知	宁大党发〔2021〕51号
39	关于印发《宁夏大学教学督导员工作管理办法》的通知	宁大党发〔2021〕52号
40	关于印发《宁夏大学西部一流大学和一流学科二期建设(2021—2025年)工作方案》的通知	宁大党发〔2021〕53号
41	关于印发《宁夏大学2021年度经费预算编制安排意见》的通知	宁大党发〔2021〕54号
42	关于王提银同志免职的通知	宁大党发〔2021〕55号
43	关于印发《宁夏大学党委常委会2020年度民主生活会整改方案》的通知	宁大党发〔2021〕56号
44	关于印发《宁夏大学部分中层副职领导岗位综合比选工作方案》的通知	宁大党发〔2021〕57号
45	关于印发《宁夏大学贯彻〈关于做深做实 查办党员干部违纪违法案件"后半篇文章"推动以案为戒以案示警以案促改以案正风工作的实施意见〉任务分工方案》的通知	宁大党发〔2021〕58号
46	关于印发《宁夏大学党委"我为群众办实事"实践活动工作方案》的通知	宁大党发〔2021〕61号
47	关于成立中共宁夏大学地理科学与规划学院委员会等两个中层单位党委的通知	宁大党发〔2021〕63号
48	关于马骏等同志任职试用期满正式任用的通知	宁大党发〔2021〕64号
49	关于黄海楠等同志任职试用期满正式任用的通知	宁大党发〔2021〕65号

续表2

序 号	文 件	文 号
50	关于张立杰等同志职务任免的通知	宁大党发〔2021〕66号
51	关于冯学文等同志职务任免的通知	宁大党发〔2021〕67号
52	关于印发《关于进一步加强师资队伍建设的若干意见》的通知	宁大党发〔2021〕68号
53	关于印发《宁夏大学人才引进管理办法》的通知	宁大党发〔2021〕69号
54	关于印发《宁夏大学师资培养管理办法》的通知	宁大党发〔2021〕70号
55	关于表彰优秀共产党员、优秀党务工作者和先进基层党组织的决定	宁大党发〔2021〕71号
56	关于陈军胜同志任职试用期满正式任用的通知	宁大党发〔2021〕72号
57	关于陈军胜同志职务任免的通知	宁大党发〔2021〕73号
58	关于李雪洁等同志职务任免的通知	宁大党发〔2021〕74号
59	关于余晓玲等同志任职的通知	宁大党发〔2021〕75号
60	关于印发《宁夏大学部分中层正职领导岗位选任方案》的通知	宁大党发〔2021〕76号
61	关于印发《宁夏大学教职工代表大会和工会会员代表大会实施细则》的通知	宁大党发〔2021〕79号
62	关于钟艳霞同志任职的通知	宁大党发〔2021〕80号
63	关于王玉祥、李琦同志职务任免的通知	宁大党发〔2021〕83号
64	关于秦泗海同志任职试用期满正式任用的通知	宁大党发〔2021〕84号
65	关于开展"立德树人奖"评选工作的通知	宁大党发〔2021〕85号
66	关于公布宁夏大学第二批"黄大年式教师团队"的通知	宁大党发〔2021〕86号
67	关于刘兆强等同志任职的通知	宁大党发〔2021〕87号
68	关于印发《宁夏大学"十四五"事业发展规划》的通知	宁大党发〔2021〕88号
69	关于李举等同志职务任免的通知	宁大党发〔2021〕90号
70	关于闫蓉等同志任职试用期满正式任用的通知	宁大党发〔2021〕91号
71	关于李娟、郑睿同志免职的通知	宁大党发〔2021〕92号
72	关于立项建设首批师德师风建设基地的通知	宁大党发〔2021〕93号
73	关于表彰"立德树人奖"获奖人员的决定	宁人党发〔2021〕94号
74	关于王彦庚同志免职的通知	宁大党发〔2021〕97号
75	关于在党史学习教育中认真学习贯彻习近平总书记重要讲话精神推动学史力行的通知	宁大党发〔2021〕98号
76	关于李海峰同志任职的通知	宁大党发〔2021〕99号
77	关于李东宁、冯蛟同志职务任免的通知	宁大党发〔2021〕103号

续表 3

序　号	文　件	文　号
78	中共宁夏大学委员会关于教育部高等学校思政课教指委委员人选考察复核的报告	宁大党发〔2021〕105 号
79	关于印发《宁夏大学党委贯彻〈党委（党组）落实全面从严治党主体责任规定〉任务分工方案》的通知	宁大党发〔2021〕108 号
80	关于何磊、胡启立同志任职的通知	宁大党发〔2021〕109 号
81	关于印发《宁夏大学公文处理办法》的通知	宁大党发〔2021〕110 号
82	关于印发《中共宁夏大学委员会关于在二级党组织设立纪委和纪检委员的工作方案》的通知	宁大党发〔2021〕111 号
83	关于印发《中共宁夏大学委员会执行"三重一大"制度实施办法》《中共宁夏大学委员会常务委员会会议议事规则》《宁夏大学校长办公会议议事规则》《宁夏大学专题会议议事规则》的通知	宁大党发〔2021〕112 号
84	关于印发《关于开展自治区党委十二届十三次全会精神学习宣讲活动工作方案》的通知	宁大党发〔2021〕115 号
85	关于潘瑞等同志职务任免的通知	宁大党发〔2021〕117 号
86	关于朱晓亮同志免职的通知	宁大党发〔2021〕121 号
87	关于开展宁夏大学 2021 年年度考核工作的通知	宁大党发〔2021〕122 号
88	关于李仲磊、苏兆阳同志任职的通知	宁大党发〔2021〕123 号
89	关于肖功国等同志职务任免的通知	宁大党发〔2021〕125 号
90	关于杨蓉同志免职的通知	宁大党发〔2021〕126 号
91	关于印发《宁夏大学部分中层副职领导岗位综合比选工作方案》的通知	宁大党发〔2021〕127 号
92	关于印发《宁夏大学中层以上领导干部"到学生中去"实施办法（暂行）》的通知	宁大党发〔2021〕132 号

注：缺号为涉密文件

2021年校发文件目录

序　号	文　件	文　号
1	关于印发《宁夏大学国内差旅费管理办法(修订)》的通知	宁大校发〔2021〕1号
2	关于印发《宁夏大学货币资金支付审批办法》的通知	宁大校发〔2021〕2号
3	关于印发《宁夏大学培训费管理办法》的通知	宁大校发〔2021〕3号
4	关于印发《宁夏大学往来款项管理办法(暂行)》的通知	宁大校发〔2021〕4号
5	关于印发《宁夏大学本科生劳动教育课程实施方案》的通知	宁大校发〔2021〕5号
6	关于印发《宁夏大学内部审计工作规定》的通知	宁大校发〔2021〕6号
7	关于郭庆华同志职务聘任的通知	宁大校发〔2021〕12号
8	关于公布2020年度考核评定为优秀等次人员名单的通知	宁大校发〔2021〕13号
9	关于王安全等同志职务聘任的通知	宁大校发〔2021〕17号
10	关于高玉琢等同志职务解聘的通知	宁大校发〔2021〕22号
11	关于杨文姣等56人中初级专业技术职务聘任的通知	宁大校发〔2021〕23号
12	关于马军等同志职务任免的通知	宁大校发〔2021〕26号
13	关于马彩梅等同志职务任免的通知	宁大校发〔2021〕27号
14	关于胡玉冰等同志职务聘任及解聘的通知	宁大校发〔2021〕28号
15	关于停发刘自福退休费待遇的决定	宁大校发〔2021〕30号
16	关于成立宁夏大学知识产权信息服务中心的通知	宁大校发〔2021〕35号
17	关于陈强等3名工勤技能人员晋级聘任的通知	宁大校发〔2021〕38号
18	关于印发《宁夏大学教育类研究生免试认定中小学教师资格教育教学能力考核办法》的通知	宁大校发〔2021〕43号
19	关于印发《宁夏大学博士后管理办法(修订)》的通知	宁大校发〔2021〕45号
20	关于表彰奖励2020年度成人高等学历教育先进教学站的决定	宁大校发〔2021〕51号
21	关于马静雅等同志职务任免的通知	宁大校发〔2021〕52号
22	关于印发《宁夏大学科技支撑自治区九大重点产业高质量发展战略研究工作方案》的通知	宁大校发〔2021〕55号
23	关于保留魏丹丹等16名入伍学生学籍的决定	宁大校发〔2021〕56号
24	关于马志云等9人考核定职讲师专业技术职务任职资格的通知	宁大校发〔2021〕57号
25	关于张建军等12人专业技术职务聘任的通知	宁大校发〔2021〕58号
26	关于表彰2020年度研究生学业奖学金获奖学生的决定	宁大校发〔2021〕59号
27	关于表彰2020年度研究生国家奖学金获奖学生的决定	宁大校发〔2021〕60号
28	关于表彰2020—2021学年优秀毕业实习生及优秀实习指导教师的决定	宁大校发〔2021〕63号

续表1

序 号	文 件	文 号
29	关于吴兵等同志职务任免的通知	宁大校发〔2021〕65号
30	宁夏大学关于2021年自治区"人才小高地"推荐情况报告	宁大校发〔2021〕67号
31	关于印发《宁夏大学本科生转专业规定》的通知	宁大校发〔2021〕69号
32	关于同意张文慧转学的决定	宁大校发〔2021〕73号
33	关于印发《宁夏大学博士生导师选聘办法(试行)》的通知	宁大校发〔2021〕74号
34	关于印发《宁夏大学博士生导师招生资格认定办法(试行)》的通知	宁大校发〔2021〕75号
35	关于印发《宁夏大学硕士生导师选聘及招生资格认定办法(试行)》的通知	宁大校发〔2021〕76号
36	关于刘小鹏等同志职务任免的通知	宁大校发〔2021〕77号
37	关于常虹、鲁彦同志职务聘任及解聘的通知	宁大校发〔2021〕78号
38	关于表彰宁夏大学2021届校级优秀毕业生的决定	宁大校发〔2021〕79号
39	关于印发《宁夏大学引进博士聘期考核管理办法》的通知	宁大校发〔2021〕84号
40	关于印发《宁夏大学实验室安全管理办法》的通知	宁大校发〔2021〕85号
41	关于印发《宁夏大学教职工公派出国(境)攻读博士学位资助办法》的通知	宁大校发〔2021〕87号
42	关于印发《宁夏大学基本建设管理办法》的通知	宁大校发〔2021〕90号
43	关于印发《宁夏大学基本建设项目工程变更管理办法(暂行)》的通知	宁大校发〔2021〕91号
44	关于印发《宁夏大学科研项目实验安全风险评估管理办法(试行)》的通知	宁大校发〔2021〕92号
45	关于印发《宁夏大学实验室安全环保奖惩管理办法(试行)》的通知	宁大校发〔2021〕93号
46	关于印发《宁夏大学实验室安全检查制度(试行)》的通知	宁大校发〔2021〕94号
47	关于印发《宁夏大学实验室安全事故应急预案(试行)》的通知	宁大校发〔2021〕95号
48	关于表彰2021届本科毕业论文(设计)优秀指导教师的决定	宁大校发〔2021〕96号
49	关于表彰宁夏大学2021届优秀毕业研究生的决定	宁大校发〔2021〕97号
50	关于表彰宁夏大学第七届"互联网+"大学生创新创业大赛获奖团队、优秀指导教师和单位的决定	宁大校发〔2021〕99号
51	关于毛桂芸等同志职务任免的通知	宁大校发〔2021〕102号
52	关于赵旭川等同志职务聘任及解聘的通知	宁大校发〔2021〕104号
53	关于印发《宁夏大学研究生教学成果奖评选办法(试行)》的通知	宁大校发〔2021〕105号
54	关于印发《宁夏大学新入职教职工培训实施办法》的通知	宁大校发〔2021〕106号
55	关于印发《宁夏大学推荐、接收优秀本科毕业生免试攻读硕士学位研究生工作管理办法(试行)》的通知	宁大校发〔2021〕114号
56	关于印发《宁夏大学采购管理内部控制制度(暂行)》的通知	宁大校发〔2021〕118号

续表2

序　号	文　件	文　号
57	关于钟艳霞等同志职务聘任的通知	宁大校发〔2021〕119号
58	关于印发《宁夏大学劳务派遣用工管理办法》的通知	宁大校发〔2021〕120号
59	关于李丽等16人考核定职高教系列讲师职称的通知	宁大校发〔2021〕123号
60	关于马燕芬等17人专业技术职称聘任的通知	宁大校发〔2021〕126号
61	关于王雯雯等2人专业技术岗位聘任的通知	宁大校发〔2021〕127号
62	宁夏大学关于落实彭志科同志相关待遇的请示	宁大校发〔2021〕128号
63	关于刘思远同志免职的通知	宁大校发〔2021〕131号
64	关于周华、刘晓军同志免职的通知	宁大校发〔2021〕132号
65	关于张腾、马莉同志任职的通知	宁大校发〔2021〕135号
66	关于印发《宁夏大学专业认证工作实施方案》的通知	宁大校发〔2021〕137号
67	关于印发《宁夏大学本科课堂教学质量评价管理办法》的通知	宁大校发〔2021〕138号
68	关于李举等同志职务任免的通知	宁大校发〔2021〕139号
69	关于公布2021年校级研究生教学成果奖获奖名单及宁夏高等教育教学成果奖推荐名单的通知	宁大校发〔2021〕140号
70	关于印发《宁夏大学预算管理办法》的通知	宁大校发〔2021〕141号
71	关于印发《宁夏大学预算绩效管理暂行办法》的通知	宁大校发〔2021〕142号
72	关于印发《宁夏大学银行账户管理办法》的通知	宁大校发〔2021〕143号
73	关于印发《宁夏大学银行对账管理办法》的通知	宁大校发〔2021〕144号
74	关于印发《宁夏大学学生学费、住宿费管理办法》的通知	宁大校发〔2021〕145号
75	关于印发《宁夏大学科学研究基金管理办法》的通知	宁大校发〔2021〕146号
76	关于印发《宁夏大学优秀学术著作出版基金管理办法》的通知	宁大校发〔2021〕147号
77	关于公布2021年校级教学成果奖(本科教育)获奖名单及宁夏高等教育教学成果奖(本科教育)推荐名单的通知	宁大校发〔2021〕148号
78	关于王玮等同志专业技术岗位聘任的通知	宁大校发〔2021〕150号
79	关于夏刚同志免职的通知	宁大校发〔2021〕151号
80	关于马金龙同志职务解聘的通知	宁大校发〔2021〕153号
81	关于表彰宁夏大学首届教师教学创新大赛获奖教师及优秀组织奖的决定	宁大校发〔2021〕155号
82	关于冯蛟同志职务聘任及解聘的通知	宁大校发〔2021〕156号
83	关于调整编制外用工工资标准的通知	宁大校发〔2021〕157号
84	关于印发《宁夏大学专业技术职称评审办法》的通知	宁大校发〔2021〕158号
85	关于马彦平同志职务解聘的通知	宁大校发〔2021〕163号

续表3

序 号	文 件	文 号
86	关于张莹红等同志免职的通知	宁大校发〔2021〕164号
87	关于印发《宁夏大学合同管理办法(试行)》的通知	宁大校发〔2021〕166号
88	关于高忙忙同志任职的通知	宁大校发〔2021〕171号
89	关于印发《宁夏大学关于教授、副教授为本科生授课的规定》的通知	宁大校发〔2021〕173号
90	关于评定2021年本科生国家助学金受助学生的决定	宁大校发〔2021〕177号
91	关于印发《2021年度高教、自然科研等自主评审系列职称评审工作方案》的通知	宁大校发〔2021〕178号
92	关于李小龙等同志职务聘任及解聘的通知	宁大校发〔2021〕179号
93	关于印发《宁夏大学研究生硕博连读实施办法》的通知	宁大校发〔2021〕180号
94	关于印发《宁夏大学博士研究生申请—考核招生工作办法》的通知	宁大校发〔2021〕182号
95	关于印发《关于进一步支持优秀青年教师成长成才的实施意见(试行)》的通知	宁大校发〔2021〕183号
96	关于印发《宁夏大学信息化项目管理办法(试行)》的通知	宁大校发〔2021〕185号
97	关于印发《宁夏大学2021届毕业生就业工作奖励方案》的通知	宁大校发〔2021〕186号
98	关于表彰2020—2021学年先进班集体、"三好"学生、优秀学生干部的决定	宁大校发〔2021〕187号
99	关于2021年度年终决算有关事项的通知	宁大校发〔2021〕189号
100	关于曹兵等同志职务任免的通知	宁大校发〔2021〕191号
101	关于徐惠娟同志职务解聘的通知	宁大校发〔2021〕192号
102	关于朱晓亮同志任职的通知	宁大校发〔2021〕196号
103	关于表彰2020—2021学年本科生国家奖学金、国家励志奖学金获奖学生的决定	宁大校发〔2021〕197号
104	关于程明杰等同志职务聘任的通知	宁大校发〔2021〕199号
105	关于表彰2021年度研究生学业奖学金获奖学生的决定	宁大校发〔2021〕202号
106	关于邓光存等同志职务任免的通知	宁大校发〔2021〕203号
107	关于张淑红等同志职务聘任的通知	宁大校发〔2021〕204号
108	关于核准"播音与主持艺术"专业学费标准的请示	宁大校发〔2021〕205号
109	关于杨蓉同志职务解聘的通知	宁大校发〔2021〕206号
110	关于保留马龙等20名入伍学生学籍和马晓军等2名入伍学生入学资格的决定	宁大校发〔2021〕208号
111	关于刘琨等45名退伍学生复学有关事项的通知	宁大校发〔2021〕209号
112	关于表彰宁夏大学2021届毕业生就业工作集体、单位、先进个人的决定	宁大校发〔2021〕214号

续表4

序号	文件	文号
113	关于刘贺等26人考核定职高教系列讲师职称的通知	宁大校发〔2021〕215号
114	关于刘贺等26人专业技术职称聘任的通知	宁大校发〔2021〕216号
115	关于方辉等同志职务聘任的通知	宁大校发〔2021〕217号
116	关于表彰宁夏大学第九届青年教师教学基本功大赛获奖个人和单位的决定	宁大校发〔2021〕221号
117	关于王海龙等47人专业技术职称聘任的通知	宁大校发〔2021〕222号

注：缺号为涉密文件

2021年纪发文件目录

序号	文件	文号
1	关于开展以管理费等名义发放津贴补贴专项治理的通知	宁大纪发〔2021〕1号
2	关于印发《宁夏大学纪委开展政治监督工作实施方案（试行）》的通知	宁大纪发〔2021〕2号
3	关于召开宁夏大学2021年新任职处级干部集体谈话会议的通知	宁大纪发〔2021〕3号
4	关于印发《宁夏法学纪委、监察专员办公室2021年工作要点》的通知	宁大纪发〔2021〕4号
5	关于转发《中共宁夏区纪委办公厅《关于"五一"端午节期间加强监督执纪问责持之以恒纠"四风"树"新风"的通知》的通知	宁大纪发〔2021〕5号
6	关于印发《宁夏大学贯彻〈关于推进党委书记和校长列入自治区党委管理的高等院校纪检监察体制改革的实施意见〉工作台账》的通知	宁大纪发〔2021〕6号
7	关于印发《宁夏大学纪委监察专员办公室开展"案件质量提升年"活动实施方案》的通知	宁大纪发〔2021〕7号
8	关于印发《宁夏大学纪委与组织人事巡察审计等部门联席会议制度（试行）》的通知	宁大纪发〔2021〕8号
9	关于宁夏大学24小时政务联合值班有关问题调查处理情况的通报	宁大纪发〔2021〕10号
10	关于报送《宁夏大学2021年上半年纪委监察专员办公室履行党风廉政建设监督责任情况报告》的报告	宁大纪发〔2021〕11号
11	关于转发《宁夏出台加强作风建设八条禁令对领导干部廉洁自律提出更严要求》的通知	宁大纪发〔2021〕12号
12	关于国庆期间严明纪律加强作风建设的通知	宁大纪发〔2021〕14号
13	关于印发《宁夏大学开展违规吃喝隐形变异问题专项整治工作方案》的通知	宁大纪发〔2021〕15号

注：缺号为涉密文件

2021年学位委员会文件目录

序 号	文 件	文 号
1	关于印发《宁夏大学2021届研究生学位授予学术成果基本要求及考核办法》的通知	宁大学位发〔2021〕2号
2	关于授予马丽慧等38人博士学位高倩娜等1496人硕士学位的决定	宁大学位发〔2021〕3号
3	关于调整研究生培养单位学位评定分委员会组成人员的通知	宁大学位发〔2021〕4号
4	关于宁夏大学材料与化工专业硕士学位授权点增设招生领域的通知	宁大学位发〔2021〕5号
5	关于宁夏大学中国语言文学一级学科硕士学位授权点增设目录内二级学科的通知	宁大学位发〔2021〕6号
6	关于授予郭文娟等5人博士学位龙晓惠等63人硕士学位的决定	宁大学位发〔2021〕7号
7	关于选聘王丽宏等189名同志为硕士研究生指导教师的决定	宁大学位发〔2021〕8号
8	关于聘任东梅等同志为博士生导师的通知	宁大学位发〔2021〕9号
9	关于公布2021年硕士生导师招生资格认定人员名单的通知	宁大学位发〔2021〕10号
10	关于认定丁凤琴等149名博士生导师2022年招生资格的通知	宁大学位发〔2021〕11号
11	关于授予杨慧娟等37人博士学位胡晓丽等85人硕士学位的决定	宁大学位发〔2021〕12号

注:缺号为涉密文件

2021年综合治理委员会文件目录

序 号	文 件	文 号
1	宁夏大学2020年社会治安综合治理检查验收情况通报	宁大综治发〔2021〕1号
2	关于做好放假前及寒假期间校园安全稳定工作的通知	宁大综治发〔2021〕2号
3	关于做好学校安全稳定工作的通知	宁大综治发〔2021〕3号
4	关于开展2021年防范非法集资宣传月活动的通知	宁大综治发〔2021〕4号
5	关于启用全民消防安全学习云平台、注册消防志愿者的通知	宁大综治发〔2021〕5号
6	关于印发《宁夏大学电信网络诈骗专项整治工作实施方案》的通知	宁大综治发〔2021〕6号
7	关于注册使用"互联网+"线上安全微课的通知	宁大综治发〔2021〕7号
8	关于对2021年学校内部社会治安综合治理工作进行检查验收的通知	宁大综治发〔2021〕8号
9	关于2021年度社会治安综合治理检查验收情况的通报	宁大综治发〔2021〕9号

注:缺号为涉密文件

2021年体育运动委员会文件目录

序　号	文　件	文　号
1	关于印发《宁夏大学教职工全民健身活动实施方案》的通知	宁大体发〔2021〕1号
2	关于举办宁夏大学第十六届全民健身体育文化节的通知	宁大体发〔2021〕2号

大事记

怀远校区 （雷慧 摄）

1月

4—6日，副校长刘炎胜及相关部门负责人一行开展疫情防控及安全工作专项检查，重点检查学生食堂、消防控制室、锅炉房、文萃校区文化广场、怀远校区青年公寓等相关设施设备及疫情防控工作开展情况。

7日，2021年全国教育工作视频会议在京召开。教育部党组书记、部长陈宝生出席会议并讲话。全校校领导、党群行政部门主要负责人和部分师生代表在德勤楼主会场参加视频会议，各教学科研单位、直属附属单位党政负责人在分会场参加会议。

8日，学校召开2020年中层党组织书记抓党建工作述职评议线上线下考核会。11位党委（党总支）书记围绕2020年本单位党组织领导和运行机制、党风廉政建设、师德师风建设、"三全育人"、意识形态和安全稳定、党的基层组织制度建设、思想政治、推动改革发展、特色亮点等方面作了抓党建工作述职，29位党委（党总支）书记以书面报告形式述职。

11日，学校召开党委常委领导班子党员领导干部2020年度民主生活会。自治区党委第六督导组组长、自治区直属机关工委二级巡视员刘振飞，自治区教育厅一级巡视员李龙锦，教育工委党建部二级调研员张杰，第六督导组成员、区纪委监委驻科技厅纪检监察组四级调研员朱惠娟出席专题民主生活会。学校全体校领导参加会议。

16日，外国语学院分工会荣获"全国模范职工小家"称号。

17日，阿拉伯研究中心获批教育部国别和区域研究高水平建设单位。

20日，地方政府专项债券项目调研组第一组组长、自治区发展改革委二级巡视员王治平带队到校就地方政府专项债券项目工作进行现场调研，校党委常委、副校长李建设陪同调研。

26日，中央音乐学院"一带一路"音乐教育联盟发布2020世界音乐学院云端音乐厅"和平·友谊·融合"专场音乐会，音乐学院小合唱西北花儿《白牡丹睡着者哩》入选并展播。

28日，学校航模队在2020年中国国际飞行器设计挑战赛中获得竞赛类"对地侦察与打击"项目一等奖1项、科技创新类"对地侦察与打击辅助投水系统"项目获二等奖1项、"模拟搜救"项目和"自适应补光系统"项目三等奖各1项，并获得优秀团队荣誉称号。

2月

2日，学校召开寒假第二次疫情防控工作专题会议，研究部署未离校学生后勤保障服务、校外师生健康防护及春季学期开学疫情防控工作。校长何建国，副校长刘炎胜、周震出席会议。学校疫情防控各工作组负责人和对未离校学生负有管理职责的相关部门、学院负责人参加现场会议，各单位主要负责人在线上同步收看会议直播。

10日，校领导李星、何建国、王玉炯、刘炎胜、周震代表学校党委和行政看望并慰问坚守在保卫、校园物业、学生公寓、饮食中心等岗位的教职员工，为他们送去了节日问候与新春祝福。学校办公室、宣传部、学生处、保卫处等相关部门负责人参加慰问活动。

19日，学校召开寒假第三次疫情防控专题会议，研究部署2021年春季学期开学工作。校长何建国，党委副书记王玉炯，纪委书记周运生，副校长郎伟、李建设、刘炎胜、周震出席会议。

是日，自治区党委第五巡视组在德勤楼六楼会议室主会场向学校反馈巡视工作情况。校党委书记李星主持会议。李星代表学校党委作表态发言，巡视组全面客观地反映了巡视学校党委的情况，中肯地指出了存在的问题和不足，提出了切实可行的整改建议以及明确的整改要求。

21日，省部共建煤炭高效利用与绿色化工国家重点实验室学术委员会第一届第三次工作会议在贺兰山校区德勤楼召开。自治区教育厅副厅长王春秀、科技厅规划与基础研究处处长杨国荣出席会议。会议由副校长李建设主持。

3月

2日，农学院伏兵哲团队驯化选育培育出的"盐池"沙芦草，通过国家林业和草原局草品种审定委员会审定，入选2020年国家草品种名录（2021年第4号公告），成为学校首个国审生态草品种。

是日，学校召开深化新时代教育评价改革工作推进会，副校长谢应忠及学校相关职能部门、直属单位和学院负责人参加了会议。

是日，校长何建国、校党委副书记王玉炯一行赴金凤校区调研宁夏老年大学宁夏大学分校建设筹备工作。学校办公室、离退休人员服务处、计财处、资产与实验室管理处、后勤集团等相关负责人陪同调研。

3日，《教育部办公厅关于公布2020年度国家级和省级一流本科专业建设点名单的通知》（高教厅函〔2021〕7号）发布，学校新闻学、物理学、化学、应用心理学、化学工程与工艺、食品科学与工程、园艺、动物科学8个专业进入国家级一流本科专业建设点，过程装备与控制工程、电子信息工程、软件工程、土木工程、葡萄与葡萄酒工程、市场营销6个专业进入省级一流本科专业建设点。

是日，学生返校报到第一天，校长何建国、副校长史金龙前往文萃校区、怀远校区、贺兰山校区调研开学返校和疫情防控工作落实情况。

5日，自治区纪委监委第二监督检查室一行对宁夏大学有关工作落实情况开展调研督导。校党委常委、纪委书记周运生，学校纪委、办公室、党委宣传部、资产与实验室管理处相关负责人参加调研会议。

6日，副校长史金龙一行赴中卫校区调研指导工作。校党委常委、统战部部长，中卫校区党委书记何风隽，学校办公室、学生处、团委、保卫处主要负责人参加。

8日，信息工程学院2019级计算机技术专业型硕士研究生邓宗永在人脸视觉分析领域的论文 *PML: Progressive Margin Loss for Long-tailed Age Classification*（《数据长尾分布下基于渐进边界损失的人脸年龄分类》）被计算机视觉领域顶级会议CVPR录用。

是日，学校举行2021年春季学期升国旗仪式。全体校领导，党群行政机关全体人员，各学院领导和师生代表，保卫处、后勤集团职工代表参加升国旗仪式。

是日，校长何建国、副校长周震一行深入课堂检查开学第一课的教学环境和教学秩序。

是日，学校召开党委党史学习教育专家座谈会。校党委书记李星传达习近平总书记在党史学习教育动员大会上的重要讲话精神和自治区党委关于在全区开展党史学习教育的部署。中华民族共同体研究院、西夏学研究院（民族学与文化旅游产业研究院）院长杜建录等13位专家学者参加座谈。

11日，副校长刘炎胜带队赴教学综合楼（未来教室）和新闻传播学院与马克思主义学院教学实验楼两个在建项目工地检查复工准备情况。

12日，学校召开学习贯彻党的十九届五中全会精神专题培训班总结大会。校长何建国主持会议，全体校领导和全校副处级以上领导干部参加总结会。

16日，学校党委党史学习教育领导小组办公室召开第一次会议，贯彻学习习近平总书记在党史学习教育动员大会上的重要讲话精神，贯彻落实全区及学校党史学习教育动员会议精神，研究部署学校开展党史学习教育有关事项。校党委副书记王玉炯、党史学习教育领导小组办公室各组成员和巡回指导组副组长参加会议。

17日，学校召开2021年校党委理论学习中心组（扩大）第一次学习会，邀请自治区党委统战部副部长陈建龙为学校师生作题为《深入学习习近平总书记关于民族宗教工作重要论述努力做好我区民族宗教工作》的专题辅导报告。校党委书记李星主持，校党委常委、校领导，厅级干部，校党委委员，纪委委员，副处级以上领导干部和部分师生代表参加学习会。

是日，学校举行新建体育场馆开馆典礼暨教职工全民健身活动启动仪式，全体在家校领导出席仪式。校党委书记李星宣布活动正式启动，并为教职工篮球、排球比赛开球。

17—19日，校党委副书记王玉炯、副校长李建设一行分别赴云南大学、海南大学和南昌大学，重点围绕系统推进高校教育评价改革、人才队伍建设、职称评审、科研管理、研究生培养和综合评价体系建设等方面进行调研。

18日，副校长周震一行赴中卫校区调研指导教学工作。教务处、教师教学发展中心、中卫校区管理办公室和"三院一部"负责教学的领导参加座谈会。

是日，学校召开贯彻习近平总书记"3·18"讲话精神两周年座谈会，总结回顾两年来学校、学科发展取得的成绩和经验，并就如何进一步推动新时代高校思想政治工作高质量发展进行深入研讨。校党委书记李星，党委常委、纪委书记周运生出席会议。

19日，校党委召开2021年党史学习教育第一次集中学习会。校党委书记李星结合自身学习体会对《习近平同志在党史学习教育动员大会上的讲话》《中共中央关于在全党开展党史学习教育的通知》精神、教育部党史学习教育动员大会精神、《关于在全区开展党史学习教育的实施方案》《关于印发〈宁夏大学关于开展党史学习教育的实施方案〉的通知》的有关精神进行学习解读。校领导、党委常委参加学习。

23日，学校开展校地企对接恳谈活动。宁夏中环电子、宁夏鑫晶盛电子、隆基乐叶、隆基光伏、隆基硅材料、天通银夏、北京同仁堂、中轴制造等企业相关负责人开展了企业推介和意向洽谈。副校长史金龙代表学校与企业代表签订了合作意向协议。

是日，自治区教育厅、银川经开区校企合作暨"中环股份"专场人才见面会在学校举办。宁夏中环光伏材料有限公司、宁夏隆基乐叶科技有限公司、宁夏隆基硅材料有限公司等30多家知名企业现场发布招聘信息。自治区教育工委副书记李玮主持启动仪式，自治区人社厅，自治区教育厅，市人社局、经开区组织人事劳动局、就业局、西夏区相关单位人员参加启动仪式。

24日，学校召开校领导与青年学生代表调研座谈会，就如何在新时期进一步推动学校深化共青团学生会改革进行调研座谈。校党委常委、副校长史金龙,校学生会、研究生会、社团、研究生支教团代表及校团委全体工作人员参加了座谈会。

是日,宁夏大学关工委召开2021年工作会议。校关工委副主任兼秘书长李思源主持会议。校党委副书记、校关工委主任王玉炯,关工委5个成员单位、29个学院关工委主任和学办主任以及部分离退休干部党支部书记参加会议。

是日,教育部调研督查宁夏教育有关重点工作落实情况高校座谈会在贺兰山校区德勤楼召开,教育部党组成员、副部长宋德民出席座谈会,自治区党委常委、宣传部部长李金科陪同调研。自治区副主席杨培君主持座谈会。教育部政策法规司司长邓传淮、财务司副司长刘景、综合改革司体制改革处处长李轶群、办公厅秘书张航,自治区教工委书记、教育厅厅长李秋玲,全体校领导参加了座谈会。

25日,学校召开校党委理论学习中心组学习会暨党史学习教育读书班开班式,自3月25日开始,校党委理论学习中心组开展为期一周的党史学习教育读书班。

26日,校党委副书记王玉炯一行赴南方科技大学访问联合国教科文组织高等教育创新中心(中国深圳),双方就共同推进中东阿拉伯国家高校信息智能化项目的相关合作,带动我国信息化技术产品与中东地区高校共同发展进行深入交流。

28日,宁夏大学首届教师教学创新大赛落下帷幕,本次比赛以"推动教学创新,打造一流课程"为主题,经过教师个人(团队)自主申报、各学院积极组织院级初赛,来自20个学院40项个人(团队)作品参加,决赛分正高职称、副高职称、中级及以下职称3个组。大赛全程进行了网络直播,共有7332人次进行了线上观摩学习。

29日,宁夏大学召开2021年毕业生就业工作会,总结2020年学校总体就业工作,表彰在就业工作中涌现的先进集体和个人,并对2021年毕业生就业工作进行部署。全体校领导出席会议,校长何建国主持会议。

30日,全体校领导、党委常委,校党委理论学习中心组成员走进盐池革命烈士纪念园,开展党史学习教育红色教育基地现场学习。全体人员向盐池革命烈士纪念碑敬献了花篮,校党委书记李星带领大家重温入党誓词,追寻共产党员的初心。

31日,教育部语言文字应用研究所副所长王敏率领专家组一行,对宁夏大学国家语言文字推广基地申报工作进行实地考察。

是日,宁夏大学学生创业能力提升系列活动启动仪式在金凤校区大学科技园一楼举行。副校长李建设参加启动仪式。创新创业学院相关负责人及大学科技园创客空间创业团队的全体学生参加启动仪式。

是日,学校邀请自治区党委统战部副部长、自治区政府侨务办公室主任柴建国作了"深入学习贯彻《中国共产党统一战线工作条例》,推动新时代统战工作高质量发展"的主题报告。副校长郎伟主持报告会。

是日,化学化工学院在文萃校区大学生活动中心举办2021届化工类毕业生招聘会,校党委常委、副校长李建设到招聘会场实地了解相关情况。

4月

1日,宁夏大学·宁夏师范学院联合办学工作2021年第一次联席会议在宁夏师范学院召开,与会人员就人才培养、师资队伍、教学科研、学科专业及学位点建设等方面展开了深入细致交流。校党委常委、副校长史金龙，宁夏师范学院党委委员、副校长韩惠丽，两校各相关职能部门、教学单位负责人参加会议。会议由韩惠丽主持。

是日，校党委常委、副校长史金龙一行赴西吉看望第十八届研究生支教团成员。校团委、西吉县政府、西吉县教育体育局、西吉中学、西吉回中等相关部门领导出席座谈会。宁夏大学第十八届研究生支教团成员参加座谈会。

2日，学校召开校党委党史学习教育"十四五"规划"师资队伍建设和人才培养质量提升"专题研讨会。校党委书记李星，校长何建国，校党委副书记王玉炯，纪委书记周运生，副校长李建设、刘炎胜、周震，党委常委参加研讨会，会议由李星主持。

是日，学校科技支撑自治区9个重点产业高质量发展工作推进会在科技楼召开，校党委常委、副校长李建设主持会议。各单位分管科研工作负责人、科技处及其科室相关负责人参加了会议。

是日，中国科学院院士、南方科技大学物理系讲席教授、量子科学与工程研究院院长俞大鹏应邀到校作了题为《历史大变局下的科技创新之路》的学术报告。校党委书记李星、校长何建国会见了俞大鹏一行，并为其颁发了贺兰山学术论坛纪念证书。校党委常委、副校长李建设主持报告会。

5—6日，李星书记一行受邀出席厦门大学建校100周年庆祝大会。厦门大学党委副书记、纪委书记全海代表厦门大学党委、行政会见了李星书记一行。宁夏大学向厦门大学赠送了《南方之强 塞上之光 山海情深 铸就辉煌》油画。宁夏大学校友、中国药科大学党委书记金能明，宁夏大学党委常委、副校长史金龙一同参加了会见。

7日，自治区体育局局长撒承贤一行到校调研，到文萃校区和怀远校区田径场、体育馆和金波湖畔详细了解学生体育运动训练情况和场馆设施运营状况，校长何建国陪同调研。

是日，李星书记一行赴集美大学调研交流并召开座谈会。集美大学党委书记沈灿煌、副校长于洪亮，学校党委常委、副校长史金龙参加座谈。于洪亮主持座谈会。

9日，学校党史学习教育宣讲会在文荟楼东报告厅举行，会议邀请自治区宣讲团成员、自治区政协文化文史和学习委员会主任宋建钢作了"中国共产党百年奋斗与辉煌"的专题讲座。校党委书记李星主持宣讲会。校党委常委、校领导、厅级干部、校党委委员、纪委委员，副处级以上领导干部及部分师生代表参加宣讲会。

10日，学校2021届毕业生校园春季"双选"洽谈会在怀远校区凌云广场成功举办。本次双选会专业门类覆盖广，岗位需求与毕业生所学专业匹配度高，350家用人单位参会招聘。较往年相比，此次参会单位质量有所提升，其中上市公司63家，国有企业50余家，区内225家，区外125家，为毕业生提供就业岗位12000余个。

10—12日，在自治区卫生健康委员会的组织部署下，学校率先启动并完成了全校师生新冠疫苗接种工作。4月10日，新冠疫苗接种首日，自治区卫生健康委党组书记、副主任田丰年在校长何建国、副校长刘炎胜陪同下，现场察看接种工作进展情况。

12—13日，副校长谢应忠带领生态环境学院专家、教授一行，与中卫市生态环境局、农业农村局、沙波头区等相关部门就压砂地有序退出的生态环境问题及可持续性、黄河中卫段水生态问题及水生态效益提升、中卫市旅游业高质量发展的生态环境保障机制、乡村振兴战略的生态促进机制和矿山生态修复等方面的问题开展调研。生态环境学院，中卫市生态环境局、农业农村局、沙坡头区等相关部门负责人参加座谈会。

13日，自治区科协党组书记陈红缨一行到校调研，在德勤楼11楼召开全区高校科协工作调研座谈会。校党委书记李星、副校长李建设陪同调研。

14日，学校召开迎接师范类专业认证专家进校考察启动会。校党委常委、副校长周震主持会议，并就认证专家进校考察相关工作进行了部署。校长何建国、学校各职能处室负责人、各学院院长及分管教学工作的副院长、迎接专家组进校考查各工作组组长和副组长、教师教学发展中心全体工作人员参加会议。

是日，自治区科协党组成员、副主席陈国顺带队到学校开展学会工作专题调研，副校长郎伟参加并主持调研座谈会。自治区科协相关部门、科技处、宁夏生态学会、宁夏力学学会、宁夏化学学会、宁夏地理学会等以学校为依托单位的11家学会相关负责人参加了会议。

是日，创新创业学院（大学科技园办公室）举办的宁夏大学现代农业成果对接会在金凤校区国家大学科技园一楼举办。校党委常委、副校长李建设出席对接会，自治区科技厅成果转化与科技服务处、宁夏生产力促进中心，各地市、区（县）科技局负责人；石嘴山国家农业科技园区管委会、涉农企业（合作社）以及校内专家共120多人参加会议。

是日，学校在贺兰山校区德勤楼举办铸牢中华民族共同体意识专题教育师生座谈会，新疆驻宁夏工作组党委书记、组长李雪松，学校党委副书记王玉炯出席会议，党委学生工作部部长、学生处处长罗进德主持会议。新疆驻宁夏教育协调小组成员、各职能部门负责人、各学院负责少数民族学生工作副书记、辅导员，新疆内派老师、各族学生代表50余人参加座谈。

14—16日，校长何建国、副校长谢应忠带队赴云南大学进行生态学学科建设调研，宁夏大学生态环境学院和云南大学生态与环境学院签署合作框架协议。学校办公室、发展规划与学科建设处、生态环境学院主要负责人及生态学学科骨干，云南大学相关单位负责人参加调研。

15日，著名军事专家，第十一届全国政协委员、中国战略文化促进会常务副会长兼秘书长，军事科学院世界军事研究部原副部长，博士生导师罗援少将应邀莅临学校，作题为《没有共产党就没有新中国——献给党的100年华诞》的党史学习教育专题辅导报告，校党委书记李星为罗援少将颁发宁夏大学客座教授聘书。在校领导出席报告会，宁夏大学阿拉伯学院院长、中国阿拉伯国家研究院院长李绍先主持报告会。全校副处级以上领导干部，部分教工党支部书记，马克思主义学院、阿拉伯学院等教学科研单位教师、学生代表，宁夏老年大学宁夏大学分校教师代表聆听了报告。

16日，食品与葡萄酒学院同宁夏西鸽酒庄全面共建教学科研基地协议签约仪式在西鸽酒庄多功能厅举行。校党委常委、副校长史金龙，吴忠市人民政府副秘书长刘洪，宁夏西鸽酒庄董事长张言志，青铜峡市政协副主席史君，吴忠市农业农村局副局长吴学冬出席签约仪式。签约仪式上，史金龙和张言志为"宁夏大学教学实践基地（2021—2025）"共同揭牌。

是日，校党委常委、纪委书记周运生赴中卫校区开展调研指导工作。中卫校区管理办公室和"三院一部"党政领导参加座谈会并陪同调研。

16—17日，学校召开2021年研究生代表大会，会议通过《工作报告的决议（草案）》和《宁夏大学研究生会章程（修订案）》的决议（草案）》，选举产生宁夏大学新一届研究生委员会委员和第十九届研究生会主席团成员。校党委常委、副校长史金龙出席开幕式并讲话。

17—18日，学校在怀远校区体育馆举办第六届教职工乒乓球比赛，来自全校25个分工会的248名教职工参加比赛，附属中学获得团体第一名，图书馆赵明海荣获男子单打第一名，附属中学王茹荣获女子单打第一名。

19日，学校召开一流学科与对口合建高校专题调研会，校党委常委、副校长史金龙出席会议。对外合作交流处、发展规划与学科建设处、人事处、科学技术处、研究生院主要负责人，物理与电子电气工程学院、化学化工学院、机械工程学院、宁夏光伏材料重点实验室有关人员参加会议。

21日，学校召开教育部师范类专业第二级认证进校考查专家见面会。以华中师范大学教授郑高峰为联合组长的专家组一行19人对学校数学与应用数学、汉语言文学、小学教育3个师范专业进行现场考查，会议由联合认证组长郑高峰教授主持。

是日，农学院在贺兰山校区科技楼一楼大厅举办2021届农科类毕业生专场招聘会，提供就业岗位2300多个，校长何建国、副校长史金龙亲临招聘会现场了解情况。

是日，校党委副书记王玉炯以《奋斗百年路 启航新征程》为题，为民族预科教育学院全体教师和部分学生代表90余人上了一堂生动的党史宣讲课。

22日，学校召开深入学习贯彻习近平总书记在清华大学考察时的重要讲话精神师生代表座谈会，专题传达学习习近平总书记的重要讲话精神。校党委副书记王玉炯出席会议。学校党委学生工作部、团委、法学院、经济管理学院、土木与水利工程学院、农学院相关负责人，部分学院教师、学生代表参加了座谈。

是日，宁夏大学中卫校区2021届毕业生校园春季"双选"洽谈会在中卫校区智慧谷成功举办，来自区内外120余家企业参加招聘会，涉及软件工程、汉语言文学、旅游管理、电子商务、市场营销等专业，提供就业岗位近2500个。

是日，校党委常委、副校长史金龙一行赴西安交通大学创新港参加全国高校青年理论宣讲创新发展论坛。校团委、马克思主义学院相关单位负责人，学校"凌云学社"宣讲团成员参加论坛。

23日，第21批中央来宁博士服务团到校调研，双方就合作创建人才交流平台进行交流座谈。校党委常委、副校长李建设主持座谈会。校党委组织部、生命科学学院、机械工程学院、省部共建煤炭高效利用与绿色化工重点实验室相关负责人参加了座谈会。

23日上午，教育部师范类专业认证专家组现场考查意见工作反馈会在学校德勤楼六楼会议室召开。专家组全体成员、校长何建国、教育厅副厅长王春秀、副校长周震出席会议。会议由联合认证组长郑高峰教授主持。

23—27日，宁夏大学男声合唱团作为沿黄九省宁夏代表团受邀参加河南（郑州）黄河合唱周艺术展演。活动共有来自全国88支合唱团5000余人共襄合唱盛会。

24日下午，首届全国高校教师教学创新大赛宁夏分赛暨宁夏高校教师教学创新大赛在宁夏大学闭幕。大赛组委会主任、自治区教育厅副厅长王春秀，大赛专委会主任、宁夏大学副校长周震，评审专家组组长及参赛教师等80余人参加了大赛闭幕式暨总结表彰大会。会上表彰了比赛产生的个人、团队奖,专项奖,基层教学组织奖和优秀组织奖获得者。大会由自治区教育厅高教处处长翟家驹主持。

26日,校党委常委、副校长李建设一行赴中卫校区调研指导工作。科学技术处、计划财务处、创新创业学院等相关部门负责人陪同调研。

26—29日,校党委常委、副校长谢应忠带队赴上海交通大学、浙江大学就生态学、环境科学与工程等学科建设进行调研。

27日,全区脱贫攻坚总结表彰大会在银川举行,330名先进个人、219个先进集体受到表彰。自治区党委书记、人大常委会主任陈润儿出席大会并发表讲话。民进宁夏大学委员会荣获全区统战系统唯一一个先进集体,宁夏大学生命科学学院研究员、宁夏科技扶贫指导员陈彦云被授予先进个人。

28日,自治区总工会举行庆祝"五一"国际劳动节颁奖仪式,为2021年荣获全国五一劳动奖状(奖章)和全国工人先锋号的先进集体与先进个人颁奖。农学院教师王彬荣获全国五一劳动奖章。

是日,"青春跟党走·奋进新时代"庆祝建党100周年、纪念五四运动102周年暨宁夏大学"五四"表彰、"两节"活动在文萃校区国家大学生文化素质教育基地开幕,大会表彰了全国优秀共青团员和学校2020年度五四红旗团委、五四红旗团支部、优秀共青团干部和优秀共青团员。校党委常委、副校长史金龙出席活动。

是日,校党委书记、党史学习教育领导小组组长李星在贺兰山校区文荟楼报告厅为党员师生作党史学习教育专题党课,李星书记以"学党史、悟思想、办实事、开新局"为主题,从"深入学习领会习近平总书记关于党的历史的重要论述,充分认识开展党史学习教育的重大意义""认真研读党史基本著作,全面了解中国共产党百年奋斗的光辉历程和历史性贡献""深刻把握开展党史学习教育的重点""开展党史学习教育,要学懂弄通做实习近平新时代中国特色社会主义思想,增强'四个意识'、坚定'四个自信'、做到'两个维护'"四个方面进行了深刻阐述。

30日,学校召开党史学习教育集体学习会暨2021年理论学习中心组第五次学习会,传达学习《"传承党的百年光辉史基因、铸牢中华民族共同体意识"主题教育活动方案》、习近平总书记视察清华大学时的重要讲话精神和《中国共产党普通高等学校基层组织工作条例》。校党委理论学习中心组全体成员、校党委委员参加学习会。

5月

7日,校党委常委、副校长谢应忠为联系单位的教职工党员讲述党史学习教育专题党课。谢应忠以"学习百年党史 树立正确党史观"为主题,结合个人工作经历和学习体悟,从"什么是党史观""为什么要树立正确的党史观""怎样树立正确的党史观"三个方面进行了深入解读。

8日,由宁夏大学参与主办的农产品精深加工与功能食品资源开发国际论坛在银川国际交流中心召开。会议主要围绕"农产品精深加工、功能食品资源开发"等方面的重大理论研究和技术开发展开深入探讨,共有来自国内外的180余位专家作了精彩学术报告。

9日,学校召开疫情防控领导小组紧急会议,校领导何建国、王玉炯、周震、史金龙出席会议,校长何建国主持会议。会议传达了自治区教育厅疫情防控领导小组的会议精神,集中听取了学校疫情防控领导小组各相关负责人的汇报，分析了疫情防控形势，并就做好下一阶段常态化疫情防控工作进行了安排。

10日，2021年校党委理论学习中心组（扩大）第六次学习会召开，专题学习《深化新时代教育评价改革总体方案》，全面启动宁夏大学深化新时代教育评价改革政策宣传月各项活动。参会人员集中观看了《深化新时代教育评价改革总体方案》解读视频。

11日，全区高校"十四五"学科专业体系改革工作调研组来校开展专项调研。校党委常委、副校长谢应忠主持调研座谈会。

12日，学校召开2021年度中层领导干部经济责任审计启动会。校长何建国出席会议，纪委、党委组织部、党委巡察（督查）办公室、人事处、计划财务处、资产与实验室管理处、档案馆等相关部门负责人和被审计领导干部、单位代表参加会议。

是日，校党委副书记、校长何建国结合党史学习的认识和体会，在怀远校区研究生楼报告厅为党员师生作题为《学深悟透百年党史　汲取砥砺奋进力量》的党史学习教育专题党课。

是日，校长何建国为学校师生作《深化新时代教育评价改革总体方案》宣讲报告。何建国从《总体方案》的背景及特点为切入点，通过对《总体方案》的主要内容、精神及实施的详细解读，通俗易懂地阐释了教育评价"为什么改""改什么""怎么改"的重大问题，着重阐明教育评价改革的地位、作用和《总体方案》起草的宗旨和目的。

是日，校党委常委、副校长周震一行深入中卫校区进行期中教学检查，现场调研指导商学院基层教学组织活动。基层教学组织活动以"师生互动策略研讨"为主题，由学院青年教师说课和讲练、观摩"课堂互动技术与方法——大家谈"精品课程、现场评析讨论三部分组成，线上线下同步开展。在评析讨论环节，领导和师生代表围绕教学设计、课程思政融入、教学语言使用、PPT制作、互动方式改善等教学要素展开了热烈讨论，指出了两位教师课堂教学活动中存在的不足，并提出了改进意见。

14日，校党委常委、副校长史金龙参加由西北农林科技大学承办的上合组织成员国涉农高校联盟成立大会。会议以线上视频方式举办，共有8个国家的16所高校和科研机构参会。史金龙围绕"上合组织框架内的农业高等教育合作"主题作交流发言。

17日，学校组织相关部门人员参加教育部2021年高校实验室安全现场检查启动暨工作交流会视频会议，校党委常委、副校长周震出席。会议总结了近年来高等学校实验室安全现场检查的工作情况，指出各高校在实验室安全管理工作中存在的共性和突出问题。

是日，校党委常委、副校长刘炎胜结合党史学习的认识和体会，为联系单位、学院师生党员作了题为《中国共产党的精神谱系》的党史学习教育专题党课。

18日，校党委常委、副校长史金龙为分管部门和联系学院的师生党员作了题为《重温党史忆初心　勇担使命再出发》的党史学习教育专题党课。

是日，校党委常委、纪委书记周运生在德勤楼六楼会议室为分管部门、联系学院作了题为《学党史　明使命　弘精神　促发展》的党史学习教育专题党课。

是日，由中国—阿拉伯国家博览会秘书处主办、宁夏大学承办的中国—阿拉伯国家博览会顾问委员会座谈会在宁夏悦海宾馆会议中心召开。来自全国相关领域的专家学者和企业家共22位顾问委员参会,自治区副主席赖蛟出席座谈会并讲话。校党委常委、副校长史金龙参加会议。会上宣读了第二批顾问委员,宁夏大学中国阿拉伯国家研究院院长李绍先继续担任中国—阿拉伯国家博览会顾问。

19日,校党委常委、副校长周震为分管部门和联系学院的师生党员作了题为《从党史学习中获取力量 奋力推进高质量人才培养体系建设》的党史学习教育专题党课。

是日,宁夏大学校与石嘴山市人民政府召开促进2021届毕业生就业工作座谈会。校党委常委、副校长史金龙出席会议。史金龙、杨志国代表双方签订宁夏大学·石嘴山市人民政府人才培养与毕业生就业发展合作协议。双方约定将建立互访机制,加强沟通交流,安排专门部门和具体工作人员做好双方合作交流工作,推动协议内容有效落地。

是日,由校党委学生工作部(学生处)主办,人文学院承办的宁夏大学师生党史知识竞赛决赛在国际交流中心会议中心举行。校党委书记李星,校党委常委、纪委书记周运生出席活动。

是日,青海大学党委副书记辛全洲一行来校考察交流,并在德勤楼11楼会议室召开座谈会。校长何建国出席座谈会,校党委副书记王玉炯主持座谈会。座谈会前,校党委书记李星、党委副书记王玉炯在德勤楼12楼贵宾室会见了辛全洲一行。双方还就校内分配制度改革、专业技术职务评审、管理人员职员制、岗位设置、机构编制等相关工作进行了交流与探讨。

24日,全国政协委员、民盟中央常委、自治区人大常委会委员、自治区政府参事、民盟宁夏区委会副主委何仲义一行来校调研科技创新、创新人才队伍建设工作。自治区政协副秘书长、民盟宁夏区委会专职副主委刘金星等陪同调研。校党委副书记王玉炯主持座谈会。双方还就科技创新主题、创新人才队伍建设及高层次人才引进管理等内容进行了深入交流。

是日,国务院副秘书长、国家机关事务管理局局长李宝荣到校考察调研,校长何建国、副校长刘炎胜陪同考察。李宝荣听取了学校办学成就和宁夏大学机关事务管理研究中心基本建设情况的汇报,到贺兰山校区兰馨苑餐厅了解学校在制止餐饮浪费、建设节约型校园方面开展的具体工作。

25日,校党委常委、副书记王玉炯一行深入中卫校区"三院一部"和管理办公室、校区食堂、学生宿舍走访调研,实地了解校区环境和各单位建设情况。王玉炯认真听取了各单位对师资队伍建设,《绩效工资改革实施方案》的落实,2020年引进的博士、辅导员和备案人员相关待遇保障,岗前培训开展情况,2021年人才引进和人员招聘,《宁夏大学关于进一步健全新时代师德师风建设长效机制的实施意见》落实等情况的汇报。

26日,校长何建国到物理与电子电气工程学院调研物理系基层教学组织活动。活动主要围绕学院公开课和示范课进行评议,并探讨和交流了课程教学组织形式、教学中存在的问题和改进的方法,以及教学重难点讲解等问题。通过交流和经验分享,既指出了课程的可取之处,也对教学实施过程中的不足提出了指导性建议,实现教学上的共同成长和相互促进。

是日,学校邀请自治区宣讲团成员、宁夏法学会党组书记、常务副会长张廉为师生作"传承党的百年光辉史基因 铸牢中华民族共同体意识"的党史学习教育专题辅导报告。校党委副书记王玉炯主持报告会。

27日,民进全国社会服务暨脱贫攻坚工作总结表彰大会在京举行,大会对十八大以来涌现的成绩突出、事迹感人的先进集体、先进个人和优秀成果进行表彰。民进宁夏大学奶产业专家服务团荣获民进全国社会服务暨脱贫攻坚工作优秀成果。民进宁夏大学委员会农学院教授、区委会委员吴心华,荣获民进全国社会服务暨脱贫攻坚工作先进个人称号。

是日,宁夏大学与中卫市人民政府召开促进2021届毕业生就业工作座谈会。校党委常委、副校长史金龙,中卫市副市长李斌出席会议。史金龙、李斌代表双方签订了宁夏大学·中卫市人民政府人才培养与毕业生就业发展合作协议。双方约定将建立互访机制,开展密切合作,加强沟通交流,采取多种形式,不断扩大合作范围,促进在人才培养、实习实训及社会实践等方面的交流与合作。

28日,由校党委研究生工作部、研究生院、校研究生会承办的宁夏大学党史学习师生演讲比赛决赛在国际交流中心会议中心举行。校党委副书记王玉炯出席活动现场。参赛选手们结合自身在党的关怀下成长的学习工作生活实际,重温党的光辉历程,歌颂党的伟大成就。

是日,校党委常委、副校长周震一行对学校实验室安全进行检查,重点检查化学化工学院位于工科C楼的实验室、西部特色生物资源利用和保护重点实验室、饲料工程中心和农学院部分实验室。周震一行仔细查看了实验室使用记录、危险化学品使用登记表、实验室安全档案等材料,检查了实验室的实验环境、安全设施的配备及危废品收集存储等情况,检查过程中对实验室存在的安全隐患提出了整改意见。

28—30日,2021年CCF中国数据库发展战略研讨会在银川召开。会议由中国计算机学会主办、中国计算机学会数据库专业委员会和宁夏大学共同承办。开幕式上,校党委常委、副校长周震代表宁夏大学对专家学者、业界朋友的到来表示诚挚欢迎和衷心感谢。本次研讨会包括特邀报告、会议报告、VLDB Summer School 宣讲、"CCF-华为数据库创新计划指南"发布会、"数据库系统未来发展趋势"和"数据科学未来发展趋势"座谈会以及阿里巴巴与数据库专委会签约仪式等内容。

29日,以"百年回望:中国共产党领导科技发展"为主题的2021年宁夏科技活动周启动仪式暨科技成果展览活动在银川国际会展中心举行。校党委常委、副校长李建设出席启动仪式。学校为本次科技周活动进行了精心准备,组织展出了"干旱区城镇绿色建筑技术集成研究与示范""河套盐碱地生态治理及特色产业关键技术研究与示范""人工光植物工厂节能及高效栽培技术研究与示范""工业废水中难降解有机物及有害元素脱除技术研究"及"复合载氧体—固体燃料化学链转化机理和技术"五项成果。

30日,学校召开《宁夏大学"十四五"师资队伍建设规划》专家咨询论证会,天津大学、自治区党委组织部、宣传部、编办、自治区人社厅、科技厅、教育厅、社科联等单位及学校部分专家参会,校党委副书记王玉炯主持会议。与会专家立足宁夏大学发展实际,从人才引进、职称评审、岗位设置、绩效激励等方面展开了讨论,提出了一系列有针对性的意见和建议。

31日,由中国地理学会文化地理专业委员会主办、宁夏大学地理科学与规划学院承办的"新时代文化地理学的理论和实践创新研讨会暨文化地理学青年学者学术沙龙"在学校举行。校党委常委、副校长李建设在致辞中对各位与会专家的到来表示诚挚的欢迎,本次会议以"新时代文化地理的理论和实践创新"为主题,专家学者围绕地理研究的进展与趋势、三峡移民的地方融入和宁夏生态移民工程的实践历程发表了主旨演讲,并就流动性与多元移民的地方实践、人类世与新冠疫情地理学、乡村振兴与地方理论、文化多样性与区域发展等问题作了交流分享。

6月

1日,学校召开学习习近平总书记在两院院士大会、中国科协第十次全国代表大会上的重要讲话精神座谈会。校党委书记李星,副校长谢应忠、周震出席会议,副校长李建设主持会议。李星传达了在北京会议现场学习习近平总书记在两院院士大会、中国科协第十次全国代表大会上的重要讲话精神和李克强总理在两院院士大会、中国科协第十次全国代表大会第二次全体会上的讲话精神。

2日,校党委副书记王玉炯分别前往生命科学学院、马克思主义学院参加基层教学组织活动。王玉炯对微生物学课程结合疫情防控等社会热点问题,将自然科学融入思政内容的做法给予肯定。王玉炯还同"毛泽东思想和中国特色社会主义理论体系概论"教研室全体教师围绕"'四史'融入概论课教学"主题进行了交流讨论。

是日,"感党恩·听党话·跟党走"红色经典朗诵比赛教师组决赛在贺兰山校区科技楼一楼报告厅举行。校党委常委、副校长史金龙代表学校向朗诵比赛的举办表示祝贺。为将比赛打造成诵读红色经典、传承诗词文化的平台,师生朗诵比赛决赛结束后,邀请获奖选手通过朗诵、讲述等方式为全校师生带来一场精彩展示赛。

是日,校党委常委、纪委书记周运生来到生命科学学院,调研植物资源与生态学教研室基层教学组织活动。活动主要围绕"世界防止荒漠化和干旱日"开展教学实践活动及探讨课程建设相关问题进行研讨,参加会议的教师围绕普通生态学、保护生物学、环境生物学等课程教学组织形式、挖掘适于融入课程教学重难点的案例做好课程思政育人工作、实践教学中存在的问题和改进的方法等内容进行激烈而深入的探讨和交流。

3日,校党委常委、副校长李建设为联系单位、学院师生党员作题为《第一代中央领导集体形成与毛泽东领袖地位确立》的党史学习教育专题党课。李建设介绍了陈独秀、瞿秋白等中国共产党创立初期的主要领导人,分析了1935年前共产国际对中共中央的影响,从历史和现实的角度阐明了这一时期中共没能形成成熟的领导集体的原因。他深入阐述了毛泽东实际领导地位的确立以及第一代中央领导集体形成的历史过程,深刻分析了其成因及历史意义。

是日,校党委常委、副校长谢应忠来到文荟楼10楼人文学院中文会议室调研语文教育教研室基层教学组织活动。教务处、人文学院相关负责人陪同调研。活动主要围绕"三全育人"背景下的教学实践进行讨论,与会人员畅所欲言,分别从教学、科研、教研室活动、学生活动等方面进行汇报。

是日,中护航集团股东会主席刘峰、董事长叶伟一行在自治区教育厅党组成员、副厅长王建平陪同下到校考察交流,并在贺兰山校区德勤楼召开座谈会。校党委常委、副校长史金龙主持会议。会前,刘峰一行在史金龙的陪同下实地考察了宁夏大学省部共建煤炭高效利用与绿色化工国家重点实验室、葡萄与葡萄酒工程研究中心、基础物理实验中心。

4日,学校就业工作吴忠专班在校党委常委、副校长史金龙的带领下赴吴忠就高校毕业生就业相关工作开展调研座谈,吴忠市政府副秘书长梁吉鸿主持座谈会。座谈会上,史金龙与吴忠市人民政府副市长宋海燕分别代表双方签署人才合作协议。

4—6日,由宁夏大学物理与电子电气工程学院主办,西安交通大学物理学院协办的2021年全国大学生物理实验竞赛西北地区研讨会在宁夏银川召开。来自西安交通大学、中国科学技术大学、陕西师范大学、东北大学、西北大学、兰州大学等41所高校的123位代表参加了研讨会,校党委常委、副校长周震参加开幕式并致辞。

7日,校党委常委、副校长史金龙一行先后前往文萃校区大学生活动中心、大学生心理健康教育咨询指导中心、怀远校区体育馆以及部分学生宿舍开展校园安全检查。

8日,由校团委、校学生会承办的"感党恩·听党话·跟党走"红色经典朗诵展演暨颁奖典礼活动在国际交流中心会议中心举行。校党委书记李星,校党委常委、副校长史金龙出席活动现场。本次展演分"金戈铁马""血荐轩辕""天耀中华"3个篇章为全校师生打造了一场诵读红色经典、赓续红色精神的视听盛宴。

是日,机械工程学院2017级过程装备与控制工程1班举行"永远跟党走 奋进新征程"主题班会,校党委书记李星参加班会。

9日,校长何建国,校党委副书记王玉炯,副校长刘炎胜、周震、史金龙与来自各学院的26名2021届毕业生代表相聚于怀远校区文化广场,倾听他们在毕业之际的成长感悟、未来规划和建议心声,与同学们一同道离别、传真情、话祝福。

10日,学校召开2021年毕业生就业工作促进会。校党委书记李星出席会议,党委副书记、校长何建国主持会议。

是日,宁夏大学第七届"互联网+"大学生创新创业大赛金奖争夺赛暨表彰奖励大会在贺兰山校区文荟楼一楼东报告厅举行。校党委常委、副校长李建设出席活动。本届"互联网+"大学生创新创业大赛全校报名参赛项目1624项、参与学生9915人次,参赛项目数量及参赛人数创学校新高。最终有15支团队进入金奖争夺赛。

是日,宁夏大学研究生会庆祝建党100周年暨欢送毕业生文艺晚会在大学生活动中心拉开帷幕。校党委副书记王玉炯应邀出席晚会,与各培养单位师生代表一同观看了晚会。

11日,宁夏大学关于自治区党委第五巡视组巡视宁夏大学党委反馈意见整改工作推进会在德勤楼六楼会议室召开。全体校领导出席会议,校党委常委、副校长周震主持会议。

是日,校党委常委、副校长史金龙一行到访北京大学健康医疗大数据国家研究院,就合作共建宁夏大学国家健康医疗大数据研究院相关工作召开四方联席会议。自治区卫生健康委、自治区科学技术厅、宁夏大学和北京大学医学部相关职能部门负责人参加了会议。与会四方共同商议了国家健康医疗大数据研究院组织架构及工作规划,并围绕研究院未来建设与发展进行了交流和讨论。

12日晚,由宁夏大学主办,宁夏大学党委宣传部、音乐学院承办的庆祝建党100周年"音乐党史"系列活动宁夏大学专场音乐会在宁夏人民剧院大剧场上演。自治区人民政府教育督导室副主任督学马丽,自治区党委宣传部文化艺术处副处长耿立荣,自治区医保局处长刘燕,校领导李星、何建国、王玉炯、谢应忠、李建设、刘炎胜、周震出席活动,与来自学校和银川市各单位1200余名现场观众一同聆听了这场特别的"音乐党课"。

15日,地理科学与规划学院举行成立与揭牌仪式,校党委常委、副校长李建设出席揭牌仪式。

是日,法学院行政管理与社会学系在文荟楼803行社系办公室开展了以"行政管理与社会学专业的思政元素挖掘"为主题的基层教学活动。副校长郎伟出席活动,并与相关教师就如何做好文科专业的课程思政建设进行了探讨与交流。

16日上午9时,2021届本科生毕业典礼举行,校领导李星、何建国、王玉炯、谢应忠、周运生、郎伟、李建设、刘炎胜、周震参加,史金龙副校长主持毕业典礼。

16日,物理与电子电气工程学院2018级物理学(教师教育)班举行"传承党的百年光辉史基因,铸牢中华民族共同体意识——手拉手维护民族团结,心连心构建和谐班级"主题班会,校党委副书记、校长何建国参加。

17日,召开校园安全稳定工作会议,校领导李星、王玉炯、刘炎胜、周震、史金龙出席,何建国主持会议。会议传达了自治区教育工委安全稳定工作会议精神和教育部办公厅《关于进一步加强校园安全工作的通知》、教育部党组《关于防范应对当前高校意识形态领域突出风险的通知》要求,校领导就各自分管领域安全稳定工作进行了部署。

是日,党史学习教育中央第十指导组组长、天津市政协原副主席魏大鹏一行来校实地督查指导。自治区党委常委、宣传部部长李金科,自治区党委宣传部常务副部长杜银杰,自治区教育工委书记、自治区教育厅党组书记、厅长李秋玲,校领导李星、何建国、王玉炯陪同调研。

是日,由自治区党委宣传部、自治区文明办、自治区文化和旅游厅、自治区财政厅、自治区国防办主办,宁夏大学承办,音乐学院协办的庆祝建党100周年"音乐党史"系列活动"清凉宁夏"《长征组歌》专场文艺演出在银川市光明广场举办。校党委副书记王玉炯和学校相关负责人与市民一同观看。

18日,学校校园治理体系治理能力建设工作推进会在德勤楼6楼会议室召开。全体校领导出席会议,13个牵头单位主要负责人,依据《关于印发〈宁夏大学完善现代大学治理体系提高治理能力建设方案〉的通知》的任务分工,就各自牵头的具体工作完成情况及下一步工作举措向大会进行了汇报。

是日,召开2021年校党委理论学习中心组第七次学习会,法学院戴新毅教授作关于《深入学习践行习近平法治思想》的专题辅导报告。校党委书记李星主持会议。

18—19日,第十一届全国大学生电子商务"创新、创意及创业"挑战赛宁夏赛区总决赛在北方民族大学举行,全区共有18所院校的87个项目同台竞技,宁夏大学6支队伍入围总决赛并荣获特等奖2项、一等奖1项、二等奖2项、三等奖1项、最佳创新奖1项、最佳指导老师奖1项,宁夏大学荣获优秀集体奖。

23日,生态环境学院环境科学与工程系在科技楼开展"激发活力,加强教学研究与改革"基层教学组织活动。校党委常委、副校长李建设参加活动。

是日,在庆祝中国共产党成立100周年之际,学校在文萃校区大学生活动中心隆重举行庆祝中国共产党成立100周年表彰大会暨"永远跟党走"文艺演出,对220名优秀共产党员、55名优秀党务工作者和60个先进基层党组织予以表彰,向135名老党员颁发"光荣在党50年"纪念章。校长何建国主持大会。

25日,召开2020—2021学年心理健康教育工作表彰大会，校党委常委、副校长周震参加会议。大会表彰了2020—2021学年优秀心理委员、优秀心理朋辈辅导员，获得心育活动优秀组织奖的学院以及各学院专职心理辅导员，为通过全国心理委员慕课培训的心理委员代表颁发了培训证书，为心理辅导员颁发了聘书。

26日，由自治区教育工委、教育厅主办，宁夏大学承办的"向党送祝福 感恩新时代"——第二届全区高校大学生马克思主义理论暨党史知识竞赛决赛在宁夏大学举办。来自全区19所高校的300余名师生代表在现场观摩比赛。校党委副书记王玉炯出席活动。

26—27日，由自治区教育厅主办，宁夏大学承办，百瑞源枸杞股份有限公司、宁夏尚农生物科技产业发展有限公司及宁夏凯瑞斯科贸有限公司赞助的首届"百瑞源杯"宁夏大学生食品科技创新大赛总决赛在宁夏大学科技楼报告厅开幕，自治区教育厅副厅长王春秀、学校副校长李建设出席，共有8个高校68个团队参赛。

28日，学校召开内部控制建设工作推进暨培训会，校党委副书记、校长何建国出席会议并讲话。

是日，自治区"两优一先"表彰大会在银川举行，表彰了一批全区优秀共产党员、优秀党务工作者和先进基层党组织。宁夏大学退休教师、原宁夏农学院院长李玉鼎，化学化工学院教授李平被授予全区优秀共产党员称号，生命科学学院党委被授予全区先进基层党组织称号。

29日，由校党委组织部主办、美术学院承办的"百年党恩 图绘伟业——宁夏大学庆祝中国共产党成立100周年师生书画展"开幕，校党委常委、纪委书记周运生出席。

是日，学生社团功能型党支部（党小组）、功能型团支部成立仪式在贺兰山校区德勤楼六楼会议室召开，校党委常委、副校长史金龙出席成立仪式。

30日，校党委常委、副校长史金龙深入教育学院，参加教育技术系基层教学组织活动。活动围绕"深化就业指导服务、促进就业能力提升"主题展开，与会教师按照"短期促就业的办法"和"长期抓培养的战略"两条思路，分别从就业观念与帮扶政策、课程教学与能力培养、专业发展与社会需求、人才培养与人才输送等方面进行了深层次交流。

是日，校领导分9组分别对获得党内功勋荣誉表彰的党员、生活困难党员、新中国成立前入党的老党员、老干部和烈士遗属等34位老党员进行走访慰问，为老党员佩戴"光荣在党五十年"绶带，送上纪念章、鲜花和慰问金，代表全校师生向老同志们致以崇高敬意和诚挚问候。

7月

1日，学习贯彻习近平总书记在庆祝中国共产党成立100周年大会上的重要讲话精神座谈会在德勤楼6楼会议室召开。校党委副书记、校长何建国，校党委常委、副校长周震与师生代表一起参加座谈。校党委副书记王玉炯主持座谈会。

2日上午9时，学校在文萃校区大学生活动中心举行2021届研究生毕业典礼暨学位授予仪式，38名博士研究生、1496名硕士研究生圆满完成学业。校领导何建国、王玉炯、周运生、李建设、刘炎胜、周震出席毕业典礼。副校长谢应忠主持毕业典礼。

6日，召开青年师生学习贯彻习近平总书记在庆祝中国共产党成立100周年大会上的重要讲话精神座谈会，校党委书记李星出席，校党委常委、副校长史金龙主持会议。

9日，召开2021年校党委理论学习中心组（扩大）第八次学习会，学习研讨习近平总书记在庆祝中国共产党成立100周年大会上的重要讲话精神。校党委书记李星主持会议并讲话。

12日，学校在贺兰山校区举行教学综合楼（未来教室）主体封顶仪式，全体校领导出席。

13日，学校召开暑期工作及秋季学期开学工作部署会，校长何建国，校党委副书记王玉炯，副校长刘炎胜、周震参加，刘炎胜主持会议。

是日，2021年"民体杯"全国木球比赛在宁夏大学开幕。国家民委文化宣传司副司长张剑辉，自治区党委统战部常务副部长、自治区民委党组书记陆军，校长何建国，副校长周震出席开幕式。

14—16日，由自治区教育厅主办、宁夏大学承办的第五届宁夏大学生结构设计竞赛暨第十四届全国大学生结构设计竞赛分区赛在学校大学生活动中心举办。自治区教育厅二级巡视员孙忠铭、副校长李建设出席开幕式。7所高校的29支队伍共150余名师生参加比赛。

17日，教育部高水平足球队复核专家组一行对宁夏大学高水平足球队建设情况进行复核检查。专家组由北京体育大学原校长池建教授（顾问）、北京大学教学指导委员会吴昊教授（组长）以及北京大学张展嘉博士组成。校党委常委、副校长、校体委主任周震陪同检查。

是日，学校召开党委常委领导班子党员领导干部巡视整改专题民主生活会。会议由校党委书记李星主持。会上，按照《宁夏大学党委常委领导班子党员领导干部巡视整改专题民主生活会工作方案》，校党委常委、领导班子成员在深入学习研讨习近平新时代中国特色社会主义思想及相关指定文件精神的基础上，分别结合各自思想、学习和工作实际，逐一进行个人检视剖析，开展了批评与自我批评。

18—19日，由生态环境学院承办的宁夏生态学会第三次会员代表大会暨过渡区生态保护与宁夏先行区高质量发展高端论坛在学校国际交流中心举办。宁夏生态学会第二届理事会理事长、副校长谢应忠主持会议。

21—23日，校党委常委、副校长史金龙一行赴固原调研，并与固原市人民政府召开促进2021届毕业生就业工作座谈会。会上，宁夏大学与固原市人民政府签订《人才培养与毕业生就业发展合作协议》。

23日，第二届五省（区）大学生就业创业大赛筹备会在贺兰山校区德勤楼召开。自治区教育厅二级巡视员黄鹏，校党委常委、副校长周震出席会议。

是日，校领导李星、王玉炯、周震、史金龙一行到怀远校区2021年本科招生录取现场检查指导工作。2021年，宁夏大学招生计划总数为5432人，除北京、天津、上海、港澳台，在28个省份均有招生。

26日，学校在贺兰山校区德勤楼召开网络安全和信息化领导小组工作专题会议，研究部署学校网络安全和信息化建设工作。校党委常委、副校长周震主持会议。

26—30日，宁夏大学"传承红色基因 提升党建质量"党务工作者培训班在延安干部培训学院杨家岭分院举行。校党委常委、纪委书记周运生作开班动员讲话，部分学院党组织副书记和"双带头人"教师党支部书记共65人参加培训。

27—29日，由中国化学会主办、宁夏大学承办、化学化工学院和省部共建煤炭高效利用与绿色化工国家重点实验室协办的中国化学会第十届西部有机化学论坛在银川悦海宾馆举行。校长何建国出席开幕式并致辞。本次论坛集聚了西部有机化学领域的专家学者300余人，上海交通大学涂永强院士、四川大学冯小明院士以及长江学者、国家杰出青年基金获得者20余人参会，共开展学术报告130余场。

29日，学校召开"双一流"建设工作推进会，校党委副书记王玉炯，副校长谢应忠、周震出席，谢应忠主持会议。谢应忠从6个方面对"双一流"二期建设工作进行总体部署。

是日，自治区科协党组书记、主席陈红缨一行到校调研并召开合作交流座谈会，校党委常委、副校长史金龙陪同调研。会上，国际教育学院、中国阿拉伯国家研究院、对外合作交流处负责人分别就留学生培养、研究院发展总体情况和学校国际合作与交流进行了介绍。

31日，由中国人类学民族学研究会体育人类学专业委员会主办、宁夏大学体育学院承办的第四届中国体育人类学年会在银川海天大酒店举行。校党委常委、副校长周震出席开幕式并致词。

是日，校长何建国主持召开学校新冠肺炎疫情防控工作领导小组暑期疫情防控专题会议。校纪委书记周运生，副校长李建设、刘炎胜、周震、史金龙参加会议。

8月

1日，召开疫情防控专题（视频）会议，部署学校疫情防控有关工作。校领导李星、王玉炯、谢应忠、周运生、李建设、刘炎胜、周震、史金龙参加会议，何建国主持会议。

5日，召开疫情防控领导小组会议，传达学习上级疫情防控有关会议文件精神，研究部署秋季学期开学疫情防控工作。校领导李星、王玉炯、谢应忠、周运生、李建设、刘炎胜、周震、史金龙参加会议，校长何建国主持会议。

8日，召开校园安全及实验室安全视频会议，校党委常委、副校长周震主持会议。

9—11日，自治区工程建设政府采购等重点领域突出问题第二专项抽查工作组一行8人到校开展专项治理抽查工作。校党委常委、副校长李建设、刘炎胜、周震和学校专项治理领导小组成员以及被抽查项目单位党政负责人参加会议。李建设主持启动会议。

11日，学校在国际交流中心召开干部教师大会。自治区副主席杨培君，自治区政府副秘书长吴涛，自治区教育工委书记、教育厅党组书记、厅长李秋玲，自治区党委组织部副部长童刚以及全体校领导、党委常委、厅级干部出席会议。会议由校党委书记李星主持。会上，童刚宣布自治区党委干部任免决定：彭志科同志任宁夏大学党委委员、常委、副书记、校长；王忠静同志任宁夏大学党委委员、常委、副校长；何建国同志不再担任宁夏大学党委副书记、常委、委员、校长职务。

12日，召开暑期第六次疫情防控专题会议，就学校疫情防控工作和做法进行再部署、再细化。校领导王玉炯、谢应忠、周运生、刘炎胜、周震、史金龙出席会议，校长彭志科主持会议。

19日，校党委书记李星会见联合国教科文组织高等教育创新中心（中国深圳）李铭主任一行。校党委副书记王玉炯参加会见。会后，李星向联合国教科文组织高等教育创新中心（中国深圳）赠送了阿拉伯国家研究省部共建协同创新中心（宁夏大学）组织翻译的《读懂中国》（阿拉伯语版）系列图书（译著）。

25日下午，在文萃校区开展2021年秋季学期开学返校疫情防控应急演练。校领导李星、彭志科、王玉炯、刘炎胜、周震、史金龙出席演练活动。演练活动结束后,校领导先后对文萃校区、怀远校区、金凤校区相关单位的疫情防控和开学准备工作进行了检查。

26—28日,举办为期3天的"宁夏大学中层以上干部学习贯彻习近平总书记在庆祝中国共产党成立100周年大会上的重要讲话精神专题培训班"。26日,全体自学。27日,培训班动员大会在文萃校区大学生活动中心召开,全体校领导出席大会,全校副处级以上领导干部参加,校党委常委、纪委书记周运生主持培训动员大会。28日,召开总结大会。

9月

1日,校党委常委、副校长李建设带队对德勤楼农学院实验室、工科C楼实验室、省部共建煤炭高效利用与绿色化工国家重点实验室模式车间进行安全检查。

4—5日,2021级本科和研究生新生入学报到。校党委书记李星、校长彭志科、校党委副书记王玉炯、副校长刘炎胜分别到怀远校区、贺兰山校区和文萃校区迎新点检查迎新工作,看望入校报到的2021级新生,慰问参加迎新工作的师生和志愿者。

7日,江夏学院副校长程灵一行到校考察,并在副校长周震的陪同下到教育学院与师生开展座谈交流。座谈会上,双方代表签订了意向性协议。

8日,中国科学院院士、福建省科协主席、厦门大学化学系教授郑兰荪,福建省科协副主席史斌在自治区科协党组书记、主席陈红缨陪同下到校访问交流。校党委书记李星、校长彭志科在德勤楼贵宾室亲切会见了郑兰荪一行。李星代表学校为郑兰荪院士颁发了宁夏大学兼职教授证书。

9—10日,校领导李星、彭志科、王玉炯、谢应忠、周运生、郎伟、李建设、刘炎胜、周震、王忠静分别带领相关部门负责人对学校一线骨干教师、科研人员、学工人员、民主党派教师、患病教师、离退休教师代表进行走访慰问,向他们致以节日问候和诚挚祝福。

10日,第37个教师节庆祝大会在文萃校区大学生活动中心举行。全体校领导、立德树人奖获奖教师、首批师德师风建设基地负责人、第二批校级"黄大年式教学团队"负责人、荣退教师代表和从教满35周年教师、新入职教师及各单位主要负责人与师生代表共520余人参加庆祝大会。

10日下午,自治区党委组织部副部长景瑜一行到校调研党建工作,校党委书记李星在德勤楼贵宾室会见调研组一行,就学校党建工作进行了交流。

13日,在贺兰山校区德勤楼6楼会议室召开2021年"民族团结进步月"工作部署会。校党委副书记王玉炯主持会议。

14日,召开党史学习教育暨巡视整改工作推进会,校党委副书记、校长彭志科主持会议。

15日,召开2021年校党委理论学习中心组第九次学习会,校党委书记李星主持会议。

是日,2021年迎新生文艺晚会在文萃校区田径场举办。校领导李星、王玉炯、谢应忠、周运生、郎伟、李建设、刘炎胜、周震和全体2021级本科生、研究生共同观看演出。

16日,2021级学生开学典礼在文萃校区田径场举行,来自全国各地的7006名学子及全体校领导出席。在新生开学典礼后,校党委书记李星为2021级新生讲授了"开学第一课",引导新同学扣好人生"第一粒扣子",在矢志奋斗中谱写青春之歌。

是日,在贺兰山校区文荟楼一楼东报告厅召开2022年度国家科学基金申报动员与辅导报告会。校党委副书记、校长彭志科,校党委常委、副校长王忠静出席会议。

17日,2021级本科生军事技能训练开训动员大会在文萃校区田径场举行。校党委常委、副校长周震参加动员会。

是日,宁东现代煤化工中试基地运营启动仪式在宁东能源化工基地化工新材料园区举行。校党委副书记、校长彭志科,校党委常委、副校长王忠静应邀出席运营启动仪式。

18日,宁夏军区战备建设局副局长张东华大校、自治区教育厅体卫艺处副处长刘长青和宁夏军区战备建设局参谋马元升少校一行到校检查指导新生军训工作,并在国防教育教学中心举行座谈会,校党委常委、副校长周震陪同检查。

22—23日,由宁夏大学主办的自治区反刍动物分子细胞育种重点实验室第一届学术委员会暨畜牧产业发展研讨会在银川悦海宾馆会议中心召开。会前,校党委书记李星会见了李德发院士和参加会议的代表。23日,来自中国农业大学、西北农林科技大学、中国农业科学院、内蒙古农牧业科学院和内蒙古农业大学的12位学者围绕重点实验室的研究方向及建设内容,从基础研究创新到产业发展作了有针对性的学术报告。

22—24日,校党委副书记王玉炯一行在北京分别赴阿拉伯相关驻华大使馆和文化处等机构,拜访了阿联酋大使阿里·扎希里、卡塔尔大使穆罕默德·杜希米、伊拉克大使肖尔什·哈立德·赛义德、阿曼大使纳赛尔·布赛义迪、苏丹大使加法尔·卡拉尔、约旦大使胡萨姆·侯赛尼、巴勒斯坦大使法里兹·马赫达维以及巴勒斯坦前驻华大使、北京阿拉伯信息交流中心主任穆斯塔法·萨法里尼博士和埃及驻华文化参赞奥迈玛·加内姆·扎丹等驻华大使馆官员。

24日,在金凤校区民族预科教育学院召开学习贯彻中央民族工作会议精神座谈会,校党委书记李星出席会议。

是日,校党委书记李星,校党委常委、副校长周震前往怀远校区、文萃校区、贺兰山校区,看望慰问2021级军训教官和参训教师。

是日,2021年新入职教职工培训开班仪式在贺兰山校区文荟楼报告厅举行。校党委常委、副校长周震出席会议。

26日,宁夏消防救援总队与宁夏大学举行合作框架协议签约暨人才培训研究基地揭牌仪式。宁夏消防救援总队党委书记,政治委员张小城和宁夏大学党委书记李星出席签约仪式,宁夏消防救援总队和宁夏大学相关负责人参加了签约仪式。

是日,国家民委中华民族共同体研究基地、宁夏大学中华民族共同体研究院首席专家陈育宁教授受邀为2021年新入职教师作了题为《中华民族历史观与中华民族共同体》的专题讲座。讲座由校党委常委、副校长周震主持。

28日,宁夏大学与石嘴山市人民政府合作框架协议签约仪式在石嘴山市举行。校党委书记李星,校党委副书记、校长彭志科,校党委常委、副校长李建设参加。签约仪式前,校领导一行还到石嘴山市先进材料协同创新工程中心、贺东庄园、优宜家数据外包产业园、大武口洗煤厂工业遗址公园等地进行实地考察调研。

29日,召开民主党派、统战团体学习中央民族工作会议精神交流会,校党委统战部,各民主党派、统战团体负责人,无党派人士代表参加了会议,校党委副书记王玉炯主持会议。

是日,上海交通大学—宁夏大学对口合建20周年纪念座谈会在德勤楼6楼会议室召开。上海交通大学校长、中国工程院院士林忠钦,上海交通大学党委常委、副校长张安胜,上海交通大学副教务长吴静怡,自治区教育厅副厅长王春秀,校领导彭志科、王玉炯、谢应忠、李建设、周震出席座谈会。校党委书记李星主持座谈会。

30日,举行2021级本科生军训汇报科目表演暨总结表彰大会。校领导李星、谢应忠、郎伟、李建设、刘炎胜、周震出席大会。

是日,在全国第8个烈士纪念日到来之际,为深切缅怀革命先烈的丰功伟绩,弘扬革命先烈的崇高精神,学校举行烈士纪念日升国旗仪式。全体校领导出席,校党委常委、副校长周震主持仪式。

10 月

9日,自治区党委常委、宣传部部长李金科一行到校调研指导党建工作,校党委书记李星,校党委副书记王玉炯,校党委常委、纪委书记周运生陪同调研。

11日,国务院学位委员会数学学科评议组、中国科学院数学与系统科学研究院院长席南华院士一行4人来校开展数学一级学科博士学位授权点质量专项巡查,校党委书记李星、校长彭志科在巡查工作开展前会见了专项巡查组4位专家成员。11日早上,巡查工作启动会在贺兰山校区德勤楼11楼会议室召开,会议由校党委常委、副校长周震主持。

11—12日,全国艺术专业学位研究生教育指导委员会副秘书长、中央音乐学院学位管理办公室主任、专项巡查组组长宋慧文一行5人到校开展艺术硕士专业学位授权点(音乐领域)质量专项巡查。11日下午,巡查工作启动会在贺兰山校区德勤楼12楼会议室召开,自治区教育厅副厅长王春秀、自治区学位管理办公室主任(高教处处长)翟家驹出席会议。校党委常委、副校长周震主持会议。

13日,召开2021年"民族团结进步月"专题教育师生座谈会。校党委常委、副校长周震出席座谈会。

是日,《中华人民共和国未成年人保护法》自治区下基层宣讲活动启动仪式在学校国际交流中心举行。校党委副书记王玉炯出席活动。

13—15日,第七届中国国际"互联网+"大学生创新创业大赛总决赛在南昌大学举办,宁夏大学选送的"丝路宁夏文创——中国西部文化旅游融合发展领跑者"项目斩获主赛道金奖,"小黄花大产业——"黄花花"铺出富民金光道"获青年红色筑梦之旅赛道银奖,"一苯科技——'桌面工厂'设计与开发领航者"等5个项目获得铜奖。实现了宁夏高校参加中国国际"互联网+"大学生创新创业大赛7届比赛以来勇夺金奖的历史性突破。

14日,学校第十五期"青年马克思主义者培养工程"培训班开班仪式在德勤楼主楼6楼会议室举行。校党委常委、副校长周震出席开班仪式。

15日,由宁夏大学、中国社科院世界经济与政治研究所、国际关系学院主办,宁夏大学阿拉伯国家研究省部共建协同创新中心、中国社会科学院国家全球战略智库秘书处、国际关系学院经济金融学院承办,新兴经济体研究会协办的第十二届国际政治经济学论坛在银川悦海宾馆会议中心召开。校党委书记李星,校党委副书记王玉炯,校党委常委、副校长李建设出席了会议。

16日,宁夏大学2022届毕业生校园秋季"双选"洽谈会在怀远校区金波湖畔举办。校党委副书记王玉炯，校党委常委、副校长周震到招聘会实地了解情况，与用人单位就人才培养、校企合作、就业指导服务等方面进行了深入交流，与毕业生就职业生涯规划、求职择业意向进行了亲切交谈。

是日，中国社会科学院美国研究所研究员、博士生导师、党委书记兼所长，著名国际问题专家倪峰应邀做客宁夏大学"贺兰山论坛"，为干部师生作了题为《当前的中美关系与拜登政府对华政策走向》的总体国家安全观教育辅导报告。校领导王玉炯、周运生、李建设、刘炎胜、周震出席报告会，宁夏大学中国阿拉伯国家研究院院长李绍先主持报告会。

16—18日，由中国数学会主办，宁夏大学、宁夏数学会和宁夏科学工程计算与数据分析重点实验室共同承办的第十届全国数学文化论坛学术会议在宁夏大学国际交流中心召开。

17日，中国(银川)葡萄酒产学融合高质量发展论坛召开。本次论坛由中国科学技术协会主办，中国农业工程学会、宁夏大学和宁夏回族自治区科学技术协会协办。来自全国各高等院校、科研院所、企事业单位的专家学者、科技工作者献言建策，共话银川葡萄酒产业发展大计。

是日，"2021云天大会"——信息技术与信息材料领域重大颠覆性技术高峰论坛在中卫校区应理报告厅举办，党委副书记、校长彭志科出席会议。

18日，学校召开巩固拓展教育脱贫攻坚成果同乡村振兴有效衔接工作部署会。校党委常委、纪委书记周运生出席会议。

是日，宁夏大学与上海兰桂骐技术发展股份有限公司合作交流座谈会在德勤楼11楼会议室召开。校党委副书记、校长彭志科出席座谈会，校党委常委、副校长李建设主持会议。

19—20日，全国教育专业学位研究生教育指导委员会专项巡查组组长、陕西师范大学教授、研究生院院长、全国教育专业学位研究生教育指导委员会委员郑海荣一行3人到校开展教育硕士专业学位授权点质量专项巡查。19日，巡查启动会在怀远校区怀远楼718会议室召开，校党委常委、副校长周震主持启动会。

20日，学校召开第七届中国国际"互联网+"大学生创新创业大赛座谈会。校党委书记李星、校长彭志科出席座谈会。

是日，宁夏大学与灵武市白芨滩国家级自然保护区管理局签订合作意向性协议。校党委常委、副校长谢应忠出席签约仪式。

20日晚，学校召开疫情防控领导小组会议，根据自治区党委、政府对新冠肺炎疫情防控严峻形势研判，结合学校工作实际，作出紧急部署。校党委书记李星主持会议。

22日，校党委书记李星主持召开党委常委会疫情防控工作专题会议，传达学习自治区党委关于疫情防控工作有关会议精神和部署要求，听取学校疫情防控工作情况汇报，研究部署疫情防控工作。

25日，校领导李星、彭志科、王玉炯、周运生、刘炎胜、周震深入校区一线重点区域检查指导疫情防控工作，看望慰问坚守在疫情防控一线的安保、医护、后勤等工作人员，并就如何进一步做好疫情防控工作提出指导意见和具体要求。

30日，校党委副书记、校长彭志科，校党委常委、副校长刘炎胜在看望慰问冲锋在前、奋战在疫情防控一线的后勤保障部和保卫处以及全校60多个单位在一线值班的疫情防控工作人员。

11月

1日,学校召开疫情防控应急指挥部专题会议,听取疫情防控工作进展汇报,对下一步疫情防控工作进行再部署。校领导周运生、刘炎胜、周震出席会议。校党委常委、校长彭志科主持会议。

4日,学校分别以现场、视频会议的方式召开了第一批校园治理达标校验收考核情况通报暨整改工作部署会,校党委副书记王玉炯出席会议。

是日,学校召开党委常委会疫情防控工作专题会议,传达学习自治区有关疫情防控工作最新部署要求,分析研判学校疫情防控工作面临的形势和任务,研究部署下一阶段工作。校党委书记李星主持会议。

6日,宁夏大学"国家语言文字推广基地"对口帮扶国家乡村振兴重点帮扶县红寺堡区国家通用语言文字能力提升培训班举行线上开班仪式,校党委常委、副校长周震出席开班仪式。

10日,校党委常委、副校长刘炎胜在学校疫情防控领导小组成员单位相关负责人的陪同下,前往金凤校区调研检查疫情防控工作开展情况。

15日,学校召开党委常委会(扩大)会议和党委理论学习中心组(扩大)学习会,以线上线下相结合的方式学习党的十九届六中全会精神,全体在校校领导、党委常委和各单位党政主要负责人参加会议。会议由校党委书记李星主持。

18日,2021年两院院士增选结果正式揭晓,共有149人当选。其中,中国科学院增选院士65人,中国工程院增选院士84人。吴忠仪表有限责任公司党委书记、董事长,宁夏大学特聘教授、硕士生导师,机械工程学院名誉院长马玉山当选中国工程院院士。

24日,校党委副书记、校长彭志科,党委副书记王玉炯,校党委常委、副校长王忠静等一行赴吴忠仪表有限责任公司考察调研并举行合作交流座谈会。座谈会前,彭志科一行还实地参观了吴忠仪表离散制造工厂、实验室及协同创新中心。

25日,学校召开学工队伍学习党的十九届六中全会精神座谈会。校党委常委、副校长周震出席座谈会。

是日,宁夏科学技术奖励大会在银川召开,会议表彰为宁夏科学技术进步和经济社会发展作出突出贡献的科技工作者和外国专家。宁夏大学14项研究成果获得表彰奖励,其中一等奖2项,二等奖4项,三等奖8项,实现历史性突破。

26—27日,学校以线下线上相结合的方式召开第二十四次学生代表大会。来自全校26个学院的247名学生代表齐聚一堂,共商发展大计。校党委常委、副校长周震出席开幕式。

30日,宁夏大学与中国移动宁夏公司座谈交流会在贺兰山校区德勤楼召开,校党委副书记、校长彭志科,中国移动宁夏公司党委书记、董事长、总经理霍伟出席会议,校党委常委、副校长李建设主持会议。

12月

5日,宁夏总体国家安全观进党校(行政学院)、社会主义学院和大中小学启动仪式在文萃校区大学生活动中心举行,自治区党委常委、秘书长、国安办主任雷东生出席启动仪式并致辞。

7日,自治区副主席、党组成员吴秀章,自治区政府办公厅一级巡视员刘长青,自治区科技厅厅长郭秉晨一行到校调研,校党委书记李星,校党委副书记、校长彭志科,校党委常委、副校长王忠静陪同调研。

8日,宁夏大学与宁夏凯晨电气集团有限公司合作交流座谈会在贺兰山校区德勤楼召开,校党委副书记、校长彭志科,宁夏凯晨电气集团有限公司董事长朱建华、副总经理鲍伟出席,校党委常委、副校长李建设主持会议。

9日,机械工程学院2020级智能制造班举行"勇挑新时代制造强国使命 奋进第二个百年征程"主题班会,校党委书记李星应邀参加班会。

10日,"中央专项彩票公益金宏志助航计划"全国高校毕业生就业能力培训基地宁夏大学揭牌仪式暨开班典礼在贺兰山校区文荟楼东报告厅举行,校党委常委、副校长周震参加典礼。

是日,召开2021年校党委理论学习中心组第十二次学习会,专题学习习近平总书记在全国宗教工作会议上的重要讲话精神,校党委书记李星主持会议。

11日,校长彭志科与上海交通大学罗正鸿、夏明许教授一行赴宁东管委会,就双方开展战略合作具体事宜进行交流座谈。会上,双方就签订《宁东能源化工基地管委会宁夏大学战略合作框架协议》的合作目标、内容、机制等方面广泛交换意见,对决策咨询服务、共建创新平台、开展科技攻关、人才引进培养、深化合作交流、建立联合开发基金等具体合作事项进行了认真研究,达成初步共识。

13日,学校召开高质量发展务虚会,对学校改革发展建设中的问题进行广泛交流研讨,为学校高质量发展打基础、谋长远。全体校领导、党委常委出席会议,党群、行政单位负责人,教学科研单位行政负责人,直属、附属单位负责人参加了会议。

14日,学校纪委联合自治区高校纪委第三协作区所属高校纪委在宁夏职业技术学院思政课实践教学中心开展"赓续百年初心 担当育人使命"主题党日活动。校党委常委、纪委书记周运生出席活动。

17日,校党委常委、副校长周震一行赴宁夏农垦集团和百瑞源枸杞股份有限公司走访调研。

是日,校党委副书记、校长彭志科一行赴深圳与深圳国际量子研究院院长俞大鹏院士共同出席宁夏大学与深圳国际量子研究院合作洽谈及签约仪式。深圳国际量子研究院副院长陈廷勇主持签约仪式。

18—19日,由中国翻译协会跨文化交流研究委员会(原中国跨文化交际学会)主办、宁夏大学外国语学院承办、外语教学与研究出版社和《跨文化研究论丛》编辑部协办的第十七届中国跨文化研究年会在宁夏大学国际交流中心举行。校党委常委、副校长周震出席年会。

19日开始,2021—2022学年第一学期期末考试正式拉开帷幕。为加强考试的组织管理和考风建设,确保考试工作顺利进行,校党委书记李星、校长彭志科、副校长周震在办公室、教务处相关负责人的陪同下深入考试现场进行考务工作巡视与指导。

22日,枸杞现代产业学院、葡萄与葡萄酒现代产业学院揭牌成立。自治区教育厅副厅长王春秀,校党委副书记、校长彭志科,出席揭、授牌仪式,校党委常委、副校长周震主持揭牌仪式。

23日,"沙枣花香"大学生艺术团、青年发展研究室成立仪式在德勤楼举行。校党委常委、副校长周震出席成立仪式。

是日,交通银行宁夏区分行与宁夏大学战略合作协议签约仪式在交通银行宁夏区分行会议中心举行,校党委副书记、校长彭志科出席签约仪式。

24日,自治区科技厅厅长郭秉晨、副厅长桑长青一行到校调研省部共建煤炭高效利用与绿色化工国家重点实验室重组评估工作,校党委副书记、校长彭志科,党委常委、副校长王忠静参加调研。

是日,石嘴山市委常委、副市长蔡闯一行到校调研,并在科技楼召开科技创新合作工作座谈会。校党委常委、副校长王忠静参加座谈会。

是日,学校召开高质量发展骨干教师座谈会,来自人文学院、生命科学学院、外国语学院、机械工程学院、土木与水利工程学院、地理科学与规划学院、生态环境学院、西夏学研究院、农学院、经济管理学院等的10名骨干教师代表共话学校发展。校党委书记李星出席会议,校党委副书记王玉炯主持会议。

27日,邀请自治区宣讲团成员,自治区党委副秘书长、办公厅主任白华为全校师生作深入学习贯彻党的十九届六中全会精神专题宣讲报告。校党委书记李星主持报告会。

28日,学校召开高质量发展党外知识分子及岗位标兵座谈会。校党委书记李星出席,校党委副书记王玉炯主持座谈会。

29日,宁夏大学归国华侨联合会在贺兰山校区德勤楼召开换届选举大会,自治区归国华侨联合会副主席、秘书长郑大鹏,校党委副书记王玉炯出席会议,学校统战部、归国华侨联合会全体会员参加会议。

是日,学校在贺兰山校区德勤楼举行2021年度荣休教职工欢送会,校党委书记李星、原副校长谢应忠出席欢送会,校党委副书记王玉炯主持欢送会。

30日,学校召开高质量发展青年人才座谈会。校党委书记李星出席,校党委副书记王玉炯主持座谈。

媒体宁大

湖映德勤楼 （钟子杰 摄）

序 号	媒 体	报道时间	标 题
1	宁夏日报客户端	2021-01-09	《防控不松懈丨宁夏大学早防控:织密师生健康"防护网"》
2	中国教育报头版	2021-01-13	《宁夏大学 带动区域崛起 提振教育信心》
3	宁夏广电新闻中心	2021-01-21	《寒假受疫情影响宁夏大学近200名学生滞留 学校各项保障暖人心》
4	宁夏新闻网	2021-01-22	《宁夏大三学生因疫情"滞留"学校,但她却说很"暖"……》
5	CCTV—13	2021-01-29	《高校暖心举措助留校学生安心过年》
6	宁夏日报客户端	2021-01-29	《两会"微"访谈丨李星:推动开放创新,不仅仅是"向外看"!》
7	都市阳光	2021-01-30	《"十三五"宁夏大学农业科技创新对标高质量发展精准发力》
8	中国新闻网客户端	2021-01-31	《宁夏人大代表毛凤玲:推进宁夏葡萄酒一二三产深度融合高质量发展》
9	文旅中国	2021-02-02	《地方两会丨宁夏金忠杰委员:建议打造西部国际文旅中心》
10	中国日报网	2021-02-06	《宁夏大学外籍师生小年"闹"新春,感受中国传统文化》
11	新华社	2021-02-06	《"我在中国挺好的!"——在宁留学生和外教安度新春》
12	宁夏日报客户端	2021-02-04	《写春联、包饺子、剪窗花……留学生在宁夏这样就地过年》
13	宁夏日报2版	2021-02-06	《写春联、包饺子、剪窗花……留学生在宁夏这样就地过年》
14	中新网	2021-02-04	《写春联、包饺子……宁夏外教留学生共庆小年》
15	中新网	2021-02-04	《传统文化为桨 宁夏大学外教留学生共庆小年》
16	银川发布	2021-02-04	《写春联、包饺子、剪窗花……宁夏大学40余名留学生热闹过小年》
17	银川新闻联播	2021-02-05	《〈新春走基层〉外国人留银过年感受浓浓的中国年味》
18	宁夏教育新闻	2021-02-07	《宁夏大学留学生在校过寒假 感受中国年味儿》
19	学习强国	2021-02-18	《我在宁夏过大年丨留学生萨尼:入乡随俗 过个中国年》
20	宁夏新闻联播	2021-02-21	《习近平总书记在党史学习教育动员大会的重要讲话在宁夏引发热烈反响——从百年党史中汲取前行的磅礴力量》
21	宁夏日报客户端	2021-02-21	《整装再出发 奋进新征程丨李星:牢记为党育人为国育才使命 厚植高校创新沃土》
22	宁夏日报客户端	2021-02-23	《宁夏壹财经开讲丨数字化时代赋能营销人才培养模式创新》

续表1

序号	媒体	报道时间	标题
23	中国新闻网	2021-02-26	《"洋媳妇"遇上元宵节:网红脆皮元宵为新年画句号》
24	宁夏新闻联播	2021-03-19	《奋斗百年路 启航新征程·学党史 悟思想 办实事 开新局丨宁夏大学:认真贯彻落实习近平总书记重要讲话精神 理直气壮办好思政课》
25	银川晚报	2021-03-22	《"盐池"沙芦草 十年炼一草》
26	中新网客户端	2021-03-23	《宁夏举办专场人才见面会 探"校企合作"就业新思路》
27	宁夏日报客户端	2021-03-23	《宁夏:你来投资,我供人才!》
28	新华网	2021-03-31	《宁夏大学召开2021年毕业生就业工作会》
29	宁夏日报客户端	2021-03-29	《毕业生同比增加600多人!宁夏大学力促毕业生就业》
30	华兴时报4版	2021-04-01	《盘活黄河文化资源 彰显宁夏黄河文化》
31	华兴时报	2021-04-01	《不忘初心携手前行 奋力推进新时代统一战线工作》
32	中新网客户端	2021-03-31	《宁夏大学举办化工类毕业生专场招聘会》
33	宁夏日报客户端	2021-04-08	《在宁夏大学听厦门大学教授上广告学课程是怎样的体验?》
34	银川发布	2021-04-08	《"输血"变"造血",宁夏大学牵手厦大共建广告学专业落地开花!》
35	宁夏日报客户端	2021-04-10	《3天接种4.8万人!宁夏高校师生新冠病毒疫苗接种工作全面展开》
36	中新网客户端	2021-04-10	《宁夏大学举办2021届毕业生"双选"洽谈会》
37	新华网	2021-04-11	《宁大春季"双选会":350家用人单位"招贤纳才"》
38	宁夏新闻联播	2021-04-12	《宁夏大学化学化工学院举办2021届化工类毕业生专场招聘会》
39	宁夏日报客户端	2021-04-14	《老有所乐 老有所学!宁夏老年大学宁夏大学分校揭牌成立》
40	宁夏日报客户端	2021-04-15	《宁夏举办密码安全进校园活动》
41	宁夏日报客户端	2021-04-20	《"90后"入党故事丨孙博豪:我的青春"不打烊"》
42	宁夏日报3版	2021-04-22	《"90后"入党故事丨孙博豪:我的青春"不打烊"》
43	中新网客户端	2021-04-24	《中央来宁博士团到宁夏大学调研交流》
44	光明日报客户端	2021-04-23	《中央来宁博士团到宁夏大学调研交流》
45	宁夏日报客户端	2021-04-23	《中央来宁博士团到宁夏大学调研交流》
46	宁夏日报客户端	2021-04-23	《宁夏大学开展党史学习教育:浸润在书香中 实践在成长中》
47	中新网客户端	2021-04-23	《声声悦耳!实拍宁夏大学合唱团课堂演唱》

续表2

序号	媒体	报道时间	标题
48	中新网客户端	2021-04-29	《宁夏大学男声合唱团唱响中国(郑州)黄河合唱周》
49	中新网客户端	2021-05-06	《丝路西夏文创上新 五一假期成宁夏旅行热门纪念品》
50	中新网客户端	2021-05-24	《宁夏归国留学人员党史学习教育专题讲座在银川召开》
51	宁夏日报客户端	2021-05-26	《宁夏归国留学人员党史学习教育专题讲座在银川召开》
52	宁夏日报客户端	2021-05-26	《王彬:躬身勤耕耘,誓让盐碱地上稻花开》
53	宁夏日报客户端	2021-05-24	《袁隆平团队海水稻种进宁夏的盐碱地》
54	新华社	2021-06-01	《全球连线丨印度夫妇在宁夏趣味教编程》
55	人民日报少年客户端	2021-05-31	《宁夏大学怀远校区幼儿园"礼赞百年,筑梦童心"庆"六一"趣味运动会》
56	宁夏新闻联播	2021-06-05	《陈润儿在北方民族大学宁夏大学调研时强调 聚焦立德树人的根本任务 铸牢中华民族共同体意识》
57	中新网客户端	2021-06-03	《宁夏大学师生热议习近平总书记在两院院士大会中国科协第十次全国代表大会上的重要讲话》
58	光明日报7版	2021-06-05	《知识分子党员风采胡玉冰》
59	光明日报7版	2021-06-07	《我家脱贫二三事 讲述人:宁夏大学新闻传播学院硕士生方宁》
60	中国日报网	2021-06-13	《宁夏大学,一场特别的音乐党课》
61	宁夏新闻联播	2021-06-13	《宁夏大学,一场特别的音乐党课》
62	中新网宁夏	2021-06-19	《宁夏大学"清凉宁夏"〈长征组歌〉专场文艺演出在银川上演》
63	中新网宁夏	2021-06-18	《宁夏大学西夏学研究院——在田野中传承党的百年光辉史基因》
64	宁夏日报客户端	2021-06-21	《罗山脚下,奏响绿色现代农业交响曲》
65	宁夏日报客户端	2021-06-25	《宁夏欧美同学会庆祝中国共产党成立100周年座谈会在银川举行》
66	宁夏日报客户端	2021-06-27	《王庆同——钟爱宁夏时光 不舍三尺讲台》
67	宁夏日报3版	2021-06-27	《王庆同——钟爱宁夏时光 不舍三尺讲台》
68	宁夏日报客户端	2021-06-26	《宁夏高校大学生学习马克思主义理论暨党史知识竞赛结果出炉!》
69	宁夏日报客户端	2021-06-26	《先锋丨刘昊——家乡所需,就是我行之所向》
70	教育部网站	2021-06-26	《宁夏大学落实"双带头人"制度 推进党建工作和业务工作融合发展》
71	银川发布	2021-06-30	《1958年从北大毕业,他的第一志愿就是到宁夏!》

续表3

序号	媒体	报道时间	标题
72	人民网	2021-07-05	《宁夏大学文化遗产保护与文旅产业研发协同创新中心揭牌》
73	新华网	2021-07-04	《宁夏大学文化遗产保护与文旅产业研发协同创新中心揭牌》
74	中国日报	2021-07-04	《宁夏大学文化遗产保护与文旅产业研发协同创新中心揭牌》
75	宁夏日报	2021-07-04	《宁夏大学文化遗产保护与文旅产业研发协同创新中心揭牌》
76	银川市新闻传媒集团	2021-07-04	《宁夏大学文化遗产保护与文旅产业研发协同创新中心揭牌》
77	中新网	2021-07-04	《宁夏大学文化遗产保护与文旅产业研发协同创新中心揭牌》
78	新华网	2021-07-07	《"读懂中国"等10本图书阿拉伯语版正式出版发行》
79	中新网银川	2021-06-29	《"读懂中国"等10本图书阿拉伯语版正式出版发行》
80	人民网阿文版	2021-07-05	《"读懂中国"等10本图书阿拉伯语版正式出版发行》
81	新华网阿文版	2021-07-05	《"读懂中国"等10本图书阿拉伯语版正式出版发行》
82	中国网阿文版	2021-06-25	《"读懂中国"等10本图书阿拉伯语版正式出版发行》
83	中国日报	2021-07-09	《为高端智库颁发聘书,宁夏国家葡萄及葡萄酒产业开放发展综合试验区专家委员会汇聚葡萄酒产业高端人才》
84	中新网银川	2021-07-12	《墨香化祝福　宁夏大学连续六年为新生手写"见面礼"》
85	中国日报	2021-07-13	《墨香化祝福　宁夏大学连续六年为新生手写"见面礼"》
86	宁夏日报	2021-07-12	《墨香化祝福　宁夏大学连续六年为新生手写"见面礼"》
87	银川发布	2021-07-12	《墨香化祝福　宁夏大学连续六年为新生手写"见面礼"》
88	新华社	2021-07-09	《贺兰山东麓葡萄产区高校教学科研忙》
89	宁夏日报客户端	2021-07-16	《强国有我,党旗下的青春正闪耀——宁夏高校用百年党史为青年成长培根铸魂让青春焕发绚丽光彩》
90	宁夏日报客户端	2021-07-20	《社会主义是干出来的丨李星:新时代是奋斗者的时代》
91	宁夏日报客户端	2021-08-01	《"牢记初心使命　争取更大光荣"丨在不懈奋斗中建设塞上江南人才摇篮——访宁夏大学党委书记李星》
92	宁夏日报客户端	2021-08-01	《宁夏大学校友向母校捐款200万元》
93	宁夏日报客户端	2021-07-30	《64名全国教书育人楷模候选人并面向社会公示,宁夏2人入围!》
94	中国民族报	2021-07-27	《陈育宁:历史观视野下的中华民族共同体意识丨共同体意识·解读》

续表4

序号	媒体	报道时间	标题
95	中央电视台	2021-08-05	《中央电视台〈新闻联播〉报道我校学习贯彻"七一"重要讲话精神》
96	中国新闻网	2021-08-17	《"最美统战人"吴心华:扶贫路上的"兽医工匠"》
97	宁夏新闻网	2021-08-27	《开学在即,宁夏高校疫情防控这样做》
98	新消息报	2021-09-08	《高校迎新,暖意融融》
99	新华网	2021-09-10	《宁夏大学举办第37个教师节庆祝活动》
100	中国日报	2021-09-11	《宁夏大学庆祝第37个教师节》
101	光明日报	2021-09-11	《宁夏大学召开第37个教师节庆祝大会》
102	新消息教育周刊	2021-09-10	《宁夏大学表彰一批优秀教师 首批成立3个师德师风建设基地》
103	新华网	2021-09-10	《激扬青春,奋今朝》
104	新华网	2021-09-14	《为你推荐书:用阅读不断打开你们的新世界》
105	新华网	2021-09-08	《【新华云直播】萌新,你好	在不负韶华的青春里扬帆远航》
106	新华网	2021-09-10	《教师寄语——在不懈的奋斗中书写自己的时代答卷》
107	中国新闻网	2021-09-19	《"跨界月饼"出圈走红 专家:传统和流行碰撞下的文化自信值得肯定》
108	宁夏广播电视台	2021-09-21	《宁夏大学7006名新生同上开学第一课 学校新增调整专业服务九大重点产业》
109	光明日报	2021-09-17	《宁夏大学开学第一课:我们昂首走在新的赶考之路上》
110	宁夏日报	2021-09-16	《宁夏大学开学第一课:我们昂首走在新的赶考之路上》
111	新消息教育周刊	2021-09-16	《宁夏大学7006名新生同上"开学第一课"》
112	宁夏广电融媒体新闻中心	2021-09-26	《宁夏消防救援总队与宁夏大学举行合作框架协议签约暨"人才培训研究基地"揭牌仪式》
113	人民网	2021-09-26	《第二届"贺兰山东麓葡萄酒国际学术会议"召开》
114	中国新闻网	2021-09-26	《第二届贺兰山东麓葡萄酒国际学术会议在银川举行》
115	宁夏日报	2021-09-27	《第二届贺兰山东麓葡萄酒国际学术会议召开——20余位专家学者"论剑"》
116	宁夏日报	2021-09-27	《共圆紫色梦想丨卢江:育出更适合贺兰山东麓的酿酒葡萄品种》
117	宁夏日报	2021-09-27	《共圆紫色梦想丨房玉林:汇聚科研力量,用其所长、协同攻关》

续表5

序号	媒体	报道时间	标题
118	宁夏日报	2021-09-27	《共圆紫色梦想丨赵世华:战略谋划推进宁夏葡萄酒产业高质量发展》
119	宁夏日报	2021-09-27	《共圆紫色梦想丨陈坚:葡萄园的生态平衡和可持续发展》
120	宁夏广电融媒体新闻中心	2021-09-26	《中外专家学者齐发力 共谋贺兰山东麓葡萄酒产业发展大计》
121	银川发布	2021-09-26	《专家学者聚焦贺兰山东麓产区葡萄酒产业高质量发展》
122	中国日报网	2021-09-25	《为了心动的offer,宁夏大学土木与水利工程学院的毕业生走进双选会》
123	中国教育报	2021-09-27	《做推动科技自立自强的排头兵》
124	中国新闻网	2021-10-16	《宁夏首获中国国际"互联网+"大学生创新创业大赛全国总决赛金奖》
125	中国日报宁夏	2021-10-16	《丝路宁夏文创斩获中国国际"互联网+"大学生创新创业大赛金奖》
126	宁夏日报	2021-10-16	《宁夏大学斩获第七届中国国际"互联网+"大学生创新创业大赛宁夏首金》
127	银川日报	2021-10-16	《"互联网+"大学生创新创业大赛全国总决赛落幕——我区大学生首获总决赛金奖》
128	中新网	2021-10-15	《第十二届国际政治经济学论坛在宁夏银川开幕》
129	宁夏广电融媒体新闻中心	2021-10-15	《第十二届国际政治经济学论坛在银川举行》
130	中新网宁夏	2021-10-16	《宁夏大学举办2022届毕业生校园秋季"双选"洽谈会》
131	宁夏广电融媒体新闻中心	2021-10-17	《宁夏大学2022届毕业生校园秋季"双选"洽谈会 全国各地370余家用人单位提供就业岗位11000余个》
132	宁夏广电融媒体新闻中心	2021-10-24	《宁夏各高校实行封闭管理 线上教学 核酸检测应检尽检》
133	宁夏新闻联播	2021-10-24	《自治区党委书记陈润儿实地调研宁夏大学疫情防控工作》
134	宁夏广播电视台	2021-10-26	《宁夏高校筑牢疫情防控防线 确保校园安全和师生健康》
135	宁夏学习平台	2021-11-03	《学者论坛丨在"两个结合"中推进马克思主义新发展》
136	宁夏日报数字报07版	2021-11-16	《百年历史铸就百年大党,百年大党书写百年辉煌——中国共产党百年奋斗宝贵经验的价值意蕴》
137	银川晚报	2021-11-15	《银川晚报:白述礼新作〈唐肃宗灵武即位〉出版》
138	参考消息特稿	2021-11-18	《结缘28年,见证"贫困地标"脱贫——一位美国人眼中的西海固之变》
139	宁夏日报数字报	2021-11-15	《在实现"两个结合"上下足功夫》

续表6

序号	媒体	报道时间	标题
140	宁夏日报客户端	2021-11-22	《@青年大学生,上好党史这门必修课》
141	宁夏日报客户端	2021-11-25	《科技引领未来|张桂杰:拿出更多好成果硬技术推动产业提质增效》
142	中国日报	2021-12-11	《宁夏高校第四届来华留学生汉语大赛在银川举行》
143	宁夏广播电视台	2021-12-11	《铸牢中华民族共同体意识　推动新时代民族工作高质量发展|全区高校铸牢中华民族共同体意识教育主题宣讲开讲》
144	中国日报	2021-12-02	《宁夏高校铸牢中华民族共同体意识教育主题宣讲在宁夏大学开讲》
145	新华网	2021-12-14	《宁夏开展铸牢中华民族共同体意识主题宣讲活动》
146	中国新闻网	2021-12-14	《宁夏大学——让科技创新"变量"成为高校发展"增量"》
147	宁夏新闻网	2021-12-18	《宁夏环保产业绿色低碳高质量发展论坛在银川举办》
148	中新网	2021-12-22	《葡萄酒、枸杞两大现代产业学院在宁夏大学成立》
149	新消息报	2021-12-22	《宁夏大学枸杞现代产业学院、葡萄与葡萄酒现代产业学院挂牌》
150	光明日报	2021-12-31	《王庆同新作〈青山无言〉线上首发》